제2판

현대투자론

정정현 · 곽철효 · 김병곤

法 文 社

Modern Investment Theory

제2판
머리말

2012년 초판을 발간한 지 제법 많은 시간이 지난 이 시점에 개정판을 발간하게 되어 감회가 새롭고, 독자들의 성원에 감사한 마음이다. 저자들은 이 자리를 빌어서 독자들께 다시 한번 감사의 말씀을 전한다.

이번에 발간하는 2판은 초판에 비해 내용면에서 큰 차이가 있는 것은 아니다. 그 동안 투자이론에 큰 변화가 있었던 것이 아니기 때문이다. 다만 그동안 이 책을 사용하면서 의견을 주셨던 독자들의 조언을 반영하여 부분 부분 그 사항들을 반영하여 수정과 보완을 하였다.

먼저, 1판이 발간된 이후에 우리나라 자본시장에 제도적으로 많은 변화가 있었다. 따라서 2판에서는 변화된 제도를 반영하여 본문을 수정하고 보완하였다.

둘째, 학부과정에서 강의하시는 교수님과 강사선생님의 의견을 반영하여 1판에서 본문에 기술되었던 내용 중에서 독자들이 이해하기 어렵고, 난해한 수식이 포함된 부분은 부록으로 이동하여 배치하였다. 대학원과정에서 공부하는 선생님들은 부록부분의 내용도 함께 공부하시면 도움이 될 것으로 생각한다.

셋째, 연습문제의 해답을 제공하였다. 독자들이 이 책을 이용하여 공부하는 과정에서 계산형 연습문제의 해답을 알지 못해 어려움이 있다는 의견이 많았다. 따라서 2판에서는 각 장의 연습문제 끝 부분에 계산형 문제의 해답을 제시해 두었다.

넷째, 1판에서 일부 발생되었던 오류나 오탈자 등을 수정·보완하였다. 초판 발간 때 오류나 오탈자를 최소화하기 위해 노력하였으나 확인되지 않은 일부 사항이 있었다. 따라서 개정판에서는 이러한 문제를 바로잡고 최소화되도록 최선의 노력을 기울였다.

개정판은 초판에 비해 큰 변화는 없으나 독자들이 이 책을 이용하여 강의를 하거나 학습을 하는데 있어 조금이라도 더 편리하고 도움이 되었으면 하는 마음으로 개정 작업을 하였다. 그럼에도 불구하고 여전히 부족한 점이 많을 것으로 생각한다. 독자들의 비판과 조언을 받아 계속적으로 수정·보완해 나갈 것을 다짐한다.

그리고 이 책의 개정에 도움을 주신 여러분께 이 자리를 빌어 감사를 드린다. 먼저 개정의 기회를 가질 수 있도록 이 책을 사용해 주신 교수님들과 강사선생님, 학생 여러분, 일반 독자분들께 감사의 말씀을 전한다. 그리고 이 책의 출간을 위해 노력해 주신 법문사 관계자 여러분께도 진심으로 감사를 드린다.

2018년 2월

정정현, 곽철효, 김병곤

금융의 증권화, 글로벌화가 급속히 진전되면서 우리나라 자본시장은 커다란 변화를 겪어왔다. 대내적으로는 2009년 2월 '자본시장과 금융투자업에 관한 법률'(자본시장법)이 시행되면서 자본시장과 금융투자업의 구조적 변혁이 이루어지고 있다. 대외적으로는 2008년에 발생한 세계적인 금융위기에 이어 2009년부터 시작되어 현재까지 지속되고 있는 유럽의 재정위기로 인하여 세계 금융시장은 불확실성이 증가하고, 새로운 금융질서를 확립하려는 노력이 강화되고 있다.

이러한 자본시장의 환경변화는 투자자들이 증권관련 제도의 이해, 투자이론의 습득 그리고 실제의 투자실행능력을 배양하지 않으면 성공적인 투자성과를 기대하기 어렵게 만들고 있다. 성공적인 투자를 위해서는 투자이론과 실제의 핵심을 보다 체계적으로 이해할 필요성이 그 만큼 높아지고 있는 것이다.

그러한 의미에서 이 책은 투자론을 공부하고자 하는 독자들이 꼭 알아야 할 내용을 보다 쉽고 체계적으로 이해할 수 있도록 만들어졌다. 기존의 투자론 교재에서 다루고 있는 내용뿐만 아니라 최근에 개발되고 있는 새로운 이론들도 이 책에 포함되도록 노력하였다. 이 책의 제목에 붙여진 「현대」라는 단어도 그러한 의미를 반영한 것이다.

이 책은 투자론을 처음 접하는 학생뿐만 아니라 보다 심도 있게 공부하고자 하는 학부과정의 학생들이나 대학원에서 투자론을 공부하는 학생들이 보다 쉽게 이해하면서도 스스로 공부할 수 있도록 내용을 구성하고자 노력하였다. 특히 내용의 이해도를 높이기 위하여 추가적으로 설명이 필요한 부분은 수식으로 풀어서 설명하거나 부록에 추가하여 설명하였다. 이 책을 이용하여 강의를 하시는 교수님과 강사님들은 수강하는 학생들의 수준에 맞게 난이도를 조정하여 강의를 하실 수 있을 것으로 생각한다.

이 책에서는 독자들이 투자론의 기본개념을 쉽게 이해하고, 여러 주제들이 상호 어떻게 연관되는가를 쉽게 파악할 수 있도록 구성하기 위해 노력하였다.

이를 위해 전체를 7부 22장으로 나누고, 먼저 제1부에서는 투자론을 공부하는 데 기본이 되는 내용을 전반적으로 자세히 설명하였다. 제1장에서는 투자의 개념과 유형, 투자목표 등과 같이 투자론을 공부하는데 기초가 되는 사항을 설명하였다. 제2장에서는 자본시장의 투자대상 상품인 금융투자상품을 설명하였다. 제3장에서는 우리나라 자본시장에 대한 이해를 돕기 위해 자본시장의 구성과 운용에 대하여 설명하였다.

제2부에서는 현대 투자론의 중심부분인 포트폴리오 이론에 대하여 설명하였다. 먼저 제4장에서는 투자의 기준이 되는 위험과 수익률을, 그리고 제5장에서는 투자자의 위험에 대한 태도와 자본배분 의사결정에 대하여 설명하였다. 제6장에서는 포트폴리오 선택이론에 대하여 설명하였다.

제3부에서는 자본시장의 균형이론에 대하여 상세하게 설명하였다. 제7장에서는 지수모형에 대해 설명하였고, 제8장에서는 자본자산가격결정모형(CAPM)을, 제9장에서는 CAPM의 현실성에 대해 설명하였다. 제10장에서는 CAPM을 확장한 차익거래가격결정이론(APT)에 대해 설명하였다.

제4부에서는 자본시장의 효율성 문제를 설명하였다. 먼저 제11장에서 자본시장의 효율성이 갖는 의미와 자본시장의 이상현상에 대해 설명하였다. 제12장에서는 투자자들의 제한된 합리성을 반영하여 투자자들의 투자행위를 설명하는 행동재무학에 대해 설명하였다.

제5부에서는 자본시장에서 주요 투자대상 중의 하나인 채권에 대한 투자문제를 다루었다. 제13장에서 채권가격과 수익률의 관계를 설명하고, 제14장에서는 채권가격의 변동성에 대해 설명하였다. 제15장에서는 채권투자전략에 대해 자세하게 기술하였다.

제6부에서는 투자분석에 대해 설명하였다. 먼저 제16장에서 투자분석의 이론과 실제를 다루었다. 제17장에서는 주식의 가치평가방법에 대해 설명하였다. 제18장에서는 투자시점을 분석하기 위한 여러 가지 기술적인 분석방법을 설명하였다. 제19장에서는 포트폴리오의 관리와 성과평가에 대해 설명하였다.

제7부에서는 파생상품투자와 국제투자를 다루었다. 제20장과 제21장에서는 파생금융상품인 옵션과 선물의 개념과 응용방법 등을 설명하였다. 제22장에서는 자본시장의 국제화시대에 대응하여 국제분산투자의 내용을 다루었다.

필자들은 이 책을 집필하면서 투자론을 학습하려는 독자들이 스스로 그 내용을 습득할 수 있도록 하는데 초점을 두어, 필수적인 개념이나 이론, 현실적 문제 등을 자세하게 설명하기 위해 노력하였다. 그러나 이와 같은 노력에도 불구하고 여전히 부족한 점이 많을 것으로 생각한다. 독자들의 비판과 조언을 받아 계속적으로 수정·보완해 나갈 것을 다짐한다.

그리고 이 책이 출판될 수 있도록 도와주신 여러분께 이 자리를 빌려 감사를 드린다. 먼저 필자들을 학문의 길로 이끌어 주시고, 가르침을 주셨던 故구맹회 교수님과 이 책을 집필하는 과정에서 조언을 아끼지 않으신 창원대학교의 김동회 교수님께 감사를 드린다. 그리고 이 책의 출간을 위해 노력해 주신 법문사 기획영업부의 김영훈 부장님, 편집에 정성을 다하신 김제원 부장님 및 관계된 여러분께도 진심으로 감사를 드린다.

2012년 8월
정정현, 곽철효, 김병곤

목차

세부목차

Contents

제 6 장 포트폴리오 선택이론   135

제 3 부 자본시장 균형이론   현/대/투/자/론

제 7 장 지수모형   169

Contents

제 4 부 자본시장의 효율성

현/대/투/자/론

제11장 자본시장 효율성

271

제12장 행동재무학

295

Contents

제 5 부   채권투자

현 / 대 / 투 / 자 / 론

제13장 채권가격과 수익률   327

제14장 채권가격변동성   371

제 6 부 투자분석   현/대/투/자/론

Contents

Contents

제 1 부

투자의 기초

PART 1

투자의 기초개념

이 장에서는 투자의 개념을 정립하고, 투자의 유형을 여러 측면에서 살펴본다. 투자목표와 투자과정, 투자환경 등에 대해서도 살펴본다. 이 교재에서 다룰 주요 내용의 기초이므로 잘 이해할 필요가 있다.

여기에서는 먼저 투자의 의의와 개념을 설명한다. 투자의 정의와 투자의 유형에 대해 알아보고, 투자와 유사한 용어인 투기와 저축 등에 대해 설명한다. 나아가 수익성, 위험, 유동성 등 투자의 3대 요소와 투자자의 유형 등에 대해 살펴본다.

다음으로 투자목표를 설정하는 방법에 대해 살펴보고, 목표설정을 위해 고려해야 할 제반요소에 대해 설명한다. 그리고 자본배분, 자산배분, 투자종목의 선정, 투자시기의 결정, 투자성과 평가, 포트폴리오 수정 등과 같은 주요 투자과정에 대해 설명한다.

마지막으로 최근의 금융환경에 대해 살펴본다. 금융자율화, 금융증권화, 글로벌화, 금융혁신, 위험관리 및 금융감독의 강화 등의 주제로 최근의 금융환경 변화에 대하여 간략하게 소개한다.

투자라는 말은 일상생활에서 자주 사용된다. 은행의 예금을 비롯하여 주택투자 또는 부동산투자, 증권투자, 시설투자, 광산투자, 교육투자, 그리고 벤처캐피털(venture capital) 투자 등 투자라는 말은 일상생활 속에서 매우 익숙하게 쓰이는 말이다. 투자(investment)는 넓은 의미에서 자금의 소유자가 미래에 증식될 가치 또는 이익을 기대하여 현재의 소비를 희생하고 투자의 대상이 되는 자산(assets)에 자금을 투하하는 것을 말한다.

1.1 투자의 유형

투자는 투자대상의 속성과 투자과정의 차이 등에 따라 구분할 수 있다.

(1) 증권투자와 실물투자

증권투자(security investment)는 투자대상을 주식, 채권, 어음, 파생상품 등으로 표현되는 금융자산(financial assets)에 대한 투자이다. 실물투자(real or property investment)는 건물, 토지 등의 부동산(real estate)과 기계, 장치, 귀금속, 골동품, 미술품 등과 같은 유형의 실물자산에 대한 투자이다.

증권투자와 실물투자를 전체 경제 시스템 측면에서 살펴보면, [그림 1-1]처럼 상호 보완적인 관계를 가진다. 생산주체인 기업은 실물투자를 통해 확대 재생산을 도모한다. 기업은 실물투자에 필요한 자금을 조달하기 위하여 미래에 일정한 성과를

그림 1-1 │ 실물투자와 증권투자의 관계

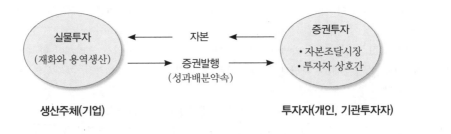

배분할 것을 약속하는 계약(증권)을 공급하여 투자자의 자금과 교환한다. 이러한 자금조달이 원활하게 이루어지면 실물투자가 활성화되고, 투자자들이 투자할 증권이 풍부해진다. 기업이 발행한 증권을 보유하는 투자자는 증권시장에서 이 증권에 관심을 가지는 다른 투자자와 거래하여 투자금을 회수할 수 있다.

(2) 직접투자와 간접투자

직접투자(direct investment)는 투자자가 금융자산이나 실물자산을 직접 매입·보유(buy-and-hold)하고, 자신의 판단과 책임으로 투자자금과 자산을 운용하는 것이다. 이에 반하여 간접투자(indirect investment)는 전문투자자의 판단과 책임으로 운영하는 포트폴리오(portfolio) 또는 펀드에 투자자가 투자하는 것을 말한다.[1]

예를 들어, 자산운용회사가 증권에 투자할 목적으로 펀드(fund)를 조성하는데, 어떤 투자자가 이 펀드에 가입한다고 하자. 자산운용회사는 조성된 자금으로 여러 종목의 증권을 매입하여 포트폴리오를 구성하고, 이를 효과적으로 관리하여 수익을 증가시킨다. 이 경우 투자자는 특정 종목의 증권에 직접 투자하는 대신에 자산운용회사가 구성하여 관리하는 포트폴리오인 펀드에 가입함으로써 특정 종목의 증권에 간접투자한 결과가 된다. 이 경우 투자자는 투자비중에 따라 포트폴리오의 성과를 배분 받게 된다.

(3) 채권투자, 주식투자, 파생상품투자

증권투자의 대상은 채권, 주식, 파생상품 등으로 나눌 수 있다. 간략하게 설명하면 다음과 같다.

첫째, 투자자가 채권을 매입하면 채권의 발행자는 채무자가 되고, 투자자는 채권자가 된다. 채권자의 수익은 채권의 확정이자와 만기의 원금, 채권을 매도했을 때의 자본이득(손실)이 된다.

둘째, 투자자가 주식을 매입하면 투자자는 주주가 되며, 기업의 경영성과에 따라 배당을 지급 받을 수 있다. 주가가 상승하면 자본이득(capital gain)도 얻을 수 있다.

셋째, 투자자는 선물이나 옵션 등의 파생상품을 매입하여 그 가격 변동에 따라 수익을 얻을 수 있다. 선물(futures)은 미래의 특정한 시점에 미리 정해진 가격으로 기초자산을 인수, 인도하기로 하는 계약이다. 옵션은 미래의 특정한 기간에 미리 결정된 행사가격(exercise price)으로 기초자산을 매입 또는 매도할 수 있는 선택권이

---

1) 포트폴리오(portfolio)는 투자자가 위험과 수익률의 관계를 고려하여 여러 종목으로 구성한 투자자산의 집합을 의미한다. 일반적으로 포트폴리오라고 할 때는 증권의 집합을 의미한다.

다. 따라서 선물이나 옵션의 투자자는 기초자산의 시장가격이 변동하면 이를 이용하여 이익을 얻을 수 있다. 선물과 옵션 등은 기초자산을 근거로 창출되므로 파생상품(derivatives)이라고 한다.

(4) 단기투자와 장기투자

투자는 투자기간의 장단에 따라 단기투자와 장기투자로 구분된다. 일반적으로 투자자산의 현금화 기간이 1년 미만인 것은 단기투자(short-term investment)라고 하고, 1년 이상인 것은 장기투자(long-term investment)라고 한다. 단기투자는 반년이나 분기 또는 한 달 심지어는 단 몇 일간, 몇 분간의 초단기 투자도 포함한다. 이러한 구분은 투자자산의 기간적 수명에 따라 분류한 것이며, 반드시 1년이라는 기간을 엄격하게 적용한다는 의미는 아니다.

(5) 투자, 투기, 저축 등의 구분

투자의 개념은 투기와 저축 등의 개념과 구분하여 정의할 필요가 있다.

투자(investment)는 비교적 낮은 위험의 증권 또는 자산에 자금을 장기적으로 투하하여 자산으로부터 발생하는 수익과 매매차익(자본이득)을 기대하는 것이다. 반면에 투기(speculation)는 비교적 위험이 높은 증권이나 자산에 자금을 일시적으로 투하하고, 자산의 가격 변동을 이용하여 단기적인 매매차익을 기대하는 거래이다.

투자와 투기를 현실적으로 구분할 때에는 개념이 서로 명확하지 않은 경우가 많다. 왜냐하면 투자와 투기는 모두 현시점에서 소비를 희생하고 미래에 증식될 부(wealth)를 기대한다는 점에서는 동일하다. 또한 장기와 단기라는 기간적 성격과 자산의 위험에 대한 분류도 분명하지 않기 때문이다. 그러므로 투자와 투기의 개념은 그 행위의 동기가 상대적으로 어느 쪽에 더 치우쳐 있는가에 따라 구분하는 것이 바람직하다.

저축(saving)은 현재의 소비를 억제하여 미래의 소비에 대처하는 것으로 투자와 명확히 구분되는 개념이다. 다시 말해서 저축은 현재의 소비를 희생하지만 그 목적이 미래에 증식된 부를 기대하는 데에 있기보다는 미래의 소비를 준비하는 것이 주된 목적이다.

1.2 투자의 3요소

투자 의사결정에서 고려해야 하는 여러 가지 사항 중에서 수익성(profitability),

위험(risk), 유동성(liquidity) 등을 일반적으로 투자의 3요소라고 한다.

(1) 수익성

투자는 미래의 보다 높은 수익을 기대하여 현재의 소비를 포기하는 것이다. 일정 기간 동안의 투자성과는 수익성으로 평가된다. 수익성은 투자결과로서 미래에 발생될 수익을 투자원금과 대비시켜 측정된다. 따라서 투자대상이 미래에 어느 정도의 수익을 창출할 수 있을 것인가는 투자 의사결정에서 매우 중요하다.

(2) 위 험

투자의 결과는 미래에 실현되므로 그 성과는 일반적으로 불확실하다. 이러한 불확실성(uncertainty)은 투자대상이 가지고 있는 위험(risk)과 성과의 실현에 소요되는 시간(time)이라는 두 가지 속성에 따라 다르게 나타난다.

예를 들어, 특정한 투자대상의 미래 투자성과가 불투명하고, 그 성과가 실현되는 투자기간이 길면 불확실성이 매우 높은 투자라고 할 수 있다. 그러나 정기예금과 같이 투자의 성과가 미리 정해져 있어 투자결과가 달라질 위험은 거의 없지만 투자 기간의 장단에 따라 불확실성이 좌우되는 투자안도 있다. 일반적으로 불확실성이 크면 투자의 수익성은 높고, 반대로 불확실성이 작으면 수익성도 낮다.

따라서 투자자는 투자목표를 달성하기 위하여 허용할 수 있는 투자의 불확실성 혹은 위험의 정도를 고려하여 투자대상을 선정하여야 한다.

(3) 유동성

유동성은 단기에 자산의 가치를 훼손하지 않고 현금화할 수 있는 가능성이다. 금융시장에서 거래되는 금융상품은 발행자의 특성과 상품 자체의 발행조건 등 여러 가지 이유로 유동성에 차이가 있다. 투자자는 미래 시점에 필요한 유동성 규모를 고려하여 투자 의사결정을 해야 한다.

1.3 투자자의 유형

투자자는 기관투자자와 개인투자자, 전문투자자와 일반투자자 등의 유형으로 구분할 수 있다.

(1) 기관투자자와 개인투자자

기관투자자(institutional investors)는 자체 자금이나 위탁된 자금을 전문적으로 운영하는 법인 형태의 투자자를 말한다. 자산운용회사, 은행, 보험회사, 연금, 기금 등이 기관투자자의 대표적인 예이다. 기관투자자는 대규모로 거래하고, 거액의 투자자금을 운용하는 특징이 있다.

개인투자자(individual investors)는 투자자 중에서 기관투자자를 제외한 일반 개인투자자를 말한다. 즉 개인의 자격으로 투자를 하는 투자자를 개인투자자라 한다. 개인투자자는 일반적으로 기관투자자에 비해 투자규모가 작고, 정보의 획득이나 분석능력이 떨어지는 경향이 있다.

(2) 전문투자자와 일반투자자

자본시장법에서는 투자자를 투자위험의 감수능력에 따라 전문투자자와 일반투자자로 구분하고 있다.

전문투자자는 금융투자상품에 관한 전문성을 구비하고, 소유자산규모 등에 비추어 투자에 따른 위험감수 능력이 있는 일정한 투자자를 말한다. 국가, 중앙은행, 금융기관 등의 기관투자자, 상장법인, 외부감사를 받는 비상장법인, 순자산이 일정 금액 이상인 개인 등이 전문투자자에 해당한다. 일반투자자는 전문투자자가 아닌 개인과 법인 투자자를 말한다.

제 2 절 투자목표와 투자과정

2.1 투자목표

투자는 현재의 소비를 희생하고 미래의 증식될 부(wealth)를 기대하여 이루어진다. 그렇다면 투자자에게는 미래의 증식될 부가 가장 큰 관심거리일 것이다. 또 이것을 최대로 하는 것이 투자행위에서 가장 중요하다. 그러나 미래의 증식될 부는 투자자가 기대하는 수준대로 반드시 실현되지 않는 경우가 있다. 따라서 투자자는 투자기회의 선택에 있어서 기대하는 수익성뿐만 아니라 위험도 동시에 고려해야 한다.

투자목표(investment objective)는 두 가지 측면에서 생각할 수 있다. 첫째는 투자성과에 대한 객관적 측면이고, 둘째는 투자성과에 대하여 투자자가 느끼는 주관적 측면이다.

객관적인 측면에서 투자목표는 자본시장에서 동일한 위험을 가진 투자기회 중에서 미래의 부를 최대화(terminal wealth maximization)하는 것, 또는 동일한 위험 수준에 속해 있으면서 최대의 수익률(rate of return)을 기대할 수 있는 투자대상을 선택하는 것이다. 다시 말해서 객관적인 측면의 투자목표는 가능한 모든 투자기회 중에서 수익과 위험의 관계를 고려하여 미래의 부를 최대화하는 것이다.

주관적 측면의 투자목표는 투자에 대한 투자자의 효용을 최대화(utility maximization)하는 것이다. 왜냐하면 투자에 대한 개인의 만족도, 즉 투자에 대한 개인의 효용은 각기 다를 수 있다. 또 이 효용이 최대로 달성될 때에 개인의 구체적인 투자가 이루어지기 때문이다. 미래의 부를 최대화하는 자산이 객관적으로 존재하더라도 이러한 자산에 대한 투자자의 효용이 최대화되지 않으면 투자가 행해지지 않는다. 따라서 주관적인 측면의 투자목표는 결국 투자자의 효용을 최대화하는 것이라고 요약할 수 있다.

이와 같은 투자목표를 설정하기 위해 투자자는 일반적으로 투자기간, 목표수익률(target rate of return), 위험수용도(risk tolerance), 유동성, 세금 등의 요소를 고려한다. 투자기간은 투자를 시작하여 미래에 수익이 실현되는 시점까지의 기간이다. 투자자는 투자성과를 얻고자 하는 기간에 따라 단기투자나 장기투자를 선택할 수 있다.

목표수익률은 투자계획 수립 시 설정하는 기대수익률이다. 목표수익률은 투자자금 관리의 기본이 되는 내부의 계획수익률로서 투자목표기간이 만료되었을 때 실제로 계산되는 실현수익률(realized rate of return)과 구분된다.

위험수용도는 투자자가 투자로 인해 발생할 수 있는 손실을 어느 정도까지 감수할 것인가를 나타낸다. 기대수익률이 아무리 높더라도 위험이 받아들일 수 없는 수준이라면 투자는 가치가 없다. 투자자는 투자수익률 이전에 어느 정도의 위험을 수용할 것인가를 고려하여 투자 대상을 선정해야 한다.

유동성은 자산을 얼마나 빨리 현금화할 수 있는가를 나타낸다. 유동성이 높은 자산은 현금화가 빠르지만, 유동성이 낮은 자산은 현금화하는 데 시간이 많이 걸리고 매매하기가 쉽지 않다. 자본시장에서 거래되는 금융상품들도 상품별로 유동성이 다르다. 일부 상품의 경우에는 일정 기간 동안 환매를 할 수 없는 금융상품도 있다. 유동성이 낮은 상품에 투자했다가 급하게 환매를 해야 하는 경우에는 시장에서 형성되고 있는 가격보다 낮은 가격으로 현금화할 수밖에 없는 경우도 많다.

투자의 결과로 실제로 얻는 성과는 세후수익률에 의해 결정된다. 따라서 투자자들이 투자 대상을 선정할 때 세율을 고려하여 결정하게 된다. 예를 들어, 수익률 4%의 비과세상품과 수익률 5%의 과세상품 중에서 어느 것을 선택하느냐의 문제는 투자자의 한계세율에 의해 달라질 수 있다.

2.2 투자과정

투자도 하나의 관리적 과정이라고 볼 수 있다. 투자과정은 설정된 투자목표를 달성하기 위한 계획(plan), 실행(do), 통제(see)의 과정으로 이해할 수 있다. 투자과정의 핵심은 수익률과 위험 등이 다른 여러 가지 투자대상 자산에 투자자금을 효율적으로 배분하여 투자목표를 달성하는 것이라고 할 수 있다.

(1) 투자계획

투자계획 단계에서 투자자는 목표수익률, 위험수용도 수준, 투자기간, 기타 제약조건 등을 고려하여 투자목표를 설정한다. 다음으로 자본배분과 자산배분을 한다.

그림 1-2 투자과정

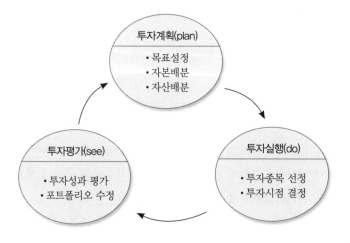

자본배분(capital allocation)은 투자자금을 무위험자산과 위험자산에 어떤 비중으로 투자할 것인가를 결정하는 것이다. 자산배분(asset allocation)은 위험자산에 대한 투자금액 중에서 주식, 채권, 파생상품 등에 어떤 비중으로 투자할 것인가를 결정하는 것이다.

이러한 투자계획을 수립하기 위해서는 경제, 산업, 기업분석 등을 기반으로 하여 구체적인 자본배분 결정과 종목 선정이 가능할 수 있도록 투자분석(investment analysis)이 면밀히 이루어져야 한다.

(2) 투자실행

투자실행 단계에서는 투자종목 선정(asset selection)과 투자시점(timing)을 결정한다. 투자종목 선정에서는 개별 자산분석을 통해 투자대상 종목을 선정하고, 이를 이용하여 분산투자(diversification)를 실시한다.

투자자들은 위험을 축소하기 위해 포트폴리오를 구성하는데 이를 분산투자라고 부르기도 한다. 투자자는 자산의 특성을 고려하여 투자목표를 달성할 수 있는 최적의 포트폴리오를 구성해야 한다. 투자자들의 나이, 성별, 직업, 재산 상태, 위험선호도, 개성 등을 감안하여 최적의 포트폴리오를 구성하는 것을 재무 내부장식(financial interior decoration)이라 한다.

(3) 투자평가

사후적으로는 투자목표의 달성 여부를 평가하는 통제과정이 필요하다. 투자평가 단계에서는 투자성과를 평가한 후에 포트폴리오를 수정하는 과정이다.

투자성과의 평가(performance evaluation)는 과거의 일정 기간 동안의 실현수익률이 위험 수준에 비해 적절하였는지를 평가하는 과정이다. 이 과정에서는 실현수익률이 투자계획 단계에서 설정한 목표수익률 또는 시장 전체의 평균적인 성과와 어느 정도 차이가 있고, 차이가 있다면 그 원인이 무엇인가를 규명한다.

포트폴리오 수정(portfolio revision)은 투자성과의 평가 결과에 따라 목표수익률이나 벤치마크 수익률(benchmark rate of return)에 비해 성과가 저조한 종목을 교체하거나 투자비중을 재조정하는 것이다. 어느 한 시점에서 모든 정보를 분석하여 최적의 포트폴리오를 구성하였다고 하더라도 투자목표가 변경되거나 포트폴리오에 영향을 줄 수 있는 새로운 정보가 계속 발생하면 최초의 포트폴리오가 항상 최적일 수는 없다. 새로운 투자목표나 정보에 맞게 포트폴리오를 재구성하여 새로운 최적 포트폴리오를 찾아야 한다. 이를 포트폴리오 수정이라고 한다.

이러한 포트폴리오 수정과정에서 투자자는 투자목표의 설정에서부터 투자분석, 투자종목 선정 등을 거쳐 적정 포트폴리오를 구성하는 과정까지 다시 시작한다. 따라서 포트폴리오 수정은 투자과정의 마지막 단계이자 새로운 투자과정의 시작 단계이기도 하다.

제 3 절 투자환경

3.1 금융자율화

금융자율화는 금융부문의 규제완화를 통해 금융시장의 경쟁을 촉진하고, 금융의 효율성을 높이려는 흐름이다. 금융자율화의 세계적 흐름은 금융부문의 규제완화를 통해 민간부문의 창의력을 유도하고, 경쟁을 촉진시켜 경제의 효율성을 높일 수 있다는 믿음에 근거하고 있다.

금융자율화는 금융소비자의 후생을 증대시키는 효과와 함께 금융기관 간에 치열한 경쟁을 촉발시키는 요인이 되고 있다. 금융규제의 완화는 신상품의 개발 및 금융혁신을 가속화시켜 소비자에게 다양하고 편리한 자금운용수단을 제공하고, 금융서비스를 보다 저렴한 비용으로 이용할 수 있는 기회를 증대시킨다. 기업에 대해서는 금융자율화가 금융시장의 효율성을 증대시켜서 다양한 형태의 자금조달을 가능하게 하고, 자금조달비용을 절감시키는 효과를 제공한다.

그러나 금융기관에게는 금융자율화가 경쟁을 격화시키고, 금융중개 마진을 감소시키는 요인이 될 수 있다. 금융시장에서의 경쟁 심화는 금융구조의 변화와 금융기관 간 차별화를 촉진시키고 있다. 이에 따라 금융기관 간 인수합병(M&A), 부실 금융기관의 퇴출, 대형 선도 금융기관의 출현, 틈새시장 특화 전문 금융기관의 발전 등이 확산되고 있다.

3.2 금융의 증권화

금융의 증권화(securitization)는 넓은 의미로는 금융거래에 있어서 증권을 매개로 하는 거래의 비중이 확대되는 현상을 말한다. 좁은 의미로는 금융기관이 보유하고 있는 대출채권 등과 같은 비유동적인 금융자산을 매매 가능한 증권 형태로 전환시키는 것을 말한다.

금융의 증권화는 1970년대 미국에서 시작하여 1980년대 이후 유럽, 일본 등으로 급속하게 확산되었다. 특히 1980년대 중반 이후 국제 금융시장에서 증권발행을 통한 자금조달이 증가하고, 대출자산의 증권화가 본격화되면서 더욱 확산되었다. 환율, 금리, 주가 등의 변동성이 증가함에 따라 위험회피 수단으로 변동금리채권이나 주식연계채권 등의 발행이 늘어나면서 국제 금융시장에서 증권발행에 의한 자금조달 비중이 대폭 증가하였다. 또한 미국을 중심으로 주택저당대출(mortgage loan)에 대한 대출채권의 유동화가 확산되었다.

이러한 금융의 증권화 현상은 저비용의 직접금융을 가능하게 하여 자금중개의 효율성을 증대시키는 효과를 가져왔다. 또한 증권을 중심으로 한 직접금융의 비중이 커짐에 따라 간접금융 중심의 금융기관들이 직접금융 업무에 진출하려는 유인이 증가하여 금융기관의 겸업화(universal banking) 현상이 진전되었다.

금융의 증권화는 금융의 글로벌화에도 큰 영향을 미치고 있다. 특정 국가에서 증권화된 자산은 그 국가의 자본시장에 머무르지 않고, 전 세계 자본시장에서 유동성을 갖게 된다. 이에 따라 각국의 자본시장은 전 세계 자본시장과 연계성을 갖게 됨으로써 금융의 글로벌화가 진전되고 있다.

3.3 글로벌화

금융기술의 발전과 금융규제의 완화 추세는 국가 간 경계를 허물고, 금융시장의 통합을 가속화시키고 있다. 이로 인해 각국의 금융시장은 하나의 시장으로 통합되고, 글로벌 금융서비스 공급자의 출현이 촉진되고 있다.

금융의 글로벌화는 국내 금융기관과 국제 금융시장 간의 연계성을 강화시키고 있다. 또한 위험 축소와 새로운 수익원 개발을 위한 국제적 분산투자의 확대, 조세 목적의 차익거래 증가, 외환 및 파생상품 거래의 급격한 증가 등 국제 금융시장의 성장을 촉진시키고 있다.

한편 금융시장의 글로화가 진전됨에 따라 각국 금융기관은 국제적 기준에 부합하는 제도와 관행을 갖추고, 국제 금융시장의 신뢰를 확보하는 것이 요구되고 있다. 금융시장의 통합에 따라 각국의 금융규제 및 감독체계는 글로벌 스탠더드(global standard)에 수렴하고 있다. 새로운 패러다임으로서 국제적 기준에 의해 평가받는 시장규율이 강화되고 있다.

3.4 금융혁신

정보통신 및 전자기술의 발달로 금융중개 비용이 크게 감소하고, 수요자의 다양한 요구에 부응하는 새로운 금융상품 개발이 가능하게 되었다. 정보의 디지털화, 금융거래의 전자화, 신상품개발 등 금융혁신이 가속화되고 있다.

금융자산에 대한 위험평가, 금융결제, 신용공여 기법 등이 급속히 발전하고, 홈뱅킹, 펌뱅킹, 홈트레이딩, POS(point of sale), EFT(electronic funds transfer), CMS(cash management service), 국내외 지급·결제 업무 등 다양한 금융업무가 단일 네트워크로 구축되고 있다.

또한 여러 행태의 상품을 결합하여 하나의 금융상품으로 만드는 금융상품의 통합(bundling)과 여러 성격을 지닌 하나의 금융상품을 각각의 독립된 별개의 금융상품으로 나누는 금융상품의 분할(unbundling)을 통해 다양한 금융상품을 만들어내고 있다. 고객들이 원하는 금융상품을 혁신적인 기법을 적용하여 신속하게 맞춤형으로 개발 가능하게 됨에 따라 고객요구에 부응하는 금융상품 개발이 활성화되고 있다.

전자상거래의 확산과 금융공학(financial engineering)의 발전은 금융거래를 점포 중심에서 고객중심으로 변화시키고 있다. 전자결제 및 인터넷 뱅킹 서비스가 확대되면서 점포망 확대라는 금융기관의 기존 전략이 사이버 공간을 활용한 사업전략으로 변화되고 있다. 고객들도 금융상품에 대한 정보를 쉽게 얻을 수 있게 됨에 따라 금리 및 수수료 등에 민감하게 반응하여 자금을 이동시키고 있다.

3.5 위험관리 및 금융감독 강화

금융자율화와 금융개방 추세에 따라 금융산업과 금융시스템의 안정성 제고를 위한 위험관리가 강화되고 있다. 금융시장의 자율화와 글로벌화로 금융시장의 효율성은 증진되고 있으나, 자금의 급속한 이동 등으로 인해 금융시스템과 금융시장의 불안정성이 증가되는 부작용도 발생하고 있기 때문이다. 1997년에 발생한 아시아의 외환위기, 2008년에 발생한 전 세계적인 금융위기는 이러한 현상의 대표적인 예라고 할 수 있다.

이에 따라 각 금융기관들은 시장위험, 신용위험, 유동성위험, 경영위험 등 제반 위험을 효율적으로 관리하기 위한 통합 위험관리시스템을 구축하고 있다. 금융당국도 금융부문의 위기에 대처할 수 있는 능력을 강화하기 위하여 건전성규제 및 감독체계를 정비하고 있다. 진입규제, 가격규제, 업무영역규제 등의 경쟁 제한적 금융규제는 대폭 완화되고, 거래자 보호, 금융시장의 안정성 제고 등을 위한 건전성 규제는 강화되는 추세이다.

1 다음 용어를 설명하라.

① 투자　　　　　　　　② 증권투자와 실물투자　　　③ 직접투자와 간접투자
④ 기관투자자와 개인투자자　⑤ 전문투자자와 일반투자자　⑥ 목표수익률
⑦ 위험수용도　　　　　⑧ 유동성　　　　　　　　　⑨ 자본배분
⑩ 자산배분　　　　　　⑪ 재무 내부장식　　　　　　⑫ 포트폴리오 수정

2 투자, 투기, 저축 등의 개념은 서로 어떻게 구분되는가?

3 투자의 3요소를 설명하라.

4 투자의 목표를 설명하라.

5 투자자의 제약조건이 투자 의사결정에 어떻게 작용하는가를 설명하라.

6 투자를 하나의 관리적 과정으로 볼 때 계획(plan), 실행(do), 통제(see)의 관점에서 투자과
정을 설명하라.

7 최근 전 세계적인 투자환경의 변화 흐름을 설명하라.

금융투자상품

이 장에서는 금융투자상품에 대해 설명한다. 일반적으로 금융상품은 자금의 거래와 관련된 권리를 내용으로 하는 무기명으로 양도할 수 있는 형태의 증서이다. 금융상품은 금융거래의 증거로 발행되는 증권의 형태를 가진다.

여기에서는 자본시장법에서 정하고 있는 금융투자상품의 엄밀한 정의와 분류에 대해 소개한다. 그리고 금융투자상품을 채권, 주식, 수익증권, 집합투자증권 등의 증권과 파생상품으로 분류하여 설명한다.

채권은 국가, 공공기관, 회사 등이 거액의 장기자금을 조달하기 위하여 발행하는 채무표시의 증권이다. 주식은 주식회사가 자기자본을 조달하기 위하여 발행하는 증권이다. 배당권, 투표권, 신주인수권, 잔여재산청구권 등의 권리를 모두 가진 주식을 보통주라고 한다. 배당 및 잔여재산에 대한 청구권은 보통주에 우선하지만, 의결권이 제한되는 주식을 우선주라고 한다.

수익증권, 투자계약증권은 집합투자기구가 집합투자업을 수행하기 위하여 발행하는 증권을 말한다. 파생상품은 기초자산에 대해 투자자가 행사할 수 있는 선택권이나 이행해야 할 의무를 조건부로 첨가하여 변형한 금융투자상품으로 선물, 옵션 등이 있다.

1.1 　 금융투자상품

일상의 경제활동에서 여러 가지 이유로 자신이 가지고 있는 것보다 많은 자금이 필요할 경우에 여유자금을 가진 다른 사람이나 금융기관으로부터 빌려 쓸 수 있다. 이때 누가 돈을 빌려주고, 누가 빌리고, 언제 얼마를 갚아야 하고, 갚지 못하면 어떻게 해야 하는지를 밝히는 계약서를 작성하는 것이 일반적이다.

계약 내용은 자금의 사용목적과 사용기간을 중심으로 당사자들의 입장에 따라 다양하게 구성될 수 있다. 돈을 빌려 쓰고 약속한 대로 나중에 갚아야 할 의무를 채무라 하고, 반대로 계약서에서 약속한 대로 투자자금과 그 대가를 돌려받아야 할 권리를 채권이라고 한다.

자금의 대차와 관련된 권리를 내용으로 하는 계약서를 무기명으로 양도할 수 있는 형태로 변형한 증서가 금융투자상품이다. 자본시장법에서는 금융투자상품에 대하여 엄밀하게 정의하고 있다.[1]

자본시장법에서는 금융투자상품을 '이익을 얻거나 손실을 회피하기 위하여 유상으로 취득한 권리이며, 이러한 권리로부터 취득한 투자성과가 투자원금에 미달할 가능성이 있는 것'이라고 정의하고 있다. 이러한 금융투자상품의 정의에는 이익을 얻는 목적 외에 위험을 회피하려는 목적으로 구성되는 권리를 포함하고 있다.

따라서 금융투자상품에는 자금조달의 수단으로 발행한 증권에 투자하여 그 발행자가 자금사용의 대가 또는 성과를 얻을 수 있는 채권과 주식 등의 증권, 기초자산의 위험 방어를 위한 수단으로 발행하는 선물과 옵션 등과 같은 파생상품이 포함된다.

---

1) 일반적으로 「자본시장과 금융투자에 관한 법률」을 약칭하여 자본시장법이라 한다. 이 법의 제3조에서 금융투자상품에 대하여 다음과 같이 정하고 있다.
　 제3조(금융투자상품) 금융투자상품이란 이익을 얻거나 손실을 회피할 목적으로 현재 또는 장래의 특정 시점에 금전, 그 밖의 재산적 가치가 있는 것(이하 '금전 등'이라 한다)을 지급하기로 약정함으로써 취득하는 권리로서, 그 권리를 취득하기 위하여 지급하였거나 지급하여야 할 금전 등의 총액(판매수수료 등 대통령령으로 정하는 금액을 제외한다)이 그 권리로부터 회수하였거나 회수할 수 있는 금전 등의 총액(해지수수료 등 대통령령으로 정하는 금액을 포함한다)을 초과하게 될 위험(이하 '투자성'이라 한다)이 있는 것을 말한다.

1.2 증 권

기업은 자본을 조달하는 수단으로 사채나 주식을 발행할 수 있다. 국가나 공공기관은 공공목적의 사업자금을 조달하기 위하여 국채 또는 공채라는 채권을 발행한다. 이러한 증권들은 미리 정해진 조건에 따라 소유자가 발행자에게 요구할 수 있는 청구권을 명시하고 있다. 이처럼 채권자의 채권이나 소유자의 재산권을 법적으로 명시한 증서를 증권(securities)이라고 한다.

투자자가 증권을 양도하면 재산권을 양도하는 것이 된다. 자금조달과 자금제공의 수단인 증권의 속성은 [그림 2-1]과 같이 표현할 수 있다. 증권시장에서 증권은 가격이 수시로 변동할 수 있고, 자유로이 거래되며, 투자원금의 손실 위험이 있는 지분증권인 주식과 채무증권인 회사채 등을 의미한다.[2]

일반적으로 투자의 대상이 되는 증권은 다음과 같은 성격을 가지고 있다.

첫째, 자본의 세분화이다. 거액의 자본을 필요로 하는 증권의 발행자는 조달자본을 소액의 증권으로 세분화함으로써 투자자로부터 자본조달이 쉬워진다. 소규모 자금을 가진 투자자의 입장에서도 증권의 가격이 소액이므로 투자규모를 쉽게 결정할 수 있다.

그림 2-1 증권의 속성

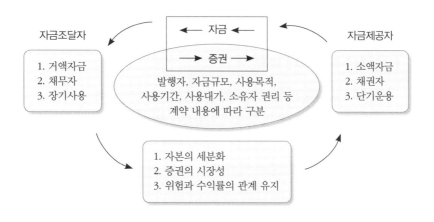

---

2) 자본시장법 제4조는 증권의 법률적인 정의, 증권의 여러 가지 형태나 내용 등에 대하여 정하고 있다. 자본시장법은 법제처 국가법령정보센터(www.law.go.kr), 한국거래소 홈페이지(www.krx.co.kr) 등에서 쉽게 검색, 확인할 수 있다.

둘째, 증권의 시장성(marketability)이다. 증권은 시장에서 유통이 가능하므로 투자자는 보유하고 있는 증권을 매도하여 현금화(유동화)할 수 있다. 이처럼 증권은 높은 시장성을 가지고 있으므로 시장성이 낮은 실물자산에 투자하는 것보다 투자원금을 회수하는 데 유리하다.

셋째, 증권의 위험과 수익률의 관계이다. 일반적으로 투자위험이 높은 증권은 이 위험을 보상할 만큼 수익률도 높으며, 반대로 투자위험이 낮은 증권은 수익률도 낮다. 한편 증권은 투자원금의 손실 위험이 있다.

제 2 절 채 권

채권(bond)은 국가, 공공기관, 회사 등이 장기자금을 대량으로 조달하기 위하여 발행하는 채무표시의 증권이다. 채권은 원칙적으로 약정된 기일에 이자를 지급하고 원금을 상환하는 약정에 따라 발행되기 때문에 고정수익증권(fixed income security)이라고도 한다.

2.1 채권의 분류

(1) 발행주체에 의한 분류

일반적으로 채권은 발행기관에 따라 국공채, 특수채, 회사채 등으로 나누어진다.

국공채(public bond)는 국채와 지방채를 통칭하는 말로서 국가나 지방공공단체가 국가의 정책 또는 공익사업의 자금을 조달하기 위하여 발행하는 채권을 말한다. 국공채는 채무불이행위험이 거의 없는 채권이므로 투자의 안정성이 높지만 수익률은 낮다.

국채(government bond)는 국가의 재정정책에 의하여 발행되는 채권으로 국고채권, 국민주택채권, 보상채권 등이 발행되고 있다.

지방채(municipal bond)는 지방공공단체가 교육, 교통, 수도 등의 공익사무에 필요한 자금을 조달하기 위하여 지방재정법에 의하여 발행하고 있다. 지방채는 국채에 비하여 규모가 작을 뿐만 아니라 유동성이 낮다. 우리나라에서 주로 발행되는 지방채에는 지역개발채권, 도시철도공채채권 등이 있다.

특수채(special bond)는 특별법에 의하여 설립된 특별법인이 정부의 보증 하에 발행한 채권을 말한다. 통화안정증권, 산업금융채권 등이 그 대표적인 예이다.

회사채(corporate bond)는 사채라고도 한다. 주식회사가 장기간에 걸쳐 거액의 자금을 차입하는 채무를 표시한 증권을 말한다.

(2) 이자지급 방법에 의한 분류

채권은 이자의 지급 방법에 따라 이표채, 할인채, 복리채 등으로 분류된다.

이표채(coupon bond)는 채권에 액면이자의 지급을 나타내는 쿠폰(이표)이 첨부되어 있는 것으로, 무기명채권(bearer bond)이라고도 한다. 이표채는 자유로이 매매할 수 있으며, 채권의 소유자가 바로 채권자가 된다.

할인채(discount bond)는 액면이자율을 시장이자율보다 낮게 책정하여 발행되는 채권이다. 우리나라에서 할인채를 발행할 때에는 만기까지의 이자를 액면가에서 할인하여 발행하는 경우가 많다. 이처럼 만기 시점에 액면금액을 채권의 소유자에게 지급하지만, 만기까지 이자는 전혀 지급되지 않는 채권을 순수할인채(zero coupon bond)라고 한다.

복리채(compound bond)는 매기에 지급될 이자가 채권의 만기까지 재투자된 다음, 만기 시점에서 채권의 원금과 이자가 일시에 상환되는 채권이다.

(3) 이자율 변동 여부에 의한 분류

채권은 액면이자율(표면금리, coupon interest rate) 변동 여부에 따라 고정금리 채권과 변동금리 채권으로 분류된다.

고정금리 채권(fixed rate bond)은 채권의 가장 기본적인 형태이다. 일정한 기간 간격으로 액면이자율에 따라 산출되는 액면이자를 지급하고, 만기에 액면가를 상환하는 채권이다.

변동금리 채권(floating rate bond)은 액면이자율이 기준금리에 연동되는 채권이다. 이러한 변동금리 채권은 최소 지급이자를 정해놓고 기준금리에 따라 액면이자율에 일정 비율을 조정하여 액면이자를 지급한다. 금리연동부 채권이라고도 한다.

(4) 담보에 의한 분류

채권은 보증과 담보의 상황에 따라 보증채권, 담보채권, 무담보채권 등으로 분류된다.

보증채권(guaranteed bond)은 국가, 금융기관, 관련회사 등 제3자가 발행자의 지불을 보증하는 채권이다. 담보채권(mortgage bond)은 발행자의 자산(특히 부동산)을 담보로 하여 발행되는 채권이다. 채권자는 발행자의 청산 시에 담보자산에 대해 우선적인 청구권을 행사할 수 있다.

담보채권(mortgage bond)은 담보의 형태에 따라 다시 폐쇄담보채권(closed-end mortgage bond), 개방담보채권(open-end mortgage bond), 제한담보채권(limited-end mortgage bond)으로 구분할 수 있다. 폐쇄담보채권은 동일한 담보물을 근거로 할 때에 1회만 발행이 가능한 채권이다. 개방담보채권은 담보총액을 분할한 다음, 이 분할된 담보를 기초로 하여 수회에 걸쳐 발행할 수 있는 채권을 말한다. 제한담보채권은 담보물의 가치에 일정한 비율의 한계를 정해 두고, 이 액수의 한도 내에서만 발행할 수 있는 채권을 말한다.

무담보채권(debenture)는 기업이 신용을 기초로 하여 발행하는 채권이다. 기업의 청산 시에 이 채권의 변제의무가 주식에 우선한다는 점에서는 다른 채권과 마찬가지다.

(5) 원금의 상환과 기타의 분류

채권은 원금의 상환기간과 방법에 따라 연속상환채권, 수의상환채권, 감채기금채권 등으로 분류할 수 있다. 그러나 채권의 원금은 일반적으로 만기에 전액 상환되는 것이 일반적이다. 이러한 채권을 만기전액상환채권이라고 한다.

연속상환채권(serial bond)는 동시에 발행하는 채권을 1년, 2년, 3년 등 연속적인 상환기간의 순서로 나누어 발행하는 채권을 말한다. 연속상환채권의 투자자는 각기 자기가 선호하는 상환기간을 선택하여 채권에 투자할 수 있는 장점이 있다.

수의상환채권(callable bond)은 발행자가 만기 이전이라도 채권의 액면가에 상환 프리미엄(call premium)을 가산한 상환가격(call price)으로 상환할 수 있는 권리를 갖는 채권이다. 발행자가 수의상환채권을 발행하면, 시장이자율이 하락할 때 이미 발행한 채권의 높은 이자부담을 줄이기 위하여 조기 상환을 할 수 있다.

감채기금채권(sinking fund bond)은 발행자가 채권을 일시에 상환할 때 발생할 수 있는 지불위험에 대비하여 사채의 만기 이전 또는 만기까지 총상환 금액을 일정하게 분할하여 수탁자에게 적립하도록 하는 채권을 말한다.

2.2 단기증권

단기증권(short-term security)은 증권에 명시된 만기가 1년 미만인 증권으로 단기 금융시장인 화폐시장(money market)에서 거래되는 증권이다. 화폐시장의 금융상품은 현금등가 증권이라고도 하는데, 단기간에 현금화가 되기 때문에 만기가 짧고 유동성이 매우 높다.

단기증권은 일반적으로 국가, 지방정부, 공공기관, 금융기관 그리고 기업 등, 신

표 2-1 우리나라의 주요 단기증권

구분		양도성 예금증서	기업어음	전자단기사채	환매조건부 매매
특징		은행의 단기 자금조달	기업 및 금융기관의 단기자금조달	기업 및 금융기관의 단기자금조달	금융기관간 자금조절, 금융기관의 단기자금조달
법적 성격		소비임치	약속어음, 채무증권	채권	증권매매
참가기관	자금조달 (발행) 기관	예금은행	기업, 금융기관, SPC	기업, 금융기관, SPC	• 기관간: 금융투자, 은행, 자산운용, 증권신탁, 증권금융 등 • 대고객: 은행, 금융투자, 증권금융, 종합금융, 체신관서 등
	자금운용 (매입) 기관	• 은행간: 은행 • 대고객: 금융기관, 기업, 개인	금융기관, 기업, 개인	금융기관, 기업, 개인	• 기관간: 금융투자, 은행, 자산운용, 은행신탁, 증권신탁, 증권금융 등 • 대고객: 금융기관, 기업, 개인
	중개기관	금융투자, 종합금융, 자금중개	금융투자, 종합금융, 자금중개	금융투자, 자금중개	한국거래소, 자금중개, 증권금융
만기		30일 이상	자유화	1년 이내	자유화
최저발행 (거래)금액		제한 없음	• 금융투자: 1억원 • 기타: 제한 없음	1억원	• 체신관서: 5만원 • 기타: 제한 없음
이자지급 방식		할인방식 선지급	할인방식 선지급	할인방식 선지급	만기일시 지급
중도환매		금지	제한 없음	제한 없음	제한 없음

출처: 한국은행(2016), 「한국의 금융시장」, p. 26.

용이 높은 자금조달기관이 발행하기 때문에 위험이 전혀 없거나 매우 낮은 증권이다. 단기증권으로는 단기국공채, 양도성예금증서, 기업어음, 전자단기사채, 환매조건부매매 등이 있다.

(1) 단기국공채

단기국공채는 국가 또는 지방공공단체가 재정정책에 의하여 발행하는 만기가 1년 미만인 채권을 말한다. 대표적인 단기국공채로는 정부가 발행하는 재정증권을 들 수 있다.

일반적으로 널리 알려져 있는 재정증권으로는 미국 재무부가 발행하는 Treasury bill(또는 T-bill)이다. T-bill은 단기국채로서 액면가를 할인하여 발행된다. 따라서 만기시점에 투자자는 액면가를 정부로부터 회수한다. T-bill은 다른 투자수단에 비하여 안정성이 높기 때문에 수익률이 낮은 특징이 있다. 그렇지만 정부가 발행한 증권이므로 유동성(시장성)이 높다는 장점을 가지고 있다.

우리나라에서는 국고금의 출납과 통화관리의 정책을 효율적으로 수행할 목적으로 재정증권을 할인 발행할 수 있도록 하고 있다.[3] 그리고 한국은행에서 발행하는 통화안정증권 중에서 만기가 1년 미만인 것은 단기국공채에 해당한다고 할 수 있다.[4]

(2) 양도성예금증서

양도성예금증서(negotiable certificates of deposit, CD)는 금융기관이 정기예금에 대하여 발행하는 예금증서로서 제3자에게 양도 가능한 것이다. CD는 정기예금 채권자가 은행에 대해 가지는 채권을 예금증서의 수수를 통해 양도할 수 있도록 한 것이다.

CD는 은행과 예금자 간의 관계에서 예금을 수취하고 증서를 교부한다는 점에서 일반적인 소비임치의 성격을 가지고 있다. 그렇지만 CD는 예금증서의 수수를 통해 양도가 자유롭다는 점에서 무기명 채권의 특성도 가지고 있다. 그리고 CD는 권리의 이전과 행사에 권리증서가 필요하다는 점에서 증권의 성격도 가지고 있다.[5] 다만 은행이 일반 고객을 상대로 하여 발행하는 CD는 유사한 성격을 갖고 있는 환매

---

3) 재정증권의 발행 등에 관해서는 국고금관리법 제33조에서 정하고 있다.
4) 통화안정증권의 만기는 14일에서 최장 2년까지 11종으로 정형화되어 있으나 182일물, 364일물, 546일물 그리고 2년물이 주로 발행되고 있다.
5) 자본시장법에서는 양도성예금증서(CD)를 금융투자상품에서 제외하고 있다. 이는 CD를 은행상품으로 규제하기 위한 것이다.

조건부매매나 표지어음과는 달리 한국은행법상 예금 채무에 해당되어 지급준비금 적립 의무가 부과된다.

CD의 발행은 무기명 할인발행 방식으로 이루어진다. CD의 취급기관은 한국은행에 예금지급금 예치 의무가 있는 모든 금융기관이 된다. 다만 자기 은행이 발행한 CD를 만기 이전에 취득할 수는 없다. 또한 한국은행에 지급준비금 예치 의무가 있는 금융기관을 상대로 하여 발행된 CD를 지급준비금 예치 의무가 없는 개인이나 법인에 양도할 수도 없다.

CD의 최장 만기에 대한 제한은 없지만, 최단 만기가 30일로 제한되어 있다. 실제 거래는 3개월물과 6개월물이 주종을 이룬다. CD는 만기 이전에 환매할 수 없지만, 양도는 할 수 있으므로 만기 이전에 현금화하고자 하는 경우에는 중개기관을 통해 매도하면 된다.

CD는 할인방식으로 발행되므로, 발행자는 할인액을 공제한 금액을 수취한다. CD에 적용되는 이자율은 시장이자율이나 발행금액, 만기까지의 기간 등을 고려하여 발행자가 결정한다. 발행자의 신용도에 따라서 이자율 수준이 달라진다.

(3) 기업어음

기업어음(commercial paper, CP)은 신용상태가 양호한 기업이 단기자금을 조달하기 위하여 발행하는 만기 1년 이내의 약속어음이다. 기업어음은 상거래와 관계없이 단기자금 조달을 목적으로 발행하기 때문에 상업어음(commercial bill)과는 구별된다.

주식이나 회사채의 발행은 상법, 자본시장법 등에 의해 이사회의 결의, 발행기업 등록, 유가증권신고서의 제출 등 복잡한 절차가 필요하지만, CP는 어음법상의 요건만 충족하면 손쉽게 발행할 수 있다. 이처럼 CP는 발행절차가 간편하고 담보 없이 신용으로 발행되기 때문에 기업의 단기자금 조달에 중요한 역할을 한다.

CP는 액면금액을 할인하여 매출하고, 이자율(할인금리)은 발행기업의 재무구조, 신용상태, 평판 등에 따라 차이가 발생할 수 있다. 일반적으로 신용등급이 높은 기업일수록 안정성이 높기 때문에 CP의 이자율이 낮아지는 경향이 있다. 따라서 기업의 신속한 단기자금 조달수단으로 사용되며 은행대출에 비하여 이자율 면에서 유리하다.

CP의 할인과 매출은 주로 종합금융회사와 금융투자회사 등이 담당하고 있다. CP는 발행단위가 거액이고 예금자보호 대상에 포함되지 않기 때문에 개인투자자는 매수를 기피하고, 자산운용회사의 MMF(money market fund), 종합금융회사, 은행

신탁, 증권신탁 등의 기관투자자들이 CP를 주로 매수하고 있다.[6]

(4) 전자단기사채

전자단기사채는 실물이 아닌 전자적으로 발행되어 유통되는 사채권을 말한다.[7] 전자단기사채의 법적 성격은 사채권이지만 경제적 실질은 기존의 기업어음(CP)과 동일하다.[8] 다만 기업어음은 실물로 발행되어 유통되지만 전자단기사채는 실물 없이 중앙등록기관인 전자 장부에 등록(book-entry)되는 방식으로 발행되고 유통된다는 점에서 차이가 있다.[9]

(5) 환매조건부매매

환매조건부매매(repurchase agreement, RP, Repo)는 미래 특정시점 또는 거래당사자 중 일방이 통지한 시점에 특정가격으로 동일한 증권을 다시 매수 및 매도할 것을 약정하고 이루어지는 증권의 매매거래를 말한다. RP는 채권의 매도와 환매라는 두 거래가 하나의 거래로 구성되어 있는 단기증권이다. 증권을 매도하여 자금을 조달하는 측에서는 'RP 거래를 한다'고 하고, 증권을 매입하여 자금을 투자하는 측에서는 '역(Reverse) RP 거래를 한다'고 표현한다.

RP는 형식은 채권의 매매이지만, 경제적으로는 단기자금의 대차거래로서 단기자금을 운용하고 조달하는 금융수단이라고 할 수 있다. RP 매도자는 장기적으로 증권을 보유하면서 단기적으로 자금을 조달하여 이용할 수 있게 된다. RP 매도자의 입장에서 보면, 보유중인 증권을 이용하여 무담보 자금거래에 비하여 상대적으로 낮은 이자율로 자금을 조달하여 일시적인 자금수요를 충당할 수 있다. RP 매수자의 입장에서 보면, RP는 투자기간이나 투자금액을 자유롭게 조절할 수 있는 장점이 있다. 또한 자금공여의 대가로 우량한 증권을 담보로 확보하여 거래상대방 위험이나 증권의 시장가치 변동에 따른 위험을 회피할 수 있다.

RP의 거래는 증권의 매매로 보지 않고 담보부 자금거래로 간주하여 증권거래세나 자본이득세를 부과하지 않는다. 증권의 소유권은 일단 매수인에게 이전되지만, 증권의 이자 수취권은 이전되지 않고 증권의 원소유자에게 귀속된다.

---

6) 한국은행(2016), 「한국의 금융시장」, 117-118.
7) 전자단기사채 등의 발행 및 유통에 관한 법률(전자단기사채법) 제2조에서는 전자단기사채를 자본시장법 제4조 제3항에 따른 사채권으로 규정하고 있다.
8) 전자단기사채는 기업어음을 대체하기 위해 2013년 1월 15일 도입된 제도이다.
9) 등록이라 함은 전자단기사채에 대한 권리내용을 관련 계좌에 전자적 방식으로 기록하는 것을 의미한다. 이렇게 등록된 자는 해당 전자단기사채에 대한 권리를 적법하게 가지는 것으로 간주된다.

RP는 거래기간 중에 증권의 시장가치 변동에 따라 증거금이 유지되고, 거래상대 방에 의한 계약불이행이 발생하는 경우 환매절차를 거쳐 거래는 종료된다. 매도자 는 매도증권을 매매거래의 계약에 따라 다른 증권으로 대체할 수 있다. 매수자는 매입증권의 발행자에게 부도 등이 발생한 경우 매매거래의 계약에 따라 다른 증권 으로 교환하도록 요구할 수 있다. 매수인은 매입증권으로부터 발생하는 이자, 배당 금 등 모든 수익을 환매일에 매도자에게 지급해야 한다.

제3절 주 식

3.1 기업의 자본조달수단

기업은 자금을 조달할 때 지분증권인 주식이나 채무증권인 회사채를 발행할 수 있다. 이를 통해 조달된 신규자금은 신제품의 연구개발이나 새로운 공장건설, 신규 설비조성 등과 같은 특정한 목적을 위해 사용된다.

주식(stock)을 매입하는 것은 기업의 주주가 된다는 것을 의미한다. 기업에 대 한 소유권(ownership)을 취득하는 것을 기업의 지분(equity)을 소유하는 것이라고 한다. 지분비율은 기업이 발행한 총 주식 중에서 주주가 보유하는 주식 소유비율을 나타낸다.

기업의 소유자로서 주주는 배당 등의 형태로 이익 중에서 지분비율 만큼 성과를 배분받을 권리를 가진다. 또한 주가 상승을 통하여 기업성장으로 형성된 이득을 얻 을 기회를 가진다.

기업이 자금을 조달하기 위한 방법으로 주식을 발행할 것인지, 혹은 회사채를 발 행할지에 대한 선택은 기업의 재무 상황과 전반적인 경제 상태에 달려 있다. 일반 적으로 자금조달 방법을 결정할 때 고려되는 요인은 자본비용 수준, 재무구조, 그리 고 현행 대주주의 지배권의 규모 등이다.

3.2 주식의 종류

(1) 보통주

지분증권을 발행하기로 한 기업은 통상 보통주(common stock)를 발행한다. 보통주는 주주가 가진 각종 권리, 즉 의결권, 배당 및 잔여재산청구권, 신주인수권 등을 평등하게 가진 주식이다. 이익배당이나 잔여재산청구권 등의 권리에 차이가 있는 다른 주식과 구별하는 상대적인 의미에서 보통주라고 부른다.

보통주는 기업이 발행하는 증권 중에서 가장 널리 거래되고 있다. 보통주의 거래가 활발한 것은 투자대상으로서 보통주에 대한 일반투자자의 수요가 많고, 소유권 이전이 쉽기 때문이다.

주식회사가 발행할 주식과 관련되는 내용은 상법 제289조(정관의 작성, 절대적 기재사항)에 명시되어 있다. 회사가 발행할 주식의 총수, 1주의 금액, 회사의 설립 시 발행하는 주식의 수 등은 회사의 정관에 명시되어야 한다. 회사가 발행할 주식의 총수는 수권주식(authorized shares) 수 이내이다. 회사의 설립 시에 발행하는 주식의 총수는 수권주식의 4분의 1 이상이어야 한다. 설립 시 발행되는 주식수에 1주의 액면금액을 곱한 총금액이 주식회사의 자본금이 된다.

기업이 정관에 기입하는 1주의 가격은 보통주의 액면가(par value)라고 한다. 주식에 이러한 액면가를 명시하지 않을 수도 있는데, 이러한 주식을 무액면주라고 한다. 액면가는 발행기업의 회계목적상 자본금 계산과 기타의 계산에 이용되고 있다. 주식의 액면가에 발행주식수를 곱한 금액이 자본금이 된다.

보통주를 신규로 발행할 때 적용되는 공모가격은 은행, 금융투자업자 등의 인수 기관에 의하여 설정된다. 신주의 가격을 설정하는 데 있어서 인수자는 유사 기업의 주가와 이익, 회사가 조달하는 자금규모, 투자자에게 매도될 주식의 수, 과거의 기업성과, 미래의 예상 배당 등을 고려한다.

공모가격으로 투자자에게 매각된 주식은 자본시장에서 거래가 이루어진다. 이때 시장가치(market value) 또는 시장가격(market price)은 시장에서의 수요와 공급에 의하여 결정된다. 기업의 배당 감소 혹은 매출액 감소 등으로 주식투자성과에 대해 신뢰가 상실되면, 매도물량이 증가하여 시장가격은 하락할 수 있다. 역으로 투자자들이 투자성과에 대해 신뢰감을 갖게 되면, 매수수요가 증가하여 시장가격은 상승할 수 있다.

(2) 우선주

우선주(preferred stock)는 보통주와 비교하여 기본적으로 두 가지 우선적인 특징을 가지고 있다. 첫째, 기업은 보통주 주주에게 배당을 지급하기 전에 우선주 주주에게 우선적으로 배당을 지급하여야 한다. 둘째, 기업이 파산하면 기업의 자산에 대한 우선주 주주의 청구권이 보통주 주주의 청구권보다 앞선다.

우선주는 지분증권의 범주에 포함되고 있지만, 보통주와 채권의 특징을 부분적으로 함께 갖추고 있다. 우선주는 보통주처럼 기업의 소유권을 표시하지만, 우선주 주주는 보통주 주주와 달리 의결권을 가지지 않는다. 기업은 경우에 따라서 우선주 주주에게 특정한 조건에서 의결권을 허용하기도 하지만, 일반적으로 우선주 주주는 기업의 경영에 대하여 의결권이 없다.[10]

우선주 주주는 신주인수권도 가지지 않는다. 회사는 추가로 발행하는 신규증권을 일반투자자에게 매출되기 전에 기존 우선주 주주에게 이를 먼저 인수할 권리를 제공할 필요가 없다.

보통주와 같이 우선주는 배당받을 권리가 부여되어 있다. 배당금액과 비율은 우선주가 발행될 때 정해진다.[11] 배당지급 금액은 우선주가 발행되어 있는 한 변경되지 않고 일정하다. 투자자가 받는 배당금액은 고정금액 혹은 비율에 기초하여 계산된다. 채권에 대해 지급하는 이자처럼 연간 배당금액은 액면가의 일정 비율이다. 그래서 우선주의 액면가는 채권에서와 같이 매우 중요하다.

발행 시점에서의 고정 배당 금액과 비율은 발행자의 재무상태를 반영하여 결정된다. 일반적으로 우선주 배당률은 기업의 위험을 반영하기 때문에 무위험수익률보다 높게 설정된다.

우선주의 시장가격은 일반적으로 보통주에 비하여 더 안정적인 것으로 생각되지만, 시장이자율의 변동에 매우 민감하게 반응한다. 시장이자율이 상승하면 고정배당을 지급하는 우선주의 시장가치는 하락한다. 역으로 시장이자율이 하락하면 우선주의 시장가치는 상승한다.

---

10) 우리나라에서 우선주는 상법에 규정된 권리 내용을 기초로 발행되고 있는데, 우선주와 관련된 법의 개정으로 그 특성에 차이가 생기게 되었다. 우선주 권리내용에 따라 1995년 12월 상법 개정 이전의 법으로 발행된 우선주를 '구형우선주'라 하고, 개정법으로 발행된 우선주를 '신형우선주'라 한다. 구형우선주는 보통주보다 1% 높은 배당률, 무의결권, 배당 비누적성, 무상환 등 보통주형 우선주라고 할 수 있다. 신형우선주는 최저배당률, 무의결권, 배당 누적성, 전환권 내지 상환권 등 회사채형 우선주의 특성을 지니고 있다.

11) 우리나라의 경우 우선주 발행시에 정관에 의거하여 최저배당률을 정하도록 되어 있다(상법 제344조 제2항).

기업이 재무적인 곤경에 처하면, 이사회는 모든 배당지급을 일시 정지시키거나 부분지급만 결의할 수도 있다. 이럴 경우에 현행 주주들은 우선주를 매각하려 할 것이고, 동시에 신규 매수자들은 다른 기업의 주식을 사려고 할 것이다. 이런 결과로 우선주의 시장가격은 하락하게 된다.

우선주는 배당지급이 보통주에 비해 우선되고, 배당지급 금액이 미리 결정되어 있기 때문에 원금과 배당의 안전성을 추구하는 투자자에게 적합한 증권이다. 그러나 우선주는 보통주에 비해 거래가 활발하지 않아 유동성이 낮은 특징이 있다.

① 누적우선주

누적우선주는 특정 영업연도의 배당이 소정의 우선배당률에 도달하지 못하였을 때, 그 미지급 배당금을 누적해 두었다가 이후에 지급하는 우선주를 말한다. 주주는 다음 기에 보통주 주주에게 배당이 지급되기 전에 먼저 현재까지 누적된 배당을 받을 권리를 가진다. 대부분의 경우에 이러한 누적된 배당금은 지급받을 수 있게 된다. 그렇지만 대부분의 우선주는 누적의 특징이 없이 발행되고 있다. 이런 누적의 특징이 없는 우선주를 비누적우선주라고 한다.

② 전환우선주

전환우선주는 특정한 조건(전환조건)에 따라 다른 증권으로 바꿀 수 있는 권리가 부여되어 있는 우선주이다. 전환우선주는 우선주 발행기업의 보통주로 전환되는 것이 일반적이다.[12] 우선주가 발행된 뒤 특정한 기간에 전환비율에 따라 우선주 주주의 선택에 의하여 전환된다. 전환비율은 우선주의 발행 시에 결정된다. 전환되는 때의 우선주 혹은 보통주의 시장가치에 의하여 변화되지 않는다.

전환우선주의 시장가치(1주의 우선주 시장가격)가 전환대상인 보통주의 총시장가치(＝전환비율×1주의 보통주 시장가격)와 같을 때를 패리티(parity, 동량가치 혹은 등가가치)라고 한다. 전환우선주의 전환가치(보통주의 총시장가치)가 패리티를 초과할 경우 전환권을 행사하면 이익을 얻을 수 있다. 보통주의 주가 상승과 배당지급으로 계산된 수익률이 우선주의 수익률을 초과할 때 전환하는 것이 유리하다.

---

12) 보통주로 전환되는 우선주로는 신형우선주도 있다. 신형우선주는 최저배당률과 존속기간이 정해져 있다는 점에서 기존의 우선주와 구별된다. 존속기간 경과 후에는 자동으로 보통주로 전환된다는 점에서 주주 권리행사에 의해 보통주로 전환되는 전환우선주와 차이가 있다.

③ 수익상환우선주

일반적으로 증권발행기업이 투자자에게서 발행증권을 만기 이전에 재매수하여 액면가를 상환할 수 있는 선택권을 발행기업에 부여한 증권을 수익상환증권이라고 한다. 이러한 상환 선택권이 첨가되어 있는 우선주를 수익상환우선주라고 한다.

발행기업만 상환 선택권을 가지므로 기업은 발행 우선주의 고정 배당률보다 시장이자율이 현저히 낮을 때 상환조항에 따라 상환하려 할 것이다. 이때 낮은 자본비용을 지급하는 다른 증권을 발행하여 자금을 조달하고,[13] 이 자금으로 우선주를 상환하는 방식을 취한다. 고배당 우선주를 상환함으로써 기업은 자본비용을 낮추는 효과를 얻을 수 있다. 반면에 투자자는 높은 배당소득을 얻을 기회를 상실하게 되므로 손실을 입게 된다. 따라서 투자자의 소득 손실을 보상하기 위해 상환 프리미엄을 지급하는 것이 일반적이다.

3.3 주주의 권리

보통주를 매입한 소유자는 발행기업의 주주(shareholder)로서의 권리를 부여받는다. 주권을 양도(다른 사람에게 이전)하는 것이 쉽다는 것과 아울러 기업지분의 소유자로서 주주에게 부여되는 많은 혜택 때문에 보통주는 여러 가지 증권 중에서 매력적인 투자수단이 되고 있다.

(1) 배당받을 권리

보통주에는 배당받을 권리가 부여되어 있다. 배당은 일반적으로 현금으로 기간을 정하여 지급된다.[14] 배당은 기업의 이사회와 주주총회에서 결정된다. 채권에 대하여 정기적으로 이자를 지급하는 것과 같이 회사가 정기적으로 배당을 지급할 필요는 없다.

기업이 채권에 대해 이자를 지급하고, 법인세를 납부하고, 그리고 우선주에 대해 배당을 지급하고 난 이후에 남은 이익에서 보통주의 현금배당을 실시한다. 배당 규모는 기업의 현금유보, 기업의 명성, 배당지급에 관한 경영철학 등에 의해 결정된다. 역사가 오래되고 시장지배력이 있으며 경영활동이 안정적인 회사는 정기적이고 높은 수준의 배당을 지급하는 경향이 있다.

---

13) 기존의 증권을 상환하기 위하여 새로운 증권을 발행하는 것을 차환발행이라고 한다.
14) 기업이 현금배당 대신에 주주에게 기업의 잉여자금으로 추가 주식을 발행하여 주는 주식배당을 선택할 수도 있다.

한편 이미 성장할 만큼 충분히 성장한 기업은 투자자에게 기업성장을 통한 주가 상승으로 자본이득 기회를 제공하기 어렵다. 이런 주식을 가치주(value stock)라고 한다. 이러한 기업은 투자자에게 배당지급을 통하여 보통주를 매력적인 투자대상으로 만들기도 한다.

성장기 산업에 속하는 기업들은 일반적으로 배당이 적게 지급되는 경향이 있다. 이러한 기업은 주주에게 배당으로 지급되어야 할 이익을 유보하고, 연구개발이나 공장 증설에 재투자한다. 이런 주식을 성장주(growth stock)라고 한다.

전반적으로 성장주는 가치주보다 더 빨리 주가가 상승하는 경향이 있다. 자본가 치의 증가에 관심이 있는 투자자는 성장주가 매력적이라고 생각할 것이다. 그러나 성장주는 주가 상승이 빠르지만, 주가 하락에 따른 손실의 가능성도 높아 투자와 관련하여 위험이 크다고 할 수 있다.

배당을 받기 위해서는 이사회가 배당을 선언하고 배당받을 자격을 가지는 주주 명부를 작성하기 전에 주주로서의 자격을 갖추고 있어야 한다.

(2) 투표권

보통주에는 주주총회에서 투표할 권리(voting rights)가 부여되어 있다. 투표권은 보통주만의 고유한 특징이며, 보통주를 의결권주라고도 한다. 일반적으로 1주의 보통주에 1개의 의결권이 부여된다.

이러한 권리 때문에 보통주 주주는 기업의 경영과 정책에 대하여 통제권을 가진다. 주주들은 주주총회에 참석하여 정관 변경, 신주 발행, 재조직, 합병, 전반적인 기업성과 검토, 이사의 선출 등을 포함한 광범위한 사항을 결정한다.

보통주 주주의 의결권 행사는 주주총회에서 이루어진다. 그러나 대부분의 소액 주주들은 주주총회에 참석하지 않는 경우가 많다. 주주는 대리(proxy)를 통하여 제 3자에게 투표권의 행사를 위임할 수 있다.

보통주 주주가 이사회 구성과 관련하여 총회에서 이사 선출을 위한 투표권을 행사하는 방식은 두 가지가 있다.

① 전통적 방법

전통적인 방법은 주주총회의 의결방식에 따라 의결권이 있는 주식 총수의 과반수가 의결에 참가하여 각 이사후보에 대해 과반수의 찬성으로 이사를 선임하는 방식이다.

전통적인 방법의 예를 들어 보자. 기업의 이사회에 3명의 공석이 있어 이사를 선출해야 하는데 10명의 후보가 나섰다고 하자. 그리고 어느 보통주 주주가 100주권을 소유하고 있을 때, 이 주주는 이사선출 시 이사후보 10명의 각각에게 100개의 찬반 투표권을 행사할 수 있다. 이 때 과반의 찬성 투표권을 획득한 이사후보는 이사로 선출된다. 따라서 대주주 의결권의 영향력이 절대적으로 크고, 소액주주의 투표권은 이사선출시 의결권으로서 실질적인 역할을 하지 못할 가능성이 높다.

② 집중투표

집중투표제(cumulative method)는 주주가 원하는 대로 투표권을 모으거나 나누어서 투표할 수 있는 방법이다.[15] 상법의 집중투표 조항에 따르면, 각 주주는 보유 주식수에 선임할 이사수의 배수(=보유 주식수×선임할 이사수)만큼 의결권을 가지며, 이 의결권은 이사 후보자 1인 또는 수인에게 집중하여 투표할 수 있다.

앞의 예와 같은 경우에 이 주주는 300개의 투표권(=100주×3명)을 행사할 수 있다. 이때 이 주주는 한 후보에게 300개의 투표권 전부 행사할 수도 있고, 두 후보에게 150개씩의 투표권을 행사할 수도 있다. 혹은 한 후보에게 200개 다른 후보에게 100개 등으로 모으거나 나누어 투표할 수 있다. 다수의 득표를 한 순서대로 3명의 이사가 선출된다. 이 방법은 소액주주에게 기업경영에 참여할 수 있는 기회를 준다는 장점이 있다. 즉 소액주주들의 이해에 관심을 가질 수 있는 한 후보에게 집중투표하여 이사로 선출되게 할 수 있다.

(3) 신주인수권

기업의 정관에 따라 신주가 발행될 때 기존 보통주 주주들은 발행주식의 비례 소유권을 유지하기 위한 권리를 갖는다.[16] 이런 권리를 신주인수권(preemptive right)이라고 하며, 기업은 신주를 기존 주주에게 먼저 제공하여야 한다.

(4) 유한책임과 기업의 잔여재산청구권

기업의 파산이나 경영실패 등으로 인한 주주의 최대 손실액은 주식 매입을 위하여 지불한 금액으로 한정된다. 기업, 기업에 대출한 금융기관, 기업과의 거래관계를 갖는 다른 회사 혹은 채권자들 중 어느 누구도 주주의 개인 자산에 대한 청구권을 가지지 못한다. 이와 같이 주주가 가지는 기업경영에 대한 책임한계를 주주의 유한책임(limited liability)이라 하며, 주식회사 제도의 가장 큰 특징이다.

---

15) 상법 제382조의 2(집중투표)를 참고하라.
16) 상법 제418조를 참고하라.

한편 회사가 파산하면, 기업의 잔여재산에 대하여 주주는 청구권을 가진다. 이 청구권은 다른 유형의 발행증권과 채권자보다 우선순위가 낮은 최후의 잔여재산청구권이다. 기업이 해산될 때 일반적으로 청구권의 우선순위는 다음과 같다.

ⓐ 종업원 임금과 세금
ⓑ 보증사채의 채권자
ⓒ 일반채권자, 무보증채권자
ⓓ 우선주주
ⓔ 보통주주

이 밖에 상법에 명시되고 있는 주주의 권한에는 주주제안권(제363조의 2), 소수주주에 의한 임시총회소집청구권(제366조) 등이 있다.

제 4 절 파생상품

주식과 채권 등은 기초증권(underlying security) 또는 기초자산(underlying asset)이라고 한다. 이러한 기초증권에 대하여 투자자가 행사할 수 있는 선택권이나 이행해야 할 의무를 조건부로 첨가시켜 변형한 증권을 파생상품(derivatives) 또는 조건부 청구권 증권(contingent claims)이라고 한다. 파생상품에는 선물, 옵션 등이 있다.

4.1 선 물

선물(futures)은 특정 기초자산을 미리 정해진 기간에 정해진 가격으로 표준화된 계약조건에 따라 인수도하기로 약정한 계약을 말한다. 선물은 옵션과 달리 계약 당사자의 권리와 의무를 나타내는 계약이다. 선물거래는 기초자산의 매입자 또는 매도자와 거래소간의 계약으로 이루어진다.

선물은 크게 금속, 에너지, 곡물, 대두제품, 가축 등을 기초자산으로 한 상품선물과 주가지수, 금리, 외환 등을 기초자산으로 한 금융선물로 분류할 수 있다.

현재 우리나라는 선물시장에서 KOSPI 200지수와 코스닥 150지수, 유로스톡 50지수 등을 기초자산으로 하는 주가지수선물, 개별주식에 대한 선물거래가 이루어지고 있다. 또한 3년, 5년, 10년의 국채를 기초자산으로 하는 금리선물, 미국 달러, 일본 엔, 유로, 위안 등을 기초자산으로 하는 통화선물이 거래되고 있다. 더 나아가 금, 돈육 등을 기초자산으로 하는 상품선물도 거래되고 있다.

4.2 옵 션

옵션은 미래의 시점에서 미리 정해진 행사가격(exercise price)으로 기초자산을 매입하거나 매도할 수 있는 선택권을 약정한 계약을 말한다. 따라서 옵션의 소유자는 선택권을 행사할 수 있는 권리를 소유하고 있다.

옵션은 기초자산을 매입할 수 있는 선택권인 콜옵션(call option)과 매도할 수 있는 선택권인 풋옵션(put option)으로 구분된다. 또 옵션은 기초자산에 따라 주식옵션, 주가지수옵션, 통화옵션, 선물옵션 등으로 분류된다.[17] 현재 우리나라 옵션시장에서는 KOSPI 200지수를 기초자산으로 하는 주가지수옵션거래, 우량 개별기업의 주식을 기초자산으로 하는 주식옵션, 그리고 미국 달러를 기초자산으로 하는 통화옵션거래가 이루어지고 있다.

4.3 옵션내재증권

채권이나 우선주 등의 증권에 옵션의 특성을 첨가한 형태의 증권을 발행하여 거래할 수 있다. 이러한 증권을 옵션내재증권(option embedded securities)이라고 한다. 이러한 옵션내재증권에는 전환증권과 신주인수권부사채 등이 대표적이다.

(1) 전환증권

전환증권(convertible security)은 소유자가 발행기업의 보통주로 전환할 수 있는 선택권이 부여되어 있는 증권이다. 전환증권에는 전환우선주(convertible preferred stock)와 전환사채(convertible bond)가 있으나 주로 전환사채가 대종을 이루고 있다.

---

17) 한국거래소의 「파생상품시장 업무규정」 참조, 한국거래소 홈페이지(www.krx.co.kr)에서 검색 가능함.

전환우선주는 보통주로 전환할 수 있는 증권이다. 전환사채는 우선주와 보통주로 전환할 수 있는 증권이나, 대개의 경우 보통주로 전환한다. 그리고 전환증권이 일단 보통주로 전환하고 나면 원래의 증권으로 재전환은 불가능하다.

이러한 전환증권은 보통주의 가격이 상승하면 전환증권의 가격도 같이 상승하는 성격을 가지고 있다. 시장이자율이 낮아져도 이 증권(전환사채)은 약정된 수익을 지급받을 수 있으므로 투자자에게 유리한 증권이다.

(2) 신주인수권부사채

신주인수권부사채(bond with warrants)는 지정된 기간에 정해진 행사가격(exercise price)으로 일정한 수의 보통주를 매입할 수 있는 선택권(option), 즉 신주인수권이 부여된 사채이다. 이 사채는 사채권자가 신주인수권을 행사하여도 사채권자의 지위를 상실하지 아니한다.

신주인수권부사채는 기업의 사채발행을 촉진시키는 방편으로 발행되기도 한다. 다시 말해서 평상시에는 특정 회사의 회사채에 별로 투자를 원하지 않거나 그 기업의 보통주를 매수할 입장에 있지 않던 투자자도 그 기업이 신주인수권부사채를 발행하면, 미래에 그 기업의 주식을 소유할 목적으로 신주인수권부사채를 매입하는 경향이 있다.

신주인수권부사채는 분리형과 비분리형으로 구분된다. 분리형 신주인수권부사채는 사채권을 나타내는 채권과 신주인수권을 나타내는 신주인수권증권(warrants)을 분리하여 양도할 수 있게 한 것이다. 비분리형 신주인수권부사채는 사채권과 신주인수권을 분리하여 양도할 수 없게 한 것이다.

제 5 절 **집합투자의 개념과 수익증권**

5.1 집합투자

수익증권을 실제적으로 이해하기 위하여 우리나라의 관련법을 먼저 이해할 필요가 있다. 자본시장법은 금융투자업을 여섯 가지로 구분하고 있다.[18] 그 중에 집합투자업에 관련된 내용을 살펴보면, 집합투자는 '2인 이상에게 투자권유를 하여 모은 금전이나 여유자금을 투자자 또는 각 기금관리주체로부터 일상적인 운용지시를 받지 아니하면서 재산적 가치가 있는 투자대상자산을 취득·처분 등의 방법으로 운용하고, 그 결과를 투자자 또는 각 기금관리주체에게 배분하여 귀속시키는 것'이라고 하고 있다. 이 같은 집합투자는 투자자의 입장에서 볼 때 간접투자가 된다.

집합투자를 수행하는 기구를 집합투자기구라고 한다. 집합투자기구는 신탁형태의 집합투자기구(투자신탁), 주식회사형태의 집합투자기구(투자회사) 등이 있다.[19]

5.2 수익증권

일반적으로 투자신탁계약의 당사자는 위탁자, 수익자, 수탁자 등이다. 위탁자(trustor)로서 집합투자업자는 수익자(beneficiary)인 일반투자자에게서 투자자금 즉 펀드를 모은 다음 이것을 수탁자(trustee)인 신탁업자에게 신탁하여 관리한다. 신탁업자는 이 자금을 집합투자업자의 운용지시에 따라 여러 증권에 직접 투자하여, 그 수익을 투자자에게 배분한다. 우리나라에서는 신탁업의 인가를 받은 금융회사가 위탁자와 신탁계약을 맺고, 투자자로부터 예탁을 받은 펀드를 보관·관리하고 있다.

신탁업자는 금전신탁계약에 의한 수익권을 표시한 수익증권을 발행할 수 있다.[20] 이때 수익증권은 무기명으로 발행되지만 수익자인 투자자가 요구할 경우 기명식으로 발행할 수 있다.

금융투자회사는 집합투자증권인 수익증권을 투자자에게 판매한다. 이 증권의 소유자인 일반투자자는 펀드의 투자성과에 따라 이익을 배분받게 된다. 이 증권은 환매를 통하여 투자자금을 회수할 수 있으며, 증권시장에 상장되어 있는 수익증권은 직접 거래가 이루어지기도 한다.[21]

---

18) 자본시장법 제6조를 참고하라.
19) 자본시장법 제9조의 18항 참고하라.
20) 자본시장법 제110조를 참고하라.
21) 자본시장법 제5편 집합투자기구를 참고하라.

5.3 기타의 증권

자본시장법은 증권의 의미를 포괄적으로 정의하고 구분해 두고 있다. 그리고 이 법은 구분된 각 증권에 대하여 자세하게 의미를 정하고 있다.[22] 주요 증권으로서 지분증권, 채무증권, 파생결합증권, 수익증권 이외에 투자계약증권, 증권예탁증권 등이 있다.

투자계약증권은 특정 투자자가 그 투자자와 타인(다른 투자자를 포함) 간의 공동사업에 투자하고 주로 타인이 수행한 공동사업의 결과에 따른 손익을 귀속 받는 계약상의 권리가 포함된 증권을 말한다.[23] 이러한 투자계약증권의 개념은 광범위하게 정의되어 있지만, 자본시장법이 집합투자의 범위를 더욱 확대하여 두고 있기 때문에, 투자계약증권이 실제로 인정되는 범위는 상당히 제한된다. 즉 어떤 증권이 투자계약증권이 되기 위해서는 ⓐ 공동사업, ⓑ 금전의 투자, ⓒ 타인의 노력, ⓓ 이익의 기대 등의 네 가지 요건을 갖추고 있어야 한다.

한국거래소는 유가증권시장 업무규정에 외국주식예탁증권, 상장지수집합투자기구 집합투자증권(exchange traded fund, ETF), 주식워런트증권(equity linked warrant, ELW), 주가연계증권(equity linked securities, ELS) 등을 정의하고 각 증권을 거래하고 있다.[24]

---

[22] 자본시장법 제4조(증권)
　① 이 법에서 증권이란 내국인 또는 외국인이 발행한 금융투자상품으로서 투자자가 취득과 동시에 지급한 금전 등 외에 어떠한 명목으로든지 추가로 지급의무(투자자가 기초자산에 대한 매매를 성립시킬 수 있는 권리를 행사하게 됨으로써 부담하게 되는 지급의무를 제외한다)를 부담하지 아니하는 것을 말한다. ② 제1항의 증권은 다음 각 호와 같이 구분한다. 1. 채무증권; 2. 지분증권; 3. 수익증권; 4. 투자계약증권; 5. 파생결합증권; 6. 증권예탁증권.
[23] 자본시장법 제4조 제6항을 참고하라.
[24] 한국거래소의 유가증권시장 업무규정, 제2조(정의)의 ⑫, ⑬, ⑭ 및 ⑮항을 참고하라.

1 다음 용어를 설명하라.

① 금융투자상품	② 증권	③ 단기증권
④ 양도성예금증서	⑤ 기업어음	⑥ 집중투표
⑦ 전환증권	⑧ 전자단기사채	⑨ 단기국공채
⑩ 파생결합증권	⑪ 옵션	⑫ 선물
⑬ 지분증권	⑭ 채무증권	⑮ 수익증권

2 단기증권의 공통적인 특징을 설명하라.

3 주식과 채권을 발행하여 조달한 자금은 기업에서 주로 어떻게 사용되어야 하는가?

4 채권자의 일반적인 권리에 대해 설명하라.

5 주주의 권리와 책임한계에 대해 설명하라.

6 주식회사가 발행할 총 주식수를 회사의 정관에 표시한다. 이것을 무엇이라고 하는가?

7 기업정책으로 보통주의 가격을 관리할 수 있는 방법에 대하여 설명하라.

8 우선주의 특성과 그 종류에 대해 설명하라.

9 경제적인 측면에서 증권의 종류를 분류하고, 각 증권의 속성을 설명하라.

10 채권이 기본적으로 갖추어야 할 특성을 설명하라.

11 채권의 이자지급과 관련한 채권의 종류에 대해 그 내용을 설명하라.

12 파생상품의 의의와 구체적인 상품에 대해 간단히 설명하라.

13 콜옵션과 신주인수권부사채의 소유자가 각기 선택권을 행사한다면 발행기업의 보통주의 수에는 어떠한 영향을 미칠 것인가?

자본시장의 구성과 운용

이 장에서는 주식과 채권 등이 거래되는 자본시장을 중심으로 발행시장과 유통시장을 살펴보고, 자본시장관련 주요 제도를 알아본다. 그리고 자본시장의 주요 기관을 소개하고, 시장지표를 이해하도록 한다.

여기서는 먼저 단기금융시장, 자본시장, 파생상품시장, 국제금융시장 등의 금융시장 분류에 따른 시장특성과 이러한 시장에서 거래되는 자금의 특성에 대해 살펴본다.

다음으로 증권의 발행시장에 대해 알아본다. 발행시장의 의미와 증권의 발행방법, 발행시장의 구조, 발행형태 등에 대하여 자세하게 다룬다. 그리고 증권의 유통시장에 대해 알아본다. 구체적으로 유통시장의 의미와 종류, 시장의 구조와 증권관계기관, 증권의 거래제도 등에 대해 살펴본다.

마지막으로 증권시장의 주요 지표에 대해 알아본다. 우리나라 주식시장의 지표로 KOSPI, KOSPI 200, KOSPI 100, KOSPI 50, KOSPI 200 섹터지수, KOSDAQ 종합지수, KOSDAQ 프리미어 지수 등에 대해 알아본다. 그리고 DJIA, S&P 500, NASDAQ 지수, Nikkei 225, FTSE 100, MSCI 등 주요국의 주가지수에 대해서도 알아본다.

일반적으로 시장은 재화, 서비스, 그리고 생산요소 등에 관심을 가지는 수요자와 공급자가 모여서 지속적으로 가격과 양을 정하여 거래하는 추상적인 기구라고 정의된다. 시장은 거래대상의 종류, 거래 동기, 거래지역, 경쟁상태 등 여러 가지 기준에 따라 분류된다.

금융시장은 돈(money)을 거래하는 시장이다. 사람들이 돈을 필요로 하는 목적, 사용할 기간, 필요한 금액 등은 아주 다양하다. 그리고 돈을 보유할 사람들도 보유하고 있는 돈의 양, 보유하고 있을 기간, 미래의 사용목적 등이 다양하다. 이렇게 서로 다른 내용을 갖는 돈이 거래되기 위해서 금융시장도 다양하게 구성된다.

금융시장에서 돈을 거래하는 방법은 일반 상품거래와 다소 다른 형태를 가진다. 자금 공급자는 자금 수요자에게 돈을 제공하고, 그 돈에 대한 사용대가를 요구한다. 자금 수요자는 금액, 이용기간, 이용대가 등 각종 내용을 명시한 증서를 만들어 자금 공급자에게 교부하고 자금을 조달한다. 이러한 증서를 증권이라고 한다. 증권은 미래에 자금의 사용대가나 원금을 청구할 수 있는 권리를 나타내기 때문에 경제적 가치를 가진다.

〈표 3-1〉과 같이 금융시장은 전통적으로 자금의 사용기간을 기준으로 하여 단기 금융시장인 화폐시장과 장기 금융시장인 자본시장(capital market)으로 구분할 수 있다. 금융시장은 파생상품시장과 국제금융시장도 포함한다.

화폐시장은 단기 상업자금의 수급이 이루어지는 시장이다. 기업은 이 시장을 통하여 원재료의 구입자금, 종업원의 임금, 수출입 자금 등의 운전자본을 조달하고 있다. 자금의 공급자인 투자자들은 일시적인 여유자금을 투자하여 수익을 얻을 수 있다.

자본시장은 장기자금의 수요와 공급이 이루어지는 시장이다. 자본시장은 장기대부시장(long-term loan market)과 증권시장(securities market)으로 구분할 수 있다. 장기대부시장은 장기자금, 즉 자본(capital)의 수요와 공급이 대출 또는 차입의 방법에 의하여 이루어지는 시장이다. 금융기관이 시장기능을 담당하고 있다.

증권시장은 장기자금의 조달시장으로서 자금의 이동이 증권을 통하여 이루어진다는 점이 특징이다. 증권시장에서 지칭하는 증권은 일반적으로 유통이 가능한 자

표 3-1 금융시장의 구분

시장의 구분	시장특성	자금의 용도(예)
금융시장 (financial market)	돈이 거래되는 모든 시장의 통칭	자금수요자의 사용처
단기 금융시장 　(화폐시장) 　(money market)	사용기간 1년 이내 단기, 시장성, 유동성, 저위험 부채증권 -단기증권의 일부분	원재료의 구입자금 종업원의 임금 지급 수출과 수입 등의 운전자본 조달
자본시장 　(capital market)	돈의 사용기간 1년 이상 장기증권	기업 장기자금조달
장기대부시장 　　(long-term loan 　　market)	금융기관과의 계약을 통한 대출, 간접금융방식	기업 장기자금조달
증권시장 　　(securities market)	증권발행으로 기업이 직접자금조달 -주식시장 -채권시장	기업 장기자금조달
파생상품시장 　(derivative securities 　market)	파생상품을 개발하여 거래하는 시장 -선물시장 -옵션시장 등	현물거래의 위험관리수단
국제금융시장	국제 환거래 및 자본거래	국제거래 결제, 자본운용 및 자본조달
외환시장 　　(foreign currency 　　market)	외환거래시장	국제무역 거래대금 결제
국제자본시장 　　(foreign capital 　　market)	외화자산의 거래시장 -해외 직접금융 -해외 간접금융	해외 직·간접 자금조달 해외 직·간접 투자

본증권으로 주식과 채권 등을 의미한다. 증권시장은 크게 주식시장과 채권시장으로 구분할 수 있다. 이 두 시장은 다시 발행시장과 유통시장으로 구분된다. 그리고 자본시장은 증권시장과 같은 의미로 사용되는 경우가 많다.

표 3-2 증권시장의 구분

주식시장	발행시장
	유통시장
채권시장	발행시장
	유통시장

증권시장은 기업, 투자자, 정부의 측면과 시장 본래의 속성에서 다음과 같은 기능을 하고 있다.

ⓐ 기업 측면: 기업의 대규모 자금조달의 장소제공
ⓑ 투자자 측면: 투자기회 제공과 위험관리 가능
ⓒ 정부 측면: 정부의 금융정책 수행과 조정
ⓓ 시장의 본질적 기능: 증권가격의 효율적 결정

파생상품시장은 증권과 외환 등의 거래로 발생하는 위험을 관리하기 위한 수단으로서 파생상품을 개발하여 이를 거래하는 시장이다. 국제금융시장은 국제 환거래 및 자본거래가 이루어지는 시장으로 외환시장과 국제자본시장이 있다.

제 2 절 증권의 발행시장

증권시장은 시장기능에 따라 발행시장과 유통시장으로 구분된다. 증권의 종류에 따라서는 주식시장과 채권시장으로 구분된다. 그러므로 이들을 조합하여 분류해보면 발행시장을 주식의 발행시장과 채권의 발행시장으로, 유통시장을 주식의 유통시장과 채권의 유통시장으로 다시 나눌 수 있다.

2.1 발행시장의 의미

증권의 발행시장(new-issue market)은 자본의 수요자인 발행자에 의하여 최초로 발행된 증권이 투자자에게 매각되어 자금이 투자자로부터 발행자에게 이전되는 일체의 과정을 포함하는 시장이다. 1차 시장(primary market)이라고도 한다. 발행시장은 증권을 처음으로 발행하여 투자자를 모집하고 매출하는 시장이라고 할 수 있다.

증권의 발행자는 자금의 사용목적에 따라 발행할 증권의 유형을 선택한다. 기업은 경영목적의 달성에 필요한 장기자금을 주식과 회사채를 발행하여 조달한다.[1] 정부와 공공기관은 국가의 경제운용과 공공목적의 사업에 필요한 장단기 자금을 국

---

[1] 기업은 일시적으로 필요한 거액의 자금을 단기적으로 조달하기 위하여 단기증권인 기업어음 (CP)을 발행하기도 한다. 이 장에서는 주식을 중심으로 이루어지는 발행시장을 주로 다룬다.

채, 공채, 지방채, 특수채 등을 발행하여 조달한다.

각 증권은 그 특성에 맞는 발행시장의 구조를 가지고 있다. 이러한 발행시장은 주식이 유·무상으로 주주에게 교부되거나, 국공채가 일시적 납부금을 대신하여 발행되는 경우의 증권교부시장을 포함한다. 공기업을 민영화할 경우나 대주주가 소유주식을 일반투자자에게 매출할 때에도 발행시장을 이용하게 된다.

2.2 상장제도

상장(listing)은 일정한 요건을 구비한 개별 증권에 거래소시장에서 거래될 수 있는 자격을 부여하는 것을 말한다. 매매거래의 대상물로 인정된 증권을 상장증권이라고 한다. 상장되는 증권은 주권, 채권, 신주인수권증권, 수익증권 등이 있다.

거래소에 상장하기 위해서는 거래소에서 제시하는 상장요건을 충족하여야 한다. 예를 들어, 한국거래소에서는 기업규모, 재무내용, 유통성, 건전성 및 공익과 투자자 보호에 관한 요건을 충족하도록 하고 있다.[2]

상장증권은 상장기간 중에 상장 시 충족되었던 요건에 미달하여 계속상장이 부적합하거나 기업 내용의 변동으로 증권의 가치나 권리 내용이 변화한 경우에는 매매거래정지, 관리종목 지정, 상장폐지 등이 될 수 있다.[3]

2.3 증권의 발행방법

증권의 발행은 발행자가 증권을 최초로 매각하기 위하여 투자자를 모집하는 방법에 따라 공모발행과 사모발행으로 나눌 수 있다. 또한 발행위험과 발행사무를 부담하는 방식에 따라 발행방법은 직접발행과 간접발행으로 나눌 수 있다. 발행위험은 발행된 증권이 투자자에게 완전히 매각되지 않는 잔여분이 존재할 수 있는 가능

---

2) 증권의 상장은 자본시장법(제390조 상장규정)에 의해 한국거래소가 규정한 「유가증권시장 상장규정」과 「코스닥시장 상장규정」에 의한다.
3) 당해 상장법인의 주권에 중대한 영향을 미칠 사유(주권 상장폐지기준 해당 등)가 발생하는 경우 동 사실을 투자자에게 충분히 알려 선의의 투자자를 보호하기 위해 매매거래를 정지시킬 수 있다(매매거래 정지사유에 따른 매매정지기간은 유가증권시장 상장규정 제95조, 유가증권시장 공시규정 제40조, 유가증권시장 공시규정 시행세칙 제16조 참조). 관리종목 지정이란 상장회사가 부도발생 등으로 인해 은행거래 정지, 회사정리절차 개시, 부정적인 감사의견 또는 영업활동정지 등의 사유로 주권이 상장폐지 기준에 해당되면 거래소가 일반투자자의 주의를 환기시켜 투자에 참고하도록 이들 기업의 주식을 별도로 관리해 거래를 시키는 것을 말한다(유가증권시장 상장규정 제75조, 코스닥시장 상장규정 제28조). 상장폐지는 상장된 증권에 대하여 증권시장에서 매매거래 대상이 될 수 있는 적격성을 상실시키는 조치이다(유가증권시장 상장규정 제77조).

성을 의미한다.

(1) 공모발행과 사모발행

공모발행(public offering)은 모집발행이라고도 한다. 이 방법은 발행자가 발행가격 및 발행시점 등 균일한 조건으로 투자자에게 증권을 공개적으로 발행·모집하는 방법이다. 공모발행은 발행증권을 독점해서 매입하는 것을 방지하고 투자자를 분산시킨다는 점에서는 바람직하지만 발행위험이 크고 사무절차도 복잡하다.

사모발행(private placement)은 직접모집발행(direct placement)이라고도 한다. 사모발행은 발행자가 특정 개인이나 보험회사, 은행, 금융투자회사 등 기관투자자에게 증권을 발행하는 것이다. 사모발행은 발행자의 발행비용을 절감하고 단기간에 모집할 수 있는 장점이 있으나, 발행된 증권을 전부 매각할 수 있는 가능성은 낮아진다.

(2) 직접발행과 간접발행

직접발행은 발행자 자신이 발행위험 및 발행사무의 절차를 모두 담당하면서 투자자에게 증권을 발행하는 것을 말한다. 직접발행은 증권발행의 비전문기관인 발행자가 복잡한 증권발행의 사무를 담당하기 어렵고, 발행위험도 높기 때문에 효율성이 낮은 발행방법이라고 할 수 있다.

간접발행은 발행자를 대신하여 증권발행의 전문기관인 중개자가 모집, 매출 등 증권발행의 구체적인 업무를 담당하는 간접적인 증권발행 방법이다. 은행, 금융투자회사, 종합금융회사 등의 금융기관이 중개자의 역할을 담당한다. 이러한 기관을 발행기관이라고 한다. 발행기관의 인수비용이나 매출비용은 발행자가 부담한다.

간접발행은 누가 발행위험을 부담하느냐에 따라 ⓐ 위탁모집(offering on commitment), ⓑ 잔액인수(stand-by underwriting), ⓒ 총액인수(firm-commitment underwriting)의 방법으로 분류된다. 그 내용을 요약하면 〈표 3-3〉과 같다.

표 3-3 간접발행의 방법

내용	위탁모집	잔액인수	총액인수
발행위험의 부담	발행자	발행기관 (잔액인수계약)	발행기관 (총액인수계약)
발행사무	발행기관	발행기관	발행기관
자금조달 완성시점	발행주식의 모집, 매출 완료시점	모집, 매출 후 잔액인수 완료시점	발행주식의 인수계약시점

2.4 발행시장의 구조

발행시장은 발행자, 발행기관, 투자자로 이루어진다. [그림 3-1]에서처럼 증권의 발행이 발행자와 투자자 사이에 직접 이루어지는 경우도 있지만, 대부분의 증권발행은 발행자와 투자자 사이에 전문기관인 발행기관이 개입되는 간접발행으로 이루어진다. 그 이유는 증권의 발행사무가 복잡하여 전문적인 발행기관의 도움이 필요할 뿐만 아니라, 조달자금의 규모도 거대하므로 발행기관의 참여가 증권발행을 용이하게 해주기 때문이다.

발행기관은 발행자와 투자자의 중간에서 발행사무와 발행위험을 담당하는 인수기관과 분매기관으로 구성된다. 인수기관은 발행증권을 발행자로부터 발행증권을 계약에 의하여 인수하여 이를 분매기관에 매출하는 기능을 담당하는 기관이다. 금융투자회사, 은행, 종합금융회사 등이 이에 속한다.

증권의 인수에는 발행위험이 높기 때문에 인수기관은 인수단(underwriting syndicate)을 조직하는 경우가 일반적이다. 발행자로부터 발행을 위탁받은 회사가 대표주관회사(lead underwriter)가 되어 증권의 발행 조건과 발행 시기를 결정하며, 공동주관회사와 함께 간사단을 구성한다.

분매기관은 인수기관으로부터 취득한 증권을 일반투자자에게 직접 판매하는 기

그림 3-1 발행시장의 구조

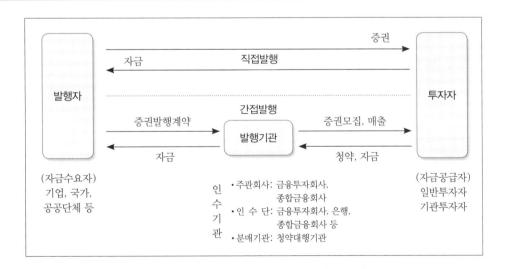

관으로 주로 금융투자회사, 은행 등이 담당한다. 분매기관은 매출하지 못한 잔여증권을 인수할 의무는 없다.[4]

2.5 발행형태

(1) 기업공개

기업공개(going public)는 신규 발행주식을 투자자에게 공모발행하여 소유를 분산시키거나, 소수의 대주주에 의하여 폐쇄적으로 소유되던 기업의 주식을 다수의 투자자에게 분산, 매출하는 것을 의미한다. 주식이 투자자에게 분산되어 있는 기업을 공개기업이라고 한다. 소수의 주주집단에 의하여 주식이 폐쇄적으로 소유되고 있는 기업은 비공개기업이다.

발행시장을 통해 주식이 공개된 공개기업의 주식은 일정한 심사과정을 거쳐 거래소에 상장(listing)되고, 투자자들이 자유롭게 거래할 수 있다. 거래소에 상장된 주식을 상장주식(listed stock)이라 하고, 그 주식을 발행한 기업을 상장기업(listed company)이라고 한다.[5]

(2) 유상증자와 무상증자

주식회사는 발행할 주식의 총수 즉, 수권주식수를 정관에 표시하고, 그 범위 내에서 이사회가 신주의 발행을 결의한다. 신주가 발행되면 자본금이 증가한다. 신주를 발행하여 주주로부터 주식 발행대금을 납입 받는 것을 유상증자라고 한다.

유상증자는 50인 이상의 불특정 다수인을 대상으로 한 공모와 특정 소수의 투자자를 대상으로 한 사모로 나눌 수 있다. 공모에 의한 유상증자는 일반공모, 구주주배정, 주주우선 공모, 제3자 배정 등으로 나눌 수 있다.[6]

한편 무상증자는 재무상태표 상 자기자본 항목 중에서 법정준비금(이익준비금과 자본준비금)을 자본금으로 전입시켜 자본금을 증가시키는 것을 말한다.[7] 이때 자본금 증가에 상응하는 만큼 주식을 발행하여 주주에게 무상으로 배정한다. 주식 배

---

4) 우리나라의 간접발행에 관한 자세한 내용은 「유가증권 인수업무에 관한 규칙」을 참조하기 바람. 한국금융투자협회 http://www.ksda.or.kr의 업무규정에서 검색, 이용.
5) 한국거래소는 유가증권상장규정에 의해 상장 및 상장기업을 관리하고 있다.
6) 증권의 발행 및 공시 등에 관한 규정 제5-16조 참조.
7) 법정준비금으로는 이익준비금과 자본준비금(주식발행초과금 및 재평가적립금 등)이 있다. 이익배당이 가능한 임의적립금을 자본에 전입한 경우에는 무상증자라고 하지 않고 주식배당이라고 한다.

표 3-4 유상증자의 방법

구 분	배정방법	내 용	인수방법
공 모	일반공모	주주총회 결의나 정관에 의해 구주주의 신주인수권 배제 후 일반투자자 대상 공모	총액인수, 위탁모집
	구주주 배정	구주주에게 신주인수권 부여	발행사무의 위임
	주주우선 공모	구주주 및 우리사주조합에 우선 청약권 부여 후 잔여분 일반공모	잔액인수
	제3자 배정	주주총회 결의나 정관에 의해 특정 연고자(회사임원, 우리사주조합, 거래처 등)에게 신주인수권 부여	발행사무의 위임
사 모		비공개모집이므로 발행회사가 특정인 대상으로 직접 모집	직접발행

정은 기존 주주에게 하는 것이 원칙이다.

제 3 절 증권의 유통시장

3.1 유통시장의 의미와 종류

증권의 유통시장(trading market)은 발행시장을 통하여 발행된 증권이 투자자들 사이에서 전매되는 시장으로 2차 시장(secondary market)이라고도 한다. 유통시장에서 투자자는 소유하고 있는 주식이나 채권을 매도하여 투자자금을 회수하거나 또는 다른 투자자들이 소유하고 있는 증권을 매수한다.

유통시장에서 증권의 거래가 활발해지면 발행시장에서도 증권에 대한 수요가 촉진된다. 발행시장에서 많은 증권이 발행되면 유통시장에서 투자자의 투자기회가 확대된다. 따라서 유통시장과 발행시장은 상호 보완적인 관계에 있다.

유통시장은 조직화된 거래소시장(stock exchange market)과 장외시장(over-the-counter market, OTC market)으로 구분된다. 거래소시장은 일정한 건물에 위치하고 있으며, 계속적이고 조직적인 증권의 매매거래를 수행하는 제도를 기반으로 조직화된 시장이다.[8] 거래소시장에서 매매되는 증권은 상장증권이어야 한다. 경쟁매매가 원칙인 일정한 매매거래제도에 따라 거래가 이루어진다.

장외시장은 거래소 이외의 장소에서 증권거래가 이루어지는 시장이다. 좁은 의미에서의 장외시장은 금융투자회사의 창구에서 고객과 금융투자회사 간, 금융투자회사와 금융투자회사 간에 거래소를 통하지 않고 직접적인 증권거래가 이루어지는 시장을 의미한다.[9]

3.2 유통시장의 구조와 증권관계기관

증권의 유통시장은 거래소시장과 장외시장으로 구분되고, 이들은 다시 증권의 종류에 따라 크게 주식시장과 채권시장으로 나누어진다. 증권의 유통시장 구조는 한국거래소를 중심으로 [그림 3-2]와 같이 표현할 수 있다.

(1) 한국거래소

한국거래소(Korea Exchange, KRX)는 증권의 공정한 가격의 형성과 안정 및 그 유통의 원활을 기하기 위하여 조직화된 시장이다. 한국거래소는 ⓐ 계속적 시장 유지, ⓑ 공정가격의 결정과 증권의 담보력 형성, ⓒ 증권 발행자의 자본조달을 용이하게 수행토록 도와주는 기능, ⓓ 투자자에게 투자기회의 제공 등의 기능을 수행한다.

거래소에서는 회원인 금융투자회사가 거래소의 업무규정에 따라 거래소의 전산시스템에 접속하여 상장증권의 매매거래를 공개적이며 계속적으로 수행한다. 투자자는 거래소의 경쟁매매에 직접 참여할 수 없고, 증권의 매매를 회원인 금융투자회사에 위임해야 한다.

거래소는 상법상의 주식회사 형태로 시장의 개설업무, 증권의 매매거래에 관한 업무, 증권의 상장에 관한 업무, 상장법인의 공시에 관한 업무와 이밖에 여러 가지

---

8) 우리나라의 공식적인 거래소로는 자본시장법 제373조의 규정에 의해 설립된 한국거래소가 있다. 한국거래소에서는 유가증권시장, 코스닥시장, 코넥스시장, 파생상품시장 등의 시장을 개설하고 있다. 정부에서는 한국거래소에서 독점하고 있는 거래시스템 외에 대체거래시스템(Alternative Trading System, ATS)을 도입할 예정이다. ATS는 시장규제와 상장기능을 제외하고 주식거래만 할 수 있는 시스템이다.

9) 한국에는 2000년 3월 한국금융투자협회가 증권거래소나 코스닥시장의 상장요건을 충족시키지 못하여 제도권 시장에 진입하기 어려운 기업들이 발행하는 주식이나, 상장이 폐지된 주식에 대하여 유동성을 부여하는 시장으로 장외호가중개시스템(OTC Bulletin Board, OTCBB)을 개설하였다. 제3시장이라고도 불리는 이 시장은 시장명칭을 K-OTC시장으로 변경되었다.

그림 3-2 한국거래소 유통구조와 증권관계기관

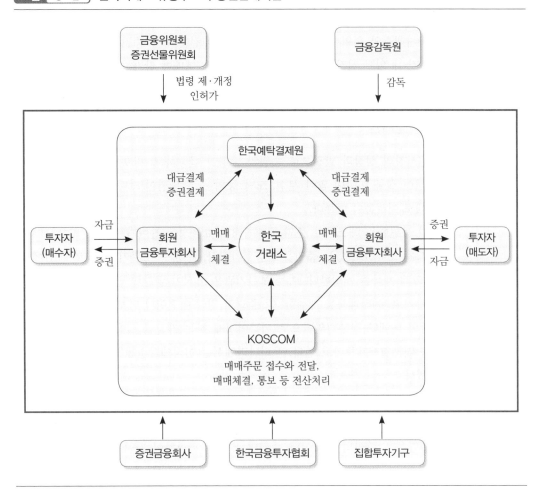

증권의 거래와 관련되는 업무를 수행한다.

(2) 회 원

거래소의 회원(member)인 금융투자회사만 거래소의 전산시스템에 접근하여 증권의 매매거래를 수행할 수 있다.[10] 금융투자회사는 전국 각지에 많은 지점을 두고 투자자의 투자업무를 위탁받아 대행하고 있다. 금융투자회사는 매매거래를 위하여 회원시스템을 구비하고 전산망을 통해 투자자의 매매거래를 위탁받는다. 위탁받은

---

10) 자본시장법에서는 기존의 증권회사, 선물회사, 자산운용회사 등 자본시장 관련업에 대한 겸영을 허용하여 금융투자회사로 정의하고 있다. 금융투자회사는 투자매매업, 투자중개업, 집합투자업, 투자자문업, 투자일임업, 신탁업 중 하나 이상의 업무를 수행한다.

주문은 회원시스템을 이용하여 거래소시스템에 호가를 입력하여 거래를 성사시키게 된다.

한국거래소의 회원은 거래소 결제회원, 매매전문회원, 증권회원, 파생상품회원, 증권시장 내 일부 시장이나 종목에 대하여 결제, 매매에 참가하는 회원, 파생상품시장 내 일부 시장이나 종목에 대하여 결제, 매매에 참가하는 회원 등이 있다.[11]

(3) 예탁결제원

증권시장의 성장과 발전으로 증권의 발행이 급증하고, 발행된 증권은 매매거래에 의하여 실물 이동이 많아 분실, 도난 등의 사고 위험이 크다. 또한 일일이 결제하는 데도 어려움이 따른다.

이런 불편함을 해소하고 증권 매매거래의 효율성을 높이기 위하여 많은 투자자들이 각자 소유하고 있는 증권을 금융투자회사, 은행 등 보관기관(custodian)에 맡기고, 고객 계좌를 개설한다. 이들 보관기관은 고객이 맡긴 증권을 중앙예탁기관에 다시 맡기고, 예탁계좌를 개설한 후, 증권의 권리 이전이나 담보권 설정, 결제 등은 계좌상의 대체나 장부기입만으로 이루어지게 하는 제도를 활용하고 있다. 이러한 방법을 대체결제제도라고 한다. 우리나라에서는 한국예탁결제원이 이 기능을 수행하고 있다.

(4) 증권금융

증권금융은 증권의 발행이나 증권의 유통에 관련하여 자금을 융자해주는 것을 말한다. 증권금융의 업무는 그 내용에 따라 증권인수금융, 증권유통금융, 증권담보금융 등으로 구분할 수 있다. 우리나라에서는 한국증권금융회사가 이러한 업무를 담당하고 있다.

증권인수금융의 방법은 인수기관이 인수한 증권을 담보로 하여 증권금융기관이 인수기관에게 증권의 인수자금을 융자해 주는 방법과 증권금융기관이 직접 발행증권을 매입함으로써 결과적으로 증권발행자에게 자금을 공급해 주는 방법이 있다.

증권유통금융은 증권자금금융이라고도 한다. 이는 증권금융회사가 유통시장의 매매거래를 촉진하기 위하여 금융투자회사를 통하여 투자자에게 증권의 매수자금을 융자해 주는 것을 말한다. 그리고 투자자가 이 증권유통금융을 이용하여 증권을 매수하는 것을 신용거래라고 한다.

---

11) 자본시장법 제387조 제2항, 자본시장법 시행령 제359조.

증권담보금융은 증권금융회사가 증권을 담보로 하여 일반투자자에게 직접 투자 자금을 융자해 주는 것을 말한다. 이미 발행된 증권이 적절히 분산, 소유되어 있으면 이 증권담보금융이 증권유통금융과 함께 유통시장에 많은 영향을 미치게 된다.

(5) 집합투자기구

일반투자자는 그들의 투자자금이 영세하거나 투자정보에도 한계가 있으므로 효과적인 투자결정을 수행하기가 어려운 경우가 많다. 집합투자는 이러한 일반투자자를 위하여 전문적인 투자대행기관이 투자를 대행해 주는 제도이다. 따라서 집합투자는 공동투자, 간접투자, 분산투자라는 특성을 가지고 있다.

투자신탁은 신탁계약에 의하여 위탁자, 수탁자, 수익자로 구성되어 운영되는 제도이다. 위탁자인 집합투자업자는 투자신탁의 설정자인 투자신탁회사로서 재산을 운영한다.[12] 위탁자는 수익자인 일반투자자로부터 자금을 모아 그들에게 수익증권(beneficiary certificate)을 발행하고, 이 자금을 신탁업자인 수탁자에게 신탁하여 재산을 운영한다. 수탁자는 위탁자와의 신탁계약에 의하여 신탁재산에 관한 운영을 지시받아 관리한다. 수익자는 일반투자자이며, 위탁자에게 증권을 매입하여 신탁재산의 투자수익에 대한 일정률의 수익을 배분받는다.

회사형 집합투자기구의 대표적인 형태는 자본시장법에서 정의하고 있는 투자회사이다. 투자회사는 투자자의 투자자금을 주식의 형태로 모아 회사를 설립하고, 이 투자회사의 재산을 운용하여 그 수익을 주주에게 배분하는 것을 목적으로 설립된 집합투자기구를 의미한다. 일반투자자의 입장에서 보면 투자회사는 궁극적으로 증권에 간접 투자한다는 의미에서 투자신탁과 유사하다. 그러나 그 방법이 주식회사를 설립하고, 투자자는 그 회사의 주식을 매입한다는 측면에서 차이가 있다.

(6) 금융위원회, 증권선물위원회, 금융감독원

금융위원회는 금융시장 및 금융투자업에 대한 관리·감독업무를 수행하고 있는

---

12) 우리나라에서 집합투자업(자산운용)을 영위하는 집합투자업자의 형태를 투자신탁(계약형)과 투자회사(회사형)로 구분하고 있다. 자본시장법에서는 투자자에게 익숙한 용어인 펀드를 집합투자기구라 하고, 펀드의 자산을 운용하는 업무를 집합투자업이라고 한다. 그리고 펀드의 자산을 운용하는 주체인 자산운용회사를 집합투자업자라고 정의하고 있다.
투자신탁과 투자회사는 주로 공모펀드를, 투자유한회사, 투자합자회사, 그리고 조합형태의 집합투자기구인 투자조합과 투자익명조합은 사모펀드를 염두에 둔 규정이다. 조합형태의 집합투자기구(자본시장법 제218조 내지 제228조)는 투자자금의 모집이 사모에 의해 이루어지고, 투자·운용의 결과를 조합원에게 배분하는 집합투자기구로 사모투자펀드, 헤지펀드, M&A펀드 등이 이에 속한다.

기관이다.[13] 금융에 관한 정책 및 제도에 관한 사항, 금융기관의 감독 및 검사 제재에 관한 사항, 금융기관의 설립, 합병, 전환, 영업 양수·도 및 경영 등의 인·허가에 관한 사항, 자본시장의 관리·감독 및 감시 등이 주 업무이다. 또한 금융감독원과 자본시장 관계기관, 금융투자업자 등에 대한 지도·감독 기능도 담당하고 있다.

증권선물위원회는 증권시장 및 선물시장의 불공정거래와 회계기준, 회계정리업무 및 금융위원회로부터 위임받은 자본시장의 관리·감독 및 감시 등의 업무를 수행하는 기관이다. 증권선물위원회는 금융위원회에 설치되어 있다. 증권선물위원회는 업무를 수행하기 위해 금융감독원을 지도·감독한다.

금융감독원은 금융위원회와 증권선물위원회의 지시를 받아 금융기관에 대한 검사·감독업무 등을 수행하기 위해 설립된 무자본 특수법인이다. 그 주요 업무로는 금융기관의 업무 및 재산 상황에 대한 검사, 법령의 규정에 의한 제재, 금융위원회 및 증권선물위원회의 업무보좌 등이다.

(7) 한국금융투자협회

한국금융투자협회는 금융투자업자들의 회원조직으로서 공공적 성격을 띠고 있다. 자본시장법에 의해 공인된 금융투자업에 대한 자율규제기관으로서 사단법인이다.[14] 한국금융투자협회는 회원 상호간에 업무질서를 유지시키고, 증권의 매매거래를 공정하게 하며, 투자자를 보호하기 위하여 설립되었다.[15] 이 협회는 제3시장인 K-OTC시장을 운영하고, 채권 장외시장 관리업무도 수행하고 있다.

3.3 증권거래제도

증권의 공정한 거래를 위한 제도는 경제 환경의 수준과 그 변화를 반영하기 때문에 시대와 지역에 따라 차이가 있다. 우리나라도 경제활동의 규모가 커지고, 증권시장이 경제생활에 미치는 영향이 증대됨에 따라 증권 매매거래제도를 수시로 변경하여 경제 여건을 반영하고 있다. 여기서는 현재 우리나라의 주식거래를 이해하는데에 필요한 제도를 간략하게 소개한다.[16]

---

13) 2008년 2월 29일에 제정된 「금융위원회 설치 등에 관한 법률」에 금융위원회, 증권선물위원회 그리고 금융감독원 등의 설치, 구성, 임무 등이 규정되어 있다.
14) 자본시장법 제283조 제2항, 제4항 및 제286조 제1항 제2호를 참고하라.
15) 자본시장법 제283조 제1항을 참고하라.
16) 증권의 매매거래제도는 한국거래소의 「업무규정」으로 정해두고 있으므로 구체적인 내용은 이 규정을 참고하기 바람. http://www.krx.co.kr/의 법령 및 규정에서 이용할 수 있다.

(1) 매매거래의 종류

일반적으로 증권의 매매거래는 대금의 결제방법에 따라 실물결제거래와 차금결제거래로 나눌 수 있다. 또한 결제시기에 따라 즉시거래, 선물거래, 보통거래로 나눌 수 있다.

실물결제거래는 결제시점에 증권과 현금을 실제로 교환하는 방법이다. 차금결제거래는 실물을 수도하지 않고, 결제일 전에 반대매매에 의하여 차액만 결제하는 방법이다.

선물거래(future transaction)는 매매계약이 체결된 후 일정한 기간이 경과하여 증권의 수도결제가 이루어지는 거래를 말한다. 계약체결의 시기와 수도결제의 시기 사이에 전매 또는 환매가 인정되는데, 이를 청산거래(clearing transaction)라고 한다.

보통거래(regular way transaction)는 즉시거래와 선물거래의 중간 형태이다. 이는 매매계약을 체결한 날로부터 3거래일째 되는 날 실물거래가 이루어지는 거래를 말한다. 투자자는 결제기간 이전에 증권을 매도할 수 있으며, 결제대금을 받기 이전에 결제대금을 차용하여 다른 증권을 매수할 수도 있다.

우리나라의 거래소에서는 당일결제거래, 익일결제거래와 보통거래를 규정하고 있다. 일반적으로 상장증권의 경우 보통거래를 위주로 매매거래한다. 채권의 경우에는 당일결제거래 또는 익일결제거래를 하고 있다.

(2) 매매거래의 수탁

투자자는 거래소시장에서 증권을 매매하고자 할 때 금융투자회사에 위탁해야 한다. 거래소에서는 회원자격을 가진 금융투자회사만이 위탁받은 고객의 주문을 거래소시스템에 입력하여 증권의 매매거래에 참여할 수 있다. 따라서 고객이 증권의 매매를 위해서는 매매거래계좌의 설정, 수탁의 방법, 위탁증거금, 위탁수수료 등과 같은 매매거래수탁에 관한 사항을 이해하고 있어야 한다.

① 매매거래계좌의 설정

투자자가 증권매매를 위해서는 금융투자회사와 매매거래 계좌설정 계약을 체결하고, 금융투자회사에 매매거래계좌를 설정하여 증권매매를 위임해야 한다.

② 매매거래의 수탁 방법

금융투자회사가 매매거래를 수탁하는 방법은 문서에 의한 방법, 전화·전보·모사전송 등의 방법, 컴퓨터 기타 이와 유사한 전자통신의 방법이 있다. 최근에는 모바일이나 무선통신 및 인터넷을 통한 HTS(home trading system) 거래가 일반화되고 있다.

③ 위탁증거금의 징수

금융투자회사는 고객으로부터 매매거래의 위탁을 받을 때에는 일정액의 위탁증거금(margin)을 징수한다. 위탁증거금이 주문액에서 차지하는 비율을 징수율 또는 증거금률(margin requirement)이라고 한다. 이 징수율은 시장 상황에 따라 정책적으로 조정되는 경우가 많다. 위탁증거금은 대용증권으로 납부될 수도 있다.

④ 위탁수수료의 징수

고객이 증권의 매매를 금융투자회사에 위탁하여 매매가 성립되었을 때에는 결제시에 위탁수수료를 금융투자회사에 지불하여야 한다. 위탁수수료의 징수율은 금융투자회사가 자율적으로 정한다. 컴퓨터나 모바일 기기를 이용한 온라인거래의 경우에 수수료가 다른 수탁방법에 비해 낮게 책정되어 있다.

(3) 매매거래의 기준

① 시장의 구분 및 개폐

시장은 거래되는 증권의 종류에 따라 주식시장, 상장지수 집합투자기구시장, 신주인수권시장, 수익증권시장, 채권시장 등으로 구분된다. 또한 시장은 매매시간에 따라 정규시장과 시간외시장으로 나뉜다. 정규시장과 시간외시장의 매매거래 시간은 거래소가 따로 정하도록 하고 있다.[17]

② 호가 및 매매거래 단위

거래소의 회원은 시장에서 매매하고자 하는 종목의 가격과 수량을 제시하여야 하는데, 이때 가격표시의 최소단위를 호가단위라고 한다. 매매할 수 있는 최저단위의 수량은 매매수량단위라고 한다.[18]

③ 호가의 유형

일반적으로 위탁매매에 있어 주문가격을 지정하는 방법에 따라 호가는 〈표

---

17) 한국거래소의 유가증권시장과 코스닥시장에서는 오전 9시부터 오후 3시 30분까지 매매거래가 이루어진다. 장개시전 1시간 및 장종료 후 2시간 20분간에는 시간외 매매가 가능하도록 하고 있다.
18) 한국거래소에서 적용하고 있는 매매수량단위는 주권의 경우 1주, 외국주식예탁증서는 1증서, 상장지수펀드 1주, 신주인수권증서 1증서, 신주인수권증권 1증권, 수익증권의 경우 1좌 등이다.

표 3-5 호가의 유형

호가 유형	내 용
지정가호가	고객이 최대의 매수가격이나 최저의 매도가격을 지정해 주는 호가
시장가호가	종목, 수량은 지정하되 가격은 지정하지 아니하는 호가. 현시점에서 가장 유리한 가격조건 또는 시장에서 형성되는 가격으로 매매하고자 하는 호가
조건부 지정가호가	지정가호가로 매매에 참여하다가 종가결정을 위한 호가접수시간 개시 전까지 전량이 체결되지 않는 경우, 미체결잔량이 자동으로 시장가호가로 전환되는 호가
최유리 지정가호가	종목 및 수량은 지정하되, 가격은 매도의 최유리 지정가호가의 경우 당해호가의 접수시점에서 가장 높은 매수호가의 가격이 되고, 매수의 최유리 지정가호가는 당해 접수시점에서 가장 낮은 매도호가의 가격으로 매매하고자 하는 호가
최우선 지정가호가	종목과 수량은 지정하되, 매도의 최우선 지정가호가의 경우 가장 낮은 매도호가의 가격이 되고, 매수의 최우선 지정가호가의 경우 가장 높은 매수호가의 가격으로 매매하고자 하는 호가
경쟁대량매매호가	종목과 수량은 지정하되, 가격은 정규시장에서 성립된 해당종목의 거래량 가중평균가격으로 매매거래를 하고자 하는 호가

3-5〉와 같이 구분된다.[19]

(4) 매매계약의 체결

거래소가 시장에서 유가증권 매매거래를 체결시키는 방법에는 경쟁매매, 상대매매 방식 등이 있다. 우리나라에서는 경쟁매매를 채택하고 있다. 경쟁매매에는 매도수량과 매수수량이 합치되는 가격에서 매매가 성립되는 집단경쟁매매(격탁매매)와 개별경쟁매매(포스트 매매)가 있다. 개별경쟁매매는 단일가격에 의한 개별경쟁매매와 복수가격에 의한 개별경쟁매매로 구분된다.

① 개별경쟁매매의 원칙

거래소시장에서 매매체결에 적용되는 경쟁요소에는 가격, 시간, 수량이 있다. 개별경쟁매매에 있어서의 호가의 우선순위는 다음의 〈표 3-6〉과 같다.[20]

---

19) 위탁자가 매매거래를 하기 위한 매도 또는 매수의 의사표시를 주문이라고 한다. 위탁자가 회원에게 거래를 주문하고, 주문의 방법은 호가방법과 유사하게 지정가 주문, 시장가 주문, 조건부 지정가 주문, 최유리 지정가 주문, 최우선 지정가 주문, 경쟁대량매매주문 등이 있다. 그런데 주문에는 이들 호가방법에 추가하여 목표가 주문이 있다. 목표가 주문은 종목 및 수량은 지정하되, 가격은 거래량 가중평균가격 등 특정의 가격주문을 목표로 매매체결이 이루어지는 것을 조건으로 하는 주문이다.
20) 한국거래소, 유가증권시장 업무규정 제22조(경쟁매매의 원칙)을 참고하라.

표 3 - 6 개별경쟁매매의 호가 우선순위

호가 우선순위	내 용
① 가격우선의 원칙	낮은 가격의 매도호가는 높은 가격의 매도호가에 우선하고, 높은 가격의 매수호가는 낮은 가격의 매수호가에 우선한다. 다만, 시장가호가는 지정가호가에 가격적으로 우선하되, 매도 시장가호가와 하한가의 매도 지정가호가, 매수 시장가호가와 상한가의 매수 지정가호가는 각각 동일한 가격의 호가로 본다.
② 시간우선의 원칙	동일한 가격호가 간의 우선순위와 시장가호가 간의 우선순위는 호가가 행하여진 시간의 선후에 따라 먼저 접수된 호가가 뒤에 접수된 호가에 우선한다.
③ 동시호가의 우선순위	시가와 최초의 가격결정을 위한 참여호가 중에서 상한가 매수호가와 하한가 매도호가를 동시호가라고 한다. 동시호가에서의 우선순위는 위탁자 우선원칙을 적용하고, 위탁매매 호가간 혹은 자기매매 호가 간에는 수량우선원칙을 적용한다.

② 매매계약의 체결방법

우리나라의 매매체결 방식은 집중매매방식의 단일가격에 의한 개별경쟁매매와 계속적 매매방식의 복수가격에 의한 개별경쟁매매방식으로 구분하여 운영된다.

정규시장의 시가결정, 시장이 임시로 정지되어 재개된 후 최초의 가격결정과 종목별 매매거래의 중단 후 매매거래가 재개된 후 최초의 가격결정, 그리고 정규시장 종료시의 가격결정을 위하여 일정 시간 동안 참여한 호가는 단일가격에 의한 경쟁매매를 하게 된다. 이때의 단일가격은 기본적으로 높은 호가가격대의 매수수량과 낮은 호가가격대의 매도수량이 가장 많이 매매체결 될 수 있는 하나의 가격으로 결정되어진다. 이때 결정된 단일가격으로 체결될 수 있는 매도호가의 합계수량과 매수호가의 합계수량은 서로 일치한다.

복수가격에 의한 개별경쟁매매는 단일가매매방식이 적용되는 시점 이외의 시간 동안에 거래소에 제출되는 주문에 의해서 체결 가능한 조건이 형성될 때마다 가격 및 시간우선의 원칙에 의하여 즉시 매매 체결시키는 방식이다. 이 방식은 매매거래 시간 중에 계속적으로 복수의 가격이 형성되기 때문에 접속매매라고도 한다. 이러한 접속매매는 단일가매매에 의해 시가가 결정된 직후부터 종가결정을 위한 호가 접수시간 개시 전까지의 가격결정에 적용된다.

(5) 매매거래의 관리

거래소는 공정거래질서를 확립하고 투자자를 보호하며, 시장의 효율성을 제고하기 위해 각종 제도적 장치를 마련하고 있다.

① 가격폭 제한

거래소는 증권의 공정한 가격형성과 급격한 시세 변동에 따른 투자자의 피해를 방지하고 거래질서를 확립하기 위해 하루에 변동할 수 있는 증권가격의 상하폭을 일정한 범위로 제한하고 있다. 한국거래소에서는 가격제한폭으로 주식, 상장지수펀드, 외국주식예탁증서, 수익증권의 경우 기준가격의 30%를 곱한 금액을 적용하고 있다.

② 매매거래의 중단

거래소는 가격이 급변할 경우 투자자에게 시장상황을 냉정하게 판단할 수 있는 시간을 제공하기 위해 일시적으로 매매거래를 중단할 수 있다. 이러한 제도를 서킷브레이크(circuit breakers)라고 한다.

서킷브레이크는 3단계로 구분되어 발동된다. 1단계는 종합주가지수가 전일보다 8% 이상 하락한 상태가 1분간 지속되는 경우에 발동된다. 2단계는 종합주가지수가 전일보다 8% 이상 하락한 상태가 1분간 지속되고, 1단계보다 1% 이상 추가 하락하는 경우에 발동된다. 3단계는 종합주가지수가 전일보다 20% 이상 하락한 상태가 1분간 지속되고, 2단계보다 1% 이상 추가 하락하는 경우에 발동된다.

1단계와 2단계 매매거래 중단이 발동되면 매매거래는 20분간 정지되고, 이후 10분간의 동시호가 접수를 거쳐 매매거래가 재개된다. 주식시장의 급격한 가격변동을 일시적으로 진정시켜 투자자들로 하여금 이성적인 거래를 유도하기 위한 제도이다. 장종료 전 40분 동안에는 적용되지 않는다. 3단계 매매거래 중단이 발동되면 당일의 장종료 조치가 이루어진다.

한편 거래소는 투자자보호와 시장관리상 필요하다고 인정되는 경우에는 해당종목의 매매거래를 일시적으로 중단할 수 있다. 즉 상장종목과 관련한 매매거래의 폭주로 인하여 시장에서 정상적으로 매매체결을 시키기 불가능한 경우에 특정 종목의 매매거래를 일시적으로 중단시킬 수 있다. 개별종목의 매매중단 사유는 매매거래의 폭주로 매매계약체결이 지연되는 경우, 투자유의 채권종목으로 지정되는 경우, 시장관리상 매매거래정지의 필요성이 인정되는 경우 등이다.

③ 시장경보제도

거래소는 주가 및 거래량 등과 관련하여 투기적이거나 불공정거래의 개연성이 있는 종목의 경우 투자자의 주의를 환기시키기 위한 목적으로 시장경보제도를 운영하고 있다. 시장경보제도로는 투자주의종목,[21] 투자경고종목, 투자위험종목의 지

---

21) 한국거래소, 시장감시규정 제5조의2(투자주의 종목의 지정·공표 등) ① 위원회는 불공정거래의

정[22] 등이 있다.

제 4 절 증권시장의 지표

    증권시장의 지표는 시장의 동향을 민감하게 표현하고, 미래의 경제상황을 반영하는 수치적 지표이다. 따라서 일반투자자나 기관투자자가 투자결정을 할 경우나 정책입안기관이 증권시장에 관한 정책을 수립할 경우에는 항상 증권시장의 지표를 이용한다.

    주식시장의 대표적 지표는 주가지수라고 할 수 있다. 주가지수는 주식시장에서 형성되는 여러 개의 개별 주가를 총괄하여 기준시점의 주가(혹은 시가총액)에 대비하여 비교시점의 주가(혹은 시가총액)를 백분율로 표시한 지수(index)이다. 상장주식의 표본을 광범위하게 확대하여 주식시장의 움직임을 전반적으로 나타낼 수 있도록 산출한 주가지수를 종합주가지수(composite index)라고 한다. 주가지수는 개별 포트폴리오의 성과를 평가하는 기준이 될 수 있고, 총체적인 주가 변동에 영향을 미치는 요인을 살피기 위해 체계적 위험을 산출하는 데 사용되고 있다.

예방과 투자자 보호를 위하여 주권, 그 밖에 세칙으로 정하는 증권으로서 다음 각 호의 어느 하나에 해당하는 종목을 투자주의종목으로 지정하여 공표할 수 있다. 1. 소수지점거래집중종목; 2. 소수계좌거래집중종목; 3. 그 밖에 투자자의 주의환기가 필요한 종목으로서 세칙으로 정하는 종목; ② 위원회는 제1항에 따른 투자주의종목의 지정 · 공표 등에 관하여 필요한 사항을 세칙으로 정한다.

22) 한국거래소, 시장감시규정 제5조의3(투자경고종목 및 투자위험종목의 지정 · 공표 등) ① 위원회는 불공정거래의 예방과 투자자 보호를 위하여 주권, 그 밖에 세칙으로 정하는 증권의 가격(이하이 조에서 '주가'라 한다)이 일정기간 급등하는 종목을 투자경고종목으로 지정하여 공표할 수 있다. ② 위원회는 투자경고종목으로 지정되거나 그 지정이 해제된 후에도 일정기간 이내에 주가가 급등하는 경우에는 해당 종목을 투자위험종목으로 지정하여 공표할 수 있다. ③ 위원회는 다음 각 호의 어느 하나에 해당하는 경우에는 일정기간 해당 종목의 매매거래정지를 해당 시장에 요청할 수 있다. 1. 투자경고종목으로 지정된 후에도 주가가 급등하는 경우; 2. 투자위험종목으로 지정된 경우; 3. 투자위험종목으로 지정된 후에도 주가가 급등하는 경우; ④ 위원회는 제1항 내지 제3항의 규정에 불구하고 투자경고종목 · 투자위험종목의 지정이나 매매거래정지가 현저하게 부적절하다고 인정되는 경우에는 그 지정이나 매매거래정지의 요청을 하지 아니할 수 있다. ⑤ 투자경고종목 및 투자위험종목의 지정 · 지정예고 · 지정예외 · 지정해제 및 매매거래정지 요청 등에 관하여 필요한 사항은 세칙으로 정한다.

(1) KRX 100

KRX 100지수는 한국거래소 설립 이후 개발된 주가지수로서 자본시장 통합의 취지를 반영하여 유가증권시장과 코스닥시장의 대표종목 100종목으로 구성된다. KRX 100 구성종목은 기존 지수에서 선정기준으로 사용되고 있는 기업규모(시가총액)나 유동성(거래대금)뿐만 아니라 수익성, 안정성, 건전성 등 다양한 각도의 재무기준을 반영하고 있다. 정확한 시황반영과 지수이용 편의성을 도모하기 위해 산출방식에서도 유동주식 가중방식 및 시가총액비중 상한제한 등을 적용하고 있다.

(2) KOSPI

한국종합주가지수(Korea Composite Stock Price Index, KOSPI)는 한국 주식시장 전체의 움직임을 나타내는 대표적인 주가지수이다. KOPSI는 주가에 발행주식수를 가중한 시가총액식 주가지수이다. KOSPI는 1980년 1월 4일의 시가총액을 분모로 하고, 산출시점의 시가총액을 분자로 하여 지수화한 것이다. KOSPI는 한국거래소에 상장된 모든 주식을 대상으로 산출되며, KOSPI의 보조지수로 산업별지수, 제조업지수, 시가총액규모별지수 등이 있다.

$$KOSPI = \frac{비교시점의\ 시가총액}{기준시점의\ 시가총액} \times 100$$

(3) KOSPI 200

KOSPI 200지수는 전체 상장종목 중에서 200종목만으로 산출하는 주가지수이다. 선물 및 옵션거래에 적합하도록 유가증권시장에 상장된 전체 종목 중에서 시장대표성, 업종대표성, 유동성 등을 감안하여 선정된 200종목을 구성종목으로 하고 있다. 유동주식수를 가중한 시가총액 방식으로 주가지수를 산출한다. KOSPI 200의

---

23) 여기서 언급된 지수 외에도 한국거래소에는 특수목적으로 개발된 지수로서 코스피 200 변동성지수(V-KOSPI 200), 코스피 200 선물지수(F-KOSPI 200), 코스피 200 선물 인버스지수(F-KOSPI 200 Inverse), 코스피 200 레버리지지수(KOSPI 200 Leverage), 코스피 200 커버드콜지수(C-KOSPI 200), 코스피 200 프로텍티브풋지수(P-KOSPI 200), 한국배당주가지수(KODI), 기업지배구조지수(KOGI), 사회책임투자지수(KRX SRI), 환경책임투자지수(KRX SRI Eco) 등이 발표되고 있다. 구체적인 내용은 한국거래소 홈페이지(http://www.krx.co.kr)를 참조하기 바란다.

기준일은 1990년 1월 3일이며, 기준지수는 100이다.

(4) KOSPI 200 섹터지수

KOSPI 200 섹터지수는 KOSPI 200지수 구성종목을 8개 산업군별로 재분류하여 산출하는 주가지수이다. KOSPI 200 섹터지수는 ETF, 펀드 등 상품의 추적대상지수로 활용되고 있다. 2008년 1월 2일을 1,000포인트로 하여 2011년 4월 1일부터 산출·발표하고 있다.

(5) KOSDAQ 종합지수

코스닥시장의 주가지수인 코스닥종합지수(KOSDAQ Composite Index)는 코스닥시장 상장기업의 주가에 주식수를 가중한 시가총액식 주가지수이다. 1996년 7월 1일을 1,000으로 하여 산출하고 있다.[24] KOSDAQ 종합지수의 보조지수로 소속부지수, 산업별지수, 시가총액규모별지수 등이 있다.

4.2 주요국의 주가지수

(1) 다우존스산업평균지수

다우존스산업평균지수(Dow-Jones Industrial Average, DJIA)는 미국 주식시장의 전체 동향을 표시할 때 주로 사용되는 대표적인 지표이다. 이 지표는 뉴욕증권거래소(New York Stock Exchange, NYSE)와 나스닥에 상장된 우량주식 30개 종목을 선택하여 시장가격을 평균하여 산출한다.

(2) S&P 500지수

S&P 500지수는 미국의 스탠다드 앤 푸어사(Standard & Poor's Corporation)가 발표하는 주가지수로서, 뉴욕증권거래소와 나스닥에 상장되어 있는 500개 우량기업을 표본으로 시가총액방식으로 산출한다.

(3) 나스닥지수

나스닥(National Association of Securities Dealers Automated Quotation, NAS-DAQ)은 뉴욕증권거래소와 같이 특정 장소에서 거래가 이뤄지는 증권시장이 아니

---

24) 2004년 1월 26일부터 기준단위를 100에서 1,000으로 변경하여 산출하고 있다.

라 컴퓨터 통신망을 통해 거래 당사자에게 장외시장의 호가를 자동적으로 제공, 거래가 이뤄지도록 하는 일종의 자동시세통보시스템이다. 나스닥지수란 벤처·중소기업들의 주식을 장외에서 거래하는 나스닥시장의 종합주가지수를 말한다. 나스닥지수는 1971년 2월 5일이 기준시점이고, 기준지수는 100이다. 지수는 나스닥증권시장의 모든 보통주를 시가총액에 따라 가중치를 부여하여 산출한다.

(4) Nikkei 225지수

Nikkei 225지수는 일본경제신문사가 동경증권거래소 제1부시장에 상장된 주식 중에서 유동성이 높은 225개 종목을 대상으로 수정주가평균을 산출한 것이다. 지수가 아닌 가격으로 발표가 된다. 기준시점은 1949년 5월 16일로 당시 50엔을 기준주가 평균으로 한다. 싱가포르 국제상업거래소(SIMEX)와 오사카 증권거래소 등에서 주가지수 선물, 옵션의 거래 대상이 되기도 한다.

(5) FTSE 100지수

영국의 파이낸셜타임스(FT)와 런던국제증권거래소(LSE)가 공동으로 1984년 1월부터 산출하여 발표하고 있는 영국의 대표적인 지수이다. LSE에 상장된 100개의 우량주를 대상으로, 1983년 12월 31일을 1,000으로 하여 시가총액방식으로 산출한다.

(6) 항셍지수

홍콩증권거래소에 상장된 33개 우량주를 표본으로 홍콩의 항셍(Hang Seng)은행에 의해 산출되어 발표되는 주가지수이다. 지수는 1964년 7월 31일의 시가총액을 100포인트로 해서 산출된다.

(7) MSCI지수

MSCI(Morgan Stanley Capital International)지수는 미국 모건스탠리증권의 자회사인 캐피털 인터내셔널에서 발표하는 주가지수이다. MSCI지수는 각국의 주식시장 시가총액의 60%를 반영하는 종목을 선정하여 이들 종목의 유동주식 시가총액을 합산하여 산출한다.

MSCI지수는 글로벌펀드의 투자기준이 되는 대표적인 지표로, 특히 미국계 펀드의 운용에 주요 기준으로 사용되는 지수다. 외국투자기관들이 해외투자시 각국별 투자 비중을 결정하는 기준으로 사용하기 때문에 MSCI지수에서 특정국가의 비중이 높아지면 외국인 투자가 확대될 가능성이 그만큼 커지게 된다. MSCI지수는 크게 보면 미국, 유럽 등 선진국 중심의 세계지수(World Index)와 아시아, 중남미 등의 신흥시장지수(Emerging Markets Index)가 있다.

1 다음 용어를 설명하라.

① 금융시장	② 자본시장	③ 화폐시장
④ 발행시장	⑤ 1차 시장	⑥ 기업공개
⑦ 유상증자	⑧ 무상증자	⑨ 유통시장
⑩ 2차 시장	⑪ 거래소시장	⑫ 장외시장
⑬ 상장	⑭ 보통거래	⑮ 정규시장
⑯ 시간외시장	⑰ 호가단위	⑱ 개별경쟁매매
⑲ 서킷브레이크	⑳ 매매중단조치	

2 증권시장의 기능을 기업, 투자자, 정부의 입장에서 설명하라.

3 증권의 매매거래 체결을 위한 호가방법을 설명하라.

4 증권의 발행방법을 간략히 설명하라.

5 증권발행시장의 구조를 간략히 설명하라.

6 유상증자방법에서 공모발행과 사모발행의 차이점을 간략히 설명하라.

7 우리나라 거래소시장에서 개별경쟁매매에 의한 매매체결에 적용되는 호가 우선순위를 설명하라.

제 2 부

포트폴리오 이론

PART 2

위험과 수익률

이 장에서는 수익률과 위험의 개념과 그 측정방법 등에 대해 살펴본다. 먼저 투자에 대한 보상으로 주어지는 수익성의 척도를 나타내는 다양한 용어들에 대해 알아본다. 그리고 보유기간 수익률의 정의와 측정방법을 살펴보고, 여러 기간 동안의 수익률 자료를 이용하여 평균수익률을 산출하는 방법을 알아본다. 임의의 기간에 대하여 측정된 보유기간 수익률을 연수익률로 환산하는 방법에 대해서도 알아본다.

다음으로 위험의 정의에 대해 검토한다. 먼저 Knight(1921)가 제시한 위험과 불확실성에 대한 구분부터 시작하여 일반화된 위험의 정의에 대해 설명한다. 그리고 수익률의 확률분포로부터 산출된 분산이나 표준편차 등의 분산도를 이용하여 위험을 측정하는 방법을 설명한다. 수익률의 확률분포가 좌우대칭의 정규분포가 아닐 경우에 이용되는 하방위험의 척도로서 평균이하 반분산, 목표이하 반분산, 하방부분 모멘트 등에 대해서도 알아본다. 그리고 금융기관의 위험척도로 널리 이용되고 있는 VaR에 대하여 설명한다.

마지막으로 개별증권의 기대수익률, 분산-공분산으로부터 포트폴리오의 기대수익률과 분산을 산출하는 원리에 대해 설명한다.

제 1 절 수익률

1.1 수익률의 개념

어떤 자산에 투자를 하게 되면 투자자는 보상으로서 현금흐름 또는 수익을 기대한다. 그리고 그 현금흐름이 투자가치를 초과하여 이익이 발생하기를 기대한다.

투자에 따른 수익은 기간적 수익(periodic income)과 투자자산의 가치변동으로 구성된다. 투자의 기간적 수익은 투자자산의 종류에 따라 차이가 있긴 하지만, 투자기간 중에 발생되는 현금유입을 의미한다. 채권의 이자, 주식의 배당금, 부동산의 임대수익 등 투자기간 중에 발생하는 현금흐름은 기간적 수익에 속한다.

투자자산의 가치변동은 자본이득(capital gain) 또는 자본손실(capital loss)로 나타난다. 이것은 투자자산의 투자기말에서의 매도가격에서 투자기초의 매수가격을 차감한 차액을 말한다. 그 차액이 양(+)의 값을 가지면 자본이득이고, 반대로 음(−)의 값을 가지면 자본손실이 된다.

일반적으로 수익률은 투자로 인하여 발생하는 모든 현금흐름, 즉 수익을 투자시점에서 평가한 투자자산의 가치로 나눈 비율이다.[1] 수익률은 투자의 수익성을 평가하기 위한 척도이기 때문에, 투자의 대상이 무엇인가 또는 각 투자대상의 수익성을 어느 측면에서 평가할 것인가에 따라 그 종류와 측정방법이 달라질 수 있다.

수익률은 사전수익률과 사후수익률을 구분하는 경우가 있다. 사전수익률(ex ante yield)은 모든 기초자료를 이용하여 투자를 행하기 이전에 추정한 수익률로서 흔히 기대수익률을 지칭하는 경우가 많다. 그러므로 기대수익률(expected rate of return)은 사전수익률이 된다.

사후수익률(ex post yield)은 이미 실현된 투자의 성과를 기초로 하여 산출한 실현수익률(realized rate of return)이며, 사후에 산출한 내부수익률이 이에 속한다. 예를 들어, 기간적 수익이 없는 어느 증권을 1,000원에 매입하여 1년 후에 1,050원

---

1) 수익률은 여러 가지 용어로 표현되고 있다. 예를 들면, 수익률이 yield, interest rate of return, rate of return, return on investment, present-value return on investment, time-adjusted rate of return, marginal efficiency of capital 등으로 표현되고 있다. Bierman, Jr. and Smidt(1980), *The Capital Budgeting Decision: Economic Analysis of Investment Projects*, Macmillan Publishing Co., p. 30 참조.

에 매각하였다면 이 증권의 사후수익률은 5%가 된다.

1.2 수익률의 측정

채권과 주식 등 모든 자산에 대하여 일반적으로 이용되는 수익성 척도의 하나는
보유기간 수익률(holding period return)이다.

단일기간 동안에 자산에 투자하여 얻을 수 있는 수익은 ⓐ 기간적 수익과 ⓑ 자
본이득(손실)으로 구분할 수 있다. 보유기간 수익률은 일정기간 동안 자산에 투자
하여 발생되는 두 가지 형태의 수익을 합계한 다음, 이를 투자기초의 자산가치로 나
눈 비율이다. 따라서 채권과 주식의 투자기간 수익률을 다음과 같이 산출할 수 있다.

$$R_{HP} = \frac{C_t + \Delta P}{P_t} \qquad (4-1)$$

$$= \frac{C_t}{P_t} + \frac{\Delta P}{P_t}$$

단, R_{HP} : 보유기간 수익률
C_t : 기간적 수익
ΔP : 자본이득(손실)
P_t : 기초 투자액

예 4-1   채권의 보유기간 수익률

투자자가 액면가가 100,000원이고 액면이자율이 10%인 서울기업의 채권을 98,000원에 매입하였다.
8개월 후에 105,000원에 매각하였으며, 투자기간 중에 1년치의 이자를 받았다면 보유기간 수익률은 몇
%인가?

$$R_{HP} = \frac{C_t}{P_t} + \frac{\Delta P}{P_t}$$

$$= \frac{(0.1)(100,000)}{98,000} + \frac{(105,000 - 98,000)}{98,000}$$

$$= 0.1020 + 0.0714$$

$$= 17.34\%$$

투자자가 제일기업의 보통주를 8,000원에 매입하여 10개월 후에 10,000원에 매각하였다. 그 기간 중에 주당배당금을 1,000원 받았다면 이 주식의 보유기간 수익률은 몇 %인가?

$$R_{HP} = \frac{C_t}{P_t} + \frac{\Delta P}{P_t}$$

$$= \frac{1,000}{8,000} + \frac{(10,000 - 8,000)}{8,000}$$

$$= 0.125 + 0.25$$

$$= 37.5\%$$

이러한 보유기간 수익률은 다른 수익률에 비하여 여러 가지 특징을 가지고 있다.

첫째, 대부분의 수익률은 일반적으로 측정기간이 1년이며 수익률이 연리로 표시되는 데 비하여, 보유기간 수익률은 측정기간에 구애를 받지 않는다. 보유기간 수익률은 투자기간을 측정기간으로 하여 산출한 수익률이므로 그 활용범위가 매우 높다. 보유기간 수익률은 월별 수익률, 분기별 수익률, 연수익률 등 필요에 따라 어떠한 기간에도 적용할 수 있으므로 증권의 이론적 균형가격모형의 추정에 많이 이용되고 있다.

둘째, 보유기간 수익률은 동일기간에서 여러 자산의 수익성, 또는 동일자산에 대하여 과거, 현재, 미래의 수익성을 비교할 수 있는 장점이 있다.

셋째, 주식의 경우 보유기간 수익률은 투자기간 중에 발생한 배당수익과 자산가치의 변동액을 하나의 현금흐름으로 합산하여 산출한 총수익률(total rate of return)이다. 그러나 투자자의 배당소득과 매매차익(자본이득)에 적용되는 세율은 반드시 일치하지 않는 경우가 있으므로, 이 보유기간 수익률을 획일적인 지표로 투자결정에 이용할 때에는 다소 한계가 있을 수 있다.

1.3 평균수익률

보유기간 수익률은 단일기간에 대해서는 단순하고 명확하게 수익성을 측정할 수 있게 해주는 유용한 척도가 된다. 그러나 여러 기간에 걸쳐서 발생한 수익에 기초하여 평균수익률을 산출하고자 하는 경우에는 수익률 계산이 간단하지 않을 수 있다.

(1) 평균수익률의 종류

여러 기간에 걸쳐서 발생하는 수익에 기초하여 평균수익률을 산출하는 방법에는 산술평균수익률, 기하평균수익률, 내부수익률 등이 있다.

① 산술평균수익률

산술평균수익률은 각 단위기간 수익률의 합계를 단위기간의 수로 나누어 산출한 평균수익률이다. 이러한 산술평균수익률은 복리계산을 무시하기 때문에 단위기간 수익률에 연간 단위기간의 수를 곱하여 산출한 수익률과 실제 연간수익률 간에는 차이가 존재하게 된다. 산술평균수익률은 다음과 같이 산출된다.

$$R_{AR} = \frac{1}{N}(R_{HP,1} + R_{HP,2} + \cdots + R_{HP,N}) \qquad (4-2)$$

단, R_{AR} : 산술평균수익률
N : 단위기간의 수
$R_{HP,N}$: 단위기간 N에서의 보유기간 수익률

② 기하평균수익률

산술평균수익률의 계산이 복리로 증식되는 것을 감안하지 않은 방법인 반면에 기하평균수익률은 중도 현금흐름이 재투자되어 증식되는 것을 감안한 평균수익률 계산방법이다. 특히 기하평균수익률은 투자기간 중에 재투자수익률이 변동하는 경우에도 적용될 수 있는 방법이다. 이러한 기하평균수익률을 기간가중 평균수익률(time weighted average rate of return)이라고도 한다. 기하평균수익률은 다음과 같이 산출된다.

$$R_{GE} = [(1+R_{HP,1})(1+R_{HP,2})\cdots(1+R_{HP,N})]^{1/N} - 1 \qquad (4-3)$$

단, R_{GE} : 기하평균수익률
N : 단위기간의 수
$R_{HP,N}$: 단위기간 N에서의 보유기간 수익률

③ 내부수익률

내부수익률은 금액가중 평균수익률(amount weighted average rate of return)이라고도 한다. 투자기간 중에 유출 혹은 유입되는 현금흐름을 고려하여 산출한 평균수익률이다. 즉 내부수익률은 투자기간 중에 발생하는 미래 현금흐름의 현가와 투

자금액을 일치시키는 할인율로 산출된다. 이러한 내부수익률은 채권의 경우 만기수익률이 된다. 따라서 내부수익률은 다음의 식으로 계산한다.

$$P_0 = \frac{C_1}{(1+R_m)} + \frac{C_2}{(1+R_m)^2} + \cdots + \frac{C_N}{(1+R_m)^N} + \frac{P_N}{(1+R_m)^N} \qquad (4-4)$$

단, R_m : 내부수익률

N : 단위기간의 수

$C_1, \cdots, C_N$: 투자기간 중 발생하는 현금유출입

P_0 : 투자기초에서의 투자금액

P_N : N기의 투자기말에서의 자산가치

예 4-3 평균수익률

기초에 운용자산 100억원의 펀드를 관리하는 펀드매니저가 있다고 하자. 이 펀드는 추가가입이나 환매가 가능한 개방형으로 운영되고 있다. 펀드매니저 입장에서 보면 펀드에 대한 추가가입과 환매는 현금 유출입에 해당된다. 각 단위기간별 보유기간 수익률과 현금유출입에 관한 자료는 다음과 같다. 산술평균수익률, 기간가중 평균수익률, 금액가중 평균수익률을 각각 산출하라.

구분	1분기	2분기	3분기	4분기
기초관리자산	100.0	130.0	110.0	140.0
보유기간수익률	10%	−5%	15%	−10%
추가가입/환매전 기말관리자산	110.0	123.5	126.5	126.0
추가가입/환매 금액	20.0	−13.5	13.5	0
기말관리자산	130.0	110.0	140.0	126.0

(1) 산술평균수익률

$$R_{AR} = (0.10 - 0.05 + 0.15 - 0.10)/4 = 2.5\%$$

(2) 기하평균수익률

$$R_{GE} = [\,(1+0.1)(1-0.05)(1+0.15)(1-0.1)\,]^{1/4} - 1 = 1.98\%$$

(3) 내부수익률

$$100 + \frac{20}{(1+R_m)} - \frac{13.5}{(1+R_m)^2} + \frac{13.5}{(1+R_m)^3} - \frac{126.0}{(1+R_m)^4} = 0$$

$$R_m = 1.32\%$$

(2) 평균수익률의 선택

다양한 평균수익률을 계산하는 방법이 주어져 있을 때, 어떠한 평균수익률을 이용해야 할 것인가? 각 평균수익률은 계산과정이 달라 서로 다른 특징을 가지고 있기 때문에 분석목적에 따라 선택이 달라질 수 있다.

산술평균수익률을 산출하는 방식으로 연수익률을 산출하면 실제로 실현가능한 수익률과 차이가 존재하게 된다. 역사적 수익률을 산술평균하여 측정한 수익률은 미래에 실현가능한 수익률에 대한 최선의 예측치가 된다는 통계적 특성이 있기 때문에 균형수익률을 산출하는 모형에서는 주로 산술평균수익률을 이용하게 된다. 그러나 산술평균수익률은 복리계산을 고려하지 않는다.

기하평균수익률과 내부수익률은 모두 복리계산을 고려한 평균수익률이라는 점에서는 유용하다. 그렇지만 투자성과를 측정하기 위한 지표로는 기하평균수익률의 유용성이 높다. 왜냐하면, 내부수익률은 투자기간 중에 발생하는 현금유출입의 크기에 의하여 평균수익률이 영향을 받기 때문이다.

1.4 수익률의 확률분포

미래는 불확실하기 때문에 투자자가 미래의 수익률을 명확하게 예측하기는 어렵다. 그러나 수익률 변동에 대하여 확률분포를 적용한다면 비교적 근사한 미래의 수익률을 찾아낼 수가 있다.

미래의 수익률을 예측할 때에는 주로 확률분포를 이용하게 된다. 기대수익률(expected rate of return)은 확률분포를 이용하여 측정한 미래의 수익률을 말한다. 기대수익률은 미래에 발생할 수익률에 그에 해당하는 확률을 곱하여 다음과 같이 산출된다.

$$E(R_j) = \sum_{s=1}^{S} R_{js}\, p_s \qquad (4-5)$$

단, $E(R_j)$: 자산 j의 기대수익률

R_{js} : 상태 s가 발생했을 때 자산 j의 예상수익률

p_s : 상태 s가 발생할 확률

A주식과 B주식에 투자하여 1년 후에 발생하게 될 각 예상수익률과 그 확률이 다음과 같이 주어져 있다. 이 두 주식의 기대수익률은 각각 얼마가 되겠는가?

A주식		B주식	
수익률 (%)	확률	수익률 (%)	확률
38	0.05	90	0.10
23	0.20	50	0.25
8	0.50	20	0.30
−7	0.20	−10	0.25
−22	0.05	−50	0.10

A주식의 기대수익률 : $E(R_A) = \sum_{s=1}^{5} R_{As}\, p_s$

$$= (38)(0.05) + (23)(0.20) + (8)(0.50) + (-7)(0.20) + (-22)(0.05)$$

$$= 8\%$$

B주식의 기대수익률 : $E(R_B) = \sum_{s=1}^{5} R_{Bs}\, p_s$

$$= (90)(0.10) + (50)(0.25) + (20)(0.30) + (-10)(0.25) + (-50)(0.10)$$

$$= 20\%$$

제 2 절   위 험

2.1 위험의 개념

(1) 위험과 불확실성

미래에 실현될 수익률을 예측할 때에 흔히 미래상황을 확실성(certainty), 위험(risk), 불확실성(uncertainty)으로 구분하는 경우가 많다.

확실성은 미래의 예상수익률이 약간의 오차도 없이 정확하게 실현되는 상황을 의미한다. 그런데 엄격하게 말하면 현실세계에서 이러한 확실성이 존재한다고 단정하기는 어렵다. 그러나 이론적으로는 확실성하에서의 투자결정을 충분히 고려할 수 있다.

Knight(1921)는 객관적 확률과 관련된 미래상황은 위험이며, 주관적 확률과 관련된 미래상황은 불확실성으로 정의하고 있다.[2] 객관적 확률은 선험적 확률이나 통계적 확률로 얻어진다. 선험적 확률은 주사위를 던지는 경우와 같이 고유의 대칭성으로부터 유도된 확률이다. 통계적 확률은 동질적 자료(homogeneous data)의 분석으로 얻어지는 확률이다.

주관적 확률은 개인의 신념을 반영한 주관적 판단에 의하여 결정된다. 주관적인 판단에도 과거의 여러 가지 관련된 상황이 고려되는 것은 사실이다. 역사적 자료가 기간에 걸쳐 안정적이지 못할 경우에는 확률분포도 미래의 수익률을 예측하는 데에 크게 도움을 주지 못하는 약점이 있다.

주관적 확률과 객관적 확률의 개념을 구분하기 위하여 항아리 속의 공을 예로 들어보자. 항아리 속에 붉은 공과 검은 공이 섞여 있다. 한 사람은 붉은 공에 대한 검은 공의 비율이 3 : 1이라는 것을 알고 있지만, 다른 사람은 색상별 공의 비율에 대해 알지 못한다고 하자. 각 색상별 공의 비율을 알고 있는 사람은 붉은 공을 꺼낼 확률이 75%라고 단언할 것이다. 각 색상별 공의 비율에 대한 지식이 없는 사람은 자신의 신념에 따라 붉은 공을 꺼낼 확률이 50%라고 할 수 있을 것이다.

객관적 확률을 측정하기 위한 지식이 없는 경우에도 사람들은 자신이 직면하고 있는 불확실성을 어떻게든 측정하고자 할 것이다. 항아리 속의 공의 비율에 대해 정확히 알지는 못하지만, 사람들로 하여금 항아리 속의 일부를 들여다 볼 수 있도록 허용하여, 각 색상별 공의 비율에 대해 어느 정도 추정이 가능한 상황을 고려해 보자. 이러한 경우 객관적 확률을 측정할 수 있는 정확한 지식은 없지만, 각 색상별 공의 비율에 대한 추정치를 이용하여 확률을 결정하려고 할 것이다. 이러한 추정치가 주관적 확률이 된다.

대부분의 기업 의사결정은 이러한 주관적 확률에 기초한다. 이것이 유명한 Knight의 위험에 대한 정의이다. 즉 객관적 확률과 관련된 상황이 위험이고, 주관적 확률과 관련된 상황이 불확실성이다.

---

2) F. H. Knight(1921), *Risk, Uncertainty, and Profit*, Hart, Schaffner & Marx; Houghton Mifflin Co..

(2) 위험의 정의

위험에 대한 Knight의 정의는 통상적인 위험의 개념과 차이가 있다. 이제 위험에 대한 보다 공식적인 정의에 대해 알아보자.

위험은 '목적달성에 대한 불확실성의 영향'으로 정의할 수 있다.[3] 여기에서 목적달성에 대한 영향은 기대성과에 대한 양($+$)이나 음($-$)의 편차(deviation)를 의미한다. 이러한 정의에도 불구하고 위험의 영향은 목적달성에만 국한되는 것은 아니다. 위험은 어떤 일을 추진하는 경우에만 존재하는 것이 아니라 자원을 낭비하는 것과도 관련이 있을 수 있다. 이러한 점을 고려하여 위험을 정의하면, 위험은 미래의 특정 시점에서 기대한 성과수준에 대하여 실제의 성과가 미달할 가능성이라고 할 수 있다.[4]

일반적으로 위험은 미래의 수익률이 기대수익률에 미달하거나 투자손실로 나타날 수 있는 가능성 내지 그러한 수익률의 변동성(variability)을 의미한다. 자산을 보유하면 수익이 발생한다. 특히 투자자가 자본자산(capital assets)에 투자할 때에는 일정한 수준의 수익을 기대하게 된다.[5] 그러나 투자자의 미래의 실현된 수익은 기대수준에 미달하거나 손실로 나타날 수도 있는데, 이것이 위험이다.

(3) 위험의 구성요소

위험의 구성요소는 ⓐ 사건의 발생가능성(likelihood of an event occurring)과 ⓑ 사건의 영향(impact or consequence)으로 구분할 수 있다. 여기에서 사건(event)은 특정한 상황이 발생하거나 변화하는 것이다. 이러한 위험의 구성요소에 대하여 자세히 알아보자.

① 사건의 발생가능성

사건은 외부적 요인이나 내부적 요인에 의해 격발될 수 있다. 사건을 격발시키는 외부적 요인의 예로는 재해나 정치적 결정 등이 있을 수 있다. 내부적 요인의 예는

---

3) 위험에 대한 이러한 정의는 ISO 30001 (2009) / ISO Guide 73 (Risk Vocabulary)에서 제시한 것이다. Risk is the effect of uncertainty on objectives, and an effect is a positive and negative deviation from what is expected.

4) Risk is a likely shortfall between the desired level of performance and the actual performance at a future time.

5) 자본자산(capital assets)은 수명이 1년 이상의 장기성 자금을 조달하기 위하여 발행한 금융자산으로 기업의 통상적인 영업활동에서 거래되지 않는다. 자본자산의 전형적인 예로서 증권을 들 수 있다.

잘못된 경영의사결정 등을 들 수 있다. 그리고 위험은 이러한 사건의 발생이 불확실해야 한다는 것을 전제로 한다.

예를 들어, 어떤 사람이 1만 미터 상공의 비행기에서 낙하산 없이 뛰어 내린다고 가정해 보자. 이러한 경우 그는 위험에 직면해 있다고 할 수 없다. 왜냐하면 위험은 사건발생의 불확실성이라는 요건을 갖추어야하기 때문이다. 즉 이러한 경우에는 사건발생의 불확실성이 존재하지 않기 때문에 위험이 아니다.

모든 위험은 미래에 사건발생의 불확실성이 존재해야 한다. 이러한 사건의 발생가능성은 과거의 자료로부터 측정하거나 사전적 경험을 이용하여 측정하기도 한다.

② 사건의 영향

사건의 영향은 어떤 사건의 발생으로 인하여 발생되는 결과로서, 목표인 성과에 영향을 주는 정도를 말한다. 이러한 영향의 정도는 기대 성과수준을 달성하지 못해서 발생하는 비용으로 나타나기도 한다. 이러한 비용에는 시장점유율의 상실이나 결함을 보완하는 데 필요한 시간의 소요 등도 포함될 수 있다.

이처럼 위험은 사건의 발생가능성과 사건의 영향 등의 요소를 모두 포함해야 한다.[6]

자산은 위험의 유무에 따라서 무위험자산과 위험자산으로 구분할 수 있다. 무위험자산은 정기예금이나 국채처럼 투자수익이 명확하게 발생하는 자산을 의미한다. 위험자산은 회사채와 주식과 같이 투자수익이 변동할 수 있는 자산을 의미한다.

2.2 위험의 측정

위험을 구체적으로 어떻게 측정할 것인가? 일반적으로 위험은 미래에 발생가능한 예상수익률이 기대수익률로부터 분산되어 있는 정도로 측정할 수 있다.

수익률의 확률분포가 기대치에 밀집되어 있을 때에는 수익률의 분산도가 작기 때문에 위험이 낮다고 한다. 그 반대의 경우에는 위험이 높다고 한다. 투자위험은 확률분포의 분산도를 나타내는 표준편차(standard deviation)나 분산(variance)으로 측정할 수 있다. 따라서 위험은 다음의 식과 같이 산출할 수 있다.

$$\sigma_j^2 = \sum_{s=1}^{S} [R_{js} - E(R_j)]^2 p_s \qquad (4-6)$$

---

6) 일반적으로 이러한 두 가지의 구성요소는 위험 익스포저(risk exposure)라는 행태로 결합되기도 한다.

$$\sigma_j = \sqrt{\sigma_j^2} \qquad\qquad (4-7)$$

단, σ_j : 증권 j의 수익률의 표준편차

σ_j^2 : 증권 j의 수익률의 분산

$E(R_j)$: 자산 j의 기대수익률

R_{js} : 상태 s가 발생할 경우의 자산 j의 수익률

p_s : 상태 s가 발생할 확률

예 4-5   위험의 측정

미래의 투자환경변화에 따른 한국기업의 예상수익률과 확률이 다음과 같이 주어져 있다면, 기대수익률과 위험은 다음과 같이 각각 20%와 54.22%로 측정된다.

경제 상태	예상수익률(%)	확률
호전	90	0.3
보통	20	0.4
악화	−50	0.3

기대수익률 : $E(R_j) = \sum_{s=1}^{N} R_{js}\, p_s$

$= (90)(0.3) + (20)(0.4) + (-50)(0.3)$

$= 20\%$

위험 : $\sigma_j = \sqrt{\sigma_j^2} = \sqrt{\sum_{s=1}^{S} [R_{js} - E(R_j)]^2\, p_s}$

$= \sqrt{(90-20)^2(0.3) + (20-20)^2(0.4) + (-50-0.2)^2(0.30)}$

$= \sqrt{2,940} = 54.22$

1952년에 발표된 Markowitz의 포트폴리오 이론에서는 증권의 위험과 위험에 대한 보상이 어떻게 균형을 이루는가를 보여주고 있다.[7] 즉 Markowitz(1952)는 포트폴리오 이론을 통해 증권의 기대수익률과 수익률의 분산 간의 이론적 관계를 밝히고 있다.

그러나 이 논문에서 Markowitz는 위험에 대해 명확하게 정의하고 있지는 않다. 단지 그는 '투자자들은 바람직한 것으로 기대수익률을 고려하고, 바람직하지 않은 것

---

7) H. M. Markowitz(1952), "Portfolio Selection," *Journal of Finance*, 7(1), 77–91.

으로 수익률의 분산을 고려한다고 하자'라는 규칙을 제시하고 있을 뿐이다. 그는 수익률의 분산이 위험에 대한 대용치(proxy)라는 것을 명시적으로 밝히지는 않았다.

다만 논문의 말미에 다음과 같이 언급하고 있다. "재무분야에서는 수익률과 위험이라는 용어가 이용되고 있다. 통상적으로 기대수익률 대신에 수익률을 대체하고, 수익률의 분산 대신에 위험을 대체한다고 하더라도 의미의 변화는 크지 않을 것이다." 즉 Markowitz는 수익률의 분산이 위험의 대용치가 될 수 있다는 점을 제시하였지만, 그 관련성에 대해서는 직접적으로 언급하지는 않았다. 그러나 그의 언급 이후에 대부분의 재무학자들은 위험과 수익률의 분산을 유사한 것으로 받아들이고 있다.[8]

수익률의 확률분포가 기대치를 중심으로 대칭분포 또는 정규분포(normal distribution)를 이루고 있을 때에 표준편차나 분산을 위험의 척도로 사용하는 것은 문제가 되지 않는다. 그러나 수익률의 확률분포가 비대칭일 때에는 비대칭성을 고려하여 위험을 조정해야 한다. 다만 현실적인 투자결정에서는 투자안의 비대칭분포와 정규분포 사이에 큰 차이가 없으므로 표준편차나 분산을 그대로 위험의 측정치로 사용하는 것이 일반적이다.

2.3 포트폴리오의 기대수익률과 위험

(1) 개별증권 수익률과 포트폴리오 수익률

포트폴리오는 투자목적으로 두 개 이상의 개별자산을 결합한 것을 말한다. 투자자가 투자목적으로 부동산, 골동품, 상품, 은행예금 등을 소유한다면, 이들을 총칭하여 포트폴리오라고 한다. 좁은 의미의 포트폴리오는 다수의 종목으로 구성된 증권의 집단을 지칭한다.

일반적으로 증권의 기대수익률과 위험을 분석할 때, 개별자산보다는 포트폴리오를 구성하여 분석한다. 개별자산의 수익률과 포트폴리오 수익률 간에는 다음과 같은 관계가 성립한다.

$$R_{Ps} = x_1 R_{1s} + x_2 R_{2s} + \cdots + x_N R_{Ns}$$
$$= \sum_{i=1}^{N} x_i R_{is} \qquad (4-8)$$

---

8) G. A. Holton(2004), "Defining Risk," *Financial Analysts Journal*, 60(6), 19-25.

$$\text{단, } R_{Ps} : \text{상태 } s \text{에서의 포트폴리오의 수익률}$$
$$R_{is} : \text{상태 } s \text{에서의 개별증권 } i \text{의 수익률}$$
$$x_i : \text{개별증권 } i \text{에 대한 투자비중}$$

예 4-6　**포트폴리오 수익률 산출**

포트폴리오 수익률을 계산하는 원리를 알아보자. 어떤 투자자가 투자원금 100만원을 A와 B 두 종목의 주식에 투자하였다. 각 종목에 대한 투자금액은 각각 30만원과 70만원이다. 미래의 상태별 주식의 수익률은 다음과 같다. 이 투자자의 각 상태별 포트폴리오 수익률은 얼마가 되겠는가?

상태	A주식 수익률(%)	B주식 수익률(%)
호황	90	40
보통	20	10
불황	−50	−10

먼저 이 투자자의 총투자금액을 기준으로 투자수익률을 산출하여 보자. 이 투자자는 A주식을 30만원, B주식을 70만원 어치 매입하여 두었기 때문에 위의 표에 제시된 수익률 자료를 이용하면, 다음과 같이 각 상태별 포트폴리오 수익률을 계산할 수 있다.

상태	A주식 기말금액	B주식 기말금액	기말금액의 합계	포트폴리오 수익률(%)
호황	57	98	155	55
보통	36	77	113	13
불황	15	63	78	−22

다음으로 위의 (4-8)식을 이용하여 각 상태별 포트폴리오 수익률을 산출하여 보자. 이 경우 A주식에 대한 투자비중은 0.3이고, B주식에 대한 투자비중은 0.7이다.

상태	산출방법	포트폴리오 수익률(%)
호황	$0.3 \times (90) + 0.7 \times (40)$	55
보통	$0.3 \times (20) + 0.7 \times (10)$	13
불황	$0.3 \times (-50) + 0.7 \times (-10)$	−22

위의 두 가지 계산방법에 따른 상태별 포트폴리오 수익률이 정확히 일치한다는 것을 확인할 수 있다. 따라서 포트폴리오 수익률을 산출할 때, 총투자금액을 기준으로 하여 계산하는 것보다는 개별자산의 수익률과 투자비중을 이용하여 (4-8)식으로 계산하는 것이 편리하다는 것을 알 수 있다.

(2) 포트폴리오의 기대수익률

포트폴리오의 기대수익률은 각 개별증권의 기대수익률과 각 증권에 대한 투자비

중을 알고 있다면, 이러한 정보를 이용하여 간단하게 포트폴리오의 기대수익률을 산출할 수 있다.[9]

포트폴리오의 기대수익률은 각 증권의 기대수익률을 가중평균한 값이 된다. 포트폴리오를 구성하고 있는 개별증권의 가중치가 변동하게 되면 포트폴리오의 기대수익률도 변동하게 된다. 포트폴리오의 기대수익률은 다음과 같이 산출된다.

$$
\begin{aligned}
E(R_P) &= E(x_1 R_1 + x_2 R_2 + \cdots + x_N R_N) \\
&= x_1 E(R_1) + x_2 E(R_2) + \cdots + x_N E(R_N) \\
&= \sum_{i=1}^{N} x_i E(R_i)
\end{aligned}
\tag{4-9}
$$

단, $E(R_P)$: 포트폴리오의 기대수익률
$E(R_i)$: i증권의 기대수익률
N : 포트폴리오를 구성하는 증권종목의 수
x_i : i증권에 대한 투자비중(가중치)

예 4-7   포트폴리오의 기대수익률

주식 A, B, C의 기대수익률이 각각 20%, 15%, 10%이고, 이 3개 주식이 각기 30%, 40%, 30%의 비중을 차지하는 포트폴리오를 구성하고 있다고 하자. 이때 포트폴리오의 기대수익률은 15%가 된다.

$$
\begin{aligned}
E(R_P) &= \sum_{i=1}^{3} x_i E(R_i) \\
&= x_1 E(R_A) + x_2 E(R_B) + x_3 E(R_C) \\
&= (0.3)(20) + (0.4)(15) + (0.3)(10) \\
&= 15\%
\end{aligned}
$$

(3) 포트폴리오 수익률의 분산

포트폴리오 수익률의 분산을 계산할 때에도 기대수익률과 마찬가지로 각 상태별 포트폴리오 수익률을 산출한 후에 통상적인 분산 계산방법을 이용하여도 무방하다. 그러나 만약 각 개별증권의 수익률의 분산과 각 증권의 수익률간의 공분산을 알고 있다면, 이러한 정보를 이용하여 간단하게 포트폴리오 수익률의 분산을 산출할 수

---

9) X, Y를 확률변수라고 하고, a와 b를 상수라고 할 때, 다음과 같은 연산이 가능하다는 사실을 이용하여 개별증권의 기대수익률과 포트폴리오 기대수익률 간의 관계를 도출할 수 있다. 자세한 내용은 부록을 참고할 것.

$$E(aX + bY) = aE(X) + bE(Y)$$

있다.[10)]

$$\sigma_P^2 = var(R_P) = var(x_1 R_1 + x_2 R_2 + \cdots + x_N R_N)$$
$$= x_1^2 \sigma_1^2 + x_1 x_2 \sigma_{1,2} + \cdots + x_1 x_N \sigma_{1,N}$$
$$+ x_2 x_1 \sigma_{2,1} + x_2^2 \sigma_2^2 + \cdots + x_2 x_N \sigma_{2,N}$$
$$+ x_N x_1 \sigma_{N,1} + x_N x_2 \sigma_{N,2} + \cdots + x_N^2 \sigma_N^2$$
$$= \sum_{i=1}^{N} x_i^2 \sigma_i^2 + 2 \sum_{i=1}^{N} \sum_{j>i}^{N} x_i x_j \sigma_{i,j} \qquad (4-10)$$

이러한 포트폴리오 수익률의 분산을 산출하기 위한 수식은 다음과 같이 나타내기도 한다.

$$\sigma_P^2 = \sum_{i=1}^{N} x_i^2 \sigma_i^2 + \sum_{i=1}^{N} \sum_{j \neq i}^{N} x_i x_j \sigma_{i,j} \qquad (4-11)$$

혹은

$$\sigma_P^2 = \sum_{i=1}^{N} \sum_{j=1}^{N} x_i x_j \sigma_{i,j} \qquad (4-12)$$

이와 같이 포트폴리오 수익률의 분산을 개별 증권의 분산과 공분산으로부터 산출할 수 있으며, 포트폴리오 수익률의 분산에서 중요한 역할을 하는 것은 공분산이다. 이러한 공분산을 표준화한 것이 상관계수이며, 상관계수는 다음과 같이 정의된다.

$$\rho_{i,j} = \frac{cov(R_i, R_j)}{\sigma_i \sigma_j} \qquad (4-13)$$

단, $\rho_{i,j}$: 증권수익률 R_i와 R_j간의 상관계수

---

10) X, Y를 확률변수라고 하고, a와 b를 상수라고 할 때, 다음과 같은 연산이 가능하다는 사실을 이용하여 개별증권의 수익률의 분산 및 공분산과 포트폴리오 수익률의 분산 간의 관계를 도출할 수 있다. 자세한 내용은 부록을 참고할 것.

$$var(aX+bY) = a^2 var(X) + b^2 var(Y) + 2ab \, cov(X, Y)$$
$$= a^2 \sigma_X^2 + b^2 \sigma_Y^2 + 2ab \, \sigma_{X,Y}$$

여기에서 $var(\cdot)$는 분산을 나타내며, $cov(X, Y)$는 X, Y의 공분산이다. 또한 분산은 σ_X^2으로 나타내고, 공분산은 σ_{XY}로 나타내기도 한다. 공분산은 다음과 같이 정의된다.

$$cov(X, Y) = E[(X-E(X))(Y-E(Y))]$$

이러한 정의에 의하면, $cov(X, X) = var(X)$와 동일하며, $\sigma_{X,X} = \sigma_X^2$으로 둘 수 있다.

이러한 상관계수에 대한 정의식을 이용하여 위의 (4−12)식을 다시 쓰면 다음과 같이 된다.

$$\sigma_P^2 = \sum_{i=1}^{N} \sum_{j=1}^{N} x_i x_j \sigma_i \sigma_j \rho_{i,j} \tag{4−14}$$

⑩ 4−8   포트폴리오 수익률의 분산

A, B 두 증권의 수익률의 확률분포가 다음과 같이 주어져 있다. 각 증권의 기대수익률, 수익률의 분산, 공분산, 그리고 상관계수를 산출하라. 또한 A증권과 B증권에 대한 투자비중이 30 : 70으로 구성된 포트폴리오의 기대수익률과 수익률의 분산을 산출하라.

상태(s)	R_{As}(%)	R_{Bs}(%)	p_s
아주 호황	38	90	0.05
호황	23	30	0.20
보통	8	17	0.50
불황	−7	−10	0.20
아주 불황	−22	−40	0.05

각 증권의 기대수익률과 분산 및 공분산은 다음과 같이 계산된다.

R_{As}(%)	R_{Bs}(%)	p_s	$E(R_A)$	$E(R_B)$	σ_A^2	σ_B^2	$\sigma_{A,B}$
38	90	0.05	1.9	4.5	45.0	281.25	112.5
23	30	0.20	4.6	6.0	45.0	45.00	45.0
8	17	0.50	4.0	8.5	0.0	2.00	0.0
−7	−10	0.20	−1.4	−2.0	45.0	125.00	75.0
−22	−40	0.05	−1.1	−2.0	45.0	151.25	82.5
합 계		1.00	8.0	15.0	180.0	604.50	315.0

위의 표에서의 계산에 따라 각 증권의 기대수익률 $E(R_A)$는 8%, $E(R_B)$는 15%이다. 각 증권 수익률의 분산은 σ_A^2은 180, σ_B^2은 604.50이 된다. 두 증권 수익률의 공분산 $\sigma_{A,B}$는 315이다. 그리고 두 증권 수익률 간의 상관계수는 다음과 같이 0.9549이다.

$$\rho_{A,B} = \frac{\sigma_{A,B}}{\sigma_A \sigma_B} = \frac{315}{\sqrt{180}\sqrt{604.50}} = 0.9549$$

포트폴리오의 기대수익률은 다음과 같이 산출된다.

$$E(R_p) = x_A E(R_A) + x_B E(R_B)$$
$$= (0.3)(8\%) + (0.7)(15\%) = 12.9\%$$

포트폴리오 수익률의 분산은 다음과 같이 산출된다.

$$\sigma_P^2 = x_1^2 \sigma_A^2 + 2x_1 x_2 \sigma_{1,2} + x_2^2 \sigma_B^2$$
$$= (0.3)^2(180) + 2(0.3)(0.7)(315) + (0.7)^2(604.5)$$
$$= 444.705$$

1 다음의 용어를 설명하라

① 산술평균수익률   ② 기하평균수익률   ③ 내부수익률

④ 사후수익률   ⑤ 보유기간 수익률   ⑥ 위험

⑦ 불확실성   ⑧ 주관적 확률   ⑨ 객관적 확률

⑩ 포트폴리오 위험

2 위험의 정의를 제시하고, 위험의 측정방법을 설명하라.

3 A증권의 기대수익률과 수익률의 분산을 각각 $E(R_A)$와 σ_A^2이라 하고, B증권의 기대수익률과 수익률의 분산을 각각 $E(R_B)$와 σ_B^2이라고 하자. 두 증권의 공분산을 $\sigma_{A,B}$로 하자. 이 때 A증권과 B증권에 대하여 각각 x_A와 x_B의 투자비중으로 구성한 포트폴리오 P의 기대수익률과 수익률의 분산이 다음과 같이 된다는 것을 증명하라.

$$E(R_P) = x_A E(R_A) + x_B E(R_B)$$
$$\sigma_P^2 = x_A^2 \sigma_A^2 + 2 x_A x_B \sigma_{A,B} + x_B^2 \sigma_B^2$$

4 액면가가 20만원이고 액면이자율이 연 12%인 채권이 10년 후에 만기가 된다고 하자. 이 채권을 시장가격이 18만원일 때 매입하였다가 1년 후에 22만원에 매각하였다.

(1) 채권의 매입시점에서 만기수익률은 얼마인가?

(2) 채권의 매도시점에서 만기수익률은 얼마인가?

(3) 채권의 보유기간 수익률은 얼마인가?

5 어느 투자자가 한일기업의 보통주를 650원에 100주를 매입하였다. 이 주식을 8개월 후에 800원에 모두 매각하였다. 보유기간 수익률은 몇 %인가? 이 주식을 3개월 후에 모두 8,400원에 매각하였다면, 연수익률은 몇 %인가?

6 주식수익률의 확률분포가 다음과 같이 주어져 있다.

상태(s)	수익률(R_{js})	확률(p_s)
1	−35	0.1
2	−30	0.1
3	−20	0.1
4	−10	0.1
5	15	0.2
6	25	0.2
7	35	0.1
8	50	0.1

(1) 이 증권의 기대수익률은 얼마인가?

(2) 이 증권의 수익률의 분산과 표준편차를 각각 산출하라.

7 A증권과 B증권만으로 포트폴리오를 구성하였다. 각 증권에 대한 투자비중은 40 : 60이다. 이 포트폴리오의 기대수익률과 수익률의 분산을 구하라.

> ┌ **자료** ┐
>
> A증권의 기대수익률＝5%
>
> B증권의 기대수익률＝8%
>
> A증권 수익률의 표준편차＝10%
>
> B증권 수익률의 표준편차＝30%
>
> A, B 두 증권 수익률 간의 상관계수＝0.7

해답

4. (1) 13.91% (2) 10.25% (3) 35.56% **5.** 12.5%, 21.56% **6.** (1) 7% (2) 분산 756, 표준편차 27.50
7. 기대수익률 6.8%, 분산 440.8

통계적 기초개념

여기에서는 모집단 평균과 분산, 표본의 평균과 분산, 그리고 공분산과 상관계수 등의 통계적 기초개념에 대해 알아보자. 이러한 개념에 대하여 익숙한 독자는 건너 뛰어도 무방할 것이다.

(1) 모집단 기대치와 분산

확률분포를 설명하기 위하여 두 가지의 모수(parameter)를 이용한다. 먼저 수 직선상의 어떤 점에 수익률의 중심이 위치하고 있는지에 대해 관심이 있다고 하자. 이러한 중심 위치를 기술하는 모수가 기대치(expected value) 혹은 기대수익률(expected rate of return)이다. 기대수익률의 의미는 투자자들이 투자한 증권으로 부터 다음 기간 동안에 얻을 것으로 기대하는 수익률이다. 기대수익률을 산출하는 공식은 다음과 같다.

$$E(R_j) = \sum_{s=1}^{S} R_{js}\, p_s \qquad\qquad (4A-1)$$

여기에서 R_{js}는 미래의 발생가능한 상태 s에서의 증권 j의 수익률을 나타낸다. p_s는 상태 s가 발생할 확률을 나타낸다. 즉 기대수익률은 먼저 미래에 발생가능한 모든 상태별 수익률과 확률을 곱하고, 이러한 값을 모든 상태에 대하여 더하여 산출된다.

확률분포의 형태를 설명하는 모수는 분산(variance)이다. 분산은 기대치로부터 수익률의 편차에 대한 잠재력에 대해 설명해 준다. 즉 분산은 수익률의 기대치로부터의 분산도에 대하여 설명하여 준다. 분산을 산출하기 위한 공식은 다음과 같다.

$$var(R_j) = \sum_{s=1}^{S} [R_{js} - E(R_j)]^2 p_s \qquad\qquad (4A-2)$$

분산은 미래에 발생가능한 각 상태별 편차를 산출하고, 이러한 편차의 제곱에 대한 기대치로 산출한 것이다. 따라서 분산을 기대치를 나타내는 기호를 이용하여 나타내면 다음과 같이 된다.

$$var(R_j) = E[R_j - E(R_j)]^2 \qquad\qquad (4A-3)$$

이러한 분산이 커질수록 수익률이 기대수익률과 차이를 보일 가능성이 커진다고 할 수 있다.

(2) 표본 평균과 분산

수익률을 산출하는 확률분포를 직접 관찰하는 것은 현실적으로 불가능하다. 일반적으로 표본자료를 이용하게 된다. 통상적으로 표본자료로부터 수익률의 기대치와 분산을 추정하고, 이러한 추정치가 포트폴리오관리를 위한 모형에서 입력자료로 이용된다.

수익률의 표본자료가 주어져 있을 때, 표본평균은 다음과 같이 산출된다. 그리고 이러한 표본평균이 잠재적 확률분포에서의 기대치에 대한 추정치로 이용된다.

$$\overline{R_j} = \frac{1}{T} \sum_{t=1}^{T} R_{jt} \qquad\qquad (4A-4)$$

여기에서 T는 j증권의 수익률을 관찰한 표본기간의 수를 나타낸다. 이러한 표본평균은 수익률의 기대치에 대한 불편추정치(unbiased estimate)가 되지만, 기대수익률과 완전히 일치하는 값이 되는 것은 아니다.

그러나 표본의 크기가 증가하면 정확도가 높아질 것으로 기대할 수 있다. 즉 증권 j의 수익률에 대한 관찰기간인 T가 길어질수록 기대수익률 $E(R_j)$에 대한 보다 좋은 추정치를 얻을 수 있다. 그렇지만 증권의 수익률에 대한 관찰기간이 길어지면 잠재적인 확률분포가 동일해야 한다는 가정이 지켜지기 어려운 상황이 발생할 수 있다. 따라서 잠재적인 확률분포가 심각하게 변하지 않는다는 믿음이 있는 범위 내에서 최대한의 기간 동안의 자료를 이용하여 표본추정치를 구하는 것이 바람직하다.

이러한 논리는 분산의 측정에도 동일하게 적용된다. 실제의 확률분포를 관찰할 수 없기 때문에 실제의 분산을 측정하는 것은 불가능하다. 따라서 표본분산을 다음과 같이 측정해야 한다.

$$\sigma_j^2 = \frac{1}{T-1} \sum_{t=1}^{T} (R_{jt} - \overline{R_j})^2 \qquad\qquad (4A-5)$$

이러한 표본분산을 산출하기 위해서는 각 기간별 수익률에서 표본평균수익률을 차감하여 값을 제곱하여 합한 후, 관찰한 기간 수인 T에서 1을 차감한 $(T-1)$을 나누어야 한다. $(T-1)$을 나누는 이유는 표본분산을 산출하기 위해서는 표본평균이라는 추정치 하나를 이용해야 하기 때문이다. 이렇게 산출된 표본분산은 모집단 분산에 대한 불편추정치가 된다.

(3) 표본 공분산

수익률 간의 상호관련성을 측정하기 위한 추정치가 공분산(covariance)이다. 즉 어떤 증권의 수익률이 기대수익률 보다 높게 나타날 때, 다른 증권의 수익률도 이러한 경향을 가지는가를 나타내는 척도가 공분산이다. 실제의 확률분포를 관찰할 수 없는 경우에는 다음과 같은 방법으로 표본자료를 이용하여 공분산을 측정한다.

$$cov(R_i, R_j) = \frac{1}{T-1} \sum_{t=1}^{T} [(R_{it} - \overline{R}_i)(R_{jt} - \overline{R}_j)] \qquad (4A-6)$$

공분산은 각 변수의 편차를 산출한 후, 두 변수의 편차를 곱한 값을 모든 관찰치에 대하여 더하고, 이를 관찰치의 수에서 1을 차감한 $(T-1)$을 나누어 구한다.

이러한 공분산은 두 변수가 변동하는 방향에 관한 정보를 제공하여 준다. 두 변수 간의 공분산이 양(+)이라는 것은 어떤 변수가 평균보다 높은 방향으로 변동할 때, 다른 변수도 평균보다 높은 방향으로 변동하는 경향을 가진다는 것을 의미한다. 그리고 두 변수 간의 공분산이 양(+)인 경우에 한 변수가 평균보다 낮은 값을 가지면 다른 변수도 평균보다 낮은 값을 가지는 경향이 있다는 것을 의미한다. 반대로 공분산이 음(−)인 경우에는 두 변수가 서로 반대의 방향으로 움직인다는 것을 의미한다.

(4) 모집단 공분산

위의 (4A−6)식은 표본자료로부터 진실한 공분산을 어떻게 측정할 것인가에 대하여 설명해 주고 있다. 만약 다양한 수익률의 쌍에 대한 실제의 확률분포를 알고 있다고 하자. 이를 결합확률분포(joint probability distribution)라고 한다. 이러한 경우에 진실한 혹은 모집단 공분산은 다음과 같이 산출된다.

$$cov(R_i, R_j) = \sum_{s=1}^{S} [(R_{is} - E(R_i))(R_{js} - E(R_j))] p_s \qquad (4A-7)$$

이러한 공분산을 기대치를 나타내는 기호를 이용하여 나타내면 다음과 같이 된다.

$$cov(R_i, R_j) = E[(R_i - E(R_i))(R_j - E(R_j))] \qquad (4A-8)$$

이러한 개별증권 수익률 간의 공분산은 포트폴리오 수익률의 분산을 산출하는데 있어서 입력자료로 이용되기 때문에 반드시 알아두어야 한다.

(5) 상관계수

공분산을 표준화하여 일정한 범위내의 값을 가지도록 한 것이 상관계수(correlation)이다. 즉 공분산이 가질 수 있는 값의 범위에는 제한이 없다. 따라서 공분산의 크기를 이용하여서는 두 변수 간의 변동방향의 강도에 대해 설명하는 것은 불가능하다. 따라서 이러한 공분산을 각 변수의 표준편차로 나누어 주어 공분산이 변동하는 값의 범위를 한정시킬 필요가 있다. 이처럼 공분산을 표준화한 것을 상관계수라고 한다.

$$\rho_{i,j} = \frac{cov(R_i, R_j)}{\sigma_i \sigma_j} \qquad\qquad (4A-9)$$

이러한 상관계수는 −1에서 +1까지의 범위에 있는 값을 가진다. 상관계수가 1이라는 것은 두 변수의 변동하는 방향과 변동하는 상대적 크기가 완전히 일치한다는 것을 의미한다. 즉 두 변수간의 상관계수가 1인 경우에는 모든 관찰치가 양(+)의 기울기를 가진 선상에 존재하게 된다.

반대로 상관계수가 −1이라는 것은 두 변수의 변동하는 방향은 완전히 반대이며, 변동하는 상대적 크기가 완전히 일치한다는 것을 의미한다. 즉 두 변수간의 상관계수가 −1인 경우에는 모든 관찰치가 음(−)의 기울기를 가진 선상에 존재하게 된다.

그리고 두 변수 간의 상관계수가 주어져 있는 경우에 두 변수 간의 공분산을 다음과 같이 나타낼 수 있다.

$$cov(R_i, R_j) = \sigma_i \sigma_j \rho_{i,j} \qquad\qquad (4A-10)$$

이러한 관계식은 포트폴리오 수익률의 분산을 나타내는 식에서 자주 나타나기 때문에 미리 익숙해질 필요가 있다.

부록 4B   # 포트폴리오 기대수익률과 분산의 공식

개별증권의 기대수익률과 분산으로부터 포트폴리오의 기대수익률과 분산을 도출하는 과정에 대하여 자세히 알아보자. 기대수익률과 분산에 관한 통계적 개념에 익숙한 독자들은 건너뛰어도 무방할 것이다.

(1) 포트폴리오의 기대수익률

포트폴리오 P가 두 개의 개별증권 A와 B로 구성된다고 하자. 그러면 상태 s에서의 포트폴리오의 수익률은 다음과 같이 개별증권의 수익률로 나타낼 수 있다.

$$R_{Ps} = x_A R_{As} + x_B R_{Bs} \qquad (4B-1)$$

포트폴리오 수익률의 기대치는 다음과 같이 정의된다.

$$E(R_P) = \sum_{s=1}^{S} R_{Ps}\, p_s \qquad (4B-2)$$

여기에서 p_s는 상태 s가 발생할 확률이다. (4B-2)식과 (4B-1)식을 결합하면, 다음과 같이 된다.

$$E(R_P) = \sum_{s=1}^{S} (x_A R_{As} + x_B R_{Bs}) p_s \qquad (4B-3)$$

이러한 포트폴리오의 기대수익률을 나타내는 식을 풀어보면 다음과 같이 된다.

$$
\begin{aligned}
E(R_P) &= \sum_{s=1}^{S} (x_A R_{As} + x_B R_{Bs}) p_s \\
&= \sum_{s=1}^{S} (x_A R_{As}\, p_s + x_B R_{Bs}\, p_s) \\
&= \sum_{s=1}^{S} x_A R_{As}\, p_s + \sum_{s=1}^{S} x_B R_{Bs}\, p_s \\
&= x_A \sum_{s=1}^{S} R_{As}\, p_s + x_B \sum_{s=1}^{S} R_{Bs}\, p_s \\
&= x_A E(R_A) + x_B E(R_B) \qquad (4B-4)
\end{aligned}
$$

이와 같이 포트폴리오의 기대수익률은 개별증권의 기대수익률의 선형결합으로 나타낼 수 있다. 이러한 결과를 일반화하여 N개의 증권으로 포트폴리오를 구성할 때, 포트폴리오의 기대수익률은 다음과 같이 나타낼 수 있다.

$$E(R_P) = \sum_{i=1}^{N} x_i E(R_i) \tag{4B-5}$$

(2) 포트폴리오 수익률의 분산

포트폴리오 수익률의 분산은 다음과 같이 정의된다.

$$var(R_P) = E[(R_P - E(R_P))]^2 \tag{4B-6}$$

이러한 포트폴리오 수익률의 분산을 나타내는 식에 (4B-1)식을 대입하여 정리하면 다음과 같이 된다.

$$var(R_P) = E[x_A R_A + x_B R_B - E(x_A R_A + x_B R_B)]^2 \tag{4B-7}$$

이러한 포트폴리오 분산을 나타내는 수식을 풀어서 정리하면 다음과 같이 된다. 이러한 수식을 전개하는 데에는 (4B-4)식의 기대치 연산이 적용된다.

$$
\begin{aligned}
var(R_P) &= E[x_A R_A + x_B R_B - E(x_A R_A + x_B R_B)]^2 \\
&= E[x_A R_A + x_B R_B - x_A E(R_A) - x_B E(R_B)]^2 \\
&= E[x_A\{R_A - E(R_A)\} + x_B\{R_B - E(R_B)\}]^2 \\
&= E[x_A^2\{R_A - E(R_A)\}^2 + x_B^2\{R_B - E(R_B)\}^2 \\
&\quad + 2x_A x_B\{R_A - E(R_A)\}\{R_B - E(R_B)\}] \\
&= x_A^2 E[R_A - E(R_A)]^2 + x_B^2 E[R_B - E(R_B)]^2 \\
&\quad + 2x_A x_B E[\{R_A - E(R_A)\}\{R_B - E(R_B)\}] \\
&= x_A^2 var(R_A) + x_B^2 var(R_B) + 2 x_A x_B cov(R_A, R_B) \tag{4B-8}
\end{aligned}
$$

여기에서 $cov(R_A, R_B)$는 A와 B의 두 증권 수익률의 공분산을 나타낸다. 그리고 위의 두 증권으로 구성된 포트폴리오 수익률의 분산을 일반화하여 N개의 증권으로 구성한 포트폴리오 수익률의 분산을 나타내는 수식은 다음과 같이 된다.

$$var(R_P) = \sum_{i=1}^{N} \sum_{j=1}^{N} x_i x_j cov(R_i, R_j) \tag{4A-9}$$

위의 식은 동일한 증권 수익률 간의 공분산은 그 증권수익률의 분산과 동일하다는 점에 근거하고 있다. 즉

$$cov(R_i, R_i) = var(R_i) \qquad (4B-10)$$

다양한 위험 척도

(1) 하방위험 척도

포트폴리오 이론과 함께 하방위험(downside risk)의 척도는 1952년에 발표된 두 편의 논문에 의하여 시작되었다. 첫 번째 논문은 앞에서 언급한 Markowitz의 논문으로, 포트폴리오의 위험과 수익률을 측정하기 위한 계량적 접근방법을 제공하였다.

그는 평균수익률, 분산과 공분산 등을 이용하여 효율적 투자기회집합을 도출하였다. 효율적 투자기회집합에 속하는 포트폴리오는 주어진 분산 하에서 기대수익률을 최대화하고, 주어진 기대수익률 하에서 분산을 최소화 하는 포트폴리오이다. 이것이 평균-분산 기준이라고 한다.

그의 논문에서 투자목적을 달성하기 위하여 효율적 투자기회집합 중에서 하나의 포트폴리오를 선택하는 과정을 모형화하기 위하여 효용함수를 이용하였다. 투자자들은 위험과 수익률 간에 트레이드오프(trade-off) 관계를 형성하며, 수익률과 위험 간의 변화에 대한 투자자들의 민감성은 효용함수로 측정할 수 있다고 하였다.

두 번째 논문은 Roy(1952)의 논문이다.[11] 그는 투자자들이 원금의 안전성을 선호할 것이며, 투자자들은 원금을 보전하게 될 최소 허용가능 수익률(minimum acceptable rate of return, MARR)을 설정할 것이라고 주장하였다. 그는 MARR을 재난수준(disaster level)이라고 불렀다. 이것을 Roy의 안전우선기법(safety first technique)이라고 한다. 투자자들은 재난수준 혹은 목표수익률 이하로 갈 확률이 가장 적은 투자대상을 선호하게 된다고 하였다.

Roy는 잘 알려져 있지 않은데, 그 이유는 Markowitz보다 3개월 늦게 논문을 발표했기 때문이다. 그러나 그는 보상-변동성 비율(reward to variability ratio, RVAR)이라는 매우 유용한 개념을 제시하고 있다.[12] 보상-변동성 비율을 최대화함으로써, 투자자들은 기대수익률과 표준편차가 주어져 있을 때 재난수준 이하로 내려갈

---

11) A. D. Roy(1952), "Safety First and the Holding of Assets," *Econometrica*, 20(3), 431-449.

12) 보상-변동성 비율(reward to variability ratio)은 $[E(R)-d]/\sigma$로 산출하며, $E(R)$은 기대수익률, d는 재해수준, σ는 수익률의 표준편차이다.

확률이 가장 낮은 포트폴리오를 선택할 것이라는 논리를 개발하였다.

Markowitz는 Roy가 이러한 논리를 이용하여 효율적 투자기회집합을 도출하고자 하였다면, 'Roy의 포트폴리오 이론'이라는 이름을 얻었을 것이라고 하였다. 왜냐하면 Markowitz는 1956년이 되어서야 효율적 투자기회집합을 선택하기 위한 일반화된 알고리즘을 개발했기 때문이다.[13]

위험을 처리할 때 투자원금의 안정성을 우선적으로 선호한다는 Roy의 개념은 하방위험의 척도를 개발하는데 유용하다. 보상-변동성 비율은 투자자들이 포트폴리오가 재해수준(혹은 목표수준) 이하로 하락할 확률을 최소화하도록 하여 준다.

Markowitz는 이러한 아이디어의 중요성을 인지하였다. 그는 다음과 같은 두 가지 이유 때문에 하방위험을 최소화 하는데 관심을 두었다. ⓐ 하방위험이나 안전제일은 투자자들에게 중요하며, ⓑ 증권의 확률분포는 정규분포를 따르지 않을 수 있기 때문이다. 따라서 하방위험 척도는 증권의 수익률이 정규분포를 따르지 않을 때에도 투자자들이 적정한 의사결정을 할 수 있도록 도움을 줄 수 있다.

① 반분산(semi-variance)

Markowitz는 증권의 수익률이 정규분포를 따른다면, 하방위험 척도와 분산 모두 정확한 해답을 준다는 것을 보여주었다. 그러나 수익률의 분포가 정규분포가 아니라면, 하방위험 척도만 정확한 해답을 제공한다.

그는 하방위험의 측정을 위하여 두 가지 제안을 하였다. ⓐ 평균수익률로 계산한 반분산(semi-variance)과 ⓑ 목표수익률로 계산한 반분산이다. 두 가지 척도 모두 평균 이하이거나 목표 이하의 수익률만 이용하여 분산을 산출한다. 따라서 이를 부분분산(partial variance) 혹은 반분산이라고 한다. 평균이하 반분산(below-mean semi-variance)과 목표이하 반분산(below-target semi-variance)은 다음과 같이 산출된다.[14]

$$SVM_j = E[max\{0, E(R_j) - R_j\}]^2 \qquad\qquad (4C-1)$$

$$SVT_j = E[max\{0, R_T - R_j\}]^2 \qquad\qquad (4C-2)$$

단, SVM_j : j증권의 평균이하 반분산

---

13) H. M. Markowitz(1987), *Mean-Variance Analysis in Portfolio Choice and Capital Markets,* Basil Balckwell.

14) 일반적으로 분산은 편차를 제곱하여 산출한다. 반분산은 편차가 음(-)인 자료만으로 분산을 계산한다. 위의 수식은 편차의 부호를 바꾼 후 양(+)의 값을 가진 자료만을 대상으로 하여 반분산을 계산한 것이다. 수식 표현의 간결성을 위하여 이러한 표기방식을 사용하였지만, 실제의 반분산의 계산과정은 통상적인 반분산 계산과 다르지 않다.

$$SVT_j : j\text{증권의 목표이하 반분산}$$
$$E(R_j) : j\text{증권의 기대수익률}$$
$$R_T : j\text{증권에 대한 투자자의 목표수익률}$$

예 4C-1 반분산 측정

어떤 증권의 수익률의 확률분포가 다음과 같이 주어져 있을 때, 기대수익률, 분산, 평균이하 반분산을 구하라. 그리고 투자자가 목표수익률을 4%로 설정하였을 때, 목표이하 반분산을 구하라.

① 상태 (s)	② 수익률 (R_{js})	③ 확률 (p_s)	④ $R_{js}p_s$ ②×③	⑤ 분산	⑥ 평균이하 반분산	⑦ 목표이하 반분산
1	-45	0.1	-4.5	250.0	250.0	240.1
2	-30	0.1	-3.0	122.5	122.5	115.6
3	-20	0.1	-2.0	62.5	62.5	57.6
4	-10	0.1	-1.0	22.5	22.5	19.6
5	5	0.2	1.0	0.0	0.0	0.0
6	15	0.1	1.5	10.0	0.0	0.0
7	25	0.1	2.5	40.0	0.0	0.0
8	45	0.1	4.5	160.0	0.0	0.0
9	60	0.1	6.0	302.5	0.0	0.0
합계		1.0	5.0	970.0	457.5	432.9

④란은 $R_{js}p_s$를 계산한 것이며, 기대수익률은 5%이다.

⑤란은 $[R_{js}-E(R_j)]^2$을 계산한 것이며, 분산은 970이다.

⑥란은 $[max(0, E(R_j)-R_{js})]^2$을 계산한 것이며, 평균이하 반분산은 457.5이다.

⑦란은 목표수익률 4%인 경우의 목표이하 반분산을 계산하기 위하여 $[max(0, R_T-R_{js})]^2$를 계산한 것이며, 목표이하 반분산은 432.9이다.

② 하방부분 모멘트

Bawa(1975)와 Fishburn(1977) 등이 하방위험의 측정에 관한 연구에서 하방부분 모멘트(lower partial moment, LPM)을 개발하였다.[15] LPM은 투자자의 위험수용도(risk tolerance)를 고려하여 목표수익률에 미달할 위험을 측정하는 것이다.[16] 투자자의 위험수용도가 a로 주어져 있을 때, LPM은 다음과 같이 정의된다.

---

15) V. S. Bawa(1975), "Optimal Rules for Ordering Uncertain Prospects," *Journal of Financial Economics*, 2(1), 95-121; P. C. Fishburn(1977), "Mean-Risk Analysis with Risk Associated with Below-Target Returns," *American Economic Review*, 67(2), 116-126.

16) 위험수용도(risk tolerance)에 대해서는 다음 장을 참고할 것.

$$LPM(R_T, a) = E[max\,(0,\ R_T - R_j)]^a \qquad\qquad (4C-3)$$

단, $LPM(R_T, a)$: 하방부분 모멘트

R_T : 목표수익률

a : 투자자의 위험수용도

목표 이하 반분산(SVT)과 하방부분 모멘트(LPM)의 차이는 a이다. 목표 이하 반분산의 경우에는 모멘트의 차수를 2로 고정한 데 반하여, 하방부분 모멘트는 모멘트의 차수를 투자자의 위험회피 정도를 나타내는 위험수용도에 따라 변동할 수 있도록 허용하고 있다.

◉ 4C-2　LPM 측정

어떤 증권의 수익률의 확률분포가 다음과 같이 주어져 있다고 하자. 투자자의 목표수익률이 4%이고, 위험수용도가 각각 0, 1, 2일 때, LPM을 구하라.

① 상태 (s)	② 수익률 (R_{js})	③ 확률 (p_s)	④ $LPM\,(4, 0)$	⑤ $LPM\,(4, 1)$	⑥ $LPM\,(4, 2)$
1	−45	0.1	0.1	4.9	240.1
2	−30	0.1	0.1	3.4	115.6
3	−20	0.1	0.1	2.4	57.6
4	−10	0.1	0.1	1.4	19.6
5	5	0.2	0.0	0.0	0.0
6	15	0.1	0.0	0.0	0.0
7	25	0.1	0.0	0.0	0.0
8	45	0.1	0.0	0.0	0.0
9	60	0.1	0.0	0.0	0.0
합계		1.0	0.4	12.1	432.9

④란은 $[max\,(0,\ R_T - R_{js})]^0$을 계산한 것으로 $LPM(4, 0)$는 0.4이다.

⑤란은 $[max\,(0,\ R_T - R_{js})]^1$을 계산한 것으로 $LPM(4, 1)$는 12.1이다.

⑥란은 $[max\,(0,\ R_T - R_{js})]^2$을 계산한 것으로 $LPM(4, 2)$는 432.9이다.

a가 0일 때의 LPM은 목표 이하 확률(below target probability, BTP)이라고 한다. a가 1일 때의 LPM은 투자자들이 위험중립적일 경우의 위험척도이며, 기대손실을 나타낸다. a가 2일 때의 LPM은 투자자들이 위험회피적인 경우에 유용한 위험척도이다. 포트폴리오 이론에 적합한 위험척도가 되며, 목표 이하 반분산과 동일하다.

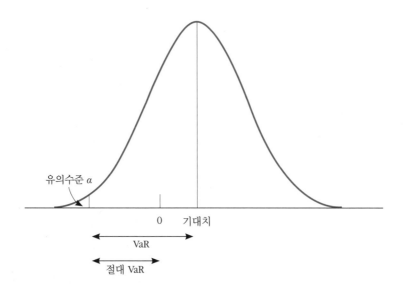

유의수준 α

0 기대치

VaR

절대 VaR

Fishburn(1977)은 a가 분수값을 가지는 경우로 *LPM*을 확장하고 있다.[17]

(2) Value at Risk: VaR

전문투자자들은 극단적으로 낮은 수익률로부터 발생할 수 있는 잠재적인 손실을 강조하는 위험의 척도를 이용한다. 이러한 척도를 VaR(Value at Risk)라고 한다. VaR는 주어진 기간 동안 보유하고 있는 자산 또는 포트폴리오에 발생할 수 있는 최대의 손실이라고 정의할 수 있다.

VaR는 1994년 J. P. Morgan이 'RiskMetrics'라는 시장위험관리시스템을 개발하여 전 세계에 보급하면서 널리 이용되게 되었다.[18] RiskMetrics는 금융자산 및 부채의 위험을 측정한 결과를 매일 일정한 시간에 경영자에게 보고하는 시스템이다. 이때 금융기관이 시장위험에 어느 정도 노출되어 있는가를 나타내는 척도가 VaR이다.

[그림 4C-1]은 VaR를 정의하는 방법을 설명하고 있다. 신뢰수준 $(1-\alpha)$에서의 최대손실인 VaR는 자산의 기대수익에서 유의수준 α에서의 자산가치의 차이로 정의할 수 있다. 반면에 절대 VaR는 0에서 유의수준 α에서의 자산가치의 차이이다.

---

17) D. Nawrocki(1999), "A Brief History of Downside Risk Measures," *Journal of Investing*, 8, 9–25.

18) 2000년에 J. P. Morgan & Co.는 Chase Manhattan Bank와 합병하여 현재는 J. P. Morgan Chase이다.

VaR는 자산의 보유기간에 따라, 그리고 신뢰수준 $(1-\alpha)$에 따라 달라진다. 보유기간에 따라 자산의 VaR도 증가하며, 이론적으로 VaR는 보유기간의 제곱근에 비례하여 증가한다.

$$N일\ VaR = 1일\ VaR \times \sqrt{N} \tag{4C-4}$$

예 4C-3   VaR 측정

어떤 금융기관이 보유하고 있는 주식 포트폴리오의 가치는 20조원이다. 이러한 포트폴리오의 일별수익률은 정규분포이며 수익률의 표준편차는 1.50%이다. 신뢰수준 99%에서 10일 동안의 정규분포의 VaR를 산출하라.

주식 포트폴리오 가치(V)의 기대치와 표준편차는 다음과 같다.

$$E(V) = 20$$
$$\sigma_V = (0.015)(20) = 0.3$$

표준정규분포에서 신뢰수준 99%로 단측검증을 위한 임계치는 −2.33이다.

$$z_{\alpha=0.01} = \frac{V-E(V)}{\sigma_V} = -2.33$$

$$V = E(V) - 2.33\sigma_V = 20 - (2.33)(0.3) = 19.301$$

따라서 1일 VaR는 다음과 같이 산출된다.

$$VaR(신뢰수준 = 99\%,\ 1일) = 20 - 19.301 = 0.699조원$$

10일 VaR는 다음과 같이 산출된다.

$$VaR(신뢰수준 = 99\%,\ 10일)$$
$$= VaR(신뢰수준 = 99\%,\ 1일) \times \sqrt{10}$$
$$= 0.699 \times \sqrt{10} = 2.2104조원$$

이러한 VaR는 금융규제기관에 의한 금융기관 건전성규제의 목적에 이용되기도 한다. 바젤위원회는 금융기관에 대해 신용위험 뿐만 아니라 시장위험에 대하여 일정한 자본을 요구하고 있다. 이 위원회의 BIS협약의 1996년 수정안에 의하면, 10일 동안의 99% 신뢰구간의 VaR에 대하여 일정한 자본을 충족하도록 하고 있다.

은행이 유지해야 하는 자본은 VaR의 3배 이상이어야 한다. 이는 감독기관이 은행별로 정하고 있다. 잘 검증된 VaR시스템을 유지하고 있는 은행의 경우에는 VaR의 3배의 자본을 요구받고 있으며, 그렇지 않은 은행의 경우에는 3배 이상의 자본을 요구받고 있다.

위험회피와 자본배분

이 장에서는 위험 하에서의 투자의사결정에 관해 알아본다. 특히 투자자들의 위험회피와 자본배분 문제에 관하여 설명한다.

먼저 위험회피의 개념에 대해 알아보고, 위험 하에서 무차별곡선을 이용한 의사결정에 대해 살펴본다. 무차별곡선을 이용하여 위험자산의 확실성등가 수익률을 산출하고, 이러한 확실성등가 수익률을 이용하여 의사결정하는 과정을 설명한다. 그리고 위험회피도를 측정하는 방법에 대해서도 살펴본다.

다음으로 자본배분의 문제에 대해 알아본다. 하나의 위험자산과 무위험자산이 존재하는 경우에 투자자들의 효용을 최대화하는 투자비중을 산출하는 과정을 살펴볼 것이다. 그리고 자본배분선(CAL)을 도출하고, 이러한 자본배분선상의 포트폴리오 중에서 투자자의 효용을 최대화하는 것을 선택하는 방법을 설명한다. 이러한 포트폴리오를 최적 완성 포트폴리오라고 한다.

마지막으로 자본시장선(CML)에 대해 설명하고, 시장 포트폴리오의 개념에 대해 알아본다. 그리고 적극적 투자전략과 소극적 투자전략 등의 개념을 설명한다.

제 1 절 위험회피

1.1 위험회피의 의의

위험에 대한 태도는 투자자들마다 매우 다르게 나타날 수 있다. 일반적으로 사람들은 위험을 가진 게임에 직면하였을 때, 이 게임에 참가하기 위해 지불해야 하는 금액을 게임으로부터 얻게 될 이득의 기대치 보다 적게 지불하려고 할 것이다.[1] 위험회피(risk aversion)는 사람들이 불확실한 화폐적 금액보다 동일한 크기의 확실한 금액을 선호한다는 것을 의미한다.

위험회피 투자자는 위험이 없는 투자나 혹은 위험 프리미엄이 양(+)인 투자에만 관심을 두고 있다. 때로는 투자자들이 양(+)의 프리미엄을 제공하는 투자를 거부하기도 한다. 이는 투자자들이 부담하는 위험에 비해 위험을 보상해 줄 프리미엄이 충분히 크지 않다고 판단하기 때문일 것이다.

위험회피도를 계량화하여 위험 프리미엄을 측정할 수 있는 방법을 살펴보자. 투자자들의 효용은 기대수익률이 높을수록, 그리고 위험이 낮을수록 커진다. 기대수익률이 높다고 하더라도 위험이 높으면 투자자의 효용이 오히려 감소할 수 있다. 위험의 증가에 의한 기대수익률의 증가, 즉 위험 프리미엄의 크기에 따라 투자자들이 느끼는 만족도의 정도는 투자자마다 다르다.

1.2 효용함수와 무차별곡선

효용함수(utility function)는 투자대안들의 기대수익률과 수익률의 분산이 주어졌을 때, 투자자들의 위험회피도의 크기에 따라 달라지는 만족도를 지수 또는 점수로 나타낸다. 이러한 효용함수는 투자대안들의 선택 우선순위를 정해 주는 좋은 수단이 된다.

증권의 기대수익률과 표준편차의 직교좌표 상에서 동일한 효용을 제공하는 투자대안의 조합들을 연결한 무차별곡선(indifference curve)을 명시적 함수의 형태로

---

1) 투자자들의 이러한 행동에 대해서는 [부록 5A]의 St. Petersburg 역설을 참고하라.

그림 5-1 무차별곡선

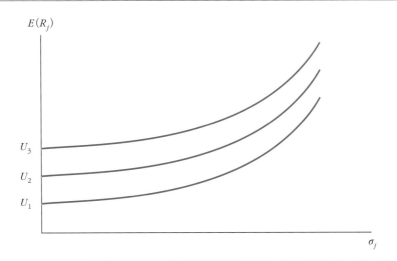

나타낼 수 있다면, 위험을 가진 투자대안을 평가하는 좋은 방법이 될 것이다. 아래의 (5-1)식은 무차별곡선의 한 형태이다.[2]

$$U_j = E(R_j) - \frac{1}{2}A\sigma_j^2 \tag{5-1}$$

단, $E(R_j)$: j자산의 기대수익률
σ_j^2 : j자산 수익률의 분산
A : 투자자의 위험회피도
U_j : j자산에 대한 투자자의 효용 값

위의 식에서 효용 값인 U_j는 수익률의 표준편차가 0일 때 j자산의 기대수익률이 된다. 즉 U는 어떤 위험을 가진 투자대안에 대하여, 이와 동일한 효용을 제공하는 무위험 수준에서의 수익률과 같다. 따라서 이러한 U를 확실성등가 수익률(certainty equivalent return)이라고 한다. 위험을 가진 투자대안을 서로 비교하는 경우에 모든 투자대안의 확실성등가 수익률을 산출한 후, 이러한 확실성등가 수익률이 가장 높은 대안을 선택하는 의사결정 규칙을 적용할 수 있다.

---

2) 이는 Pratt(1964)가 제시한 위험 프리미엄 산출을 위한 모형이다. 이 모형의 유도과정은 [부록 5D]에서 설명하고 있다. J. W. Pratt(1964), "Risk Aversion in the Small and in the Large," *Econometrica*, 32(1), 122-136. 그리고 이러한 모형을 자산배분에 적용한 예로는 다음의 자료를 참고하라. W. F. Sharpe(1987), "Integrated Asset Allocation." *Financial Analysts Journal*, September/October, 25-32.

(5−1)식으로 주어진 무차별곡선을 평균−표준편차의 직교좌표 위에 그림으로 나타내면, [그림 5−1]과 같다. 이 그림에서는 U_1, U_2, U_3의 3가지의 확실성등가 수익률을 가진 무차별곡선을 표시하고 있다. 그림의 각 무차별곡선상에 존재하는 투자대안이 있을 경우, 가장 높은 확실성등가 수익률인 U_3을 가지는 무차별곡선 상에 있는 투자대안을 선택하면 된다.

예 5−1   무차별곡선을 이용한 위험 하의 선택

어떤 투자자가 선택할 수 있는 3가지의 대안이 있다. 각 투자대안의 기대수익률과 수익률의 표준편차가 다음과 같이 주어져 있다. 투자자의 위험회피도(A)가 4이다. 이 투자자는 어떠한 대안을 선택하겠는가? 그리고 만약 위험회피도가 8인 투자자는 어떠한 선택을 하겠는가?

투자대안	기대수익률(%)	수익률 표준편차(%)
A	8	4
B	12	8
C	20	20

위험회피도가 4인 투자자의 확실성등가 수익률:

$$U_A = 0.08 - (1/2)(4)(0.04)^2 = 7.68\%$$

$$U_B = 0.12 - (1/2)(4)(0.08)^2 = 10.72\%$$

$$U_C = 0.20 - (1/2)(4)(0.20)^2 = 12.00\%$$

위험회피도가 8인 투자자의 확실성등가 수익률:

$$U_A = 0.08 - (1/2)(8)(0.04)^2 = 7.36\%$$

$$U_B = 0.12 - (1/2)(8)(0.08)^2 = 9.44\%$$

$$U_C = 0.20 - (1/2)(8)(0.20)^2 = 4.00\%$$

따라서 위험회피도가 4인 투자자는 가장 높은 확실성등가 수익률인 12%를 가진 투자대안 C를 선택할 것이다. 위험회피도가 8인 투자자는 투자대안 B를 선택할 것이다.

(5−1)식의 무차별곡선은 투자자들의 위험회피성향을 계수 A에 반영하고 있다는 것을 알 수 있다. 위험회피도 A가 커질수록 투자자들이 위험을 회피하고자 하는 정도는 더 커지고, 더 높은 위험 프리미엄을 요구하게 된다. 무차별곡선은 위험 프리미엄이 투자자의 위험회피도에 비례하며, 투자대안의 수익률 표준편차의 제곱에 비례하는 특성을 가지고 있다.

예 5-2   위험 프리미엄의 산출

무위험수익률이 6%일 경우에 위험을 나타내는 수익률의 표준편차가 10%인 위험을 가진 투자대안이 있다고 하자.

(1) 위험회피도가 4인 투자자가 위험을 가진 투자대안을 선택하기 위해서는, 이 투자대안의 기대수익률이 몇 %가 되어야 하겠는가?

$$E(R_j) = R_F + \frac{1}{2}A\sigma_j^2$$
$$= 0.06 + (1/2)(4)(0.1)^2 = 8\%$$

즉 위험회피계수가 4인 투자자의 경우 위험자산에 대한 확실성등가 수익률은 무위험수익률과 동일한 6%가 된다. 그리고 수익률의 표준편차가 10%인 위험을 가진 투자안의 확실성등가 수익률이 6% 이상 되기 위해서는 위의 식에 따라 기대수익률이 8% 이상 되어야 한다. 즉 위험자산의 기대수익률과 무위험수익률의 차이로 정의되는 위험 프리미엄은 2% 이상 되어야 한다.

(2) 위험회피도가 8인 투자자가 위험을 가진 투자대안을 선택하기 위해서는, 이 투자대안의 위험 프리미엄이 몇 %가 되어야 하겠는가?

$$위험\ 프리미엄 = (1/2)(8)(0.1)^2 = 4\%$$

위험회피도가 8인 투자자의 경우에는 수익률의 표준편차가 10%인 자산에 대한 위험 프리미엄은 4%가 된다.

제 2 절   자본배분

2.1 자본배분의 의의

투자자들이 선택할 수 있는 투자 대상은 크게 무위험자산과 위험자산의 두 가지 범주로 나누어진다. 대부분의 투자자들은 위험자산으로 구성한 위험 포트폴리오와 무위험자산으로 구분하여 투자한다.

투자자들의 투자결정은 크게 자본배분과 자산배분의 두 단계로 나누어진다. 자본배분(capital allocation)은 투자자들이 위험자산과 무위험자산에 어떠한 비중으로 투자할 것인가를 결정하는 의사결정이다. 자산배분(asset allocation)은 개별 자산에 대한 투자비중을 정하여 포트폴리오를 구성하는 것을 결정하는 것이다.

투자자들이 최종적으로 보유하고자 하는 포트폴리오를 완성 포트폴리오(complete portfolio)라고 한다. 이러한 완성 포트폴리오는 자본배분 과정을 통하여 투자비중이 정해진 무위험자산과 위험자산의 포트폴리오로 구성된다.

자본배분에 대한 의사결정에 따라 완성 포트폴리오의 기대수익률과 분산이 어떻게 변동하는가를 살펴보자. 위험자산으로 구성한 위험 포트폴리오를 P라고 하고, 무위험자산을 F라고 하자. 완성 포트폴리오의 수익률은 다음과 같이 된다.

$$R_C = yR_P + (1-y)R_F \qquad\qquad (5-2)$$

단, R_C : 완성 포트폴리오의 수익률
R_P : 위험자산의 수익률
R_F : 무위험수익률
y : 위험자산에 대한 투자비중

예 5-3   완성 포트폴리오의 수익률

무위험수익률은 6%이며, 특정 상태가 발생했을 때 수익률이 12%인 위험 포트폴리오가 있다. 위험 포트폴리오에 대한 투자비중이 40%일 때, 완성 포트폴리오의 수익률은 몇 %인가?

$$R_C = yR_P + (1-y)R_F$$
$$= (0.4)(12\%) + (1-0.4)(6\%) = 8.4\%$$

만약 위험 포트폴리오에 대한 투자비중을 30%로 낮추면 특정한 상태가 발생했을 때, 완성 포트폴리오의 수익률은 몇 %인가?

$$R_C = yR_P + (1-y)R_F$$
$$= (0.3)(12\%) + (1-0.3)(6\%) = 7.8\%$$

2.2   무위험자산

무위험자산은 투자의 성과가 미리 확정되어 있어 미래에 발생할 투자의 성과에 관하여 어떠한 불확실성도 존재하지 않는 자산이다. 즉 투자자가 특정 자산을 매입하는 투자의 초기에 그 자산의 보유기간 말의 확정된 가치에 대해 정확하게 알 수 있어야 한다. 그리고 보유기간 말에 그 가치가 정확히 실현되어야 무위험자산이 된다.

자산의 보유기간 말에서의 가치에 대하여 어떠한 불확실성도 존재하지 않아야 하기 때문에 수익률의 분산이나 표준편차가 0이어야 한다. 그리고 어떠한 위험자산과 무위험자산의 수익률 간의 공분산은 0이 된다. 따라서 무위험자산은 다음과 같은 통계적 특성을 가진 자산이라고 정의할 수 있다.

$$\sigma_F^2 = var(R_F) = 0 \qquad\qquad (5-3)$$

$$\sigma_{jF} = cov(R_j, R_F) = 0 \qquad\qquad (5-4)$$

이러한 통계적 특성을 갖고 있는 자산을 현실 세계에서 확인하는 방법에 대하여 알아보자. 먼저 수익률의 분산이 0이라는 조건을 충족시키기 위해서는 보유기간 말의 가치가 고정되어 있어야 한다. 따라서 고정수익을 제공하는 채권이어야 하며, 채무불이행 위험이 없어야 한다. 채무불이행 위험이 없는 정부가 발행한 채권인 국채는 무위험자산의 요건을 갖추었다고 할 수 있다. 그러나 모든 국채가 무위험자산이라고 할 수는 없다.

투자자의 목표 투자기간과 채권의 만기가 일치하지 않으면 이자율 위험과 재투자수익률 위험 등에 노출된다. 먼저 채권의 만기가 투자자의 목표 투자기간보다 긴 경우를 생각해 보자. 즉 투자자의 목표 투자기간은 3개월인데, 채권의 만기는 5년인 경우를 생각해보자. 이러한 경우에는 목표 투자기간의 말인 3개월 후에서의 채권의 시장가치를 확정할 수 없다. 왜냐하면 투자기간 동안에 이자율이 예측 불가능하게 변동하기 때문이다. 이자율 위험(interest rate risk)으로 인하여 투자기간 말에서의 자산가치를 확정할 수 없는 경우에는 무위험자산의 특성을 갖추었다고 할 수 없다.

반대로 채권의 만기가 투자자의 목표 투자기간 보다 짧은 경우를 생각해 보자. 즉 투자자의 목표 투자기간은 3개월인데, 채권의 만기는 2개월인 경우이다. 2개월 후에 채권이 상환될 것이며, 이러한 경우에는 2개월 후에 상환 받은 현금으로 다시 채권에 재투자해야 할 것이다. 그러나 이자율의 예측 불가능한 변동으로 인하여 채권의 재투자 시점에서의 투자수익률을 확정할 수 없다. 이러한 위험을 재투자수익률 위험(reinvestment rate risk)이라고 한다.

따라서 무위험자산은 투자자의 목표 투자기간과 동일한 만기를 가진 국채라고 할 수 있다.[3] 그리고 무위험자산에 투자하는 것을 무위험수익률로 대출한다는 표현

---

3) 무위험자산에 대한 자세한 정의는 다음 자료를 참고하라. G. J. Alexander, W. F. Sharpe, and J. V.

도 한다. 무위험자산에 투자하는 것은 투자자의 목표 투자기간과 동일한 만기를 가진 국채를 매입하는 것이다.

2.3 자본배분 의사결정

(1) 자본배분선

위험자산과 무위험자산으로 구성한 완성 포트폴리오의 기대수익률과 위험이 어떻게 변동하는지 살펴보자. 즉 위험자산과 무위험자산에 투자할 경우의 투자기회집합(investment opportunity set)을 도출하여 보자.

투자기회집합을 도출하기 위하여 위험자산과 무위험자산을 결합하여 구성한 포트폴리오의 수익률을 정의한 (5-2)식을 이용하자. 즉

$$R_C = yR_P + (1-y)R_F \tag{5-2}$$

단, R_C : 완성 포트폴리오의 수익률
R_P : 위험자산의 수익률
R_F : 무위험수익률
y : 위험자산에 대한 투자비중

이러한 식의 양변에 기대치를 취하여 포트폴리오의 기대수익률을 산출하여 보자.[4]

$$
\begin{aligned}
E(R_C) &= E[yR_P + (1-y)R_F] \\
&= yE(R_P) + (1-y)R_F \\
&= R_F + y[E(R_P) - R_F]
\end{aligned}
\tag{5-5}
$$

그리고 포트폴리오 수익률의 분산과 표준편차는 다음과 같이 산출할 수 있다.[5]

$$
\begin{aligned}
\sigma_C^2 = var(R_C) &= var[yR_P + (1-y)R_F] \\
&= y^2 var(R_P) + (1-y)^2 var(R_F) + 2y(1-y)cov(R_P, R_F) \\
&= y^2 \sigma_P^2
\end{aligned}
\tag{5-6}
$$

Baily(1993), *Fundamentals of Investments*, Prentice-Hall.
4) 무위험수익률은 분산이 0이므로 통계적으로 상수이다. 즉 $E(R_F) = R_F$이다.
5) 무위험자산에 대한 정의인 (5-3)식과 (5-4)식에 의해 $var(R_F)$와 $cov(R_P, R_F)$는 0이다.

$$\sigma_C = y\,\sigma_P \tag{5-7}$$

위험자산과 무위험자산으로 포트폴리오를 구성하였을 때, 투자자의 투자기회집합을 구하기 위하여 (5-7)식을 (5-5)식에 대입하여 정리하면 다음과 같은 위험과 기대수익률의 관계를 얻을 수 있다. 이처럼 위험자산과 무위험자산으로 구성한 포트폴리오의 위험과 기대수익률 간의 관계식을 자본배분선(capital allocation line, CAL)이라고 한다.

$$E(R_C) = R_F + \left[\frac{E(R_P) - R_F}{\sigma_P}\right]\sigma_C \tag{5-8}$$

자본배분선은 투자자들이 위험자산과 무위자산으로 포트폴리오를 구성하였을 때 선택 가능한 위험과 기대수익률의 조합을 보여주는 것이다. 자본배분선의 기울기는 수익률의 표준편차를 한 단위 증가시켰을 때 기대수익률의 증가 비율을 나타낸다. 이러한 직선의 기울기를 보상-변동성 비율(reward to variability ratio, RVAR)이라고 한다. 그리고 이 비율을 Sharpe 비율이라고도 한다.

예 5-4   자본배분선(*CAL*)

무위험수익률은 6%이며, 위험 포트폴리오 *P*의 기대수익률은 16%이고, 수익률의 표준편차는 32%이다. 투자자들이 위험 포트폴리오와 무위험자산으로 포트폴리오를 구성할 경우에 이용 가능한 투자기회집합(자본배분선)을 구하라.

위험 포트폴리오에 대한 투자비중을 y라고 하고, 무위험자산에 대한 투자비중을 $(1-y)$라고 할 때, 포트폴리오 *C*의 기대수익률과 수익률의 표준편차는 다음과 같이 된다.

$$
\begin{aligned}
E(R_C) &= R_F + [E(R_P) - R_F]y \\
&= 6 + (16-6)y = 6 + 10y
\end{aligned}
\qquad ①
$$

$$\sigma_C = y\,\sigma_P = 32y \qquad ②$$

②식에서 y를 구하여 ①식에 대입하면, 다음과 같이 자본배분선을 구할 수 있다.

$$E(R_C) = 6 + \frac{10}{32}\sigma_C = 6 + 0.3125\sigma_C \qquad ③$$

여기에서 자본시장선의 기울기인 0.3125가 보상-변동성 비율이다. 즉 수익률의 표준편차를 1% 포인트 증가시키면, 위험 프리미엄은 0.3125% 포인트 증가한다.

그림 5-2 자본배분선

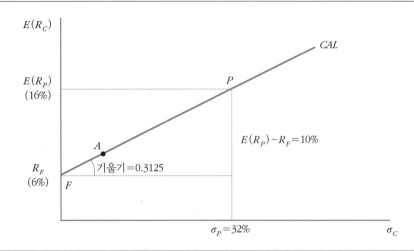

$E(R_C)$

$E(R_P)$
(16%)

R_F
(6%)

CAL

P

A

기울기=0.3125

$E(R_P)-R_F=10\%$

F

$\sigma_P=32\%$

σ_C

앞의 [예 5-4]에서의 자본배분선을 그림으로 나타내면 [그림 5-2]와 같다. 자본배분선은 절편이 6%이고, 기울기가 0.3125인 직선으로 나타난다는 것을 알 수 있다.

(5-8)식의 형태로 자본배분선이 주어져 있을 경우에는 매우 복잡하여 보이지만, 기본적으로 자본배분선은 무위험자산과 위험자산으로 구성한 포트폴리오의 기대수익률인 $E(R_C)$와 수익률의 표준편차 σ_C의 관계를 나타내는 수식이다. 그 이외의 항목인 R_F, $E(R_P)$, σ_P 등은 모두 상수로 주어져 있다는 점을 상기할 필요가 있다.

자본배분선은 투자자들이 선택할 수 있는 포트폴리오들의 특성을 기대수익률-표준편차의 직교좌표 상에 나타내고 있다는 점에 주의해야 한다. 즉 [그림 5-2]에서 *CAL* 상의 임의의 점 *A*를 선택하기 위해서 투자자들이 어떻게 해야 할지에 대하여 생각해 보자. 투자자들은 위험자산과 무위험자산의 기대수익률과 위험에 관한 정보를 가지고 있으면, 투자비중을 조정하여 자신이 보유하게 될 포트폴리오의 특성(즉 기대수익률과 위험)을 변화시킬 수 있다.

예를 들어, *A*점에서의 기대수익률이 9%라고 하자. 기대수익률이 9%인 *A*포트폴리오를 보유하기 위해서는 [예 5-4]에서의 ①식을 이용하여 투자비중 y를 다음과 같이 0.3으로 결정할 수 있다.

$$E(R_C)=9=6+10y$$

$$y=0.3$$

즉 A포트폴리오를 보유하기 위하여 투자자는 위험자산에 30%, 무위험자산에 70%를 투자해야 한다. 그리고 [예 5-4]에서의 ②식을 이용하여 A포트폴리오의 수익률 표준편차를 다음과 같이 9.6%로 산출할 수 있다.

$$\sigma_C = (0.3)(32\%) = 9.6\%$$

즉 투자자가 기대수익률이 9%이고, 수익률의 표준편차가 9.6%인 A포트폴리오를 보유하기 위해서는 자신의 투자자금을 위험자산에 30%, 무위험자산에 70% 투자하면 된다는 것을 알 수 있다.

(2) 위험회피도와 자본배분 의사결정

자본배분선이 주어지면 투자자들은 다양한 투자기회집합 중에서 자신의 효용을 최대화하는 최적의 포트폴리오를 선택할 수 있다. 투자자들의 위험에 대한 태도에 따라 위험자산과 무위험자산에 대한 투자비중이 달라질 수 있다. 즉 위험회피의 정도가 강한 투자자들은 위험자산에 대한 투자비중이 상대적으로 낮을 것이다. 위험회피의 정도가 약한 투자자들은 위험자산에 대한 투자비중이 상대적으로 높을 것이다.

이처럼 투자자들의 위험에 대한 태도에 따라 달라지는 최적의 포트폴리오 선택 과정을 살펴보자. 이는 무차별곡선과 자본배분선을 결합한 의사결정과정으로 설명할 수 있다.

위험자산 P에 투자비중 y를 투자하고, 무위험자산 F에 $(1-y)$를 투자하여 구성한 포트폴리오 C의 기대수익률과 분산을 나타내는 (5-5)식과 (5-7)식을 가져오자.

$$E(R_C) = R_F + y[E(R_P) - R_F] \tag{5-5}$$

$$\sigma_C = y\sigma_P \tag{5-7}$$

그리고 위험에 대한 투자자의 태도를 보여주는 (5-1)식을 이용하여 포트폴리오 C의 확실성등가 수익률을 구해 보면, 다음과 같이 된다.

$$U_C = E(R_C) - \frac{1}{2}A\sigma_C^2 \tag{5-9}$$

투자자가 최적의 자본배분을 위해서는 (5-9)식에서의 포트폴리오 C에 대한 투자자의 효용 값 혹은 확실성등가 수익률을 최대화하는 투자비중 y을 결정해야 한다. 이를 수식으로 나타내면, 다음과 같이 (5-9)식에 (5-5)식과 (5-7)식을 대입

그림 5-3 자본배분 의사결정

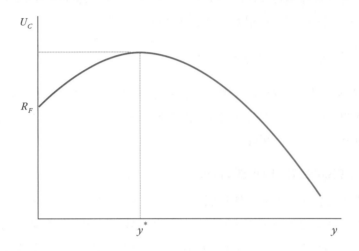

하여 정리한 U_C를 최대화하는 문제가 된다.

$$max \ U_C = E(R_C) - \frac{1}{2} A \sigma_C^2$$

$$= R_F + [E(R_P) - R_F] y - \frac{1}{2} A \sigma_P^2 y^2 \qquad (5-10)$$

(5-10)식으로 나타난 자본배분 의사결정문제는 투자비중 y의 2차함수 형태로 표현되는 확실성등가 수익률을 최대화하는 문제로 볼 수 있다. 즉 [그림 5-3]으로 나타난 2차 함수의 값을 최대화하는 투자비중 y^*를 결정하는 것이다. 이러한 y^*의 값은 다음과 같이 구할 수 있다.

$$y^* = \frac{E(R_P) - R_F}{A \sigma_P^2} \qquad (5-11)$$

위험자산에 대한 최적의 투자비중 y^*는 위험 포트폴리오의 기대수익률에 대한 증가함수이다. 투자자의 위험회피도와 위험자산 수익률의 분산에 대해서는 감소함수이다. 즉 위험 포트폴리오의 기대수익률이 높을수록, 수익률의 분산이 낮을수록, 그리고 위험회피도가 낮을수록 위험자산에 대한 최적 투자비중은 증가한다.

무위험수익률이 6%이고, 위험 포트폴리오 P의 기대수익률은 16%이며, 수익률의 표준편차는 32%이다. 어떤 투자자의 위험회피도 A가 3일 때, 이 투자자는 자신의 효용을 최대화하기 위하여 위험자산에 대한 투자비중을 얼마로 해야 하는가?

$$y^* = \frac{E(R_P) - R_F}{A\sigma_P^2} = \frac{(0.16 - 0.06)}{(3)(0.32)^2} = 0.3255$$

이 투자자는 자신의 투자금액의 32.55% 만큼 위험자산을 매입하고, 나머지 67.45% 만큼 무위험자산을 매입하면 효용이 최대화되는 최적의 자본배분을 달성할 수 있다.

2.4 자본시장선

무위험자산과 시장 포트폴리오로 구성한 자본배분선(CAL)을 자본시장선(capital market line, CML)이라고 한다. 자본시장선은 위험자산만으로 구성된 효율적 포트폴리오와 무위험자산을 결합하여 포트폴리오를 구성할 때 투자자들이 선택할 수 있는 투자기회집합을 산출한 것이다. 이러한 자본시장선은 (5-8)식의 자본배분선에서 위험 포트폴리오 P 대신에 시장 포트폴리오 M을 대입하여 산출한 것이다.

$$E(R_C) = R_F + \left[\frac{E(R_M) - R_F}{\sigma_M} \right] \sigma_C \tag{5-12}$$

단, $E(R_M)$: 시장 포트폴리오의 기대수익률
σ_M : 시장 포트폴리오 수익률의 표준편차

시장 포트폴리오(market portfolio)는 자본배분선의 기울기인 $RVAR$가 가장 높은 효율적 위험자산의 포트폴리오이다. 모든 위험자산과 무위험자산으로 포트폴리오를 구성할 때, 시장이 균형상태에 있는 경우에 시장 포트폴리오는 시장의 모든 위험자산을 포함한다.

투자자들이 합리적이어서 평균-분산 기준으로 가장 효율적인 포트폴리오를 보유하려고 하면, 투자자들 모두는 위험 포트폴리오 중에서 시장 포트폴리오를 선택해야 한다. 모든 투자자들이 만족한 상태에서 시장 포트폴리오에 포함되지 않은 위험자산이 존재한다면, 어떠한 투자자들도 이 위험자산을 자신의 포트폴리오에 포함시키려 하지 않을 것이다. 그러므로 이 위험자산에 대한 수요는 0이 될 것이고, 이 위험자산의 가치도 0이 될 것이다.

이론적으로 시장 포트폴리오는 각 개별자산에 대하여 다음과 같은 투자비중을 부여하여 구성한 포트폴리오이다.[6]

$$x_i = \frac{i증권의\ 시장가치}{시장\ 전체\ 자산의\ 시장가치} \qquad (5-13)$$

이렇게 구성된 시장 포트폴리오를 직접 관찰하는 것은 불가능하므로, 일반적으로 이에 대한 대용치(proxy)로 주가지수를 이용한다. 따라서 무위험자산과 주가지수에 의해 산출되는 투자기회집합을 자본시장선(CML)이라고 한다.

투자자들이 어떠한 위험 포트폴리오를 보유하는가에 따라 소극적 투자전략과 적극적 투자전략으로 구분할 수 있다. 소극적 투자전략은 시장에서의 합의(consensus)가 합리적이라고 받아들이고, 보유할 자산에 대한 투자분석 없이 무위험자산과 주가지수에 기초하여 포트폴리오를 구성하는 방법이다. 이에 반하여 적극적 투자전략은 시장에서의 합의에 따르지 않고, 시장평균보다 높은 수익률을 달성할 수 있을 것으로 예상되는 방법에 따라 위험자산의 포트폴리오를 구성하는 방법이다. 즉 소극적 투자전략은 투자자가 자신의 포트폴리오를 CML 선상에 위치하도록 하는 방법이고, 적극적 투자전략은 CML 선상 이외의 임의의 점에 포트폴리오가 위치하도록 하는 방법이라고 할 수 있다.

투자자가 소극적 투자전략을 선택하는 것이 합리적인 투자방법이 될 수 있는지에 대하여 생각해 보자.

첫째, 적극적 투자전략은 공짜가 아니다. 적극적 투자전략은 소극적 투자전략에 비해 비용이 많이 소요되는 투자전략이다. 적극적 투자전략을 구사하기 위해서 투자자는 시간과 비용을 들여서 위험자산을 포함하는 최적의 포트폴리오를 구성하기 위해 정보를 수집하여 분석하거나, 전문가에게 비용을 지불하면서 포트폴리오 구성을 의뢰해야 한다. 반면에 소극적 투자전략은 무위험 채권 포트폴리오와 주가지수의 수익률을 추적하는 인덱스 펀드(index fund)를 매입하기만 하면 된다.

둘째, 소극적 투자전략은 무임승차 혜택(free-rider benefit)이 있다. 만약 시장에 적극적이면서 충분한 정보를 가진 투자자들이 많이 있다면, 과대평가되거나 과소평가된 종목의 가격이 빠르게 조정되기 때문에 시장에서 자산의 가격은 대체로 공정하게 평가될 것이다. 잘 분산된 주식 포트폴리오는 상당히 공정한 가격으로 매입 가능할 것이다. 소극적 투자전략이라고 하여 적극적 투자전략에 비해 열등한 투자전략이라고 할 수는 없는 것이다.

---

6) 시장 포트폴리오에 대한 자세한 내용은 제8장을 참고하라.

1 다음의 용어를 설명하라.

① 무위험자산   ② 무차별곡선   ③ 보상−변동성비율(RVAR)

④ 시장 포트폴리오   ⑤ 완성 포트폴리오   ⑥ 위험회피

⑦ 자본배분   ⑧ 자본배분선(CAL)   ⑨ 자본시장선(CML)

⑩ 투자전략   ⑪ 확실성등가 수익률

2 최적 자본배분을 위한 의사결정 규칙에 대해 설명하라.

3 적극적 투자전략과 소극적 투자전략을 비교하여 설명하라.

4 어떤 투자자의 위험회피도는 4이다. 이 투자자가 직면하고 있는 투자대안들의 기대수익률과 수익률의 표준편차에 관한 자료는 다음과 같다.

투자대안	기대수익률(%)	수익률의 표준편차(%)
A	7	0
B	12	20
C	18	30

(1) 각 투자대안의 확실성등가 수익률을 산출하고, 이 투자자의 효용이 가장 높은 투자대안은 어느 것인가?

(2) 이 투자자의 위험회피도가 2로 변동하였을 때, 이 투자자의 의사결정 결과는 어떠한 영향을 받겠는가?

5 어떤 투자자가 하나의 위험자산과 무위험자산으로 완성 포트폴리오를 구성하려고 한다. 무위험자산의 수익률은 5%이며, 위험 포트폴리오의 기대수익률은 13%, 수익률의 표준편차는 20%이다. 이 투자자의 위험회피도는 4이다.

(1) 투자기회집합을 도출하라. 그리고 *CAL*과 무차별곡선을 그림으로 제시하라.

(2) 최적 완성 포트폴리오를 구성하기 위하여 위험자산에 몇 %를 투자해야 하는가?

(3) 최적 완성 포트폴리오의 기대수익률과 위험은 얼마인가?

6 당신은 위험자산의 기대수익률은 14%, 표준편차는 20%인 펀드를 관리하고 있다. 아래 물음에 답하라. 무위험자산의 수익률은 6%이다.

(1) 고객이 당신의 펀드에 60%를 투자하고, 나머지는 무위험자산에 투자하려고 한다. 고객 포트폴리오의 기대수익률과 표준편차는 얼마인가?

(2) 당신의 펀드는 다음과 같은 개별자산으로 구성되어 있다.

> ┌ **자료** ┐
> *A*주식 30%, *B*주식 50%, *C*주식 20%

무위험자산을 포함하여 고객의 포트폴리오에서 각 자산에 대한 투자비중은 각각 얼마인가?

(3) 당신이 보유하고 있는 펀드(포트폴리오)의 보상−변동성 비율은 얼마인가? 고객이 보유하고 있는 포트폴리오의 보상−변동성 비율은 얼마인가?

(4) 기대수익률−표준편차의 직교좌표 상에 *CAL*을 그림으로 나타내고, 고객의 포트폴리오를 표시하라.

(5) 고객이 목표수익률을 12%로 설정하였다. 당신의 펀드에 대한 투자비중을 얼마로 해야 하는가? 고객 포트폴리오의 수익률 표준편차는 얼마인가?

(6) 고객은 수익률의 표준편차가 15%를 넘지 않게 하려고 한다. 당신의 고객이 달성할 수 있는 기대수익률의 최대치는 얼마인가?

(7) 고객의 위험회피도는 5이다. 당신 펀드에 몇 %를 투자하는 것이 고객의 효용을 최대화하는 것인가? 그리고 당신의 고객이 보유하게 될 포트폴리오의 기대수익률과 위험은 얼마인가?

 해답

4. (1) U_A=7%, U_B=4%, U_C=0%, A안이 가장 효용이 높음
  (2) U_A=7%, U_B=8%, U_C=9%, C안이 가장 효용이 높음
5. (1) $E(R_C)$=5+0.4σ_C (2) 0.5 (3) 9, 10
6. (1) 10.8 (2) A자산 18%, B자산 30%, C자산 12%, 무위험자산 40% (3) 0.4 (4) (생략)
  (5) 투자비중 75%, 표준편차 15 (6) 12% (7) 투자비중 40%, 기대수익률 9.2%, 표준편차 8%

St. Petersburg 역설과 기대효용

재무이론에서 St. Petersburg 역설은 불확실성하의 의사결정이론과 관련이 있다. 이 역설은 특별한 도박 게임에 기초하고 있다.[7] 이 도박은 기대이득(혹은 기대가치)이 무한대인데도 불구하고, 경제적 가치가 매우 작은 값을 가지도록 설계된 것이다. 이 역설은 합리적인 어떠한 개인도 기대이득만을 고려하는 단순한 의사결정 방식을 따르지 않는다는 것을 보여준다.

이 역설의 기원은 1738년까지 거슬러 올라간다. Daniel Bernoulli는 St. Petersburg에서 다음과 같은 동전 던지기 게임을 고안하였다. 게임을 하기 위해서는 참가비를 지불해야 한다. 동전의 뒷면이 나올 때까지 동전을 계속하여 던진다. 동전을 던져서 앞면이 나온 횟수를 n이라고 하면 게임에서 얻는 이득은 다음과 같이 된다.

$$R_n = 2^n \tag{5A-1}$$

예를 들어, 첫 동전 던지기에서 뒷면이 나오면, 앞면이 나온 횟수는 0이 되며, 게임에서의 이득은 \$1가 된다. 그리고 앞면이 나온 횟수가 늘어나면 이득은 두 배씩 증가한다. 두 번째 동전 던지기에서 비로소 뒷면이 나오면 이득은 \$2, 세 번째 동전 던지기에서 비로소 뒷면이 나오면 이득은 \$4 등이 된다.

그리고 첫 번째 동전 던지기에서 뒷면이 나올 확률은 1/2이고, 두 번째 동전 던지기에서 비로소 뒷면이 나올 확률은 $(1/2)^2$, 세 번째 동전 던지기에서 비로소 뒷면이 나올 확률은 $(1/2)^3$ 등이다. 즉 뒷면이 나올 때까지 동전을 던져서 앞면이 나온

표 5A-1 St. Petersburg 게임의 기대이득

앞면 횟수 (n)	이득 (R_n)	확률 (p_n)	기대치 (=이득×확률)
0	\$1	(1/2)	\$(1/2)
1	\$2	(1/4)	\$(1/2)
2	\$4	(1/8)	\$(1/2)
3	\$8	(1/16)	\$(1/2)
⋮	⋮	⋮	⋮
n	\$$2^n$	$(1/2)^{n+1}$	\$(1/2)

---

7) 이러한 도박을 St. Petersburg 도박이라고 한다.

횟수를 n이라고 할 때, 앞면이 n번 나올 확률은 다음과 같이 된다.

$$p_n = (1/2)^{n+1} \qquad\qquad (5A-2)$$

앞면이 나온 횟수에 따른 확률과 도박에서의 이득을 정리하면 〈표 5A-1〉과 같이 된다. 그리고 이러한 도박의 기대이득은 다음과 같이 무한대가 된다.

$$
\begin{aligned}
E(R) &= \sum_{n=0}^{\infty} R_n\, p_n \\
&= \sum_{n=0}^{\infty} 2^n (1/2)^{n+1} = \sum_{n=0}^{\infty} (1/2) = \infty
\end{aligned} \qquad (5A-3)
$$

이처럼 기대이득이 무한대인 도박에 대하여 개인들은 어느 정도의 참가비를 지불하고자 할 것인가? 기대이득이 무한대인 도박이지만, 유한하고 매우 적은 참가비를 지불하는 경우에만 사람들이 도박 게임에 참가하려고 한다. 이를 'St. Petersburg 역설'이라고 한다.

Bernoulli는 이러한 역설에 대하여 한계효용의 개념을 이용하여 해결책을 제시하였다. 즉 투자자들이 모든 이득에 대하여 동일한 가치를 부여하지는 않는다는 것이다. 부(wealth)가 클수록 추가적인 이득에 대한 한계효용이 감소한다. 즉 효용함수는 부가 증가할수록 증가하지만, 추가적인 이득에 따른 효용의 증가분은 체감한다는 것이다. Bernoulli는 통상적인 효용함수의 형태로 자연로그 효용함수를 제시하였다.

$$U(R) = \ln(R) \qquad\qquad (5A-4)$$

만약 어떤 개인이 위의 효용함수로 부의 효용가치를 측정한다면, 이 도박의 주관적 효용가치는 유한한 값을 가지게 된다. 이러한 도박의 기대효용가치는 다음과 같이 산출된다.

$$
\begin{aligned}
E[U(R)] &= \sum_{n=0}^{\infty} U(R_n) p_n \\
&= \sum_{n=0}^{\infty} [\ln(2^n)](1/2)^{n+1} = \ln 2
\end{aligned} \qquad (5A-5)
$$

1946년에 Von Neumann과 Morgenstern은 이러한 접근방법을 완전한 공리형태로 투자이론에 적용하였다. 이들이 제시한 기대효용이론에 의하면, 투자자들은 기대이득이 가장 높은 투자대안을 선택하는 것이 아니라, 기대효용이 가장 높은 투자대안을 선택한다는 것이다.

투자자의 위험에 대한 태도

이득이 증가함에 따라 투자자가 만족하는 정도는 개인에 따라 다르다. 일반적으로 개인투자자는 항상 더 많은 이득을 선호하는 성향을 가지고 있다. 이 성향을 불포화만족(nonsatiation)이라고 한다. 이득에 대한 개인의 한계효용(marginal utility)은 정(+)의 값을 가지게 되며, 효용곡선은 우상향의 형태를 취한다.

우상향의 형태를 갖는 개인의 효용곡선은 크게 세 가지 유형으로 분류할 수 있다. 첫째 유형은 추가적인 이득에 대한 효용이 체감하는 형태의 효용곡선이다. 이득에 대한 오목함수(concave function)이며, 위험회피형 투자자의 효용곡선이다. 둘째 유형은 추가적인 이득에 대한 효용이 체증하는 형태의 효용곡선이다. 이득에 대한 볼록함수(convex function)이며, 위험선호형 투자자의 효용곡선이다. 셋째 유형은 추가적인 이득에 대하여 효용이 일정하게 증가하는 형태의 효용곡선이다. 이득에 대한 선형함수(linear function)이며, 위험중립형 투자자의 효용곡선이다.

이제 효용함수의 형태에 따라 투자자의 위험에 대한 태도가 달라지는 이유를 알아보기 위하여 다음과 같은 간단한 예를 이용하자. 미래에 발생 가능한 상태는 두 가지만 존재한다고 가정하자. 상태 s_1에서 투자자는 낮은 이득 W_1을 가지며, 상태 s_2에서 투자자는 높은 이득 W_2를 가진다고 하자. 그리고 각 상태가 발생할 확률은 각각 1/2이라고 하자.

표 5B-1 이득의 확률분포

상태	이득	확률
s_1	W_1	1/2
s_2	W_2	1/2

투자자의 기대이득의 효용 $U[E(W)]$과 기대효용 $E[U(W)]$의 관계에서 투자자의 효용곡선을 ⓐ 위험회피형, ⓑ 위험선호형, ⓒ 위험중립형으로 구분할 수 있다.

먼저 [그림 5B-1]의 위험회피형 투자자의 효용함수에 대해 살펴보자. 상태별 이득이 W_1과 W_2로 주어져 있고, 각 상태발생확률이 (1/2)이므로 기대이득 $E(W)$은 W_1과 W_2를 1 : 1로 내분하는 점이 된다. 그리고 기대이득의 효용은 기대이득에 효용함수를 적용하여 산출한 효용치이며, 그림에서 $U[E(W)]$로 표시되어 있다. 투자

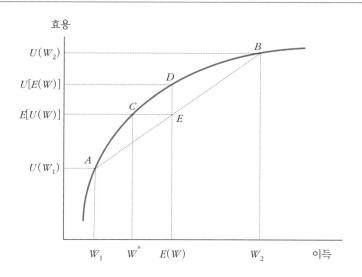

자의 기대효용 $E[U(W)]$는 각 상태별 효용치 $U(W_1)$과 $U(W_2)$를 1 : 1로 내분하는 점이 된다. 기대효용이론에 따라 투자자는 이러한 기대효용이 높은 투자대안을 선택하게 될 것이다.

투자대안의 기대효용과 동일한 효용을 제공하는 부의 크기는 얼마나 되겠는가? 이처럼 위험을 가진 투자대안과 동일한 기대효용을 제공하는 확실한 부의 크기를 확실성등가(certainty equivalent)라고 한다. [그림 5B-1]에서 확실성등가는 W^*로 표시되어 있다. 확실성등가는 기대효용수준을 나타내는 점 C의 효용을 제공하는 이득의 수준을 찾으면 된다.

[그림 5B-1]과 같이 효용함수가 오목함수이면, 투자자의 기대이득 $E(W)$보다 확실성등가 W^*가 더 낮게 나타난다. 즉 투자자의 입장에서는 불확실한 금액 $E(W)$와 확실한 금액 W^*가 동일한 기대효용을 제공한다. 이러한 효용함수를 가지고 있는 투자자는 위험이 있는 투자대안이 가져다주는 기대효용과 같은 크기의 효용을 주는 확실한 금액을 어떤 경우에도 보장해 주는 보험상품이 있다면, 두 금액의 차이에 해당하는 보험료를 지불하고자 할 것이다. 이때 보험료가 적게 지불될수록 투자자의 투자대안에 대한 기대효용은 높아질 것이다.

투자자가 지불하고자 하는 보험료의 최대치
$$= E(W) - W^*$$
(5B-1)

즉 오목함수 형태의 효용함수를 가지고 있는 투자자는 불확실한 이득을 확실한 이득으로 바꾸기 위하여 보험료를 지불하고자 하는 유인을 가지고 있으므로 위험회피형 투자자에 해당한다. 이러한 투자자의 기대효용과 기대이득의 효용을 비교하여 보면, 기대이득의 효용이 기대효용보다 높게 나타난다.

위험회피형 투자자:

기대효용 $(E[U(W)])$ < 기대이득의 효용 $(U[E(W)])$ (5B-2)

(예) 5B-1   기대효용의 산출

어떤 투자자의 효용함수는 다음과 같은 자연로그 함수라고 하자.

$$U(W) = \ln\left(\frac{W+1,000}{1,000}\right)$$

이 투자자는 다음과 같이 위험을 가진 투자대안을 평가하려고 한다.

상태	이득	확률
s_1	5,000	0.8
s_1	30,000	0.2

(1) 이 투자대안의 기대이득은 얼마인가?

$$E(W) = (5,000)(0.8) + (30,000)(0.2) = 10,000$$

(2) 이 투자대안에 대한 투자자의 기대효용은 얼마인가?

$$E[U(W)] = \ln\left(\frac{5,000+1,000}{1,000}\right)(0.8) + \ln\left(\frac{30,000+1,000}{1,000}\right)(0.2)$$

$$= (1.7918)(0.8) + (3.4340)(0.2) = 2.12024$$

(3) 이 투자대안에 대한 투자자의 확실성등가는 얼마인가?

$$\ln\left(\frac{W^*+1,000}{1,000}\right) = 2.12024$$

$$W^* = 7,333.14$$

(4) 이 투자자는 투자대안이 가진 위험에 대하여 보험계약을 체결하고자 할 때, 최대 얼마까지의 보험료를 지불하고자 하겠는가?

$$최대\ 지불가능\ 보험료 = E(W) - W^*$$

$$= 10,000 - 7,333.14 = 2,666.86$$

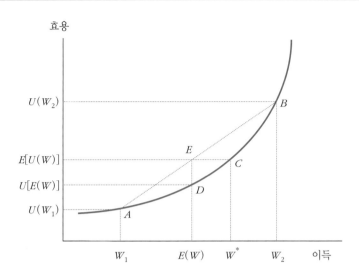

다음으로 [그림 5B-2]의 위험선호형 투자자의 효용함수에 대하여 살펴보자. 상태별 이득이 W_1과 W_2로 주어져 있고, 각 상태발생확률이 $(1/2)$이므로 기대이득 $E(W)$은 W_1과 W_2를 $1 : 1$로 내분하는 점이 된다. 그리고 기대이득의 효용은 기대이득에 효용함수를 적용하여 산출한 효용치로 그림에서 $U[E(W)]$로 표시되어 있다. 투자자의 기대효용 $E[U(W)]$는 각 상태별 효용치 $U(W_1)$과 $U(W_2)$를 $1 : 1$로 내분하는 점이 된다. 기대효용이론에 따라 투자자는 이러한 기대효용이 높은 투자대안을 선택하게 될 것이다.

앞의 예와 같이 [그림 5B-2]에서 확실성등가는 W^*로 표시되어 있다. 이러한 확실성등가는 기대효용수준을 나타내는 점 C의 효용을 제공하는 이득의 수준을 찾으면 된다.

효용함수가 볼록함수이면, 투자자의 기대이득 $E(W)$보다 확실성등가 W^*가 더 높게 나타난다. 즉 이 투자자의 입장에서는 W^*보다 적은 금액 $E(W)$의 기대치를 가지는 위험 있는 투자대안과 확실한 금액 W^*가 동일한 기대효용을 제공한다.

갬블을 예로 들면 이러한 효용함수를 가지고 있는 갬블러는 확실한 금액을 불확실한 금액으로 전환하기 위하여 두 금액의 차이에 해당하는 금액을 지불하려고 할 것이다. 즉 갬블러는 확실한 금액을 불확실한 금액으로 바꾸기 위해 갬블 참가비를 지불하려고 하는 유인을 가진다.

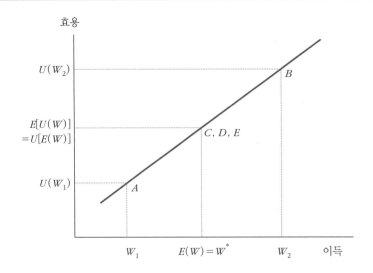

$$= W^* - E(W) \tag{5B-3}$$

갬블러가 지불하고자 하는 갬블 참가비의 최대치

따라서 볼록함수 형태의 효용함수를 가지고 있는 투자자를 위험선호형 투자자라고 한다. 이러한 투자자의 기대효용과 기대이득의 효용을 비교해 보면, 기대이득의 효용이 기대효용보다 낮게 나타난다.

위험선호형 투자자:

기대효용$(E[U(W)])$ > 기대이득의 효용$(U[E(W)])$ (5B-4)

마지막으로 투자자의 효용함수가 선형함수인 경우를 살펴보자. 이 경우에는 [그림 5B-3]에서와 같이 기대이득 $E(W)$와 확실성등가 W^*가 일치한다. 그리고 기대효용 $E[U(W)]$와 기대이득의 효용 $U[E(W)]$가 일치한다. 이러한 선형의 효용함수를 가지는 투자자를 위험중립형 투자자라고 한다.

이러한 위험중립형 투자자는 위험을 고려하지 않고 기대이득 만으로 의사결정을 하게 된다. 즉 효용함수가 선형함수인 경우에는 기대효용을 기준으로 의사결정한 결과와 기대이득을 기준으로 선택한 의사결정의 결과가 정확하게 일치한다. 따라서 이러한 투자자는 위험에 대하여 대단히 공격적인 의사결정을 하게 된다. 그리고 모든 투자안에 대하여 요구하는 기대수익률이 무위험수익률과 동일하게 된다.

옵션의 균형가격을 설명하는 모형에서 이러한 위험중립형 투자자들의 의사결정 방식을 이용하기도 한다. 위험중립형 투자자들이 미래를 예측할 때 이용하는 위험 중립 확률(risk neutral probability)을 알 수 있다면, 이 확률을 이용하여 예측한 자산의 미래의 기대치를 무위험수익률로 할인하면 자산의 현재가치가 된다는 원리이다. 자세한 내용은 옵션가격결정이론에서 다시 소개할 것이다.

위험회피도

투자자의 위험회피성향은 그가 소유하고 있는 부(wealth)의 수준에 따라 달라지기도 한다. 어느 투자자가 현재 1억원의 부를 소유하고 있는데, 그 중에서 5천만원을 위험자산에 투자하고 있다고 하자. 만약 이 투자자가 앞으로 소유하게 될 부가 2억원으로 증가할 경우에도 위험자산을 5천만원만 보유할 것이라는 보장이 없다. 투자자들은 위험회피의 정도에 따라 위험자산을 5천만원 이상으로 증가시키거나, 5천만원 미만으로 감소시킬 수도 있다.

Pratt(1964), Arrow(1971) 등은 개인이 소유하고 있는 부가 증가함에 따라 위험자산에 대한 투자액을 어떻게 변동시킬 것인가에 착안하여 투자자의 위험회피도를 측정할 수 있는 방법을 제안하였다.[8] 투자자의 위험회피도는 다음과 같이 정의된다.

$$ARA = -\frac{U''(W)}{U'(W)} \tag{5C-1}$$

여기에서 ARA는 절대위험회피도(absolute risk aversion)로 투자자의 부가 증가할 때 위험자산에 대한 투자금액이 증가하는 정도를 측정하기 위한 척도이다. 이러한 ARA에 부의 수준을 곱하여 주면 투자자의 부가 증가할 때 위험자산에 대한 투자비중이 증가하는 정도를 측정하는 척도인 상대위험회피도(relative risk aversion)가 된다. 그리고 ARA의 역수를 위험수용도(risk tolerance)라고 한다.[9]

이러한 ARA의 증감상태에 따라 투자자의 위험회피성향은 다음과 같이 세 가지로 분류할 수 있다.

첫째, ARA가 증가하는 경우로, 투자자의 부가 증가할수록 위험자산에 투자하는 투자금액이 감소한다는 것이다. 이러한 현상은 ARA를 미분한 값이 0보다 큰 경우에 발생한다.

둘째, ARA가 감소하는 경우로, 투자자의 부가 증가할수록 위험자산에 투자하는

---

8) J. W. Pratt(1964), "Risk Aversion and the Small and in the Large," *Econometrica*, 32(1), 122-136; K. J. Arrow(1971), *Essays in the Theory of Risk-Bearing*, North-Holland.

9) 본 장의 (5-1)식에서 위험회피도 A가 여기에서 말하는 ARA와 개념적으로 동일하다. 자세한 내용은 [부록 5D]를 참고할 것.

조건	*ARA*의 1차 미분	투자자의 행동	효용함수의 예
절대위험 회피도의 증가	$(ARA)' > 0$	부가 증가할수록 위험자산에 대한 투자액을 감소시킴	$aW - aW^2$
절대위험 회피도의 감소	$(ARA)' < 0$	부가 증가할수록 위험자산에 대한 투자액을 증가시킴	$\ln W$
절대위험 회피도의 일정	$(ARA)' = 0$	부가 증가하더라도 위험자산에 대한 투자액 변동 없음	$-e^{-aW}$

투자금액이 증가한다는 것이다. 이러한 현상은 *ARA*를 미분한 값이 0보다 작은 경우에 발생한다.

셋째, *ARA*가 일정한 경우로, 투자자의 부가 증가하더라도 위험자산에 투자하는 투자금액이 일정하다는 것이다. 이러한 현상은 *ARA*를 미분한 값이 0인 경우에 발생한다.

예 5C-1

어떤 투자자의 효용함수가 다음과 같은 자연로그 함수라고 하자.

$$U(W) = \ln(W)$$

이 투자자의 절대위험회피도(*ARA*)를 정의하고, 투자자의 부가 증가할 때 위험자산에 대한 투자금액을 증가 혹은 감소시킬 것인지에 대해 판정하라.

$$U'(W) = 1/W$$
$$U''(W) = -1/W^2$$
$$ARA = -\frac{U''(W)}{U'(W)} = -\frac{(-1/W^2)}{(1/W)} = \frac{1}{W}$$
$$(ARA)' = -\frac{1}{W^2} < 0$$

이 투자자는 절대위험회피도가 감소하는 효용함수를 가지고 있다. 따라서 투자자의 부가 증가하면 위험자산에 대한 투자금액을 증가시킨다.

무차별곡선의 도출

Pratt(1964)가 제시한 방법에 따라 위험자산에 대한 위험 프리미엄이 (5-1)식의 형태로 결정되는 과정에 대하여 알아보자.[10] 이 내용은 상당한 수준의 수학적 지식이 필요하므로, 이에 대한 충분한 지식이 없는 독자들은 건너뛰어도 무방할 것이다.

어떤 투자자의 효용함수가 $U(W)$라고 하자. 이 투자자는 현재 확실한 자산 W와 불확실한 수익 R을 제공하는 위험자산을 보유하고 있다고 하자. 그리고 위험자산 수익의 기대치와 분산이 각각 다음과 같이 주어져 있다고 하자.[11]

$$E(R) = \mu \qquad\qquad\qquad\qquad (5D-1)$$

$$var(R) = \sigma^2 \qquad\qquad\qquad\qquad (5D-2)$$

이러한 경우에 투자자가 불확실한 수익 R을 받거나, 혹은 확실한 수익 $[E(R)-\pi]$를 받는 것에 대하여 무차별하게 하는 위험 프리미엄 π를 산출할 수 있다. 만약 이러한 π를 산출할 수 있다면, 투자자는 불확실한 수익 R을 가지는 것과 확실한 수익 $[E(R)-\pi]$를 가지는 것에 대하여 무차별하기 때문에, 이러한 확실한 수익을 확실성 등가 수익이라고 할 수 있다. 즉 확실성등가 수익은 다음과 같이 정의할 수 있다.

$$U_j = E(R) - \pi \qquad\qquad\qquad\qquad (5D-3)$$

불확실한 수익 R과 무차별한 확실한 수익 $[E(R)-\pi]$를 무차별하게 하는 위험 프리미엄 π는 효용함수의 성질을 이용하여 다음과 같이 산출하면 된다.

$$U[W + E(R) - \pi] = E[U(W+R)] \qquad\qquad (5D-4)$$

혹은

$$U[W + \mu - \pi] = E[U(W+R)] \qquad\qquad (5D-5)$$

---

10) J. W. Pratt(1964), "Risk Aversion and the Small and in the Large," *Econometrica*, 32(1), 122-136.
11) 투자자의 부와 위험자산의 기대수익을 정의하는 방법은 Pratt(1964)와 약간 다르다. Pratt는 투자자의 부를 W로 하고, 위험자산 수익의 기대치 $E(R)=0$으로 두고 있다. 그러나 여기에서는 위험자산 수익의 기대치를 $E(R)=\mu$로 두고 있다. 따라서 투자자의 부는 $(W+\mu)$가 된다.

위의 (5D-5)식을 Taylor 전개식을 이용하여 전개하자.[12] 이 식의 좌변을 $(W+\mu)$ 근방에서 전개하여 1차항까지 나타내면 다음과 같이 된다.

$$U[W+\mu-\pi] \fallingdotseq U(W+\mu) - (\pi)U'(W+\mu) \tag{5D-6}$$

그리고 (5D-5)식의 우변을 $(W+\mu)$ 근방에서 전개하여 2차항까지 나타내면 다음과 같이 된다.

$$
\begin{aligned}
E[U(W+R)] \\
&\fallingdotseq E\left[U(W+\mu) + (R-\mu)U'(W+\mu) + \frac{1}{2}(R-\mu)^2 U''(W+\mu)\right] \\
&= U(W+\mu) + E[R-\mu]U'(W+\mu) + \frac{1}{2}E[(R-\mu)^2]U''(W+\mu) \\
&= U(W+\mu) + \frac{1}{2}\sigma^2 U''(W+\mu)
\end{aligned}
\tag{5D-7}
$$

위의 (5D-6)식과 (5D-7)식을 동일하게 두어 정리하면 다음과 같이 위험 프리미엄을 산출할 수 있다.

$$-(\pi)U'(W+\mu) = \frac{1}{2}\sigma^2 U''(W+\mu)$$

$$\pi = \frac{1}{2}\left[-\frac{U''(W+\mu)}{U'(W+\mu)}\right]\sigma^2 \tag{5D-8}$$

위의 (5D-8)식의 괄호 속의 내용은 절대위험회피도이다. 이러한 절대위험회피도를 A로 두면, 위험 프리미엄은 다음과 같이 나타낼 수 있다.

$$\pi = (1/2)A\sigma^2 \tag{5D-9}$$

이러한 위험 프리미엄을 (5D-3)에 대입하여 정리하면, 위험자산에 대한 확실성 등가 수익은 다음과 같이 된다.

$$U_j = E(R) - (1/2)A\sigma^2 \tag{5D-10}$$

즉 위험자산의 확실성등가 수익은 그 자산의 기대수익에서 절대위험회피도와 수익의 분산의 곱의 (1/2)을 차감하여 산출된다는 것을 알 수 있다. 이러한 (5D-10) 식이 본서에서 투자자의 무차별곡선으로 이용되고 있는 (5-1)식이다.

---

12) Tayor 전개식은 함수 $f(x)$를 x_0 근방에서 다음과 같이 나타낼 수 있다는 것이다.

$$f(x) = f(x_0) + (x-x_0)f'(x_0) + \frac{1}{2!}(x-x_0)^2 f''(x_0) + \frac{1}{3!}(x-x_0)^3 f'''(x_0) + (error)$$

위험회피의 측정

(5-1)식 형태의 무차별곡선을 이용하기 위해서는 투자자의 위험회피도를 측정해야 한다. 투자자의 위험회피도를 측정하는 방법에 대하여 간략하게 알아보자.

투자자들이 주어진 위험수준에 대하여 어느 정도의 위험 프리미엄을 요구하는가를 알게 되면, 위험 하에서 투자자들의 선택행동을 쉽게 설명할 수 있다. 이제, 투자자의 위험회피도를 측정하는 방법에 대하여 생각해보자.

이를 위한 하나의 방법은 위험을 가진 투자대안에 직면했을 때, 투자자들이 하는 의사결정을 관찰하는 것이다. 예를 들어, 무위험자산과 그 수익률을 알고 있을 때, 무위험자산과 동일한 확실성등가 수익률을 가진 위험 투자대안 j가 존재한다고 하자. 이러한 동일한 확실성등가 수익률을 가진 두 개의 자산을 알고 있다면, 투자자의 위험회피도는 다음과 같이 측정할 수 있다.[13]

$$A = \frac{E(R_j) - R_F}{(1/2)\sigma_j^2} \tag{5E-1}$$

여러 가지 투자대안이 존재하는 경우에는 그 투자자가 선택한 투자대안 중에서 가장 낮은 확실성등가 수익률을 가진 투자대안의 기대수익률과 표준편차 자료를 이용하여 투자자의 위험회피도를 결정하면 된다.

예 5E-1 위험회피도 측정

무위험수익률이 6%이다. 수익률의 표준편차가 20%인 주식이 있는데, 이 주식에 대하여 15%의 수익률을 요구하는 투자자가 있다. 이러한 투자자의 위험회피도(A)는 얼마인가?

$$A = \frac{E(R_j) - R_F}{(1/2)\sigma_j^2} = \frac{0.15 - 0.06}{(1/2)(0.2)^2} = 4.5$$

이처럼 특정 투자대상에 대하여 투자자들이 요구하는 기대수익률에 대한 정보를 알고 있다면, 투자자의 위험회피도를 측정할 수 있다. 이를 기초로 하여 위험 하에서 투자자의 선택행동을 설명할 수 있다.

---

13) 무위험자산의 확실성등가 수익률은 R_F이고, 위험자산 j의 확실성등가 수익률은 $E(R_j) - (1/2)A\sigma_j^2$이다. 따라서 두 자산의 확실성등가 수익률이 동일하다는 조건을 충족하는 A를 구하면 (5E-1)식이 된다.

이러한 위험회피도는 보험상품에 대하여 개인들이 지불하여도 좋다고 생각하는 보험료를 기초로 측정할 수도 있다. 즉 개인들이 직면하고 있는 위험을 전가하기 위하여 어느 정도 보험료를 지불할 의향이 있는가를 측정하면 이를 기초로 개인의 위험회피도를 측정할 수도 있다.

예를 들어, 자신의 모든 재산을 투자하여 주택을 구입한 투자자를 생각해보자.[14] 어떤 특정한 해에 산사태 등으로 투자자의 모든 재산을 앗아가는 대재해가 발생할 확률이 p라고 하자. 즉 대재해가 발생하면 확률 p로 투자수익률이 -100%이고, 그렇지 않으면 확률 $(1-p)$로 투자수익률이 0%이다. 이 자산의 기대수익률과 수익률의 분산은 다음과 같이 산출된다.

$$E(R_j) = (-1.0)p + (0)(1-p) = -p \tag{5E-2}$$

$$\begin{aligned} \sigma_j^2 &= [(-1.0)-(-p)]^2 p + [(0.0)-(-p)]^2(1-p) \\ &= p(1-p) \end{aligned} \tag{5E-3}$$

(5E-2)식과 (5E-3)식에서 계산된 크기의 수익률과 위험을 가진 대안에 대한 확실성등가 수익률은 다음과 같이 산출된다.

$$\begin{aligned} U_j &= E(R_j) - (1/2)A\sigma_j^2 \\ &= -p - (1/2)A\,p\,(1-p) \end{aligned} \tag{5E-4}$$

투자자들이 위험회피적이라면, 위 식으로 산출한 확실성등가 수익률은 음$(-)$의 값이 된다. 이러한 확실성등가 수익률의 절대치는 위험을 가진 투자대안인 주택가격의 1원 단위에 대하여 기꺼이 지불하여도 좋다고 생각하는 최대 보험료의 의미를 가진다. 즉 이렇게 산출된 보험료에 주택가격을 곱하면 투자자가 지불하여도 좋다고 생각하는 총보험료가 된다.

예를 들어, 대재해 발생 확률이 매우 낮다고 한다면, 투자자가 지불하여도 좋다고 생각하는 보험료는 다음과 같이 기대손실과 위험회피의 함수로 나타낼 수 있다.[15]

$$\begin{aligned} \text{보험료} &= p + (1/2)Ap - (1/2)Ap^2 \\ &\approx (1+A/2)p \\ &\approx -(1+A/2)E(R_j) \end{aligned} \tag{5E-5}$$

---

14) 이에 대한 예는 다음 자료를 참고하라. Z. Bodie, A. Kane, and A. J. Markus(2008), *Investments*, McGraw Hill, 158-165.

15) 대재해 발생확률 p가 매우 낮다면, p의 제곱은 0에 매우 가까운 값이 될 것이다.

이 식에 의하면, 위험회피도가 0이면 투자자가 지불하여도 좋다고 생각하는 보험료는 기대손실과 동일한 값이 된다.[16] 그리고 위험회피도가 2인 경우에 투자자들은 기대손실의 2배까지 보험료를 지불하여도 좋다고 판단할 것이다. 위험회피도가 4인 경우에는 기대손실의 3배까지 보험료로 지불하여도 좋다고 판단할 것이다.

일반적으로 투자자들의 위험회피도는 2에서 4까지의 범위에 있는 것으로 추정되고 있다.[17] 따라서 투자자들은 보험에서 기대손실의 2~3배의 보험료를 지불해도 좋다고 생각할 것이다. 이는 보험시장에서 보험회사의 경쟁력을 보여준다. 개인들이 기대손실의 2~3배의 보험료를 지불해도 좋다고 생각하는 상황에서도 보험회사들은 기대손실보다 약간 높은 보험료로 보험계약을 제공할 수 있기 때문이다.

---

16) (5E-2)식에 따라 기대수익(손실)은 $-p$이며, p가 0.0001인 경우에 기대손실은 0.0001이 된다.
17) Z. Bodie, A. Kane, and A. J. Markus(2008), *Investments*, McGraw Hill.을 참고할 것.

06

포트폴리오 선택이론

이 장에서는 포트폴리오 선택이론을 설명한다. 먼저 포트폴리오의 기대수익률과 위험에 대해 설명하고, 포트폴리오를 구성하면 위험이 어느 정도 축소되는지를 살펴본다.

그리고 두 개의 위험자산으로 포트폴리오를 구성하는 방법에 대해 설명한다. 위험자산 수익률 간의 상관계수의 크기에 따라 투자기회집합이 어떻게 달라지는지 알아보고, 최소분산 포트폴리오를 구하는 방법 등에 대해 설명한다. 그리고 두 개의 위험자산이 존재하는 경우의 최적 자본배분 문제에 대해 설명할 것이다. 이는 하나의 위험자산이 존재하는 경우의 자본배분 문제를 확장한 것이다.

마지막으로 하나의 무위험자산과 여러 개의 위험자산이 존재하는 일반적인 상황에서 포트폴리오 선택이론에 대해 설명한다. 위험자산이 여러 개 존재하는 경우에 효율적 프론티어를 도출하는 방법에 대해 설명한다. 그리고 효율적 프론티어와 무위험자산을 결합하여 효율적 자본배분선을 도출하는 과정을 살펴본다.

이 장에서는 포트폴리오 선택의 일반적인 원리인 우월성의 원리와 분리정리 등의 개념에 대한 이해를 높여 줄 것이다.

포트폴리오의 다양화 효과

투자자가 포트폴리오를 구성하는 이유는 투자위험을 축소시킬 수 있고, 유동성 관리에 있어서도 융통성을 발휘할 수 있기 때문이다. 다시 말해서 투자대상을 분산시키면 포트폴리오의 기대수익률을 감소시키지 않으면서 위험은 축소시킬 수 있다. 이처럼 포트폴리오를 구성함으로써 위험이 축소되는 현상을 분산투자효과 또는 다양화효과(diversification effect)라고 한다.

분산투자효과는 포트폴리오를 구성하는 개별증권들의 수익률이 완전히 동일한 방향과 동일한 폭으로 변동하지 않을 때에만 발생한다. 개별증권들의 수익률이 완전 양(+)의 상관관계를 유지하는 경우에는 포트폴리오의 위험축소효과가 전혀 발생하지 않는다. 각 종목의 수익률이 서로 완전 양(+)의 상관관계를 유지하지 않는다면, 분산투자는 항상 위험을 축소시키게 된다. 〈표 6-1〉에서는 수익률 간의 상관계수의 크기에 따른 위험축소효과를 요약하고 있다.

포트폴리오의 위험이 축소되는 현상은 포트폴리오를 구성하고 있는 종목의 수를 증가시킬 때 더욱 잘 나타난다. Wagner and Lau(1971)는 뉴욕증권거래소(New York Stock Exchange, NYSE)의 상장주식에서 200종목을 선택하여 이들을 6개 등급으로 나눈 다음, 그 중 A^+등급에 속하는 증권을 1종목에서 20종목까지 증가시켜 가면서 포트폴리오를 구성하여 포트폴리오 수익률의 표준편차의 변화를 관찰하였다.[1]

표 6-1 상관계수와 위험의 축소

상관관계	상관계수	위험축소
완전 양(+)의 상관관계	$\rho=1.0$	위험을 전혀 축소시키지 못함
양(+)의 상관관계	$0<\rho<1.0$	위험을 약간 축소시킴. 상관계수가 낮을수록 위험을 많이 축소시킴
무상관	$\rho=0.0$	위험을 상당히 많이 축소시킴
음(−)의 상관관계	$-1.0<\rho<0$	위험을 현저하게 축소시킴
완전 음(−)의 상관관계	$\rho=-1.0$	위험을 완전히 축소시킴

---

1) W. H. Wagner and S. C. Lau(1971), "The Effects of Diversification on Risk," *Financial Analysts Journal*, 48-53.

표 6-2 다양화와 위험의 축소

증권 종목의 수	포트폴리오 수익률의 표준편차(%)
1	7.0
2	5.0
3	4.8
4	4.6
5	4.6
10	4.2
15	4.0
20	3.9

이 연구에서 증권 종목의 수가 증가하면 포트폴리오의 위험인 수익률의 표준편차는 〈표 6-2〉와 같이 점차 감소된다는 것이 밝혀졌다. 특히 포트폴리오를 구성하는 종목의 수가 10개를 넘으면 종목의 수를 계속 증가시켜도 위험은 근소한 비율로 감소하는 것으로 나타났다. 그리고 포트폴리오의 위험은 일정한 수준 이하(체계적 위험의 수준 이하)로는 축소되지 않는 다는 것을 알 수 있었다.

포트폴리오 위험의 축소현상을 그림으로 나타낸 것이 [그림 6-1]이다. 포트폴리오의 위험은 분산투자로 축소될 수 있는 부분과 축소될 수 없는 부분으로 나누어진다. 포트폴리오를 구성함으로써 축소될 수 있는 위험을 비체계적 위험(unsystematic risk), 다양화가능위험(diversifiable risk), 잔여위험(residual risk) 또는 고유위

그림 6-1 체계적 위험과 비체계적 위험

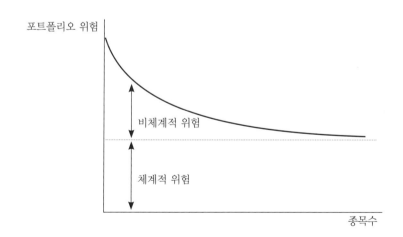

험(unique risk)이라고 한다. 반면에 포트폴리오를 구성하더라도 축소되지 않는 위험을 체계적 위험(systematic risk), 다양화불능위험(non-diversifiable risk), 또는 시장위험(market risk)이라고 한다.

포트폴리오에 포함되는 증권의 종목수가 계속 증가하여 다양화 현상이 광범위하게 실현되면, 비체계적 위험은 계속 축소되어 결국 0에 접근하게 된다. 이때 포트폴리오의 총위험은 체계적 위험 내지 시장위험의 수준에 근접하게 된다. 따라서 광범위하게 다양화된 포트폴리오의 위험은 시장지수[2]의 변동성과도 거의 일치하게 된다.

제 2 절　두 위험자산으로 구성한 포트폴리오

2.1　포트폴리오의 기대수익률과 위험

두 개의 위험자산으로 구성한 포트폴리오의 기대수익률과 위험의 관계를 살펴보자. 특히 두 개의 위험자산으로 포트폴리오를 구성할 때 투자자들의 투자기회집합이 기대수익률과 표준편차의 직교좌표 상에 어떻게 나타나는지 살펴보자.

두 개의 위험자산 A와 B로 포트폴리오를 구성한다고 하자. 미래의 특정한 상태 s가 발생했을 때, 포트폴리오의 수익률은 다음과 같이 정의된다.

$$R_{Ps} = xR_{As} + (1-x)R_{Bs} \qquad (6-1)$$

여기에서 x는 A증권에 대한 투자비중이며, $(1-x)$는 B증권에 대한 투자비중이다. 이러한 포트폴리오 수익률로부터 기대치와 분산을 계산하면 다음과 같이 된다.

$$E(R_P) = xE(R_A) + (1-x)E(R_B) \qquad (6-2)$$

$$\sigma_P^2 = x^2\sigma_A^2 + (1-x)^2\sigma_B^2 + 2x(1-x)\sigma_{AB}$$
$$= x^2\sigma_A^2 + (1-x)^2\sigma_B^2 + 2x(1-x)\sigma_A\sigma_B\rho_{AB} \qquad (6-3)$$

---

2) 이곳에서 시장지수(market index)라고 하는 것은 주가지수를 의미한다.

이제 두 개의 위험자산으로 포트폴리오를 구성할 때 투자자들이 이용 가능한 투자기회집합을 기대수익률과 표준편차의 관계로 나타내어 보자. 포트폴리오의 기대수익률은 투자비중의 함수이고, 포트폴리오 수익률의 표준편차도 투자비중의 함수이다. 그러므로 포트폴리오 기대수익률과 수익률의 표준편차 간의 관계식을 도출할 수 있다. 투자기회집합은 다음과 같은 수식으로 나타난다.[3]

$$\sigma_P = \sqrt{c[E(R_p)]^2 - 2bE(R_p) + a} \tag{6-4}$$

여기에서 a, b, c 등은 양(+)의 상수로서, 개별증권의 기대수익률, 표준편차, 그리고 상관계수에 의해 결정된다. 두 개의 위험자산으로 구성한 투자기회집합의 모양은 상관계수의 크기에 따라 달라진다. 두 위험자산 간의 수익률 상관계수가 +1.0이거나 −1.0인 경우에는 투자기회집합이 선형함수 형태가 되고, 그 이외의 경우에는 쌍곡선 형태가 된다.

두 개의 위험자산으로 포트폴리오를 구성할 때, 투자자들이 이용 가능한 투자기회집합을 포트폴리오의 기대수익률과 표준편차의 직교좌표 위에 그림으로 나타내어 보자. 이러한 투자기회집합은 위험자산 수익률 간의 상관계수에 따라 달라진다. 두 위험자산 수익률 간의 상관계수가 ⓐ $\rho_{AB} = 1.0$, ⓑ $\rho_{AB} = -1.0$, ⓒ $\rho_{AB} = 0.0$인 세

그림 6-2 상관계수별 투자기회집합

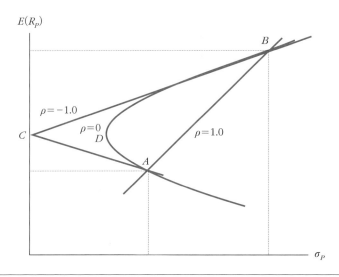

---

3) 이 식의 도출과정은 (6-10)식의 도출과정과 거의 동일하다. 따라서 (6-10)식의 도출과정을 참고하라.

가지의 경우로 구분하여, 투자기회집합을 그림으로 나타내면 [그림 6-2]와 같이 된다.

예 6-1 **상관계수가 1.0인 경우의 투자기회집합**

증권 수익률의 상관계수가 1.0인 두 개의 위험자산으로 포트폴리오를 구성하였을 때, 투자자들의 투자기회집합이 어떻게 변동하는지를 알아보자. 다음과 같이 두 개 자산의 기대수익률과 표준편차가 주어져 있다.

종목	기대수익률(%)	표준편차(%)
A	13	24.45
B	18	38.15

먼저 포트폴리오 기대수익률과 투자비중 간의 관계를 도출할 수 있다.

$$E(R_P) = xE(R_A) + (1-x)E(R_B)$$
$$= (13)x + (18)(1-x)$$
$$= 18 - 5x \qquad \text{①}$$

포트폴리오 수익률의 표준편차는 다음과 같은 간단한 형태가 된다.

$$\sigma_P = |x\sigma_A + (1-x)\sigma_B|$$
$$= |(24.45)x + (38.15)(1-x)|$$
$$= |38.15 - 13.70x| \qquad \text{②}$$

투자기회집합을 도출하기 위하여 ①식을 ②식에 대입하여 정리하면, 다음과 같은 관계식을 얻을 수 있다.

$$\sigma_P = |38.15 - 13.70x|$$
$$= \left|38.15 - 13.70\left(\frac{1}{5}\right)(18 - E(R_P))\right|$$
$$= |2.74 E(R_P) - 11.17| \qquad \text{③}$$

두 개의 위험자산 수익률 간의 상관계수가 1.0인 경우에는 포트폴리오 기대수익률과 표준편차 간에는 선형관계라는 것을 알 수 있다.

예 6-2   상관계수가 -1.0인 경우의 투자기회집합

증권 수익률의 상관계수가 -1.0인 두 개의 위험자산으로 포트폴리오를 구성하였을 때, 투자자들의 투자기회집합이 어떻게 변동하는지를 알아보자. 다음과 같이 두 개 자산의 기대수익률과 표준편차가 주어져 있다.

종목	기대수익률(%)	표준편차(%)
A	13	24.45
B	18	38.15

먼저 포트폴리오 기대수익률과 투자비중 간의 관계를 도출할 수 있다.

$$E(R_P) = xE(R_A) + (1-x)E(R_B)$$
$$= (13)x + (18)(1-x)$$
$$= 18 - 5x \qquad \qquad \qquad ①$$

포트폴리오 수익률의 표준편차는 다음과 같이 된다.

$$\sigma_P = |x\sigma_A - (1-x)\sigma_B|$$
$$= |(24.45)x - (38.15)(1-x)|$$
$$= |62.60\,x - 38.15| \qquad \qquad \qquad ②$$

투자기회집합을 도출하기 위하여 ①식을 ②식에 대입하여 정리하면, 다음과 같은 관계식을 얻을 수 있다.

$$\sigma_P = |62.60\,x - 38.15|$$
$$= \left|62.60\left(\frac{1}{5}\right)(18 - E(R_P)) - 38.15\right|$$
$$= |187.21 - 12.52\,E(R_P)| \qquad \qquad \qquad ③$$

두 개의 위험자산 수익률 간의 상관계수가 -1.0인 경우에도 상관계수가 1.0인 경우와 마찬가지로 포트폴리오 기대수익률과 표준편차 간에는 선형관계라는 것을 알 수 있다.

예 6-3   상관계수가 0인 경우의 투자기회집합

증권 수익률의 상관계수가 0인 두 개의 위험자산으로 포트폴리오를 구성하였을 때, 투자자들의 투자기회집합이 어떻게 변동하는지를 알아보자. 다음과 같이 두 개 자산의 기대수익률과 표준편차가 주어져 있다.

종목	기대수익률(%)	표준편차(%)
A	13	24.45
B	18	38.15

먼저 포트폴리오 기대수익률과 투자비중 간의 관계를 도출하면 다음과 같다.

$$E(R_P) = xE(R_A) + (1-x)E(R_B)$$
$$= (13)x + (18)(1-x)$$
$$= 18 - 5x \tag{①}$$

포트폴리오 수익률의 표준편차는 다음과 같이 된다.

$$\sigma_P = \sqrt{[x^2\sigma_A^2 + (1-x)^2\sigma_B^2]} \tag{②}$$
$$= \sqrt{[(24.45)^2 x^2 + (38.15)^2(1-x)^2]}$$
$$= \sqrt{2,053.23\,x^2 - 2,910.85\,x + 1,455.43}$$

투자기회집합을 도출하기 위하여 ①식을 ②식에 대입하여 정리하면, 다음과 같은 관계식을 얻을 수 있다.

$$\sigma_P = \sqrt{2,053.23\,x^2 - 2,910.85\,x + 1,455.43}$$
$$= \sqrt{2,053.23\left(\frac{1}{5}\right)^2(18 - E(R_P))^2 - 2,910.85\left(\frac{1}{5}\right)(18 - E(R_P)) + 1,455.43}$$
$$= \sqrt{82.13[E(R_P)]^2 - 2,374.48\,E(R_P) + 17,586.23} \tag{③}$$

두 개의 위험자산 수익률 간의 상관계수가 0인 경우에는 상관계수가 1.0이거나 −1.0인 경우와는 달리, 포트폴리오 기대수익률과 표준편차 간에는 비선형관계가 존재한다는 것을 알 수 있다.

2.2 최소분산 포트폴리오

포트폴리오를 구성하면 위험을 축소할 수 있다고 하였다. 특히 포트폴리오의 구성으로 인하여 축소할 수 있는 위험의 크기는 증권수익률 간의 상관계수에 의하여 영향을 받는다고 하였다.

상관계수의 크기에 따라서 축소할 수 있는 분산의 크기가 어느 정도 되는지 살펴보기 위하여 두 개의 위험자산으로 구성한 포트폴리오 중에서 분산을 최소로 하는 최소분산 포트폴리오(minimum variance portfolio, MVP)를 구하여 보자.

최소분산 포트폴리오(MVP)를 구성하기 위한 투자비중은 (6-3)식의 포트폴리오 분산을 최소로 만드는 투자비중 x이다. 이러한 투자비중은 다음과 같이 구할 수 있다.[4]

$$x = \frac{\sigma_B^2 - \sigma_A \sigma_B \rho_{AB}}{\sigma_A^2 + \sigma_B^2 - 2\sigma_A \sigma_B \rho_{AB}} \qquad (6-5)$$

예 6-4 최소분산 포트폴리오

두 개 증권의 기대수익률과 표준편차가 다음과 같이 주어져 있고, 두 증권 수익률 간의 상관계수는 0.8이라고 하자.

종목	기대수익률(%)	표준편차(%)	상관계수
A	13	24.45	0.8
B	18	38.15	

(1) 최소분산 포트폴리오를 구성하기 위한 투자비중을 구하라.

$$\begin{aligned}
x &= \frac{\sigma_B^2 - \sigma_A \sigma_B \rho_{AB}}{\sigma_A^2 + \sigma_B^2 - 2\sigma_A \sigma_B \rho_{AB}} \\
&= \frac{(38.15)^2 - (24.45)(38.15)(0.8)}{(24.45)^2 + (38.15)^2 - (2)(24.45)(38.15)(0.8)} \\
&= 1.2646
\end{aligned}$$

따라서 상관계수가 0.8인 경우에는 포트폴리오의 위험을 최소로 하는 최소분산 포트폴리오는 투자비중 x가 1.2646일 때의 포트폴리오이다.

(2) 최소분산 포트폴리오의 기대수익률과 분산을 산출하라.

$$\begin{aligned}
E(R_P) &= 13x + 18(1-x) \\
&= 18 - (5)(1.2646) = 11.67\%
\end{aligned}$$

$$\begin{aligned}
\sigma_P &= \sqrt{(24.45)^2 x^2 + (38.15)^2 (1-x)^2 + 2x(1-x)(24.45)(38.15)(0.8)} \\
&= \sqrt{(560.80)(1.2646)^2 - (1{,}418.42)(1.2646) + 1{,}455.43} \\
&= \sqrt{558.5348} = 23.63\%
\end{aligned}$$

---

[4] (6-3)식은 투자비중 x에 대한 이차함수이다. 이러한 이차함수의 값을 최소로 하는 투자비중 x의 값은 쉽게 구할 수 있을 것이다.

3.1 투자기회집합

　이제 다수의 위험자산이 존재하는 경우의 투자기회집합에 대해 살펴보자. 위험자산이 두 개 보다 많은 경우에는 투자기회집합을 도출하는 과정이 두 개의 자산이 존재하는 경우와 약간 다르다.

　자본시장에는 많은 투자대상이 존재한다. 이들은 포트폴리오로서 또는 개별증권으로 존재하고 있다. 게다가 고유한 기대수익률과 위험을 가지고 있다. 포트폴리오의 기대수익률과 표준편차의 차원에서, 즉 평균－분산의 관계에서 보면 모든 투자 가능한 자산(feasible or attainable asset)인 투자기회집합(opportunity set) 중에서 최소의 분산을 가지는 포트폴리오가 존재한다.

　Markowitz에 의하면, 포트폴리오의 선택과정이 우월성원리(또는 지배원리)와 분리정리에 따라 이루어진다고 한다. 우월성원리(dominance principle)는 투자가능 포트폴리오 중에서 객관적으로 우월한 모든 포트폴리오를 선별하는 기준이 되는 원리이다. 분리정리(separation theorem)는 객관적으로 우월한 여러 포트폴리오 중에서 투자자가 자기에게 가장 알맞은 포트폴리오를 선택할 때에 기준이 되는 원리이다.

　우월성원리는 모든 투자가능 포트폴리오의 위험과 기대수익률의 관계에서 상대적으로 최소의 위험과 최대의 기대수익률을 갖는 포트폴리오, 즉 효율적 포트폴리오(efficient portfolio)를 선택하는 원리이다. 다시 말해서 동일한 위험수준에 있는 모든 포트폴리오 중에서 최대의 기대수익률을 가지는 포트폴리오가 가장 우월하고, 동일한 수익률이 기대되는 포트폴리오 중에서 최소의 위험을 가진 포트폴리오가 우월하다는 것이다.

　이와 같은 우월성원리에 의하여 선택되는 위험자산 포트폴리오의 효율적 프론티어(efficient frontier)는 기대수익률과 표준편차의 직교좌표에서 표시되는 많은 투자기회집합 중에서 좌상향의 경계선에 존재하는 포트폴리오들이다.

　[그림 6-3]에서 보는 바와 같이 시장에 존재하는 다양한 자산으로 포트폴리오를 구성하면, 투자자들이 이용 가능한 투자기회집합의 좌측에 경계선이 나타난다. 이

그림 6-3 효율적 프론티어

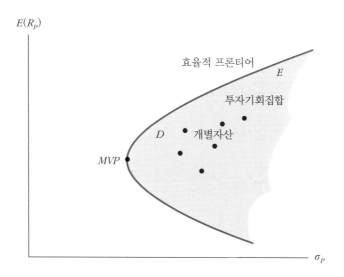

러한 경계선 중에서 최소분산 포트폴리오(*MVP*)의 상향에 해당하는 부분을 효율적 프론티어라고 한다. 즉 효율적 프론티어는 투자자들이 이용할 수 있는 투자가능 집합의 좌상향의 경계선에 존재하는 포트폴리오라고 정의할 수 있다.

이러한 효율적 프론티어는 두 개의 위험자산으로 구성한 투자기회집합과 거의 유사한 형태를 가지고 있다. 효율적 프론티어를 도출하기 위해서는 다음과 같은 제약조건을 가진 최적화 문제를 풀면 가능하다.

최소화
$$\sigma_P^2 = \sum_{i=1}^{N} \sum_{j=1}^{N} x_i x_j \sigma_{ij} \tag{6-6}$$

제약조건
$$\sum_{i=1}^{N} x_i E(R_i) = E(R_P) \tag{6-7}$$

$$\sum_{i=1}^{N} x_i = 1.0 \tag{6-8}$$

위의 (6-6)식의 목적함수는 포트폴리오의 분산을 최소화하는 문제이다. 그리고 (6-7)식과 (6-8)식은 두 개의 제약조건을 나타내고 있다. (6-7)식은 포트폴리오의 기대수익률이 주어져 있다는 것이다. (6-8)식은 포트폴리오를 구성하는 투자비중의 합계는 1이어야 한다는 것이다. 즉 위의 제약조건하에서의 최적화 문제는 주어진 기대수익률 하에서 분산을 최소화하는 포트폴리오의 투자비중을 구하는 문제이다.

이러한 문제의 해를 찾는 과정은 상당히 복잡하다. 여기에서는 그 결과만 간단히 알아보자. 효율적 프론티어를 구성하는 포트폴리오에 대한 투자비중이나 효율적 프론티어의 함수식은 개별증권의 기대수익률과 분산-공분산 행렬의 역행렬의 각 원소로 표현된다. 따라서 다음과 같은 기호를 정의하여 이용한다.[5]

$$A = \sum_{i=1}^{N} \sum_{j=1}^{N} E(R_i) E(R_j) v_{ij} \qquad (6-9a)$$

$$B = \sum_{i=1}^{N} \sum_{j=1}^{N} E(R_j) v_{ij} \qquad (6-9b)$$

$$C = \sum_{i=1}^{N} \sum_{j=1}^{N} v_{ij} \qquad (6-9c)$$

$$D = AC - B^2 \qquad (6-9d)$$

여기에서 v_{ij}는 N개 증권의 수익률 간의 분산-공분산 행렬의 역행렬의 원소를 나타낸다. 이러한 A, B, C를 D로 나누어 각각 a, b, c라고 하자.

$$a = \frac{A}{D}, \; b = \frac{B}{D}, \; c = \frac{C}{D} \qquad (6-9e)$$

그리고 효율적 프론티어는 다음과 같은 기대수익률-표준편차를 가지는 포트폴리오가 된다.

$$\sigma_P = \sqrt{c[E(R_P)]^2 - 2bE(R_P) + a} \qquad (6-10)$$

(6-10)식의 효율적 프론티어는 두 개 자산만으로 구한 투자기회집합의 일반화한 형태인 (6-4)식과 완전히 동일하다. 즉 N개의 위험자산으로 포트폴리오를 구성할 경우의 효율적 프론티어는 두 개 자산으로 구한 투자기회집합과 동일한 쌍곡선의 형태를 가지는 함수가 된다.

---

5) 최적화 문제의 해를 도출하는 과정에 관심이 있는 독자들은 [부록 6A]를 참고하라. 보다 자세한 내용은 다음 자료를 참고하라. R. C. Merton(1972), "An Analytic Derivation of the Efficient Portfolio Frontier." *Journal of Financial and Quantitative Analysis*, 1851-1872; 구본열 · 국찬표(2008), 「현대재무론」, 무역경영사.

X, Y, Z의 세 개 증권의 기대수익률과 분산–공분산이 다음과 같이 주어져 있다.

종목	기대수익률 (%)	수익률 간의 분산–공분산		
		X	Y	Z
X	15	1,369.00	1,135.61	132.29
Y	20	1,135.61	2,116.00	267.47
Z	10	132.29	267.47	784.00

(1) 효율적 프론티어를 도출하라.

효율적 프론티어 도출을 위해 먼저 분산–공분산 행렬의 역행렬을 구하자(역행렬은 엑셀의 함수 MINVERSE()를 이용하여 구할 수 있다).

$$\begin{bmatrix} 1,369.00 & 1,135.61 & 132.29 \\ 1,135.61 & 2,116.00 & 267.47 \\ 132.29 & 267.47 & 784.00 \end{bmatrix}^{-1} = \begin{bmatrix} 0.001317 & -0.000709 & 0.000020 \\ -0.000709 & 0.000876 & -0.000179 \\ 0.000020 & -0.000179 & 0.001333 \end{bmatrix}$$

효율적 프론티어 함수의 계수는 다음과 같이 산출된다.

$$\begin{aligned} A = &\ (15)(15)(0.001317) + (15)(20)(-0.000709) + (15)(10)(0.000020) \\ &+ (20)(15)(-0.000709) + (20)(20)(0.000876) + (20)(10)(-0.000179) \\ &+ (10)(15)(0.000020) + (10)(20)(-0.000179) + (10)(10)(0.001333) \\ = &\ 0.28870287 \end{aligned}$$

$$\begin{aligned} B = &\ (15)(0.001317) + (20)(-0.000709) + (10)(0.000020) \\ &+ (15)(-0.000709) + (20)(0.000876) + (10)(-0.000179) \\ &+ (15)(0.000020) + (20)(-0.000179) + (10)(0.001333) \\ = &\ 0.02089990 \end{aligned}$$

$$\begin{aligned} C = &\ (0.001317) + (-0.000709) + (0.000020) \\ &+ (-0.000709) + (0.000876) + (-0.000179) \\ &+ (0.000020) + (-0.000179) + (0.001333) \\ = &\ 0.00178880 \end{aligned}$$

$$D = AC - B^2 = (0.28870287)(0.00178880) - (0.02089990)^2 = 0.00007963$$

$$a = A/D = (0.28870287)/(0.00007963) = 3,625.76$$
$$b = B/D = (0.02089990)/(0.00007963) = 262.48$$
$$c = C/D = (0.00178880)/(0.00007963) = 22.47$$

따라서 효율적 프론티어는 다음과 같다.

$$\sigma_P = \sqrt{c[E(R_p)]^2 - 2bE(R_p) + a}$$

$$= \sqrt{22.47[E(R_p)]^2 - (2)(262.48)E(R_p) + 3,625.76}$$

(2) 최소분산 포트폴리오를 구하라.

위의 투자기회집합에서의 최소분산 포트폴리오(MVP)는 다음과 같이 효율적 프론티어 관계식의 분산을 최소화하는 기대수익률을 가진 포트폴리오이다.

최소분산 포트폴리오(MVP):

$$E(R_p) = \frac{(2)(262.48)}{(2)(22.47)} = 11.68\%$$

$$\sigma_P = \sqrt{(22.47)(11.68)^2 - (2)(262.48)(11.68) + 3,625.76} = 23.67\%$$

기대수익률-표준편차의 직교좌표 상에 투자기회집합을 도시하면, 다음과 같이 최소분산 포트폴리오를 나타내는 MVP점을 통과하는 쌍곡선 형태의 곡선이 된다.

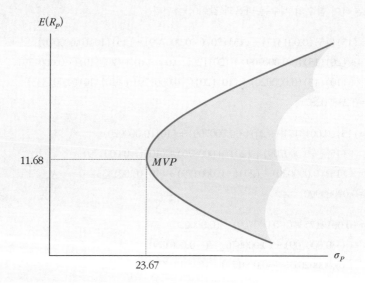

3.2 다수의 위험자산이 존재하는 경우의 자본배분선

이제 다수의 위험자산에 더하여 하나의 무위험자산이 존재하는 경우의 투자기회 집합에 대해 알아보자. 하나의 위험자산과 하나의 무위험자산이 존재하는 경우의 자본배분선(CAL)에 대하여 이미 도출해 보았듯이 두 자산을 나타내는 점을 연결하는 직선이 된다.

예를 들어, 무위험자산 F와 임의의 위험자산 P로 구성한 자본배분선은 다음과 같이 된다.[6]

$$E(R_C) = R_F + \left[\frac{E(R_P) - R_F}{\sigma_P} \right] \sigma_C \qquad (6-11)$$

여기에서 $E(R_C)$와 σ_C는 위험자산과 무위험자산으로 구성한 완성 포트폴리오의 기대수익률과 수익률의 표준편차를 나타낸다.

(6-11)식의 자본배분선은 위험자산을 나타내는 점과 무위험자산을 나타내는 점을 연결하는 직선이다. 따라서 자본배분선은 다양한 위험 포트폴리오 중에서 어떤 포트폴리오를 선택하는가에 따라 결정될 것이다. [그림 6-4]는 어떠한 위험자산을

그림 6-4 다양한 자본배분선

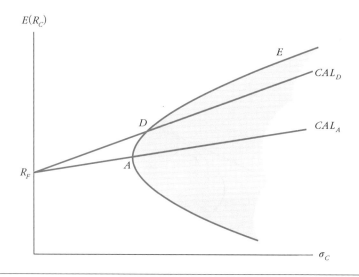

---

6) 자본배분선의 유도과정은 제5장에서 이미 다루었다.

선택하여 자본배분선을 도출하는가에 따른 다양한 자본배분선을 보여주고 있다.

여러 개의 자본배분선 중에서 더 효율적인 것을 찾아내기 위한 방법을 생각해보자. CAL_D의 기울기가 CAL_A의 기울기에 비하여 더 크다는 것을 알 수 있다. 따라서 효율적인 투자기회집합을 찾아내기 위한 기준은 다음과 같은 자본배분선의 기울기인 보상-변동성 비율($RVAR$)이다. 즉 $RVAR$가 큰 자본배분선이 더 효율적인 자본배분선이 된다.

따라서 여러 개의 위험자산이 존재하는 경우에 가장 효율적인 자본배분선을 선택하기 위한 기준은 다음과 같이 $RVAR$을 최대화하는 것이다.

$$\text{최대화 } RVAR = \frac{[E(R_P) - R_F]}{\sigma_P} \tag{6-12}$$

이러한 기준에 의하여 도출되는 효율적 자본배분선을 그림으로 나타내어 보자. 효율적 자본배분선은 두 개의 위험자산으로 구성한 투자기회집합에 대하여 무위험수익률을 나타내는 점인 R_F에서 그은 접선이 된다. 이러한 접선이 보상-변동성 비율인 $RVAR$을 최대로 하는 자본배분선이 된다. [그림 6-5]는 이러한 효율적 자본배분선을 나타내고 있다.

이제 이러한 효율적 자본배분선(CAL)을 도출하는 과정에 내해 살펴보자. 먼저 위험자산으로 구성한 투자기회집합 중에서 효율적 프론티어는 다음과 같은 형태로

그림 6-5 효율적 자본배분선

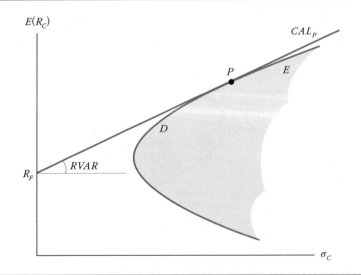

나타낼 수 있다.

$$\sigma_P = \sqrt{c\,[E(R_P)]^2 - 2bE(R_P) + a} \tag{6-13}$$

이러한 (6-13)식을 (6-12)식에 대입하여 자본배분선의 기울기를 최대화하는 위험 포트폴리오의 기대수익률 $E(R_P)$를 구할 수 있다.

$$\text{최대화 } RVAR = \frac{[E(R_P) - R_F]}{\sigma_P}$$

$$= \frac{[E(R_P) - R_F]}{\sqrt{c\,[E(R_P)]^2 - 2bE(R_P) + a}} \tag{6-14}$$

(6-14)식에 대한 해를 구하면, 다음과 같이 $RVAR$을 최대화하는 포트폴리오의 기대수익률을 구할 수 있다.[7]

$$E(R_P)^* = \frac{bR_F - a}{cR_F - b} \tag{6-15}$$

이처럼 $RVAR$을 최대화하는 포트폴리오를 접점 포트폴리오(tangent portfolio)라고 한다. 이러한 포트폴리오 수익률의 표준편차는 (6-13)식을 이용하여 구할 수 있다.

예 6-6 최적 자본배분선

위험자산으로 구성된 투자기회집합에서 효율적 프론티어는 다음과 같이 주어져 있다. 무위험수익률은 6%이다.

$$\sigma_P = \sqrt{c\,[E(R_P)]^2 - 2bE(R_P) + a}$$
$$= \sqrt{22.47[E(R_P)]^2 - (2)(262.48)E(R_P) + 3{,}625.76}$$

(1) 접점 포트폴리오를 구하라.

먼저 접점 포트폴리오 P의 기대수익률을 구하면 다음과 같다.

$$E(R_P)^* = \frac{bR_F - a}{cR_F - b} = \frac{(262.48)(6) - (3{,}625.76)}{(22.47)(6) - (262.48)} = 16.06$$

---

7) 이러한 해는 (6-14)식의 $RVAR$을 $E(R_P)$로 미분한 결과를 0으로 두어 정리하면 된다. 자세한 내용을 다음 자료를 참고할 것. 구본열·국찬표(2008), 「현대재무론」, 무역경영사.

포트폴리오 P의 수익률 표준편차는 (6-13)식에 위에서 구한 기대수익률을 대입하여 구할 수 있다.

$$\sigma_P^* = \sqrt{(22.47)(16.06)^2 - (2)(262.48)(16.06) + 3,625.76} = 31.46\%$$

(2) 최적 자본배분선(CAL)을 구하라.

접점 포트폴리오 P의 기대수익률과 위험을 자본배분선을 나타내는 (6-11)식에 대입하면, 다음과 같은 최적 자본배분선을 얻을 수 있다.

$$E(R_C) = R_F + \left[\frac{E(R_P) - R_F}{\sigma_P}\right]\sigma_C$$

$$= 6 + \left[\frac{16.06 - 6}{31.46}\right]\sigma_C$$

$$= 6 + 0.3198\sigma_C$$

3.3 최적 자본배분

다수의 위험자산에 더하여 하나의 무위험자산이 존재하는 경우의 최적 자본배분에 대하여 고려해보자. 이러한 최적 자본배분 문제는 제5장에서 살펴본 방법과 동일하게 해결할 수 있다. 제5장에서는 하나의 위험자산과 무위험자산만 존재하는 경우의 최적 자본배분 문제를 다루었다. 그러나 위험자산이 수개로 증가하더라도 기본적으로 최적 자본배분 문제에 대한 해결방법은 동일하다.

즉 [그림 6-6]에서 최적 자본배분을 나타내는 점 C는 무차별곡선과 자본배분선이 접하는 접점이 된다. 투자자의 효용을 최대로 하는 최적의 완성 포트폴리오를 구성하기 위한 투자비중은 다음과 같이 된다.[8]

$$y^* = \frac{E(R_P) - R_F}{A\sigma_P^2} \qquad\qquad (6-16)$$

---

8) 이러한 최적의 완성 포트폴리오를 구성하기 위한 투자비중을 도출하는 과정에 대해서는 이미 제5장에서 다루었다.

그림 6-6 최적 자본배분

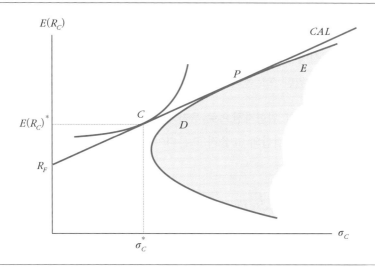

최적 자본배분선이 다음과 같이 주어져 있다.

$$E(R_C) = R_F + \left[\frac{E(R_P) - R_F}{\sigma_P}\right]\sigma_C = 6 + \left[\frac{16.06 - 6}{31.46}\right]\sigma_C$$

$$= 6 + 0.3198\sigma_C \qquad (6-11)$$

(1) 투자자의 위험회피도 A가 4라고 할 때, 이러한 투자자의 최적 자본배분을 위한 투자비중을 구하라.

$$y^* = \frac{E(R_P) - R_F}{A\sigma_P^2} = \frac{0.1606 - 0.06}{(4)(0.3146)^2} = 0.2541$$

즉 위험회피도가 4인 투자자의 경우 자신의 총투자금액 중에서 25.41%를 위험자산인 포트폴리오 P에 투자하고, 나머지 74.59%를 무위험자산에 투자하면 효용이 최대가 된다.

(2) 이 투자자의 완성 포트폴리오의 기대수익률과 위험을 구하라.

$$E(R_C) = R_F + [E(R_P) - R_F]y$$
$$= 6 + (16.06 - 6)(0.2541) = 8.56\%$$

$$\sigma_C = y\sigma_P$$
$$= (0.2541)(31.46) = 7.99$$

3.4 포트폴리오 선택이론의 단계별 의사결정

지금까지 설명한 수개의 위험자산과 하나의 무위험자산이 존재하는 경우에 최적의 자본배분을 위한 포트폴리오 선택과정을 정리하면 다음과 같다.

제1단계: 수개의 위험자산으로 투자기회집합의 효율적 프론티어를 구한다. 투자기회집합의 효율적 프론티어는 다음과 같이 일반화된 형태로 정리된다.

$$\sigma_P = \sqrt{c\left[E(R_P)\right]^2 - 2bE(R_P) + a}$$

제2단계: 위험자산으로 구성한 투자기회집합에 대하여 무위험수익률로 부터 접선을 그어 효율적 자본배분선(CAL)을 구한다. 이때 접점에 해당하는 포트폴리오를 접점 포트폴리오라고 한다. 접점 포트폴리오의 기대수익률은 다음과 같이 된다.

$$E(R_P)^* = \frac{bR_F - a}{cR_F - b}$$

제3단계: 접점 포트폴리오가 구해지면, 자본배분선(CAL)은 다음과 같이 무위험수익률을 나타내는 점과 접점 포트폴리오를 나타내는 점을 동시에 통과하는 직선으로 나타낼 수 있다.

$$E(R_C) = R_F + \left[\frac{E(R_P) - R_F}{\sigma_P}\right]\sigma_C$$

제4단계: 무차별곡선과 효율적 자본배분선이 접하는 점을 구한다. 이러한 점에서의 투자비중이 최적 자본배분이 된다. 최적 자본배분을 위해서 접점 포트폴리오에 대한 투자비중은 다음과 같다. 나머지는 무위험자산에 투자한다.

$$y^* = \frac{E(R_P) - R_F}{A\sigma_P^2}$$

제5단계: 투자자의 효용을 최대화하는 투자비중을 이용하여 투자자가 최종적으로 보유할 완성 포트폴리오의 기대수익률과 수익률 표준편차를 구한다. 완성 포트폴리오의 기대수익률과 위험은 다음과 같다.

$$E(R_C) = R_F + [E(R_P) - R_F] y^*$$
$$\sigma_C = y^* \sigma_P$$

이러한 일련의 과정을 거치면 투자자들이 최종적으로 보유하게 될 최적 완성 포트폴리오를 확정할 수 있다.

3.5 자본배분과 분리정리

앞에서는 다수의 위험자산으로 투자기회집합을 정의하고, 효율적 프론티어를 도출하기 위한 논리를 설명하였다. 포트폴리오 선택을 위한 의사결정의 다음 단계는 이러한 위험 포트폴리오와 무위험자산의 포트폴리오를 구성하여 새로운 투자기회집합인 자본배분선(CAL)을 도출하는 것이다.

이러한 자본배분선은 무위험자산과 효율적 프론티어상에 있는 효율적 위험 포트폴리오를 결합하여 새로운 포트폴리오를 구성하는 것이다. [그림 6-7]에서는 세 가지의 가능한 CAL을 보여주고 있다.

세 가지 CAL 모두 효율적 프론티어 상에 있는 포트폴리오를 이용하여 산출한

그림 6-7 효율적 프론티어에 대한 자본배분선

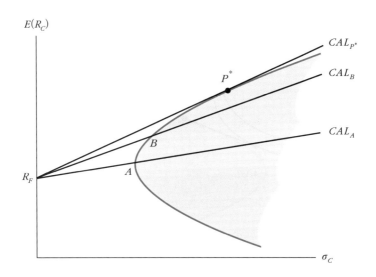

CAL이다. 그러나 P^*점을 지나는 CAL이 나머지 두 개의 CAL보다 효율적이다. 왜냐하면 기울기인 $RVAR$이 가장 큰 CAL이 가장 효율적이기 때문이다. 이러한 효율적 CAL은 무위험수익률을 나타내는 점에서 효율적 프론티어에 그은 접선이 된다.

투자자들은 자신의 포트폴리오를 가장 효율적인 투자기회집합인 CAL_{P^*} 상에 두어야 한다. 투자자가 CAL_{P^*} 상에 자신의 포트폴리오를 위치시키는 방법은 위험자산 포트폴리오는 P^*로 가져가야 한다. 즉 투자자는 위험자산 포트폴리오 P^*와 무위험자산으로 구성된 포트폴리오를 구성하면, 자신의 포트폴리오를 가장 효율적인 투자기회집합에 두게 된다는 것이다. 따라서 펀드매니저는 자신의 고객에게 위험자산으로 구성된 포트폴리오로 P^*만을 추천해야 한다는 것이다.

이와 같이 투자자들이 자신의 효용과 관계없이 객관적으로 우월한 포트폴리오 P^*를 결정할 수 있다. 즉 모든 투자자들이 자신의 효용과 무관하게 위험자산 포트폴리오는 동일하게 보유해야 한다는 것이다. 다만 투자자들 간에 포트폴리오 선택에서 유일한 차이점은 위험회피정도에 따른 위험자산에 대한 투자비중이다. 위험회피의 정도가 강한 투자자들은 무위험자산에 대한 투자비중을 높일 것이다. 위험회피 정도가 약한 투자자들은 위험자산인 포트폴리오 P^*에 대한 투자비중을 높일 것이다.

이러한 포트폴리오 선택의 원리를 분리정리(separation theorem)라고 한다. 즉 포트폴리오 선택문제는 두 개의 단계로 분리할 수 있다. 첫째 단계는 최적의 위험

그림 6-8   효율적 프론티어에 대한 자본배분선

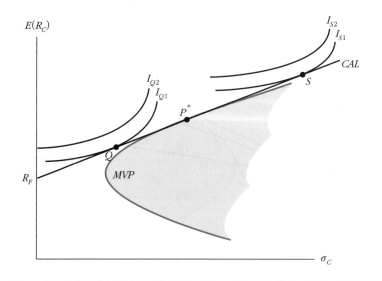

포트폴리오를 선택하는 것이다. 이는 순수하게 기술적인 작업이다. 즉 선택 가능한 위험자산에 관한 자료가 주어지면 최적 위험 포트폴리오는 투자자의 위험에 대한 태도에 무관하게 동일하다는 것이다. 두 번째 단계는 무위험자산과 최적 위험 포트폴리오 간에 자본을 배분하는 과정이다. 이에는 투자자들의 위험에 대한 태도에 따라 달라진다.

[그림 6-8]에서 포트폴리오 선택의 과정을 다시 살펴보자. 포트폴리오 선택의 제1단계는 최적 위험 포트폴리오 P^*를 선택하는 것이다. 이는 효율적 프론티어에 대하여 무위험수익률을 표시하는 점에서 그은 접선에서의 접점을 나타내는 포트폴리오로서 접점 포트폴리오를 정하는 것이다. 결과적으로 최적의 위험 포트폴리오는 투자자의 위험회피도와 무관하게 결정된다. 포트폴리오 선택의 제2단계는 각 투자의 위험회피도를 고려한 자본배분이다. [그림 6-8]에서 위험회피도가 상대적으로 강한 무차별곡선을 가진 투자자는 Q점에서 자본을 배분할 것이다. 그리고 위험회피도가 상대적으로 약한 무차별곡선을 가진 투자자는 S점에서 자본을 배분할 것이다.

1 다음의 용어를 설명하라.

① 다양화효과   ② 분리정리   ③ 우월성원리

④ 접점 포트폴리오   ⑤ 체계적 위험, 비체계적 위험   ⑥ 최소분산 포트폴리오

⑦ 포트폴리오 선택   ⑧ 효율적 포트폴리오   ⑨ 효율적 프론티어

2 N개의 위험자산에 대하여 동일한 투자비중으로 포트폴리오를 구성할 때, 포트폴리오의 위험 중에서 다양화가능 위험과 다양화 불가능 위험이 존재한다는 점을 수식을 통하여 제시하라(힌트: [부록 6B]를 참고하라).

3 두 개의 위험자산으로 포트폴리오를 구성할 때, 수익률의 상관계수에 따라 투자기회집합이 어떻게 달라지는시 실명하라.

4 포트폴리오 선택과정을 5단계로 구분하여, 각 단계별로 중요한 의사결정문제를 설명하라.

5 투자기회집합이 다음과 같은 일반적인 함수의 형태로 주어져 있다고 하자.

$$\sigma_P = \sqrt{c\left[E(R_P)^2 - 2\,b\,E(R_P) + a\right]}$$

무위험수익률이 R_F일 때, 자본배분선의 기울기 $RVAR$을 최대화하는 위험 포트폴리오의 기대수익률이 다음과 같이 된다는 것을 증명하라.

$$E(R_P)^* = \frac{bR_F - a}{cR_F - b}$$

6 A증권과 B증권으로 포트폴리오를 구성하고자 한다. 이 두 증권의 기대수익률과 표준편차는 다음과 같다.

구분	기대수익률 (%)	표준편차 (%)
A증권	4	6
B증권	8	12

(1) 이 포트폴리오에서 차지하는 A증권의 비중을 x(%)라고 하면, 이 포트폴리오의 기대수익률과 x는 어떤 관계에 있는가?

(2) A증권수익률과 B증권수익률의 상관계수가 ① $\rho_{AB}=0.0$, ② $\rho_{AB}=-1.0$일 경우에 포트폴리오가 최소위험(표준편차)을 갖는 A증권의 비중은 얼마인가? 그 때의 최소위험은 몇 %인가?

7 다음과 같은 두 개의 위험자산과 하나의 무위험자산이 있다. 무위험수익률은 4%이다.

종목	기대수익률 (%)	수익률 표준편차 (%)	수익률 간의 상관계수
C	6	10	0.60
D	10	18	

(1) 두 개의 위험자산으로 구성한 투자기회집합을 수식과 그림으로 제시하라.

(2) 기울기인 $RVAR$을 최대로 하는 최적 위험 포트폴리오를 구하라. 이러한 포트폴리오를 구성하기 위해서는 각 개별자산에 얼마의 투자비중을 부여해야 하는가?

(3) 위험회피도가 6인 투자자가 있다. 이러한 투자자가 보유하게 될 완성 포트폴리오를 제시하라. 이러한 완성 포트폴리오를 구성하려면 무위험자산에 얼마의 투자비중으로 투자를 해야 하는가?

(4) 이러한 투자자가 보유하게 될 완성 포트폴리오의 확실성등가 수익률을 산출하라.

8 다음과 같은 세 개의 위험자산과 하나의 무위험자산이 있다. 무위험수익률은 4%이다.

종목	기대수익률(%)	수익률 간의 분산-공분산		
		A	B	C
A	16.2	146	187	145
B	24.6	187	854	104
C	22.8	145	104	289

(1) A, B, C 종목의 증권에 각각 0.2, 0.3, 0.5의 투자비중을 주어 구성한 포트폴리오의 기대수익률과 수익률 표준편차를 구하라.

(2) 세 개의 위험자산으로 포트폴리오를 구성할 때, 효율적 프론티어를 수식으로 제시하고, 그림으로 그려라.

(3) 위의 효율적 프론티어에서 최소분산 포트폴리오(MVP)를 구하고, 위 (2)의 그림에 표시하라.

(4) 최적의 CAL을 구하고, $RVAR$이 얼마인지 제시하라.

(5) 접점 포트폴리오를 구성하기 위해서는 각 증권에 대한 투자비중을 얼마씩 하여야 하는가?

(6) 위험회피도가 4인 Q투자자와 위험회피도가 6인 S투자자가 있다. 각 투자자가 보유하게 될 완성 포트폴리오를 제시하라.

해답

6. (1) $E(R_p)=8-4x$ (2) $\rho=0$인 경우 $x=0.8$, 표준편차$=5.37\%$; $\rho=-1.0$인 경우 $x=0.6667$, 표준편차$=0$

7. (1) $\sigma_P^2=13[E(R_p)]^2-152E(R_p)+544$

(2) 최적 위험 포트폴리오: 기대수익률$=10\%$, 수익률 표준편차$=18\%$, 투자비중$=0$

(3) 위험자산 투자비중$=0.3086$, 무위험자산 투자비중$=0.6914$

(4) 4.9259%

8. (1) 기대수익률 22.02%, 수익률 표준편차 15.4140%

(2) $\sigma_P^2=1.8039[E(R_p)]^2-(2)(27.7782)E(R_p)+570.9331$

(3) 기대수익률$=15.3990\%$, 수익률 표준편차$=11.9657$

(4) CAL: $E(R_C)=4+1.2087\sigma_C$, $RVAR=1.2087$

(5) $x_A=-0.0902$, $x_B=0.2491$, $x_C=0.8411$

(6) $A=4$인 경우: 위험자산 투자비중$=1.99$, 기대수익률$=40.54\%$, 표준편차$=30.23\%$

$A=6$인 경우: 위험자산 투자비중$=1.33$, 기대수익률$=28.42\%$, 표준편차$=20.20\%$

효율적 프론티어의 도출

Merton(1972)에 따라 N개의 위험자산이 존재하는 경우의 효율적 프론티어를 도출하여 보자.[9] 이러한 경우의 효율적 프론티어는 다음과 같은 최적화 문제를 충족시키는 포트폴리오의 집합이라고 할 수 있다.

$$\text{최소화} \quad \frac{1}{2}\sigma_P^2 = \frac{1}{2}\sum_{i=1}^{N}\sum_{j=1}^{N}x_i x_j \sigma_{ij} \tag{6A-1}$$

$$\text{제약조건} \quad \sum_{i=1}^{N}x_i E(R_i) = E(R_p) \tag{6A-2}$$

$$\sum_{i=1}^{N}x_i = 1.0 \tag{6A-3}$$

위의 제약조건하의 최적화 문제는 포트폴리오의 기대수익률이 일정하며, 투자비중의 합이 1.0이라는 제약조건 하에서 포트폴리오 수익률의 분산을 최소화하는 것이다. 이러한 제약조건 하에서의 최적화 문제는 다음과 같은 Lagrange 함수로 나타낼 수 있다.

$$L = \frac{1}{2}\sum_{i=1}^{N}\sum_{j=1}^{N}x_i x_j \sigma_{ij} + \lambda_1\left[E(R_p) - \sum_{i=1}^{N}x_i E(R_i)\right] + \lambda_2\left(1.0 - \sum_{i=1}^{N}x_i\right) \tag{6A-4}$$

여기에서 λ_1과 λ_2는 Lagrange 승수이다. 이러한 함수에 대한 1차조건(first order condition)은 다음과 같이 된다.

$$\sum_{j=1}^{N}x_j \sigma_{ij} - \lambda_1 E(R_i) - \lambda_2 = 0 \quad (\text{모든 } i\text{에 대하여}) \tag{6A-5}$$

$$E(R_p) - \sum_{i=1}^{N}x_i E(R_i) = 0 \tag{6A-6}$$

$$1.0 - \sum_{i=1}^{N}x_i = 0 \tag{6A-7}$$

---

9) R. C. Merton(1972), "An Analytic Derivation of the Efficient Portfolio Frontier." *Journal of Financial and Quantitative Ananysis*, 1851–1872.

위의 1차조건식으로부터 최적투자비중 x_i^*를 구하여 보자. 이를 위하여, (6A-5)식을 모든 i를 포함하는 행렬 형태로 나타내어 보자. 이를 위하여 각 행렬을 다음과 같이 정의하자.

$$V = \begin{bmatrix} \sigma_{11} & \sigma_{12} & \cdots & \sigma_{1N} \\ \sigma_{21} & \sigma_{22} & \cdots & \sigma_{2N} \\ \vdots & \vdots & \ddots & \vdots \\ \sigma_{N1} & \sigma_{N2} & \cdots & \sigma_{NN} \end{bmatrix} \quad E(\mathbf{R}) = \begin{bmatrix} E(R_1) \\ E(R_2) \\ \vdots \\ E(R_N) \end{bmatrix} \quad \mathbf{x} = \begin{bmatrix} x_1 \\ x_2 \\ \vdots \\ x_N \end{bmatrix} \quad \mathbf{e} = \begin{bmatrix} 1 \\ 1 \\ \vdots \\ 1 \end{bmatrix}$$

여기에서 V는 개별증권 수익률 간의 분산-공분산 행렬이고, $E(\mathbf{R})$은 기대수익률 벡터, $\mathbf{x}$는 투자비중 벡터, 그리고 $\mathbf{e}$는 단위 벡터이다. 이러한 정의를 이용하여 (6A-5)식을 행렬로 나타내면 다음과 같이 된다.

$$V\mathbf{x} = \lambda_1 E(\mathbf{R}) + \lambda_2 \mathbf{e} \tag{6A-8}$$

위의 수식에서 V가 특이행렬이 아니라면 역행렬이 존재할 것이며, 해를 구하면 다음과 같이 된다.

$$\begin{aligned} \mathbf{x} &= V^{-1}[\lambda_1 E(\mathbf{R}) + \lambda_2 \mathbf{e}] \\ &= \lambda_1 V^{-1} E(\mathbf{R}) + \lambda_2 V^{-1} \mathbf{e} \end{aligned} \tag{6A-9}$$

이러한 최적의 투자비중 벡터 $\mathbf{x}$를 임의의 i증권에 대한 투자비중 x_i의 형태로 바꾸어 나타내면 다음과 같이 된다.

$$x_i = \lambda_1 \sum_{j=1}^{N} E(R_j) v_{ij} + \lambda_2 \sum_{j=1}^{N} v_{ij} \tag{6A-10}$$

이 식에서 v_{ij}는 증권 수익률의 분산-공분산 행렬의 역행렬의 원소를 나타낸다. 즉 V^{-1}의 원소이다.

위 식에서 Lagrange 승수 λ_1과 λ_2를 구하기 위하여 다음과 같이 두 개의 수식을 만들어 보자. 하나의 수식은 (6A-10)식의 양변에 $E(R_i)$를 곱한 후에 모든 i에 대하여 합하여 만든다. 또 하나의 수식은 (6A-10)식의 양변을 모든 i에 대하여 합하여 만든다.

$$\sum_{i=1}^{N} x_i E(R_i) = \lambda_1 \sum_{i=1}^{N} \sum_{j=1}^{N} E(R_i) E(R_j) v_{ij} + \lambda_2 \sum_{i=1}^{N} \sum_{j=1}^{N} E(R_i) v_{ij} \tag{6A-11}$$

$$\sum_{i=1}^{N} x_i = \lambda_1 \sum_{i=1}^{N} \sum_{j=1}^{N} E(R_j) v_{ij} + \lambda_2 \sum_{i=1}^{N} \sum_{j=1}^{N} v_{ij} \qquad (6A-12)$$

위의 (6A-11)식의 좌변은 (6A-6)식에 의하여 $E(R_p)$가 되고, (6A-12)식의 좌변은 (6A-7)식에 의하여 1.0이 된다. 그리고 위의 두 식을 간단히 나타내기 위하여 다음과 같은 기호를 정의하자.

$$A = \sum_{i=1}^{N} \sum_{j=1}^{N} E(R_i) E(R_j) v_{ij} \qquad (6A-13)$$

$$B = \sum_{i=1}^{N} \sum_{j=1}^{N} E(R_j) v_{ij} \qquad (6A-14)$$

$$C = \sum_{i=1}^{N} \sum_{j=1}^{N} v_{ij} \qquad (6A-15)$$

$$D = AC - B^2 \qquad (6A-16)$$

$$a = \frac{A}{D}, \ b = \frac{B}{D}, \ c = \frac{C}{D} \qquad (6A-17)$$

이렇게 정의된 기호를 이용하여 (6A-11)식과 (6A-12)식을 나타내면 다음과 같이 된다.

$$E(R_p) = \lambda_1 A + \lambda_2 B \qquad (6A-18)$$

$$1.0 = \lambda_1 B + \lambda_2 C \qquad (6A-19)$$

위의 두 식으로 λ_1과 λ_2를 구하면 다음과 같이 된다.

$$\lambda_1 = \frac{C E(R_p) - B}{AC - B^2} = \frac{C E(R_p) - B}{D} = c E(R_p) - b \qquad (6A-20)$$

$$\lambda_2 = \frac{A - B E(R_p)}{AC - B^2} = \frac{A - B E(R_p)}{D} = a - b E(R_p) \qquad (6A-21)$$

이러한 λ_1과 λ_2를 (6A-10)식에 대입하여 정리하면, 최적 투자비중은 다음과 같이 산출된다.

$$x_i = \{c E(R_p) - b\} \sum_{j=1}^{N} E(R_j) v_{ij} + \{a - b E(R_p)\} \sum_{j=1}^{N} v_{ij}$$

$$= \sum_{j=1}^{N} v_{ij} [E(R_j) \{c E(R_p) - b\} - \{b E(R_p) - a\}] \qquad (6A-22)$$

이러한 투자비중 x_i가 주어진 기대수익률 하에서 수익률의 분산을 최소화하는 효율적 프론티어 상에 존재하는 포트폴리오를 구성하기 위한 최적 투자비중이다.

이제 효율적 프론티어를 구하여 보자. 이를 위하여 1차조건을 나타내는 (6A−5)식을 이용하자. 이 식의 양변에 x_i를 곱하고, 모든 i에 대하여 합하면 다음과 같이 된다.

$$\sum_{i=1}^{N}\sum_{j=1}^{N}x_i x_j \sigma_{ij}=\lambda_1 \sum_{i=1}^{N}x_i E(R_i)-\lambda_2 \sum_{i=1}^{N}x_i \qquad (6A-23)$$

이 식의 좌변은 포트폴리오 수익률의 분산 σ_P^2이 되고, 1차조건을 나타내는 (6A−6)식과 (6A−7)을 대입하고, (6A−20)식과 (6A−21)식의 λ_1과 λ_2을 대입하여 정리하면 다음과 같이 된다.

$$\sigma_P^2=\lambda_1 E(R_P)+\lambda_2$$
$$=\{cE(R_P)-b\}E(R_P)+\{a-bE(R_P)\}$$
$$=c[E(R_P)]^2-2bE(R_P)+a \qquad (6A-24)$$

이러한 (6A−24)식이 효율적 프론티어를 나타내는 수식이다. 이는 본문에서의 (6−10)식과 동일하다.

분산투자의 효과

투자자가 포트폴리오를 구성하면 투자위험이 축소되는 원리에 대해 알아보자. 특히 포트폴리오를 구성하면 축소되는 비체계적 위험과 포트폴리오를 구성하더라도 축소되지 않는 체계적 위험이 존재하는 원리에 대하여 자세히 알아보자. 포트폴리오 위험은 다음과 같이 개별증권 수익률의 분산과 공분산으로 나타낼 수 있다.

$$\sigma_P^2 = \sum_{i=1}^{N} x_i^2 \sigma_i^2 + \sum_{i=1}^{N} \sum_{\substack{j=1 \\ j \neq i}}^{N} x_i x_j \sigma_{i,j} \tag{6B-1}$$

이제 모든 종목에 동일한 투자비중을 부여하여 구성한 포트폴리오를 생각해보자. 즉 N개의 종목으로 포트폴리오를 구성할 때, 각 종목에 대한 투자비중을 $1/N$로 두어 구성한 포트폴리오의 위험을 산출해보자. 이러한 포트폴리오를 균등가중 포트폴리오라고 한다. 이러한 포트폴리오의 수익률의 분산은 위의 (6B-1)식의 x_i와 x_j에 모두 $1/N$을 대입하여 정리한 것이다.

$$\sigma_P^2 = \sum_{i=1}^{N} \left(\frac{1}{N}\right)^2 \sigma_i^2 + \sum_{i=1}^{N} \sum_{\substack{j=1 \\ j \neq i}}^{N} \left(\frac{1}{N}\right)^2 \sigma_{i,j} \tag{6B-2}$$

시장에 N개의 종목이 존재하고 있을 때, 이러한 종목들의 평균 분산과 평균 공분산은 다음과 같이 산출할 수 있을 것이다.

$$\overline{var} = \left(\frac{1}{N}\right) \sum_{i=1}^{N} \sigma_i^2 \tag{6B-3}$$

$$\overline{cov} = \left(\frac{1}{N(N-1)}\right) \sum_{i=1}^{N} \sum_{\substack{j=1 \\ j \neq i}}^{N} \sigma_{i,j} \tag{6B-4}$$

위 식에서 $\overline{var}$는 N개 종목의 수익률 분산의 평균이며, $\overline{cov}$는 공분산의 평균을 나타낸다. N개 종목의 수익률 간의 공분산의 수는 N^2이 아니라 $N(N-1)$이기 때문에 공분산의 평균은 위의 (6B-4)식으로 산출해야 한다. 그리고 어떤 시점에서의 N개 종목의 분산의 평균과 공분산의 평균은 확정된 값을 가지고 있을 것이다.

이제 (6B-2)식의 균등가중 포트폴리오 수익률의 분산에 (6B-3)식과 (6B-4)식을 대입하여 정리하면 다음과 같이 된다.

$$\sigma_P^2 = \left(\frac{1}{N} \right) \overline{var} + \left(\frac{N-1}{N} \right) \overline{cov} \qquad (6B-5)$$

이제 포트폴리오를 구성하는 종목의 수인 N을 무한히 증가시켜 보자. 위의 (6B-5)식에서 개별기업의 분산에 기인하는 항은 N이 무한히 증가하면 소멸하여 없어지게 된다. 그러나 수익률 간의 공분산을 나타내는 항은 없어지지 않는다.

$$\lim_{N \to \infty} \sigma_P^2 = \overline{cov} \qquad (6B-6)$$

즉 균등가중 포트폴리오를 구성하는 개별종목의 수를 무한히 증가시키면, 개별 종목의 수익률의 분산을 나타내는 항은 소멸한다. 그러나 수익률 간의 공분산을 나타내는 항은 그대로 남아있게 된다. 따라서 수익률 간의 공분산이 크면, 포트폴리오의 분산투자효과는 크지 않을 것이다. 그러나 만약 수익률 간의 평균 공분산이 매우 작아서 0에 가까워진다면, 포트폴리오의 분산투자효과는 매우 크게 나타날 것이다. 심지어 포트폴리오 수익률의 분산을 0으로 만드는 것도 가능할 것이다.

자본시장에서 일반적으로 경제 전반에 영향을 미치는 충격은 증권의 수익률을 동일한 방향으로 움직이게 하는 경향이 있다. 따라서 포트폴리오를 구성하더라도 더 이상 축소할 수 없는 체계적 위험은 존재하게 된다. 시장의 대부분의 종목에 동일한 방향으로 영향을 주는 요인은 포트폴리오를 구성하더라도 축소되지 않는 체계적 위험의 원천이 된다. 한편 개별기업의 수익률에만 영향을 미치는 요인은 기업고유요인이라고 하고, 포트폴리오를 구성하면 축소되어 없어지는 비체계적 위험의 원천이 된다.

제 3 부

자본시장 균형이론

지수모형

07

이 장에서는 지수모형에 대해 살펴본다. 먼저 지수모형의 정의와 필요성에 대해 설명하고, 지수모형의 계수를 추정하는 방법에 대해 설명한다. 그리고 모형의 계수인 알파계수와 베타계수의 추정방법에 대하여 알아본다.

다음으로 지수모형을 이용하여 증권의 위험을 체계적 위험과 비체계적 위험으로 분해하는 방법에 대해 살펴본다. 그리고 지수모형의 계수를 이용하여 증권수익률의 기대치, 분산, 공분산을 산출하는 방법에 대해 다룬다.

지수모형을 통해 포트폴리오를 구성하는 종목의 수가 증가할수록 비체계적 위험은 현저하게 감소하는 반면에 체계적 위험은 거의 변동하지 않는 이유를 명확하게 이해할 수 있을 것이다.

마지막으로 체계적 위험의 척도가 되는 베타계수의 예측과 조정에 대하여 설명할 것이다. 먼저 역사적 베타계수의 불안정성에 대해 알아보고, 베타계수를 기간 간에 조정하는 방법에 대해 살펴본다. 그리고 기업의 기본적 변수에 기초하여 베타계수를 추정하는 방법인 기본적 베타의 개념에 대해 설명한다.

1.1 단일지수모형의 필요성과 정의

Markowitz의 분산−공분산모형(variance-covariance model)은 이론적인 면에서는 매우 합리적이다. 그리고 포트폴리오를 구성하고 있는 증권의 수가 적을 때에는 이 모형의 활용도가 매우 높다. 그러나 많은 종목의 증권으로 포트폴리오를 구성할 때는 분산−공분산모형의 값을 산출하기 위하여 필요한 투입자료(input data)가 너무 많다는 약점이 있다.

분산−공분산모형으로 N개의 증권으로 포트폴리오를 구성한다고 하자. 이 모형을 적용하기 위해서는 N개의 분산과 $_{N}C_2$(혹은 $N(N-1)/2$)개의 공분산을 추정해야 한다. 예를 들어, 50개 종목으로 포트폴리오를 구성한다면, 각기 다른 분산이 50개이고, 고유한 값을 가지는 공분산만 하더라도 1,225개($_{50}C_2=50\times49/2$)가 되므로, 자료의 처리가 매우 복잡해진다.

이와 같은 Markowitz모형의 한계점을 보완한 것이 Sharpe의 단일지수모형(single index model)이다. 주식시장을 관찰해 보면, 시장이 상승하는 경우(주식시장의 대표적인 주가지수가 상승하는 경우)에는 대부분의 주식의 가격이 상승하는 경향이 있다는 것을 알 수 있다. 이는 주식의 수익률 간에 양(+)의 상관관계가 존재한다는 것을 의미한다. 그 이유는 개별종목의 수익률이 시장의 전반적인 변화에 반응하기 때문이다. 이러한 관찰 결과는 개별종목의 수익률을 시장지수의 수익률과 관련지어서 추정할 수 있다는 것을 의미한다.

개별주식 i의 수익률은 다음과 같이 시장지수와 관련을 가지고 변동하는 부분과 개별주식이 독자적으로 변동하는 부분으로 구분할 수 있다.

$$R_i=a_i+\beta_i R_M \tag{7-1}$$

단, a_i : 시장지수와 무관하게 기업이 독자적으로 변동하는 부분으로 확률변수임

R_M : 시장지수의 수익률로 확률변수임

β_i : 주어진 R_M의 변동에 대해 예상되는 R_i의 변동을 측정하는 상수

이 식은 주식의 수익률을 두 부분으로 나누고 있다. 즉 개별주식의 수익률은 시장지수와 관련을 가지는 부분과 시장지수와 무관한 부분으로 나누어진다.

이 식에서 β_i는 주가지수의 수익률에 대한 개별주식 수익률의 민감도를 나타낸다. β_i가 2라고 한다면, 주가지수가 1% 상승할 것으로 예상되는 경우에, 개별주식 i는 2% 상승할 것으로 예상된다는 것을 의미한다. 이와 유사하게 β_i가 0.5라고 한다면, 주가지수가 1% 상승할 것으로 예상되는 경우에, 개별주식 i는 0.5% 상승할 것으로 예상된다는 것을 의미한다.

a_i항은 개별주식 i의 수익률 중에서 주가지수의 수익률과 무관하게 변동하는 부분을 나타낸다. 이러한 a_i항을 두 부분으로 분리할 수 있다. a_i의 기대치를 α_i라고 하고, 확률적인 부분 (혹은 불확실한 부분)을 e_i로 나타내자.

$$a_i = \alpha_i + e_i \qquad (7-2)$$

여기에서 e_i의 기대치는 0이 된다. 그러면 개별주식의 수익률을 나타내는 식은 다음과 같이 된다. 이러한 모형을 단일지수모형 혹은 시장모형(market model)이라고 한다.

$$R_i = \alpha_i + \beta_i R_M + e_i \qquad (7-3)$$

이 식에서 R_M과 e_i는 확률변수이다. 이러한 변수들은 확률분포, 기대치, 표준편차 등을 가진다. 이러한 변수들의 분산을 다음과 같이 나타내자.

$$var(R_M) = \sigma_M^2 \qquad (7-4)$$

$$var(e_i) = \sigma_{e_i}^2 \qquad (7-5)$$

이제 모형을 단순화하기 위하여 e_i와 R_M이 무상관이라고 가정하자. 즉 개별주식의 수익률은 시장의 전반적 변동과 관련을 가지는 부분과 기업의 고유한 변동이라는 두 부분으로 나누어지는데, 이 두 부분은 관련성을 가지지 않는다는 가정이다. 이러한 가정을 수식으로 나타내면 다음과 같다.

$$cov(e_i, R_M) = 0 \qquad (7-6)$$

이처럼 e_i와 R_M이 무상관이라고 한다면, (7-3)식의 단일지수모형이 개별주식의 수익률을 얼마나 잘 설명하는가 하는 것은 시장수익률에 어떤 일이 발생하는가와는 무관하게 된다.

단일지수모형의 추정치인 α_i, β_i, $\sigma_{e_i}^2$ 등은 시계열 회귀분석을 통해 구할 수 있다.

회귀분석은 e_i와 R_M의 상관계수가 0이 되도록 보장하는 통계기법이다.

그리고 단일지수모형의 또 하나의 가정이 있다. 즉 i증권의 고유변동을 나타내는 부분인 e_i와 j증권의 고유변동을 나타내는 부분인 e_j가 무상관이라는 것이다. 이러한 가정은 수익률의 분산-공분산 구조를 설명하는 다른 모형과 구별되는 단일지수모형만의 가정이다. 이를 수식으로 나타내면 다음과 같다.

$$cov(e_i, e_j) = 0 \qquad (7-7)$$

(7-7)식은 개별주식 수익률 간에는 상관성이 없고, 개별주식 수익률들이 공통적으로 변동하는 경우가 발생하는 것은 개별주식의 수익률 중에 시장과 공통적으로 변동하는 부분이 존재하기 때문이라는 것을 의미한다. 두 주식수익률 간에 공통적으로 변동하는 부분이 존재하는 이유는 개별주식 i와 j 간에 기업 고유의 변동과는 관련성이 전혀 없지만 두 주식이 각각 시장의 공통적인 부분과 관련성을 가지고 변동하는 부분이 있기 때문이다.

그리고 두 증권수익률 간의 공변동을 설명하는 데에는 시장지수 이외에는 다른 요인이 없다는 것을 가정하고 있다. 즉 이 모형에서 시장지수 이외의 산업효과 등은 개별주식의 수익률을 설명하는 데 어떠한 기여도 하지 못한다고 가정하고 있다.

이처럼 개별주식의 기업 고유변동이 시장지수의 수익률과 무관하다는 (7-6)식의 가정, 그리고 이러한 개별주식의 기업 고유변동이 다른 개별주식의 기업 고유변동과 무관하다는 (7-7)식의 가정을 가진 단일지수모형은 개별주식의 기대수익률, 분산-공분산 등을 추정하는 데 필요한 투입자료를 현저하게 줄여주는 이점이 있다.

단일지수모형에 관한 주요한 모형과 정의 및 가정을 정리하면 다음과 같다.

모형: $R_i = \alpha_i + \beta_i R_M + e_i$ $\qquad (7-3)$

정의: 지수수익률의 분산은 다음과 같다.

$$var(R_M) = \sigma_M^2 \qquad (7-4)$$

잔차의 분산은 다음과 같다.

$$var(e_i) = \sigma_{e_i}^2 \qquad (7-5)$$

가정: 잔차와 지수수익률의 공분산은 0이다.

$$cov(e_i, R_M) = 0 \qquad (7-6)$$

개별자산 i와 j의 잔차 수익률 간의 공분산은 0이다.

$$cov(e_i, e_j) = 0 \qquad (7-7)$$

1.2 단일지수모형의 추정

이제 단일지수모형에서 α_i, β_i 등에 관한 추정치를 얻는 방법에 대해 알아보자. 일반적으로 단일지수모형에서 지수자료는 시장 전체의 변동을 잘 반영하는 지수인 종합주가지수 등이 대용치(proxy)로 이용된다. 단일지수모형은 주로 시계열 자료를 이용하여 추정한다. (7-3)식의 단일지수모형을 시계열 자료를 이용한 추정모형으로 나타내면 다음과 같이 된다.

$$R_{it} = \alpha_i + \beta_i R_{Mt} + e_{it} \tag{7-8}$$

단, α_i : i증권의 알파계수
β_i : i증권의 베타계수
R_{it} : i증권의 t시점에서의 수익률
R_{Mt} : 주가지수의 t시점에서의 수익률

이러한 모형은 주가지수의 수익률을 독립변수로 하고, 개별증권의 수익률을 종속변수로 하는 단순회귀모형이 된다. 모형의 계수 α_i와 β_i는 잔차 e_{it}의 자승합이 최소화되도록 추정한다. 이러한 추정방법에 의한 α_i와 β_i의 추정치를 $\hat{\alpha}_i$와 $\hat{\beta}_i$라고 한다면, (7-8)식의 추정모형은 다음과 같이 된다.

$$\widehat{R_{it}} = \hat{\alpha}_i + \hat{\beta}_i R_{Mt} \tag{7-9}$$

추정모형을 그림으로 표현하면 [그림 7-1]에서와 같이 직선으로 나타난다. 이 직선을 증권특성선(security characteristic line, SCL)이라고 한다. 증권특성선의 절편은 $\hat{\alpha}_i$가 되고, 기울기는 $\hat{\beta}_i$가 된다.

증권특성선은 자산의 수익률 변동에 관한 기본적인 특성을 요약하여 표현하기 때문에 붙여진 명칭이다. 즉 어떤 자산의 증권특성선은 그 자산의 수익률이 주가지수의 수익률과 어떠한 관계를 가지고 변동하고 있는지에 대한 평균적인 경향을 나타낸다.

이제 단일지수모형의 추정방법에 대해 자세히 알아보자. (7-8)식과 (7-9)식을 이용하여, 회귀모형의 잔차항을 구하면 다음과 같다.

$$e_{it} = R_{it} - \widehat{R_{it}}$$
$$e_{it} = R_{it} - \hat{\alpha}_i - \hat{\beta}_i R_{Mt} \tag{7-10}$$

그림 7-1 단일지수모형

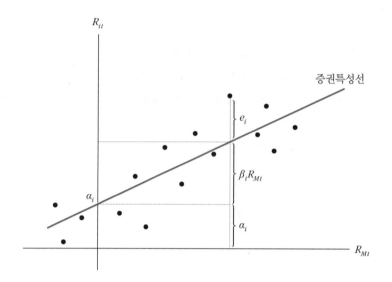

회귀모형의 계수 α_i와 β_i에 대한 최선의 추정치는 (7-10)식에서 잔차의 자승합을 최소화하는 추정치이다. 이러한 추정방법을 최소자승법이라고 한다.

$$\text{최소화:} \quad \sum_{t=1}^{T} e_{it}^2 = \sum_{t=1}^{T} [R_{it} - \hat{\alpha}_i - \hat{\beta}_i R_{Mt}]^2 \qquad (7-11)$$

이러한 방법으로 추정한 회귀모형의 계수 α_i와 β_i의 추정치는 다음과 같이 구해진다.[1]

$$\hat{\beta}_i = \frac{cov(R_i, R_M)}{var(R_M)}$$

$$= \frac{\sigma_{iM}}{\sigma_M^2} \qquad (7-12a)$$

$$\hat{\alpha}_i = E(R_i) - \hat{\beta}_i E(R_M) \qquad (7-12b)$$

---

1) 단순회귀모형의 계수 추정에 관련된 문제는 대부분의 기초통계학 교재에서 다루고 있으므로, 자세한 내용을 이러한 교재를 참고할 것.

예 7-1 단일지수모형의 계수 추정

주식종목 A, B, C와 주가지수의 지난 48개월간의 월별수익률 자료는 다음과 같다. 다음 자료를 이용하여 단일지수모형의 알파계수와 베타계수를 계산하라(일반적으로 지수모형의 계수는 과거의 수익률 자료를 이용하여 추정한다).

관찰치	R_A	R_B	R_C	R_M
1	−4.45	−5.12	32.14	−4.14
2	28.32	−20.73	26.43	2.86
3	−42.03	−47.25	−5.42	−33.87
4	−51.24	−19.12	−3.80	−20.92
5	56.23	72.65	51.20	63.08
6	51.98	57.94	−5.61	38.00
7	50.78	84.80	55.10	69.33
8	−32.13	−17.11	74.91	7.12
9	61.78	37.12	42.01	43.42
10	−39.24	−47.25	−21.20	−37.98
11	−23.94	67.13	−4.20	28.13
12	33.19	−15.93	−10.31	−4.60
13	25.14	70.14	−12.02	37.02
14	−42.00	−58.12	41.26	−25.59
15	78.31	56.65	−32.11	34.70
16	72.24	72.12	30.46	59.84
17	−7.78	42.19	36.12	30.56
18	−42.65	−21.15	−26.83	−27.06
19	7.04	−25.12	−5.51	−13.00
20	2.80	−12.25	−21.13	−11.91
21	25.11	44.57	−13.21	23.67
22	−32.11	−38.10	−32.21	−35.18
23	−24.98	−25.35	−11.12	−21.07
24	−23.10	−27.10	43.13	−5.57
25	51.89	82.04	−12.20	48.27
26	25.26	−22.54	−11.11	−9.75
27	38.52	90.75	32.63	63.30
28	34.00	42.25	24.25	35.31
29	11.68	39.50	21.13	28.60
30	69.26	60.93	8.33	47.04
31	87.03	49.00	42.21	54.48
32	42.20	64.92	−21.13	35.03
33	51.89	57.07	55.25	55.51
34	−19.01	−12.12	34.91	0.41
35	−23.00	−24.25	42.00	−4.44
36	34.22	79.75	32.00	56.68
37	−33.01	−18.78	−11.00	−19.28
38	17.70	−13.12	−11.19	−6.48
39	−12.95	59.75	−3.78	26.67
40	52.12	67.25	−21.00	38.21
41	21.90	−32.20	-1.20	−12.39
42	32.14	−25.52	−11.65	−10.07
43	31.12	63.97	32.41	48.18
44	−13.91	−22.02	−11.18	−17.22
45	40.79	47.55	29.87	41.00
46	32.00	−14.12	−12.41	−4.53
47	14.70	59.75	−16.23	28.44
48	6.18	74.55	41.01	51.18
합계	720.00	960.00	480.00	770.97
평균	15.00	20.00	10.00	16.06

관찰치	$(R_A - \overline{R_A}) \times (R_M - \overline{R_M})$	$(R_B - \overline{R_B}) \times (R_M - \overline{R_M})$	$(R_C - \overline{R_C}) \times (R_M - \overline{R_M})$	$(R_M - \overline{R_M})^2$
1	392.916	911.392	-447.273	408.011
2	-175.837	537.729	-216.940	174.343
3	2,847.449	3,357.724	769.905	2,492.903
4	2,449.519	1,446.637	510.206	1,367.481
5	1,938.859	2,475.648	1,937.306	2,210.960
6	811.277	832.358	-342.350	481.235
7	1,906.086	3,452.016	2,402.343	2,837.627
8	421.612	331.967	-580.694	80.043
9	1,279.799	468.366	875.778	748.450
10	2,931.422	3,634.352	1,686.339	2,920.583
11	-469.935	568.669	-171.355	145.619
12	-375.820	742.383	419.643	426.915
13	212.483	1,050.759	-461.321	439.105
14	2,374.343	3,254.101	$-1,302.057$	1,735.153
15	1,180.016	683.065	-784.733	347.357
16	2,505.899	2,281.671	895.727	1,916.449
17	-330.329	321.761	378.695	210.201
18	2,486.234	1,774.558	1,588.434	1,859.690
19	231.314	1,311.169	450.831	844.460
20	341.300	902.060	870.593	782.369
21	76.913	187.022	-176.672	57.921
22	2,413.683	2,977.074	2,162.606	2,625.590
23	1,484.741	1,684.126	784.316	1,379.097
24	824.271	1,018.902	-716.584	467.975
25	1,188.182	1,998.188	-715.125	1,037.292
26	-264.934	1,098.198	544.814	666.385
27	1,111.071	3,342.044	1,068.745	2,231.369
28	365.736	428.373	274.302	370.534
29	-41.640	244.428	139.512	157.121
30	1,680.742	1,267.912	-51.666	959.423
31	2,767.458	1,114.144	1,237.276	1,476.002
32	515.862	852.017	-590.388	359.796
33	1,455.109	1,462.328	1,785.265	1,556.292
34	532.279	502.640	-389.765	244.886
35	778.909	907.020	-655.924	420.153
36	780.863	2,427.120	893.667	1,650.086
37	1,696.991	1,370.451	742.217	1,249.176
38	-60.851	746.705	477.805	508.297
39	-296.592	421.868	-146.195	112.636
40	822.068	1,046.296	-686.459	490.349
41	-196.258	1,485.373	318.701	809.711
42	-447.987	1,189.613	565.850	682.978
43	517.822	1,412.334	719.625	1,031.626
44	962.043	1,398.617	704.867	1,107.756
45	643.192	687.055	495.492	621.838
46	-350.128	702.727	461.448	424.185
47	-3.663	491.988	-324.675	153.192
48	-309.812	1,915.595	1,088.876	1,233.291
합계	41,604.679	64,718.540	18,491.011	46,513.906

단일지수모형의 베타계수를 산출하기 위하여 먼저 각 주식종목의 평균수익률을 계산하자. 각 종목의 평균수익률은 다음과 같이 각 종목별로 15%, 20%, 10%이며, 주가지수의 수익률의 평균은 16.06%가 된다.

$$\overline{R_A} = \frac{1}{T} \sum_{t=1}^{T} R_{At} = \frac{1}{48}(720) = 15\%$$

$$\overline{R_B} = \frac{1}{T} \sum_{t=1}^{T} R_{Bt} = \frac{1}{48}(960) = 20\%$$

$$\overline{R_C} = \frac{1}{T} \sum_{t=1}^{T} R_{Ct} = \frac{1}{48}(480) = 10\%$$

$$\overline{R_M} = \frac{1}{T} \sum_{t=1}^{T} R_{Mt} = \frac{1}{48}(770.97) = 16.06\%$$

그리고 3개의 개별주식과 주가지수의 수익률 간의 표본공분산은 다음과 같이 산출된다.[2]

$$cov(R_A, R_M) = \frac{1}{T-1} \sum_{t=1}^{T} (R_{At} - \overline{R_A})(R_{Mt} - \overline{R_M})$$

$$= \frac{1}{47}(41,604.679) = 885.206$$

$$cov(R_B, R_M) = \frac{1}{47}(64,718.540) = 1,376.990$$

$$cov(R_C, R_M) = \frac{1}{47}(18,491.011) = 393.426$$

주가지수 수익률의 분산은 다음과 같이 989.658이 된다.

$$var(R_M) = \frac{1}{T-1} \sum_{t=1}^{T} (R_{Mt} - \overline{R_M})^2 = \frac{1}{47}(46,513.906) = 989.658$$

각 주식종목의 베타계수는 다음과 같이 산출된다.

$$\hat{\beta}_A = cov(R_A, R_M)/var(R_M) = 885.206/989.658 = 0.894$$

$$\hat{\beta}_B = cov(R_B, R_M)/var(R_M) = 1,376.990/989.658 = 1.391$$

$$\hat{\beta}_C = cov(R_C, R_M)/var(R_M) = 393.426/989.658 = 0.398$$

각 주식종목의 알파계수는 다음과 같이 산출된다.

---

2) 표본분산과 표본공분산을 산출할 때에는 관찰치의 수인 T로 나누지 않고, 자유도인 $(T-1)$로 나누어야 한다. 이렇게 산출된 표본분산과 표본공분산은 모집단 분산과 공분산에 대한 불편추정치가 된다.

$$\hat{\alpha}_A = \overline{R}_A - \hat{\beta}_A \overline{R}_M = (15) - (0.894)(16.06) = 0.642$$

$$\hat{\alpha}_B = \overline{R}_B - \hat{\beta}_B \overline{R}_M = (20) - (1.391)(16.06) = -2.339$$

$$\hat{\alpha}_C = \overline{R}_C - \hat{\beta}_C \overline{R}_M = (10) - (0.398)(16.06) = 3.608$$

이 예에서는 주식수익률의 확률분포를 이용하지 않고, 과거의 수익률 자료를 이용하였기 때문에 기대수익률 대신에 평균수익률을 이용하였다. 또한 분산과 공분산 대신에 표본분산과 표본공분산을 추정하였다. 경제 환경이 변화하지 않는다면 과거수익률은 미래수익률을 예측하기 위한 좋은 자료가 될 수 있다는 전제 하에서 추정된 것이다.

제 2 절 　체계적 위험과 비체계적 위험

2.1　지수모형과 체계적 위험

시장모형은 증권수익률의 변동이 시장의 공통적인 요인에 의해 변동하는 부분과 기업의 고유한 요인에 의해 변동하는 부분으로 구분된다는 점에 착안하여 개발된 모형이라고 하였다. 이러한 모형을 이용하여, 증권의 위험을 체계적 위험과 비체계적 위험으로 구분해 보자.

시장모형에 대한 각 개별주식의 계수를 추정할 수 있고, 주가지수 수익률의 기대치와 분산을 알고 있다고 하자. 그러면 이 자료만으로 개별주식의 기대수익률, 분산, 그리고 증권수익률 간의 공분산을 산출할 수 있다. 이를 위하여 (7-3)의 시장모형을 이용하자.

$$R_i = \alpha_i + \beta_i R_M + e_i \tag{7-3}$$

(7-3)식의 양변에 기대치를 구하면, 다음과 같이 개별주식의 기대수익률은 주가지수 수익률의 기대치와 시장모형의 계수 추정치의 함수로 나타낼 수 있다.

$$E(R_i) = E(\alpha_i + \beta_i R_M + e_i)$$
$$= E(\alpha_i) + E(\beta_i R_M) + E(e_i)$$
$$= \alpha_i + \beta_i E(R_M) \tag{7-13}$$

개별주식의 위험도 시장모형을 이용하여 산출할 수 있다. 이를 위하여 (7-3)식의 양변에서 분산을 구하여 보자.[3]

$$var(R_i) = var(\alpha_i + \beta_i R_M + e_i)$$
$$= var(\alpha_i) + var(\beta_i R_M) + var(e_i) + cov(\alpha_i, \beta_i R_M)$$
$$\quad + cov(\alpha_i, e_i) + cov(\beta_i R_M, e_i)$$
$$= var(\beta_i R_M) + var(e_i)$$
$$= \beta_i^2 var(R_M) + var(e_i) \tag{7-14}$$

혹은

$$\sigma_i^2 = \beta_i^2 \sigma_M^2 + \sigma_{e_i}^2 \tag{7-15}$$

(7-14)과 (7-15)식은 개별주식의 위험이 체계적 위험과 비체계적 위험으로 구분된다는 것을 보여준다. 즉 개별종목 수익률의 분산 σ_i^2은 시장의 전반적인 움직임과 관련하여 변동하는 부분의 분산인 $\beta_i^2 \sigma_M^2$과 기업 고유의 변동을 반영한 분산인 $\sigma_{e_i}^2$으로 분해된다. 개별주식 수익률의 분산 중에서 시장의 전반적 움직임과 관련하여 변동하는 부분의 분산인 $\beta_i^2 \sigma_M^2$이 체계적 위험의 척도가 된다. 기업 고유의 변동을 반영하는 분산인 $\sigma_{e_i}^2$이 비체계적 위험의 척도가 된다. 즉

증권의 총위험 = 체계적 위험 + 비체계적 위험

$\quad\;\;(\sigma_i^2) \qquad\qquad (\beta_i^2 \sigma_M^2) \qquad\qquad (\sigma_{e_i}^2)$

---

3) α_i와 β_i는 상수이다. 그리고 상수의 분산은 0이다. 상수와 확률변수 간의 공분산도 0이다. 따라서 $var(\alpha_i) = 0$이며, $cov(\alpha_i, \beta_i R_M) = 0$과 $cov(\alpha_i, e_i) = 0$이다. 그리고 단일지수모형의 가정에 의하여, $cov(\beta_i R_M, e_i) = 0$이다.

예 7-2   시장모형을 이용한 기대수익률의 산출

주식종목 A, B, C의 알파계수 및 베타계수 그리고 주가지수의 기대수익률이 다음과 같이 주어져 있다. 각 주식종목의 기대수익률은 얼마인가?

증권종목	알파계수	베타계수	주가지수의 기대수익률
A	0.633	0.894	
B	−2.348	1.391	16.06%
C	3.615	0.398	

시장모형을 이용하면, 개별주식의 기대수익률은 다음과 같이 각각 15%, 20%, 10%로 산출된다.

$$E(R_A) = \alpha_A + \beta_A E(R_M) = 0.633 + (0.894)(16.06) = 15\%$$

$$E(R_B) = \alpha_B + \beta_B E(R_M) = -2.348 + (1.391)(16.06) = 20\%$$

$$E(R_C) = \alpha_C + \beta_C E(R_M) = 3.615 + (0.398)(16.06) = 10\%$$

예 7-3   체계적 위험과 비체계적 위험의 산출

주식종목 A, B, C의 베타계수와 수익률의 분산이 다음과 같이 주어져 있다. 주가지수 수익률의 분산이 다음과 같다. 각 종목의 체계적 위험과 비체계적 위험은 각각 얼마인가?

증권종목	베타계수	수익률의 분산	주가지수 수익률의 분산
A	0.894	1,369	
B	1.391	2,116	989.658
C	0.398	784	

시장모형을 이용하면, 개별주식의 체계적 위험은 다음과 같이 산출된다.

A증권: 체계적 위험 $= \beta_A^2 \sigma_M^2 = (0.894)^2(989.658) = 790.97$

　　　　비체계적 위험 $= 1,369 - 790.97 = 578.03$

B증권: 체계적 위험 $= \beta_B^2 \sigma_M^2 = (1.391)^2(989.658) = 1,914.87$

　　　　비체계적 위험 $= 2,116 - 1,914.87 = 201.13$

C증권: 체계적 위험 $= \beta_C^2 \sigma_M^2 = (0.398)^2(989.658) = 156.77$

　　　　비체계적 위험 $= 784 - 156.77 = 627.23$

이제 주식의 체계적 위험과 회귀모형의 결정계수(R^2)간의 관계에 대해 알아보자. 결정계수는 회귀모형의 설명력을 나타내기 위한 지표로서 총분산 중에서 설명된 분산의 비율로 나타난다. 즉 주식의 위험 중에서 체계적 위험이 차지하는 비중은 단순회귀모형에서의 결정계수와 동일하다는 것을 나타내고 있다.

$$R^2 = \frac{\text{설명된 분산}}{\text{총분산}} = \frac{\beta_i^2 \sigma_M^2}{\sigma_i^2} = \frac{\text{체계적 위험}}{\text{총위험}} \qquad (7-16)$$

그리고 단순회귀모형에서 결정계수는 독립변수와 종속변수 간의 상관계수의 제곱과 동일하다. 즉 총위험에서 체계적 위험이 차지하는 비중은 개별주식과 주가지수 수익률 간의 상관계수의 제곱이 된다. 이러한 관계가 성립하는지 알아보기 위하여 체계적 위험을 나타내는 항을 다음과 같이 변형시켜 보자.

$$\beta_i^2 \sigma_M^2 = \left[\frac{\sigma_{iM}}{\sigma_M^2} \right]^2 (\sigma_M^2) \qquad \text{(베타계수 추정모형에 의해)}$$

$$= \left[\frac{\sigma_i \sigma_M \rho_{iM}}{\sigma_M^2} \right]^2 (\sigma_M^2) \qquad \text{(상관계수의 정의에 의해)}$$

$$= (\sigma_i \rho_{iM})^2 \qquad\qquad (7-17)$$

따라서 증권의 위험 중에서 체계적 위험이 차지하는 비중은 다음과 같이 그 증권과 주가지수 수익률 간의 상관계수의 제곱과 동일하다는 것을 알 수 있다.

$$\frac{\text{체계적 위험}}{\text{총위험}} = \frac{\beta_i^2 \sigma_M^2}{\sigma_i^2} = \frac{(\sigma_i \rho_{iM})^2}{\sigma_i^2} = \rho_{iM}^2 \qquad (7-18)$$

이 식에 의하면, 주가지수의 수익률과 상관계수 1.0의 관계를 가지고 있는 자산이 존재한다면, 이러한 자산의 총위험은 모두 체계적 위험만으로 구성된다는 것을 의미한다. 따라서 이러한 자산은 포트폴리오를 구성하더라도 더 이상 위험을 축소할 수 있는 여지가 없는 자산이 된다. 따라서 포트폴리오를 구성함으로써 위험이 축소되는 분산투자효과가 높은 자산은 주가지수 수익률과 상관계수가 낮은 자산이라는 것을 알 수 있다.

2.2 지수모형과 공분산

지수모형이 필요한 중요한 이유는 평균-분산모형에서 요구하는 대단히 많은 양의 투입자료를 현저하게 줄일 수 있다는 점이다. 평균－분산모형에서 투입자료의 양이 현저히 증가하는 이유는 공분산 때문이다. 즉 N개의 주식으로 평균－분산모형의 효율적 포트폴리오를 구성하기 위해서는 $N(N-1)/2$개의 공분산을 추정해야 한다.

단일지수모형을 이용하면, 효율적 포트폴리오를 구성하는 데 필요한 투입자료를 현저하게 줄일 수 있다. 각 개별주식의 알파계수와 베타계수에 관한 정보와 주가지수 수익률에 관한 정보만 있으면, 이를 기초로 하여 개별주식의 공분산을 산출할 수 있다.

다음과 같이 개별주식 수익률 간의 공분산을 나타내는 항에 단일지수모형을 적용시켜 보자.

$$
\begin{aligned}
cov(R_i, R_j) &= cov(\alpha_i + \beta_i R_M + e_i, \ \alpha_j + \beta_j R_M + e_j) \\
&= \beta_i \beta_j \, cov(R_M, R_M) \\
&= \beta_i \beta_j \, var(R_M) \\
&= \beta_i \beta_j \, \sigma_M^2
\end{aligned}
\tag{7-19}
$$

이 식은 개별주식 수익률 간의 공분산이 각 주식의 베타계수와 주가지수 수익률의 분산을 곱하여 산출될 수 있다는 것을 보여준다. 따라서 단일지수모형을 이용하면 개별주식 간의 공분산을 모두 추정할 필요 없이 개별주식들의 모형계수만 추정하면 되기 때문에 추정해야 할 추정치의 수가 현저하게 감소되는 효과가 있다.

예 7-4 시장모형을 이용한 공분산의 산출

주식종목 A, B, C의 베타계수와 수익률의 분산이 다음과 같고, 주가지수 수익률의 분산이 다음과 같이 주어져 있다. 각 증권종목별 수익률 간의 공분산을 산출하라.

증권종목	베타계수	수익률의 분산	주가지수 수익률의 분산
A	0.894	1,369	
B	1.391	2,116	989.658
C	0.398	784	

시장모형을 이용하면, 개별증권 수익률 간의 공분산은 다음과 같이 산출된다.

$$cov(R_A, R_B) = \beta_A \beta_B \sigma_M^2 = (0.894)(1.391)(989.658) = 1,230.69$$

$$cov(R_B, R_C) = \beta_B \beta_C \sigma_M^2 = (1.391)(0.398)(989.658) = 547.89$$

$$cov(R_C, R_A) = \beta_C \beta_A \sigma_M^2 = (0.398)(0.894)(989.658) = 352.13$$

3.1 역사적 베타계수의 불안정성

베타계수를 투자 의사결정에 활용할 때, 과거의 자료로부터 측정한 역사적 베타계수를 그대로 이용하는 경우가 많다. 그러나 이렇게 추정된 역사적 베타계수는 측정기간에 따라 달라질 수 있다. 역사적 베타계수는 기간이 경과하더라도 베타계수가 안정성을 보일 것이라는 가정을 바탕으로 하여 추정된 것이다.

역사적 베타계수가 의미를 가지기 위해서는 t시점까지의 자료를 이용하여 추정된 베타계수가 $(t+1)$기에서도 동일한 베타계수로 유지될 것이라는 전제가 성립해야 한다. 그러나 개별주식의 베타계수가 시계열적으로 안정적이라는 보장이 없다. 특히 개별주식의 베타계수는 포트폴리오의 베타계수에 비하여 안정적이지 못하다. 포트폴리오의 베타계수는 포트폴리오를 구성하는 개별주식의 베타계수 간의 차이가 서로 상쇄되어 기간 간에 안정적인 값을 보이는 경향이 있다.

개별주식의 베타계수와 포트폴리오 베타계수의 속성을 간략하게 요약하면 다음과 같다. 첫째, 매우 높은 베타계수나 매우 낮은 베타계수는 시간이 경과함에 따라 차익거래를 통하여 안정된 수준에 접근하려는 경향이 있다. 둘째, 개별주식의 베타계수는 불안정성을 보이는데 반하여 포트폴리오의 베타계수는 안정적이다. 셋째, 효율적인 포트폴리오의 베타계수는 상대적 변동성에 대한 양호한 추정치가 될 수 있지만, 비효율적 포트폴리오의 베타계수는 그렇지 못하다.

3.2 베타계수의 조정

시장의 모든 주식으로 구성한 포트폴리오의 베타계수는 1.0이다. 그러나 역사적 자료로 산출한 개별주식 또는 포트폴리오의 베타계수는 흔히 1.0을 초과하거나, 1.0에 미달하는 값을 가질 수 있다. 이러한 베타계수는 다음 기간에 1.0에 접근하려는 경향이 있다.

베타계수가 연속되는 기간을 통하여 1.0에 접근하려는 경향이 있다는 점을 밝힌 것으로는 Blume(1971)의 연구를 들 수 있다.[4] 시간의 경과에 따라 주식의 베타계수는 1.0에 접근하려는 회귀현상을 가지는 경향이 있다는 것이다. 즉 어떤 기간의 자료를 이용하여 추정된 베타계수가 1.0으로부터 벗어나 있으면, 그 다음 기간의 베타계수는 시장 전체의 베타계수인 1.0에 접근하려는 경향을 보인다는 것이다.

이와 같이 시간의 흐름에 따라 베타계수가 1.0에 접근하려는 경향을 보인다면, 이를 반영하여 미래의 베타계수가 조정될 수 있다. 미국의 투자회사인 Merill Lynch 는 Blume의 연구에 기초하여 과거의 60개월의 월간수익률 자료를 이용하여 역사적 베타계수를 추정하고, 다음 기간의 베타계수를 다음과 같이 조정하고 있다.

$$\beta_{it} = (2/3)\beta_{it-1} + (1/3)(1.0) \tag{7-20}$$

여기에서 β_{it-1}은 과거 60개월간의 월간자료를 이용하여 추정한 역사적 베타계수 이며, β_{it}는 다음 기간에 적용할 베타계수이다. 따라서 투자 의사결정에 적용할 베타계수는 역사적 베타계수에 $(2/3)$의 가중치를 부여하고, 시장 전체의 베타계수인 1.0에 $(1/3)$의 가중치를 부여하여 조정해야 한다는 것이다.

예를 들어, 표본자료로부터 추정된 베타계수가 2.0이라고 하자. 그러면 조정된 베타계수는 다음과 같이 1.67이 된다.

$$\beta_{it} = (2.0)(2/3) + (1.0)(1/3) = 1.67$$

따라서 미래기간에 적용할 베타계수를 추정하기 위해서는 먼저 연속되는 과거의 두 기간에 대하여 역사적 베타계수를 각각 산출한다. 그리고 이들 중에서 전기의 베타계수를 독립변수로 하고, 후기의 베타계수를 종속변수로 하는 회귀모형의 계수를 추정한 다음, 이 추정치를 기초로 하여 베타계수를 조정하여 미래의 기간 동안에 적용할 베타계수를 산출하는 것이 바람직하다.

그러나 연속되는 과거의 두 기간에서 전기의 베타계수가 1.0이고 후기의 베타계수가 1.0으로부터 벗어날 경우에는 후기의 베타계수를 조정하지 않고 그대로 이용하는 것이 바람직하다. 그 이유는 전기의 베타계수로서 후기의 베타계수를 회귀시킬 때 후기의 베타계수가 1.0에서 더욱 이탈하는 경향이 발생하기 때문이다.

3.3 기본적 베타의 추정

회계자료 및 시장자료를 이용하여 베타계수를 추정하고, 베타계수의 결정요인을

---

4) M. E. Blume(1971), "On the Assessment of Risk," *Journal of Finance*, 10(3), 1-10.

설명하기 위한 많은 실증연구가 진행되어 왔다. 이와 같이 베타계수를 결정하는 다수의 결정요인이 있다고 보고, 이러한 결정요인을 기초로 하여 추정한 베타계수를 역사적 베타계수와 구분하여 기본적 베타(fundamental beta)라고 한다.

기업의 베타계수는 당해 기업의 주식수익률이 시장수익률(시장지수의 수익률)의 변동에 따라 얼마나 민감하게 반응하는가를 나타내는 위험의 측정치이다. 그러나 기업의 위험은 시장 상황의 변동뿐만 아니라 기업의 기본적 변수(fundamental variables)가 어떠한 상황에 놓여 있는가에 따라서도 영향을 받고 있다.

따라서 기업의 기본적 변수를 이용하여 시장위험만을 반영하는 베타계수를 설명해 보면 베타의 예측력을 개선할 수 있다. 기본적 변수로 추정한 베타 또는 기본적 베타는 다수의 기본적 변수를 독립변수로 하여 다중선형회귀모형으로 추정한 베타계수를 말한다.

주식의 베타계수와 기업의 기본적 변수와의 관계에 관한 연구는 최초로 Beaver, Kettler, and Scholes(1970)에 의하여 시작되었다.[5] 이들은 7개의 기본적 변수를 독립변수로 하여 종속변수인 베타계수와의 관계를 실증적으로 분석하였다. 이들이 이용한 기본적 변수는 ⓐ 배당성향, ⓑ 총자산 성장, ⓒ 레버리지, ⓓ 유동성, ⓔ 자산규모, ⓕ 이익변동성, ⓖ 회계적 베타 등이다.

(1) 배당성향

배당성향(dividend payout)은 주당배당액/주당이익으로 측정한 변수이다. 체계적 위험의 측정치인 베타계수와 배당성향은 부(−)의 상관성을 가진다.

그 이유는 첫째, 기업이 배당성향을 높게 결정하면 투자자는 경영자가 미래의 기업이익 실현에 대하여 확신을 가지고 있는 것으로 이해하기 때문에 그 기업의 주식은 위험이 낮은 것으로 평가된다. 둘째, 투자자에게 배당금은 자본이득보다 위험이 작기 때문에 배당성향이 높은 주식은 위험이 낮게 평가된다.

(2) 총자산의 성장

총자산성장률(growth rate of asset)은 기초자산/기말자산의 비율에 자연로그를 취하여 측정한 변수이다. 이러한 총자산성장률은 베타계수와 대체로 정(+)의 상관성을 가진다. 그러므로 자산의 성장성이 높은 기업은 낮은 기업에 비하여 위험이

---

5) W. Beaver, P. Kettler, and M. Scholes(1970), "The Association Between Market Determined and Accounting Determined Risk Measures," *Accounting Review*, 654−682.

높은 경향이 있다.

(3) 레버리지

레버리지(leverage)는 부채/총자산의 비율로 측정된 변수이다. 높은 레버리지는 이익의 변동성을 증가시키므로, 베타계수와 레버리지는 정(+)의 상관성을 가진다.

(4) 유동성

유동성(liquidity)이 높은 기업은 낮은 기업에 비하여 위험이 낮으므로, 베타계수와 유동성은 부(−)의 상관성을 가진다.

(5) 자산규모

대기업은 소기업보다 위험이 낮고 자본시장에 대한 접근이 용이하므로, 대기업의 베타계수는 일반적으로 낮다.

(6) 이익변동성

주당이익의 변동성이 높은 기업은 위험도가 높기 때문에 높은 베타계수를 갖는다.

(7) 회계적 베타

회계자료로부터 추정한 회계적 베타(accounting beta)는 베타계수와 정(+)의 상관성을 가진다. 회계적 베타계수는 기업의 EPR(earnig/price ratio, 주당이익 대 주가의 비율)을 종속변수로 하고, EPR의 시장평균을 독립변수로 하여 추정한 시계열 회귀모형의 회귀계수를 의미한다.

Beaver, Kettler, and Scholes(1970)는 실증적 연구를 통해 베타계수와 기본적 변수 간의 상관계수를 추정하였으며, 이러한 상관계수가 예상한 부호와 일관성을 가진다는 것을 보여주었다. 따라서 기업의 기본적 변수가 베타계수 추정에 유용하다는 것을 알 수 있다.

1 다음의 용어를 설명하라.

① 결정계수　　　　　　② 기본적 베타계수　　　③ 기본적 변수

④ 시장모형　　　　　　⑤ 역사적 베타계수　　　⑥ 증권특성선

⑦ 지수모형　　　　　　⑧ 회귀모형

2 단일지수모형을 제시하라. 단일지수모형의 가정과 모형의 정의에 대해 설명하라.

3 분산−공분산모형의 문제점을 제시하고, 지수모형이 이러한 문제점을 어떻게 해결하는지 설명하라.

4 단일지수모형을 이용하여 증권의 총위험이 체계적 위험과 비체계적 위험으로 분해될 수 있다는 것을 수식으로 제시하라.

5 단일지수모형의 계수 추정치를 알고 있고, 시장지수 수익률의 분산을 알고 있다면, 개별주식 수익률 간의 공분산을 산출할 수 있다는 것을 보여라.

6 역사적 베타의 불안정성을 설명하고, 이를 기간 간에 조정할 수 있는 방법에 대해 설명하라.

7 개별주식 i와 주가지수 수익률 자료가 아래와 같이 주어져 있다. 다음 물음에 답하라.

관찰치	R_i	R_M
1	6.12	20.25
2	14.97	13.94
3	2.72	1.44
4	−13.20	−18.41
5	11.55	7.11

(1) 단일지수모형의 계수를 추정하라.

(2) 개별증권 i의 총위험을 체계적 위험과 비체계적 위험으로 분해하라.

8 개별종목 A, B, C의 알파계수, 베타계수가 다음과 같이 주어져 있다. 시장지수의 기대수익률은 18%이고, 수익률의 표준편차는 30%이다.

종목	알파계수	베타계수
A	1.20	0.92
B	−2.80	1.45
C	3.20	0.45

(1) 각 종목의 기대수익률은 얼마인가?

(2) 각 증권의 체계적 위험은 얼마인가?

(3) 각 증권 수익률 간의 공분산을 산출하라.

9 개별종목 A, B, C의 알파계수, 베타계수, 그리고 잔차분산이 다음과 같이 주어져 있다. 시장지수의 기대수익률은 18%이고, 수익률의 표준편차는 30%이다.

종목	알파계수	베타계수	잔차분산
A	1.20	0.92	520
B	−2.80	1.45	210
C	3.20	0.45	650

(1) 어떤 투자자가 각 증권에 동일한 투자비중을 부여한 균등가중 포트폴리오를 구성하고자 한다.

    ① 이 포트폴리오의 베타계수는 얼마인가?

    ② 이 포트폴리오의 체계적 위험은 얼마인가?

    ③ 이 포트폴리오의 비체계적 위험은 얼마인가?

(2) 또 다른 투자자는 각 증권에 0.3, 0.2, 0.5의 투자비중을 부여한 포트폴리오를 구성하고자 한다.

    ① 이 포트폴리오의 베타계수는 얼마인가?

    ② 이 포트폴리오의 체계적 위험은 얼마인가?

    ③ 이 포트폴리오의 비체계적 위험은 얼마인가?

10 개별종목 A, B의 계수추정에 관련된 자료가 다음과 같이 주어져 있다. 주가지수의 기대수익률은 10%이고, 표준편차는 20%이다.

종목	알파계수	베타계수	결정계수(R^2)
A	3	0.7	0.20
B	-2	1.2	0.12

(1) 각 종목의 표준편차는 얼마인가?

(2) 각 종목의 체계적 위험과 비체계적 위험을 구하라.

(3) 두 종목의 수익률 간의 상관계수와 공분산을 구하라.

(4) A종목에 0.4, B종목에 0.6 투자하여 구성한 포트폴리오의 표준편차, 체계적 위험, 비체계적 위험을 구하라.

해답

7. (1) 베타계수=0.6311, 알파계수=1.3611

(2) 체계적 위험 87.3792, 비체계적 위험 32.2166

8. (1) A증권 17.76%, B증권 23.3%, C증권 11.3%

(2) A증권 761.76, B증권 1,892.25, C증권 182.25

(3) A, B증권 1,200.6, B, C증권 587.25, A, C증권 372.6

9. (1) ① 0.94 ② 795.24 ③ 153.33

(2) ① 0.791 ② 563.11 ③ 217.7

10. (1) A종목 31.30, B종목 69.28

(2) A종목 196, 784, B종목 576, 4,224

(3) 336, 0.1549

(4) 체계적 위험 400, 비체계적 위험 1,646.08, 표준편차 45.2336

지수모형과 분산투자효과

포트폴리오를 구성하면 비체계적 위험은 축소되어 없어지고, 체계적 위험은 그대로 남게 된다. 이러한 현상은 단일지수모형을 이용하면 더욱 명확하게 보여줄 수 있다.

이를 위하여 개별주식의 단일지수모형을 포트폴리오에 적용하여 포트폴리오의 수익률을 단일지수모형으로 나타내어 보자. 개별주식의 수익률과 포트폴리오 수익률 간에는 다음과 같은 관계식이 성립한다.[6]

$$R_P = \sum_{i=1}^{N} x_i R_i \qquad\qquad (7A-1)$$

단, R_p : 포트폴리오 수익률

R_i : 개별주식 i의 수익률

x_i : 개별주식 i에 대한 투자비중

이 식에서 개별주식 i의 수익률에 단일지수모형을 대입하여 정리하면, 다음과 같은 관계식이 성립한다.

$$
\begin{aligned}
R_P &= \sum_{i=1}^{N} x_i (\alpha_i + \beta_i R_M + e_i) \\
&= \sum_{i=1}^{N} (x_i \alpha_i + x_i \beta_i R_M + x_i e_i) \\
&= \sum_{i=1}^{N} x_i \alpha_i + \sum_{i=1}^{N} x_i \beta_i R_M + \sum_{i=1}^{N} x_i e_i \\
&= \sum_{i=1}^{N} x_i \alpha_i + \left(\sum_{i=1}^{N} x_i \beta_i \right) R_M + \sum_{i=1}^{N} x_i e_i \qquad (7A-2)
\end{aligned}
$$

따라서 포트폴리오 수익률에 대해서도 개별주식과 마찬가지로 단일지수모형을

---

6) 이 식은 포트폴리오 구성을 위한 수식으로 (4-8)과 동일한 식이지만, 기호의 단순화를 위하여 상태를 나타내는 변수 S를 생략하여 표현한 것이다.

적용할 수 있다. 다만 개별주식의 수익률에 대한 단일지수모형과 포트폴리오 수익률에 대한 단일지수모형 간에는 다음과 같은 일정한 관계를 가지게 된다.

$$R_P = \alpha_P + \beta_P R_M + e_P \qquad (7A-3)$$

$$\alpha_P = \sum_{i=1}^{N} x_i \alpha_i \qquad (7A-3a)$$

$$\beta_P = \sum_{i=1}^{N} x_i \beta_i \qquad (7A-3b)$$

$$e_P = \sum_{i=1}^{N} x_i e_i \qquad (7A-3c)$$

이러한 포트폴리오 수익률에 대한 단일지수모형을 이용하여, 포트폴리오의 위험을 산출하여 보자.

$$\sigma_P^2 = \beta_P^2 \sigma_M^2 + \sigma_{e_P}^2 \qquad (7A-4)$$

여기에서 잔차의 분산 $\sigma_{e_P}^2$은 (7A-3c)식으로 나타난 포트폴리오 수익률에 대한 단일지수모형의 잔차의 분산이다. 따라서 잔차의 분산 $\sigma_{e_P}^2$은 다음과 같이 된다.

$$
\begin{aligned}
\sigma_{e_P}^2 &= var(e_P) \\
&= var\left(\sum_{i=1}^{N} x_i e_i\right) \\
&= var(x_1 e_1 + x_2 e_2 + \cdots + x_N e_N) \\
&= x_1^2 var(e_1) + x_2^2 var(e_2) + \cdots + x_N^2 var(e_N) \\
&= x_1^2 \sigma_{e_1}^2 + x_2^2 \sigma_{e_2}^2 + \cdots + x_N^2 \sigma_{e_N}^2 \\
&= \sum_{i=1}^{N} x_i^2 \sigma_{e_i}^2 \qquad (7A-5)
\end{aligned}
$$

이 식은 포트폴리오의 비체계적 위험인 잔차의 분산은 개별종목의 비체계적 위험에 투자비중의 제곱을 가중치로 하여 결합한 형태가 된다. 따라서 포트폴리오의 비체계적 위험은 포트폴리오를 구성하는 종목의 수가 증가함에 따라 빠른 속도로 감소하게 된다는 것을 보여주고 있다.

포트폴리오를 구성하는 종목의 수가 증가함에 따라 체계적 위험은 축소되지 않는 반면에 비체계적 위험은 축소되어 없어진다는 것을 보이기 위하여 N개의 증권으로 균등가중 포트폴리오를 구성한다고 하자. 즉 N개의 증권으로 구성한 균등가중 포트폴리오는 모든 개별주식에 대한 투자비중을 $(1/N)$로 하여 구성한 포트폴리오이다. 이러한 균등가중 포트폴리오의 총위험은 다음과 같이 된다.

$$\sigma_P^2 = \beta_P^2 \sigma_M^2 + \sigma_{e_P}^2 \qquad (7A-6)$$

$$= \left(\sum_{i=1}^{N} x_i \beta_i\right)^2 \sigma_M^2 + \left(\sum_{i=1}^{N} x_i^2 \sigma_{e_i}^2\right)$$

$$= \left(\sum_{i=1}^{N} \frac{1}{N} \beta_i\right)^2 \sigma_M^2 + \left(\sum_{i=1}^{N} \left(\frac{1}{N}\right)^2 \sigma_{e_i}^2\right)$$

$$= \left(\sum_{i=1}^{N} \frac{1}{N} \beta_i\right)^2 \sigma_M^2 + \left(\frac{1}{N}\right)\left(\sum_{i=1}^{N} \frac{1}{N} \sigma_{e_i}^2\right)$$

$$= \left(\bar{\beta}\right)^2 \sigma_M^2 + \left(\frac{1}{N}\right)\left(\overline{\sigma_e^2}\right) \qquad (7A-7)$$

이 식은 포트폴리오를 구성하는 종목의 수 N을 증가시키면, 균등가중 포트폴리오의 위험 중에서 체계적 위험을 나타내는 항목은 일정한 값에 수렴하는 경향이 있음을 보여주고 있다. 반면에 이 식에서 비체계적 위험은 개별주식의 비체계적 위험의 평균에 $1/N$을 곱하여 나타나기 때문에, 포트폴리오를 구성하는 종목의 수인 N을 증가시키면, 포트폴리오의 비체계적 위험은 빠른 속도로 감소한다는 것을 보여주고 있다.

예 7A-1   포트폴리오의 체계적 위험과 비체계적 위험(2개 증권)

주식종목 A, B의 베타계수와 비체계적 위험, 그리고 주가지수 수익률의 분산이 다음과 같이 주어져 있다. 두 종목으로 균등가중 포트폴리오를 구성하였을 경우에 있어 포트폴리오의 체계적 위험, 비체계적 위험, 그리고 총위험을 구하라.

증권종목	베타계수	비체계적 위험	주가지수 수익률 분산
A	0.894	578.03	989.658
B	1.391	201.13	

포트폴리오의 베타계수는 다음과 같이 산출된다.

$$\beta_P = \sum_{i=1}^{2} x_i \beta_i = \left(\frac{1}{2}\right)(0.894) + \left(\frac{1}{2}\right)(1.391) = 1.1425$$

포트폴리오의 체계적 위험:

$$\beta_P^2 \sigma_M^2 = (1.1425)^2 (989.658) = 1,291.81$$

포트폴리오의 비체계적 위험:

$$\sigma_{e_P}^2 = \sum_{i=1}^{2} x_i^2 \sigma_{e_i}^2 = \left(\frac{1}{2}\right)^2 (578.03) + \left(\frac{1}{2}\right)^2 (201.13) = 194.79$$

포트폴리오의 총위험 $= 1{,}291.81 + 194.79 = 1{,}486.60$

에 7A-2　　**포트폴리오의 체계적 위험과 비체계적 위험(3개 증권)**

위의 [예 7A-1]에 또 하나의 개별주식 K가 추가되었다고 하자. 나머지 자료는 [예 7A-1]과 완전히 동일하다. 세 종목으로 균등가중 포트폴리오를 구성하였을 경우 포트폴리오의 체계적 위험, 비체계적 위험, 그리고 총위험을 구하라.

증권종목	베타계수	비체계적 위험	주가지수 수익률 분산
A	0.894	578.03	
B	1.391	201.13	989.658
K	1.1425	420.00	

포트폴리오의 베타계수는 다음과 같이 산출된다.

$$\beta_P = \sum_{i=1}^{3} x_i \beta_i = \left(\frac{1}{3}\right)(0.894) + \left(\frac{1}{3}\right)(1.391) + \left(\frac{1}{3}\right)(1.1425) = 1.1425$$

포트폴리오의 체계적 위험:

$$\beta_P^2 \sigma_M^2 = (1.1425)^2 (989.658) = 1{,}291.81$$

포트폴리오의 비체계적 위험:

$$\sigma_{e_P}^2 = \sum_{i=1}^{3} x_i^2 \sigma_{e_i}^2 = \left(\frac{1}{3}\right)^2 (578.03) + \left(\frac{1}{3}\right)^2 (201.13) + \left(\frac{1}{3}\right)^2 (420.00) = 133.24$$

포트폴리오의 총위험 $= 1{,}291.81 + 133.24 = 1{,}425.05$

위의 [예 7A-1]와 비교하여 보면, 포트폴리오의 체계적 위험은 거의 변화가 없는 반면에, 비체계적 위험은 현저하게 감소하는 것으로 나타나고 있다.

자본자산가격결정모형

이 장에서는 시장의 균형상태에서 위험자산의 기대수익률을 결정하는 이론을 설명하는 자본자산가격결정모형($CAPM$)에 대해 알아본다.

먼저 $CAPM$의 의의, 이 모형을 도출하기 위한 가정, $CAPM$의 주요 내용 등에 대하여 간략하게 설명한다.

다음으로 $CAPM$의 주요한 개념인 시장포트폴리오, 자본시장선 등에 대해 설명한다. 또한 분리정리와 시장포트폴리오에 대한 위험프리미엄의 산출방법 등 위험자산의 균형수익률을 도출하는 데 필요한 중요한 개념에 대해 자세하게 살펴본다.

마지막으로 자본시장이 균형상태에 있을 때, 위험자산의 기대수익률이 어떻게 결정되는가에 대해 설명한다. 증권시장선(SML)이 도출되는 기본원리에 대하여 설명하고, SML의 성격에 대해 설명한다. 그리고 효율적 포트폴리오의 기대수익률과 위험의 관계를 설명하는 CML과 비효율적 위험자산을 포함한 모든 위험자산의 기대수익률을 설명하는 SML을 비교하여, 각 모형에 대한 깊이 있는 이해가 가능하도록 설명한다.

제 1 절 자본자산가격결정모형의 개요

1.1 CAPM의 의의

자본자산가격결정모형(capital asset pricing model, $CAPM$)은 자본시장이 균형상태에 있을 때, 자본자산의 기대수익률과 위험의 관계를 밝혀주는 모형이다. 여기에서 자본자산은 미래 소득에 대한 청구권을 가지는 자산으로, 주식이나 채권 등의 증권을 가리킨다. 균형상태(equilibrium condition)는 자본자산이 거래되는 자본시장에서 수요와 공급이 일치되도록 가격이 결정된 상태를 의미한다.

Makowitz가 1952년에 발표한 논문은 포트폴리오관리의 기초를 마련하였다. 그로부터 10여년이 경과된 후, Sharpe, Lintner, Mossin 등이 $CAPM$을 제시하였다.[1] $CAPM$은 평균-분산의 기준 하에서 도출된 Markowitz와 Tobin의 포트폴리오 선택모형을 기초로 하여 증권의 균형수익률을 설명하는 이론모형이다. 증권의 위험과 수익률 간의 균형관계를 설명하는 이러한 이론모형은 현실의 시장에서 증권의 가격결정 메커니즘을 설명하는 데에 유용하게 이용되고 있다.

$CAPM$의 주요 내용은 자본자산의 기대수익률이 그 자산의 체계적 위험의 척도인 베타계수와 선형관계를 가진다는 것이다. 투자자들이 충분히 많은 수의 자산에 분산투자할 경우에 비체계적 위험이 제거되고 체계적 위험만 남게 된다는 점을 고려하면, 체계적 위험이 큰 자산은 더 높은 기대수익률을 얻을 수 있도록 가격이 결정된다는 $CAPM$의 논리는 직관적으로 충분한 설득력을 가진다.

$CAPM$이 실무에서 여전히 중요시 되고 있는 이유는 그동안 $CAPM$ 이외에도 다양한 가격결정모형이 제시되어 왔지만, 이러한 모형들의 대부분은 실무에 적용하기에 너무 많은 변수를 필요로 하거나 실제 자료를 얻기가 매우 어렵다는 문제를 가지고 있었기 때문이다. $CAPM$은 실무적 적용이 단순하면서도 그 이득이 비교적 크

---

1) W. F. Sharpe(1964), "Capital Asset Prices: A Theory of Market Equilibrium Under Conditions of Risk," *Journal of Finance*, 425-442; J. Lintner(1995a), "The Valuation of Risk Assets and the Selection of Risky Investments in Stock Portfolios and Capital Budgets," *Review of Economics and Statistics*, 13-37; J. Lintner(1965b), "Security Prices and Maximal Gains from Diversification," *Journal of Finance*, 587-616; J. Mossin(1966), "Equilibrium in a Capital Asset Market," *Econometrica*, 768-783.

기 때문에 여전히 중요한 모형으로 평가되고 있다.[2]

1.2 CAPM의 가정

 CAPM은 균형상태에서 위험자산의 기대수익률이 어떻게 결정될 것인가를 설명하는 이론으로 상당히 엄격한 가정을 바탕으로 유도된 것이다. 지나치게 엄격한 가정을 기초로 하여 도출된 이론이기 때문에 CAPM의 현실적 타당성에 대한 논란이 제기될 수 있다. 그러나 비록 이론이 비현실적인 가정에 기초하여 개발되었다고 하더라도 현실을 어느 정도 설명할 수 있느냐에 따라 그 이론의 가치가 평가될 수 있다. 이론의 도출에 이용된 가정들이 완화될 때 이론이 어떻게 수정되는가를 살펴봄으로써 복잡한 현실세계를 설명할 수 있기 때문이다.[3]

 CAPM은 증권의 수익률과 위험의 관계를 명시적으로 설명하는 모형을 도출하기 위하여 다음과 같은 엄격한 가정을 하고 있다.

  ⓐ 투자자는 단일기간의 기말부(end-of-period wealth)에 대한 기대효용을 극대화하려는 위험회피형 투자자이다.
  ⓑ 투자자는 가격수용자(price taker)이며, 결합정규분포(joint normal distribution)를 갖는 자산의 수익률(asset return)에 대하여 동질적 기대(homogeneous expectation)를 형성한다.
  ⓒ 투자자가 무위험수익률로 차입 또는 대출할 수 있는 무위험자산(risk-free assets)은 무한히 존재한다.
  ⓓ 자산의 양은 고정되어 있고, 모든 자산은 시장성(marketability)이 있다. 또한 완전히 분할(perfectly divisible)될 수 있다.
  ⓔ 자산의 시장은 마찰적 요인이 없다(frictionless). 즉 거래비용과 정보비용은 없고, 정보는 모든 투자자에게 즉시 동일하게 전달된다.
  ⓕ 시장의 불완전성은 존재하지 않는다(no market imperfections). 즉 세금과 공매(short sale) 등의 일체의 시장 불완전성이 존재하지 않는다. 개인소득세가 존재하지 않기 때문에 투자자는 소득의 형태가 배당소득인가, 아니면 자본이득(capital gain)인가에 대해서 무관심하다.

 이러한 가정은 자본시장의 이상적인 조건을 나타낸다. CAPM은 자본시장의 이상적인 조건하에서 도출되었기 때문에 현실을 충분히 설명하지 못할 수도 있다. 이러

---

 2) 지청·조담(2009),「투자론」, 학현사, 173-176.
 3) 최운열·박영석(2005),「투자론」, 박영사, 194-196.

한 가정을 완화하여 모형의 설명력을 높이고자 하는 노력이 학자들 간에 끊임없이 계속되고 있다.

1.3 CAPM의 요약

자본시장의 이상적인 조건하에서 *CAPM*이 설명하는 자본자산의 가격결정에 관한 중요한 내용은 다음과 같다.[4]

첫째, 모든 투자자들이 보유하고자 하는 유일한 위험자산 포트폴리오는 시장포트폴리오(market portfolio)이다. 시장포트폴리오에서 특정주식이 차지하는 투자비중은 해당 주식의 시가총액을 모든 주식의 시가총액으로 나눈 것이다.

둘째, 시장포트폴리오는 효율적 프론티어 위에 존재할 뿐만 아니라, 모든 투자자들이 유도한 최적 자본배분선(*CAL*)에서의 접점 포트폴리오(tangency portfolio)이다. 결과적으로 무위험수익률과 시장포트폴리오를 연결한 선인 자본시장선(*CML*)은 투자자들이 이용 가능한 최적 자본배분선이 된다. 모든 투자자들은 자신의 최적 위험 포트폴리오로 시장포트폴리오를 보유할 것이며, 단지 투자자들 간에 시장포트폴리오와 무위험 자산에 대한 투자비중만 차이가 날 것이다.

셋째, 시장포트폴리오에 대한 위험프리미엄은 위험과 투자자의 위험회피도(degree of risk aversion)에 비례한다. 수식으로 나타내면 다음과 같다.

$$E(R_M) - R_F = \overline{A}\sigma_M^2 \tag{8-1}$$

단, σ_M^2 : 시장포트폴리오의 분산
$\overline{A}$: 투자자들의 위험회피도의 평균
σ_M^2 : 체계적 위험

넷째, 개별자산의 위험프리미엄은 시장포트폴리오의 위험프리미엄과 베타계수에 비례한다. 베타계수는 개별증권의 수익률이 시장수익률과 어느 정도로 동일하게 변동하는가를 측정한 것이다. 베타계수는 다음과 같은 수식으로 정의된다.

$$\beta_i = \frac{cov(R_i, R_M)}{var(R_M)} = \frac{\sigma_{iM}}{\sigma_M^2} \tag{8-2}$$

그리고 개별증권의 위험프리미엄은 다음과 같이 산출된다.

---

4) Z. Bodie, A. Kane, and A. J. Markus(2007), *Investment*, Irwin.

$$E(R_i) - R_F = [E(R_M) - R_F]\frac{\sigma_{iM}}{\sigma_M^2}$$

$$= [E(R_M) - R_F]\beta_i \qquad\qquad (8-3)$$

CAPM에서 제시하는 개별증권의 위험프리미엄은 시장포트폴리오의 위험프리미엄과 베타계수의 곱으로 나타난다.

이러한 CAPM의 자세한 내용에 대해서는 다음 절에서 상세하게 다룰 것이다.

제 2 절 CAPM의 주요 내용

2.1 자본시장선과 시장포트폴리오

(1) 시장포트폴리오

먼저 시장포트폴리오의 개념에 대해 알아보자. 모든 투자자들이 보유하고 있는 포트폴리오를 모두 합하면 어떻게 될까? 무위험자산에 대한 차입과 대출은 서로 상쇄될 것이다. 어떤 투자자들이 차입한 것만큼 다른 투자자들이 대출을 할 것이며, 차입과 대출의 합은 서로 동일할 것이다. 투자자들이 보유하고 있는 위험자산의 합은 경제 전체의 부(wealth)와 동일할 것이다. 이것이 시장포트폴리오이다.

즉 시장포트폴리오는 모든 투자자들이 보유하고 있는 위험자산의 합계이다. 이러한 시장포트폴리오에 포함된 위험자산의 비중은 그 자산의 시장가치를 전체 자산의 시장가치의 합으로 나눈 비율이다. 투자자들이 보유하고자 하는 최적 위험 포트폴리오는 시장포트폴리오의 일부를 가지는 것이 된다.

시장에 참여하는 모든 투자자가 보유하고 있는 포트폴리오에 대하여 종목 변경을 전혀 원하지 않을 정도로 시장이 균형상태에 있다고 하자. 이러한 경우에 모든 투자자는 지배원리에 따라 최적의 위험자산 포트폴리오로 시장포트폴리오를 보유하게 된다. 그리고 시장포트폴리오 중에서 개별자산 i가 차지하는 비중 x_i는 다음과 같이 산출된다.

$$x_i = \frac{i증권의\ 시장가치}{시장\ 전체\ 자산의\ 시장가치}$$

$$= \frac{MV_i}{\sum_{i=1}^{N} MV_i} \tag{8-4}$$

단, MV_i : i증권의 시장가치

N : 시장 전체 자산의 수

균형상태에서 투자자들은 동일한 최적 위험 포트폴리오를 보유하려고 할 것이다. 만약 어떤 이유로 특정한 증권이 시장포트폴리오의 구성에서 누락되어 있다고 하자. 그러면 모든 투자자들은 이미 만족하고 있는 상태에 있기 때문에 이 증권의 보유를 기피할 것이고, 이 증권에 대한 수요는 0이 될 것이다. 따라서 이 증권의 가격은 크게 하락할 것이다. 이 증권의 가격이 충분히 하락하면, 투자자는 이 증권의 보유로 효용을 증가시킬 수 있기 때문에 매력적인 투자대상으로 인식하게 될 것이다. 결국 이 증권은 시장포트폴리오에 포함되게 될 것이다.

이러한 가격조정과정을 통하여 모든 증권이 시장포트폴리오에 포함되게 된다. 이는 모든 자산이 시장포트폴리오에 포함될 수밖에 없는 이유이다. 남은 문제는 투자자들이 최적 위험 포트폴리오에 증권을 포함시키고자 하는 증권의 가격이 얼마인가 하는 것이다.

예 8-1   시장포트폴리오의 구성

시장포트폴리오가 (8-4)식의 상대적 시장가치의 투자비중으로 구성되는 이유를 알아보자. 투자자들은 합리적이며, 최적의 효율적 포트폴리오를 보유하고자 할 것이라고 가정하자. 즉 모든 투자자들은 동일한 투자비중으로 구성한 최적의 위험 포트폴리오를 보유하고자 한다고 가정한다.

다음과 같이 시장에는 3종목의 주식이 거래되고 있으며, 시장참가자는 2명의 투자자가 있다고 하자. 주식 종목별 주가, 발행주식수, 시장가치에 관한 자료는 다음과 같다.

종목	주가	발행수식수	시상가치
A	100	100	10,000
B	200	100	20,000
C	200	200	40,000

두 명의 투자자 갑과 을은 각각 투자자금 30,000원과 40,000원을 보유하고 있다고 하자. 각 투자자의 투자비중은 다음과 같이 결정될 것이다.

갑과 을의 종목별 투자금액:

$$30,000 = 30,000x_A + 30,000x_B + 30,000x_C$$

$$40,000 = 40,000x_A + 40,000x_B + 40,000x_C$$

그리고 시장에서 총수요와 총공급이 일치하는 균형상태가 되기 위해서는 다음의 등식이 성립해야 한다.

A종목: $30,000x_A + 40,000x_A = 10,000$

B종목: $30,000x_B + 40,000x_B = 20,000$

C종목: $30,000x_C + 40,000x_C = 10,000$

위의 식으로부터 투자비중을 구해 보면, 다음과 같다.

$$x_A = \frac{10,000}{70,000} \qquad x_B = \frac{20,000}{70,000} \qquad x_C = \frac{40,000}{70,000}$$

모든 투자자들이 단일의 최적 위험 포트폴리오를 보유하고자 한다면, 각 위험자산의 상대적 시장가치를 투자비중으로 하여 구성하여야 한다는 것을 알 수 있다.

이제 모든 투자자들이 동일한 위험 포트폴리오를 보유하고자 한다면, 이 포트폴리오는 시장포트폴리오일 것이다. 이러한 시장포트폴리오가 시장의 균형과정에서 어떠한 역할을 하는지 검토할 필요가 있다.

(2) 자본시장선

투자자가 무위험수익률로 차입 또는 대출할 수 있는 무위험자산이 존재하고, 이 무위험자산을 위험자산의 포트폴리오에 결합시켜 포트폴리오를 구성할 때는 효율적 프론티어가 [그림 8–1]의 $R_F M$선으로 표현된다. 이것을 자본시장선(capital market line, CML)이라고 한다.

이 그림은 포트폴리오의 기대수익률 $E(R_p)$와 표준편차 σ_P의 직교좌표에 의해 생성된 공간을 나타내고 있다. 이 그림에서 곡선은 지배원리 또는 우월성원리에 의한 위험자산의 효율적 프론티어이다. 자본시장선인 $R_F M$선은 위험자산의 효율적 프론티어와 M점에서 접점을 이룬다.

CML은 위험자산의 포트폴리오와 무위험자산을 결합하여 포트폴리오를 구성할 때, 평균–분산의 기준에서 포트폴리오의 기대수익률을 산출하는 모형이다. 그리고 이 그림에서 위험자산 포트폴리오의 효율적 프론티어에 위치하는 M포트폴리오가

그림 8-1 자본시장선

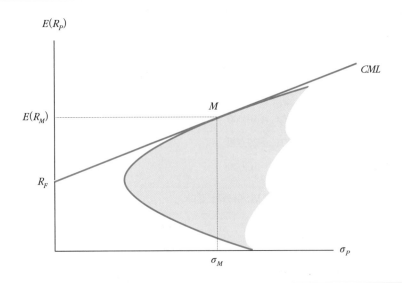

시장포트폴리오(market portfolio)이다.

다시 말해서 위험자산 포트폴리오와 무위험자산을 결합하여 포트폴리오를 구성할 때, 시장이 균형상태에 도달하면 M포트폴리오는 시장의 모든 위험증권을 포함하는 시장포트폴리오가 된다. M포트폴리오는 위험자산의 효율적 프론티어에 존재하는 다른 어떠한 포트폴리오보다 평균-분산의 기준에서 우월하다.

그러므로 시장이 균형상태에 있다고 가정하면, 평균-분산의 기준에서 볼 때 [그림 8-1]의 CML선상에 위치한 포트폴리오는 위험자산의 효율적 프론티어인 곡선상에 위치한 다른 어떠한 포트폴리오보다 우월하다. CML은 균형시장에서의 포트폴리오 기대수익률을 (8-5)식과 같이 표현한다.

$$E(R_P) = R_F + \left[\frac{E(R_M) - R_F}{\sigma_M}\right]\sigma_P \qquad (8-5)$$

단, $E(R_P)$: CML에 위치한 포트폴리오의 기대수익률

R_F : 무위험수익률

$E(R_M)$: 시장포트폴리오의 기대수익률

σ_M : 시장포트폴리오 수익률의 표준편차

σ_P : CML에 위치한 포트폴리오 수익률의 표준편차

이 (8-5)식에서 제1항인 무위험수익률 R_F는 확실성 하에서 화폐의 시간적 가치

이다. 제2항에서의 $[E(R_M)-R_F]/\sigma_M$은 CML의 기울기인 RAVR(reward-to-variability ratio)로, CML에 위치한 모든 효율적 포트폴리오에 대한 위험의 시장가격(market price of risk)을 나타낸다. 위험의 시장가격은 포트폴리오의 위험 한 단위에 대한 기대수익률의 크기를 나타낸다. 그리고 제2항에서의 σ_P는 포트폴리오의 위험단위를 나타낸다. 그러므로 포트폴리오의 위험의 시장가격에 위험의 크기를 곱한 제2항은 위험프리미엄(risk premium)이 된다.

따라서 CML에 위치한 포트폴리오의 기대수익률은 ⓐ 무위험수익률과 ⓑ 위험프리미엄의 합으로 구성된다.

ⓔ 8-2

무위험이자율이 10%이며, 시장포트폴리오의 기대수익률과 표준편차가 각각 20%와 20%이다. CML 선상에 있는 포트폴리오의 위험의 시장가격은 얼마인가?

$$\frac{E(R_M)-R_F}{\sigma_M}=\frac{(20)-(10)}{20}=0.5$$

이 포트폴리오의 위험의 시장가격은 0.5가 된다. 즉 포트폴리오 수익률의 표준편차가 1% 포인트 증가할 때, 기대수익률은 0.5% 포인트 증가한다는 것을 알 수 있다.

(3) 분리정리

투자자들이 최적의 위험자산 포트폴리오를 선택하는 데 관련된 중요한 이론 중의 하나는 Tobin의 분리정리이다.[5] 분리정리는 투자자에게 최적인 위험자산 포트폴리오는 투자자의 위험에 대한 태도와 무관하다는 것이다.

무위험자산이 존재할 때, 투자자들은 무위험자산을 표시하는 점에서 위험자산의 효율적 프론티어에 그은 접선에서의 접점 포트폴리오를 최적의 위험자산 포트폴리오로 선택한다. 그리고 모든 투자자들이 동질적 기대(homogeneous expectation)를 형성하기 때문에 투자자들은 동일한 위험자산의 효율적 프론티어를 가지게 된다. 투자자들이 선택하는 최적의 위험자산 포트폴리오도 모두 동일하게 된다. 즉 [그림 8-1]에서처럼 모든 투자자들은 자신들의 위험회피도와 무관하게 최적의 위험자산 포트폴리오 M을 선택하게 된다는 것이다.

분리정리의 속성 중의 하나는 2기금 분리정리(two-fund separation theorem)이

---

5) J. Tobin(1958). "Liquidity Preference as Behavior toward Risk," *Review of Economic Studies*, 25, 65-87.

다. 2기금 분리정리에 의하면, 투자자들이 선택하는 완성 포트폴리오는 무위험자산과 시장포트폴리오 두 부분으로 구성되고, 투자자들의 위험회피도에 따라 두 자산에 대한 투자비중이 결정된다는 것이다. 이와 같은 무위험자산과 시장포트폴리오로 구성된 투자기회집합이 자본시장선(CML)이다.

이러한 분리정리는 소극적 투자전략(passive investment strategy)의 이론적 근거가 되기도 한다. 투자자들은 위험에 대한 태도에 관계없이 공통적으로 시장포트폴리오를 최적의 위험자산 포트폴리오로 선택하게 된다. 투자자들이 최적의 위험자산 포트폴리오를 선택하기 위하여 정보를 수집하고 분석하는 데 필요한 노력과 비용을 들이지 않고, 단지 시장포트폴리오를 선택하는 소극적 투자전략을 채택하는 것이 바람직한 결과를 가져온다는 것이다.

자본시장이 효율적이라면, 시장포트폴리오는 모든 정보를 반영하는 효율적 포트폴리오가 된다. 효율적 자본시장에서 시장포트폴리오는 시장에서 거래되는 모든 자산에 관한 이용 가능한 모든 정보를 반영하여 결정된 포트폴리오이다. 즉 새로운 정보가 시장에 들어와서 특정주식의 가격이 변동하면, 이러한 가격변동 때문에 시장포트폴리오의 구성비율이 달라진다. 이러한 이유 때문에 시장포트폴리오를 보유하는 것은 다양한 정보를 분석하여 효율적 포트폴리오를 선택하는 것과 동일한 결과를 가져온다는 것이다.

현실적으로 투자자들이 시장포트폴리오를 직접 찾아내는 것은 쉽지 않다. 일반적으로 투자자들은 시장포트폴리오 대신에 금융투자회사들이 만들어 둔 지수펀드(index fund)에 투자한다. 지수펀드는 주요 시장지수와 동일한 수익률을 얻도록 운영되는 포트폴리오이다.

(4) 시장포트폴리오의 위험프리미엄

이제 투자자들이 시장포트폴리오에 대하여 요구하는 프리미엄을 산출하여 보자. 앞에서 자본배분 문제는 무위험자산과 시장포트폴리오에 대한 투자비중을 결정하는 문제라고 하였다. 효율적인 위험자산 포트폴리오인 시장포트폴리오에 대한 투자비중은 다음과 같이 결정된다.[6]

$$y = \frac{E(R_M) - R_F}{A \sigma_M^2} \tag{8-6}$$

---

6) 이 식의 유도과정에 대해서는 제5장을 참고할 것.

$CAPM$의 가정에 의하면, 투자자들은 무위험수익률로 자유롭게 차입이나 대출을 할 수 있다. 그리고 어떤 투자자가 무위험수익률로 차입한다면, 다른 투자자가 그만큼 무위험수익률로 대출을 할 것이다. 즉 무위험자산에 대한 차입과 대출의 크기가 동일할 것이다. 시장 전체에서 무위험자산에 대한 순투자는 0이 될 것이다.

이는 자본시장 전체로 볼 때, 투자가능한 모든 자금은 시장포트폴리오에 투자된다는 것을 의미한다. 위의 (8-6)식에서 $y=1$과 같은 의미이다. 그리고 시장 전체에서의 투자자의 평균 위험회피도를 $\overline{A}$로 나타낸다면, 다음과 같은 관계가 성립한다.

$$E(R_M) - R_F = \overline{A}\sigma_M^2 \tag{8-7}$$

이 식은 시장포트폴리오의 위험프리미엄이 투자자들의 평균 위험프리미엄과 시장포트폴리오의 수익률 분산의 곱으로 나타낼 수 있다는 것을 의미한다. 따라서 미래의 경제 상황에 대한 투자자들의 불안이 커지거나 시장지수의 불안정성이 증가하면, 시장포트폴리오에 대하여 투자자들이 요구하는 위험프리미엄이 증가한다는 것을 알 수 있다. 반대로 경제 상황에 대하여 투자자들이 낙관적인 견해를 가지거나 시장지수의 안정성이 높아지면, 시장포트폴리오에 대한 위험프리미엄이 감소한다는 것이다.

예 8-3   시장위험프리미엄

KOSPI 지수의 위험프리미엄이 12%이고, 수익률의 표준편차가 20%이다. 다음 물음에 답하라.

(1) 투자자들의 평균적인 위험회피도는 얼마인가?

다음과 같이 투자자들의 평균적인 위험회피도는 3이다.

$$0.12 = \overline{A}(0.2)^2$$
$$\overline{A} = 3$$

(2) 투자자들의 평균적인 위험회피도가 4라고 한다면, KOSPI 지수의 위험에 대비한 이론적인 위험프리미엄의 크기는 얼마이겠는가?

$$E(R_M) - R_F = \overline{A}\sigma_M^2 = (4)(0.2)^2 = 0.16 = 16\%$$

2.2 개별자산의 균형수익률

(1) 개별자산의 기대수익률

$CAPM$은 개별자산의 위험프리미엄이 시장포트폴리오의 위험에 기여하는 정도에 따라 결정된다는 통찰력에 기초하고 있다. 먼저 시장 전체의 수익률 분산에 대하여 개별자산이 기여하는 정도를 알아보자.

$$\sigma_M^2 = var(R_M) = var\left(\sum_{j=1}^{N} x_j R_j\right)$$

$$= \sum_{i=1}^{N} \sum_{j=1}^{N} x_i x_j cov(R_i, R_j)$$

$$= \sum_{i=1}^{N} x_i \left(\sum_{j=1}^{N} x_j cov(R_i, R_j)\right)$$

$$= \sum_{i=1}^{N} x_i cov\left(R_i, \sum_{j=1}^{N} x_j R_j\right)$$

$$= \sum_{i=1}^{N} x_i cov(R_i, R_M)$$

$$= \sum_{i=1}^{N} x_i \sigma_{iM} \tag{8-8}$$

이 식에 의하면, 시장포트폴리오 수익률의 분산은 개별증권 수익률과 시장포트폴리오 수익률 간의 공분산에 투자비중을 곱하여 합한 것과 같다. 즉 개별증권이 시장포트폴리오의 분산에 기여한 정도는 공분산의 크기에 의하여 결정된다는 것이다. 개별자산이 시장포트폴리오의 분산에 기여한 정도는 그 자산의 분산이 아니라, 그 자산과 다른 자산 간의 공분산에 의해 결정된다는 점을 나타내고 있다.

예 8-4   베타계수의 산출

자본시장에는 A, B, C의 세 가지 증권만 상장되어 있다고 하자. 이러한 증권들의 기대수익률과 분산-공분산이 다음과 같이 주어져 있다. 그리고 무위험수익률은 6%이다. 시장포트폴리오는 각 증권에 대한 투자비중을 0.1969, 0.5078, 0.2954로 구성되며, 시장포트폴리오의 기대수익률과 표준편차는 각각 16.06%와 31.45%이다. 각 증권의 베타계수를 산출하라.

종목	기대수익률 (%)	수익률 간의 분산-공분산		
		A	B	C
A	15	1,369.00	1,135.61	132.29
B	20	1,135.61	2,116.00	267.47
C	10	132.29	267.47	784.00

A종목의 베타계수는 다음과 같이 산출된다.

$$\beta_A = \frac{cov(R_i, R_M)}{var(R_M)} = \frac{cov(R_i, \sum_{j=1}^{3} x_j R_j)}{var(R_M)} = \frac{\sum_{j=1}^{3} x_j \, cov(R_i, R_j)}{var(R_M)}$$

$$= \frac{(0.1969)(1,369.00) + (0.5078)(1,135.61) + (0.2954)(132.29)}{(31.45)^2} = 0.8951$$

이와 마찬가지로 B종목과 C종목의 베타계수도 다음과 같이 산출된다.

$$\beta_B = \frac{(0.1969)(1,135.61) + (0.5078)(2,116.00) + (0.2954)(267.47)}{(31.45)^2} = 1.3929$$

$$\beta_C = \frac{(0.1969)(132.29) + (0.5078)(269.47) + (0.2954)(784.00)}{(31.45)^2} = 0.3978$$

앞의 (8-7)식에 의하면, 시장포트폴리오의 위험프리미엄을 시장포트폴리오의 분산으로 나누면, 투자자들의 평균적인 위험회피도가 된다. 따라서 투자자들의 위험회피도에 변동이 없으면, 시장포트폴리오의 분산에 대한 위험프리미엄의 비율은 일정해야 한다. 시장포트폴리오의 보상-위험비율(reward-to-risk ratio)은 다음과 같이 나타낼 수 있다.

$$\frac{E(R_M) - R_F}{\sigma_M^2} = \frac{\sum_{i=1}^{N} x_i E(R_i) - R_F}{\sum_{i=1}^{N} x_i \, cov(R_i, R_M)}$$

$$= \frac{\sum_{i=1}^{N} x_i [E(R_i) - R_F]}{\sum_{i=1}^{N} x_i \, cov(R_i, R_M)} = \overline{A} \ (일정) \qquad (8-9)$$

위의 식으로 제시하는 조건이 성립하기 위해서는 모든 증권이 동일한 보상-위험비율을 가져야 한다. 만약 이러한 보상-위험비율이 증권마다 다르다면, 투자자들은 포트폴리오를 재구성하여 이 비율이 높은 증권종목에 대한 투자비중을 늘일 것이다. 그 반대의 경우에는 투자비중을 줄일 것이다. 이러한 투자자들의 행동은 보상-위험비율이 모든 투자대안 간에 동일하게 될 때까지 증권의 가격을 조정하게 될 것이다.

이를 수식을 통하여 알아보기 위하여 (8-9)식을 다음과 같이 변형시켜 보자.

$$\sum_{i=1}^{N} x_i [E(R_i) - R_F] = \bar{A} \left[\sum_{i=1}^{N} x_i \, cov(R_i, R_M) \right]$$

$$\sum_{i=1}^{N} x_i \left[E(R_i) - R_F - \bar{A} \, cov(R_i, R_M) \right] = 0 \qquad (8-9a)$$

위의 (8-9a)식에서 x_i는 시장포트폴리오를 구성하는 투자비중이므로 0이 아니어야 한다. 이 식의 투자비중 x_i에 관계없이 항상 성립하기 위해서는 괄호 속의 항이 0이 되어야 한다.

$$E(R_i) - R_F - \bar{A} \, cov(R_i, R_M) = 0 \qquad (8-9b)$$

$$\frac{E(R_i) - R_F}{cov(R_i, R_M)} = \bar{A} \qquad (8-9c)$$

이 식은 모든 개별증권의 보상-위험비율이 일정해야 한다는 것을 나타낸다. (8-9)식과 (8-9b)식에 의하면, 균형상태에서 임의의 i자산의 보상-위험비율과 시장포트폴리오의 보상-위험 비율은 동일하게 된다.

$$\frac{E(R_i) - R_F}{cov(R_i, R_M)} = \frac{E(R_M) - R_F}{\sigma_M^2} \qquad (8-10)$$

이 식으로부터 개별자산 i의 기대수익률에 대하여 정리하면 다음과 같은 관계식이 성립힌다.

$$E(R_i) = R_F + [E(R_M) - R_F] \frac{cov(R_i, R_M)}{\sigma_M^2} \qquad (8-11)$$

$$E(R_i) = R_F + [E(R_M) - R_F] \beta_i \qquad (8-12)$$

이러한 기대수익률과 베타계수 간의 관계를 증권시장선(security market line, *SML*)이라고 한다. *SML*에서는 i증권의 기대수익률은 무위험수익률인 R_F와 위험프리미엄 $[E(R_M)-R_F]\beta_i$의 합으로 결정된다는 것이다. 여기에서 위험자산의 균형 포트폴리오, 즉 시장포트폴리오의 수익률과 무위험수익률의 차이인 $[E(R_M)-R_F]$는 위험의 시장가격(market price of risk)이라고 한다. 이 위험의 시장가격에 i증권의 베타계수를 곱한 값이 i증권의 위험프리미엄이다.

⑩ 8-5   SML의 산출

앞의 [예 8-4]와 동일한 자료를 이용하자. 무위험수익률이 6%이며, 시장포트폴리오의 기대수익률과 표준편차는 각각 16.06%, 31.45%이다. SML을 도출하라.

$$SML : E(R_i)=R_F+[E(R_M)-R_F]\beta_i$$
$$E(R_i)=6+[16.06-6]\beta_i$$
$$=6+10.6\beta_i$$

이러한 SML에 의하면, 위험의 시장가격이 10.6이며, 개별증권의 기대수익률은 베타계수의 선형함수라는 것을 알 수 있다.

(2) SML의 성격

$CAPM$을 그래프로 표현할 때 대체로 SML이라고 하고, 양자는 흔히 같이 사용되고 있다. 이론적으로는 개별증권(주로 위험자산인 주식을 의미함)의 기대수익률은 체계적 위험지수인 베타계수와의 관계에서 평균적으로 SML 선상에 위치하게 된다.

그러나 현실의 자본시장에서는 개별증권의 시장가격이 투자자에 의하여 과소평가(underpriced) 또는 과대평가(overpriced)되어 이들의 기대수익률이 SML을 벗어나 결정되는 경우가 있다.

[그림 8-2]에서와 같이 U증권과 O증권이 있다고 하자. U증권의 기대수익률 $E(R_U)$는 SML을 이탈하여, 동일한 체계적 위험(β_A)을 가지고 있으면서 SML 선상에 위치한 A증권의 기대수익률 $E(R_A)$보다 높게 나타나고 있다. 그 이유는 U증권의 기대수익은 변하지 않는데 시장에서 형성된 이 증권의 가격은 동일한 위험(β_A)을 가진 A증권의 가격에 비하여 낮기 때문이다.[7]

이 경우에는 상대적으로 가격이 낮은 U증권의 수요가 증가할 것이므로 이 증권의 가격이 상승하게 된다. 이에 따라 U증권의 기대수익률 $E(R_U)$는 SML 선상에 있

---

7) 여기에서 기대수익률은 기대이익을 현재 증권의 가격으로 나눈 비율이다. 그러므로 현재 증권의 가격이 낮아지면 기대수익률은 상승한다.

그림 8-2 SML과 자산평가

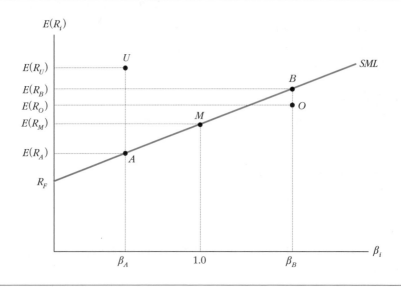

는 A증권의 기대수익률 $E(R_A)$와 같게 된다.

또 시장가격이 과대평가된 O증권의 경우에는 모든 현상이 U증권과 반대로 나타난다. 따라서 균형상태에 도달하면 모든 증권의 기대수익률이 결국 SML 선상에 위치하게 된다.

예 8-6   SML의 활용

SML이 다음과 같이 주어져 있다. 어떤 증권의 베타계수가 1.5이며, 기대수익률이 18%라고 하자. 이 증권의 가격은 향후 어떻게 변동하겠는가?

$$SML: E(R_i) = 6 + 10.6\beta_i$$

이 증권의 균형상태에서의 기대수익률을 산출하여 보면 다음과 같이 21.9%가 된다.

$$E(R_i) = 6 + (10.6)(1.5) = 21.9\%$$

그러나 이 증권으로부터 예상되는 수익률은 18%로 균형수익률 보다 낮다. 따라서 이 증권의 현재 시장가격이 하락하는 방향으로 조정될 것이다. 결국 이 증권의 기대수익률이 21.9%에 도달하게 되면 조정이 멈출 것이다.

SML은 개별증권의 기대수익률을 (8-12)식과 같이 베타계수를 이용하여 나타낼 수 있지만, 공분산을 이용하여 나타낼 수도 있다.

$$E(R_i) = R_F + \left[\frac{E(R_M) - R_F}{\sigma_M^2} \right] cov(R_i, R_M) \qquad (8-13)$$

$$E(R_i) = R_F + \left[\frac{E(R_M) - R_F}{\sigma_M^2} \right] (\sigma_i \sigma_M \rho_{iM}) \qquad (8-13a)$$

이와 같이 변형된 *SML*의 모형인 (8-13)식과 (8-13a)식은 다음과 같은 의미를 갖는다.

첫째, $[\{E(R_M) - R_F\}/\sigma_M^2]$은 공분산 $cov(R_i, R_M)$이 변동할 때 나타나는 개별증권의 기대수익률 $E(R_i)$에 대한 민감도(sensitivity)이다. 즉 위험의 단위가 공분산인 $cov(R_i, R_M)$이며, $[\{E(R_M) - R_F\}/\sigma_M^2]$은 위험의 시장가격(market price of risk)으로 이 양자를 곱하면 위험프리미엄이 된다.

둘째, 개별증권의 기대수익률은 오직 공분산 $cov(R_i, R_M)$에 의하여 영향을 받는다는 것이다. 왜냐하면 시장상황이 변동하지 않는 한, 위험의 가격은 고정되어 있기 때문에 공분산이 증가하면 개별증권의 기대수익률은 공분산의 $[\{E(R_M) - R_F\}/\sigma_M^2]$ 비율만큼 증가하게 된다.

셋째, 개별증권의 기대수익률이 시장포트폴리오의 기대수익률과 무상관($\rho_{iM} = 0$)의 관계에 있는 경우이다. 이러한 경우에 위험프리미엄 $[\{E(R_M) - R_F\}/\sigma_M^2](\sigma_i \sigma_M \rho_{iM})$의 값이 0이므로 개별증권의 기대수익률은 무위험수익률(R_F)과 완전히 동일해진다.

📙 8-7　공분산 형태의 SML

앞의 [예 8-4]와 동일한 자료를 이용하자. 무위험수익률은 6%이며, 시장포트폴리오의 기대수익률과 표준편차는 각각 16.06%, 31.45%이다. *SML*을 베타계수가 아닌 공분산 항으로 나타내어라.

$$SML: E(R_i) = R_F + \left[\frac{E(R_M) - R_F}{\sigma_M^2} \right] cov(R_i, R_M)$$

$$E(R_i) = 6 + \left[\frac{16.06 - 6}{(31.45)^2} \right] cov(R_i, R_M)$$

$$= 6 + (0.0101708) cov(R_i, R_M)$$

이러한 공분산 항으로 나타낸 *SML*에 의하면, 위험의 시장가격이 0.0101708이며, 개별증권의 기대수익률은 공분산의 선형함수라는 것을 알 수 있다.

(3) CML과 SML의 관계

위험자산의 기대수익률과 위험 간의 관계를 설명하는 모형인 *CML*과 *SML*을 비교하여 보면 다음과 같은 차이점을 발견할 수 있다.

첫째, *CML*과 *SML*은 위험의 측정단위가 서로 다르다. *CML*에서는 위험의 단위를 포트폴리오 수익률의 표준편차(σ_P)로 나타내고 있지만, *SML*에서는 위험의 단위를 개별증권의 β계수로 표현하고 있다. 그런데 이 β계수는 개별증권과 시장포트폴리오 수익률의 공분산(σ_{iM})에 의해 영향을 받기 때문에 개별증권의 위험이 시장포트폴리오의 위험과 분리되어 고려되어서는 안 된다는 것이다.

둘째, 시장포트폴리오의 위험에 대한 표현의 차이이다. [그림 8-3(a)]의 *CML*에서는 시장포트폴리오 *M*의 위험을 수익률의 표준편차인 σ_M으로 표현하고 있지만, [그림 8-3(b)]의 *SML*에서는 시장 포트폴리오 *M*의 위험을 베타계수인 β_M으로 표현하고 있다.

그리고 시장포트폴리오 *M*의 베타계수인 β_M은 1.0의 값을 갖는다. 즉 시장포트폴리오의 베타계수를 수식으로 풀어보면 다음과 같이 된다.

그림 8-3 CML과 SML

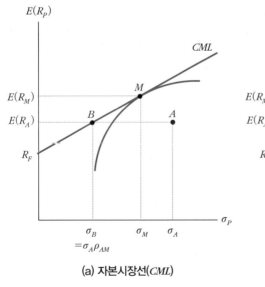

(a) 자본시장선(*CML*)

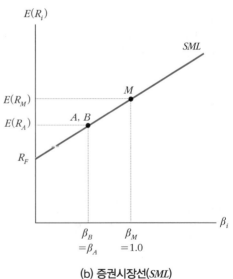

(b) 증권시장선(*SML*)

$$\beta_M = \frac{cov(R_M, R_M)}{var(R_M)} = \frac{var(R_M)}{var(R_M)} = 1.0 \qquad (8-14)$$

자본시장선(CML)과 증권시장선(SML)의 차이를 수식을 통해 살펴보자. 두 모형 모두 위험자산의 기대수익률과 위험 간의 관계에 대해 설명하고 있다. 다만 CML은 시장포트폴리오 M을 포함하는 효율적 포트폴리오의 위험과 수익률의 관계를 나타낸다. 반면에 SML은 비체계적 위험을 포함하고 있는 비효율적인 위험자산을 포함한 모든 위험자산의 위험과 수익률의 관계를 나타낸다고 할 수 있다.

CML과 SML을 직접 비교해 볼 수 있도록 두 모형을 간단하게 변형시켜 보자. 먼저 CML은 (8-5)식으로 나타나고 있는데, 위험자산과 무위험자산이 존재하는 경우의 효율적 투자기회집합을 나타내고 있다. 이를 효율적 포트폴리오의 위험과 수익률을 나타내는 관계식으로 해석할 수 있다. 즉 효율적 위험자산의 기대수익률은 무위험수익률과 위험프리미엄의 합으로 구성되며, 위험프리미엄은 위험의 시장가격인 $[\{E(R_M)-R_F\}/\sigma_M]$에 위험의 크기인 σ_P를 곱하여 산출한다고 설명할 수 있다.

$$CML: \; E(R_P) = R_F + \left[\frac{E(R_M)-R_F}{\sigma_M}\right]\sigma_P \qquad (8-5)$$

이제 SML을 CML과 비교할 수 있는 형태로 변형시켜 보자. 이러한 관계식은 (8-12)식과 (8-13a)식으로 나타낼 수 있다.

$$SML: \; E(R_i) = R_F + [E(R_M)-R_F]\beta_i \qquad (8-12)$$

$$E(R_i) = R_F + \left[\frac{E(R_M)-R_F}{\sigma_M^2}\right](\sigma_i\sigma_M\rho_{iM}) \qquad (8-13a)$$

$$= R_F + \left[\frac{E(R_M)-R_F}{\sigma_M}\right](\sigma_i\rho_{iM}) \qquad (8-13b)$$

즉 (8-5)식의 CML과 (8-13b)식으로 나타낸 SML을 비교하여 보자. CML의 경우에는 효율적 포트폴리오의 위험과 수익률의 관계를 나타내므로, 포트폴리오의 총위험인 σ_P에 대하여 위험프리미엄이 부여된다. 그러나 비효율적인 자산을 포함한 모든 위험자산의 위험과 수익률의 관계를 나타내고 있는 SML의 경우에는, 위험자산의 총위험 σ_i에 상관계수 ρ_{iM}을 곱하여 체계적 위험을 산출한 후, 이러한 체계적 위험에 대하여 위험프리미엄을 부여한다는 것을 알 수 있다.

[그림 8-3(a)]에서 비효율적인 위험자산 A에 대한 기대수익률이 어떻게 결정되

는지 알아보자. 자산 A는 CML 선상에 있지 않기 때문에 총위험 σ_A에 해당하는 기대수익률을 제공하지 않는다. 이러한 A자산에 대한 기대수익률은 CML 선상에 있는 자산 B와 동일한 기대수익률을 제공하고 있다. 즉 자산 A와 자산 B는 동일한 체계적 위험을 가지고 있다는 것을 알 수 있다. 그리고 (8-5)식과 (8-13b)식을 비교하여 보면 다음과 같이 자산 A와 자산 B의 체계적 위험의 크기를 결정할 수 있다.

$$\sigma_B = \sigma_A \rho_{AM} \tag{8-15}$$

[그림 8-3(b)]의 SML에서 비효율적인 자산 A와 효율적인 자산 B에 대한 기대수익률이 어떻게 결정되는지 살펴보자. SML에서는 모든 자산의 체계적 위험인 베타계수로 위험을 측정하기 때문에 자산의 효율성에 관계없이 모든 자산은 SML 선상에 위치하게 된다. 따라서 두 자산 A와 B는 동일한 점에 위치하게 될 것이다.

마지막으로 SML이 개별증권의 기대수익률을 추정하는 모형이라고 할 때, 개별증권의 위험프리미엄을 구성하는 주요 요인인 베타계수에 기업의 노력이 어떠한 영향을 미칠 수 있을 것인가? 만약 기업이 경영의사결정에 의해 베타계수를 조정할 수 있고, 또 이 조정의 결과에 따라 주가가 변동될 수 있다면 경영자는 자사주식의 베타계수를 경영목표에 맞도록 조정할 필요가 있다. 베타계수는 아래의 식으로 표현할 수 있다.

$$\beta_i = \frac{\sigma_{iM}}{\sigma_M^2} = \frac{\sigma_i \sigma_M \rho_{iM}}{\sigma_M^2} = \frac{\sigma_i \rho_{iM}}{\sigma_M} \tag{8-16}$$

이 식에서 베타계수를 구성하는 변수는 σ_M, σ_i, ρ_{iM} 등이다. 이들 변수 중에서 시장포트폴리오의 위험인 σ_M은 기업이 통제할 수 없는 요인이다. 그렇지만 자기주식의 수익률과 시장포트폴리오 수익률의 상관계수인 ρ_{iM}과 자기주식 수익률의 표준편차인 σ_i는 기업이 경영정책을 조정함으로써 통제할 수 있는 요인이라고 할 수 있다. 그러므로 기업은 자기주식의 베타계수에 영향을 미칠 수 있고, 그렇게 되면 주주들이 요구하는 기대수익률 $E(R_i)$의 수준을 변동시킬 수 있게 된다. 결국 기업은 경영의사결정을 통해 자사주식의 주가에 영향을 미칠 수 있게 된다.

예 8-8   CML과 SML

자본시장은 균형상태에 있으며, *CML*이 다음과 같이 주어져 있다고 하자.

$$E(R_P) = 10 + 0.5\sigma_P$$

그리고 기대수익률이 20%이고, 수익률의 표준편차가 30%인 개별자산 *A*가 존재한다고 하자.

(1) 만약 이 개별자산 *A*가 *CML* 선상에 위치하는 효율적인 자산이라고 한다면, 몇 %의 수익률을 기대할 수 있겠는가?

$$E(R_A) = 10 + 0.5\sigma_A = 10 + (0.5)(30) = 25\%$$

(2) 개별자산 *A*와 시장포트폴리오 간의 상관계수는 얼마인가?

$$E(R_A) = R_F + \frac{E(R_M) - R_F}{\sigma_M}(\sigma_A \rho_{AM})$$

$$20 = 10 + (0.5)(30\rho_{AM})$$

$$\rho_{AM} = 0.6667$$

(3) 개별자산 *A*의 수익률의 분산 중에서 체계적 위험이 차지하는 비중은 얼마인가?

체계적 위험의 비중

$$= \frac{체계적\ 위험}{총위험} = \frac{(\sigma_A \rho_{AM})^2}{\sigma_A^2} = \rho_{AM}^2 = (0.6667)^2 = 44.45\%$$

1 다음의 용어를 설명하라.

① 2기금 분리정리　　② CAPM　　③ CML

④ SML　　⑤ 단일지수모형　　⑥ 보상-위험비율

⑦ 분리정리　　⑧ 소극적 투자전략　　⑨ 시장포트폴리오

⑩ 시장모형

2 CML과 SML을 비교하여 설명하라. 특히 두 모형에서 시장포트폴리오가 어떻게 표현되고 있는가를 그래프에 표현하면서 설명하라.

3 SML과 관련하여 기업의 경영자가 경영정책에 따라 자기기업의 주가 및 SML에 영향을 미칠 수 있는가를 설명하라.

4 개별자산의 위험이 시장전체의 위험에 어느 정도 기여하는지에 대하여 설명하라.

5 CML의 그림을 이용하여 비효율적인 개별자산의 기대수익률이 어떻게 결정되는지를 설명하라. 이러한 설명을 SML의 그림을 이용하여 비교하라.

6 개별자산의 기대수익률-베타계수의 관계가 SML에서 벗어나면, 시장에서 이러한 자산의 가격에 대하여 어떠한 조정이 이루어지는지에 대해 설명하라.

7 CAPM의 가정을 제시하고, 이러한 가정의 현실성에 대해 의견을 제시하라.

8 *CAPM*의 주요 내용에 대하여 설명하라.

9 다음 물음에 답하라.

(1) KOSPI 지수의 위험프리미엄이 10%이며, 수익률의 표준편차가 20%이다. 투자자들의 평균적인 위험회피도는 얼마인가? 그리고 투자자들의 평균적인 위험회피도가 3이라면, KOSPI에 대하여 투자자들이 요구하는 위험프리미엄 수준은 얼마가 되겠는가?

(2) *SML*이 다음과 같이 주어져 있다. 어떤 증권의 베타계수가 2이며, 기대수익률이 10%라고 한다. 이 증권의 가격은 향후에 어떻게 변동하겠는가?

$$SML: E(R_i) = 5 + 7\beta_i$$

(3) 무위험수익률이 5%이며, 포트폴리오의 기대수익률과 표준편차가 각각 12%와 20%이다. *SML*을 제시하되 개별증권의 기대수익률을 ① 베타계수의 함수로 나타내고, ② 공분산의 함수로 나타내어 보라.

10 자본시장은 균형상태에 있으며, 개별자산 *A*의 기대수익률은 15%이고, 수익률의 표준편차는 20%이다. 그리고 자본시장선은 다음과 같은 형태로 주어져 있다고 하자.

$$CML: E(R_P) = 5 + 0.7\sigma_P$$

(1) 만약 개별자산 *A*가 평균-분산기준으로 효율적인 자산이라면, 이 자산의 기대수익률은 얼마가 되어야 할 것인가?

(2) 개별자산 *A*와 동일한 기대수익률을 제공하는 평균-분산기준으로 효율적인 자산의 수익률 표준편차는 얼마인가?

(3) 개별자산 *A*와 시장포트폴리오 간의 수익률 상관계수를 위의 자료만으로 산출할 수 있는가? 만약 산출할 수 있다면 그 값은 얼마인가?

(4) 개별자산 *A*의 수익률 분산 중에서 체계적 위험이 차지하는 비중은 얼마인가?

11 두 개의 자산 A, B에 대한 지난 10개월간 월간수익률 자료를 이용하여 아래 물음에 답하라. 단, 무위험수익률은 5%이다.

관찰치	A(%)	B(%)
1	10	10
2	9	19
3	7	10
4	–4	1
5	5	15
6	16	3
7	20	20
8	11	20
9	10	14
10	6	3

(1) A, B자산의 기대수익률과 분산–공분산 행렬을 구하라.

(2) A, B주식으로 구성한 포트폴리오의 투자기회집합을 구하라.

(3) A, B주식으로 수익률의 분산을 최소로 하는 포트폴리오를 구성하기 위해서는 각 포트폴리오에 대한 투자비중을 얼마로 해야 하는가?

(4) 이러한 최소분산 포트폴리오의 기대수익률과 분산은 각각 얼마인가?

(5) CAL을 구하고, 접점 포트폴리오를 구하라.

(6) 접점 포트폴리오를 시장포트폴리오로 간주하라. 이러한 시장포트폴리오에 대하여 산출한 A, B주식의 베타계수를 구하라.

(7) A, B자산의 체계적 위험과 비체계적 위험을 각각 구하라.

(8) A, B자산을 각각 0.2, 0.8의 투자비중으로 구성한 포트폴리오의 체계적 위험과 비체계적 위험을 구하라.

(9) SML을 제시하라.

(10) 이러한 SML을 이용하여 수익률의 표준편차가 20%이고, 시장포트폴리오와 상관계수가 0.8인 자산의 균형수익률은 얼마가 되어야 하겠는가?

해답

9. (1) 2.5, 12% (2) 향후 주가는 하향 조정될 것임.

(3) $E(R_i) = 5 + 7\beta_i$, $E(R_i) = 5 + 0.0175cov(R_i, R_M)$

10. (1) 19% (2) 14.29% (3) 0.7143 (4) 51.02%

11. (1) 기대수익률 9, 11.5, 분산 41.56, 53.17, 공분산 22.56

(2) $\sigma_P^2 = 7.9376[E(R_p)]^2 - 158.0768E(R_p) + 821.3056$

(3) 0.6170   (4) 9.9575, 34.2832

(5) 기대수익률 10.8287, 분산 40.3082, 표준편차 6.3489

(6) $\beta_A = 0.6862$, $\beta_B = 1.1152$

(7) 체계적 위험: 18.98, 50.13, 비체계적 위험 22.58, 3.04

(8) 42.7132, 2.8488

(9) $E(R_i) = 5 + 5.8287\beta_i$

(10) 19.6890%

CAPM의 도출

CAPM은 Sharpe에 의해 처음으로 제시되었지만, Sharpe, Fama, Lintner 등은 제 각기 다른 방법으로 모형을 도출하였다. 여기서는 투자론 교재에서 CAPM의 도출과정을 설명할 때 비교적 많이 이용되는 Fama의 도출과정을 간단하게 소개한다.

[그림 8A-1]는 포트폴리오의 기대수익률과 표준편차의 차원에서 시장포트폴리오(M), 무위험자산(R_F), 비효율적 위험자산(I)을 나타내고 있다.

무위험자산과 시장포트폴리오를 연결하는 직선은 CML이며, 모든 자산의 공급과 수요가 일치되는 점에서 자산의 가격이 결정되는 시장의 균형상태에서는 초과수요(excess demand)가 전혀 발생하지 않는다.

그리고 시장이 균형에 도달하면 시장포트폴리오는 시장의 개별자산을 모두 포함하고 있으며, 각 개별자산이 시장포트폴리오에서 차지하는 비중은 상대적 시장가치에 의해 결정된다고 하였다.

이제 [그림 8A-1]에서 I위험자산에 투자한 비중이 x이고 M시장포트폴리오에 투자한 비중이 $(1-x)$인 포트폴리오를 구성한다면, 이 포트폴리오의 기대수익률

그림 8A-1 비효율적 자산 I와 시장포트폴리오 M으로 구성한 투자기회집합

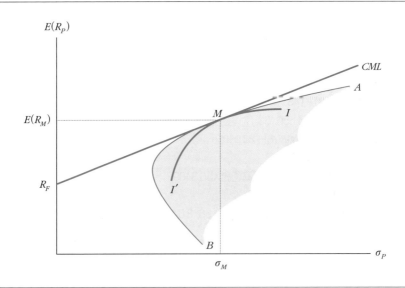

$E(R_P)$와 표준편차 σ_P는 다음과 같이 표현된다.

$$E(R_P) = xE(R_i) + (1-x)E(R_M) \qquad (8A-1)$$

$$\sigma_P = [x^2\sigma_i^2 + (1-x)^2\sigma_M^2 + 2x(1-x)\sigma_{iM}]^{1/2} \qquad (8A-2)$$

시장포트폴리오 M은 I자산도 상대적 시장가치의 비중만큼 포함하고 있을 것이다. 따라서 시장포트폴리오와 비효율적인 I위험자산으로 구성된 투자기회집합은 [그림 8A-1]에서 곡선 IMI'로 표현할 수 있다. 이러한 투자기회집합은 위험자산 I와 시장포트폴리오 M을 통과하며, 위험자산의 효율적 프론티어인 AMB 곡선을 벗어나지는 않을 것이다.

수학적으로 곡선 IMI'와 곡선 AMB는 M점에서 접한다. 즉 두 곡선은 M점에서의 기울기가 동일할 것이다. 따라서 이러한 시장포트폴리오와 비효율적인 I위험자산으로 구성된 투자기회집합을 나타내는 곡선의 M점에서의 기울기는 CML의 기울기와 동일하게 된다.

M점을 통과하는 CML은 자본시장의 균형을 전제로 하고 있으며, 그 기울기는 $[E(R_M) - R_F]/\sigma_M$이다. 기회집합 IMI'선 위에 위치한 시장포트폴리오인 M점에서 기울기는 CML의 기울기와 동일해야 한다. 따라서 CML의 기울기와 M점에서의 투자기회집합의 기울기가 동일하다는 조건을 수식으로 나타내면 다음과 같이 (8A-3)식이 된다.[8]

$$\frac{E(R_M) - R_F}{\sigma_M} = \frac{E(R_i) - E(R_M)}{(\sigma_{iM} - \sigma_M^2)/\sigma_M} \qquad (8A-3)$$

(CML 기울기)　(투자기회집합 기울기)

이 식에서 I자산의 기대수익률 $E(R_i)$에 대하여 식을 정리하면, 다음과 같이 $CAPM$ 혹은 SML의 모형이 된다.

$$E(R_i) = R_F + [E(R_M) - R_F]\frac{\sigma_{iM}}{\sigma_M^2} \qquad (8A-4)$$

---

8) 투자기회집합의 기울기는 (8A-1)식과 (8A-2)식으로부터 미분을 통하여 얻는다.

$$M점에서의\ 투자기회집합의\ 기울기 = \left[\frac{dE(R_P)}{d\sigma_P}\right]_{E(R_P)=E(R_M)} = \left[\frac{dE(R_P)/dx}{d\sigma_P/dx}\right]_{x=0}$$

즉 투자기회집합의 기울기는 (8A-1)식과 (8A-2)식을 x에 대하여 미분한 비율에서 $x=0$로 두어 산출한 것이다.

$$=R_F+[E(R_M)-R_F]\beta_i \qquad\qquad (8A-5)$$

즉 $CAPM$은 위험자산의 수익률이 무위험수익률(제1항)에 위험프리미엄(제2항)을 합한 값으로 결정되고 있음을 의미한다. 그리고 (8A-4)식에서 제2항의 σ_{iM}/σ_M^2은 위험프리미엄이 I자산 수익률과 시장포트폴리오 수익률의 공분산 또는 베타계수에 의하여 영향을 받고 있음을 의미한다. 왜냐하면 제2항에서 $E(R_M)$, R_F, σ_M^2은 이미 값이 정해져 있기 때문이다.

CAPM의 확장과 실증적 검증

    *CAPM*이 어느 정도의 현실성을 가진 모형인가 하는 문제는 대단히 중요하다. *CAPM*은 이상적인 자본시장을 의미하는 여러 가지 가정을 기초로 하여 도출된 모형이다. 이러한 이론적 모형을 현실의 자본시장에 적용하기 위해서 어떤 보완작업을 해야 할 것인가에 대해 검토할 필요가 있다.

    이 장에서는 먼저 *CAPM*을 확장한 제반 모형에 대하여 알아본다. ⓐ 차입이자율과 대출이자율이 일치하지 않는 경우, ⓑ 무위험자산이 존재하지 않는 경우, ⓒ 단일기간이 아닌 다기간에서의 모형, ⓓ 투자자들이 이질적 예측을 형성하거나 세금 등의 시장불완전성이 존재하는 경우 등으로 구분하여 *CAPM*이 어떻게 확장될 수 있는가를 살펴본다.

    다음으로 *CAPM*이 어느 정도의 현실적인 타당성을 지닌 모형인가를 분석하는 여러 가지 검증방법과 주요 검증결과에 대해 알아본다. *CAPM*의 검증방법인 횡단면 검증방법과 시계열 검증방법 등에 대해 간략하게 설명하고, 이러한 검증방법에 따른 주요 검증결과를 살펴본다. 마지막으로 *CAPM*의 검증과 관련된 문제점을 지적한 Roll(1973)의 주장에 대해 알아본다.

CAPM은 여러 가지 가정을 전제로 하여 도출된 이론적 모형이다. 현실의 자본시장이 이러한 CAPM의 가정처럼 이상적인 시장이라면, CAPM은 자본시장의 움직임을 완전하게 설명할 수 있을 것이다.

그러나 CAPM의 제반 가정들은 이론적 모형의 도출을 위하여 현실세계를 너무 단순화한 것이다. 따라서 현실적으로 CAPM이 증권의 가격결정을 충분히 설명한다고 단정하기 어렵다. CAPM이 전제로 하고 있는 몇 가지 가정은 비현실적이다. 이러한 가정 때문에 CAPM 자체가 실용성이 없다는 의미는 아니지만, 비현실적인 가정들을 현실에 적합하도록 완화 또는 수정시킴으로써 모형을 확장해 나갈 필요가 있다.

예를 들어, 모든 투자자들이 무위험자산에 무한히 대출 또는 차입할 수 있는 무위험수익률이 존재한다는 가정, 거래비용이나 세금 등이 없다는 가정 등은 현실세계와는 동떨어진 무리한 가정이다. 그러므로 이러한 가정들을 실제에 가깝게 수정한 CAPM은 자본시장의 균형수익률과 개인투자자의 행동을 보다 합리적으로 설명할 수 있을 것이다. 동시에 각 가정에 관련된 변수가 자본시장의 균형수익률과 개인투자자의 행동에 미치는 영향도 보다 잘 파악할 수 있을 것이다.

1.1 차입이자율과 대출이자율

CAPM의 도출에서 투자자는 무위험수익률로 무한히 무위험자산에 대출(lending) 또는 차입(borrowing)할 수 있다고 가정하였다. 그러나 현실적으로 대출이자율과 차입이자율은 일치할 수 없기 때문에 이 가정을 그대로 현실세계에 적용할 수는 없다.

어떤 투자자든 국공채에 투자하면 무위험수익률을 얻을 수 있으므로 투자자가 무위험수익률로 대출한다는 것은 논리적으로 가능하다. 그러나 동일한 무위험수익률로 원하는 만큼 차입할 수 있다는 것은 현실적으로 불가능하다. 일반적으로 차입이자율이 대출이자율보다 높다.[1]

---

1) 개인과 국공채 발행주체의 위험을 비교하면, 개인의 위험이 더 높기 때문에 개인에 대한 위험프리미엄이 더 높다.

그림 9-1 대출이자율과 차입이자율 차이에 따른 자본시장모형

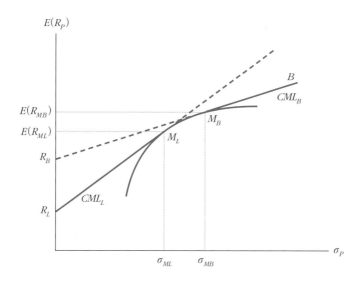

이처럼 대출이자율과 차입이자율이 동일하지 않을 때에 효율적 투자기회집합인 CML은 직선으로 표현될 수 없다. [그림 9-1]은 서로 다른 대출이자율 R_L과 차입이자율 R_B가 존재할 때 CML의 형태를 각각 2개의 직선으로 분리하여 표현하고 있다.

[그림 9-1]은 대출이자율과 차입이자율이 일치하지 않을 경우 2개의 접점 포트폴리오가 존재하며, 이에 따라 효율적 프론티어가 더 이상 직선이 아니라는 것을 보여주고 있다.

먼저 대출하여 포트폴리오를 구성하는 투자자에게는 대출이자율 R_L이 적용된다. 그리고 이 투자자에게 CML은 대출이자율 R_L에서 위험자산 효율적 프론티어인 곡선에 접선을 그어 만든 직선 중에서 R_L에서 M_L까지를 연결한 직선인 CML_L이 된다.

다음으로 차입하여 포트폴리오를 구성하는 투자자에게는 차입이자율 R_B가 적용된다. 그리고 이 투자자에게 CML은 차입이자율 R_B에서 위험자산 효율적 프론티어인 곡선에 접선을 그어 만든 직선 중에서 M_B에서 B를 연결한 직선인 CML_B가 된다.

따라서 차입이자율과 대출이자율에 차이가 존재하는 경우에, 투자자들이 이용 가능한 효율적 프론티어는 $R_L M_L M_B B$를 연결한 선이 된다. 그리고 차입하여 포트폴리오를 구성하는 경우와 대출하여 포트폴리오를 구성하는 경우의 CML은 다음과 같이 된다.

대출하는 경우의 자본시장선 : CML_L

$$E(R_P) = R_L + \left[\frac{E(R_{ML}) - R_L}{\sigma_{ML}}\right]\sigma_P, \quad \text{여기서 } \sigma_P \leqq \sigma_{ML} \qquad (9-1)$$

차입하는 경우의 자본시장선 : CML_B

$$E(R_P) = R_B + \left[\frac{E(R_{MB}) - R_B}{\sigma_{MB}}\right]\sigma_P, \quad \text{여기서 } \sigma_P \geqq \sigma_{MB} \qquad (9-2)$$

이러한 경우에 위험자산의 균형수익률을 결정하는 SML은 어떻게 도출될 수 있는지 생각해보자. 차입이자율과 대출이자율이 일치하지 않은 경우에는 CML이 두 개가 되며 접점 포트폴리오도 두 개가 된다. 이러한 경우에 SML을 도출하는 방법은 제로베타(zero beta) $CAPM$이 해결해 줄 수 있다. 이 모형에 의하면, 위험자산의 효율적 프론티어 상에 위치하고 있는 두 개의 포트폴리오를 확인할 수 있으면, 이러한 포트폴리오 자료를 기초로 하여 모든 위험자산의 균형수익률을 산출할 수 있게 된다.

1.2 제로베타 CAPM

$CAPM$에서는 무위험이자율로 무한히 대출 또는 차입할 수 있다고 가정하였다. 무위험자산에 대한 대용치는 주로 정부가 발행하는 채권이 이용된다. 그러나 국공채가 비록 채무불이행 위험을 가지고 있지 않지만, 채권가격이나 시장이자율이 변동하면 채권수익률에도 위험이 발생하므로 엄밀한 의미에서는 국공채도 무위험자산이라고 단정하기 어렵다.

Black은 자본시장에 무위험자산이 존재하지 않고 오직 위험자산만 존재하는 경우에도 $CAPM$이 성립한다는 것을 이론적으로 제시하였다.[2] 자본시장에 무위험자산이 존재하지 않는다면 CML을 이용할 수 없다. 따라서 투자자들은 위험자산만으로 이루어진 효율적 프론티어 상에서 최적 위험자산 포트폴리오를 선택하게 된다. 이러한 포트폴리오가 투자자의 최적 완성 포트폴리오가 된다.

Black은 무위험자산이 존재하지 않는 경우에 위험자산의 균형수익률을 도출하였다. 이러한 모형을 개발하기 위한 이론의 주요한 특징은 아래와 같다.

---

2) F. Black(1972), "Capital Market Equilibrium with Restricted Borrowing," *Journal of Business*, 444-454.

ⓐ 두 개의 효율적 포트폴리오만 알고 있으면 효율적 프론티어를 완전히 구성할 수 있다.

ⓑ 효율적 프론티어 상에 존재하는 모든 포트폴리오에 대하여 상관계수가 0인 제로베타 포트폴리오가 존재한다.

ⓒ 효율적 프론티어 상에 존재하는 두 개의 포트폴리오를 이용하여 개별자산의 균형수익률을 도출할 수 있다.

Black에 의하면, 무위험자산이 존재하지 않는 경우에는 가격결정과정에서 무위험자산의 역할을 대신할 제로베타 포트폴리오(zero beta portfolio)를 이용할 수 있다는 것이다. 제로베타 포트폴리오는 위험자산의 효율적 프론티어 상에 존재하는 임의의 효율적 포트폴리오와 상관계수가 0인 포트폴리오이다. 이러한 포트폴리오는 효율적 포트폴리오와 무상관이기 때문에 효율적 포트폴리오에 대하여 산출한 베타계수가 0이 된다. 따라서 제로베타 포트폴리오는 임의의 효율적 포트폴리오에 대하여 산출한 체계적 위험이 0이 되기 때문에 무위험자산 대신에 이용할 수 있다.

제로베타 포트폴리오는 [그림 9-2]에서 Z포트폴리오이다. 제로베타 포트폴리오 Z는 위험자산 효율적 프론티어 상에 있는 포트폴리오 M에서 접선을 그었을 때, 접선의 절편이 제로베타 포트폴리오의 기대수익률이 된다. 이러한 절편과 동일한 수준의 기대수익률을 제공하는 효율적 프론티어 상의 포트폴리오를 최소분산 제로베타 포트폴리오(mininum variance zero beta portfolio)라고 한다. 제로베타 포트폴리오는 무위험자산이 아닌 위험자산이다. 다만 효율적 프론티어 상의 포트폴리오 M에 대하여 산출한 베타계수가 0이므로, 체계적 위험이 0인 자산이 된다.

제로베타 포트폴리오를 구하는 방법에 대하여 알아보자. 위험자산의 효율적 프론티어는 다음과 같은 형태의 함수로 주어진다.

$$\sigma_P = \sqrt{c[E(R_P)]^2 - 2bE(R_P) + a}$$

이러한 함수의 평균-표준편차 직교좌표의 그림에서 M점에서의 접선을 구하여, 그 접선의 절편을 구하면 다음과 같이 제로베타 포트폴리오의 기대수익률을 구할 수 있다.

$$E(R_Z) = \frac{bE(R_M) - a}{cE(R_M) - b} \tag{9-3}$$

그림 9-2 제로베타 포트폴리오

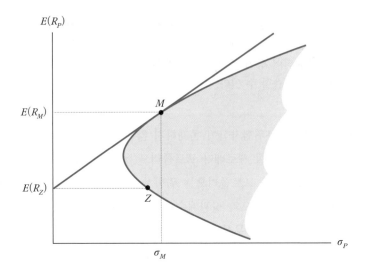

예 9-1 제로베타 포트폴리오

위험자산 효율적 프론티어가 다음과 같이 주어져 있다.

$$\sigma_P = \sqrt{22.43[E(R_P)]^2 - 523.87\,E(R_P) + 3{,}617.09}$$

이러한 효율적 프론티어 상에 존재하는 효율적 포트폴리오 M의 기대수익률은 15%이고, 수익률의 표준편차는 28.39%이다. M포트폴리오에 대한 제로베타 포트폴리오 Z를 구하라.

$$E(R_Z) = \frac{bE(R_M) - a}{cE(R_M) - b}$$

$$= \frac{(261.935)\,(15) - (3{,}617.09)}{(22.43)\,(15) - (261.935)} = 4.19\%$$

$$\sigma_Z = \sqrt{22.43[E(R_Z)]^2 - 523.87\,E(R_Z) + 3{,}617.09}$$

$$= \sqrt{(22.43)\,(4.19)^2 - (523.87)\,(4.19) + 3{,}617.09} = 42.61$$

포트폴리오 M에 대한 제로베타 포트폴리오 Z는 기대수익률이 4.19%이고, 기대수익률의 표준편차가 42.61인 포트폴리오이다.

제로베타 포트폴리오가 구해지면, 위험자산 효율적 프론티어 상에 존재하는 두 개의 포트폴리오를 이용하여 개별자산의 균형수익률을 산출할 수 있다. 효율적인 프론티어 상에 존재하는 임의의 두 개의 포트폴리오를 M과 Z라고 하자. 그러면 개별자산 i의 기대수익률은 다음과 같이 두 개의 효율적 프론티어 상의 포트폴리오를 이용하여 나타낼 수 있다.[3]

$$E(R_i) = E(R_Z) + [E(R_M) - E(R_Z)] \frac{cov(R_i, R_M) - cov(R_M, R_Z)}{\sigma_M^2 - cov(R_M, R_Z)} \qquad (9-4)$$

위의 식에서 포트폴리오 Z가 포트폴리오 M에 대한 제로베타 포트폴리오라고 한다면, 두 포트폴리오 수익률 간의 공분산을 나타내는 항인 $cov(R_M, R_Z)$는 0이 된다. 따라서 효율적 프론티어 상에 있으면서, 서로 무상관인 두 개의 포트폴리오가 존재하는 경우에는 개별자산의 균형수익률이 다음과 같이 산출된다.

$$E(R_i) = E(R_Z) + [E(R_M) - E(R_Z)]\beta_i \qquad (9-5)$$

여기에서 β_i는 $CAPM$에서와 마찬가지로 효율적 포트폴리오 M에 대하여 측정한 개별자산 i의 민감도이다. 따라서 무위험자산이 존재하지 않는 경우에도 제로베타 포트폴리오의 기대수익률을 무위험수익률 대신에 이용하면, 기존의 $CAPM$과 유사한 모형이 성립하게 된다.

예 9-3   제로베타 CAPM

위험자산 효율적 프론티어가 다음과 같이 주어져 있다.

$$\sigma_P = \sqrt{22.43[E(R_P)]^2 - 523.87 E(R_P) + 3,617.09}$$

이러한 효율적 프론티어 상에 존재하는 효율적 포트폴리오 M의 기대수익률은 15%이고, 수익률의 표준편차는 28.39%이다. M포트폴리오에 대한 제로베타 포트폴리오 Z의 기대수익률은 4.19%이고, 수익률의 표준편차가 42.61%이다. 제로베타 $CAPM$을 구하라.

$$\begin{aligned}
E(R_i) &= E(R_Z) + [E(R_M) - E(R_Z)]\beta_i \\
&= 4.19 + [15 - 4.19]\beta_i \\
&= 4.19 + 10.81\beta_i
\end{aligned}$$

---

3) 이 모형의 도출과정에 관하여 관심이 있는 독자들은 다음 자료를 참고하기 바란다. F. Black(1972), "Capital Market Equilibrium with Restricted Borrowing," *Journal of Business*, 444–454.

1.3 다기간 CAPM

Merton(1992)은 단일기간에 대한 가정을 완화하여 다기간 자본자산가격결정모형(intertemporal capital asset pricing model, *ICAPM*)을 제시하고 있다.[4] 이러한 모형에서는 생애에 걸친 소비와 투자계획을 최적화하려는 투자자들이 현재의 부(wealth)와 계획된 은퇴연령 등을 감안하여 자신의 소비와 투자 의사결정을 계속적으로 조정한다고 가정한다.

만약 포트폴리오 수익률의 불확실성이 유일한 위험의 원천이고 투자기회집합이 기간에 관계없이 일정한 경우라면, 즉 시장포트폴리오나 개별증권에 대한 수익률의 **확률분포**가 기간에 따라 변하지 않는다면, *ICAPM*은 단일기간 *CAPM*과 동일한 형태가 된다. 그러나 위험의 원천이 증가하면 기대수익률과 베타계수의 관계는 달라진다. 미래의 무위험수익률, 시장포트폴리오의 기대수익률과 위험 등 투자기회집합을 나타내는 모수가 변동할 수 있다.

예를 들어, 실질이자율이 기간에 따라 변동한다고 가정해보자. 만약 실질이자율이 하락하면 개인의 미래시점의 부의 수준이 낮아져서 미래에 실질소비를 축소해야 할 것이고, 미래의 소비계획이 위험에 처할 수 있다. 만약 일부 증권의 수익률이 무위험수익률과 상관관계를 가진다면, 이러한 위험을 헤지할 수 있는 포트폴리오를 구성할 수 있을 것이다. 그리고 투자자들은 더 높은 가격을 지불하더라도 이러한 헤지 포트폴리오(hedge portfolio)를 매입하고자 할 것이다.

또 다른 위험의 원천의 예는 일정한 부의 수준에서 구입할 수 있는 소비재의 가격변동이다. 즉 인플레이션 위험이다. 투자자들은 부의 기대수준과 변동성에 추가하여, 미래시점에서의 구매력에도 관심을 가진다. 인플레이션은 중요한 시장의 위험요인이므로, 투자자들은 인플레이션 위험을 헤지할 수 있는 증권을 높은 가격을 지불하더라도 매입하려 할 것이다. 즉 인플레이션 위험을 헤지하는 데 도움이 되는 증권에 대한 수요가 포트폴리오 선택과 기대수익률에 영향을 미칠 수 있다. 이와 같이 다양한 위험의 원천에 대하여 상당한 헤지 수요가 소비자 지출 부문에서 일어날 것이라고 볼 수 있다.

보다 일반적으로 시장위험 이외에 *K*개의 위험원천이 있고, 이에 대한 *K*개의 관련 헤지 포트폴리오가 있다고 하자. 이 때 Merton의 *ICAPM*은 다음과 같이 *SML*을

---

4) R. C. Merton(1992), *Continuous Time Finance*, Blackwell.

확장한 형태가 된다.

$$E(R_i) = R_F + \beta_{iM}[E(R_M) - R_F] + \sum_{k=1}^{K} \beta_{ik}[E(R_k) - R_F] \qquad (9-6)$$

단, $E(R_k)$: k 헤지 포트폴리오의 기대수익률

β_{iM} : 시장포트폴리오 M에 대한 i증권의 베타계수

β_{ik} : 헤지 포트폴리오 k에 대한 i증권의 베타계수

1.4 이질적 예측과 세금

(1) 투자자의 이질적 예측

*CAPM*에서는 투자자가 동질적 예측을 한다고 가정한다. 이것은 자본시장에 참여하는 모든 투자자가 자산의 미래수익과 위험에 대하여 동일하게 예측한다는 것이다. 실제의 투자 세계에서는 모든 투자자가 동일한 예측을 하는 것이 아니라, 투자자들의 정보 수집 및 분석 능력에 따라서 이질적인 예측(heterogeneous expectation)을 하고 있다.

자본시장은 일반적으로 일반투자자의 집단과 전문투자자의 집단 등으로 분할된 시장(segmented market)으로 구성되어 있다. 또 분할된 시장에서 각 투자자 집단은 서로 다른 예측과 투자행동을 하고 있다. 투자에 대한 전문적인 지식을 가지고 있고, 정보의 수집과 분석 능력이 뛰어난 기관투자자의 예측이 일반투자자의 예측과 다른 것은 당연하다. 일반투자자 사이에도 정보의 내용과 정보수집의 시기, 그리고 투자자의 개성과 교육수준 등이 일치하지 않기 때문에, 자산의 수익률과 위험에 대한 예측이 투자자마다 달라질 수 있다.

Lintner(1969)는 투자자들의 이질적 기대가 존재하는 경우에도 *CAPM*이 결정적으로 변하지 않는다는 것을 보여주고 있다.[5] 투자자들의 이질적 기대가 존재하는 경우에는 다만 기대수익률과 공분산이 투자자들의 기대를 반영하여 복잡한 가중평균으로 나타나게 된다.

그러나 투자자들이 이질적 기대를 가진다면 시장포트폴리오가 효율적이라는 보장이 없다. 이러한 이유로 인하여 *CAPM*은 검증이 불가능해진다.

---

5) J. Lintner(1969), "The Aggregation of Investor's Diverse Judgement and Preferences in Purely Competitive Security Markets," *Journal of Financial and Quantitative Analysis*, 347-400.

(2) 세금의 존재

$CAPM$은 일체의 세금을 고려하지 않는다는 가정 하에서 도출되었다. 그러나 대개의 경우 투자자는 자본이득(capital gain)과 배당소득(dividend income)에 대하여 세금을 지급하며, 배당소득에 대한 세율은 일반적으로 자본이득에 대한 세율보다 높고 누진세율이 적용되기도 한다.

Brennan(1970)은 배당소득과 자본이득에 대한 세율이 다른 경우의 $CAPM$에 대해 연구하였다. 그의 연구에 의하면, 베타계수는 위험에 대한 적절한 척도가 되지만, $CAPM$모형은 체계적 위험뿐만 아니라 배당수익률에 의해 결정되는 항을 기대수익률에 포함하고 있다.

$$E(R_i) = \gamma_1 R_F + \gamma_2 \beta_i + \gamma_3 DY_i \qquad (9-7)$$

단, DY_i : 증권 i의 배당수익률

이러한 모형에 의하면, 배당수익률이 높은 증권에 대해서는 더 높은 기대수익률이 예상된다는 것이다. 즉 고배당 주식의 세전 기대수익률은 저배당 주식의 세전 기대수익률 보다 더 높아야 한다. 왜냐하면, 고배당 주식의 세전 기대수익률이 더 높아야만 고배당 주식의 세후 기대수익률과 저배당 주식의 세후 기대수익률이 동일해질 것이기 때문이다.

제 2 절   CAPM의 실증적 검증

이론적 모형은 대체로 현실을 제약하는 여러 가지 가정을 전제로 하는 경우가 많으므로 일단 모형이 도출된 이후에는 그 타당성에 대한 실증적 검증을 실시하게 된다. 시장의 균형상태에서 도출된 $CAPM$도 오랜 기간 동안 여러 학자들의 실증적 검증을 통하여 그 타당성이 검토되어 왔다.

실증적 검증은 현실의 자료로부터 추정된 모형이 이론적인 모형과 일치하는가를 검토하는 것으로, 주로 통계적 검증방법(statistical test)을 이용한다. $CAPM$에 대한 검증방법으로는 횡단면 검증방법과 시계열 검증방법이 주로 이용되고 있다.

2.1 검증방법

(1) 횡단면 검증방법

횡단면 검증(cross-section test)은 분석기간 전체를 단일기간으로 보고, 이 기간의 자료에 대하여 회귀모형을 추정하여 통계적 검증을 실시하는 방법을 말한다. CAPM의 검증에서 횡단면 분석은 주로 2단계에 걸친 회귀모형의 추정을 통해서 이루어지기 때문에 이를 2단계 횡단면 검증(two stage cross section test)이라고 한다.

첫 번째 단계에서는 증권수익률(종속변수)과 시장지수 수익률(독립변수)의 자료로 회귀모형을 추정한다. 이러한 회귀모형이 단일지수모형 또는 시장모형에 대한 추정모형이 된다. 이 모형에서 추정된 회귀계수가 개별증권의 베타계수이다.

두 번째 단계에서는 첫 번째 단계에서 산출된 베타계수를 독립변수로, 그리고 각 증권의 기대수익률을 종속변수로 하여 회귀모형을 추정한다. 그리고 이러한 모형이 이론적인 CAPM모형과 일치하는가에 대하여 통계적 검증을 실시한다.

CAPM에 대한 2단계 횡단면 검증의 첫 번째 단계에서는 다음과 같은 시장모형의 회귀계수를 추정한다.

$$R_{it} = \alpha_i + \beta_i R_{Mt} + e_{it} \tag{9-8}$$

시장모형에 대한 추정에서 개별증권의 수익률과 시장지수 수익률 간에 상관계수가 높은 수준을 유지하는 것이 바람직하다. 두 변수 간의 상관계수가 1.0에 접근할수록 추정된 시장모형이 높은 설명력을 가진다. 그리고 추정모형에서 산출된 개별증권의 베타계수는 체계적 위험의 척도로서 두 번째 단계에서 독립변수로 사용된다.

두 번째 단계에서는 이론적인 SML에 대하여 다음과 같은 추정모형으로 타당성을 검증한다.

$$\text{이론적 모형}: E(R_i) = R_F + [E(R_M) - R_F]\beta_i \tag{9-9}$$

$$\text{검증모형} \quad : \overline{R_i} = a + b\hat{\beta}_i + e_i \tag{9-10}$$

$$\text{단, } \overline{R_i}: i \text{증권의 평균수익률}$$
$$\hat{\beta}_i: \text{첫 번째 단계에서 추정된 베타계수}$$
$$e_i: \text{추정오차}$$

(9-10)식에서 $\overline{R_i}$는 분석기간 중 i증권의 평균수익률인데, 각 기간의 수익률(R_i)을 산술평균한 값으로 사용하고 있다. 그리고 사후적 자료로 추정한 모형이 이론적인 모형의 타당성을 설명할 수 있는지를 실증하기 위하여 다음과 같은 세 가지 점이 주로 검증된다.

첫째, 추정된 (9-10)식이 이론적인 SML에서와 같이 선형관계를 유지하고 있는가를 검토한다. 개별증권의 평균수익률($\overline{R_i}$)과 체계적 위험의 척도($\hat{\beta_i}$)의 상관계수가 1.0에 접근할수록 검증모형의 적합도가 높아진다.

둘째, 추정모형의 상수 a가 무위험수익률 R_F와 일치하는가를 검증하여야 한다. 즉 $a = R_F$의 관계가 성립되어야 한다. 이 경우 R_F는 국공채의 평균수익률로 측정하는 것이 일반적이다.

셋째, 추정모형의 회귀계수 b가 체계적 위험의 시장가격인 $[E(R_M) - R_F]$와 일치하는가를 검증하여야 한다. 추정모형의 기울기가 이론적 모형의 기울기와 일치하도록 $b = [E(R_M) - R_F]$의 관계가 성립해야 한다는 것이다.

이상과 같은 세 가지 관계에 대한 검증은 통계적인 가설검증을 통해 이루어진다. 그 결과가 합당하게 나타나면 이론적인 모형이 현실적인 타당성을 갖는다고 한다. 그러나 표본분석에 있어서는 흔히 표본선택과 자료처리과정에서 오류가 발생할 수 있다. 또 $CAPM$의 가정에는 비현실적이라는 문제가 남아 있으므로 이들에 대한 해석에 신중을 기해야 한다.

(2) 시계열 검증방법

횡단면 검증에서는 분석기간 전체를 통하여 무위험수익률 R_F가 일정하고, 또 R_F와 $E(R_M)$의 관계가 일관성을 갖는 것으로 가정한다. 그러나 분석기간 중 R_F가 분석기간 동안 일정하지 않고, 이에 따라 R_F와 $E(R_M)$의 관계가 일관성을 가진다고 단정할 수 없다는 점에서 횡단면 검증은 한계점을 지니고 있다. 시계열 검증(time series test)은 이러한 한계점을 다소 보완한 $CAPM$의 검증방법이라고 할 수 있다.

시계열 검증은 분석기간을 연속되는 시계열 단위기간으로 구분하고, 각 기간에 대하여 개별자산과 시장포트폴리오의 초과수익률을 산출한 다음, 두 초과수익률의 관계가 원점에서 출발하여 선형을 유지하는가를 검증하는 방법이다.

이제 SML에서 개별증권의 초과수익률을 유도하면 아래와 같다. 이를 초과수익률형 시장모형(market model in excess return form)이라고 한다.

$$E(R_i) - R_F = [E(R_M) - R_F]\beta_i \tag{9-11}$$

이 식에서 $[E(R_M) - R_F]$는 시장포트폴리오의 초과수익률이며, 체계적 위험의 크기인 β_i를 알고 있을 때의 위험의 시장가격을 나타낸다. 그리고 $[E(R_i) - R_F]$는 개별증권의 초과수익률이다. 이 식의 의미는 i증권의 초과수익률은 i증권의 위험의 크기인 베타계수에 위험의 시장가격인 시장포트폴리오의 초과수익률을 곱한 위험프리미엄 $[E(R_M) - R_F]\beta_i$로 표현된다는 것이다.

이제 분석기간 중의 각 기간에 대하여 증권의 기대수익률, 시장포트폴리오의 기대수익률, 무위험수익률을 각각 $E(R_i)$, $E(R_M)$, R_F라고 하면, 각 기간의 이론적인 초과수익률형 시장모형과 이에 대한 검증모형은 다음과 같이 된다.

$$\text{이론적 모형}: \quad E(R_i) - R_F = [E(R_M) - R_F]\beta_i \qquad (9-12)$$

$$\text{검증모형}: \quad [R_{it} - R_{Ft}] = \alpha_i + \beta_i[R_{Mt} - R_{Ft}] + e_{it} \qquad (9-13)$$

시계열 검증에서는 이론적인 SML의 타당성을 규명하기 위하여 다음과 같은 두 가지에 대해 검증을 실시한다. 첫째, 검증모형에서 i증권의 초과수익률과 시장포트폴리오의 초과수익률이 선형관계를 유지하는가를 검증하는 것이다. 둘째, 검증모형에서 $\alpha_i = 0$이 성립하는가를 검증한다.

이상의 두 가지 검증에서 두 초과수익률의 상관계수가 크고, α의 값이 0과 유의적인 차이를 나타내지 않는다면, 일반적으로 이론적인 SML은 타당성이 있는 것으로 이해한다.

2.2 주요 실증연구

(1) Black, Jensen, and Scholes의 연구

*CAPM*에 대한 실증적 연구는 여러 학자에 의해 수행되어 왔다. Black, Jensen, and Scholes(1972)의 연구는 이들 중에서 대표적인 것이다.[6]

이들은 개별주식의 베타계수 추정에서 발생하는 오차(error)가 *CAPM*에 편의성(bias)을 발생시킬 수 있다고 주장하고, 실증연구에서 이러한 편의성을 축소시키기 위하여 개별주식 대신에 포트폴리오 자료를 이용하여 분석하였다. 이들은 1926년 ~1966년의 기간 동안에 뉴욕증권거래소(New York Stock Exchange, NYSE)에서 거래된 모든 주식을 표본자료로 사용하였다.

---

6) F. Black, M. C. Jensen, and M. Scholes(1972), "The Capital Asset Pricing Model: Some Empirical Tests," in M. C. Jensen(1972), ed., *Studies in the Theory of Capital Markets*, Frager Publishers.

이들은 5년간의 월별수익률 자료를 이용하여 각 개별증권의 베타계수를 추정한 후, 이 베타계수의 크기에 따라 10개의 포트폴리오를 구성하였다. 이러한 과정을 표본기간 동안에 매년 반복하여 1935년～1965년의 기간 동안에 걸친 10개의 포트폴리오 수익률 자료를 확보하였다. 그리고 다음과 같은 시계열 회귀모형을 추정하였다.

$$[R_{it} - R_{Ft}] = \alpha_i + \beta_i [R_{Mt} - R_{Ft}] + e_i \qquad (9-14)$$

단, R_{it} : 포트폴리오 i의 t기의 수익률

R_{Mt} : 시장포트폴리오의 t기의 수익률

R_{Ft} : t기의 무위험수익률

이 추정모형은 초과수익률형 시장모형이다. 이론적인 $CAPM$이 타당성을 가지기 위해서는 모형에서 추정된 계수 α_i가 0과 유의적인 차이를 보이지 않아야 한다. 또 추정된 포트폴리오의 β_i와 아무런 관련성이 없어야 한다.

Black, Jensen, and Scholes(1972)의 검증결과가 〈표 9-1〉에 요약되어 있다. 대다수의 α_i값이 매우 작고, t검증 통계량이 유의적인 값을 보이지 않고 있다. 이는 $CAPM$이 타당하다는 것을 나타내는 것이다.

그러나 각 포트폴리오의 α_i와 β_i의 관계를 살펴보면, β_i의 값이 1보다 크면 α_i의 값이 음(-)이 되고, β_i의 값이 1보다 작으면 α_i의 값이 양(+)이 되는 것으로 나타나고 있다. 이는 이론적인 $CAPM$의 타당성이 기각되는 검증결과라고 할 수 있다. 즉 추정된 $CAPM$에서는 체계적 위험이 높은 포트폴리오의 초과수익률이 이론적 $CAPM$의 예측치보다 낮게 나타나고, 반대로 체계적 위험이 낮은 포트폴리오의 초

표 9-1 시계열 검증결과(1931년 1월～1965년 12월, 표본규모＝420개)

	포트폴리오									
	1	2	3	4	5	6	7	8	9	10
β_i	1.56	1.38	1.25	1.16	1.06	0.92	0.85	0.75	0.63	0.50
α_i (t값)	-0.0008 (-0.43)	-0.0019 (-1.99)*	-0.0006 (-0.76)	-0.0002 (-0.25)	-0.0005 (-0.89)	0.0006 (0.79)	0.0005 (0.70)	0.0008 (1.18)	0.0020 (2.31)*	0.0020 (1.87)*
ρ^2	0.93	0.98	0.98	0.98	0.98	0.97	0.97	0.96	0.91	0.81

* 임계수준 10%에서 유의적임.

자료: F. Black, M. C. Jensen, and M. Scholes(1972), "The Capital Asset Pricing Model: Some Empirical Tests," in M. C. Jensen(1972), ed., *Studies in the Theory of Capital Markets*, Frager Publishers, p.88.

표 9-2 횡단면 검증결과

계수	a	b	ρ^2
계수추정치	0.00359	0.01080	
표준오차	0.00055	0.00052	0.98
t-통계량	6.52[*]	20.77[*]	

*는 임계수준 10%에서 통계량이 유의적임을 나타냄. 계수 a에 대한 t-통계량은 가설 $a=0$에 대한 통계량이며, 계수 b에 대한 t-통계량은 가설 $b=0.0142$에 대한 통계량임. 여기에 0.0142는 위험의 시장가격에 대한 역사적 추정치임.

자료: F. Black, M. C. Jensen, and M. Scholes(1972), "The Capital Asset Pricing Model: Some Empirical Tests," in M. C. Jensen(1972), ed., *Studies in the Theory of Capital Markets*, Frager Publishers, 93-95.

과수익률은 이론적 *CAPM*의 예측치 보다 높게 나타나는 결과이다.[7]

다음으로 Black, Jensen, and Scholes(1972)는 10개의 포트폴리오 자료를 이용하여 횡단면 검증을 실시하였다. 이들은 전체 분석기간을 단일분석기간으로 하여 10개 포트폴리오를 이용한 횡단면 분석을 위하여 다음과 같은 모형을 추정하였다.

$$\overline{(R_i - R_F)} = a + b\beta_i + e_i \tag{9-15}$$

이러한 횡단면 검증결과는 〈표 9-2〉에 요약되어 있다. 이 표에 의하면, 먼저 추정모형에 대한 선형관계는 잘 유지되고 있다고 할 수 있다. 그 이유는 종속변수인 $\overline{(R_i - R_F)}$와 독립변수인 β_i 간의 상관성이 높게 유지되기 때문이다($\rho^2 = 0.98$). 횡단면 분석에서 절편을 나타내는 계수 a는 0이어야 하며, 계수 b는 위험의 시장가격에 역사적 추정치인 $\overline{(R_M - R_F)}$와 동일해야 한다. 그러나 a의 추정치는 유의적인 양(+)의 값을 보이고 있다. 그리고 b의 추정치도 위험의 시장가격에 대한 역사적 추정치인 0.0142와 유의적인 차이를 보이고 있다. 즉 추정모형의 기울기가 이론적 모형의 기울기보다 완만하게 나타난다는 것을 알 수 있다.

이상과 같은 Black, Jensen, and Scholes(1972)의 시계열 검증과 횡단면 검증의 결과를 요약하면 다음과 같다.

첫째, 추정한 *SML*은 선형이며 회귀선의 기울기가 정(+)의 방향이므로, *CAPM*의 타당성은 기각되지 않는다는 것이다. 그러나 절편은 무위험수익률 보다 높게 나타나고, 기울기는 위험의 시장가격 보다 낮게 나타나는 경향이 있다.

둘째, 이들의 검증결과는 절편이 무위험수익률보다는 오히려 Black의 제로베타 포트폴리오의 기대수익률에 더 근접한 것으로 나타나고 있다. 그 이유로서 제로베

---

7) 초과수익률형 시장모형에서의 계수 α_i는 Jensen의 알파로 포트폴리오의 초과수익률을 나타낸다. 자세한 내용은 제19장을 참조하라.

타 포트폴리오의 평균수익률은 평균 무위험수익률보다 대체로 높고, 또 기간에 따라 변동할 수 있다는 점을 지적하고 있다. 또 다른 이유는 균형모형인 *CAPM*에서는 무위험수익률로 무한히 차입 또는 대출이 가능한데, 현실세계에서는 차입이자율이 대출이자율보다 높기 때문이라는 것이다.

(2) Fama and MacBeth의 연구

Fama and MacBeth(1973)는 *CAPM*의 가장 기본적인 성격을 검증하는 것을 그들의 연구목표로 삼았다. 이들은 ⓐ 위험과 수익률의 관계가 선형을 유지하며, ⓑ 비체계적인 위험이 수익률에 어떠한 영향을 주는가에 대해 검증하였다.[8]

이들은 이상과 같은 두 가지 점을 실증적으로 확인하기 위하여 Black의 제로베타 *CAPM*에 다음과 같은 두 개의 항을 추가하였다.

$$E(R_i) = E(R_Z) + [E(R_M) - E(R_Z)]\beta_i + g\beta_i^2 + h\sigma(e_i) \qquad (9-16)$$

이 모형은 제로베타 *CAPM*모형에 체계적 위험의 제곱을 나타내는 항과 비체계적 위험을 나타내는 변수를 추가한 것이다. 체계적 위험을 제곱한 항을 추가한 이유는 기대수익률과 체계적 위험이 선형관계를 가지는가를 확인하기 위한 것이다. *CAPM*이 타당성을 가지기 위해서는 체계적 위험의 제곱 항의 계수 g가 0이어야 한다. 그리고 비체계적 위험을 나타내는 변수를 추가한 이유는 증권의 기대수익률이 체계적 위험만을 반영하는가를 확인하기 위해서이다. *CAPM*이 타당성을 가지기 위해서는 비체계적 위험에 대한 계수 h가 0이어야 한다.

Fama and MacBeth(1973)는 (9-16)식을 검증하기 위하여 1935년~1968년의 기간 중 NYSE에 상장된 모든 주식을 표본으로 선택한 다음, 앞에서 설명한 Black, Jensen, and Scholes(1972)의 연구와 같은 방법으로 20개의 포트폴리오를 구성하고, 각 월별로 아래와 같은 횡단면 회귀모형을 검증하였다.

$$R_{it} = a + b\beta_{it-1} + g\beta_{it-1}^2 + h s_{t-1}(e_i) + \varepsilon_{it} \qquad (9-17)$$

단,　　R_{it} : i포트폴리오의 t월의 수익률
　　　　β_{it-1} : t월의 이전 4년간 포트폴리오 베타계수의 평균
　　　　$s_{t-1}(e_i)$: t월의 이전 4년간 포트폴리오 비체계적 위험

이들의 검증결과는 〈표 9-3〉에 요약되어 있다. 이러한 검증결과는 다음과 같이

---

8) E. F. Fama and J. D. MacBeth(1973), "Risk, Return, and Equilibrium: Empirical Tests," *Journal of Political Economy*, 607-636.

표 9-3 Fama and MacBeth의 CAPM 검증결과

변수	계수	계수추정치	t-통계량	통계적 유의성
절편	a	0.0020	0.55	0과 차이 없음
체계적 위험	b	0.0113	1.85^*	정(+)의 방향
체계적 위험의 제곱	g	−0.0026	−0.88	0과 차이 없음
비체계적 위험	h	0.0516	1.11	0과 차이 없음

*는 임계수준 10%에서 통계량이 유의적임을 나타냄.

자료: E. F. Fama and J. D. MacBeth(1973), "Risk, Return, and Equilibrium: Empirical Tests," *Journal of Political Economy*, 607−636.

요약할 수 있다.

첫째, 무위험수익률을 나타내는 계수 a(절편)는 0과 유의적인 차이를 보이지 않고 있다. 이것은 이론적인 *CAPM*에서 R_F가 무위험수익률이라는 가설을 입증할 수 없다는 것을 의미한다.

둘째, 체계적 위험에 대한 계수 b가 유의적인 양(+)의 값을 보이고 있다. 이것은 검증모형에서 회귀선이 우상향의 형태를 가진다는 것을 나타내며, 기대수익률과 체계적 위험은 정비례 관계에 있다는 것을 의미한다.

셋째, 체계적 위험의 제곱에 대한 계수 g와 비체계적 위험에 대한 계수 h는 0과 유의적인 차이를 보이지 않고 있다. 다시 말해서 비록 몇 개의 세부기간에 있어서 체계적 위험의 제곱과 비체계적 위험에 대한 계수가 유의적인 값을 보이기도 하지만, 분석기간 전체 자료에서는 체계적 위험의 제곱과 비체계적 위험에 대한 계수가 0과 유의적인 차이를 보이지 않는다고 할 수 있다. 이는 이론적인 *CAPM*이 타당성을 가진다는 증거가 될 수 있다.

2.3 CAPM의 검증과 비판

Sharpe, Lintner, Mossin 등이 제시한 규범적 *CAPM*과 Black의 제로베타 *CAPM*의 이론적 타당성을 뒷받침하기 위한 실증적 검증은 오랫동안 많은 학자들에 의해 진행되어 왔다. 이러한 실증적 연구에서 일관성 있게 나타나는 연구결과는 다음과 같다.[9]

---

9) CAPM의 검증에 관련하여 다음 자료를 참고하라. M. Blume and I. Friend(1973), "A New Look at the Capital Asset Pricing Model," *Journal of Finance*, 19-34; F. Black, M. C. Jensen, and M. Scholes(1972), "The Capital Asset Pricing Model: Some Empirical Tests," in M. C. Jensen, ed., *Studies in the Theory of Capital Markets*, Frager Publishers; F. Modigliani and G. A.

첫째, 다수 종목의 주식으로 구성된 포트폴리오의 베타계수는 안정적이므로 미래의 체계적 위험의 측정치로 이용할 수 있으나, 개별주식의 베타계수는 비안정적이므로 미래의 체계적 위험의 측정치로는 덜 적합하다.

둘째, 사후적 무위험수익률은 0이 아니었으나, 미국의 T-Bill이나 장기국공채의 수익률로 측정한 무위험수익률보다 높았다.

셋째, 추정한 CAPM의 기울기는 이론적인 CAPM의 기울기보다 완만하게 나타났다.

Roll(1977)은 CAPM에 나타난 베타계수의 의미에 대해 논리적으로 비판하고, 또 실증적 연구를 통하여 전통적 CAPM과 제로베타 CAPM에 대하여 다음과 같은 문제점이 있음을 지적하였다.[10]

첫째, 전통적 CAPM의 검증은 진정한 시장포트폴리오의 구성을 완전히 알고 있고, 시장포트폴리오를 이용할 수 있는 경우에만 가능하다. 그러나 시장포트폴리오가 효율적 프론티어 상에 위치하는지 확인할 수 없다.

둘째, 시장포트폴리오의 대용지수를 주가지수 등으로 대체시키는 것도 문제점이 있다. 만약 선택된 지수가 평균-분산의 기준에서 효율적 프론티어 상에 있지 않을 때에는 CAPM이 성립되지 않는다.

셋째, 선택된 대용지수가 평균-분산의 기준에서 효율적 프론티어에 위치한다고 하더라도 진정한 시장포트폴리오가 평균-분산의 기준에서 효율적 프론티어에 위치한다는 보장이 없다. 왜냐하면 표본에 따라서는 수익생성과정과 상관없이 평균-분산의 기준에서 사후적으로 효율적 포트폴리오로 나타나는 경우가 있다. 이러한 포트폴리오에 대하여 산출된 베타계수는 항상 사후적 평균수익률과 선형관계를 유지하게 된다. 이는 진정한 시장포트폴리오가 효율적 프론티어에 위치해야 한다는 것과는 상관없기 때문이다.

넷째, 제로베타 CAPM에서도 위와 동일한 문제점이 발생한다. 실증분석에 이용하기 위하여 선택된 대용지수가 효율적이라고 한다면, 제로베타 포트폴리오는 이 대용지수와의 관계에 의해서 결정된다. 대용지수가 사후적으로 효율적 프론티어에 위치하고 있으면, 모든 위험자산이 SML 선상에 위치하게 된다. 따라서 실증분석에서 위험자산이 SML로부터 벗어난다는 것은 분석에 이용된 대용지수가 단순히 사후

Pougue(1974), "An Introduction to Risk and Returns: Concepts and Evidence," *Financial Analysts Journal*, 30(3), 69-86.

10) R. Roll(1977), "A Critique of the Asset Pricing Theory's Tests," *Journal of Financial Economics*, 4(2), 129-176.

적으로 비효율적이라는 것을 의미한다.

다섯째, 전통적 *CAPM*이나 제로베타 *CAPM*에 대한 모든 검증은 대용 시장포트폴리오의 효율성을 검증하는 데 불과하다.

여섯째, 대용 포트폴리오는 일반적으로 다른 대용 포트폴리오 또는 진정한 시장포트폴리오와 높은 상관관계를 가진다. 그러나 위험과 기대수익률의 측정에 있어서는 대용 포트폴리오와 진정한 시장포트폴리오 사이에 발생하는 아주 작은 차이에도 상당한 편의성(bias)이 발생할 수 있다.

전통적 *CAPM*이나 제로베타 *CAPM*에 대한 Roll(1977)의 이상과 같은 비판은 두 모형이 완전히 불합리하다는 의미는 아니다. 그의 주장은 이러한 모형에 대한 실증적 연구와 그 결과의 해석에 신중을 기해야 한다는 것이다.

대용지수가 사후적으로 효율성을 가지면, 베W타계수에 회귀시킨 수익률의 회귀모형은 완전히 선형이 될 것이다. 반대로 이 대용지수가 사후적으로 비효율성을 가지는 경우에는 베타계수와 수익률의 관계에서 대용지수의 비효율성이 그대로 반영될 것이라고 한다. 그런데 진정한 시장포트폴리오를 정확하게 알고 있고, 또 이것을 완전하게 측정한다는 것은 극히 어렵다. 따라서 차선의 방법으로 대용지수를 이용하여 *CAPM*을 추정하게 되는데, 이 대용지수 자체가 가지는 한계점이 그대로 *CAPM*의 한계점으로 나타날 수 있다고 한다.

1 다음의 용어를 설명하라.

① 다기간 *CAPM*   ② 대용지수   ③ 시계열 검증방법

④ 이질적 예측   ⑤ 제로베타 포트폴리오   ⑥ 제로베타 *CAPM*

⑦ 횡단면 검증방법

2 차입이자율과 대출이자율이 다른 경우에 효율적 프론티어가 어떻게 구성되는지 설명하라.

3 제로베타 포트폴리오는 존재하는가? 제로베타 포트폴리오가 존재하는 경우에 개별자산의 균형수익률은 어떻게 결정되는가?

4 투자자들이 이질적 기대가 존재하는 경우에도 개별자산의 균형수익률은 결정될 수 있는가?

5 소득세 등의 세금이 존재하는 경우에 *CAPM*은 어떻게 수정되어야 하는가?

6 *CAPM*의 타당성을 검증하기 위한 검증방법을 횡단면 검증방법과 시계열 검증방법으로 구분하여 설명하라. 각 검증방법에서 중점적으로 검토해야 하는 내용은 무엇인가?

7 *CAPM*의 타당성에 관한 기존의 실증분석 결과를 간략하게 요약하여 제시하라.

8 *CAPM*의 검증에 관련된 Roll의 비판에 관하여 설명하라.

9 다음과 같은 세 개의 위험자산이 존재하며, 각 위험자산의 기대수익률과 분산과 공분산은 다음과 같이 주어져 있다.

종목	기대수익률 (%)	수익률 간의 분산-공분산		
		A	B	C
A	16.2	146	187	145
B	24.6	187	854	104
C	22.8	145	104	289

그리고 무위험자산에 대한 투자자들이 이용 가능한 대출이자율은 3.5%이며, 차입이자율은 4.5%이다.

(1) 위험자산의 효율적 프론티어를 도출하라.

(2) 차입이자율에 대한 CAL을 구하라.

(3) 대출이자율에 대한 CAL을 구하라.

(4) 투자자들의 효율적 프론티어를 그림으로 제시하라.

(5) 차입이자율이 주어져 있을 때의 접점 포트폴리오에 대한 제로베타 포트폴리오를 제시하라.

(6) 위의 자료를 이용하여 제로베타 $CAPM$모형을 수식으로 제시하라.

10 다음 내용을 증명하라.

위험자산의 효율적 프론티어가 다음과 같이 주어져 있을 때,

$$\sigma_P = \sqrt{c[E(R_P)]^2 - 2bE(R_P) + a}$$

효율적 포트폴리오 M에 대한 제로베타 포트폴리오의 기대수익률은 다음과 같다.

$$E(R_Z) = \frac{bE(R_M) - a}{cE(R_M) - b}$$

해답

9. (1) $\sigma_P^2 = 1.8039\,[E(R_p)]^2 - (2)\,(27.7782)\,E(R_p) + 570.9331$

(2) $E(R_p) = 4.5 + 1.1767\sigma_P$

(3) $E(R_p) = 3.5 + 1.2421\sigma_P$ (4) 생략

(5) 4.5 (6) $E(R_i) = 4.5 + 18.1814\beta_i$

차익거래가격결정이론

    이 장에서는 차익거래가격결정이론(*APT*)에 대하여 살펴본다. 먼저 *CAPM*에서와 같은 엄격한 가정을 이용하지 않아도 자본시장에서 증권의 균형수익률을 산출할 수 있다고 제안된 이론인 *APT*의 의의와 가정에 대해 알아본다. 그리고 *APT*의 핵심적인 내용인 차익거래의 개념, 차익거래 포트폴리오 구성 방법, 차익거래 이익 등에 대하여 자세히 알아본다.

    증권의 수익률이 다수의 공통요인에 의해 생성되고, 차익거래 이익이 존재하지 않는다는 조건하에서 증권의 균형수익률을 결정하는 *APT*모형을 도출하고, 이러한 모형이 가지고 있는 의미에 대해 알아본다.

    흔히 *APT*는 *CAPM*의 확장이라고 한다. 단일요인에 근거한 *CAPM*에 비하여 *APT*는 다수의 공통요인에 의해 증권의 수익률이 결정된다고 한다. 그렇지만 이론적 구조는 거의 동일하다. 이 장에서는 두 모형을 비교하여 *APT*가 *CAPM*을 확장한 모형이라는 점을 설명할 것이다.

    마지막으로 *APT*의 공통요인의 경제적 의미가 무엇인가를 밝히는 분석방법을 설명하고, 대표적인 연구결과를 소개한다.

1.1 APT의 의의

균형자본시장의 이론으로 제시된 Sharpe, Lintner, Mossin 등의 전통적 *CAPM*과 Black의 제로베타 *CAPM*은 여러 학자의 실증적 검증을 통하여 많은 한계점이 지적되어 왔으며, 이에 대한 이론적 보완이 이루어져 왔다. Ross는 *CAPM*에 비하여 검증의 가능성이 높은 대체이론으로 차익거래가격결정이론(arbitrage pricing theory, *APT*)을 제시하였다.[1]

*CAPM*에서는 증권의 수익률을 평균-분산의 기준에서 단일공통요인, 즉 단일의 대용지수와의 선형관계로 설명하고 있다. 그렇지만 현실적으로는 증권의 수익률에 영향을 미치는 요인은 여러 가지가 있을 수 있다. *APT*에서는 증권의 수익률이 생산성 수준, 인플레이션, 이자율 등과 같은 다수의 요인으로 설명된다고 보고 있다.

1.2 차익거래의 개념

*APT*는 균형상태의 자본시장에서 추가적인 자금의 투입이나 위험의 부담이 없으면 추가적인 이익의 실현이 불가능하다는 원리인 차익거래(arbitrage)에 기초하여 위험자산의 균형수익률을 도출한다.

차익거래는 경쟁적인 상품시장에서 동일한 상품은 동일한 가격을 가져야 한다는 원리에 바탕을 두고 있다. 만약 동일한 품질을 가진 상품이 서로 다른 가격에 거래되고 있다면, 낮은 가격의 상품을 매입하는 동시에 높은 가격의 상품을 매도하는 거래가 발생하게 된다. 이러한 거래가 반복되면 동일한 품질을 가진 상품은 동일한 가격을 가지는 일물일가의 법칙(law of one price)이 성립하게 된다.

자본시장의 경우에도 일물일가의 법칙이 성립해야 한다. 즉 자본시장이 균형상

---

1) S. A. Ross(1974), "Return, Risk and Arbitrage," in Friend and Bicksler, eds., *Risk and Return in Finance*, Health Lexington; S. A. Ross(1976), "The Arbitrage Theory of Capital Asset Pricing," *Journal of Economic Theory*, 341-360. 저자에 따라서는 재정가격결정이론이라는 용어를 사용하기도 한다. 이 책에서는 차익거래가격결정이론이라는 용어를 사용한다.

태에 있다면 동일한 위험을 가진 증권은 기대수익률도 동일하게 된다. 만약 위험이 동일한데 가격이 다른 두 증권이 시장에 있다면, 부의 최대화를 추구하는 투자자들은 가격이 높은 증권을 매도하고(이를 공매라고 함), 동시에 가격이 낮은 증권을 매입하는 거래를 수행함으로써 추가적인 위험부담 없이 초과수익을 얻을 수 있게 된다.

많은 투자자들이 이러한 차익거래를 수행하게 되면 증권의 가격이 균형상태로 되돌아가게 될 것이다. 즉 가격이 높게 형성된 증권은 차익거래자들에 의해서 매도압력이 높아져 가격이 하락하게 된다. 반대로 가격이 낮게 형성된 증권은 매수압력이 높아져서 가격이 상승하게 된다. 결국 이러한 차익거래는 증권의 가격이 동일해져서 초과수익이 없어지게 될 때까지 계속될 것이다. 즉 자본시장이 균형상태에서는 동일한 위험을 가진 증권들의 가격이 동일할 것이다. 따라서 이러한 증권들의 기대수익률도 동일하게 된다.

차익거래의 원리는 자본시장에서 자산의 균형가격을 도출하기 위해 일반적으로 이용되는 방법론이다. 특정한 자산의 가격을 결정하기 위해서는 이 자산과 동일한 특성을 가지는 포트폴리오를 구성하고, 자산의 가격은 이러한 포트폴리오의 가격과 동일해야 한다는 원리를 이용해서 자산의 균형가격을 도출할 수 있다.

Ross는 자산의 균형수익률을 결정하기 위하여 ⓐ 투자액이 0이고, ⓑ 위험의 부담이 없는 포트폴리오를 구성하면, ⓒ 이러한 포트폴리오의 기대수익률은 0이어야 한다는 조건을 이용하고 있다. 이런 조건하에서 자산의 균형수익률을 도출하면, $CAPM$에서와 같은 비현실적인 많은 가정을 이용하지 않아도 된다는 이점이 있다.

1.3 APT의 가정과 특징

APT는 $CAPM$과 같은 비현실적인 가정을 많이 이용하지 않고도 증권의 균형수익률을 도출할 수 있다는 이점이 있다. APT에서는 이론을 도출하기 위해 다음과 같은 가정을 이용한다.

ⓐ 자본시장은 완전경쟁적이며, 거래비용, 세금 등의 마찰요인이 없다. 그러므로 투자자는 차익거래를 통해서는 초과이익을 달성할 수 없다.
ⓑ 투자자는 더 많은 부(wealth)를 선호한다.
ⓒ 투자자는 자산 또는 증권의 확률적 수익률에 대하여 동질적 예측을 한다.

이러한 가정을 바탕으로 하여 증권의 균형수익률을 설명하는 *APT*는 *CAPM*에 비하여 다음과 같은 특징이 있다.

ⓐ *APT*는 균형상태의 자본시장에서 추가적인 금액의 투입이나 위험부담을 하지 않고는 수익을 얻을 수 없다는 차익거래의 원리를 이용하여 증권의 균형수익률을 설명한다.

ⓑ *CAPM*에서처럼 관찰할 수 없는 이론적인 시장포트폴리오에 의존하지 않고, *APT*는 관찰할 수 있는 분산된 포트폴리오(차익거래 포트폴리오)를 구성하여 자산의 균형수익률을 설명한다.

ⓒ *APT*는 증권의 수익률이 시장포트폴리오라는 단일요인이 아닌 다수의 공통요인과의 선형관계에 의해 생성되는 모형을 이용하여 자산의 체계적 위험을 측정한다.

*CAPM*은 시장포트폴리오라는 단일의 요인에 의하여 증권의 수익률이 결정된다고 보는 반면에, *APT*는 다수의 공통요인에 의하여 증권의 수익률이 결정된다고 본다. *APT*는 균형상태에서 증권의 기대수익률이 다수의 공통요인에 대한 민감도에 대하여 선형관계에 있다는 결론을 제시한다. 이러한 *APT*에 의한 자산가격의 결정원리는 *CAPM*을 확장한 것이 된다.

제 2 절   요인모형

*APT*를 이해하기 위해서는 먼저 요인모형(factor model)을 알아야 한다. 요인모형은 자산의 수익률이 어떠한 원인에 의하여 변동하였는가를 설명하기 위한 수익생성모형(return generating model)이다. 수익생성모형은 증권의 수익률이 어떻게 창출되는지를 설명하는 통계적 모형이다. 시장모형 혹은 지수모형 등이 수익생성모형의 한 형태이다. 여기에서 다루는 요인모형은 다양한 경제적 영향요인으로 증권수익률의 행태를 포착하고자 하는 모형으로 수익생성모형 중의 하나이다.

요인모형의 의의와 형태

(1) 요인모형의 의의

요인모형(factor model)은 증권의 수익률이 다양한 공통요인에 대하여 민감성을 가진다는 모형이다. 시장모형(market model)도 이러한 요인모형 중의 하나라고 할 수 있다. 단일요인모형인 시장모형은 증권의 수익률을 결정하는 요인이 하나라고 보는 것이다.

증권의 기대수익률, 분산, 공분산 등을 보다 정확하게 추정하고자 한다면, 단일 요인모형보다 다요인모형이 유용할 것이다. 이처럼 다요인모형이 유용한 이유는 증권의 수익률이 시장지수의 변동보다는 더욱 민감한 변동을 보이는 것으로 나타나기 때문이다. 즉 자본시장에는 증권의 수익률에 영향을 미치는 다수의 공통요인이 존재할 가능성이 있다.

수익생성모형으로서의 요인모형은 모든 증권의 가격을 체계적으로 변동시키는 주요한 경제적 영향요인(economic forces)을 포착하는 것이다. 요인모형에 함축되어 있는 가정은 두 증권수익률 간의 상관관계가 오로지 공통요인을 통해서만 나타난다는 것이다. 공통요인에 의해 설명되지 않는 수익률의 모든 변동은 그 증권에 고유한 변동이며, 따라서 증권수익률의 이러한 고유한 변동은 다른 증권과 무상관이라는 것이다.

요인모형은 포트폴리오 관리를 위한 강력한 도구가 된다. 왜냐하면, 요인모형은 Markowitz의 효율적 프론티어를 결정하는 데 필요한 개별증권의 기대수익률, 분산, 공분산 등에 대한 모든 정보를 제공해주기 때문이다.

(2) 단일요인모형

모든 증권의 수익률에 체계적으로 영향을 주는 단일의 공통요인이 존재한다고 하자. 단일요인모형을 일반화시켜서 나타내면 다음과 같다.

$$R_{it} = a_i + b_i F_t + e_{it} \qquad\qquad (10-1)$$

여기에서 R_{it}는 i증권의 t시점에서의 수익률이며, F_t는 모든 증권의 수익률에 체계적으로 영향을 주는 공통요인의 t시점에서의 값을 나타내고 있다. 그리고 a_i와 b_i는 모형의 계수이다. 특히 b_i는 공통요인에 대한 i증권의 민감도로서 체계적 위험의 척도가 된다. 이러한 요인모형에 내재되어 있는 가정은 다음과 같다.

$$cov(F, e_i) = 0 \qquad (10-2)$$

$$cov(e_i, e_j) = 0 \qquad (10-3)$$

(10-2)식의 가정은 공통요인과 개별증권의 확률적 오차항 간에 무상관이라는 것이다. 이는 공통요인의 값이 개별증권의 확률적 오차항에 의해 영향을 받지 않는다는 것을 나타낸다.

(10-3)식의 가정은 두 증권의 확률적 오차항은 무상관이라는 것이다. 이는 어떤 증권의 확률적 오차항의 값이 다른 증권의 확률적 오차항의 값에 의해 영향을 받지 않는다는 것이다. 따라서 두 증권간의 수익률의 상관계수는 오로지 공통요인을 통해서만 결정된다는 것이다.

(3) 개별증권의 기대수익률, 분산, 공분산

개별증권의 수익률이 단일요인모형에 의하여 생성된다고 한다면, 이러한 요인모형은 개별증권의 기대수익률과 분산, 공분산 등을 산출하는 데 필요한 정보를 가지고 있다. 요인모형을 이용하여 개별증권의 기대수익률, 분산, 공분산 등은 다음과 같이 산출할 수 있다.

$$E(R_i) = a_i + b_i E(F) \qquad (10-4)$$

$$\sigma_i^2 = b_i^2 \sigma_F^2 + \sigma_{e_i}^2 \qquad (10-5)$$

$$\sigma_{ij} = b_i b_j \sigma_F^2 \qquad (10-6)$$

여기에서 $E(F)$는 공통요인의 기대치이며, σ_F^2은 공통요인의 분산이다. 이처럼 요인모형을 이용하면 각 개별증권의 기대수익률, 분산, 공분산을 산출할 수 있다.

이러한 단일요인모형은 앞서 살펴본 시장모형과 통계적으로 거의 유사하다. 따라서 모형의 계수를 이용하여 각 개별증권의 통계량을 산출하는 과정도 거의 유사하다고 할 수 있다.

예 10-1 단일요인모형

단일요인모형에 대한 추정결과는 다음과 같으며, 공통요인의 기대치는 3, 분산은 3이다.

$$R_{it} = 4 + 3.2F_t + e_{it} \quad (잔차분산 = 15.2)$$

$$R_{jt} = 6 + 2.5 F_t + e_{jt} \quad (\text{잔차분산} = 10.5)$$

(1) 증권 i의 기대수익률은 얼마인가?

$$E(R_i) = a_i + b_i E(F)$$
$$= 4 + (3.2)(3) = 13.6\%$$

(2) 증권 i의 수익률의 분산은 얼마인가?

$$\sigma_i^2 = b_i^2 \sigma_F^2 + \sigma_{e_i}^2$$
$$= (3.2)^2 (3) + (15.2) = 45.92$$

(3) 증권 i와 증권 j간의 수익률의 공분산은 얼마인가?

$$\sigma_{ij} = b_i b_j \sigma_F^2$$
$$= (3.2)(2.5)(3) = 24$$

2.2 다요인모형

경제 전반의 변화는 개별증권의 수익률에 영향을 미칠 수 있다. 경제상황이 변화할 것으로 예상되면, 증권의 기대수익률도 변화하게 된다. 그러나 경제상황은 여러가지 경제적 요인들이 복합적으로 작용하여 변화하기 때문에, 여러 개의 공통요인을 사용해야만 이러한 변화를 포착해 낼 수 있을 것이다. 예를 들어, 산업생산성 증가율, 이자율, 원유 등의 원자재 가격변화, 인플레이션 등이 경제상황의 변화를 주도하는 요인들이라 할 수 있고, 나아가 증권의 수익률에 체계적으로 영향을 주는 공통요인이 될 수 있다.

(1) 2요인모형

이제 증권의 수익률이 두 개의 공통요인에 의해 결정된다고 가정하는 2요인모형의 특성에 대해 알아보자. 2요인모형은 다음과 같이 나타낼 수 있다.

$$R_{it} = a_i + b_{1i} F_{1t} + b_{2i} F_{2t} + e_{it} \tag{10-7}$$

2요인모형에서 증권의 수익률에 체계적으로 영향을 미치는 공통요인은 F_1과 F_2의 두 개가 된다. 그리고 (10-2)식과 (10-3)식의 가정은 동일하게 적용된다. 2요인모형의 계수의 추정은 다음과 같이 약간 복잡한 형태의 수식으로 나타난다.

$$b_{1i} = \frac{\sigma_{1i}\sigma_2^2 - \sigma_{2i}\sigma_{12}}{\sigma_1^2\sigma_2^2 - \sigma_{12}^2} \tag{10-8a}$$

$$b_{2i} = \frac{\sigma_{2i}\sigma_1^2 - \sigma_{1i}\sigma_{12}}{\sigma_1^2\sigma_2^2 - \sigma_{12}^2} \tag{10-8b}$$

$$a_i = E(R_i) - b_{1i}E(F_1) - b_{2i}E(F_2) \tag{10-8c}$$

여기에서 σ_1^2은 공통요인 F_1의 분산이며, σ_2^2은 공통요인 F_2의 분산이다. σ_{12}는 공통요인 F_1과 F_2의 공분산이다. 그리고 σ_{1i}는 공통요인 F_1과 i증권 수익률의 공분산이다. σ_{2i}는 공통요인 F_2와 i증권 수익률의 공분산이다.

예 10-2 2요인모형의 계수 추정

2요인모형의 계수를 추정하여 보자. 두 개의 공통요인 F_1과 F_2, 그리고 개별증권 i의 기대수익률, 분산-공분산에 관한 자료는 다음과 같이 주어져 있다고 하자. 다음과 같은 2요인모형의 계수를 추정하라.

$$R_{it} = a_i + b_{1i}F_{1t} + b_{2i}F_{2t} + e_{it}$$

구분	기대치	분산-공분산		
		F_1	F_2	R_i
F_1	5.83	3.63	0.78	7.35
F_2	3.95	0.78	3.43	−0.65
R_i	15.78	7.35	−0.65	29.52

$$b_{1i} = \frac{\sigma_{1i}\sigma_2^2 - \sigma_{2i}\sigma_{12}}{\sigma_1^2\sigma_2^2 - \sigma_{12}^2}$$

$$= \frac{(7.35)(3.43) - (-0.65)(0.78)}{(3.63)(3.43) - (0.78)^2} = 2.1716$$

$$b_{2i} = \frac{\sigma_{2i}\sigma_1^2 - \sigma_{1i}\sigma_{12}}{\sigma_1^2\sigma_2^2 - \sigma_{12}^2}$$

$$= \frac{(-0.65)(3.63) - (7.35)(0.78)}{(3.63)(3.43) - (0.78)^2} = -0.6833$$

$$a_i = E(R_i) - b_{1i}E(F_1) - b_{2i}E(F_2)$$

$$= 15.78 - (2.1716)(5.83) - (-0.6833)(3.95) = 5.8186$$

(2) 2요인모형과 개별증권의 기대수익률, 분산, 공분산

개별증권의 수익률이 2요인모형에 의해 생성된다고 한다면, 요인모형은 개별증권의 기대수익률과 분산, 공분산 등의 산출에 필요한 정보를 가지고 있다. 2요인모형을 이용하여 개별증권의 기대수익률, 분산, 공분산 등은 다음과 같이 산출할 수 있다.

먼저 2요인모형을 이용하여 개별증권의 기대수익률을 산출하여 보자. 이는 2요인모형인 (10-7)식의 양변에 기대치를 취하여 다음과 같이 산출할 수 있다.

$$\begin{aligned} E(R_i) &= E[a_i + b_{1i}F_1 + b_{2i}F_2 + e_i] \\ &= a_i + b_{1i}E(F_1) + b_{2i}E(F_2) \end{aligned} \qquad (10-9)$$

이제 2요인모형을 이용하여 개별증권 수익률의 분산을 체계적 위험과 비체계적 위험으로 분해하여 보자. 개별증권 수익률의 분산은 2요인모형을 나타내는 (10-7)식으로부터 다음과 같이 분해된다.

$$\begin{aligned} \sigma_i^2 = var(R_i) &= var[a_i + b_{1i}F_1 + b_{2i}F_2 + e_i] \\ &= b_{1i}^2 var(F_1) + b_{2i}^2 var(F_2) + 2b_{1i}b_{2i}cov(F_1, F_2) + var(e_i) \\ &= b_{1i}^2 \sigma_1^2 + b_{2i}^2 \sigma_2^2 + 2b_{1i}b_{2i}\sigma_{12} + \sigma_{e_i}^2 \end{aligned} \qquad (10-10)$$

위의 식에서 우변의 처음부터 세 번째까지의 항은 공통요인의 분산과 공분산 등을 포함하고 있는 항이므로, 이 항들의 합은 증권 i의 체계적 위험이 된다. 그리고 우변의 마지막 항은 개별증권의 고유분산을 나타내므로 비체계적 위험이 된다.

그리고 2요인모형을 이용하면, 개별증권 수익률 간의 공분산을 산출할 수 있다. 개별증권 수익률 간의 공분산도 2요인모형을 나타내는 (10-7)식을 이용하면 다음과 같이 구할 수 있다.

$$\begin{aligned} \sigma_{ij} &= cov(R_i, R_j) \\ &= cov[\{a_i + b_{1i}F_1 + b_{2i}F_2 + e_i\}, \{a_j + b_{1j}F_1 + b_{2j}F_2 + e_j\}] \\ &= b_{1i}b_{1j}var(F_1) + b_{2i}b_{2j}var(F_2) + (b_{1i}b_{2j} + b_{2i}b_{1j})cov(F_1, F_2) \\ &= b_{1i}b_{1j}\sigma_1^2 + b_{2i}b_{2j}\sigma_2^2 + (b_{1i}b_{2j} + b_{2i}b_{1j})\sigma_{12} \end{aligned} \qquad (10-11)$$

이처럼 2요인모형에서 개별증권의 기대수익률, 분산, 공분산 등을 산출하는 과정은 단일요인모형을 확장한 것에 불과하다는 것을 알 수 있다.

예 10-3 2요인모형

다음과 같은 2요인모형을 이용하여 개별증권의 기대수익률, 분산, 공분산 등을 산출하여 보자.

$$R_{it} = a_i + b_{1i}F_{1t} + b_{2i}F_{2t} + e_{it}$$

공통요인 F_1과 F_2의 기대치, 분산-공분산은 다음과 같다.

구분	기대치	분산-공분산	
		F_1	F_2
F_1	5.83	3.63	0.78
F_2	3.95	0.78	3.43

두 개의 개별증권 i와 j에 대한 요인모형의 계수 추정치는 다음과 같다.

구분	a	b_1	b_2	잔차분산
i	5.5756	2.1716	-0.6833	13.13
j	7.3959	1.1670	-0.2767	5.58

(1) 각 증권의 기대수익률을 산출하라.

$$E(R_i) = a_i + b_{1i}E(F_1) + b_{2i}E(F_2)$$
$$= 5.5756 + (2.1716)(5.83) + (-0.6833)(3.95) = 15.78$$

$$E(R_j) = 7.3959 + (1.1670)(5.83) + (-0.2767)(3.95) = 13.11$$

(2) 각 증권 수익률의 분산을 산출하라.

$$\sigma_i^2 = b_{1i}^2\sigma_1^2 + b_{2i}^2\sigma_2^2 + 2b_{1i}b_{2i}\sigma_{12} + \sigma_{e_i}^2$$
$$= (2.1716)^2(3.63) + (-0.6833)^2(3.43) + 2(2.1716)(-0.6833)(0.78) + 13.13 = 29.54$$

$$\sigma_j^2 = (1.1670)^2(3.63) + (-0.2767)^2(3.43) + 2(1.1670)(-0.2767)(0.78) + 5.58 = 10.28$$

(3) 두 증권 수익률 간의 공분산을 산출하라.

$$\sigma_{ij} = b_{1i}b_{1j}\sigma_1^2 + b_{2i}b_{2j}\sigma_2^2 + (b_{1i}b_{2j} + b_{2i}b_{1j})\sigma_{12}$$
$$= (2.1716)(1.1670)(3.63) + (-0.6833)(-0.2767)(3.43)$$
$$+ [(2.1716)(-0.2767) + (-0.6833)(1.1670)](0.78)$$
$$= 8.76$$

(3) 다요인모형의 일반화

이제 2요인모형에서 공통요인의 수를 늘여서 일반적인 모형으로 확장하여 보자. 공통요인의 수를 늘여서 일반적인 다요인모형으로 확장하여도 기본적인 개념은 2요인모형과 동일하다. 공통요인의 수가 k개인 다요인모형은 다음과 같다.

$$R_{it} = a_i + b_{1i}F_{1t} + b_{2i}F_{2t} + \cdots + b_{ki}F_{kt} + e_{it} \tag{10-7}$$

다요인모형에서 각 증권은 k개의 공통요인에 대하여 k개의 민감도를 가진다. 즉 개별증권별로 체계적 위험의 척도가 k개가 된다. 일반화된 다요인모형의 계수를 이용하면, 개별증권의 기대수익률, 분산, 공분산 등을 산출할 수 있다. 그러나 기본적인 개념은 2요인모형과 완전히 동일하다.

제 3 절 　 APT의 도출과 의미

Ross에 의해 개발된 *APT*는 증권의 균형수익률을 결정하는 모형이라는 점에서는 *CAPM*과 매우 유사하다. 즉 증권수익률이 공통요인에 의해 생성된다면, 증권의 기대수익률은 공통요인에 대한 민감도와 선형관계를 가진다는 것이다. 이는 *CAPM*에서 증권의 균형수익률을 결정하는 모형인 *SML*과 동일한 형태이다. 다만 *APT*에서는 공통요인의 수가 다수일 수 있다는 점에서만 차이가 있다. 그러나 *APT*에서 균형수익률을 결정하는 모형을 도출하는 과정은 *CAPM*과 완전히 다르다.

*APT*에서 개별증권의 균형수익률을 도출하는 데에는 세 가지의 중요한 명제가 필요하다. ⓐ 증권의 수익률은 다수의 공통요인에 의해 생성된다. ⓑ 포트폴리오의 비체계적 위험을 완전히 제거할 수 있을 정도로 충분히 많은 수의 증권이 존재한다. ⓒ 자본시장은 효율적이기 때문에 차익거래의 기회가 존재하지 않는다. 여기에서는 이들 세 가지 명제에 기초하여 증권의 균형수익률을 결정하는 모형을 도출하고, 모형이 지닌 의미를 살펴본다.

3.1 APT의 도출

(1) 요인모형

*APT*는 증권수익률이 다수의 공통요인에 의하여 생성된다고 가정하고 있다. 모형의 단순화를 위하여 두 개의 공통요인에 의해 증권수익률이 결정된다고 하자. 이러한 2요인모형은 다음과 같이 된다.

$$R_i = a_i + b_{1i}F_1 + b_{2i}F_2 + e_i \qquad (10-12)$$

단, R_i : 개별증권 i의 수익률
F_1, F_2 : 공통요인
b_{1i}, b_{2i} : 공통요인에 대한 개별증권 i의 민감도
e_i : 확률적 오차항

여기에서 공통요인에 대한 증권의 민감도를 나타내는 b_{1i}, b_{2i}는 증권의 체계적 위험에 대한 척도이다.

(2) 차익거래 포트폴리오

차익거래 포트폴리오(arbitrage portfolio)는 ⓐ 추가적인 투자금의 투입이 없고, ⓑ 체계적 위험을 전혀 부담하지 않고, ⓒ 분산 가능한 위험도 전혀 없는 포트폴리오이다. 이 세 가지 조건을 충족하는 포트폴리오를 차익거래 포트폴리오라고 한다. 이러한 포트폴리오에 투자하여 얻을 수 있는 이익은 확실한 이익이 되는데, 이것을 차익거래 이익(arbitrage profit)이라고 한다. 만약 자본시장이 효율적이라고 한다면, 이러한 차익거래 이익은 존재하지 않게 된다.

이제 차익거래 포트폴리오를 구성하여 보자. 이러한 포트폴리오가 갖추어야 할 조건 중에서 ⓒ의 조건인 '분산 가능한 위험이 없는' 포트폴리오는 포트폴리오를 충분히 많은 수의 증권으로 구성하여 위험을 잘 분산시키면 달성되는 조건이다. 그러나 여기에서는 수식을 단순화하기 위하여, 자본시장에는 4개의 증권이 존재하며, 4개의 증권으로도 ⓒ의 조건이 충족된다고 가정하자.

차익거래 포트폴리오의 조건 ⓐ인 추가적인 투자금액의 투입이 없다는 것은 투자비중의 합이 0이라는 조건을 의미한다.

$$x_1 + x_2 + x_3 + x_4 = 0 \qquad (10-13)$$

차익거래 포트폴리오의 조건 ⓑ인 체계적 위험이 0인 포트폴리오는 포트폴리오의 공통요인에 대한 민감도가 0이어야 한다. 공통요인이 두 개인 경우에는 다음의 두 조건이 충족되어야 한다.

$$b_{1P}=x_1 b_{11}+x_2 b_{12}+x_3 b_{13}+x_4 b_{14}=0 \qquad (10-14a)$$

$$b_{2P}=x_1 b_{21}+x_2 b_{22}+x_3 b_{23}+x_4 b_{24}=0 \qquad (10-14b)$$

여기에서 b_{1P}와 b_{2P}는 차익거래 포트폴리오의 각 공통요인에 대한 민감도이다. 이는 개별증권의 민감도의 가중평균이 된다. 그리고 차익거래 포트폴리오의 각 공통요인에 대한 민감도는 조건 ⓑ에 의하여 0이 되어야 한다.

차익거래 포트폴리오의 기대수익률은 (10-15)식 같이 산출할 수 있다. 그리고 자본시장이 효율적이라면, 균형상태에서 차익거래 포트폴리오의 기대수익률은 0이 되어야 한다.

$$E(R_P)=x_1 E(R_1)+x_2 E(R_2)+x_3 E(R_3)+x_4 E(R_4)=0 \qquad (10-15)$$

이 식에서 차익거래 포트폴리오는 투자금액도 없고 위험도 없다. 따라서 이러한 포트폴리오에서 얻어지는 수익률은 확실한 수익률이다.

⑩ 10-4　차익거래 포트폴리오

다음의 2요인모형에 의해 증권의 수익이 생성된다고 하자.

$$R_i=a_i+b_{1i}F_1+b_{2i}F_2+e_i$$

이러한 2요인모형에 대한 개별증권의 민감도와 기대수익률은 다음과 같이 주어져 있다.

증권	기대수익률 (%)	요인민감도	
		F_1	F_2
1	15	0.9	2.0
2	21	3.0	1.5
3	12	1.8	0.7
4	8	2.0	3.2

(1) 차익거래 포트폴리오를 구성하라.

$$x_1+x_2+x_3+x_4=0$$
$$0.9x_1+3.0x_2+1.8x_3+2.0x_4=0$$
$$2.0x_1+1.5x_2+0.7x_3+3.2x_4=0$$

차익거래 포트폴리오는 위의 세 가지 조건을 갖춘 포트폴리오이다. 이러한 포트폴리오에서의 투자비중을 구하기 위하여 $x_1 = 1.0$으로 두자. 그러면 나머지 증권에 대한 투자비중은 다음과 같이 산출된다.

$$x_2 = 0.884, \ x_3 = -1.081, \ x_4 = -0.803$$

(2) 위에서 구한 차익거래 포트폴리오의 기대수익률을 산출하라.

$$
\begin{aligned}
E(R_p) &= x_1 E(R_1) + x_2 E(R_2) + x_3 E(R_3) + x_4 E(R_4) \\
&= (1)(15) + (0.884)(21) + (-1.081)(12) + (-0.803)(8) \\
&= 14.165\%
\end{aligned}
$$

(3) 자본시장은 균형상태에 있는가? 만약 균형상태가 아니라면 차익거래는 증권의 기대수익률에 어떠한 영향을 주겠는가?

차익거래 이익이 존재하므로 자본시장은 균형상태가 아니다. 따라서 차익거래로 인하여 증권 1과 2에 대해서는 추가적인 수요가 발생하고, 증권 3과 4에 대해서는 추가적인 공급이 발생한다. 차익거래는 투자비중이 양(+)인 증권은 매입하고, 음(-)인 증권은 매도하기 때문이다. 따라서 증권 1, 2의 가격은 상승하고, 증권 3, 4의 가격은 하락한다. 이러한 가격변화로 인하여 증권 1, 2의 기대수익률은 하락하고, 증권 3, 4의 기대수익률은 상승하도록 조정된다.

(3) 균형수익률

자본시장이 균형상태에 있다면, *APT*에 의한 개별증권의 기대수익률은 (10-13), (10-14a), (10-14b), (10-15)의 네 가지 식을 모두 충족시키는 조건으로 구해진다. 이를 위하여 (10-13)식에 상수 λ_0을 곱하고, (10-14a), (10-14b)식에 λ_1과 λ_2를 곱하면 다음과 같이 된다.

$$\sum_{i=1}^{4} \lambda_0 x_i = 0 \tag{10-16a}$$

$$\sum_{i=1}^{4} \lambda_1 x_i b_{1i} = 0 \tag{10-16b}$$

$$\sum_{i=1}^{4} \lambda_2 x_i b_{2i} = 0 \tag{10-16c}$$

위의 세 식을 더하고 난 후 (10-15)식을 차감하여, 투자비중 x_i에 대하여 정리하면 다음과 같은 식이 성립한다.

$$\sum_{i=1}^{4} \{\lambda_0 + \lambda_1 b_{1i} + \lambda_2 b_{2i} - E(R_i)\} x_i = 0 \tag{10-17}$$

자본시장이 균형상태에 있다면, 위 식이 어떠한 투자비중 x_i에 대해서도 성립해야 한다. 만약 이러한 조건이 충족되지 않으면, 투자비중 x_i를 조정하여 전체 값이 0이 아닌 조건을 만들 수 있기 때문이다. 위 식이 투자비중 x_i에 대한 항등식이 되기 위한 조건은 $\{\cdot\}$ 속의 값이 0이 되어야 한다.

$$E(R_i) = \lambda_0 + \lambda_1 b_{1i} + \lambda_2 b_{2i} \tag{10-18}$$

예 10-5   APT모형

앞의 [예 10-4]에서와 동일한 자료를 이용하자.

증권	기대수익률 (%)	요인민감도	
		F_1	F_2
1	15	0.9	2.0
2	21	3.0	1.5
3	12	1.8	0.7
4	8	2.0	3.2

(1) 자본시장의 균형상태에서 증권의 기대수익률이 다음과 같은 *APT*에 의해 결정된다고 하자.

$$E(R_i) = 13.3 + 2.5b_{1i} - 2.2b_{2i}$$

각 증권의 균형수익률을 산출하라.

$$E(R_1) = 13.3 + (2.5)(0.9) - (2.2)(2.0) = 11.15$$
$$E(R_2) = 13.3 + (2.5)(3.0) - (2.2)(1.5) = 17.50$$
$$E(R_3) = 13.3 + (2.5)(1.8) - (2.2)(0.7) = 16.26$$
$$E(R_4) = 13.3 + (2.5)(2.0) - (2.2)(3.2) = 11.26$$

(2) 각 증권의 기대수익률이 위의 (1)에서 구한 것처럼 *APT*에 의한 기대수익률로 조정되었을 때, 차익거래 포트폴리오의 기대수익률을 산출하여라.

$$E(R_P) = x_1 E(R_1) + x_2 E(R_2) + x_3 E(R_3) + x_4 E(R_4)$$
$$= (1)(11.15) + (0.884)(17.50) + (-1.081)(16.26) + (-0.803)(11.26)$$
$$= 0$$

증권의 기대수익률이 공통요인에 대한 민감도와 선형관계를 가지도록 조정된 경우에는 차익거래 이익을 얻을 수 없다는 것을 확인할 수 있다.

이러한 식이 *APT*에서 제시하는 개별증권의 균형수익률모형이다. 즉 개별증권의 기대수익률은 공통요인의 민감도에 대하여 선형관계를 가져야 한다는 것이다.

이제 2요인모형에 의하여 증권의 수익률이 생성된다고 가정하여 도출한 *APT*를 k개의 공통요인에 의하여 수익률이 생성되는 경우로 일반화시켜 보자.

$$\text{수익생성모형}: \quad R_i = a_i + b_{1i}F_1 + b_{2i}F_2 + \cdots + b_{ki}F_k + e_i \quad \text{(10-19a)}$$

$$\text{균형수익률}: \quad E(R_i) = \lambda_0 + \lambda_1 b_{1i} + \lambda_2 b_{2i} + \cdots + \lambda_k b_{ki} \quad \text{(10-19b)}$$

3.2 APT의 의미

(1) 모형계수의 의미

*APT*에 의하면, 자본시장이 차익거래의 이익이 존재하지 않는 효율적인 시장이고, 증권의 수익률이 k개의 공통요인에 의하여 생성된다고 한다면, 증권의 균형수익률은 (10-20)식과 같이 주어진다.

$$E(R_i) = \lambda_0 + \lambda_1 b_{1i} + \lambda_2 b_{2i} + \cdots + \lambda_k b_{ki} \quad \text{(10-20)}$$

이제 *APT*모형의 계수 $\lambda_0, \lambda_1, \cdots, \lambda_k$의 경제적 의미에 대해 살펴보자. 이 모형에서 λ_0는 무위험수익률 R_F이다. 왜냐하면 무위험자산은 모든 공통요인에 대한 민감도 $\lambda_1, \cdots, \lambda_k$가 모두 0이기 때문이다. 즉 무위험자산에 대하여 (10-20)식의 *APT*모형을 적용하면 다음과 같이 된다.

$$R_F = \lambda_0 \quad \text{(10-21)}$$

이제 첫 번째 공통요인에 대한 민감도는 1이고, 다른 공통요인에 대한 민감도는 0인 잘 분산된 포트폴리오가 존재한다고 하자. 이러한 포트폴리오를 순수요인 포트폴리오(pure factor portfolio)라고 한다. 그 이유는 ⓐ 특정 요인에 대한 민감도는 1이고, ⓑ 다른 요인에 대한 민감도는 0이며, ⓒ 비체계적 위험을 가지지 않는 포트폴리오이기 때문이다.

첫 번째 공통요인에 대한 순수요인 포트폴리오의 기대수익률을 δ_1이라고 하자. 이러한 순수요인 포트폴리오의 기대수익률을 (10-20)식의 *APT*모형에서 구하면 (10-22)식과 같이 된다.

$$\delta_1 = R_F + \lambda_1 \quad \text{(10-22)}$$

따라서 λ_1은 첫 번째 공통요인에 대한 위험프리미엄이라고 할 수 있다. 이러한 위험프리미엄은 첫 번째 공통요인에 대한 순수요인 포트폴리오의 기대수익률과 무위험수익률의 차이로 측정된다는 것을 알 수 있다.

$$\lambda_1 = \delta_1 - R_F \tag{10-23}$$

그리고 임의의 k요인에 대한 순수요인 포트폴리오의 기대수익률을 δ_k라고 하면, k요인에 대한 위험프리미엄은 다음과 같이 산출된다.

$$\lambda_k = \delta_k - R_F \tag{10-24}$$

따라서 (10-20)식의 APT모형은 다음과 같이 다시 쓸 수 있다.

$$E(R_i) = R_F + (\delta_1 - R_F)b_{1i} + (\delta_2 - R_F)b_{2i} + \cdots + (\delta_k - R_F)b_{ki} \tag{10-25}$$

이 식에 의하면, 개별증권 i의 기대수익률은 무위험수익률과 k개의 공통요인에 대한 민감도인 체계적 위험에 대한 위험프리미엄의 합으로 주어진다는 것을 알 수 있다.

(2) 공통요인의 경제적 의미

APT와 관련된 가장 중요한 문제점 중의 하나는 증권수익률을 결정하는 공통요인들의 경제적 의미에 대해 어떠한 설명도 없다는 것이다. 즉 APT에서는 다수의 공통요인에 의해 증권수익률이 생성된다고 하지만, 구체적으로 그 공통요인의 내용에 대해서는 언급이 없다. 따라서 증권수익률에 영향을 주는 공통요인의 경제적 의미를 확인하고자 하는 실증적 연구가 많이 진행되어 왔다.

증권수익률에 영향을 주는 경제적 영향요인을 확인하기 위한 실증적 연구는 다음과 같은 절차를 따른다. ⓐ 증권수익률에 체계적으로 영향을 미칠 것으로 예상되는 주요 경제변수들을 정의하고 측정한다. ⓑ 각 경제변수에 대한 개별증권 혹은 포트폴리오 수익률의 민감도를 측정한다. ⓒ 증권의 평균수익률을 민감도에 대하여 회귀시켜서 위험프리미엄을 산출한다. 그리고 유의적인 위험프리미엄을 가지는 공통요인을 선별한다.

Chen, Roll, and Ross(1986)는 이러한 방법으로 실증적 연구를 통하여 체계적 위험의 원천이 되는 공통요인의 경제적 의미를 밝히고 있다.[2] 이들은 주식수익률에

---

2) N. Chen, R. Roll, and S. A. Ross(1986), "Economic Forces and the Stock Market," *Journal of Business*, 59(3), 383-403.

체계적으로 영향을 주는 경제적 영향요인으로 다음과 같은 것을 제시하고 있다.

ⓐ 산업생산성 증가율
ⓑ 기대 인플레이션(단기국채 이자율변화로 측정)
ⓒ 예상하지 못한 인플레이션(실제 인플레이션과 기대 인플레이션의 차이로 측정)
ⓓ 이자율의 기간구조(장기국채와 단기국채의 이자율 스프레드로 측정)
ⓔ 위험프리미엄 변화(Baa 회사채와 장기국채의 이자율 스프레드로 측정)

증권수익률에 체계적으로 영향을 미치는 요인으로 경제적 영향요인을 찾는 방법 이외에 또 다른 방법은 기업의 특성을 이용하는 것이다. 이러한 분석방법에서는 기업의 특성이 위험에 대한 대용변수가 될 수 있다는 것이다. 즉 기업의 특성변수 중에서 주식수익률을 잘 예측할 수 있는 것을 찾아내는 방법이다. 이러한 분석방법에 기초하여 제안한 요인모형이 Fama and French(1992)의 3요인모형이다.[3]

$$R_i = \alpha_i + b_1[R_M - R_F] + b_2 SMB + b_3 HML + e_i \qquad (10-29)$$

단, SMB : 소형주 수익률에서 대형주 수익률을 차감한 것

HML : (BE/ME)비율이 높은 포트폴리오 수익률에서 (BE/ME)비율이 낮은 포트폴리오의 수익률을 차감한 것. 여기에서 (BE/ME)는 자기자본의 시장가치에 대한 장부가치의 비율임

이들에 의하면, 두 개의 기업 특성변수에 기초하여 산출한 SMB와 HML이 공통요인이 된다. 이는 주식의 수익률을 예측하는 데 유용한 기업의 특성변수가 기업규모와 (BE/ME)비율이라는 관찰에 근거하고 있다.

---

3) E. F. Fama and K. R. French(1992), "The Cross Section of Expected Stock Returns," *Journal of Finance*, 47, 427-465; E. F. Fama and K. R. French(1993), "Common Risk Factors in the Returns on Stocks and Bonds," *Journal of Financial Economics*, 33, 3-56; E. F. Fama and K. R. French(1996), "Multifactor Explanation of Asset Pricing Anomalies," *Journal of Finance*, 51, 55-84.

1 다음의 용어를 설명하라.

① *APT*   ② 수익생성모형   ③ 요인모형

④ 차익거래   ⑤ 차익거래 이익   ⑥ 차익거래 포트폴리오

2 *APT*와 *CAPM*의 가정을 비교하여 설명하라.

3 2요인모형을 이용하여 요인모형의 계수 추정치에는 개별증권의 기대수익률, 분산, 공분산을 산출하는데 필요한 모든 정보가 포함되어 있다는 것을 보여라.

4 2요인모형을 기초로 *APT*에 의한 균형수익률모형을 도출하라.

5 *APT*를 수익생성모형과 균형수익률모형으로 구분하여 설명하라.

6 *APT*에서의 공통요인의 경제적 의미를 확인하기 위한 두 가지 분석방법을 제시하고, 이에 대한 대표적인 연구결과를 요약하여 설명하라.

7 *CAPM*과 *APT* 두 가지 이론이 모두 참일 때, *SML*을 2요인 *APT*에 의한 균형수익률모형으로 바꾸어 제시하라. 그리고 이러한 모형을 근거로 *APT*가 *CAPM*을 확장한 이론이라는 것을 보여라.

8 *APT*의 균형수익률모형에서의 계수에 대한 의미를 밝혀라.

9 두 개의 공통요인 F_1, F_2에 관한 자료와 증권 A의 수익률에 관한 자료가 다음과 같이 주어져 있다.

관찰치	F_1	F_2	R_A
1	5.6	1.3	12.4
2	6.5	4.6	15.3
3	7.9	4.2	18.6
4	7.2	4.6	13.2
5	5.3	6.1	10.1
6	3.9	3.5	12.5
7	6.5	3.2	7.3
8	8.2	2.8	12.2
9	3.5	7.2	5.7
10	7.4	6.7	14.3

(1) A증권의 요인민감도를 측정하라.

(2) A증권의 위험을 체계적 위험과 비체계적 위험으로 분해하라.

10 2요인 모형에 대한 두 증권 B와 C의 계수 추정치는 다음과 같다.

구분	a	b_1	b_2	잔차분산
B	6.25	2.52	−0.82	15.13
C	7.52	1.62	−0.32	10.58

그리고 두 개의 공통요인의 기대수익률과 분산−공분산에 관한 자료는 다음과 같다.

구분	기대치	분산−공분산	
		F_1	F_2
F_1	7.58	8.42	3.78
F_2	4.72	3.78	6.50

(1) 각 증권의 기대수익률을 산출하라.

(2) 각 증권의 체계적 위험, 비체계적 위험, 총위험을 산출하라.

(3) 두 증권 수익률 간의 공분산을 산출하라.

11 두 개의 공통요인에 의해 증권의 수익률이 생성된다고 하자. 각 증권의 기대수익률과 요인 민감도에 관한 자료가 다음과 같이 주어져 있다.

증권	기대수익률 (%)	요인민감도	
		F_1	F_2
1	13	1.5	1.0
2	18	2.0	1.5
3	20	3.8	2.7
4	10	2.0	3.2

(1) 차익거래 포트폴리오를 구성하라(증권 1에 대한 투자비중을 +1, 혹은 −1로 두고, 나머지 증권에 대한 투자비중을 구하라).

(2) 위에서 구한 차익거래 포트폴리오의 기대수익률을 산출하라.

(3) 위의 계산 결과를 바탕으로 자본시장이 균형상태에 있는지 밝혀라. 만약 균형상태가 아니라면, 차익거래로 인하여 각 증권의 기대수익률이 상승 혹은 하락할지에 대하여 판단하라.

(4) *APT*모형이 다음과 같이 주어져 있다고 하자.

$$E(R_i) = 10.67 + 4.85 b_{1i} - 3.20 b_{2i}$$

① 각 증권의 균형상태에서의 기대수익률을 산출하라.

② 위에서 산출한 기대수익률 수준에서도 차익거래 이익이 발생하는지 검토하라.

 해답

9. (1) $b_1 = 1.3613$, $b_2 = -0.1368$ (2) 체계적 위험 5.1028, 비체계적 위험 8.9821
10. (1) 21.4812, 18.2892
 (2) *B*증권: 체계적 위험 42.2190, 비체계적 위험 15.13, 총위험 57.3490; *C*증권: 체계적 위험 18.8439, 비체계적 위험 10.58, 총위험 29.4239 (3) 28.0099
11. (1) $x_1 = -1.0$, $x_2 = 1.3758$, $x_3 = -0.2778$, $x_4 = -0.0980$ (2) 5.2288
 (3) 1, 3, 4증권 기대수익률 상승, 2증권 기대수익률 하락
 (4) ① 1증권 14.745, 2증권 15.57, 3증권 20.46 4증권 10.13, ② 차익거래이익 발생하지 않음.

CAPM과 APT의 비교

위험자산의 균형수익률을 설명하는 *APT*는 *CAPM*을 확장한 모형이다. 그리고 두 모형은 증권의 기대수익률을 체계적 위험의 척도에 대한 선형함수로 설명한다는 점에서 공통점을 가지고 있다. 특히 *CAPM*은 시장포트폴리오라는 단일요인에 기초하여 증권의 균형수익률을 설명하지만, *APT*는 증권의 수익률을 다수의 공통요인으로 설명할 수 있도록 하고 있다. 이는 *APT*가 *CAPM*을 이론적으로 확장한 것이라고 할 수 있다.

그러나 이 두 가지 모형은 균형수익률모형을 도출하는데 필요한 가정이나, 균형수익률모형의 경제적 의미를 엄밀하게 검토하면 다음과 같은 차이점이 있다.

첫째, *CAPM*은 수익률의 다변량 정규분포나 투자자의 2차 효용함수 등의 엄밀한 가정을 기초로 하여 도출되지만, *APT*는 이러한 가정을 필요로 하지 않는 모형이다.

둘째, *APT*에서는 자산의 균형수익률을 *CAPM*에서처럼 단일요인으로 설명하는 것이 아니라 다수의 요인으로 설명하므로, 일반적으로 설명력이 높다.

셋째, *APT*는 모형의 추정과 검증에서 *CAPM*과 달리 모집단인 시장포트폴리오를 이용할 필요가 없다. 비교적 소규모의 포트폴리오에 대해서도 *APT*는 적용 가능하다.

넷째, *CAPM*에서는 시장포트폴리오의 수익률이나 대용지수가 평균−분산의 기준에서 효율적이라는 가정을 하고 있으나, *APT*에서는 이러한 가정을 이용하지 않아도 된다. 따라서 *APT*는 *CAPM*의 근본적인 한계점인 시장포트폴리오의 고려 및 그 효율성의 문제를 제거함으로써 모형의 추정과 검증에서 일반성이 높다고 할 수 있다.

*CAPM*은 *APT*모형의 특정한 경우라고 할 수 있나. 왜냐하면 *CAPM*은 증권의 수익률을 단일요인인 시장포트폴리오의 위험(체계적 위험)만으로 설명하고자 하는 것으로, 다요인모형인 *APT*모형의 특정한 경우이기 때문이다. 이러한 관계를 살펴보기 위하여 *CAPM*과 2요인 *APT*모형을 비교하여 보자.

먼저 *CAPM*에서의 체계적 위험의 척도인 베타계수는 *APT*의 요인민감도와 다음과 같은 관계를 가지고 있다.

$$\beta_i = \frac{cov(R_i, R_M)}{\sigma_M^2} = \frac{cov(a_i + b_{1i}F_1 + b_{2i}F_2 + e_i, R_M)}{\sigma_M^2}$$

$$= \frac{b_{1i}\,cov(F_1,\,R_M) + b_{2i}\,cov(F_2,\,R_M)}{\sigma_M^2} \qquad (10A-1)$$

이러한 베타계수를 SML모형에 대입하여 정리하면, $CAPM$을 다음과 같이 APT형태로 나타낼 수 있다.

$$E(R_i) = R_F + [E(R_M) - R_F]\beta_i$$

$$= R_F + [E(R_M) - R_F]\left[\frac{b_{1i}\,cov(F_1,\,R_M) + b_{2i}\,cov(F_2,\,R_M)}{\sigma_M^2}\right]$$

$$= R_F + [E(R_M) - R_F](\beta_{F_1,\,M})b_{1i} + [E(R_M) - R_F](\beta_{F_2,\,M})b_{2i} \quad (10A-2)$$

여기에서 $\beta_{F_1,\,M}$은 시장포트폴리오에 대하여 첫 번째 요인을 회귀시켰을 때의 기울기 계수이며, $\beta_{F_2,\,M}$은 시장포트폴리오에 대하여 두 번째 요인을 회귀시켰을 때의 기울기 계수이다. 이러한 (10A-2)식을 APT모형과 비교하여 보자. $CAPM$과 APT가 모두 성립하고, 요인모형의 잔차와 시장포트폴리오 수익률이 무상관이라고 한다면, APT모형의 계수는 다음과 같이 된다.

$$\lambda_1 = [E(R_M) - R_F]\beta_{F_1,\,M} \qquad (10A-3)$$

$$\lambda_2 = [E(R_M) - R_F]\beta_{F_2,\,M} \qquad (10A-4)$$

이 식에 의하면, APT모형의 계수 λ_1과 λ_2는 ⓐ 시장위험프리미엄과 ⓑ 시장포트폴리오에 대한 요인의 베타계수의 곱에 비례한다. 따라서 시장포트폴리오와 공통요인이 양(＋)의 상관관계를 가지면, λ_1과 λ_2는 양(＋)의 값을 가지게 된다. 그리고 만약 시장포트폴리오와 공통요인이 음(－)의 상관관계를 가지면, λ_1과 λ_2는 음(-)의 값을 가지게 된다.

제4부

자본시장의 효율성

11

자본시장 효율성

　자본시장에서 증권의 가격을 예측할 수 있는 방법은 시장참가자들이 오랫동안 찾으려고 노력해온 과제 중의 하나이다. 이러한 노력은 1970년대에 들어서 Fama에 의해 자본시장의 효율성이라는 주제로 학문적 성과를 얻게 되었다. 이후에 실증적으로 분석이 가능한 다양한 연구방법들이 개발되고, 많은 실증적 증거들이 축적되면서 자본시장에 대한 이해도가 점차 높아지고 있다.

　이 장에서는 자본시장의 효율성을 정의하는 방법, 효율적 자본시장과 완전자본시장의 비교, 효율적 자본시장과 랜덤워크모형의 관계 등의 기본적 개념에 대하여 설명한다. 특히 효율적 자본시장은 균형조건이 아니다. 모든 투자자들이 시장의 효율성을 믿고 정보수집 및 분석활동을 하지 않는다면 시장은 비효율적인 시장이 될 것이다. 이러한 자본시장을 효율적으로 만드는 원동력은 무엇인지 등에 대해 살펴본다.

　자본시장의 효율성을 검증하는 간단한 형태의 검증방법과 검증결과를 소개한다. 그리고 자본시장에서 발견된 다양한 형태의 이상현상을 소개하고, 이러한 이상현상을 어떻게 해석할 것인지에 대해 설명한다.

제 1 절　자본시장의 효율성

1.1　효율적 자본시장의 의의

(1) 효율적 자본시장의 의미

자본시장의 기본적인 기능은 자금을 효율적으로 배분 또는 이전시키는 것이다. 이 기능이 바람직하게 수행될 때 자본시장은 효율적이라고 한다.

자본시장의 효율성은 주로 정보와 관련된 효율성을 의미한다. 정보효율성(informational efficiency)은 자본시장에서 형성된 자산의 가격에 이용 가능한 관련 정보가 충분히 반영되어 있을 때에 달성된다. 정보효율성은 주로 자본시장에서 정보가 주가결정에 반영되는 효율성을 의미한다. 이 정보효율성을 충족시키는 시장조건은 다음과 같다.[1]

> ⓐ 증권의 거래비용은 극히 작다.
> ⓑ 유용한 정보의 수집비용은 시장참여자 누구에게도 발생하지 않는다.
> ⓒ 모든 투자자는 각 증권의 현재주가와 미래주가의 분포에 대한 현재 정보를 동일하게 해석한다.

일반적으로 효율적 자본시장이라고 할 때는 주가가 유용한 정보를 완전히 반영하는 자본시장, 즉 정보효율성을 갖는 자본시장을 말한다.

(2) 효율적 자본시장과 완전자본시장

효율적 자본시장의 개념은 완전자본시장과 구별할 필요가 있다. 완전자본시장은 다음과 같은 시장조건을 충족시키는 시장을 의미한다.

---

1) E. F. Fama(1970), "Efficient Capital Market: A Review of Theory and Empirical Work," *Journal of Finance*, 383-417.

ⓐ 시장에 마찰적 요인이 존재하지 않는다. 다시 말해서 거래비용과 세금이 존재하지 않는다. 그리고 모든 자산은 완전히 분할될 수 있으며 완전한 시장성을 가지고 있고, 거래에 대한 제한이 없다.

ⓑ 상품시장과 자본시장 모두에 완전경쟁이 존재한다. 시장에서 모든 시장참가자가 가격수용자(price-taker)이다.

ⓒ 시장은 정보효율성을 갖는다. 따라서 정보비용은 없고, 모든 시장참가자가 정보를 동시에 제공받는다.

ⓓ 개인은 이성적으로 행동하며 기대효용의 최대화를 추구한다.

효율적 자본시장의 개념은 완전자본시장의 조건을 다소 완화하고 있다. 자본시장에서 다소의 중개비용이 존재하고, 인적자본 등 완전한 분할이 불가능한 것이 존재하더라도 자본시장은 효율적일 수 있다.

완전경쟁 조건이 충족되지 않은 경우에도 자본시장은 효율적일 수 있다. 왜냐하면 시장에서 어떤 기업이 이윤을 독점하여 그 상태가 계속 지속되는 경우에도, 그 기업이 발행한 주식의 가격에 관련 정보만 충분히 반영된다면 효율적 자본시장의 조건은 충족되기 때문이다.

1.2 효율적 자본시장의 일반모형

(1) 효율적 자본시장과 랜덤워크모형

효율적 시장의 일반모형은 균형상태에서 정보집합이 어떻게 주가에 반영되고 있는가를 설명한다. 효율적 시장에 관한 첫 연구는 Bachelier(1900)의 랜덤워크모형 (random walk model)을 들 수 있다.[2] 이후 많은 학자들이 시장효율성에 대하여 이론 및 실증연구를 다양하게 전개하여 왔다.

자본시장이 정보효율적인가에 대한 판단은 실증적인 검증을 필요로 하는 문제이다. 정보가 주가에 충분히 반영되어 있다는 표현은 너무 일반적인 개념이기 때문에 이를 검증하기 위해서는 주가 형성과정을 보다 구체적으로 보여주는 모형이 필요하다.

만약 이용 가능한 정보집합이 주어져 있을 때, 주가가 이를 충분히 반영하여 공정한 수준으로 즉각적으로 움직인다면, 주가는 오직 새로운 정보에 대해서만 반응

---

2) L. Bachelier(1900), *Theorie de la Speculation*, Gauthier-Villars, reprinted in P. Cootner(1964), *The Random Character of Stock Market Prices*, MIT Press, 17−78.

해야 한다. 그런데 자본시장에 새로운 정보가 전달되는 것은 예측 불가능하다. 즉 자본시장에서 정보의 도착이 예측 불가능하고, 주가가 이러한 정보에 즉각적으로 반응한다면, 주가는 예측 불가능하게 될 것이다.

이것이 주가가 랜덤워크모형을 따른다는 주장의 핵심이다. 즉 주가의 행태는 확률적이고 예측 불가능하다는 것이다. 확률적으로 움직이는 주가는 자본시장에서 투자자들의 비합리성을 증명하는 것이 아니라, 오히려 합리적인 투자자들이 관련 정보를 투자전략에 반영하고자 경쟁하는 데 따른 필연적인 결과라는 것이다.

랜덤워크모형은 주가의 변동이 과거 주가변동과 전혀 상관없이 무작위로 움직인다고 한다. 주가변동을 술 취한 사람의 걸음걸이에 비유하고 있다. 랜덤워크모형에서는 ⓐ 각 시점에서의 주가변동이 서로 독립적인 관계에 있으며, ⓑ 각 시점에서의 주가변동의 분포가 동일한 확률분포를 갖는다고 주장한다.

주가가 무작위적으로 변동한다는 것과 투자자들의 합리성은 서로 상치되는 개념이 아니다. 투자자들이 주가를 합리적으로 결정하는 경우에는 정보만이 주가를 움직인다. 그러므로 랜덤워크모형은 주가가 항상 어떤 시점에서의 모든 정보를 모두 반영한 데 따른 자연스러운 결과이다. 반대로 주가를 예측할 수 있다는 것은 이용가능한 정보가 주가에 완전히 반영되어 있지 않다는 것을 의미한다. 이 경우 자본시장은 비효율적인 시장이라고 할 수 있다.[3]

(2) 자본시장 효율성의 원천은 경쟁

주가가 이용 가능한 정보를 충분히 반영할 것이라고 예측하는 근거에 대하여 생각해 보자. 투자자들이 정보를 수집하고 분석하기 위해서 노력과 자금을 투입하는 이유는 궁극적으로 다른 투자자들이 간과한 무엇인가를 발견하고, 이를 투자전략에 반영하여 높은 투자수익을 얻고자 하는 것이다. 정보를 수집하고 분석하는 데 비용이 소요된다면 투자자는 당연히 이러한 투자분석을 통해서 높은 투자수익을 얻을 것으로 기대할 것이다.[4]

Grossman and Stiglitz(1980) 등이 이러한 주장을 하고 있다.[5] 이들은 투자자들이 새로운 정보를 발굴하고 분석하는 행위는 투자수익을 높일 수 있는 가능성이 있을 경우에만 이루어진다고 주장한다. 자본시장이 균형상태에 있다고 하더라도 효

---

3) Z. Bodie, A. Kane, and A. J. Markus(1996), *Investments*, 3rd ed., Irwin, 338-341.

4) Z. Bodie, A. Kane, and A. J. Markus(1996), *Investments*, 3rd ed., Irwin, 338-341.

5) S. J. Grossman and J. E. Stiglitz(1980), "On the Impossibility of Informationally Efficient Markets," *American Economic Review*, 70, 393-408.

율적인 정보수집 활동은 성과를 가져올 수 있다. 효율적인 정보수집 활동으로 매우 적은 수익률의 개선이 이루어지더라도 대규모의 자금을 운용하는 펀드매니저는 충분한 금액의 보상을 받을 수 있다.[6] 따라서 전문투자자들은 효율적인 정보수집활동을 위해 산업분석, AI 및 컴퓨터 전문가의 지원, 연구활동 등에 많은 비용을 지불하려는 행동도 충분히 할 수 있다.

정보수집과 분석을 위해 전문투자자들이 많은 노력과 비용을 투입하고자 할 것이지만, 실제로 자본시장에서 투자수익을 개선할 여지는 크지 않다. 정보수집과 분석 활동으로 개선할 수 있는 투자수익률이 매우 낮기 때문에 거액의 자금을 운영하는 펀드매니저들만 이러한 활동으로 경제적 가치를 얻을 가능성이 높다.

비록 주가가 모든 이용 가능한 정보를 반영하는 것은 불가능할 수도 있지만, 투자성과를 개선할 수 있는 단서를 찾으려고 노력하는 투자자들이 많이 있다는 것은 확실하다. 이러한 노력을 적극적으로 수행하는 투자자들 간에 치열한 경쟁이 있기 때문에 주가는 이용 가능한 정보가 반영되는 적정한 수준을 유지하게 된다.

1.3 효율적 자본시장가설의 유형

Fama는 자본시장의 효율성을 정의함에 있어 정보의 강도에 따라 세 가지 형태로 분류하고 있다. 여기서 정보는 과거의 주가자료, 공개된 공식자료, 내부정보 등으로 나눌 수 있다. Fama는 이를 기초로 하여 ⓐ 약형 효율적 시장가설, ⓑ 준강형 효율적 시장가설, ⓒ 강형 효율적 시장가설을 제시하였다.[7]

(1) 약형 효율적 시장가설

약형 효율적 시장가설(weak form efficient market hypothesis)은 과거의 주가 또는 수익률과 거래량 등에 관한 모든 정보가 현재의 주가에 완전히 반영되어 있다고 가정한다. 따라서 역사적 주가나 거래량의 자료에 의존하여 매입–보유의 주식투자 전략을 수행한다면 시장평균 이상의 초과수익은 달성할 수 없다는 것이다.

주가의 변동은 시계열적으로 상호 독립적이고 무작위적이기 때문에, 과거의 주

---

6) 예를 들어, 효율적인 정보수집활동으로 인해 연간 0.1%의 투자수익을 개선할 수 있는 여지가 있다고 하자. 5천억원의 펀드를 운영하는 펀드매니저는 효율적인 정보수집활동으로 5억원의 투자수익을 추가로 얻을 수 있게 될 것이다.

7) E. F. Fama(1965), "The Behavior of Stock Market Prices," *Journal of Business*, 34-105; E. F. Fama(1970), "Efficient Capital Markets: A Review of Theory and Empirical Work," *Journal of Finance*, 383–417.

가 및 거래량의 정보는 현재와 미래의 주가예측에 전혀 도움을 주지 못한다는 것이다. 이에 따라 약형 효율적 시장가설에서는 기술적 분석의 유효성을 배제하고 있다.

주가변동이 무작위적이라는 점은 앞에서 설명한 랜덤워크모형(random walk model)과 연결된다.

(2) 준강형 효율적 시장가설

준강형 효율적 시장가설(semi-strong form efficient market hypothesis)은 과거의 주가자료를 포함하여 투자자가 이용할 수 있는 모든 공개된 정보(publicly available information)는 현재의 주가에 전부 반영되어 있다고 가정한다. 그러므로 준강형 효율적 시장가설이 성립되면 과거의 주가변동 및 거래량의 변동 등 시장자료에 기초를 두고 있는 약형 효율적 시장가설은 당연히 성립한다.

투자자가 이용할 수 있는 공개정보는 수없이 많다. 주식분할, 신주발행, 배당의 공표, 영업이익 또는 당기순이익의 변동, 매출액의 변동 등 주식과 발행기업에 관련된 정보뿐만 아니라 정부의 경기예측 및 정책 변동에 관한 발표 등 경제적·정치적인 비시장정보도 이 가설에서는 공개정보에 해당된다. 특히 회계정보 등의 기업정보는 공개와 동시에 주가에 반영되기 때문에 이 정보에 근거하여 투자를 할 때에는 시장평균 이상의 초과수익을 달성할 수 없다고 한다.

(3) 강형 효율적 시장가설의 의의

강형 효율적 시장가설(strong form efficient market hypothesis)에서는 공표된 정보는 주가에 당연히 반영되어 있고, 공표되지 않은 내부정보(inside information)까지도 완전히 주가에 반영된다고 주장한다. 이 강형 가설이 성립되면 약형 및 준강형 가설은 저절로 성립되는 결과가 된다.

강형 효율적 시장가설 하에서는 일반투자자는 물론 내부정보를 가지고 있는 기관투자자까지도 주가에 영향을 미칠 수 있는 새로운 정보를 독점할 수 없고, 노는 정보는 즉시 모든 투자자에게 유포된다는 것이다. 따라서 어떠한 투자자도 주식투자에서 시장평균 이상의 초과수익을 달성할 수 없다고 한다.

이 강형 효율적 시장가설에서는 효율적 자본시장뿐만 아니라 완전자본시장의 조건까지 요구하고 있다. 그리고 내부정보를 입수하는 기관투자자는 ⓐ 공표되지 않은 정보를 갖고 있는 회사의 임직원, ⓑ 체결되지 않은 매매주문을 알 수 있는 거래소의 직원, ⓒ 시장정보의 입수가 일반투자자보다 용이한 전문기관 등을 모두 의미한다. 이러한 기관투자자도 시장평균 이상의 초과수익은 달성할 수 없다는 것이다.

그러나 강형 효율적 시장가설이 계속해서 완전히 적용되는 자본시장은 현실적으로 존재하기 어렵다.

제 2 절　자본시장의 효율성에 대한 검증

2.1　약형 효율적 시장가설의 검증

약형 효율적 시장가설에 대한 검증은 ⓐ 시계열 상관분석(serial correlation analysis), ⓑ 연(run)의 검증, ⓒ 필터기법(filter rules) 등이 사용되고 있다.

(1) 시계열 상관분석

시계열 상관분석은 연속되는 기간 동안에 변수의 시계열 변동이 가지는 상관관계를 분석하는 것으로, 시계열 상관계수(serial correlation coefficient)를 측정하여 분석한다. 시계열 상관계수의 값이 0에 접근하면 과거 수익률의 정보가 현재 수익률의 형성에 독립적인 관계에 있으며, 이러한 현상은 약형 효율적 시장가설을 지지한다고 이해한다.

Fama가 *DJIA*에 속하는 30개 주식의 일별수익률 자료로 10차까지의 시계열 상관계수를 산출하였다. 1차 시계열 상관계수의 경우에는 0.03으로 매우 낮은 값을 나타내었다. 이들의 연구결과는 각 시차 기간 동안의 주가변동이 서로 독립적인 관계에 있는 것으로 나타났다. 따라서 약형 효율적 시장가설이 지지된다고 하였다.

(2) 연의 검증

연의 검증(run test)은 시계열 상관분석과 함께 주가변동의 독립성을 검증하는 통계방법이다. 연(run)은 시계열 자료에서 상이한 사건(occurrences)들이 교대로 발생될 때 지속적으로 동일 사건이 발생되는 흐름을 의미한다. 한 번 지속되는 사건의 흐름을 하나의 연이라고 한다. 이 연의 검증은 교대로 발생하는 어떤 사건의 시계열현상이 추세나 주기에 따르지 않고 무작위적으로 나타나는가를 판단하는 데에 사용된다.

주가의 시계열 자료에서 주가의 상승을 (+)로, 그리고 주가의 하락을 (-)로 표시한다면, 일정한 기간 동안 주가의 상승 또는 하락 현상이 (++)(-)(+)(--)(+++)로 나타날 경우, 이 자료는 5개의 연을 갖는다고 한다. 주가의 시계열 자료가 무작위성을 가지는가를 검증하기 위해서는 일정한 기간 중에 실제로 관찰한 연의 수와 이론적으로 무작위적인 연의 수 사이에 통계적으로 유의적인 차이가 있는가를 검증하면 된다.

Fama는 1957년부터 1962년까지의 5년간 *DJIA*에 속하는 30개 종목의 주식에 대하여 1, 4, 9, 16일의 기간에서 연의 수의 실제치와 기대치를 비교하여 검증하였다. 그 결과 연의 수에 있어서 기대치와 실제치의 차이가 크게 나타나지 않았다. 이러한 검증결과는 주가변동이 대체로 시계열적 독립성을 유지하는 것으로, 자본시장의 약형 효율성을 지지하는 증거가 된다고 하였다.

(3) 필터기법

필터기법(filter rules)은 약형 효율적 시장가설이나 랜덤워크 가설의 검증을 위하여 기술적 분석의 투자기법 중에서 널리 이용되는 투자기법이다. 필터기법은 주식의 매수·매도를 판단할 때 기준이 되는 최고 주가수준과 최저 주가수준을 미리 정해 두는 것이다.

주가변동이 최저수준으로부터 일정한 비율 이상으로 상승하면 주식을 매수하여 보유하다가, 주가가 최고수준으로부터 일정한 비율 이하로 하락하면 보유주식을 매도할 뿐만 아니라 주가가 다시 일정한 비율로 상승할 때까지 공매(short sales)하는 투자기법이다.

필터기법을 이용한 실증연구들은 다양한 주식 또는 다양한 필터를 정하여 분석을 실시하여 왔다. 이러한 필터기법을 이용한 주요 검증결과는 거래비용을 고려할 경우에 필터기법의 투자성과가 단순한 매수-보유전략의 투자성과를 초과하지 못한다는 것이다. 즉 필터기법으로 달성한 투자성과는 시장평균 이상의 초과수익을 달성하기 어려운 것으로 나타나고 있다.[8]

약형 효율적 시장가설을 검증한 연구에 의하면, 주가변동이 대체로 시계열적인 독립성을 가지며, 기술적 분석의 투자전략으로는 시장평균 이상의 초과수익을 달성

---

[8] S. Alexander(1964), "Price Movements in Speculative Markets: Trends or Random Walks, Number 2," *Industrial Management Review*, 5, 25-46; E. F. Fama and M. Blume(1966), "Filter Rules and Stock Market Trading Profits," *Journal of Business*, 39(1), 226-241.

할 수 없는 것으로 나타나서 약형 효율적 시장가설이 뒷받침되는 것으로 평가되고 있다.[9]

2.2 준강형 효율적 시장가설의 검증

준강형 효율적 시장가설이 성립하는가를 검토하기 위해서는 다음과 같은 사항을 검증한다.

첫째, 중요한 정보의 공시와 관련하여 주가조정이 공시시점을 중심으로 해서 언제 발생하는가를 검증한다. 효율적 시장가설에 따르면 주가조정은 정보가 공시되는 기간 중이나 또는 공시되기 이전에도 이미 발생할 수 있다고 한다.

둘째, 투자자가 공개정보에 기초하여 투자결정을 내린다고 할 경우, 시장평균 이상의 투자수익률을 달성할 수 있는가에 대한 검증이다. 다시 말해서 거래비용을 모두 포함했을 때, 공개정보에 기초한 투자결정의 성과가 단순한 매입-보유전략(buy and hold strategy)의 성과보다 높게 나타나는가에 대한 검증이다.

준강형 효율적 시장가설을 검증하기 위해 개발된 연구방법 중의 하나가 사건연구(event study)이다. 자본시장이 준강형 효율적 시장이라고 한다면, 증권의 가격변화는 오직 공개된 새로운 정보에 대해서만 반응해야 한다. 사건연구는 정보의 공시 전후의 증권의 가격변화를 관찰하여 정보가 증권의 가격에 반영되는 패턴을 밝혀준다.

사건연구에서 증권의 가격변화 중에서 특정한 사건으로 인하여 변동부분을 분리하는 것은 쉬운 일이 아니다. 왜냐하면, 증권의 가격은 다양한 거시경제에 관련되거나 정보나 기업의 경영활동에 관련된 많은 뉴스에 반응하여 변동하기 때문이다. 따라서 많은 뉴스 중에서 특정한 사건으로 인한 증권가격 변동부분만을 분리하여 측정하는 일은 쉽지 않다.

사건연구는 특정 사건이 발생하지 않았을 경우의 주가수준을 결정해 주는 균형수익률모형을 필요로 한다. 그리고 실제의 증권수익률과 균형모형에 의해 산출된 수익률 간의 차이를 특정 사건으로 인한 비정상수익률(abnormal return, *AR*)이라고 한다. 이러한 특정 사건으로 인한 비정상수익률을 산출하기 위해서는 *CAPM*이

---

9) E. F. Fama(1965), "The Behavior of Stock Market Price," *Journal of Business*, 38(1), 34-105; E. F. Fama and J. MacBeth(1973), "Risk, Return and Equilibrium: Empirical Tests," *Journal of Political Economy*, 81(3), 607-636; G. Pinches(1970), "The Random Walk Hypothesis and Technical Analysis," *Financial Analysis Journal*, 26(2), 104-110.

나 Fama and French의 3요인모형, 5요인모형 등의 다양한 균형수익률모형이 이용될 수 있다.

일반적으로 많은 연구에서 사건연구를 위하여 시장모형이 주로 이용된다. 시장모형에 의한 비정상수익률은 다음과 같이 산출된다.

$$AR_{it} = R_{it} - \alpha_i - \beta_i R_{Mt} \tag{11-1}$$

위 식에서 비정상수익률 AR_{it}는 회귀모형에서 잔차항에 해당한다. 따라서 이 항은 통계적으로 평균이 0이고, 확률적으로 변동하는 항이 된다. 따라서 이러한 비정상수익률에서 일정한 패턴을 발견하는 것은 불가능하다.

사건연구에서 특정한 사건으로 인하여 증권의 가격이 변동한 부분을 분리하는 기본적인 방법은 동일한 사건에 노출된 기업들의 비정상수익률을 사건일을 중심으로 하여 평균하는 것이다. 즉 표본에 포함된 동일한 사건이 증권의 수익률에 주는 영향은 평균을 취하더라도 없어지지 않지만, 다른 사건들의 영향은 평균하는 과정에서 소멸하여 없어질 것이다. 따라서 특정한 사건으로 인한 증권가격의 평균적인 변화는 다음과 같은 평균비정상수익률(average abnormal return, AAR)로 측정할 수 있다.

$$AAR_t = \frac{1}{N} \sum_{i=1}^{N} AR_{it} \tag{11-2}$$

단, AR_{it} : i기업의 t일에서의 비정상수익률
AAR_t : t일에서의 평균비정상수익률
N : 표본기업수

어떤 사건에 관한 정보가 시장에 주어질 때, 증권의 가격변화는 위에서 산출한 비정상수익률(AR)이나 평균비정상수익률(AAR)로 측정할 수 있다. 예를 들어, 합병으로 인한 피합병 기업이 주가변동을 분석한다고 하자. 사건일은 합병에 관한 정보가 일반투자자들에게 공시되는 날이다. 이러한 공시일을 전후하여 피합병 기업의 비정상수익률을 산출하여 합병으로 인한 주가변동의 크기를 측정하게 된다.

사건연구를 어렵게 하는 또 하나의 문제는 정보의 유출과 관련된 문제이다. 정보의 유출은 특정 사건에 관련된 뉴스가 공시되기 이전에 일부의 투자자에게만 이러한 정보가 전달될 때 발생한다. 이러한 경우에는 정보공시 이전부터 주가가 반응하기 시작한다. 이 경우에 공시일의 주가반응은 이러한 정보가 주가에 미치는 영향의 크기에 대한 정확한 척도가 될 수 없다. 이러한 경우에 이용할 수 있는 척도가 누적

비정상수익률(cumulative abnormal return, CAR)이다. 누적비정상수익률은 평균비정상수익률을 관심의 대상이 되는 기간 동안 누적한 것이다.

$$CAR_{(t_1, t_2)} = \sum_{t=t_1}^{t_2} AAR_t \qquad (11-3)$$

[그림 11-1]은 주식분할에 관한 정보공시에 따른 주가반응을 누적비정상수익률로 측정한 예를 보여주고 있다.[10] Fama 등(1969)은 1927년부터 1957년까지의 기간 동안에 주식을 분할한 940개 종목의 누적비정상수익률(CAR)을 산출하였다. 이들은 주식분할 공시일의 전후 30개월씩 총 60개월 동안의 누적비정상수익률을 측정하였다.

그림 11-1 주식분할과 누적비정상수익률

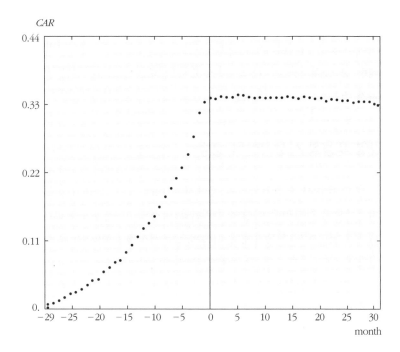

자료: E. F. Fama, I. Fisher, M. Jensen, and R. Roll(1969), "The Adjustment of Stock Prices to New Information," *International Economic Review*, 1-21.

---

10) E. F. Fama, I. Fisher, M. Jensen, and R. Roll(1969), "The Adjustment of Stock Prices to New Information," *International Economic Review*, 1-21.

이 그림에서 살펴보면, 누적비정상수익률의 변동추세는 주식분할 이전과 주식분할 이후의 기간에서 달리 나타나고 있다. 이 누적비정상수익률이 주식분할 29개월 전에서부터 주식분할까지에는 약 33%까지 증가하고 있으나, 일단 주식분할이 실시된 시점에서부터 누적비정상수익률이 일정한 수준을 유지하고 있다. 이러한 현상은 주식분할에 대한 기대가 분할과 동시에 없어졌기 때문에 주식수익률은 자연히 균형수익률 수준으로 되돌아가고 있음을 의미한다.

이 그림에서는 주식분할의 정보에 의존하여 주식투자를 할 경우, 주식분할에 관한 정보가 시장에 공시된 이후에는 균형수익률모형에서 제시하고 있는 기대수익률 이상의 초과수익률을 얻을 수 없다는 것을 보여주고 있다. 이는 자본시장이 공시된 정보를 충분히 반영하고 있다는 준강형 효율적 시장가설을 지지하는 증거가 된다고 할 수 있다.

많은 실증연구결과들에 의하면, 주식분할, 회계처리방법의 변경, 연차보고서 등에 관한 공시된 정보에 의해 주식투자를 할 경우 초과수익률을 달성할 수 없다고 밝히고 있다. 그러나 모든 실증분석의 결과가 반드시 준강형 효율적 시장가설을 지지하는 것은 아니다. 왜냐하면, 분기별 이익보고서, 주가수익비율, 기업의 규모, 거래량 등 공개정보를 변수로 하여 준강형 효율적 시장가설을 검증할 때에는, 그 결과가 변칙적으로 비효율성을 나타내고 있는 실증결과도 상당수 있기 때문이다.[11]

2.3 강형 효율적 시장가설의 검증

강형 효율적 시장가설의 검증에서는 어느 특정 집단이나 투자자의 투자성과가 지속적으로 시장평균 이상의 수익률을 달성할 수 있는가를 밝히는 것이다. 만약 어느 투자집단이 주식투자에서 지속적으로 시장평균 이상의 초과수익률을 달성할 수 있다면, 그것은 다음의 두 가지 경우에 해당될 것이다.

첫째는, 이 집단이 중요한 정보를 녹점하는 경우이고, 둘째는 이 집단이 다른 투자자가 새로운 주요 정보를 이용하기 전에 이를 먼저 입수하여 투자결정에 이용할 수 있는 경우이다.

이러한 관점에서 볼 때, 강형 효율적 시장가설의 검증대상이 되는 특정한 투자집단은 ⓐ 기업내부자(corporate insiders), ⓑ 거래소의 전문거래원(stock exchange specialists), ⓒ 집합투자회사의 경영자 또는 전문적 펀드매니저(professional fund

---

11) 보다 자세한 분석결과를 알기 위해서는 다음 자료를 참고하라. F. K. Reilly and K. C. Brown(2003), *Investment Analysis and Portfolio Management*, Thomson, 176-208.

managers) 등이라고 할 수 있다. 따라서 이들의 투자성과를 분석함으로써 강형 효율적 시장가설의 검증이 가능할 수 있다.

기업내부자와 전문거래원에 의한 투자성과를 분석한 연구결과에 의하면, 그들만이 획득할 수 있는 내부정보나 신규정보를 이용하여 주식에 투자하는 경우에는 시장평균 이상의 초과수익을 지속적으로 획득할 수 있는 것으로 분석되고 있어 강형 효율적 시장가설을 부정하는 결과를 보이고 있다.[12] 그러나 주식시장에서 중요한 비중을 차지하고 있는 펀드의 투자성과를 분석한 결과에서는 시장평균 이상의 초과수익을 달성하지 못하는 것으로 분석되어 강형 효율적 시장가설이 성립되는 것으로 나타나고 있다.[13]

제 3 절 자본시장의 이상현상

많은 연구자들은 자본시장이 효율적이며, 효율적 자본시장에서는 어떠한 정보를 이용하여 투자전략을 수립한다 하더라도 주식의 내재가치에 근거한 정상수익 이상의 초과수익을 얻을 수 없다고 하였다. 그러나 한편으로는 효율적 시장에 반하는 여러 이상현상(anomalies)을 제시하여 자본시장이 효율적이지 않은 증거로 제시하는 연구도 있다.

자본시장에서 나타나는 이상현상은 크게 세 가지로 분류할 수 있다. 첫째는 월별, 요일별, 시간대별 등 계절적으로 나타나는 계절적 이상현상을 들 수 있다. 둘째는 기업규모, PER(price earning ratio), 투자자의 관심정도, 신규상장(initial public

12) S. P. Pratt and C. W. Devers(1972), "Relationship Between Insider Trading and Rates of Return for NYSE Stocks, 1960-1966," in J. H. Lorie and R. Brealey, *Modern Development in Investment Management*, Praeger Publishers, 268-279; J. Jaffe(1974), "Special Information and Insider Trading," *Journal of Business*, 410-428; V. Niederhoffer and M. F. M. Osborne(1966), "Market-Making and Reversal on the Stock Exchange," *Journal of American Statistical Association*, 897-916.
13) M. Jensen(1968), "The Performance of Mutual Funds in the Period 1945~1964," *Journal of Finance*, 389-416; J. Treynor (1965), "How to Rate Management of Investment Funds," *Harvard Business Review*, 63-75.

offering, *IPO*) 여부 등에 따라 나타나는 기업특성적 이상현상이 있다. 셋째는 주가가 새로운 정보에 비정상적으로 반응하는 투자심리적 이상현상을 들 수 있다. 이들을 간략히 요약하여 분류해보면 〈표 11−1〉과 같다.

표 11 − 1 자본시장의 주요 이상현상

구분	주요 현상
계절적 이상현상	1월효과, 요일효과, 일중효과
기업특성적 이상현상	규모효과, *PER*효과, *IPO*효과, 소외기업효과, 가치주 프리미엄
투자심리적 이상현상	과민반응, 과잉변동성, 평균회귀, 뮤추얼펀드 퍼즐, 거품현상

3.1 계절적 이상현상

(1) 1월효과

1월효과(January effect)는 1월의 주식수익률이 다른 달의 수익률보다 체계적으로 높게 나타나는 현상이다. 만일 주식시장이 이성적인 투자자들이 거래하는 효율적 시장이라면 특정한 달의 수익률이 다른 달의 수익률보다 높을 이유가 없다. 그럼에도 불구하고 이러한 1월효과는 특정 국가에만 나타나는 것이 아니고 세계 주요 주식시장에서 공통적으로 나타나고 있다.

1월효과가 발생하는 이유는 절세매도가설, 정보가설, 포트폴리오 재구성가설 등으로 설명되고 있다.

절세매도가설(tax-loss selling hypothesis)은 보유하고 있는 주식 중에서 가격 하락폭이 큰 주식을 12월말에 매도하여 자산처분손실을 실현시킴으로써 세금효과를 얻고, 1월초에 다시 그 주식을 매입하여 본래의 최적 포트폴리오를 구성한다는 것이다. 그러므로 연말에 주가가 하락하고, 1월에 주가가 상승하는 현상이 나타난다는 것이다.

정보가설(information hypothesis)은 연초에 경제 및 기업과 관련된 많은 정보, 특히 낙관적이고 의욕적인 정보들이 많이 공표되기 때문에 이를 반영하여 1월에 높은 수익률이 형성된다는 가설이다.

포트폴리오 재구성가설은 많은 펀드매니저들이 연말 연시에 활발하게 포트폴리오를 재구성하기 때문에 1월효과가 발생한다고 한다. 펀드매니저들은 분식결산(window dressing)을 위해 연말에 고위험 주식을 매도하였다가 연초에 재매입하는 특성이 있기 때문에 1월에 상승랠리가 나타난다고 설명하고 있다.

(2) 요일효과

월요일효과(monday effect)는 일주일 중에 평균적으로 월요일에 가장 낮은 수익률이 발생하는 현상으로 주말효과(weekend effect)라고도 한다. 일반적으로 나쁜 뉴스(bad news)는 거래가 이루어지지 않는 주말에 공표되는 경우가 많기 때문에 이러한 현상이 발생하는 것으로 설명되고 있다.

(3) 일중효과

일중효과(intra-day effect)는 하루 중의 수익률이 U자 형태의 일정한 패턴을 보이며 변동하는 현상을 말한다. 즉 거래일 내에서도 시간대에 따라 수익률에서 일정한 패턴이 발견되는데, 개장 직후와 폐장 직전의 수익률과 변동성이 다른 시간대에 비해 높게 나타나는 경향이 있다. 이러한 일중효과는 거래제도, 정보요인, 주문 불균형 등의 요인에 의해 발생하는 것으로 알려지고 있다.

3.2 기업특성적 이상현상

(1) 규모효과

기업규모효과(size effect)는 소기업의 수익률이 대기업의 수익률보다 높은 현상으로 소기업효과(small firm effect)라고도 한다.

규모효과는 Bans(1981)에 의해 처음으로 제기되었다.[14] 기업이 발행한 주식의 시장가치로 측정한 기업규모가 증가할수록 수익률이 감소하는 경향이 있다는 것이다. NYSE에 상장된 주식을 기업규모에 따라 5등분할 때, 기업규모가 가장 작은 주식의 평균수익률이 기업규모가 가장 큰 주식의 평균수익률보다 19.8% 높다는 것이다. Keim(1983)은 규모효과가 거의 1월의 첫 두 주일간에 발생한다는 연구결과를 발표하였다.[15]

이러한 규모효과는 주식시장에서 소기업의 주식은 상대적으로 거래가 활발하지 못하기 때문에 투자자들이 유동성 부족에 대한 프리미엄을 요구하기 때문에 나타

14) R. W. Bans(1981), "The Relationship Between Returns and Market Value of Common Stocks," *Journal of Financial Economics*, 9, 3−18.
15) D. B. Keim(1983), "Size-Related Anomalies and Stock Return Seasonality," *Journal of Financial Economics*, 12, 13−32.

나는 것으로 설명되고 있다.

(2) 주가수익비율 효과

주가수익비율 효과(P/E effect)는 *PER*가 낮은 기업의 수익률이 *PER*가 높은 기업의 수익률보다 높게 나타나는 현상을 말한다.[16] 기본적 분석을 중시하는 분석가들은 *PER*가 높은 주식은 수익성에 비하여 주가가 상대적으로 높게 평가되어 있고, *PER*가 낮은 주식은 저평가되어 있는 것으로 분석한다. 따라서 저*PER* 주식들은 고*PER* 주식에 비해 수익률이 상승할 가능성이 높은 것으로 평가되어 저*PER* 주식에 대한 투자수요가 증가함으로써 저*PER* 주식의 수익률이 시장수익률 이상의 초과수익률을 나타내게 된다.

(3) IPO효과

IPO(initial public offerings) 효과는 주식을 최초공모하는 경우 상장초기에 저평가되어 양(+)의 초과수익률이 발생하는 현상을 말한다.

일반적으로 최초공모주의 발행가격은 시장가격보다 크게 저평가되어 있기 때문에 최초공모 후 주식수익률이 시장수익률 이상의 초과수익률을 나타내게 된다는 것이다. 최초공모주가 저가로 발행되는 이유는 신규 공모주식의 경우 기존 상장주식에 비해 주가변동의 불확실성이 높고, 기업가치에 대한 정보가 상대적으로 부족하기 때문에 투자자들을 유인하기 위해서 발행가격을 낮추어 발행하게 된다.

(4) 소외기업효과

소외기업효과(neglected firm effect)는 증권에 대한 정보를 생산하는 증권분석가 또는 기관투자자들이 관심을 많이 가지는 관심종목에 비해 관심을 끌지 못하는 소외종목의 수익률이 더 높은 현상을 말한다. 즉 소외기업 주식의 경우 증권분석가나 기관투자자들로부터 소외되어 있으므로 그런 주식에 관한 정보가 부족하고, 유동성이 결여되기 때문에 가격이 저평가되고, 상대적으로 높은 수익률을 나타내게 된다.

(5) 가치주 프리미엄

가치주 프리미엄(value stock premium)은 주식의 시장가치(=주가)에 비해 장부가치(=장부상 자기자본)의 비율이 높은 종목의 수익률이 높게 나타나는 현상이

---

16) *PER*(price-earning ratio, 주가수익비율)는 주가를 주당순이익(earning per share, *EPS*)으로 나눈 비율로서 주당이익 1원이 시장에서 얼마의 가격으로 평가되고 있는가를 나타낸다.

다. 주식의 시장가치(ME)는 기업의 미래성장 가능성을 반영하여 결정되고, 주식의 장부가치(BE)는 역사적 원가이다. 실무계에서는 BE/ME비율이 높은 주식을 가치주(value stock)라고 하고, BE/ME비율이 낮은 주식을 성장주(growth stock)라고 한다.

BE/ME비율이 낮다는 것은 장부가치에 비해 시장가치가 고평가되어 있다는 것을 의미한다. 투자자들은 풍부한 미래 성장기회를 갖고 있는 성장주의 가치를 평가할 때, 미래의 경쟁기업의 출현을 예상하지 않고 과도하게 높게 평가하는 경향을 갖고 있기 때문이다.

반면에 BE/ME비율이 높다는 것은 장부가치에 비해 시장가치가 저평가되어 있다는 의미로 주가의 상승 가능성이 높은 것으로 해석할 수 있다. 가치주의 주가는 그 동안의 미흡한 경영성과에 기초하여 저평가되어 있으므로, 시장가치가 장부가치보다 낮게 평가된다. 이런 기업의 경우 경영진의 교체나 경영조직의 재구축, 새로운 경영전략의 도입 등에 의해 경영성과의 개선이 이루어져 높은 수익률을 기대할 수 있다.

따라서 BE/ME비율이 높은 가치주를 선택함으로써 시장수익률 이상의 초과수익률을 획득할 수 있게 된다.

3.3 투자심리적 이상현상

(1) 과민반응

과민반응(overreaction)은 시장에 정보가 부족하고 개인투자자의 비중이 큰 경우 예상치 못한 정보의 출현에 증권가격이 비정상적으로 반응하는 현상을 말한다. 어떤 정보에 대하여 투자자들이 과민반응을 보이게 되면 정보가치에 비해 주가가 너무 많이 상승(하락)하게 되고, 일정기간이 경과한 후에 이러한 과민반응을 수정하기 위하여 주가가 적절한 수준으로 하락(상승)하게 된다.

(2) 과잉변동성

과잉변동성(excess volatility)은 주가의 변동성이 이론적으로 정당화될 수 있는 변동성의 수준보다 크게 나타나는 현상을 말한다. 일반적으로 투자자들이 불완전한 정보를 갖고 행동하기 때문에 효율적 시장에서 실제주가의 변동성은 완전예측주가(perfect foresight price)의 변동성보다 작아야 한다(분산 범위). 그런데 실제주가의 변동성은 효율적 시장에서 만족하여야 할 분산범위(variance bound)를 크게 벗어나고 있다.

(3) 평균회귀

평균회귀(mean reversion)는 주식의 기대수익률이 시간의 흐름에 따라 주기적 순환변동을 하면서 장기평균치로 되돌아가려는 현상을 말한다. 주식의 기대수익률이 주기적 변동 패턴을 보이면 기대수익률이 상당히 낮아질 때 장기평균 수준으로 다시 상승하려는 경향을 보이게 되고, 기대수익률이 상당히 높아지면 장기평균 수준으로 다시 하락하려는 경향을 보이게 된다.

주식수익률이 평균회귀를 보이는 이유는 투자자들의 집단심리적인 유행(fad)때문으로 지적되고 있다. 즉 투자자는 언제나 합리적으로 행동하는 것이 아니기 때문에 기대수익률의 변동을 야기할 정도의 기본적 요인(fundamentals)의 변화가 없이도 주식의 매입 또는 매도를 유인하는 집단심리적 충동이 주기적으로 나타날 수 있다. 그러나 이러한 집단심리적인 유행은 장기적으로 지속될 수 없기 때문에 일정한 기간이 지나면 기본적 요인에 의해 정당화될 수 있는 기대수익률 수준으로 다시 회복하려는 경향을 보이게 된다.

(4) 뮤추얼펀드 퍼즐

뮤추얼펀드 퍼즐(mutual fund puzzle)은 뮤추얼펀드의 주가가 펀드의 순자산가치보다 낮게 형성되는 현상을 말한다. 일반적으로 주식시장이 효율적이면 뮤추얼펀드의 주가는 정확하게 1주당 순자산가치(net asset value)와 일치해야 한다. 그런데 시장에서는 일반적으로 순자산가치보다 낮은 가격으로 거래되고 있다.

이와 같이 뮤추얼펀드의 주가가 순자산가치보다 낮게 형성되는 이유는 투자심리(investor sentiment)를 들 수 있다. 기관투자자들은 자체적으로 펀드를 운영하고 있고, 투자자들의 이목도 있어 나 기관이 설정·운영하고 있는 뮤추얼펀드에 투자하는 것을 꺼리게 된다. 따라서 주식시장에서 뮤추얼펀드에 투자하는 투자자는 소규모 투자자들이며, 뮤추얼펀드가 소규모 투자자들을 유인하기 위해서 어느 정도의 가격할인이 이루어질 수 있다는 것이다.

(5) 거품 프리미엄

거품 프리미엄(bubble premium)현상은 주식의 시장가격이 기본요인에 기초한 내재가치보다 현저하게 높게 형성되는 현상을 말한다.

버블은 비합리적 거품(irrational bubble)과 합리적 거품(rational bubble)이 있다. 비합리적 거품은 현재의 주식가격이 너무 높다는 것을 알고 있지만, 향후 가격 폭락이 발생한다 하더라도 투자자 자신만은 큰 손실을 피할 수 있을 것이라고 믿고 시장에 참여할 때 형성된다. 합리적 거품은 투자자들이 현재의 주식가격에 거품이 형성되어 있다는 것을 알고 있고, 그 거품이 꺼지면 자신도 큰 손실을 입게 되리라는 것을 알면서도 시장에 참여할 때 만들어지는 거품이다.

거품의 존재를 알고도 투자자들이 시장에 계속 참여하기 위해서는 주식의 기대수익률이 통상적인 주가변동의 위험뿐만 아니라 주가 폭락의 위험에 대한 대가도 충분히 보상해 줄 수 있어야 한다. 이때 주가폭락의 위험에 대한 대가를 거품 프리미엄이라고 한다.

3.4 이상현상에 대한 해석

주가수익비율 효과, 기업규모효과, 가치주 프리미엄, 평균회귀 등은 최근 재무분야에서 가장 수수께끼 같은 현상이다. 이에 대해서는 여러 가지 해석이 가능하다.

먼저 이러한 현상들은 어느 정도 상호 연관성이 있다. 주가가 낮은 기업, 시가총액이 낮은 회사, BE/ME비율이 높은 기업, 그리고 최근에 시장평균보다 낮은 수익률을 달성한 패자포트폴리오에 속하는 기업 등의 공통적인 특징은 최근 몇 개월 혹은 몇 년 동안에 주가가 크게 하락하였다는 것이다. 실제로 큰 폭의 주가하락을 겪은 기업은 소규모 기업이 되거나, BE/ME비율이 높은 기업이 된다.

Fama and French(1993)는 이러한 이상현상은 프리미엄의 조정으로 설명할 수 있다고 주장한다.[17] 이들은 3요인모형을 이용하여 기업규모나 BE/ME비율에 대해 높은 민감도를 가지는 주식이 평균적으로 높은 수익률을 가진다는 사실을 보여준다. 이들은 이러한 수익률은 공통요인에 대한 위험프리미엄이라고 주장한다. 기업규모나 BE/ME비율 그 자체는 위험요인이 아니지만, 이들은 근본적인 위험의 결정요인에 대한 대용치 역할을 할 수도 있다. 따라서 Fama and French는 이러한 증권수익률의 패턴은 기대수익률과 위험의 관계에 관해 자본시장의 효율성을 지지한다고 주장한다.

이와 반대의 해석방법은 Lakonishok, Shleifer, and Vishiny(1995)에 의해 제시되

---

17) E. F. Fama and K. R. French(1993), "Common Risk Factors in the Returns on Stocks and Bonds," *Journal of Financial Economics*, 33, 3−56

었다.[18] 이들은 자본시장에서 발견되는 이상현상은 시장의 비효율성에 대한 증거라고 주장한다. 특히 보다 구체적으로는 애널리스트의 예측에 체계적인 오류가 있다고 주장한다. 이들의 주장에 의하면, 애널리스트들이 과거의 성과를 너무 먼 미래까지 지속할 것으로 예측하는 경향이 있으며, 따라서 성과가 좋은 종목은 과대평가되고, 성과가 나쁜 종목은 과소평가된다는 것이다. 결국 시장참가자들이 자신의 오류를 발견하면 수익률은 반전된다는 것이다.

이러한 설명은 수익률의 반전현상과 일관성이 있으며, 기업규모효과나 가치주 프리미엄 현상과도 일관성을 가진다. 왜냐하면 최근에 주가하락이 과한 종목은 소규모기업이 되거나 가치주(BE/ME비율이 높은 종목)가 되는 경향이 있기 때문이다.

Daniel and Titman(1995)은 기업규모와 BE/ME비율이 실제로 위험프리미엄으로 해석될 수 있는가에 대해 실증적으로 검증하였다.[19] 이들은 먼저 표본을 기업규모와 BE/ME비율에 따라 분류하고, 다음으로 기업규모와 BE/ME 요인에 대한 민감도에 따라 포트폴리오를 분류하였다. 이들은 기업규모와 BE/ME비율을 고정하였을 때, 이러한 요인에 대한 민감도는 기대수익률을 설명하는 데 추가적인 정보를 제공하지 못한다는 것을 발견하였다. 이들은 기업규모나 BE/ME비율에 대한 민감도가 아니라 기업의 특성 그 자체가 주식의 수익률에 영향을 준다고 주장하였다. 이러한 주장은 포트폴리오의 높은 수익률은 위험프리미엄을 반영한다는 Fama and French의 주장과 상반되는 것이다.

이러한 Daniel and Titman(1995)의 주장은 자본시장이 비효율적이라는 것은 아니다. 기업규모나 BE/ME비율 등의 기업특성 변수 그 자체가 프리미엄을 요구하는 기업의 곤경상황에 대한 척도일 수 있다는 것이다. 즉 소규모이거나 주가가 낮은 종목은 유동성이 낮기 때문에, 이러한 종목의 비정상수익률 중의 상당한 부분은 유동성 프리미엄을 반영하는 것일 수 있다는 것이다.

자본시장의 이상현상의 종류는 앞으로도 계속 발견될 가능성이 높다. 이러한 이상현상이 자본시장의 풀리지 않는 수수께끼인지, 아니면 단지 자료탐색(data mining)의 결과로 만들어진 통계적 허구인지 명확하지 않다. 과거수익률 데이터베이스에 대하여 컴퓨터로 수없이 반복하여 조사하면, 단지 우연에 의한 것이기는 하지만 마치 수익률을 예측할 수 있는 패턴이 존재하는 것처럼 보이기도 한다.

---

18) J. Lakonishok, A. Shleifer, and R. W. Vishiny(1995), "Contrarian Investment, Extrapolation, and Risk," *Journal of Finance*, 50, 541−578.

19) K. Daniel and S. Titman(1995), "Evidence of the Characteristics of Cross Sectional Variation in Common Stock Returns," *Journal of Finance*, 50, 383−399.

이상현상이 학술적으로 보고된 이후에는 오랫동안 지속되지 않는다는 점에 주목할 필요가 있다. 1980년대에 기업규모효과에 대해 보고된 이후 1990년대에는 그 효과의 상당한 부분이 사라졌다. *BE/ME*비율도 1990년대 초반에 발견된 이후, 1990년대 후반에는 큰 위력을 발휘하지 못하였다.[20]

비록 자료탐색의 가능성을 인정한다고 하더라도, 아직까지 설명되지 않는 진정한 수수께끼가 존재한다는 견해를 지지하는 이상현상에는 공통적인 요소가 존재한다. *P/E*비율이 낮거나 *BE/ME*비율이 높은 종목, 역사적인 수준에 비해 낮은 수준의 주가를 가진 종목으로 정의되는 가치주는 성장주에 비해 높은 평균수익률을 제공하고 있는 것으로 나타나고 있다.

---

20) 이에 대한 자세한 논의는 다음 자료를 참고하라. Z. Bodie, A. Kane, and A. J. Markus(2011), *Investment and Portfolio Management*, 9th ed., McGraw Hill, 3/1－408.

1 다음 용어를 설명하라.

① 거품 프리미엄   ② 규모효과   ③ 랜덤워크모형

④ 사건연구   ⑤ 비정상수익률   ⑥ 연의 검정

⑦ 이상현상   ⑧ 자료탐색   ⑨ 가치주 프리미엄

⑩ 정보효율성   ⑪ 주가수익비율 효과   ⑫ 평균회귀

⑬ 필터기법   ⑭ 효율적 시장가설

2 정보효율성을 충족시키는 시장조건에는 어떤 것이 있는가?

3 자본시장의 효율성은 균형조건이 아니다. 즉 모든 투자자들이 자본시장이 효율적이라는 점을 믿고 정보의 수집 및 분석활동을 하지 않는다면 자본시장은 비효율적인 시장이 될 것이다. 자본시장이 효율적으로 작동하게 하는 원동력이 무엇인지에 대해 설명하라.

4 효율적 자본시장과 완전자본시장의 관계를 설명하라.

5 1월효과가 발생하는 이유를 설명하기 위하여 개발된 여러 가지 가설에 대해 설명하라.

6 자본시장에 존재하는 이상현상을 분류하고, 구체적인 내용에 대해 설명하라.

7 자본시장에서 발견된 이상현상은 자본시장이 비효율적이라는 증거가 될 수 있는가에 대해 설명하라.

8 국공채펀드의 수익률이 1%이다. 주가지수의 수익률은 1.5% 상승하였다. ABC회사는 10억원이 걸린 소송에서 예상외로 승소하였다.

(1) 이 회사의 자기자본의 원래의 시장가치가 100억원이었다면, 승소로 인한 이 회사 주식의 수익률은 얼마가 되겠는가?

(2) 만약 이 회사의 주식이 소송에서 20억원의 배상을 받을 수 있을 것으로 예상하고 주식이 거래되고 있었다면, 이 회사의 주식수익률은 소송결과의 공시로 인해 어떻게 되겠는가?

9 A사는 B사를 특허권 침해로 소송을 제기하였다. 법정에서 오늘 판결이 내려졌다. A사 주식의 수익률은 3.1%이고, B사의 주식수익률은 2.5%이었다. 오늘 시장에서는 거시경제의 호조에 관한 공시가 나와서 주가지수는 3% 상승하였다. 이 두 회사의 주식수익률에 대한 시장모형은 다음과 같이 추정되었다.

$$R_A = 0.2\% + 1.4 R_M$$

$$R_B = -0.1\% + 0.6 R_M$$

이러한 정보를 바탕으로 할 때, 어느 회사가 승소하였는가? 그 판단의 근거를 제시하라.

10 투자자들은 내년에 시장수익률이 12%가 될 것으로 예상하고 있다. 국공채펀드의 수익률은 4%이다. K사의 베타계수는 0.5이고, 이 회사의 자기자본 시장가치는 100억원으로 예상된다.

(1) 자본시장이 균형상태라고 가정할 때, K사 주식의 기대수익률은 몇 %이겠는가?

(2) 실제로 시장수익률이 10%가 되었다면, K사 주식의 수익률은 몇 %가 될 것이라고 보는가?

(3) K사가 5억원이 걸린 소송에서 승소하였다고 가정하자. K사의 주식수익률은 10%로 나타났다. 시장이 기대한 소송의 배상액은 얼마이었다고 생각하는가? (그 해의 시장수익률은 10%로 가정하라.)

해답

8. (1) 10% (2) -10%

9. *B*회사가 승소함.

　*B*회사 주식수익률이 시장모형을 이용하여 추정한 수익률 1.7% 보다 0.8%p 높은 2.5%의 수익률을 달성함.

10. (1) 8% (2) 7%

　　(3) 2억원(*CAPM*에 의한 균형수익률 7%보다 3%p 높은 10%를 달성함. 시가총액 100억원의 3%는 3억원임. 소송배상액 5억원 중에서 예상하지 못한 금액은 3억원이며, 미리 예상하여 주가에 반영된 금액은 2억원임)

행동재무학

이 장에서는 행동재무학(behavior finance)에 대해 자세히 알아본다. 행동재무학은 투자자들의 제한된 합리성을 반영한 이론이다. 합리적 기대를 바탕으로 개발된 전통적인 재무이론으로 설명되지 않는 자본시장의 이상현상을 설명하기 위해 개발된 이론이다. 행동재무학에 따르면, 자본시장에 이상현상이 존재하는 이유는 투자자들이 비합리적인 행동을 하며, 차익거래에 대한 제한이 존재하기 때문이라는 것이다.

이 장에서는 먼저 투자자의 비합리적 행동을 정보처리와 관련된 비합리성과 선택행동과 관련된 비합리성으로 구분하여 설명한다. 정보처리와 관련된 비합리성으로 발견적 학습, 과신, 보수주의, 고정관념, 대표성 오류 등을 소개한다. 그리고 선택행동과 관련된 비합리성으로 틀짜기, 심리회계, 후회회피, 전망이론, 처분효과, 모호함의 회피 등을 소개한다.

다음으로 자본시장에서 차익거래를 방해하는 주요 요소로 기본적 위험, 비기본적 위험, 실행비용위험, 모형위험 등을 소개한다. 그리고 자본시장에 차익거래에 대한 제한이 존재한다는 구체적인 증거들을 소개한다.

마지막으로 행동재무학의 실증적 사례를 소개하고, 행동재무학의 한계점을 제시한다. 여기서는 자본시장에 존재하는 주식 프리미엄 퍼즐, 변동성 퍼즐, 폐쇄형 펀드 퍼즐 등을 소개한다.

제 1 절 행동재무학의 의의

1.1 행동재무학의 의의

행동재무학(behavioral finance)은 투자자들의 비합리적 행동과 이러한 행동으로 인한 시장에서의 효과에 대해 연구하는 것이다. 이러한 행동재무학은 자본시장이 비효율적인 정도와 이유를 설명하는 데 도움이 된다.

전통적 재무이론은 일반적으로 기대효용 최대화 원리와 차익거래에 대한 가정을 바탕으로 논리를 전개하고 있다. 이에 비하여 행동재무학은 투자자들의 제한된 합리성과 차익거래의 제한 등 전통적 재무이론에 비하여 완화된 가정을 바탕으로 모형을 설정하고 자본시장을 연구하는 방법이라고 할 수 있다.

행동재무학에서 자본시장의 제반 현상을 설명하기 위해 사용하는 주된 접근방법은 ⓐ 인지행위적 심리(cognitive psychology)와 ⓑ 차익거래(arbitrage)에 대한 제한이다.

인지행위는 사람들이 어떻게 사고하는가를 의미한다. 많은 심리학적 문헌에서 사람들이 사고하는 방식에 체계적인 오류가 있다는 점이 제시되어 왔다. 이러한 체계적인 오류의 예는 과신이나 최근 경험에 과도하게 가중치를 부여하여 형성되는 기대 등이 있다. 그리고 투자자들의 선호관계를 나타내는 효용함수에 의해서도 체계적 오류가 발생할 수 있다. 행동재무학은 이러한 투자자들의 인지행위와 선호관계 등에 관한 지식을 바탕으로 설정된 모형을 이용한다.

차익거래에 대한 제한은 상황에 따라 차익거래의 영향력의 정도에 차이가 존재하는 것을 의미한다. 만약 증권에 대하여 매입이니 매도의 포지션을 취하는 것이 쉽고, 증권가격 결정의 오류가 단기간에 수정될 수 있다는 것이 확실하다면, 차익거래자들은 이러한 가격결정의 오류를 수정하기 위한 포지션을 취할 것이다. 따라서 이러한 경우에는 증권의 가격결정에 나타나는 오류가 투자자들의 차익거래에 의해 제거될 수 있다.

그러나 만약 증권에 대한 매입이나 매도 포지션을 취하는 것이 어렵거나 가격결정의 오류가 적정한 시간 내에 수정된다는 보장이 없다면, 증권의 가격결정에 나타나는 오류는 차익거래에 의해 수정되기 어려울 것이다.

1.2 행동재무학의 등장배경

행동재무학은 1980년대 초부터 시작된 새로운 학문 영역이다. 기존의 전통적 재무이론으로는 설명하기 어려운 많은 현상들을 설명하는 이론으로 등장하였다. 투자자들이 합리적이라는 경제학적 기본원칙이 지켜지지 않는다는 것을 전제로 하여 행동재무학적 연구가 진행되고 있다. 이와 같이 기본 전제가 달라지면 기존 연구결과의 대부분을 이용하지 못한다는 것을 의미한다. 따라서 가장 근본적인 부분에서부터 다시 연구를 수행해야하기 때문에 결코 쉬운 일이 아니다.

전통적 재무이론에서 주장한 자본시장의 효율성은 1980년대에 다양한 이상현상들이 발견되면서 한계에 직면하였다. 그리고 보다 현실적인 차원에서 자산의 가격결정을 설명하기 위해서는 투자자 행동의 비합리성을 고려한 새로운 접근방법이 요구되었다. 이러한 새로운 접근방법을 행동재무학(behavioral finance)이라고 한다.[1]

행동재무학은 행동경제학의 하위영역이다. 행동경제학에서는 인간이 실제로 어떻게 선택하고 행동하는지, 그리고 인간행동의 결과가 경제사회에 어떻게 영향을 미치는지 심층적으로 규명하고자 한다. 행동경제학은 인간의 합리성과 이기심을 부정하지만, 인간이 완전히 비합리적이고 비이기적이라고는 하지 않는다. 행동경제학에서는 인간이 완전히 합리적이고, 완전히 이기적이라는 점만을 부정하고 있다. 따라서 인간은 완전히 합리적이지는 않지만 어느 정도 합리적이라는 의미로 제한된 합리성(bounded rationality)이라는 개념이 이용된다.

이러한 분야를 개척한 중요한 논문 중의 하나를 발표한 Kahneman and Tversky(1979)는 인지행위적 심리 차원에서 인간의 경제적 의사결정과정을 연구하였다. 그들은 기대효용이론에 기초한 기존의 연구에 대하여 의문을 제기했다. 그들은 인간의 경제적 의사결정이 기대효용이론에서 주장하는 것과 달리 심리적 편의성를 가진다고 주장하였다.[2]

전통적인 경제이론 및 재무이론은 기대효용이론에 기초하여 제반 현상을 설명해 왔다. 그러나 만약 사람들이 합리적인 태도를 보이지 않는다면, 기존 이론에 대한 전면적 수정이 필요할 것이다. 행동경제학은 전통적인 이론으로는 설명이 불가능했

---

1) 국찬표 · 구본열(2008), 현대재무론, 무역경영사, 469-487.
2) D. Kahneman and A. Tversky(1979), "Prospect Theory: An Analysis of Decision under Risk," *Econometrica*, 47, 263-291.

던 경제현상들에 대하여 보다 현실성 있는 설명을 제시한다. 이것이 그동안 비주류 경제이론이었던 행동경제학 또는 행동재무학에서 비롯되는 새로운 학문적 조류가 등장하게 된 계기이다.

제 2 절 인지행위적 심리

행동재무학의 이론적 모형에서 투자자들은 제한된 합리성을 가정한다. 투자자들의 제한된 합리성은 정보처리와 관련된 비합리성과 선택행동과 관련된 비합리성으로 구분하여 설명할 수 있다.

2.1 정보처리와 관련된 비합리성

(1) 발견적 학습

투자자들이 직면하는 의사결정 상황은 많은 요인이 존재하는 복잡성을 가지고 있다. 따라서 투자자들은 상당한 시간과 노력을 투입하지 않으면 실제 의사결정 상황을 완벽하게 지배할 수 없을 것이다. 투자자들이 시장에서 폭주하는 정보를 어떻게 처리할 수 있을까? 특히 항상 변화하는 의사결정 상황을 고려해 볼 때, 투자자들이 거래에 필요한 모든 최신 정보를 처리하여 정확한 의사결정을 할 수 있을까?

이러한 점은 정보에 대하여 단지 몇 초 만에 반응을 해야 하는 외환시장이나 주식시장에서 활동하는 투자자에게도 적용된다. 일반적으로 투자자들은 이러한 문제를 해결하기 위하여 정보의 내용과 거래에 미치는 영향을 최대한 단순화시키기 위해 노력한다.

투자자들은 의사결정 상황의 복잡성을 통제하기 위하여 발견적 학습(heuristics)을 이용한다. 발견적 학습은 빠르지만 최적이 아닌 해결책을 찾는 데 도움을 주는 정보처리과정의 법칙이나 전략을 말한다. 발견적 학습은 투자자들이 정보에 압도당하거나, 정보를 완벽하게 처리할 시간이 없을 때 이용된다. 발견적 학습은 문제가 별로 중요해 보이지 않거나, 특정한 문제를 해결하는데 사전적 경험이 없는 경우에 주로 이용된다. 이러한 발견적 학습은 거래를 수행하는데 엄청난 시간적 압박을 받는 단기투자자들이 주로 사용한다.[3]

발견적 학습은 의사결정을 쉽게 해 준다. 그러나 의사결정 상황이 바뀌게 되면, 발견적 학습에 따른 의사결정은 편의성을 가지게 된다. 예를 들어, 투자자들이 은퇴자금을 어떻게 투자할 것인가에 대한 의사결정에 직면할 때, 일반적으로 $1/N$ 규칙을 이용하여 자본을 배분하는 경향이 있다. 만약 투자자들이 이용할 수 있는 펀드가 세 개가 있고, 그 중에서 두 개가 주식펀드라면 투자자들은 자본의 2/3를 주식펀드에 투자하는 경향이 있다고 한다. 그러나 만약 투자자들이 이용 가능한 세 개의 펀드 중에 주식펀드가 하나만 있는 경우에는, 투자자들은 자본의 1/3을 주식펀드에 투자하는 의사결정을 한다는 것이다. Benartzi and Thaler(2001)의 연구는 많은 투자자들이 $1/N$ 규칙을 따른다는 증거를 제시하고 있다.[4]

(2) 과　신

과신(overconfidence)은 사람들이 자신의 능력이나 지식을 과대평가할 때 나타난다. 일반적으로 투자자들은 자신의 능력을 과신하는 경향이 있다. 특히 경영자들이 자신의 능력을 과신하는 경향이 큰 것으로 나타나고 있다. 어느 유명한 연구조사에서 운전자의 90%가 자신은 평균보다 우수한 운전자라고 평가했다고 한다. 이러한 과신은 투자자들이 소극적 투자에 비해 적극적 투자를 선호하는 원인이 된다는 것이다.

이러한 투자자의 과신은 여러 가지 형태로 나타나게 된다. 그 중에 하나가 과소 분산투자이다. 투자자들은 익숙한 종목에 대해 투자비중을 너무 높게 설정하는 경향이 있다. 예를 들어, 투자자들은 분산투자의 관점에서 보면 좋지 않지만, 자기 지역에 소재하는 회사에 대한 투자비중을 높이려는 경향이 있다. 이러한 투자행동은 분산투자의 입장에서 보면 과소 분산투자를 초래하게 된다. 왜냐하면 투자자가 보유하고 있는 주택(부동산)의 가치도 그 지역에 소재하고 있는 기업의 가치와 연동되기 때문이다.

Barber and Odean(2001)의 연구는 남성들이 여성들에 비해 더욱 과신하는 경향이 있다는 것을 보여준다.[5] 이들은 남성과 여성 투자자 계좌의 평균수익률과 거

---

3) 최운열 · 정성훈(2006), 「인지행위적 재무론」, 학현사, 51-79.

4) S. Benartzi and R. Thaler(2001), "Naive Diversification Strategies in Defined Contribution Saving Plans," *American Economic Review*, 91, 79-98.

5) B. Barber and T. Odean(2001), "Boys Will Be Boys: Gender, Overconfidence, and Common Stock Investment," *Quarterly Journal of Economics*, 116, 261-292.

래빈도를 비교하였다. 그 결과 남성들이 여성들에 비해 훨씬 활발하게 거래한다는 사실을 발견하였다. 이는 심리학 분야에서 널리 알려진 것처럼 남성들이 여성들에 비해 더 쉽게 과신에 빠진다는 사실과 일관성을 가지는 것이다. 그들은 거래가 활발한 계좌일수록 평균수익률이 낮아지는 현상도 발견하였다. 그리고 여성들에 비하여 남성들의 계좌에서 거래가 활발할수록 평균수익률이 더 낮아진다는 것을 발견하였다.

(3) 보수주의

환경이 변화하면 투자자들은 새로운 환경에 익숙해지는 데 시간이 걸리는 경향이 있다. 따라서 투자자들은 익숙한 방식을 유지하고자 하는 경향을 갖는다. 보수주의 편의성(conservative bias)은 투자자들이 최근의 정보에 대한 반응으로, 자신의 신념을 바꾸는 데 지나치게 느리다는 것을 의미한다.

이는 기업 관련 정보에 대하여 투자자들이 초기에는 과소반응하는 경향이 있으며, 새로운 정보가 가격에 완전히 반영되는 데에는 시간이 소요된다는 것이다. 이러한 보수주의 편의성으로 인해 주식의 수익률에는 모멘텀(momentum) 현상이 나타나게 된다.

(4) 고정관념

신속한 판단이 요구되는 불확실한 상황에서 예측을 해야 하는 경우에 일반적으로 사람들은 처음의 정보나 기준가치에 근거(anchor)하여 예측하거나 정보를 판단하는 경향이 있다. 그리고 이를 조정(adjustment)하여 최종적인 예측치를 확정하는 경향이 있다. 고정관념(anchoring)은 투자자들이 자신이 가진 최초의 일방적인 생각에 집착하여 정보를 왜곡하여 받아들이는 현상을 말한다.

Tversky and Kahneman(1974)은 실험을 통하여 이러한 고정관념을 설명하고 있다.[6] 이들은 피실험자들에게 '미국에서 흑인의 비율은 몇 퍼센트인가?'라는 질문을 제시하였다. 그리고 각 그룹에 0에서 100까지의 임의의 수치를 주었다. 첫 번째 그룹에게는 10을 부여하였으며, 두 번째 그룹에게는 65를 부여하였다. 피실험자들에게 자신의 예측치가 부여받은 수치보다 높거나 낮은지에 대해 표시하도록 하였다. 그리고 참가자들에게 자신의 실제 예측치를 제시하도록 하였다.

그들은 이러한 실험에서 처음에 부여한 수치가 예측에 영향을 미친다는 것을 발

---

6) A. Tversky and D. Kahneman(1974), "Judgement Under Uncertainty: Heuristics and Biases," *Science*, 185(4157), 1124-1131.

견하였다. 무작위 수치 10을 부여받은 첫 번째 그룹은 25%로 예측하였고, 수치 65를 부여받은 두 번째 그룹은 45%라고 예측하였다. 이는 실험자들에게 부여한 무작위 수치가 고정관념을 형성하는 처음 정보(anchor)로 작용하였기 때문에 나타난 현상으로 분석하였다.

고정관념은 자본시장에서 예측을 하는 경우에 중요한 역할을 한다. 고정관념을 형성하게 하는 처음 정보(anchor)는 숫자뿐만 아니라 의견이나 태도 등도 포함한다. 예들 들어, 강세시장을 예측하는 전문가와 상담을 한 투자자는 조정과정을 거친 후에도 상대적으로 높은 주가를 예측하는 경향이 있다. 반대로 약세시장을 예측하는 전문가와 상담한 투자자는 조정과정을 거친 후에도 상대적으로 낮은 주가를 예측하는 경향이 있다. 즉 이러한 경우에 전문가의 의견이 투자자의 예측에 영향을 주는 처음 정보가 될 수 있다.

(5) 대표성 오류

대표성(representativeness) 오류는 사람들이 일부 표본에서 얻은 정보를 전체 모집단의 특성으로 간주함으로써 발생하는 오류이다. 사람들은 표본의 크기를 중요하게 생각하지 않으며, 작은 규모 표본도 큰 규모 표본과 마찬가지로 모집단에 대해 대표성을 지닌다고 간주하여 추론하는 경향이 있다. 이러한 경우에 발생하는 것이 대표성 오류이다.

또한 투자자들은 장기평균(long term average)에 큰 비중을 두지 않는 경향이 있다. 반면에 최근의 경험에 가중치를 너무 많이 부여하는 경향이 있다. 이러한 현상을 '소수의 법칙(law of small numbers)'이라고도 한다. 예를 들어, 최근 몇 년 동안에 주식의 수익률이 높았으면, 투자자들은 주식수익률이 높은 것이 '정상(normal)'이라고 믿기 시작한다는 것이다.

이러한 대표성 오류는 주식시장에서의 과민반응(overreaction) 현상을 설명하는 수단이 되기도 한다. 투자자들은 특정 종목이나 포트폴리오에서 단기간에 좋은 영업성과나 높은 수익률이 나타나면 이러한 종목이나 포트폴리오가 미래에도 좋은 성과를 가질 것이라고 판단하게 된다. 그리고 이러한 종목이나 포트폴리오에 대하여 매수압력이 발생하게 되고, 주식의 가격은 과도하게 상승한다. 그리고 주식의 가격과 내재가치 간에 괴리가 커지면, 시장에서는 초기의 오류를 수정하게 되고, 주식의 가격은 하락하게 된다. 이처럼 대표성 오류는 주식수익률에 반전현상이 나타나게 하는 원인이 될 수 있다.

2.2 선택행동과 관련된 비합리성

(1) 틀짜기

선택대안을 제시하는 방법에 따라 의사결정이 영향을 받을 수 있다. 틀짜기 (framing)는 선택대안을 제시하는 방법 혹은 개념을 제시하는 방법과 관련된 문제 이다. 잔에 물이 반만큼 들어 있는 경우에 이것을 '절반이 차 있다'고 하거나, 혹은 '절반이 비어 있다'고 표현할 수 있다. 이처럼 주어진 대상을 제시하는 방법에 따라 의사결정이 영향을 받을 수 있다.

인지행위적 심리학자들에 의하면, 의사들이 '사망확률'로 나타낸 증거자료를 보느냐, 아니면 '생존확률'로 나타낸 증거자료를 보느냐에 따라 환자에 대한 조언이 달라진다는 것을 밝히고 있다.[7] 그리고 투자대안에 대하여 설명을 할 때, 그 투자대 안으로부터 얻을 수 있는 수익을 강조하는 경우와 그 투자대안으로부터 입을 수 있 는 손실을 강조하는 경우에 의사결정의 결과는 달라질 수 있다.

틀짜기에 의해 의사결정이 영향을 받는 예는 다음과 같은 상황에서 명확하게 알 수 있다. 게임 참가자가 뒷면이 나오면 5만원을 받을 수 있는 동전 던지기 게임을 생각해 보자. 그리고 먼저 게임 참가자에게 5만원을 지급하고, 동전을 던져서 앞면 이 나오면 5만원을 회수하는 또 다른 게임을 생각해보자. 두 가지 게임은 기본적으 로 동일한 게임이다. 즉 동전을 던져서 뒷면이 나오면 게임 참가자가 5만원을 가지 는 게임이다.

그러나 첫 번째는 참가자의 이익을 강조한 게임이고, 두 번째는 참가자의 손실을 강조한 게임이다. 이처럼 사람들에게 게임을 제시하는 방법에 따라 의사결정이 영 향을 받는 경향이 있다는 것이다.

(2) 심리회계

심리회계(mental accounting)는 사람들이 의사결정을 할 때, 의사결정 문제를 몇 개로 분리하여 각각에 대하여 별도의 결정을 하는 경향이 있다는 것이다. 이러한 심 리회계라는 용어는 Thaler(1980)가 처음으로 명명한 것으로, 사람들이 경제적 성과 를 기록하고, 분류하고, 평가하는 일련의 과정을 기술하기 위하여 도입한 것이다.[8]

---

7) 이 경우에 사망확률과 생존확률의 합은 1이다.
8) R. H. Thaler (1980), "Towards Positive Theory of Consumer Choice," *Journal of Economic Be-*

예를 들어, 투자자들이 투자목적으로 개설한 계좌에 대해서는 상당히 큰 위험도 감수하지만, 자녀의 교육비를 충당하기 위하여 개설한 계좌에 대해서는 매우 보수적인 태도를 보인다는 것이다.

사람들은 특정 대안에 대하여 평가할 때 그 대안의 회계에 대하여 집중하며, 이는 다른 대안에 대한 회계와는 무관하다는 것이다. 다음의 예는 Tversky and Kahneman(1981)이 제시한 것으로 심리회계의 일반적인 과정을 잘 보여준다. 다음과 같은 두 가지의 의사결정 상황을 생각해 보자.[9]

상황 A: 당신은 콘서트 입장권을 5만원에 매입하였다. 그리고 콘서트홀에 도착한 후, 입장권을 분실하였다는 것을 알았다. 매표소에서는 여전히 동일한 가격에 입장권을 판매하고 있다. 당신은 입장권을 다시 매입하겠는가?

상황 B: 당신은 콘서트 입장권을 5만원에 매입하기로 예약하였다. 그리고 콘서트홀에 도착한 후, 지갑에서 현금 5만원을 분실하였다는 것을 알았다. 당신이 여전히 충분한 돈을 가지고 있을 때, 입장권을 매입하겠는가?

위의 두 가지 상황은 경제적인 관점에서는 동일하다. 두 가지 상황 모두 5만원을 분실하였다는 것을 알고 난 후, 집으로 되돌아 갈 것인지, 아니면 5만원을 지불하고 콘서트를 관람할 것인지 결정해야 한다는 것이다. 실증적 연구에서 피실험자들 중 대부분은 상황 A에서는 집으로 되돌아가지만, 상황 B에서는 입장권을 매입하기 위해 돈을 지불한다는 것을 발견하였다.

이처럼 경제적으로 동일한 상황에서 사람들이 다른 행동을 하는 이유를 쉽게 설명할 수 있다. 사람들은 콘서트 계정과 현금계정이라는 두 가지 계정을 가지고 있다. 콘서트를 관람하는 것은 콘서트 계정의 차변에 기입되는 재미, 여흥, 예술의 즐거움 등의 형태로 긍정적인 가치를 가진다. 이러한 가치는 콘서트 입장권의 가격을 상쇄시킨다.

상황 A에서 입장권 가격은 콘서트홀에 도착했을 때, 콘서트 계정의 대변에 기입된다. 그러나 두 번째의 입장권을 매입하게 되면, 콘서트 관람에 10만원이 필요하기 때문에 콘서트 계정의 대변이 증가한다. 실험 참가자들이 두 번째 입장권 매입을 꺼리는 이유는 콘서트에 지불해야 하는 가격이 너무 많다고 느끼기 때문이다.

상황 B에서는 분실한 5만원은 현금계정의 대변에 기록될 것이다. 이러한 경우 화

bavior and Organization, 1, 39-60.

9) 자세한 내용은 최운열·정성훈(2006)의 pp.51-79를 참고하라.

가 나겠지만 분실한 현금은 콘서트 계정에는 영향을 미치지 않는다. 따라서 이러한 상황에서는 콘서트 관람을 포기해야 할 이유가 없다.

이처럼 경제적으로 동일한 상황에서도 의사결정의 결과가 달라지는 이유는 서로 분리되어 있으면서 상호관련성이 없는 두 가지의 계정을 가지고 의사결정을 하기 때문이라는 것이다.

이제 심리회계가 자본시장에서 특히 문제가 되는 이유에 대해 생각해 보자. 시장에서 두 종목의 주식에 투자하는 투자자를 생각해 보자. C종목은 수영복을 생산하는 회사의 주식이고, D종목은 우비를 생산하는 회사의 주식이라고 하자. 이러한 두 회사의 이익에 영향을 가장 많이 주는 요소는 날씨일 것이다. 날씨가 좋으면 C회사의 이익은 높아지겠지만 D회사는 손실을 입을 가능성이 높다. 그리고 날씨가 나쁘면 반대의 상황이 발생할 것이다.

심리회계에 따라 투자자들이 C종목에 투자하는 것과 D종목에 투자하는 것을 별도의 분리된 계정을 가지고 평가한다고 하자. 그러면 C종목에 대한 투자, 혹은 D종목에 대한 개별적인 투자는 매우 위험한 투자가 된다고 판단하여 투자자들은 다른 투자대안을 찾을 수도 있을 것이다.

그러나 만약 불확실성의 상호작용 요인인 날씨를 고려한다면, 두 종목을 결합하여 투자하게 될 것이고, 이러한 투자는 안전하며 동시에 수익성을 보장하게 될 것이다. 심리회계에 따라 각 종목별 위험과 수익을 고려하여 투자 의사결정을 하는 것보다는 두 종목으로 포트폴리오를 구성하고, 이러한 포트폴리오의 위험과 수익을 고려하여 투자 의사결정을 하는 것이 더 좋은 결과를 가져올 것이다. 따라서 심리회계는 상황을 잘못 평가하게 하거나 이익을 얻을 수 있는 기회를 상실하게 할 수 있다.

이러한 심리회계는 시장에서의 모멘텀 현상이 발생하는 원인을 설명할 수 있다. 모멘텀 현상은 도박장 자금효과(house money effect)를 일으키는 것과 유사한 행동에 의해 유발된다. 도박장 자금효과는 도박 참가자들이 돈을 따고 있을 때 새로운 내기를 쉽게 받아들이려는 경향이 커지는 현상을 말한다. 이러한 상황에서 도박 참가자들은 도박장의 자금으로 게임을 한다는 생각을 하기 때문에 기꺼이 더 큰 위험을 받아들이게 된다는 것이다.

이와 유사하게 주가가 상승하는 시장에서 투자자들은 투자자금을 자본이득계정(capital gain account)에서 조달한다고 생각하는 경향이 있다. 따라서 이러한 상황에서 투자자들의 위험수용도가 커지고, 미래의 현금흐름을 낮은 할인율로 할인하게 될 것이다. 이로 인해 주가는 더욱 높아지게 된다는 것이다.

(3) 후회회피

투자자들은 후회하거나 실망하는 상황을 피하기 위하여 잘못된 의사결정을 하지 않으려고 하는 경향이 있다. 즉 투자자들은 다른 선택을 했다면 어떤 결과가 나타날 것인가 하는 관점에서 의사결정을 하려고 한다. 잘못된 결정으로 인하여 발생하는 실망감이 잘된 결정으로 얻는 기쁨보다 크다.

투자자들은 의사결정이 나쁜 결과를 가져 왔을 때, 그 의사결정이 관행에서 벗어난 것일수록 더욱 후회하는 경향이 있다. 따라서 투자자들은 불확실한 상황에서 의사결정을 하는 경우에는 적극적인 의사결정보다는 이전에 관행적으로 하던 기법에 따른 소극적인 의사결정을 하는 경향이 있다.

투자자들은 손실이 발생하는 기간에서는 손실을 실현시키는 거래를 유보하려는 경향이 있다. 이러한 거래는 최악의 상황에 직면할 위험이 있기 때문이다. 즉 이러한 거래는 최초의 매입 의사결정이 잘못 되었다는 것을 증명하게 된다. 그리고 손실이 발생한 포지션을 청산하는 거래를 결정하는 것은 거래를 유보하는 결정을 하는 것보다 더욱 나쁜 감정적 결과를 초래한다.

후회회피(regret avoidance)는 투자할 종목의 선택에도 영향을 준다. 투자자들은 우량주에 투자하여 손실을 입을 경우에 무명의 소형주에 투자하여 입은 손실에 비하여 후회하는 정도가 약하다. 우량주 포트폴리오로부터 발생하는 손실은 종목 선택의 잘못보다는 불운의 탓으로 돌리기 쉬우며, 따라서 후회의 정도도 약하게 된다.

DeBondt and Thaler(1987)는 이러한 후회회피가 규모효과, BE/ME비율효과 등의 원인이 된다고 하였다.[10] BE/ME비율이 높은 종목은 주가수준이 상대적으로 낮게 형성되어 있을 가능성이 높다. 이러한 종목은 투자자의 관심을 받지 못하고, 재무적으로 불확실한 상태에 있을 가능성이 높다. 이와 마찬가지로 소규모 기업이 발행한 주식도 일반투자자들의 투자대상으로는 적합하지 않다. 이와 같이 BE/ME비율이 높거나 소규모 기업의 주식에 투자하는 것은 상당한 용기가 필요하며, 따라서 투자자들은 높은 위험프리미엄을 요구하게 된다.

만약 투자자들이 잘 분산된 포트폴리오 대신에 개별증권으로부터 발생하는 손익을 기준으로 의사결정을 한다면, 최근에 성과가 좋지 않은 종목에 대한 투자를 주저할 것이다. 따라서 이러한 종목에 대해서는 더욱 위험회피적인 의사결정을 하게 될 것이다. 따라서 최근에 성과가 좋지 않았던 종목의 미래 현금흐름에 대해서는

---

10) W. F. M. DeBondt and R. H. Thaler(1987), "Further Evidence on Investor Overreaction and Stock Market Seasonality," *Journal of Finance*, 42, 557-581.

더욱 높은 할인율을 적용하고자 할 것이다. 이러한 일련의 행동으로 인하여 가치주 프리미엄(value stock premium)이 발생한다는 것이다.

(4) 전망이론

전망이론(prospect theory)은 행동재무학에서 중요한 위치를 차지하고 있는 이론으로 투자자의 선호판단에 대한 이론이다. 전망이론은 위험을 가진 대안들 중에서 투자자들이 어떤 것을 선택할 것인가를 설명하는 이론이다. 이 이론은 기대효용이론과 달리 투자자들이 최적의 선택을 한다고 설명하지 않고, 실제 생활 속에서의 투자자들의 선택행동을 설명하려고 하는 것이다.

전망이론은 Kahneman and Tversky(1979)에 의하여 제안된 이론으로 기대효용이론에 비하여 투자자들의 선호관계를 심리학적으로 정확하게 설명하려고 한다. 이 이론은 투자자들이 위험을 가진 대안들을 어떻게 선택하는지, 그리고 잠재적 손실과 이득을 어떻게 평가하는지 등에 대해 설명한다. 여기에서 전망(prospect)이라는 말의 원래의 의미는 복권(lottery)을 일컫는다.

전망이론은 의사결정을 편집단계와 평가단계의 두 가지 단계로 구분하여 설명한다. 첫째 단계에서는 예비적 분석방법에 따라 각 대안의 성과를 측정하고, 이익과 손실이 동일할 것으로 보이는 점을 준거점(reference point)으로 설정한다. 투자자들은 준거점보다 낮은 성과를 손실이라고 생각하고, 준거점보다 높은 성과를 이득이라고 생각한다. 두 번째 단계인 평가단계에서 투자자들은 잠재적인 성과와 그들의 상대적 확률을 이용하여 효용가치를 산출하고, 가장 높은 효용가치를 가진 대안을 선택한다.

전망이론의 핵심은 투자자들이 이득에 대해 가지는 태도와 손실에 대해 가지는 태도가 다르다는 것이다. 이러한 점은 전통적인 재무이론에서 가정하는 합리적인 위험회피형 투자자들의 위험에 대한 태도와 구별된다.

[그림 12-1]의 (a)에서는 전통적인 위험회피형 투자자의 효용함수를 보여주고 있다. 즉 위험회피형 투자자의 효용함수는 부(wealth)의 수준에 대하여 효용이 체감하는 형태를 보인다. 그리고 투자자들은 위험을 가진 투자대안에 대해서는 위험 프리미엄을 요구한다.

전망이론에서 제시하는 효용함수는 [그림 12-1]의 (b)이다. 전망이론에서 제시하는 효용함수에 의하면, 투자자들은 이득을 얻는 구간(즉 준거점 보다 높은 부의 수준)에서는 위험회피적 태도를 보이는데 반하여, 손실을 입는 구간(즉 준거점 보다 낮은 부의 수준)에서는 위험선호적 태도를 보인다는 것이다.

그림 12-1 효용함수

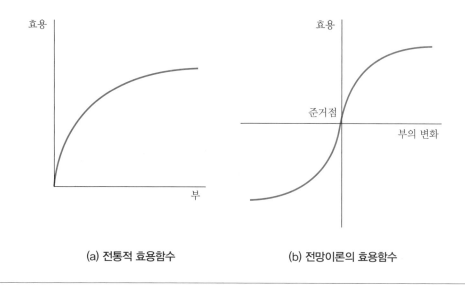

(a) 전통적 효용함수   (b) 전망이론의 효용함수

이러한 현상을 Kahneman and Tversky는 반사효과(reflection effect)라고 하였다. 그들은 이러한 반사효과를 확인하기 위하여 피실험자들을 대상으로 다음의 두 가지 도박 중에서 하나를 선택하도록 하는 실험을 실시하였다.

도박 A : $3,000의 손실을 입을 확률 100%
도박 B : $4,000의 손실을 입을 확률 80%와 손실을 전혀 입지 않을 확률 20%

다음으로 피실험자들에게 다음의 두 가지 도박 중에 하나를 선택하도록 하였다.

도박 C : $3,000의 이득을 얻을 확률 100%
도박 D : $4,000의 이득을 얻을 확률 80%와 이득을 전혀 얻지 못할 확률 20%

Kahneman and Tversky의 실험결과에 의하면, 앞의 선택실험에서는 피실험자들의 92%가 [도박 B]를 선택하였다. 그리고 뒤의 선택실험에서는 피실험자의 20%만 [도박 D]를 선택하였다. 이러한 실험결과를 바탕으로 하여 그들은 반사효과를 주장하였다. 즉 투자자들은 이득에 대해서는 위험회피적인 태도를 보이다가, 손실에 대해서는 위험선호적 태도를 보인다는 것이다.[11]

11) 이득이 발생하는 구간에서는 투자자들이 불확실한 이득 $3,200을 제시하는 [도박 D]보다 확실

이를 그림으로 나타내면 [그림 12-1]의 (b)와 같이 투자자들의 효용함수는 이득이 발생하는 구간에서는 오목함수(convex function)가 되며, 손실이 발생하는 구간에서는 볼록함수(concave function)가 된다.

(5) 처분효과

일반적으로 투자자들은 서류상의 손실을 실현하는 것을 회피하고자 하고, 서류상의 이득을 실현하려는 행동 패턴을 보이는데, 이를 처분효과(disposition effect)라고 한다.

예를 들어, 어떤 종목의 주식을 30,000원에 매입한 투자자가 있다고 하자. 이 종목의 주가가 22,000원까지 하락했다가 28,000원까지 상승했다고 하자. 이런 경우에 투자자는 이 종목을 매도하지 않고 주가가 30,000원 이상으로 상승할 때까지 기다리는 경향이 있다. 이처럼 처분효과는 적은 이익은 실현되는 경향이 강하게 나타나고, 적은 손실은 실현되지 않는 패턴을 가져온다.

이러한 처분효과는 주식시장의 전체 거래량에서 확연하게 드러난다. 주가가 상승하는 강세시장(bull market)에서는 거래량이 증가한다. 반면에 주가가 하락하는 약세시장(bear market)에서는 거래량이 감소하는 경향이 있다.

(6) 모호함의 회피

모호함의 회피(ambiguity aversion)는 사람들이 주관적인 불확실성을 객관적인 불확실성보다 더욱 회피하고자 하는 성향을 가진다는 것이다. 모호함에 대한 회피는 확률을 추정할 수 있는 자신의 능력이 낮다고 생각할수록 강하게 작용한다.

모호함의 회피에 대한 사례는 다양하게 발견할 수 있다. 예를 들어, 피실험자에게 야구경기에서 어떤 팀이 승리할 확률이 몇 %라고 생각하는지 질문하였고, 피실험자는 그 확률이 40%라고 대답한 상황을 생각해 보자. 이러한 야구경기에서의 승리 확률에 대한 피실험자의 추정에는 모호함이 존재한다.

그리고 피실험자에게 확률 40%로 1을, 그리고 확률 60%로 0을 제시하는 도박기계를 상상하라고 요구하자. 이러한 도박기계는 모호함이 없는 경우이다. 이제 피실험자에게 야구경기와 도박기계를 이용한 도박 중에서 어느 쪽을 선호하는지 질문

한 이득 $3,000를 제시하는 [도박 C]를 선호한다. 그러므로 이득이 발생하는 구간에서는 투자자들이 위험회피적 태도를 보인다고 할 수 있다. 그러나 손실이 발생하는 구간에서는 확실한 손실 $3,000를 제시하는 [도박 A]보다 불확실한 손실 $3,200를 제시하는 [도박 B]를 선호한다. 그러므로 손실이 발생하는 구간에서 투자자들이 위험선호적 태도를 보인다고 할 수 있다.

하자. 이러한 경우에 대부분의 피실험자들은 도박기계를 이용한 도박을 선호한다. 이는 모호함을 회피하려 하기 때문이다.

제 3 절 차익거래의 제한

투자자들이 제한된 합리성으로 인하여 잘못된 투자 의사결정을 하고, 그 결과로 인하여 증권의 가격이 왜곡된다고 하더라도, 합리적인 차익거래자들이 활동하는 것에 제한이 없다면 가격왜곡은 조정될 수 있다.

투자자들이 정보처리과정이나 선택행동에 비합리성을 보이는 것은 효율적 시장가설에 대한 반증이 된다. 투자자들이 이러한 비합리적 행동을 하게 되면 자본시장에서 증권의 가격은 균형가격으로부터 벗어나게 될 것이다. 그러나 자본시장에서 차익거래자들이 아무런 제한 없이 거래를 수행할 수 있는 조건이 충족된다면, 증권의 가격은 빠르게 균형가격으로 조정될 것이다.

만약 자본시장에서 차익거래를 수행하는 데 제약이 존재한다면, 시장의 효율성은 보장되지 않을 것이다. 이제 자본시장에서 차익거래를 제약하는 요소들에 대해 알아보자.

3.1 차익거래 제한의 주요 요소

(1) 기본적 위험

일반적으로 어떤 증권의 가격이 균형가격에서 괴리되어 있는 경우에 차익거래자들은 차익거래를 수행하게 된다. 어떤 종목의 주가가 내재가치에 비해 과소평가되어 있는 경우에 차익거래자들은 이 종목을 매입하는 차익거래를 수행할 것이다. 이러한 경우에 차익거래자들은 특정 종목의 내재가치와 관련된 나쁜 정보에 노출되게 된다.

차익거래자들은 이러한 위험을 잘 인식하고 있으며 위험을 헤지(hedge)하기 위하여 이 종목에 대한 대체 포트폴리오를 공매한다. 그러나 어떤 증권에 대한 대체

포트폴리오를 완벽하게 구성하는 것은 쉬운 일이 아니다. 대체 포트폴리오의 기본적 요인이 특정 종목의 기본적 요인과 차이가 있어서 위험이 발생할 수 있기 때문이다. 이러한 위험을 기본적 위험(fundamental risk)이라고 한다. 이러한 기본적 위험이 존재하기 때문에 차익거래는 완전한 무위험 거래가 되지 않는다.

대부분의 투자자들은 일시적인 자본시장의 비효율성을 이용할 기회를 포착하기 위하여 자신들이 과소평가되어 있다고 믿는 주식을 매입하고, 과대평가되어 있다고 생각되는 유사한 주식을 매도한다. 이러한 경우에 투자자들은 기본적 위험에 노출된다. 즉 시장에 도착할 새로운 나쁜 정보에 의해 투자성과가 저하될 수 있다.

대부분의 정보는 동일 산업 내의 모든 종목의 주식에 영향을 주기 때문에 동일 산업 내의 경쟁기업을 매도하는 것은 위험을 어느 정도 줄일 수 있을 것이다. 그러나 어떤 두 가지 종목의 주식도 완전히 동일하지는 않다. 따라서 특정 종목에만 영향을 주는 나쁜 정보가 시장에 도착하게 되면 투자자들은 더 이상 위험을 완충할 수 없게 된다. 이러한 경우에 투자자들은 기본적 위험에 노출된다고 할 수 있다. 이러한 기본적 위험으로 인하여 차익거래가 반드시 무위험이라고 할 수는 없다.

(2) 비기본적 위험

기본적 위험은 증권의 미래 현금흐름과 관련된 위험을 말하는데 비하여, 비기본적 위험(non-fundamental risk)은 증권의 미래 현금흐름과는 무관하게 발생하는 위험이다.[12] 비기본적 위험은 차익거래자들의 투자성과가 소음거래자(noise trader)들에 의한 수요충격(demand shock)으로 인하여 단기적으로 나빠지게 될 위험이다. 장기적으로는 증권의 가격이 균형가격에 수렴하게 될 것이므로, 장기에 걸친 차익거래에서는 이러한 비기본적 위험이 없다고 할 수 있다.

차익거래자들은 어떤 시점에서 일시적으로 시장의 비효율성을 포착하여 차익거래를 수행하는 경우에 주가의 흐름에 대하여 비관적인 견해를 가진 소음거래자들

---

12) 이러한 형태의 위험은 DeLong, Shleifer, Summers, and Waldman(1990)에 의해 소음거래자 위험(noise trader risk)의 형태로 제시되었으며, Gromb and Vayanos(2010)은 비기본적 위험이라는 용어로 정의하고 있다. 여기에서 소음거래는 정확한 정보에 근거한 합리적인 분석과 판단에 따라 투자하는 것이 아니라 주관적 판단이나 근거 없는 루머에 따라 극단적으로 행동하는 투자자를 말한다. 이러한 소음거래자에 의한 증권의 수요충격에 따라 발생하는 위험은 증권의 미래 현금흐름과 무관하게 발생하기 때문에 Gromb and Vayanos 등은 비기본적 위험이라는 용어를 사용하였다. 자세한 내용은 다음의 자료를 참고하라. J. B. DeLong, A. Shleifer, L. Summers, and R. Waldman(1990), "Noise Trader Risk in Financial Market," *Journal of Political Economy*, 98, 703–738; D. Gromb and D. Vayanos(2010), "Limits of Arbitrage: The State of the Theory," *Annual Review of Financial Economics*, 2, 251–275.

에 의하여 투자성과가 더욱 악화될 수 있다는 점을 고려할 수 있다. 이처럼 시장에서 소음거래자들의 수요충격에 의해 증권의 가격이 균형가격에서의 이탈이 가속화될 가능성이 높은 경우에는 차익거래가 제한될 가능성이 있다.

Shleifer and Vishny(1997)의 연구에 의하면, 비기본적 위험이 존재하는 경우에 차익거래자들은 차익거래 포지션을 빨리 청산하고자 하는 경향이 있다.[13] 차익거래를 수행하는 전문투자자들은 주로 펀드매니저이다. 그리고 펀드매니저들이 차익거래를 수행하는 중에 비기본적 위험으로 인하여 펀드의 성과가 단기적으로 하락하는 경우에 펀드매니저는 환매 압력을 받게 된다. 왜냐하면 펀드에 가입한 일반투자자들은 차익거래의 단기적 특성을 충분히 파악하지 못하고 단기적인 펀드의 수익률을 기준으로 펀드의 성과를 판단하는 경향이 있기 때문이다. 즉 단기적으로 펀드의 수익률이 하락하면 투자자들은 펀드매니저가 무능력한 것으로 판단하고 펀드에 대한 환매를 요청할 것이다. 이러한 이유들로 인해 비기본적 위험이 존재하는 경우에 차익거래가 제한될 수 있다.

(3) 실행비용위험

실행비용위험(implementation costs risk)은 차익거래를 수행하는 중에 발생하는 거래수수료나 공매제한 등의 마찰요인이 위험으로 작용할 가능성을 말한다. 현실적으로 과대평가된 주식을 이용하여 차익거래를 수행하는 것은 어렵다. 일반적으로 펀드매니저의 공매는 허용되지 않으며, 공매가 허용되는 경우에도 공급물량과 수요물량이 일치하지 않으면 공매를 하기 어렵기 때문에 공매제한으로 인하여 위험이 발생할 수 있다.

일반적으로 차익거래자들은 Repo시장에서 차익거래 포지션을 구축할 수 있다. 예를 들어, 차익거래자들이 어떤 자산에 대하여 롱 포지션을 취하고자 하는 경우에 그 자산을 매입하고(이후에 매도할 것을 약정함), 그 자산을 담보로 하여 현금을 차입하는 Repo거래를 수행한다. 그리고 반대로 차익거래자들이 어떤 자산에 대하여 숏 포지션을 구축하고자 하는 경우에 현금을 담보로 제공하고 자산을 차입하여 매도하는(이후에 다시 그 자산을 매입할 것을 약정함) 역 Repo거래를 수행한다. 이러한 거래에 적용되는 이자율(이를 Repo 이자율이라고 함)은 자산에 따라 달라지며, 이것이 차익거래비용의 원천이 된다.

---

13) A. Shleifer and R. Vishny(1997), "Limits of Arbitrage," *Journal of Finance*, 52, 35–55.

(4) 모형위험

모형위험(model risk)은 차익거래자들이 믿고 있는 가격오류가 실제로 존재하는 것인지의 여부가 명확하지 않은 데서 발생하는 위험이다. 즉 증권의 가격이 균형가격에서 괴리되어 있는지를 평가하기 위해서는 증권의 이론적 가치평가모형을 이용해야 한다. 이때 이용된 모형이 잘못되어 있거나 혹은 이 모형을 이용하여 예측한 주가가 정확한 것인가에 대하여 확신할 수 없는 경우가 있다. 이러한 위험을 모형위험이라고 한다. 이러한 위험이 차익거래를 제한하기도 한다.

3.2 차익거래 제한의 주요 증거

(1) 쌍둥이 주식

Royal Deutch와 Shell은 각각 네덜란드와 영국에 설립된 독립된 회사이다. 1907년에 Royal Deutch와 Shell은 60대 40의 비율로 합병하기로 결정하였다. Royal Deutch 주식은 주로 미국과 네덜란드에서 거래된 반면에 Shell 주식은 주로 영국에서 거래되었다. 만일 자본시장이 효율적이라면, 증권의 가격은 내재가치와 동일하게 될 것이다. 따라서 효율적 시장에서 Royal Deutch의 주가는 Shell 주가의 1.5배가 되어야 할 것이다.

Froot and Dabora(1999)는 Royal Deutch의 주가와 Shell 주가가 일정한 관계를 유지하는지에 대하여 실증적으로 연구하였다.[14] [그림 12-2]는 1980년부터 1995년까지의 기간 동안에 월별로 Royal Deutch의 주가가 Shell 주가의 1.5배로부터 벗어난 정도를 퍼센트로 나타낸 것이다.

이 그림에서 보는 바와 같이 Royal Deutch의 주가는 균형가격으로부터 최저 35%까지 과소평가되기도 하고, 최고 약 15%까지 과대평가되기도 한다. 즉 Royal Deutch의 주가는 60대 40의 균형(parity)으로부터 큰 변동을 나타내고 있다. 이는 자본시장이 비효율적이라는 증거가 된다.

이러한 가격오류가 존재하는 것은 차익거래에 한계가 존재한다는 증거가 될 수 있다. 만약 차익거래자가 이러한 가격오류를 이용하려고 한다면, 상대적으로 과소평가된 Royal Deutch의 주식을 매입하고 상대적으로 과대평가된 Shell 주식을 매도

---

14) K. A. Froot and M. Dabora(1999), "How Are Stock Prices Affected by the Location of Trade?," *Journal of Financial Economics*, 53(2), 189-216.

그림 12-2 Royal Deutch / Shell의 균형가격 이탈

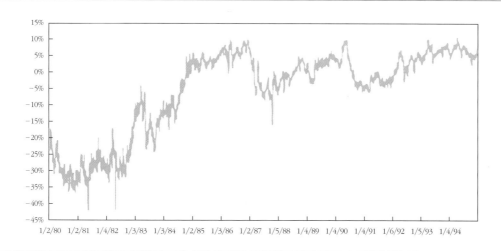

자료원: K. A. Froot and M. Dabora(1999), "How Are Stock Prices Affected by the Location of Trade?," *Journal of Financial Economics*, 53(2), 189−216.

하면 된다.

이처럼 두 주식의 가격이 균형조건으로부터 벗어나는 것은 차익거래를 방해하는 요인이 존재하기 때문일 것이다. 먼저 기본적 위험에 대하여 알아보자. 두 주식은 완전 대체관계에 있기 때문에 기본적 위험은 발생하지 않을 것이다. 주식의 미래 현금흐름에 영향을 주는 정보로 인하여 발생하는 주가의 변화는 두 주식에서 동시에 발생할 것이다. 그리고 두 주식에 대해서는 쉽게 공매할 수 있기 때문에 실행비용위험도 심각하지 않다. 다만 비기본적 위험은 여전히 존재한다. 어떤 주식을 상대적으로 과소평가하도록 하는 투자자의 심리는 단기적으로는 그 주식이 더욱 과소평가되도록 할 수도 있다.

이러한 현상은 실제로 두 주식 사이에 발생하였다. 1983년에 상대적으로 과소평가된 Royal Deutch의 주가는 이후 6개월간 더욱 가격이 하락하였다. 이처럼 비기본적 위험은 차익거래자에게 매우 중요하다고 할 수 있다.

(2) 주식매각

2000년 3월에 3Com은 완전 자회사인 Palm Computing의 지분 5%를 최초공모발행(initial public offering, *IPO*) 방식으로 시장에 매각하였다. 그리고 연말까지 Palm의 나머지 주식을 3Com의 기존주주들에게 1주당 Palm 주식 1.5주의 비율로 배분하겠다는 계획을 발표하였다.

IPO 이후 첫 거래일에 Palm 주식은 주당 $95에 거래되었다. 따라서 3Com은 최소한 Palm 주가의 1.5배인 $142 이상의 가치로 평가되어야 할 것이다. 그러나 당시 3Com 주식의 가격은 $81에 형성되었다. Palm 사업이 분리된 3Com의 사업가치가 주당 −$62로 평가되는 상황이 발생한 것이다.[15]

이러한 경우 투자자들은 Palm 주식을 공매하고, 3Com 주식을 매입하여 차익을 얻을 수 있다. 정상적인 경우이라면 이러한 차익거래가 활발하게 발생할 것이고, 두 기업의 주가는 균형가격으로 조정되어야 한다.

그러나 당시에 실행비용위험으로 인하여 차익거래가 제한되었다. 즉 당시 시장에서는 Palm의 주식에 대한 공매가 거의 불가능한 상황이었다. Palm 주식의 물량이 부족하여 차익거래자들이 이 주식을 차입하는 것은 불가능하였다. 그리고 공매를 위한 이자비용이 30%를 넘었다. 결국 공매가 불가능하여 차익거래가 제한을 받았으며, 결과적으로 이러한 비정상적인 가격구조가 상당한 기간 동안 지속되었다. 차익거래자들은 가격오류가 자신의 투자목표기간 이내에 해소될 것이라는 확신이 없는 경우에는 차익거래를 포기하게 된다.

(3) 지수편입주식

S&P 500이나 KOSPI 200 등의 주요 주가지수를 산출하는 경우에 부도나 합병기업 등은 제외되고 새로운 기업의 주식이 지수산출에 편입된다. 이처럼 지수산출에 신규 편입된 기업의 주가는 상승하는 경향이 있다. Harris and Gurel(1986)의 연구에 의하면, S&P 500지수에 신규 편입된 종목의 주가는 약 3.5% 상승한다고 한다.[16]

이러한 지수편입(index inclusion) 주식에서 발생하는 이상현상의 대표적인 예로 Yahoo를 들 수 있다. Yahoo가 S&P 500지수에 편입되었을 때 주가는 단 하루 동안에 24%나 상승하였다. 이 때 차익거래자들은 Yahoo 주식을 매도하고, 이를 대체할 수 있는 주식 혹은 포트폴리오를 매입해야 한다. 그러나 현실적으로 Yahoo를 대체할 수 있는 주식 종목이나 포트폴리오가 존재하지 않았다. 이러한 경우에 차익거래자들은 기본적 위험에 노출되고, 따라서 차익거래는 제한된다.

---

15) N. Barberis and R. Thaler(2003), "A Survey of Behavioral Finance," in G. M. Constantinides, M. Harris, and R. M. Stulz(ed.)(2003), *Handbook of Economics of Finance*, 1, 1,053–1,128.

16) L. Harris and E. Gurel(1986), "Price and Volume Effects Associated with Changes in the S&P 500: New Evidence for the Existence of Price Pressure," *Journal of Finance*, 41, 851–860.

(4) LTCM의 실패

헤지펀드의 하나인 LTCM(Long Term Capital Management)의 실패는 차익거래가 얼마나 어려운지를 보여주는 대표적인 사례이다. LTCM의 파트너는 Salomon Brothers에서 채권거래로 명성을 쌓은 J. Meriwether, FRB(Federal Reserve Bank)의 전임 부회장인 D. Mullins, 그리고 노벨 경제학상 수상자인 M. Sholes와 R. C. Merton이었다. 그리고 이 회사는 24명의 박사를 고용하고 있었다.

미국의 헤지펀드인 LTCM은 1994년에 설립되었으며, 1997년까지 매년 28%~59% 수준의 높은 수익률을 달성하였다. 그러나 1998년 러시아의 채무불이행 사태가 발생하면서 LTCM은 40억달러 이상의 엄청난 손실을 입게 된다.

LTCM이 주로 이용한 투자전략은 수렴차익거래(convergence arbitrage)이다. 이 전략은 발행주체의 위험이 동일하더라도 유동성에 차이가 있는 경우에 채권들 간에 가격의 차이가 발생하지만, 이러한 가격 차이는 시간이 경과하면 수렴할 것이라는 점을 이용한 것이다. LTCM은 각국의 정부가 발행한 국채 중에서 유동성이 낮아서 가격이 낮은 채권을 매입하고, 유동성이 높아서 가격이 높은 채권을 매도한 다음에, 두 채권의 가격이 수렴하기를 기다리는 차익거래를 수행하였다.

특히 LTCM은 담보제도를 활용하여 투자에 필요한 자금의 대부분을 차입금으로 조달하였다. 이자율이 상승하면 매입한 채권과 매도한 채권의 가격하락분이 거의 일치하게 되어, 매입한 채권의 담보금액과 매도한 채권의 담보금액이 거의 일치하도록 하였다. 또한 이자율이 하락하면 매입한 채권과 매도한 채권의 가격상승분이 거의 일치하게 되어, 매입한 채권의 담보금액과 매도한 채권의 담보금액이 거의 일치하도록 하였다. 따라서 LTCM은 어떠한 상황이 발생하더라도 담보계약에 따른 심각한 자금유출은 발생하지 않을 것으로 예상하였다.

그러나 1998년 8월에 러시아가 루블 통화를 평가절하하고, 채무 일부를 상환하지 못하는 사태가 발생하였다. 이러한 사태는 많은 신흥개발국가에서 연쇄적인 통화의 평가절하를 유발하였으며, 전세계의 자본시장에 충격을 주었다. 특히 채권시장에서는 안전성이 높은 채권으로 자금이 이동하는 현상(flight to quality)이 발생하였다.

이로 인하여 LTCM이 보유하고 있던 채권(유동성이 낮은 채권)의 가격은 하락하고, 매도한 채권(유동성이 높은 채권)의 가격은 상승하게 되었다. 특히 담보계약에 따른 담보부족 상태가 발생하게 되었으며, 추가담보요구가 제기되었다. 그러나 차입금이 많았던 LTCM은 추가담보요구에 응할 수 없었다. 이러한 결과로 LTCM이 취하고 있던 포지션은 청산되었으며, 40억달러 이상의 손실이 발생하였다.

　　LTCM의 투자전략은 장기적으로는 문제가 없었다고 할 수 있다. 만약 LTCM이 추가담보요구에 응할 수 있는 자금의 여유가 있었다면, 포지션을 청산하지 않고 유지할 수 있었을 것이다. 그리고 유동성이 낮은 채권과 유동성이 높은 채권의 가격이 수렴할 때까지 기다릴 수 있었다면, LTCM은 여전히 높은 수익률을 얻을 수 있었을 것이다. 이러한 사례는 최고의 두뇌집단으로 구성된 헤지펀드가 엄청난 손실을 입은 것으로, 차익거래를 장기적으로 실행하는 것이 얼마나 어려운가를 보여주는 예이다.

제 4 절　행동재무학의 실증적 사례

　　자본시장에서는 전통적인 재무이론으로는 설명되지 않는 다양한 형태의 현상이 존재하는 것으로 알려져 있다. 이러한 현상에는 주식 프리미엄 퍼즐, 변동성 퍼즐, 폐쇄형 펀드 퍼즐 등이 있다. 여기에서는 각 퍼즐의 내용에 대해 알아보고, 이러한 퍼즐이 행동재무학적 연구에 의해 어떻게 설명될 수 있는가를 살펴본다.

4.1　주식 프리미엄 퍼즐

　　주식 프리미엄 퍼즐(equity premium puzzle)은 Mehra and Prescott(1985)에 의해 제시된 것으로,[17] 미국 시상에서 국공채 수익률에 비하여 주식의 수익률이 너무 높게 나타나는 현상을 말한다. 이처럼 주식에 대하여 높은 위험프리미엄이 부여되기 위해서는 표준 경제모형에 따른 투자자의 위험회피도가 아주 높아야 한다는 것이다. 주식 프리미엄 퍼즐은 주식투자로 투자자들이 얻을 수 있는 프리미엄이 이론적으로 정당화될 수 있는 범위를 넘어서는 현상을 말한다.

　　이러한 주식 프리미엄 퍼즐을 설명하기 위한 여러 가지 이론들이 제시되고 있지

---

17) R. Mehra and E. C. Prescott(1985), "The Equity Premium: A Puzzle," *Journal of Monetary Economics*, 15(2), 145－161.

만, 경제전문가들이 일반적으로 수긍할 수 있을 명확한 이론은 제시되지 않고 있다. 이러한 퍼즐을 설명하기 위하여 제시된 주장은 크게 세 가지로 분류할 수 있다. 즉 ⓐ 주식 프리미엄 퍼즐은 존재하지 않으며, 퍼즐은 통계적 환상이라는 주장, ⓑ 투자자들의 선호에 대한 이론을 수정해야 한다는 주장, 그리고 ⓒ 위험회피모형이 불완전하다는 주장 등이 제시되고 있다.

행동재무학적 연구에 의하면, 주식 프리미엄 퍼즐은 전망이론(prospect theory)이나 모호함의 회피(ambiguity aversion)로 설명될 수 있다고 한다. 즉 투자자들이 갖는 이득과 손실에 대한 위험회피성향, 모호함을 더 회피하려는 투자자의 성향 등 투자자들의 선택행동에 작용하는 심리적 요인들이 투자결정에 영향을 미쳐서 비정상적으로 높은 위험프리미엄이 발생한다는 것이다.

4.2 변동성 퍼즐

일반적으로 전통적인 투자이론에서는 높은 위험을 가진 증권이 높은 수익률을 제공한다. 투자자들이 위험회피적이고, 동일한 기대수익률을 제공하는 두 개의 증권이 존재한다고 하자. 이러한 경우에 합리적인 투자자들은 위험의 척도인 변동성이 낮은 증권을 선호할 것이고, 따라서 이러한 증권의 기대수익률이 하락하게 될 것이다.[18]

그러나 현실적으로 주식시장에서 과거에 높은 변동성을 가진 주식이 미래에 높은 수익률을 제공하는지 생각해보자. 많은 실증적 연구에서 반대의 결과를 보여주고 있다. 즉 변동성이 높은 주식이 낮은 수익률을 제공한다는 것이다.[19] 이와 같이 변동성 퍼즐(volatility puzzle)은 고위험-고수익의 합리적인 기대와는 달리, 실제 주식시장에서 변동성이 높은 주식의 수익률이 낮은 현상을 말한다.

이러한 변동성 퍼즐은 행동재무학적 접근방법으로 어느 정도 설명할 수 있다. 변동성 퍼즐을 설명하는 방법은 크게 ⓐ 복권에 대한 선호, ⓑ 대표성 오류, ⓒ 과신 등으로 제시되고 있다.

---

18) 투자자들이 변동성이 낮은 증권을 선호하면, 이 증권에 대한 매수압력이 발생하여 증권의 가격이 상승하게 될 것이다. 따라서 이러한 증권을 현재의 상승된 가격으로 매입하면, 이 증권으로부터 얻을 수 있는 기대수익률은 하락하게 된다.

19) A. Ang, R. J. Hodrick, Y. Xing, and X. Zhang(2006), "Cross-Section of Volatility and Expected Returns," *Journal of Finance*, 61, 259-299.

(1) 복권에 대한 선호

투자자들에게 다음과 같은 기대성과가 동일한 두 가지의 도박을 제시하자.

도박 A : 50%의 확률로 10만원을 잃고, 50%의 확률로 11만원을 얻는다.

일반적으로 사람들은 이러한 도박에 참가하지 않는다. 왜냐하면 이 도박은 기대 성과가 양(+)이지만, 10만원을 잃을 확률이 있기 때문이다. Kahneman and Tversky(1979)는 이를 '손실회피(loss aversion)'라고 하였다. 투자자들은 손실을 실현 하는 것을 두려워하기 때문에 변동성을 멀리하고자 한다는 것이다.

이제 확률을 약간 바꾸어 도박을 설계하여 보자.

도박 B : 거의 확실하게 1천원을 잃고, 매우 낮은 확률 0.12%로 5백만원을 얻는다.

이러한 [도박 B]의 기대성과는 5천원으로 [도박 A]와 거의 비슷하다. 그러나 [도 박 B]의 경우에는 많은 사람들이 도박에 참가하려고 한다. 이처럼 적은 금액으로 복권(lottery)을 구입하면, 아주 낮은 확률로 높은 성과를 얻을 수 있는 기회를 가지 는 대안을 사람들이 선호하기 때문이다. 일반적으로 복권의 구매가격은 사람들의 이러한 성향을 고려하여 결정한다.

앞의 예는 투자자들이 복권을 선호하는 성향이 있다는 점을 확인하기 위하여 도 박을 설계하였다. 앞의 두 가지 도박을 살펴보면, [도박 A]의 확률분포는 대칭인데 비하여, [도박 B]의 확률분포는 치우친 분포라는 것을 알 수 있다. 즉 큰 이득이 발 생할 확률이 작은 손실이 발생할 확률보다 아주 낮게 설계되었지만, 변동성이 매우 높이 참가비가 아주 적게 드는 도박을 투자자들이 선호한다는 것이다.

이처럼 투자자들이 복권을 선호하는 성향은 증권에 대한 투자에서도 발견된다. 투자자들은 투자금액이 적고 변동성이 큰 종목을 선호하는 경향을 가진다. 즉 투자 자들이 주가가 낮고 변동성이 큰 종목에 투자하는 것은 복권을 구입하는 것과 비슷 하다는 것이다. 이러한 종목은 단기적으로 주가가 두 배나 세 배가 될 가능성은 매 우 낮은 반면에, 주가가 하락할 확률은 매우 높은 특성을 보인다. 이러한 투자자들 의 비합리적인 행동으로 인하여 변동성이 높은 주식의 가격은 상승하는 경향이 있 다. 따라서 변동성이 높은 주식의 미래 수익률은 낮아지는 경향이 있다.

(2) 대표성 오류

대표성 오류는 사람들이 일부 표본에서 얻은 정보를 전체 모집단의 특성으로 간주함으로써 나타나는 오류라고 하였다. 이러한 대표성 오류가 변동성 퍼즐과 어떠한 관련성을 가지는지 생각해보자. 비전문투자자들과 전문투자자들을 대상으로 하여 성공한 투자의 특성을 어떻게 정의하고 있는지 알아본다고 하자.

많은 비전문투자자들은 성공투자의 예로 1990년대 후반에서의 IT 거품에 동반한 기술주에 대한 투자를 떠올릴 것이다. 즉 이들은 첨단 기술주에 대한 투기성 있는 투자가 부자가 되는 지름길이라고 생각하는 경향이 있다. 이러한 비전문투자자들은 소규모의 투기성 있는 투자는 실패할 확률이 매우 높다는 점을 무시하는 경향이 있다. 따라서 변동성 높은 주식에 대해 너무 높은 가격을 지불하려는 경향을 보인다.

반면에 전문투자자들은 모든 종목의 변동성과 수익률에 대한 표본자료를 검토할 것이다. 그리고 변동성이 높은 종목에 대한 투자는 회피할 것이다. 즉 전문투자자들은 변동성이 높은 종목에 대해서 낮은 가격을 지불하려고 할 것이다.

(3) 과　신

사람들은 자신의 능력이나 지식을 과대평가하는 경향이 있다고 하였다. 이를 과신(overconfidence)이라고 하였다. 사람들은 자신이 가진 정보나 판단의 정확성에 대하여 과신하는 경향이 있으며, 이로 인하여 어떤 예측치에 대한 신뢰구간을 너무 좁게 추정하는 경향이 있다.

주식의 가치평가를 위한 예측을 하는 경우에도 이와 유사한 형태의 투자자 특성이 나타난다. 어떤 종목의 미래 현금흐름을 추정한다고 하자. 과신의 정도가 높은 투자자일수록 자신의 추정치를 과신한 나머지 다른 투자자들의 추정치에 동의하지 않는 경향을 보인다. 그리고 변동성이 높은 주식일수록 투자자들 간의 의견차가 더욱 커질 것이다.

이러한 투자자들 간의 의견차가 주식의 가격에 중요하게 영향을 미치게 된다. 시장에는 어떤 종목의 주식에 대하여 낙관적 견해를 가진 투자자들과 비관적 견해를 가진 투자자들이 존재한다. 낙관론자들은 주식을 매입할 것이며, 비관론자들은 주식을 매도하거나 공매할 것이다. 시장에서 비관론자들은 낙관론자들 보다 소극적으로 행동한다. 비관론자들은 주식을 공매하는데 주저하거나, 공매에 제약이 따르기 때문이다. 실증적 연구에서도 개인투자자들이 공매가 희소한 것으로 나타나고 있다.

이는 주가기 주로 낙관론자들에 의해 결정된다는 것을 의미한다. 따라서 투자자들 간의 의견차가 많은 주식(즉 변동성이 높은 주식)일수록, 그 종목에 대하여 낙관적 견해를 가진 투자자들이 많이 있다는 것이다. 이러한 종목은 높은 가격에 거래될 것이다. 따라서 이러한 종목의 미래 수익률은 낮아질 것이다. 즉 변동성이 높은 주식일수록 수익률이 낮아진다는 경향을 가진다는 것이다.

4.3 폐쇄형 펀드 퍼즐

일반적으로 개방형 펀드는 펀드에 대한 투자자의 가입이나 환매가 허용되며, 환매 시에 순자산가치(net asset value, NAV)에 따라 투자자에게 지급할 금액이 결정된다. 반면에 폐쇄형 펀드는 중도환매가 허용되지 않고, 일반적으로 거래소에 상장되며, 상장된 폐쇄형 펀드는 투자자들 간에 매매거래가 이루어진다.

폐쇄형 펀드가 투자하는 자산이 주로 시장에서 거래되는 증권이므로, 펀드의 운용성과에 따라 펀드의 순자산가치는 정확하게 산출될 수 있다. 이러한 폐쇄형 펀드의 주가는 시장에서의 수요와 공급에 따라 변동하게 된다. 즉 폐쇄형 펀드는 설립 후 거래기간 동안 추가적인 가입이나 환매가 허용되지 않으므로 펀드의 운용성과가 일관성 있게 관찰된다. 또한 펀드의 기초자산이 모두 시장에서 거래되는 증권이므로 펀드의 순자산가치(NAV)는 비교적 정확하게 측정된다.

자본시장이 효율적이라면, 폐쇄형 펀드의 주가는 주당 순자산가치와 완전히 동일해야 한다. 그런데 폐쇄형 펀드의 주가가 펀드가 보유하고 있는 자산의 순자산가치와 다르게 거래되는 현상이 발견되고 있다. 이를 폐쇄형 펀드 퍼즐(closed-end fund puzzle)이라고 한다.

Zweig(1973)의 연구에 의하면, 폐쇄형 펀드의 주가는 주당 순자산가치에 비하여 평균 20% 정도 낮은 가격으로 거래되는 것으로 나타났다. 이러한 사실은 효율적 시장가설을 기각하는 중요한 증거가 된다는 것이다.[20]

행동재무학적 연구에서는 자본시장에서 발생하는 폐쇄형 펀드 퍼즐은 소음거래자들에 의해 야기된 것이라고 본다. 자본시장에 소음거래자들과 합리적 투자자들이 동시에 존재한다고 하면 소음거래자들이 추가적인 위험을 만들어 낸다는 것이다. 이러한 위험을 비기본적 위험이라고 하며, 이러한 위험으로 인하여 폐쇄형 펀드가 과소평가된다는 것이다. 그리고 폐쇄형 펀드에 대한 고객과 그 펀드의 기초자산에

---

20) M. E. Zweig(1973), "An Investor Expectations Stock Price Predictive Model Using Closed-end Fund Premium," *Journal of Finance*, 28, 67–87.

대한 고객이 서로 다르기 때문에 폐쇄형 펀드가 과소평가되기도 한다는 것이다.[21]

자본시장에 합리적 투자자와 소음거래자가 동시에 존재하는 경우에 폐쇄형 펀드 퍼즐을 설명한 모형은 Barbris, Shleifer, and Vishiny(1998)에 의해 제시되었다.[22] 여기서 합리적 투자자는 기본적 요인에 기초하여 투자하며, 편의성이 없는 기대를 형성하며, 증권의 수익률에 대한 합리적 기대를 형성하는 투자자를 말한다. 그리고 소음거래자는 비합리적 요인에 기초한 투자를 하며, 체계적인 예측오차를 형성하는 투자자를 말한다. 증권의 수익률에 대한 소음거래자들의 기대치는 그들의 투자심리 (sentiment)에 따라 영향을 받으며, 투자심리가 시간에 따라 변동함에 따라 증권의 수익률에 대한 기대치가 과대 추정되거나 혹은 과소 추정된다는 것이다.

Lee, Shleifer, and Thaler(1991)는 투자자들의 투자심리와 폐쇄형 펀드 퍼즐의 관련성에 대해 연구하였다.[23] 이들은 폐쇄형 펀드에 대한 소음거래자들의 지분율이 펀드의 기초자산에 대한 소음거래자들의 지분율 보다 높다는 점을 제시하였다. 이 러한 경우에 소음거래자들이 미래에 대하여 비관적인 견해를 가질수록 폐쇄형 펀 드의 가격은 순자산가치 이하로 하락하는 경향이 있다는 것이다. 그리고 합리적인 투자자들도 과소평가된 폐쇄형 펀드를 매입하려고 하지 않는다. 왜냐하면 합리적 투자자들은 폐쇄형 펀드를 과소평가된 가격에 매입하는 경우에도 비기본적 위험을 부담해야 하기 때문이다.

---

21) M. Charron(2009), "The Closed-End Funds Puzzle: A Survey Review," *Forum Empresarial*, 14(2), 39−57.
22) N. Barberis, A. Shleifer, and R. Vishiny(1998), "A Model of Investor Sentiment," *Journal of Financial Economics*, 49, 307−343.
23) C. Lee, A. Shleifer, and R. Thaler(1991), "Investor Sentiment and Closed End Fund Puzzle," *Journal of Finance*, 46, 75−110.

1 다음은 정보처리와 관련한 투자자의 비합리성을 설명하기 위한 용어이다. 각각에 대해 설명하라.

① 발견적 학습   ② 과신   ③ 보수주의

④ 고정관념   ⑤ 대표성 오류

2 다음은 선택행동과 관련한 투자자의 비합리성을 설명하기 위한 용어이다. 각각에 대해 설명하라.

① 틀짜기   ② 심리회계   ③ 후회회피

④ 전망이론   ⑤ 처분효과

3 합리적 투자자들의 차익거래를 제한하는 주요 요인들이다. 각각에 대해 설명하라.

① 기본적 위험   ② 비기본적 위험   ③ 실행비용위험

④ 모형위험

4 행동재무학의 의의를 설명하고, 이러한 행동재무학이 등장한 배경에 대해 설명하라.

5 1907년에 실시된 Royal Deuthch와 Shell의 합병조건을 알아보고, 이러한 합병에 의해 Royal Deuthch와 Shell의 주가에는 어떠한 이론적 관계가 성립해야 하는지 알아보자. 그리고 두 주식의 가격이 균형관계에서 벗어난 이유가 무엇인지 설명하라.

6 2000년에 실시된 3Com의 자회사인 Palm Co.의 주식매각(equity carve out)에 관한 자료를 조사해 보라. 그리고 Palm Co.의 주식매각 직후에 3Com의 이론적인 주가의 하한은 얼마인가? 그리고 3Com의 주가가 이론적 하한치 보다 하락한 이유는 무엇인지 설명하라.

7 주식 프리미엄 퍼즐, 변동성 퍼즐, 그리고 폐쇄형 펀드 퍼즐 등은 자본시장의 대표적인 퍼즐이다. 각 퍼즐의 내용을 제시하고, 이러한 퍼즐이 발생한 이유를 행동재무학적 접근방법을 이용하여 설명하라.

제 **5** 부

채권투자

PART 5

채권가격과 수익률

이 장에서는 채권의 가격과 수익률에 대한 일반적인 원리를 다룬다. 먼저 시장이자율 수준에 따라 채권의 가격이 어떻게 산출되는지 설명한다. 다음으로 채권수익률의 주요 개념인 만기수익률, 현물이 자율, 내재선도이자율 등의 개념을 소개하고, 이러한 다양한 채권수익률을 산출하는 방법을 설명한다. 특히 채권의 만기수익률을 산출하기 위해서 알아야 하는 시행착오법과 엑셀함수의 이용방법 등에 대해 설명한다.

다음으로 채권의 기간구조이론에 대해 설명한다. 만기까지의 기간에 따라 만기수익률이 변동하는 패턴을 나타내는 수익률곡선에 대하여 설명하고, 이러한 수익률곡선의 형태를 설명하기 위해 개발된 이론을 다룬다. 기대이론, 유동성 프리미엄 이론, 시장분할이론, 선호영역이론 등을 통하여 만기에 따라 채권수익률이 변동하는 원리를 이해할 수 있을 것이다.

마지막으로 채권투자의 위험에 대해 설명한다. 채권의 주요 위험인 채무불이행 위험, 이자율 위험, 인플레이션 위험, 수의상환 위험 등의 개념을 소개한다. 그리고 채권의 신용위험을 관리하기 위해 개발된 채권의 신용등급평가에 대해 설명한다.

1.1 채권의 가격

채권(bond)은 국가, 공공기관, 회사 등이 자금을 조달하기 위하여 발행하는 채무표시의 증권이다. 채권은 발행기관에 따라 국공채와 사채로, 그리고 상환기간(maturity)의 유무에 따라 영구채권(perpetual bond)과 정규채권(regular bond)으로 구분할 수 있다. 그리고 채권의 가치평가는 상환기간의 유무에 따라 달리 계산되므로 다음과 같이 영구채권과 정규채권의 경우를 구분하여 설명한다.

(1) 영구채권

영구채권은 영국의 콘솔(consols)국채를 예로 들 수 있다. 영국은 나폴레옹 전쟁이 끝난 후, 전쟁비용을 조달하기 위하여 발행한 여러 종류의 국공채를 통합하여 콘솔국채를 발행하였다. 이 콘솔국채는 만기가 없고, 일정한 이자를 매년 지급한다고 약정한 채권이다.

이처럼 미래의 일정 기간마다 고정된 이자를 영구히 지급하는 채권을 영구채권이라고 한다. 이 영구채권의 가격은 다음 식에 의해 평가된다.[1]

$$P_0 = \frac{C}{(1+R)^1} + \frac{C}{(1+R)^2} + \cdots + \frac{C}{(1+R)^\infty}$$

---

1) (13-1)식은 다음과 같이 쓸 수 있다.

$$P_0 = C\left[\frac{1}{(1+R)^1} + \frac{1}{(1+R)^2} + \cdots + \frac{1}{(1+R)^n}\right] \qquad ①$$

①식의 양변에 $(1+R)$를 곱하면, 다음과 같은 식을 만들 수 있다.

$$P_0(1+R) = C\left[1 + \frac{1}{(1+R)^1} + \frac{1}{(1+R)^2} + \cdots + \frac{1}{(1+R)^{n-1}}\right] \qquad ②$$

이제 ②식에서 ①식을 빼고 정리하면, 다음과 같이 된다.

$$P_0(R) = C\left[1 - \frac{1}{(1+R)^n}\right] \qquad ③$$

이 식에서 $N \to \infty$ 일 때 $\frac{1}{(1+R)^n} \to 0$ 이므로, 다음과 같이 나타낼 수 있다.

$$P_0 = \frac{C}{R}$$

$$= \frac{C}{R} = \frac{cF}{R} \qquad\qquad (13-1)$$

단, P_0 : 영구채권의 가격
C : 이자지급액
c : 채권의 액면이자율
R : 채권의 시장이자율
F : 채권의 액면가

이 식에서 영구채권의 가치는 무한연금(unlimited annuity)의 현가 개념과 동일하다. 이자(현금흐름)는 매 기간마다 항상 일정하므로, 영구채권의 가치는 시장이자율(R)에 따라 변동하게 된다.

예 13-1   영구채권의 가격

콘솔국채의 이자가 50달러이고, 이 채권과 동일한 위험 수준에 있는 채권의 시장이자율이 7%이다. 이러한 콘솔국채의 시장가격을 구하라.

$$P_0 = \frac{C}{R} = \frac{50}{0.07} = 714.29달러$$

이러한 영구채권에 대한 시장이자율(R)이 채권의 액면이자율과 동일한 경우에는 채권의 시장가격은 액면가와 동일하다. 그러나 시장이자율이 변동하여 채권의 시장이자율과 액면이자율 사이에 차이가 생기면 채권의 가격도 변동한다. 시장이자율이 상승하면 채권의 가격은 하락하고, 시장이자율이 하락하면 채권의 가격은 상승한다.

이러한 시장이자율과 채권가격의 관계를 [예 13-1]을 이용하여 살펴보면 다음과 같다. 〈표 13-1〉과 같이 시장이자율이 8%, 5%, 2%로 변동할 경우 채권의 가격은 각각 625달러, 1,000달러, 2,500달러 등으로 된다.

표 13-1 시장이자율과 채권가격의 변동

시장이자율(%)	채권의 가격(달러)
2	2,500.00
3	1,666.67
4	1,250.00
5	1,000.00
6	833.33
7	714.29
8	625.00

(2) 정규채권

일반적으로 채권이라고 할 때는 정규채권을 의미한다. 이 채권은 매 기간마다 미리 약정한 이자를 지급하고, 만기가 도래하면 채권의 액면가를 상환해야 한다.

따라서 채권 혹은 정규채권의 가치평가는 매기에 지급되는 이자의 현가와 만기에 1회 지급되는 액면가의 현가를 합하여 산출된다. 이를 수식으로 나타내면 다음과 같다.

$$P_0 = \frac{C}{(1+R)^1} + \frac{C}{(1+R)^2} + \cdots + \frac{C}{(1+R)^N} + \frac{F}{(1+R)^N}$$

$$= \sum_{t=1}^{N} \frac{C}{(1+R)^t} + \frac{F}{(1+R)^N}$$

$$= \sum_{t=1}^{N} \frac{cF}{(1+R)^t} + \frac{F}{(1+R)^N} \qquad (13-2)$$

단, P_0 : 채권의 가격
C : 채권의 이자
c : 채권의 액면이자율
R : 채권의 시장이자율
F : 채권의 액면가
N : 채권의 상환기간(년)

채권의 가격은 시장이자율의 변동에 따라 수시로 달라진다. 채권의 가격, 액면이자율, 시장이자율의 관계에서 액면이자율과 액면가는 고정되어 있기 때문에 할인율인 시장이자율의 변동이 채권의 가격에 영향을 준다. 이러한 채권가치의 변동은 시장이자율과 액면이자율의 관계에서 다음과 같이 나타난다.

첫째, 시장이자율(R)이 액면이자율(c)과 동일할 때는 채권의 가격은 액면가와 동일하다.[2] 둘째, 시장이자율이 액면이자율보다 낮을 때에는 채권에 프리미엄이 가산되어 채권의 가격이 액면가보다 높게 평가된다. 왜냐하면, (13-2)식에서 c와 F는 고정되어 있는데, 할인율인 R이 작아지면 제1항과 제2항에서 분모의 값이 작아

---

[2] (13-2)식에서 $R=c$이라고 두면, 다음과 같이 된다.

$$P_0 = \sum_{t=1}^{N} \frac{cF}{(1+c)^t} + \frac{F}{(1+c)^N}$$

이에 연금의 현가계수를 대입하여 정리하면 다음과 같이 된다.

$$P_0 = cF\left[\frac{(1+c)^N - 1}{c(1+c)^N}\right] + F\frac{1}{(1+c)^N} = F\left[\frac{(1+c)^N - 1 + 1}{(1+c)^N}\right] = F$$

표 13-2 시장이자율과 채권가격의 관계

시장이자율		액면이자율	채권의 가격		액면가
R	$=$	c	P_0	$=$	F
R	$<$	c	P_0	$>$	F
R	$>$	c	P_0	$<$	F

지므로 채권의 가격 P_0는 상승한다. 셋째, 시장이자율이 액면이자율보다 높을 때에는 채권의 가치는 할인되어 액면가보다 낮게 평가된다.

예 13-2　정규채권의 가격

갑회사는 상환기간이 3년, 액면이자율이 8%이고, 액면가가 10,000원인 회사채를 발행하였다. 시장이자율이 각각 8%, 6%, 10%로 변동할 경우에 회사채의 시장가격을 산출하라.

ⓐ 시장이자율(R)이 8%일 때

$$P_0 = \sum_{t=1}^{3} \frac{cF}{(1+R)^t} + \frac{F}{(1+R)^3}$$
$$= 10,000(0.08)(2.5771) + 10,000(0.7938)$$
$$= 10,000원$$

ⓑ 시장이자율(R)이 6%일 때

$$P_0 = \sum_{t=1}^{3} \frac{cF}{(1+R)^t} + \frac{F}{(1+R)^3}$$
$$= 10,000(0.08)(2.6730) + 10,000(0.8396)$$
$$= 10,534원$$

ⓒ 시장이자율(R)이 10%일 때

$$P_0 = \sum_{t=1}^{3} \frac{cF}{(1+R)^t} + \frac{F}{(1+R)^3}$$
$$= 10,000(0.08)(2.4869) + 10,000(0.7513)$$
$$= 9,503원$$

채권의 이자는 일반적으로 1년 단위로 지급되는 경우가 많지 않고, 반년 혹은 3개월 단위로 지급된다. 채권의 이자를 반년 단위로 지급하는 경우에 액면이자율과 시장이자율을 반으로 나누어 단위기간 동안의 액면이자율과 시장이자율을 산출할 수 있다.

1년 동안에 이자지급횟수를 m이라고 하면, 단위기간 동안의 액면이자율과 시장이자율은 연간 액면이자율과 시장이자율의 $(1/m)$이 된다. 이자가 지급되는 횟수는 채권의 만기까지의 기간에 m을 곱한 것만큼 된다. 따라서 채권의 시장가격은 다음과 같이 산출할 수 있다.

$$P_0 = \sum_{t=1}^{mN} \frac{\left(\dfrac{c}{m}\right)F}{\left(1+\dfrac{R}{m}\right)^t} + \frac{F}{\left(1+\dfrac{R}{m}\right)^{mN}} \tag{13-3}$$

예 13-3 단위기간 이자율에 의한 채권의 시장가격 산출

갑회사는 만기 3년, 액면이자율이 8%, 액면가 10,000원인 회사채를 발행하였다. 이자는 매분기말에 지급한다. 시장이자율이 6%일 때, 이 채권의 시장가격은 얼마인가?

이 채권의 이자는 분기마다 지급되므로 단위기간 동안의 이자지급액은 200원(=10,000×8%/4)이다. 단위기간 동안에 적용할 할인율은 1.5%(=6%/4)이고, 이자지급횟수는 총 12회(=3년×4)가 된다. 따라서 이 채권의 시장가격은 다음과 같이 산출된다.

$$\begin{aligned} P_0 &= \sum_{t=1}^{12} \frac{(c/4)F}{(1+R/4)^t} + \frac{F}{(1+R/4)^{12}} \\ &= 10,000(0.08/4)(10.9075) + 10,000(0.8364) \\ &= 10,546원 \end{aligned}$$

(3) 이자지급일 사이의 채권가격

앞에서는 채권의 발행시점 혹은 이자지급일에서의 채권가격에 대해 설명하였다. 즉 (13-3)식은 특정 채권에 대하여 이자가 지급된 직후를 시점으로 하여 채권의 가격을 산출한 것이다.

그러나 실제로 채권은 이자지급일 사이의 임의의 시점에서 거래가 이루어지는 것이 일반적이다. 이처럼 이자가 지급된 직후가 아닌 임의의 시점에서의 채권가격은 어떻게 산출되는지 알아보자.

어떤 채권의 단위기간별 이자지급액이 C이고, 채권의 액면가가 F이다. 연간 이자지급횟수가 m이고, 만기까지 이자를 지급할 횟수가 T회 남았다고 하자. 이러한 채권의 원금 및 이자지급 등의 현금흐름은 [그림 13-1]과 같이 나타낼 수 있다.

이 그림에서 어떤 거래시점으로부터 직전 이자지급일을 0시점으로 두고, 다음 이

그림 13-1 채권의 거래시점과 이자지급

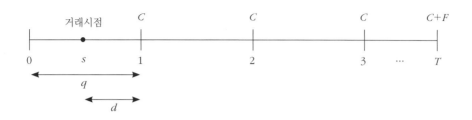

자지급일을 1시점으로 두자. 그리고 직전 이자지급일로부터 다음 이자지급일까지 일수를 q일이라고 하고, 거래시점으로부터 다음 이자지급일까지 일수를 d일이라고 하자.

이처럼 이자지급일 사이의 특정일 s에 채권의 거래가 이루어지는 경우에 채권의 가격은 다음과 같이 산출될 수 있다.

$$P_0 = \left\{ \frac{1}{1 + \dfrac{R}{m} \times \dfrac{d}{q}} \right\} \left[\sum_{t=1}^{T} \frac{C}{\left(1 + \dfrac{R}{m}\right)^{t-1}} + \frac{F}{\left(1 + \dfrac{R}{m}\right)^{T-1}} \right] \qquad (13-4)$$

위의 식은 두 부분으로 구성되어 있다. 괄호 [·] 속의 값은 시점 1에서 평가한 채권의 시장가격이 된다. 이 식은 (13-3)과 유사하지만, 다만 한 기간 동안의 이 자계산이 추가된 값이다. 즉 (13-3)식은 [그림 13-1]의 시점 0에서 산출된 것인데 반하여 (13-4)식의 괄호 [·] 속의 값은 시점 1에서 산출한 채권의 가격이 된다. 괄호 { · } 속의 값은 시점 1에서 산출한 채권가격을 거래시점으로 할인하기 위한 것이다.

📕 13-3   이자지급일 사이의 채권의 시장가격

갑회사는 만기 3년, 액면이자율 8%, 액면가 10,000원인 회사채를 발행하였다. 이자는 매분기말에 지급한다. 이 채권이 거래된 시점은 채권이 발행된 30일 이후이다. 이 채권의 다음 이자지급일까지 일수는 60일이다. 시장이자율이 6%일 때, 이 채권의 시장가격은 얼마인가?

이 채권의 이자는 분기마다 지급되므로 단위기간 동안의 이자지급액은 200원($= 10,000 \times 8\% / 4$)이다. 단위기간 동안에 적용할 할인율은 1.5%($= 6\% / 4$)이다. 만기까지 남은 이자지급횟수(T)는 12이다. 직전 이자지급일부터 다음 이자지급일까지의 일수(q)는 90일이고, 거래시점으로부터 다음 이자지급일까지의 일수(d)는 60일이 된다.

$$P_0 = \left\{ \frac{1}{1 + \dfrac{R}{m} \times \dfrac{d}{q}} \right\} \left[\sum_{t=1}^{T} \frac{C}{\left(1 + \dfrac{R}{m}\right)^{t-1}} + \frac{F}{\left(1 + \dfrac{R}{m}\right)^{T-1}} \right]$$

$$= \left\{ \frac{1}{1 + \dfrac{0.06}{4} \times \dfrac{60}{90}} \right\} \left[\sum_{t=1}^{12} \frac{200}{\left(1 + \dfrac{0.06}{4}\right)^{t-1}} + \frac{10,000}{\left(1 + \dfrac{0.06}{4}\right)^{12-1}} \right]$$

$$= \left\{ \frac{1}{1.01} \right\} \left[(200)(11.0711) + (10,000)(0.8489) \right]$$

$$= 10,597.25원$$

1.2 채권수익률

채권의 수익률을 나타내는 다양한 용어가 존재한다. 이러한 용어들의 개념을 간단히 살펴보자. 먼저 이자율은 화폐의 가격(price of money)을 의미한다. 그리고 이자율은 모든 조건이 일정하다고 가정할 경우에 시장에서 자금의 수요와 공급이 일치하는 균형점에서 결정된다. 이를 균형이자율(equilibrium interest rate)이라고 한다.

균형이자율이 채권시장에서 형성되는 경우에 채권의 시장이자율이라고 한다. 이것은 채권의 만기수익률(yield to maturity)을 의미하기도 한다. 채권의 만기수익률은 투자자가 채권을 현재의 시장가격에 매입하여 만기까지 보유할 때 얻을 것으로 예상되는 수익률을 의미한다. 채권시장이 균형상태에 있는 경우에 채권의 만기수익률은 투자자의 요구수익률(required rate of return)과 일치하게 된다.

(1) 만기수익률

채권의 만기수익률은 채권을 현재의 시장가격에 매입하여 만기까지 보유한다고 가정할 때 채권투자자들이 얻을 것으로 예상되는 수익률이다. 이러한 채권의 만기수익률은 채권의 시장가격과 그 채권으로부터 발생하는 미래 현금흐름을 할인한 현재가치를 일치시키는 할인율이다. 이를 수식으로 나타내면 다음과 같다.

$$P_0 = \sum_{t=1}^{T} \frac{CF_t}{\left(1 + \dfrac{R_m}{m}\right)^t} \tag{13-5}$$

단, P_0 : 채권의 시장가격

$$CF_t : t시점에서 채권으로부터 발생하는 현금흐름$$
$$m : 연간 이자지급횟수$$
$$T : 채권의 만기까지 발생하는 현금흐름의 횟수$$
$$R_m : 채권의 만기수익률$$

채권의 만기수익률은 수학적으로 내부수익률(internal rate of return, *IRR*)과 동일한 방법으로 산출된다. 내부수익률은 투자안의 평가에서 현금흐름의 현재가치를 0으로 만드는 할인율을 의미한다. 만약 액면이자율이 c이고, 액면가가 F이며, 연간 이자지급횟수가 1회인 정규채권의 경우에는 만기수익률이 다음과 같이 산출될 수 있다.

$$P_0 = \sum_{t=1}^{N} \frac{cF}{(1+R_m)^t} + \frac{F}{(1+R_m)^N} \qquad (13-6)$$

그리고 만일 이러한 채권에 대하여 연간 m회의 이자가 지급되는 경우에는 다음과 같은 방식으로 채권의 만기수익률을 산출할 수 있다.

$$P_0 = \sum_{t=1}^{mN} \frac{(c/m)F}{(1+R_m/m)^t} + \frac{F}{(1+R_m/m)^{mN}} \qquad (13-7)$$

이러한 채권의 만기수익률을 구하는 과정에 대해 살펴보자. 채권의 만기수익률을 구하는 수식은 고차방정식의 형태를 취하기 때문에 방정식의 일반적인 해를 구하는 것은 거의 불가능하다. 이러한 경우에 만기수익률은 시행착오법(trial and error method)을 이용하면 구할 수 있다. 시행착오법은 만기수익률을 산출하는 방정식이 성립하도록 여러 가지의 만기수익률을 대입해보는 방법이라고 할 수 있다.

시행착오법에서는 채권의 가격이 만기수익률에 대하여 단조감소 함수라는 점을 이용한다. 예를 들어, (13-6)식에서 R_m을 0으로 두면 좌변에 비하여 우변의 값이 클 것이다. 그리고 R_m을 증가시키면 우변의 값이 점차 감소하여 좌변의 값에 가까워질 것이다. 이러한 좌변과 우변의 값의 차이가 최소가 되도록 하는 R_m이 만기수익률이 된다.

ⓔ 13-5   채권의 만기수익률

채권의 만기가 3년, 액면가가 10,000원, 액면이자율이 8%이고, 이자는 연 1회 지급된다. 이 채권의 시장가격이 10,380원이다. 채권의 만기수익률은 얼마인가?

만기수익률을 구하기 위하여 (13-6)식을 이용하자.

$$P_0 = \sum_{t=1}^{N} \frac{cF}{(1+R_m)^t} + \frac{F}{(1+R_m)^N}$$

$$10,380 = \sum_{t=1}^{3} \frac{800}{(1+R_m)^t} + \frac{10,000}{(1+R_m)^3}$$

위 식에 여러 가지 R_m을 대입하여 좌변과 우변의 값의 차이가 최소가 되는 값을 찾아보자.

만기수익률	현금흐름의 현가(우변)	채권가격(좌변)	차이
0.0654	10,386.39	10,380	6.39
0.0655	10,383.68	10,380	3.68
0.0656	10,380.97	10,380	0.96*
0.0657	10,378.25	10,380	-1.76
0.0658	10,375.53	10,380	-4.47
0.0659	10,372.82	10,380	-7.18

위의 표에서 좌변과 우변의 차이를 가장 작게 하는 경우가 만기수익률이다. 따라서 이 채권의 만기수익률은 6.56%라고 할 수 있다.

이러한 시행착오법에 의한 채권의 만기수익률은 MS사의 엑셀(Excel) 프로그램을 이용하면 편리하게 산출할 수 있다.[3] 특히 엑셀 프로그램에서는 다양한 재무함수를 제공하고 있는데, 채권의 만기수익률은 함수 IRR(·)을 이용하면 쉽게 구할 수 있다.

예 13-6   엑셀을 이용한 만기수익률 산출

위의 [예 13-5]의 자료에 대하여 엑셀의 함수 IRR(·)을 이용하여 만기수익률을 산출하여 보자.

채권의 만기가 3년, 액면가가 10,000원, 액면이자율이 8%이고, 이자는 연 1회 지급된다. 이 채권의 시장가격이 10,380원이다. 채권의 만기수익률은 얼마인가?

엑셀 프로그램을 실행시킨 후에 다음과 같이 자료를 입력하자. 시점란에는 각 현금흐름이 발생하는 시점을 입력하고, 현금흐름에는 각 시점에서 발생하는 현금흐름 금액을 입력하자. 다만 (13-6)식의 좌변에 있는 채권의 시장가격에는 (-)부호를 붙인 금액을 입력하자.

---

3) 마이크로 소프트 엑셀 프로그램에 대한 자세한 사용방법은 프로그램의 도움말을 이용하면 된다.

	A	B	C
1	시점	현금흐름	
2	0	$-10,380$	
3	1	800	
4	2	800	
5	3	10,800	
6	만기수익률		

이제 커서를 계산된 결과를 삽입할 셀(B6)에 두고, 다음과 같이 입력하자.

$$=IRR(B2 : B5)$$

셀(B6)에 위와 같이 입력하고 Enter 키를 치면, 셀(B6)에는 6.56%라는 값이 나타날 것이다. 소수점 자릿수를 맞추기 위해서는 셀서식에서 필요한 자릿수만큼 지정하면 된다.

그리고 (13-7)식으로 나타난 형태나 혹은 이자지급일 중간에 발생한 거래에서의 만기수익률을 산출하기 위해서는 엑셀의 함수 YIELD(·)를 이용하는 것이 편리하다. 함수 YIELD(·)에는 여러 가지의 인수가 이용된다. 이러한 인수에는 결제일, 만기, 액면이자율, 채권의 가격, 액면가, 연간 이자지급횟수, 일수계산방법 등이 포함된다.[4]

예 13-7 엑셀의 YIELD 함수 이용

엑셀의 함수 YILED(·)를 이용하여 보다 복잡한 형태의 만기수익률을 산출하여 보자. 어떤 채권의 만기가 2021년 3월 31일이고, 액면이자율은 8%, 연간 4회의 이자가 지급되며, 채권의 액면가는 10,000원이다. 이러한 채권을 2018년 4월 30일(결제일)에 10,425원에 매입하였다. 채권의 이자계산을 위한 일수는 실제일수/실제일수의 방법을 이용한다. 이러한 채권의 만기수익률은 얼마인가?

엑셀 프로그램을 실행시킨 후에 다음과 같이 자료를 입력하자. 채권가격은 액면가 100원당 가격을 입력하고, 만기 상환액은 액면가 100원당 상환액을 입력하라. 그리고 일수계산방법에 대해서는 엑셀 함수의 도움말을 이용하여 입력할 코드를 결정하라.

---

4) 일수계산방법에는 여러 가지가 있는데, 30/360의 경우에는 '0', 실제/실제의 경우에는 '1', 실제/360인 경우에는 '2', 실제/365인 경우에는 '3' 등의 숫자를 부여한다.

	A	B	C
1	결제일	2018-4-30	
2	만기일	2021-3-31	
3	액면이자율	8%	
4	채권가격	104.25	
5	만기 상환액	100	
6	이자지급횟수	4	
7	일수계산방법	1	
8	만기수익률		

이제 커서를 계산된 결과를 삽입할 셀(B8)에 두고, 다음과 같이 입력하자.

= YIELD(B1,B2,B3,B4,B5,B6,B7)

셀(B8)에 위와 같이 입력하고 Enter 키를 치면, 셀(B8)에는 6.39%라는 값이 나타날 것이다.

채권의 만기수익률은 투자자들이 채권을 시장가격에 매입하여 만기까지 보유할 경우에 얻을 것으로 예상하는 수익률이다. 투자자들이 만기수익률을 정확히 실현하기 위해서는 ⓐ 채권의 채무불이행이 발생하지 않을 것, ⓑ 채권을 만기까지 보유할 것, ⓒ 모든 액면이자는 만기수익률과 동일한 수익률로 재투자될 것이라는 조건이 충족되어야 한다.

따라서 채권을 만기이전에 매도하거나 보유중인 채권에 채무불이행이 발생하면 만기수익률은 의미가 없어진다. 그리고 만기이전에 수령한 액면이자를 만기수익률과 동일한 수익률로 재투자하는 것은 일반적으로 어렵기 때문에, 투자자들이 만기까지 채권을 보유하는 경우에도 만기수익률을 정확히 실현시키는 것은 거의 불가능하다.

(2) 현물이자율

채권의 만기수익률은 채권의 거래를 통하여 결정된 시장이자율이다. 이러한 만기수익률 중에서 만기에만 확실하게 현금흐름이 발생하는 순수할인채(zero coupon bond)의 현물거래를 통하여 결정된 이자율을 현물이자율(spot rate)이라고 한다. 현물이자율은 채무불이행위험이 거의 없는 순수할인채로부터 산출되기 때문에 채권의 만기에 따라 시장이자율이 어떻게 달라지는지 살펴보기 위한 목적으로 이용될 수 있다.

일반적으로 만기까지의 기간이 달라지면 이에 적용되는 현물이자율도 달라진다. 이를 살펴보기 위하여 만기까지의 기간이 T인 순수할인채에 적용하게 될 현물이자율을 R_T로 나타내자. 이러한 경우에 만기수익률은 다음과 같이 산출된다.

$$P_0 = \frac{F}{(1+R_T)^T} \tag{13-8}$$

그리고 만약 각 기간별 현물이자율을 알고 있다면, 정규채권의 가격은 다음과 같은 방식으로 결정할 수 있다.

$$P_0 = \sum_{t=1}^{T} \frac{CF_t}{\left(1+\dfrac{R_t}{m}\right)^t} \tag{13-9}$$

$$P_0 = \sum_{t=1}^{mN} \frac{(c/m)F}{(1+R_t/m)^t} + \frac{F}{(1+R_t/m)^{mN}} \tag{13-10}$$

위의 식은 채권의 만기수익률을 산출하기 위한 수식과 매우 유사하게 보인다. 그러나 채권의 만기수익률을 산출하기 위한 (13-5)식과 (13-7)식은 모든 기간에 동일한 만기수익률(R_m)을 적용한데 비하여, 위의 식에서는 각 기간별로 다른 현물이자율(R_t)을 적용하고 있다.

이제 현물이자율을 산출하는 방법에 대하여 살펴보자. 시장에 다양한 만기의 순수할인채가 충분히 거래되고 있는 경우에는 각 만기별 순수할인채의 만기수익률을 산출하면 될 것이다. 그러나 각 만기별 순수할인채에 대한 거래정보가 부족한 경우에는 이표채의 자료를 이용해서 현물이자율을 산출할 수 있다. 이와 같이 이표채를 이용하여 현물이자율을 산출하는 방법을 '붓스트래핑 방법(bootstrpping method)'이라고 한다.

예 13-8 현물이자율 산출

붓스트래핑 방법을 이용하여 현물이자율을 구하여 보자. 액면이자율이 6%, 액면가가 10,000원, 연간 이자지급횟수가 1회인 채권이 있다고 하자. 이러한 채권의 잔존만기에 따른 채권가격은 다음과 같다.

만기	액면이자율	액면가	채권가격
1	6%	10,000	10,100
2	6%	10,000	9,800
3	6%	10,000	9,500

먼저 만기 1년인 채권을 이용하여 1년 현물이자율 R_1을 구하여 보자.

$$10{,}100 = \frac{10{,}600}{(1+R_1)}$$

이 식을 풀면, $R_1 = 4.95\%$를 얻을 수 있다. 이 예에서 만기 1년의 채권은 이자가 만기에만 지급되므로 순수할인채로 간주해도 무방할 것이다. 다음으로 2년 현물이자율 R_2를 구하기 위하여 2년 만기 채권의 자료를 이용하자.

$$9{,}800 = \frac{600}{(1+R_1)} + \frac{10{,}600}{(1+R_2)^2} = \frac{600}{(1+0.0495)} + \frac{10{,}600}{(1+R_2)^2}$$

위 식에서 2년 현물이자율 R_2를 구하기 위하여 앞에서 산출한 1년 현물이자율 R_1을 이용한다. 위 식을 풀면 $R_2 = 7.17\%$를 구할 수 있다. 그리고 3년 현물이자율 R_3를 구하기 위하여 3년 만기 채권의 자료를 이용하자.

$$9{,}500 = \frac{600}{(1+R_1)} + \frac{600}{(1+R_2)^2} + \frac{10{,}600}{(1+R_3)^3}$$

$$= \frac{600}{(1+0.0495)} + \frac{600}{(1+0.0717)^2} + \frac{10{,}600}{(1+R_3)^3}$$

이 식을 풀면, $R_3 = 8.04\%$를 얻을 수 있다. 이처럼 붓스트래핑 방법은 만기가 짧은 채권으로부터 시작하여 점차 만기가 긴 채권으로 순차적인 절차를 거쳐서 현물이자율을 구한다는 것을 알 수 있다.

이제 채권의 만기수익률이 있는데도 불구하고, 현물이자율을 이용해야 하는 이유에 대하여 생각해 보자. 채권의 수익률은 만기에 따라서 달라지는데, 이를 채권수익률의 기간구조라고 한다. 채권수익률의 기간구조에 따르면, 현금흐름이 발생하는 시점에 따라 적용할 할인율이 달라진다.

순수할인채는 미래에 현금흐름이 한번만 발생하기 때문에, 그 현금흐름에 적용할 할인율을 명확하게 알 수 있다. 따라서 순수할인채의 만기수익률을 현물이자율이라고 하여, 이표채의 만기수익률과 구별한다. 이표채의 경우에는 만기 이전에 여러 번의 현금흐름이 발생할 수 있다. 따라서 이표채의 만기수익률은 현물이자율을 가중평균한 값이 될 것이다.

붓스트래핑 방법의 기본적인 아이디어는 만기 이전에 발생하는 이자지급액에 대해서는 이미 산출되어 있는 그 기간에 적합한 현물이자율을 적용하여 할인하면, 만기에 발생하는 현금흐름에 적용할 할인율이 현물이자율과 동일하다는 점에 착안한 것이라고 할 수 있다.

(3) 내재선도이자율

내재선도이자율(implied forward rate)은 현물이자율에 내재되어 있는 미래의 단기이자율을 의미한다. 현물이자율로부터 미래의 단기이자율을 추론하는 과정에 대하여 생각해 보자.

만기가 N년인 순수할인채를 매입보유하는 전략과 만기 $(N-1)$년인 순수할인채에 투자하고, 마지막 1년 동안 투자금을 1년 만기 순수할인채에 재투자하는 전략에서 얻는 총투자수익은 동일할 것이다. 이를 수식으로 나타내면 다음과 같이 된다.[5]

$$(1+R_N)^N = (1+R_{N-1})^{N-1}(1+f_{N-1,\,N}) \tag{13-11}$$

단, R_N : 만기 N년의 현물이자율

$f_{N-1,\,N}$: 미래 N년의 단기이자율(내재선도이자율)

여기에서 $f_{N-1,\,N}$는 미래의 시점 $(N-1)$년 말에서 N년 말까지의 기간 동안의 이자율, 즉 N년의 미래 단기이자율인 내재선도이자율이다. 이 식을 현물이자율로부터 내재선도이자율을 직접 산출할 수 있도록 나타내면 다음과 같이 된다.

$$(1+f_{N-1,\,N}) = \frac{(1+R_N)^N}{(1+R_{N-1})^{N-1}} \tag{13-12}$$

---

⑩ 13-9 내재선도이자율 산출

1년, 2년, 3년의 현물이자율이 각각 4.95%, 7.17%, 8.04%이다. 이 자료를 이용하여 두 번째 해와 세 번째 해의 내재선도이자율을 산출하라.

$$(1+f_{1,\,2}) = \frac{(1+R_2)^2}{(1+R_1)^1} = \frac{(1+0.0717)^2}{(1+0.0495)}, \quad f_{1,\,2}=9.44\%$$

$$(1+f_{2,\,3}) = \frac{(1+R_3)^3}{(1+R_2)^2} = \frac{(1+0.0804)^3}{(1+0.0717)^2}, \quad f_{2,\,3}=9.80\%$$

이제 만기 N년의 장기 현물이자율을 단기의 내재선도이자율로 나타내어보자. 즉

---

5) 선도이자율(forward rate)은 현물이자율(spot rate)과 함께 피셔(I. Fisher)가 상품시장의 장기공급계약에서 사용한 선도가격의 개념에서 유래되었다. 예를 들어, 선도이자율 $f_{1,\,2}$는 1기말에서 2기까지의 기간 동안에 대출(혹은 1년 만기채권을 매입)할 경우에 현시점에서 예상된 2기의 이자율(채권수익률)이다. 이에 비하여 현물이자율의 개념은 각 시점에서 관찰된 실제이자율(채권수익률)을 의미한다.

(13-11)식을 반복적으로 적용하여 정리하면 다음과 같은 관계식을 얻을 수 있다.

$$(1+R_N)^N = (1+f_{0,1})(1+f_{1,2})\cdots(1+f_{N-1,N})$$
$$= (1+R_{0,1})(1+f_{1,2})\cdots(1+f_{N-1,N}) \qquad (13-13)$$

여기에서 $f_{0,1}$은 현재시점에서 1기간 내재선도이자율이다. 이러한 이자율은 시장에서 관찰가능하기 때문에 $R_{0,1}$로 나타낼 수 있다.[6] (13-13)식으로부터 채권의 장기수익률은 미래의 단기이자율의 기하평균으로 나타낼 수 있다는 것을 알 수 있다.

현물이자율로부터 추정한 미래이자율에 대하여 선도이자율이라는 용어를 사용하는 이유는 추정된 미래이자율이 미래시점에 실제로 적용될 이자율과 동일하지 않을 수 있기 때문이다. 즉 미래에 실제로 형성되는 이자율이 현재의 자료로부터 추정한 선도이자율과 일치하지 않을 수 있다. 그러나 불확실성이 없는 확실한 세계에서는 선도이자율이 미래의 시점에서 형성되는 이자율과 일치하게 된다.

제 2 절 채권수익률의 기간구조

2.1 수익률곡선

채권의 위험을 포함한 모든 조건이 일정한 경우, 채권수익률은 만기까지의 기간에 따라 달라진다. 채권수익률의 기간구조(term structure of bond yield)는 채권수익률이 만기까지의 기간이 변동함에 따라 어떻게 달라지는가를 설명하는 것으로, 이를 이자율의 기간구조라고도 한다.

채권수익률의 기간구조는 만기가 다른 순수할인채의 만기수익률인 현물이자율과 만기의 관계를 의미한다. 그러나 장기채권의 대부분은 이표채이고, 다양한 만기의 현물이자율을 구하는 것이 쉽지 않기 때문에, 이표채의 만기수익률을 사용하여 기간구조를 나타내기도 한다.

---

6) $R_{0,1}$은 현재시점에서부터 1기간 말까지의 기간 동안의 현물이자율로 R_1로 나타내어도 무방하지만, 내재선도이자율과 기호의 통일성을 유지하기 위하여 이러한 방식으로 표시하자.

그림 13-2 수익률곡선의 형태

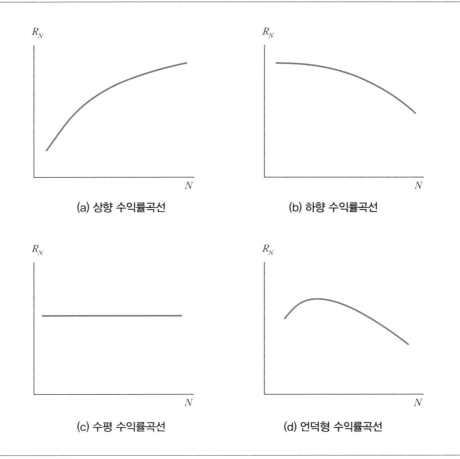

(a) 상향 수익률곡선

(b) 하향 수익률곡선

(c) 수평 수익률곡선

(d) 언덕형 수익률곡선

이러한 채권수익률의 기간구조를 그림으로 나타낸 것이 수익률곡선(₩)이다. 현물이자율은 만기에 따라 증가하기도 하고 감소하기도 하므로, 수익률곡선은 다양한 형태를 가질 수 있다. 수익률곡선의 형태는 상향 수익률곡선(upward-slope yield curve, 혹은 normal yield curve), 하향 수익률곡선(downward-slope yield curve, 혹은 inverted yield curve), 수평 수익률곡선(flat yield curve), 언덕형 수익률곡선(humped yield curve) 등 다양한 형태로 나타난다.

역사적으로 상향 수익률곡선이 일반적인 형태이지만, 시장상황에 따라서 수익률곡선의 형태는 바뀌기도 한다. 우리나라의 경우 외환위기가 발생한 1997년 말에는 단기이자율이 장기이자율보다 높은 하향 수익률곡선이 나타나기도 하였다.

이와 같이 다양한 형태로 나타나는 수익률곡선의 형태를 설명하기 위한 여러 가지 이론이 제시되고 있다. 이를 채권수익률의 기간구조이론이라고 한다.

2.2 기간구조이론

수익률곡선의 형태를 규명하고자 하는 이론으로는 ⓐ 기대이론(expectations theory), ⓑ 유동성 프리미엄 이론(liquidity premium theory), ⓒ 시장분할이론(market segmentation theory), ⓓ 선호영역이론(preferred habitat theory) 등이 있다.

(1) 기대이론

기대이론(expectations theory)은 Fisher가 제안하고 Lutz가 이어받은 것으로 불편기대가설(unbiased expectations hypothesis)의 이론이라고도 한다.[7] 기대이론은 확실성 가정 하에서 미래이자율의 변동에 대한 투자자(채권의 수요자)의 기대가 특정 만기를 가진 채권의 수요를 결정한다는 데에 이론적 기초를 두고 있다.

기대이론은 장기채권의 만기까지의 기간 동안 계속해서 단기채권에 투자할 경우, 장기채권의 수익률은 현재의 단기채권의 수익률과 미래의 모든 단기채권에 대한 예상수익률을 기하평균한 값과 동일하다고 주장한다. 이러한 관계를 식으로 표현하면 다음과 같다.

$$(1+R_N)^N = [1+R_{0,1}][1+E(R_{1,2})][1+E(R_{2,3})]\cdots[1+E(R_{N-1,N})]$$

$$= \prod_{t=1}^{N}[1+E(R_{t-1,t})] \tag{13-14}$$

단, R_N : N년 만기의 현물이자율(만기수익률)

$R_{t-1,t}$: t기의 단기이자율

$E(\cdot)$: 현재시점에서 미래이자율에 대한 기대치

기대이론에서는 장기채권의 수익률은 투자자들이 예상하는 미래의 단기이자율을 편의성(bias) 없이 반영하여 결정된다고 한다. 기대이론에서 투자자들은 위험중립적이라고 가정한다. 위험중립적 투자자들은 위험프리미엄을 요구하지 않으므로, 그들이 예상하고 있는 미래의 단기이자율의 기하평균과 동일한 장기채권의 수익률을 요구하기 때문이다.

이러한 기대이론에 의하면 채권수익률을 나타내는 (13-14)식은 채권수익률과 내재선도이자율의 관계를 나타내는 (13-13)식과의 관계에서 다음과 같은 관계식

---

7) I. Fisher(1896), "Appreciation and Interest," *Publications of the American Economic Association*, 11(4), 1-98; F. A. Lutz(1940), "The Structure of Interest Rates," *Quarterly Journal of Economics*, 55, 36-63.

이 성립해야 한다.

$$f_{1,2}=E(R_{1,2})$$
$$f_{2,3}=E(R_{2,3})$$
$$\vdots$$
$$f_{N-1,N}=E(R_{N-1,N}) \tag{3-15}$$

즉 기대이론에서는 미래의 모든 기간에 대하여 내재선도이자율과 투자자의 예상 미래수익률이 완전히 일치한다는 것을 알 수 있다.

예 13–10 기대이론

1년, 2년, 3년의 현물이자율이 각각 4.95%, 7.17%, 8.04%이다. 이 자료를 이용하여 산출한 두 번째 해와 세 번째 해의 내재선도이자율이 각각 9.44%, 9.80%이다. 기대이론에 의하면 두 번째 해와 세 번째 해의 단기이자율에 대한 투자자들의 예상치는 각각 얼마이겠는가?

$$E(R_{1,2})=f_{1,2}=9.44\%$$
$$E(R_{2,3})=f_{2,3}=9.80\%$$

이러한 기대이론에서는 채권의 장기수익률이 미래의 단기이자율의 기대치를 기하평균한 것이라고 보기 때문에, 수익률곡선이 상향하거나 하향하거나 혹은 어떠한 형태를 보이더라고 설명이 가능하다.

그림 13–3 기대이론의 수익률곡선

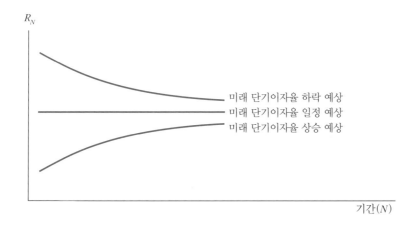

기대이론에서 설명하는 수익률곡선의 의미는 다음과 같이 요약할 수 있다.

첫째, 미래의 단기이자율에 대한 투자자들의 예상치가 계속 상승하면 수익률곡선은 상향하는 형태를 가질 것이다. 반대로 미래의 단기이자율에 대한 투자자들의 예상치가 계속 하락하면 수익률곡선은 하향할 것이다.

둘째, 수익률곡선은 장기채권 수익률의 상대적 안정성(relative stability)을 표현하고 있다. 기대이론에서는 채권수익률이 미래 단기이자율 예상치의 기하평균이므로, 만기까지의 기간이 길어질수록 예상 단기이자율의 변동이 채권수익률에 미치는 영향은 감소한다.

셋째, 효율적인 시장에서 투자자가 예상한 단기이자율과 실현된 단기이자율과의 차이는 0에 접근한다.

(2) 유동성 프리미엄 이론

기대이론에서는 확실성 가정 하에서 선도이자율이 미래의 단기이자율에 대한 정확한 예측치가 될 수 있다고 주장한다. 그러나 미래의 사실은 불확실하고, 이 불확실성(uncertainty)의 정도는 미래의 기간이 길어질수록 심하게 나타난다. 따라서 이 불확실성이 기대이론에 조정되어야 한다는 것이 유동성 프리미엄 이론의 주장이다.

채권의 유동성위험(liquidity risk)은 채권의 만기가 길어질수록 커진다. 그런데 투자자는 일반적으로 위험을 회피하는 성향이 있으므로, 유동성위험이 큰 장기채권에 대하여 더 많은 유동성 프리미엄을 요구한다. Hicks는 기대이론의 수익률곡선이 유동성위험을 반영하여 조정되어야 한다고 주장하였다.[8] 이것을 유동성 프리미엄 이론(liquidity premium theory)이라고 한다.

유동성 프리미엄 이론은 기대이론의 미래이자율에 대한 투자자들의 예상치에 유동성 프리미엄을 가산하여 위험을 조정한다. 이를 N년 만기에서 표현하면 다음과 같이 된다.

$$f_{N-1, N} = E(R_{N-1, N}) + L_N \qquad (13-16)$$

$$\text{단, } f_{N-1, N} : N\text{기의 내재선도이자율}$$
$$L_N : N\text{기의 유동성 프리미엄}$$

이러한 유동성 프리미엄을 감안하면, 채권수익률의 기간구조는 다음과 같은 관계를 가진다고 할 수 있다.

---

8) J. R. Hicks(1940), *Value and Capital*, 2nd. ed., Oxford University Press.

$$(1+R_N)^N = [1+R_{0,1}][1+E(R_{1,2})+L_2][1+E(R_{2,3})+L_3]\cdots[1+E(R_{N-1,N})+L_N]$$

$$= \prod_{t=1}^{N}[1+E(R_{t-1,t})+L_t] \qquad\qquad (13\text{-}17)$$

단, R_N : N년 만기의 현물이자율(만기수익률)

$R_{t-1,t}$: t기의 단기이자율

$E(\cdot)$: 현재시점에서 미래이자율에 대한 기대치

L_N : N기의 유동성 프리미엄

예 13-11 유동성 프리미엄 이론

1년, 2년, 3년의 현물이자율이 각각 4.95%, 7.17%, 8.04%이다. 이 자료를 이용하여 산출한 두 번째 해와 세 번째 해의 내재선도이자율이 각각 9.44%, 9.80%이다. 투자자들은 두 번째 해와 세 번째 해의 단기이자율을 모두 9%로 예상하고 있다. 유동성 프리미엄 이론에 의하면, 투자자들은 두 번째 해와 세 번째 해에 대하여 유동성 프리미엄을 몇 %p 요구하고 있는가?

$$L_2 = f_{1,2} - E(R_{1,2}) = 9.44 - 9 = 0.44\%p$$

$$L_3 = f_{2,3} - E(R_{2,3}) = 9.80 - 9 = 0.80\%p$$

그리고 위 식에서 유동성 프리미엄은 만기가 길어질수록 증가하는 경향($0 < L_2 < L_3 < \cdots < L_N$)이 있다. 다시 말해서, 유동성 프리미엄을 고려하게 되면 유동성 프리미엄 이론에 의한 수익률곡선은 기대이론의 수익률곡선이 유동성 프리미엄만큼 상향조정될 것이다.

[그림 13-4]에 제시되어 있는 유동성 프리미엄 이론의 수익률곡선의 형태를 살펴보자. 기대이론의 수익률곡선의 형태가 상향하는 경우에는 유동성 프리미엄이 그 상향 속도를 가속시킨다. 그리고 기대이론에 의한 수익률곡선이 수평일 때에는 유동성 프리미엄은 수익률곡선을 상향으로 이동시킨다. 기대이론의 수익률곡선의 형태가 하향하는 경우에는 유동성 프리미엄이 수익률곡선의 하향 속도를 둔화시키거나 오히려 수익률곡선을 상향시킬 수 있다. 그러나 유동성 프리미엄의 증가 속도는 만기까지의 기간이 길어짐에 따라 체감하는 경향이 있다.

이와 같이 유동성 프리미엄 이론은 기대이론에 비하여 수익률곡선이 상향하는 형태를 보일 수 있는 가능성이 높다는 점을 제시하고 있다. 이는 대부분의 수익률곡선이 상향하는 형태를 보인다는 관찰결과와 일관성을 가지는 설명이라고 할 수 있다.

그림 13-4 유동성 프리미엄 이론의 수익률곡선

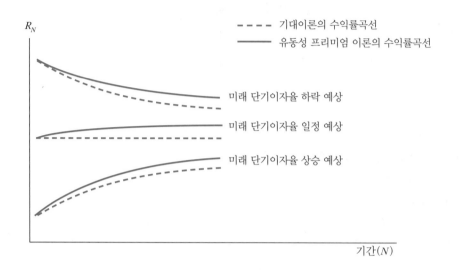

(3) 시장분할이론

시장분할이론(market segmentation theory)에서는 자금의 공급자나 수요자는 모두 자기가 선호하는 만기를 가지고 있으며, 채권시장이 이 만기에 따라 분할된다고 주장한다.

투자계획이 있는 기업에서는 그 계획에 맞추어 자본을 조달할 것이고, 자본집약 산업에서는 단기채권보다 장기채권을 선호할 것이다. 시중은행에서는 단기금융이나 중기금융을 선호하게 된다. 그러므로 시장분할이론에서는 이자율이 특정한 만기별로 분할된 시장에서 자금의 수요와 공급의 상황에 따라 결정되며 기간구조와는 상관이 없다고 한다.

이 이론에 관련하여 Francis(1986)는 가상적인 예를 이용하여 미국의 금융시장은 [그림 13-5]와 같이 시중은행, 투자신탁, 생명보험 또는 연금기관이 각기 선호하는 만기시장으로 분할될 수 있다고 한다.[9] 이 그림에서 각 시장의 수익률곡선은 서로 불연속이 되고 있는데 그 이유를 다음과 같이 설명할 수 있다.

첫째 법적인 제한규정이 있다. 은행, 투자신탁, 생명보험 등은 투자활동에 있어서 여러 가지 법적 제한을 받고 있다. 둘째는 높은 정보비용의 발생이다. 일반투자

---

9) J. C. Francis(1986), *Investments: Analysis and Management*, 4th ed. McGraw-Hill Book Co., 379-380.

그림 13-5 시장분할이론의 수익률곡선

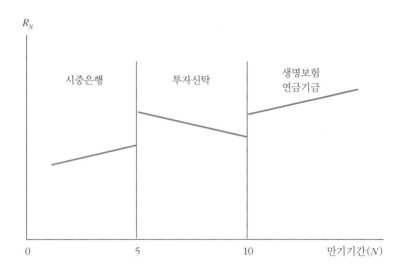

자가 모든 분야의 자본시장에서 투자정보를 획득한다는 것은 비용이 너무 많이 들기 때문에 결국 하나의 특정시장을 선호하는 경향이 있다. 셋째는 많은 기관투자자들이 부채의 만기구조에 맞추어 자산을 운용하는 경향이 있다. 넷째는 뚜렷한 이유가 없이 어느 특정한 기간만을 선호하는 투자자의 비합리적인 투자성향이다.

(4) 선호영역이론

선호영역이론(preferred habitat theory)에서는 채권수익률의 기간구조가 미래이자율에 대한 예상치뿐만 아니라 위험프리미엄을 반영한다고 한다. 그리고 유동성프리미엄 이론과는 달리 위험프리미엄이 만기에 따라 일률적으로 증가하는 것은 아니라고 한다.[10]

선호영역이론에 따르면, 자금의 수요자와 공급자는 각각 자신이 선호하는 만기 범위를 가지며, 주어진 만기 범위에 있어서 자금의 수요와 공급은 어느 정도 불일치가 발생할 수 있다. 그리고 자금의 수요자와 공급자 중에서 일부는 초과수요가 존재하는 만기영역으로부터 수요가 부족한 만기영역으로 이동하도록 유인될 수 있다. 즉 투자자들은 특정한 만기를 선호하지만, 충분한 보상이 주어진다면 다른 만기의 채권에 투자할 수 있다는 것이다.

---

10) F. Modigliani and R. J. Shiller(1973), "Inflation, Rational Expectation and the Term Structure of Interest Rates," *Economica*, 12–43.

자금의 수요자나 공급자가 자신이 선호하는 영역을 떠나 다른 영역으로 이동하는 보상으로 받는 위험프리미엄을 선호영역 프리미엄(habitat premium)이라고 한다. 이 때 위험프리미엄의 크기는 가격위험, 재투자위험에 대한 회피의 정도 등을 반영하여 결정된다.

따라서 수익률곡선의 형태는 미래이자율에 대한 기대와 위험프리미엄에 의해 결정된다. 그러므로 이 이론에 의하면 수익률곡선은 상향, 하향, 수평, 언덕형 등의 다양한 형태를 가질 수 있다.

제 3 절 채권투자의 위험

3.1 채권투자 위험의 유형

채권은 이자지급액과 원금상환액이 계약에 의하여 확정되어 있는 고정소득증권이다. 그러나 이자지급이나 원금상환이 계약내용대로 항상 이행되는 것은 아니기때문에 채권에 대한 투자도 위험을 가지게 된다. 채권투자에 따른 이자지급, 원금상환 등의 현금흐름에 영향을 주는 모든 요소들은 채권투자 위험의 원천이 될 수 있다. 채권투자의 위험이 증가할수록 채권의 가격은 하락한다. 따라서 이러한 채권의 만기수익률은 상승하게 된다.

이와 같이 채권의 위험이 변동함에 따라 채권의 만기수익률 또는 채권수익률이 변동하는 관계를 채권수익률의 위험구조(risk structure of bond yield)라고 한다. 채권투자자들은 채권투자에 따른 제반 위험을 고려하여 요구수익률을 결정한다. 그리고 채권시장에서는 이러한 다양한 채권자들의 요구수익률을 통합하여 시장수익률을 결정한다. 채권시장이 효율적이라면 투자자들의 요구수익률과 채권의 만기수익률은 동일하게 결정된다.

그러나 현실적으로 개별 채권의 만기수익률은 투자자의 요구수익률과 일치하지 않는 경우가 많다. 채권시장이 완전한 균형상태를 유지하는 것은 현실적으로 불가능하다. 또한 만기수익률은 수시로 변동하는 채권가격을 기준으로 산출한 것임에 비하여 요구수익률은 투자자가 개별 채권의 제반 위험을 고려하여 평가한 비교적 장기적인 수익률이기 때문이다.

각 채권의 요구수익률은 동일한 위험집단에 속해 있을지라도 반드시 일치한다고 할 수 없다. 왜냐하면 개별 채권의 위험요소가 각각 다르기 때문이다. 투자자의 요구수익률은 투자자산의 위험이 클수록 높아지는 특징이 있다. 투자자의 요구수익률을 위험을 기준으로 분리하면, 무위험수익률과 위험프리미엄으로 구분할 수 있다. 이를 수식으로 나타내면 다음과 같다.

$$R = R_F + RP \qquad\qquad (13-18)$$

단, R : 채권의 요구수익률
R_F : 무위험수익률
RP : 위험프리미엄

이 식에서 무위험수익률 또는 무위험이자율은 일반적으로 위험이 없는 국공채의 수익률을 의미한다. 이것은 아래와 같이 ⓐ 소비의 시간선호(time preference of consumption)와 ⓑ 자금의 기회비용의 함수로 나타낼 수 있다.

소비의 시간선호는 모든 조건이 동일할 경우 투자자는 미래의 소비보다 현재의 소비를 선호한다는 것이다. 따라서 현재의 소비를 희생하고 자금을 대출하거나 투자할 경우에 이에 대한 대가로 이자를 요구할 것이다. 자금의 기회비용은 다른 투자대안에 투자할 수 있는 기회를 포기하고 해당 투자대안에 투자하는 대가로 이자를 요구한다는 것이다.

$$R_F = f(TPC, OC) \qquad\qquad (13-19)$$

단, R_F : 무위험수익률
TPC : 소비의 시간선호
OC : 자금의 기회비용

채권의 위험프리미엄은 채권자의 요구수익률과 무위험수익률의 차이로 나타낼 수 있다. 이러한 차이를 채권수익률의 스프레드(bond yield spread)라고 한다. 그리고 채권의 위험프리미엄은 다음과 같이 여러 가지 위험에 대한 프리미엄의 합으로 구성된다.

$$RP = DP + IP + INP + CP \qquad\qquad (13-20)$$

단, DP : 채무불이행위험 프리미엄

IP : 이자율위험 프리미엄

INP : 인플레이션위험 프리미엄

CP : 수의상환위험 프리미엄

이와 같이 채권수익률의 스프레드를 결정하는 다양한 채권의 위험에 대하여 살펴보자.

(1) 채무불이행위험

채무불이행(default)은 채권의 발행자가 약정한 이자와 만기상환액을 전혀 지급하지 못하거나, 또는 부분적으로 지급하거나, 지급을 연기하는 것을 말한다. 전자는 채무의 완전 불이행(complete default)이라고 하고, 후자는 부분적 불이행(partial default)이라고 한다. 이러한 상태가 발생할 수 있는 가능성을 채무불이행위험(default risk)이라고 하며, 신용위험(credit risk)이라고도 한다. 이러한 위험에 대하여 투자자가 요구하는 프리미엄을 채무불이행위험 프리미엄(default risk premium)이라고 한다.

(2) 이자율위험

일반적으로 채권의 가격과 시장이자율은 역의 관계를 가지고 있다. 시장이자율이 상승하면 채권의 가격은 하락하고, 그 역의 관계도 성립한다. 즉 시장이자율이 상승하면 채권가격이 하락할 뿐만 아니라 그로 인하여 채권의 보유기간수익률도 하락하게 되는데, 이러한 현상이 발생하게 될 가능성을 이자율위험(interest rate risk)이라고 한다.

이러한 위험에 대하여 투자자들이 요구하는 프리미엄을 이자율위험 프리미엄(interest risk premium)이라고 한다. 이는 채권투자에 있어서 투자자들이 이자율위험을 방어하기 위하여 요구하는 일종의 보상이라고 할 수 있다.

이자율위험 프리미엄은 이자율위험에 대한 투자자의 예측 가능성과 밀접한 관련을 가지고 있다. 예를 들어, 이자율위험에 대한 예측이 용이할 경우에는 위험프리미엄이 대체로 낮고, 그 반대의 경우에는 높게 나타난다.

(3) 인플레이션위험

인플레이션위험(inflation risk)은 인플레이션의 발생으로 채권의 이자지급액이나 만기상환액의 구매력이 감소할 위험을 말한다. 구매력위험(purchasing power risk)이라고도 한다. 인플레이션위험 프리미엄(inflation risk premium)은 투자기간 중

인플레이션으로 인하여 발생한 명목이자율과 실질이자율의 차이를 의미한다.

인플레이션은 예상한 인플레이션(anticipated inflation 또는 expected inflation)과 예상하지 못한 인플레이션(unanticipated inflation 혹은 unexpected inflation)으로 구분할 수 있다. 현실적인 투자에 있어서 이러한 두 가지 형태의 인플레이션이 모두 존재하고 있다.

예상하지 못한 인플레이션이 발생하면 투자자들은 원래의 예상과 다른 실질수익률을 얻게 되며, 또 만기에 받게 될 상환액의 실질가치도 예상과 다른 값이 된다. 이처럼 예상하지 못한 인플레이션이 발생하여 실제 얻게 될 실질수익률이나 상환액의 실질가치가 본래의 예상과 다르게 될 가능성이 인플레이션위험이다.

(4) 수의상환위험

채권의 수의상환위험(callability risk)은 채권의 만기가 도래하기 이전에 발행자가 채권을 상환함으로써 투자자가 감수하여야 할 손실의 가능성을 말한다. 이와 같은 손실의 가능성에 대한 보상을 수의상환위험 프리미엄(callability risk premium)이라고 한다.

수의상환채권은 발행 후 미리 정해진 기간 동안은 상환이 불가능한 상환보호기간(call protection period)이 있는 것과 발행 이후에 언제든지 상환할 수 있는 두 가지 형태가 있다.

수의상환채권의 발행자는 상환의 선택을 소유하고 있기 때문에 발행자에게 유리한 경우에만 상환선택권을 행사할 것이다. 예를 들어, 시장이자율이 하락하여 기존에 발행한 수의상환채권의 이자지급이 과중한 경우에는 채권의 발행자가 상환선택권을 행사할 것이다. 반대로 시장이자율이 상승하여 낮은 액면이자율로 발행한 기존의 채권을 상환하는 것이 불리한 경우에는 상환선택권을 행사하지 않을 것이다.

3.2 채권의 신용등급

채권의 가장 중요한 전통적 위험은 신용위험 혹은 채무불이행위험이다. 이러한 위험을 관리하는 방법은 대체로 신용평가기관이 분류해 둔 채권의 신용등급을 이용하는 것이다. 신용평가기관이 발표하는 신용등급은 채권가격의 형성에 중요한 영향을 준다.

(1) 채권의 신용등급평가

채권의 신용등급평가(bond rating)는 신용평가기관이 특정 채권의 이자와 만기 상환액이 계약의 약정대로 지급될 수 있는 정도를 판정하여, 이를 등급으로 매겨 투자자에게 전달하는 것을 말한다. 그러므로 채권의 신용등급평가의 목적은 채권의 이자와 만기상환액이 약정대로 상환될 수 있는 정도를 측정한 정보를 투자자들에게 전달하여, 채권발행자의 신용도를 알지 못하여 발생할 수 있는 손실로부터 투자 자를 보호하려는 것이다.

신용평가기관은 많이 존재하지만, 국제금융시장에서 활동하는 대표적인 신용평 가기관은 Standard & Poors, Moody's Investment Service, Fitch Rating 등이다. 우

표 13 - 3 채권의 신용등급 구분

신용평가기관별 등급			등급의 내용
Moody's	S&P	Fitch	
Aaa	AAA	AAA	안전성이 가장 높다. 어떠한 상황변화가 발생하여도 원리금 지급에 문제가 없다.
Aaa1 Aaa2 Aaa3	AA+ AA AA−	AA+ AA AA−	안전성은 높다. 최상급 채권보다 위험은 약간 높지만 문제가 없다.
A1 A2 A3	A+ A A−	A+ A A−	안전성은 상위이다. 원리금 지급에는 문제가 없지만, 장래에는 현재 보다 나빠지기 쉬운 평가요소가 있다.
Baa1 Baa2 Baa3	BBB+ BBB BBB−	BBB+ BBB BBB−	안전성은 중간 정도이다. 현재의 안전성, 수익성은 문제가 없으나 불황일 때에는 유의할 필요가 있다.
Ba1 Ba2 Ba3	BB+ BB BB−	BB+ BB BB−	투기적 요소가 있다. 장래의 안전성은 보장되지 않는다. 예상되는 영업성과가 불확실하다.
B1 B2 B3	B+ B B−	B+ B B−	투자대상으로서의 적격성은 없다. 원리금 지급의 안전성이나 계약 조건의 유지가 불확실하다.
Caa	CCC	CCC	안전성은 극히 낮다. 원금과 이자가 지급불능이 될 가능성이 높다.
Ca	CC	CC	극히 투기적이다. 현재 부분적인 채무불이행 상태에 있거나 중대한 문제가 발생하고 있다.
C	C	C	이자지급이 안 되고 있으며 채무불이행에 따른 심각한 손실이 예상 된다.
D	D	D	최하위 등급의 채권이다. 채무불이행 채권으로 회수 가능성이 낮다.

리나라에서는 한국신용평가, 한국기업평가, 나이스평가정보 등이 대표적인 신용평가기관으로 활동하고 있다.

채권등급은 채무불이행의 정도에 따라 여러 기호로 표시된다. 회사채 등의 장기채권은 최상위 등급인 AAA(혹은 Aaa)부터 최하위 등급인 D까지 세분된 등급으로 구분된다. 대부분의 신용평가기관은 BBB(혹은 Baa)까지를 상환능력 면에서 보아 투자적격 채권으로 판단하고 있다. 그 미만의 등급은 원리금의 상환에 문제가 있는 투기대상등급 혹은 투자부적격등급으로 분류하고 있다. AAA는 최고급채권(hightest quality), AA는 고급채권(high quality), A는 상위중급채권(upper median grade), BBB는 중급채권(median grade)이라고 한다.

BBB(혹은 Baa) 미만 등급의 채권은 투자위험을 가지고 있는 반면에 높은 수익률을 기대할 수 있는 채권이므로, 투기성채권 혹은 정크본드(junk bond)라고 한다. 정크본드는 채무불이행위험이 높고 기대수익률도 높다. 정크본드는 채권의 발행시점에서 높은 채무불이행위험으로 인하여 투자부적격등급을 받은 채권과 채권의 발행시점에서는 투자적격등급을 받았으나 그 이후에 기업의 재무상태가 악화되어 채무불이행위험이 높아진 채권으로 구분할 수 있다.

채권의 등급이 높아지면 채무불이행위험이 낮아지기 때문에 위험프리미엄도 낮

그림 13-6 Aaa채권과 Baa채권의 수익률 스프레드

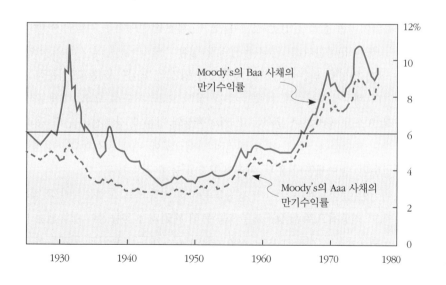

자료: Federal Reserve Chart Book(19/8), p.97.

아진다. 그리고 채권의 등급이 낮아질수록 채무불이행위험과 위험프리미엄이 점차 증가하게 된다. 따라서 각 채권등급 사이에는 만기수익률에 차이가 존재하게 된다. [그림 13-6]에서는 채권의 등급에 따른 수익률 스프레드를 보여주고 있다.

채권등급에 관한 정보를 이용하는 경우에는 다음과 같은 점을 유의해야 한다.

첫째, 채권등급 간의 수익률 스프레드가 경기변동에 따라 달라진다는 것이다. 호경기에는 투자자들이 낮은 등급의 고수익률 채권을 선호함과 동시에 각 등급 간의 수익률 차이는 줄어든다. 그러나 불경기에는 반대의 현상이 발생하여 채권수익률의 스프레드가 증가한다.

둘째, 동일한 등급에 속하는 채권이라고 할지라도 모든 채권의 채무불이행위험이 완전히 일치한다고 할 수 없다. 그 이유는 하나의 등급 속에는 많은 채권이 속해 있으므로 등급 내의 위험 범위가 크기 때문이다.

셋째, 시간이 경과함에 따라 달라지는 채권발행자의 재무상태에 따라 채권의 등급은 변동할 수 있다. 그러므로 채권등급의 평가는 일반적인 면에서 채권의 질과 성격을 나타내고 있는 것으로 이해해야 한다.

(2) 채권등급의 주요 영향요인

일반적으로 채권의 등급을 평가할 때 신용평가기관들이 분석하는 주요 평가요소는 네 가지이다. 첫째, 채권을 발행하는 기업이 속한 국가의 신용도를 분석한다. 일반적으로 개별기업이 발행한 채권에 부여되는 신용등급의 최고 한도가 국가의 신용등급이라는 점을 감안한 것이다. 둘째, 채권을 발행하는 기업이 속한 산업의 동향과 특성을 분석한다. 기업의 경쟁력과 성장 가능성 등이 그 기업이 속한 산업에 의해 크게 영향을 받는다. 셋째, 채권등급 평가의 핵심이 되는 기업분석을 실시한다. 기업의 채무상환능력에 영향을 주는 질적 요소, 재무적 요소, 비재무적 요소 등의 양적 요소를 망라하여 분석하고, 기업현장의 방문과 경영진의 면담 등과 같은 현장 실사도 포함한다. 넷째, 개별 채권의 발행구조에 관해 분석한다. 이 경우에 권리의 우선순위, 담보제공의 유무, 채무제한조항 등을 검토한다.

이러한 분석체계는 국가의 신용도분석을 바탕으로 산업분석과 기업분석이 이루어지고, 최종적으로 발행구조분석을 통해 채권의 신용등급이 결정되는 방식이다.

신용등급을 결정하기 위한 기업분석에서는 재무적 요인과 비재무적 요인을 모두 고려해야 하지만, 재무적 요인이 보다 중요한 역할을 한다. 재무자료의 분석 중에서 중요한 지표에 대해 간단히 살펴보면 다음과 같다.

1) 현금흐름

영업활동으로 기업이 창출하는 현금흐름이 기업의 부채상환을 위하여 충분한지를 평가하기 위하여 기업의 현금흐름을 분석한다. 이러한 분석을 위해 영업현금흐름 대비 총부채의 비율이나 이자비용 대비 영업현금흐름의 비율을 나타내는 이자보상비율 등이 주요 지표로 이용된다.

2) 수익성

수익성은 자산과 자기자본 등 투하자본에 대한 이익의 비율로 측정된다. 주요 비율은 영업이익 대비 투하자본의 비율을 나타내는 투자자본이익률(ROA), 영업이익 대비 매출액의 비율을 나타내는 매출액영업이익률, 그리고 순이익 대비 자기자본의 비율을 나타내는 자기자본이익률(ROE) 등이다.

3) 유동성

유동성은 기업의 단기지급능력을 측정하는 것이다. 주로 기업이 보유하고 있는 유동자산 대비 유동부채의 비율을 나타내는 유동비율, 그리고 유동자산 중에서 재고자산을 제외한 당좌자산 대비 유동부채의 비율을 나타내는 당좌비율 등을 유동성비율의 척도로 이용한다.

4) 레버리지

기업의 부채사용 정도를 측정하는 것이 레버리지비율이다. 일반적으로 레버리지는 자기자본 대비 부채의 비율인 부채비율이나 총자본 대비 부채의 비율을 나타내는 타인자본의존도 등의 비율로 측정한다.

1 다음 용어를 설명하라.

① 기간구조　　　　　　② 내재선도이자율　　　　③ 만기수익률

④ 소비의 시간선호　　　⑤ 수익률곡선　　　　　　⑥ 이자율위험

⑦ 자금의 기회비용　　　⑧ 현물이자율

2 다음은 채권의 위험과 관련된 용어이다. 각각에 대하여 설명하라.

① 수의상환위험　　　　　② 이자율위험　　　　　③ 인플레이션위험

④ 채무불이행위험

3 채권의 장기수익률과 미래의 단기수익률 간의 관계를 설명하시오(힌트: 현물이자율과 내재선도이자율 등의 개념을 이용할 것).

4 채권수익률과 수익률곡선의 경제적 의미를 설명하고, 수익률곡선의 형태를 설명하는 이론들을 기술하라.

5 채권의 액면이자율과 만기수익률의 수준에 따라 액면가에 대비하여 채권가격이 어떻게 변동하는지에 대해 설명하라(힌트: 채권의 만기수익률에 대한 채권가격을 그래프로 나타내고, 이 그래프 위에 액면이자율 및 액면가를 표시하라).

6 시행착오법을 이용하여 채권의 만기수익률을 산출하는 방법에 대하여 설명하라. 만기가 3년, 액면이자율 6%, 액면가 10,000원인 채권의 시장가격이 9,800원인 경우에 만기수익률을 시행착오법으로 산출하라(단, 이자는 연 1회 지급된다고 가정한다).

7 갑회사의 채권은 액면이자율이 8%이고, 액면가가 10,000원이며, 상환기간이 6년 남아 있다. 이 채권과 동일 위험수준에 있고, 상환기간도 6년 남은 다른 채권이 액면이자율 6%의 조건으로 현재 발행되고 있다. 갑회사 채권의 가치를 구하라(단, 이자는 연 1회 지급된다고 가정하라).

8 액면가격이 10,000원이며, 만기가 4년인 채권으로 이자는 매 3개월마다 200원씩 수령하도록 되어 있는 채권이다. 이 채권과 동일한 위험의 채권에 대하여 적용되는 이자율은 1년간 연 9%이다. 이 채권의 가격은 얼마인가?

9 갑전자의 채권은 현재 만기가 4년 남아 있고, 이자는 1년에 4회 지급되고 있다. 이 채권의 액면가격은 10,000원이고, 액면이자율은 8%이다.

(1) 이 채권의 현재 시장가격이 9,580원이라고 할 때 이 채권의 만기수익률은 얼마인가?

(2) 만약 채권의 시장가격이 10,170원이라고 할 때 만기수익률은 얼마인가?(힌트: 엑셀의 함수 IRR(·)을 이용하라).

10 갑제과는 만기가 10년이고, 액면가격이 10,000원이며, 액면이자율이 8%인 채권을 발행하였다. 이 채권은 1년에 4회 이자가 지급되며, 발행 당시 시장이자율은 8%였다.

(1) 이 채권이 발행된 후 시장이자율이 6%로 하락하였다고 가정할 경우, 이 채권의 가격을 구하라.

(2) 이 채권이 발행된 후 시장이자율이 10%로 상승하였다고 가정할 경우, 이 채권의 가격을 구하라.

(3) 이 채권이 발행된 후 시장이자율이 8%로 계속 유지되었다고 가정할 경우, 이 채권의 가격을 구하라.

11 갑을기업은 만기가 10년이고, 액면가가 10,000원인 회사채를 액면이자율 8%로 발행하였다 (단, 이자는 매년 4회 지급된다). 어떤 투자자가 이 사채로부터 요구하는 수익률이 충족될 때, 이 투자자는 사채를 구입하는데 얼마나 지급하여야 하는가? 현재 시장이자율은 7%이 다.

12 갑을회사는 만기 3년의 회사채를 발행하려고 한다. 발행가격을 액면가와 동일하게 하여 채권을 발행할 계획이다. 만기가 1년, 2년, 3년에 따라 현물이자율이 5.5%, 6%, 6.5%이다. 연 1회 이자를 지급하는 채권의 액면이자율을 몇 %로 하여야 할까?(참고: 액면가와 채권가격 이 동일하게 액면이자율이 정해진 채권을 액면가 채권(par bond)이라고 한다).

13 만기가 1년, 2년, 3년에 따라 현물이자율이 5.5%, 6%, 6.5%이다. 다음 물음에 답하라.

(1) 두 번째 해와 세 번째 해의 내재선도이자율을 구하라.

(2) 기대이론에 의하여 투자자들은 두 번째 해와 세 번째 해의 미래이자율을 몇 %로 예측 하고 있는가?

(3) 투자자들이 두 번째 해와 세 번째 해의 미래이자율을 모두 6%로 예측하고 있다면, 각 연도의 유동성 프리미엄은 몇 %p라고 할 수 있는가?

 해답

6. 6.76% **7.** 10,983원 **8.** 9,667원 **9.** (1) 9.27% (2) 7.50%
10. (1) 13,333원 (2) 8,000원 (3) 10,000원 **11.** 10,715원 **12.** 6.46%
13. (1) $f_{1,2}=6.50\%$ $f_{2,3}=7.51\%$ (2) $E(R_{1,2})=6.50\%$ $E(R_{2,3})=7.51\%$
    (3) $L_2=0.50\%p$ $L_3=1.51\%p$

우리나라 채권시장

1. 채권시장제도의 변천과정

(1) 채권발행시장

우리나라에서 시장을 통한 채권거래는 1950년 재정적자를 보전하기 위하여 발행된 건국채권이 처음이다. 국채는 국채인수단에서 발행물량을 전액인수하는 방식으로 발행되었다. 회사채 발행은 기채조정협의회를 통해 채권발행물량을 조정하는 방식으로 이루어졌다. 채권의 발행이 시장원리에 의해 이루어졌다고 보기 어려운 상황이었다.[11]

1997년 외환위기 이후 채권의 발행규모가 크게 증가하고, 채권의 유통시장 규모도 증가하면서 채권시장제도를 개선 할 필요성이 대두되었다. 이에 따라 회사채 발행한도 확대, 외국인에 대한 채권시장 개방, 회사채 총액인수제도 의무화, 채권시가평가제 시행, 국채발행의 정례화, 회사채 등에 대한 신용평가기관의 평가의무화, 거래소 내에 국채전문유통시장 설치, 국채전문딜러제도(primary dealer, PD) 도입과 대상기관 선정 등 제도적 개선이 본격적으로 추진되었다.

그 이후 금융시장이 안정을 찾으면서 2000년에 5월에 채권시장구조의 선진화 계획이 발표되었고, 다양한 제도개선이 이루어졌다. 채권발행시장에서는 국채통합발행제도가 도입되어 만기 3년 이상의 국고채와 외국환평행기금채권에 대하여 단일종목으로 통합하여 3개월 단위로 발행되도록 하였다. 국채입찰방식은 복수금리결정방식에서 단일금리결정방식으로 변경되었으며, 10년 만기 장기국채의 발행이 가능해지면서 국채의 만기가 다양화되었다.

그리고 2003년에는 통합발행기간이 3개월에서 6개월로 확대되어 국채 지표채권의 물량공급이 확대되었다. 국채종목의 식별과 국채거래를 용이하게 하기 위해 국채 액면이자율이 0.01% 단위에서 0.25% 단위로 단순화되었다.

2006년에는 최초로 20년 만기 국고채가 발행되었고, 소액투자자의 시장접근성을

---

11) 한국은행(2016), 『한국의 금융시장』, 158−165.

제고하기 위하여 국고채의 입찰단위가 100억원에서 10억원으로 변경되었다. 2007년에는 물가연동국채(treasury inflation protected securities, TIPS)가 최초로 발행되어 장기채권 투자에 따른 물가변동위험을 헤지할 수 있는 수단이 마련되었다.

2009년에는 국고채의 입찰방식이 단일금리결정방식에서 복수금리결정방식의 요소를 결합한 방식으로 변경되었다. 2012년에는 개인투자자의 국고채 투자를 활성화하기 위하여 국고채 응찰금액이 100만원에서 10만원으로 하향 조정되었다. 개인투자자들의 물가연동국채의 입찰 참여가 허용되었으며, 30년 만기 국고채가 발행되었다. 또한 기업투자의 활성화를 위하여 회사채 발행한도에 대한 제한이 폐지되었으며, 회사채 수요예측제도가 새로 도입되었다.

2014년 12월부터는 20년 이상 초장기채 통합발행 기간이 2년에서 1년으로 단축되었다. 이와 함께 지표채권 교체에 따른 발행잔액 급감 현상을 완화시키기 위해 신규 국고채 발행 3개월 전부터 지표종목과 차기 지표종목을 동시에 발행하는 선매출제도가 도입되었다. 2015년 12월에는 신규발행 국고채를 발행전 3일간 사전 거래하는 국고채 발행일전 거래제도가 도입되었다. 2016년 10월 들어서는 50년 만기 국고채가 최초로 발행되었다.

(2) 채권유통시장

채권의 유통시장에서는 채권거래 중개기능을 활성화시키기 위하여 2000년에 딜러간 채권중개회사제도(inter-dealer broker, IDB)가 도입되었다. 한국자금중개회사와 KIDB 채권중개회사 등이 업무를 담당하였다. 2000년부터 국채전문딜러에 대하여 국채인수금융과 국채유통금융이 지원되기 시작하였다. 2002년에는 채권거래의 투명성과 공정성을 높이기 위하여 국채전문딜러에 대하여 국채 지표채권의 거래가 장내거래로 의무화되었다. 2003년에는 IDB의 거래대상기관이 기관투자자까지 확대되어 국채유통시장의 저변이 확대되었다.

2007년에는 호가정보를 금융투자협회의 장외거래 호가정보시스템에서 실시간으로 집중하여 공개하도록 되었다. 2008년에는 10년물과 20년물의 최소 호가수량이 100억원에서 10억원으로 대폭 하향 조정되었다.

2009년에는 발행이 중단되어 유동성이 낮은 국고채를 지표물로 직접 교환해주는 국고채 교환제도가 시행되었다. 또한 3년물과 5년물에 대해서도 최소 호가수량이 100억원에서 10억원으로 하향 조정되었다. 그리고 국고채전문딜러에게 자기매매용 국고채 보유잔고를 1조원 이상 유지하도록 하여 시장조성의무가 강화되었다.

2010년에는 최대 허용 호가폭을 축소하고, 호가 개수를 확대하는 등 호가제도가 개편되었다. 또한 국고채전문딜러 평가에서 지표채권 장내거래 실적에 높은 가중치를 부여하여 적극적인 장내거래를 유도하였다.

2011년 3월에는 국고채전문딜러의 경쟁을 촉진하기 위해 예비국고채전문딜러(preliminary primary dealer, PPD)제도가 신설되었다. 2012년 4월에는 국고채전문딜러(PD) – 예비전문딜러(PPD)간 승강제 시행방안이 마련되었다. 2013년 6월부터는 국고채 공시수익률이 소수 2자리에서 3자리로 확대되고, 응찰 및 낙찰금리 단위도 0.01%에서 0.005%로 세분화되었다.

2015년 10월에는 국고채 시장의 효율적이고 체계적인 관리를 위해 한국은행, 금융감독원, 한국거래소, 금융투자협회, 한국예탁결제원, 한국증권금융 등이 국고채 관련 정보를 단일 시스템으로 연계 · 통합한 국고채 통합정보시스템이 개통되었다.

2015년 7월부터 국고채 원금이자분리채권(STRIPS)의 활성화를 위해 대상 채권이 만기 5년 이상에서 만기 3년 이상으로 확대되었고, 같은 해 12월부터 장내 국채 시장에 상장되었다. 2016년 3월에는 15개 국채전문딜러가 국고채 원금이자분리채권 전담사로 최초 지정되었다.

(3) 채권시장 하부구조의 개선

채권시장의 하부구조를 개선하기 위하여 2000년 7월에 채권 시가평가제도가 도입되었다. 2002년에는 기업과 시장의 공시내용을 확대하여 신용평가회사에 대한 시장의 자율규제기능이 강화되었다. 2003년에는 증권대금동시결제제도(delivery versus payment, DVP)의 이용을 촉진하기 위해 채권 결제일자가 당일결제에서 익일결제로 변경되었다.

2006년에는 5년물 이상의 국고채를 대상으로 국고채 원금과 이자분리제도(strips)가 시행되었다. 또한 한국거래소에서는 채권지수를 개발하여 발표하였고, 장내 국채전자거래시스템을 개선하여 호가 및 체결정보의 실시간 조회가 가능하도록 하였다.

2009년에는 외국인의 국내 채권투자를 촉진하기 위하여 외국인의 국채 및 통화안정증권 투자에 대하여 이자소득에 대한 원천징수가 면제되었다. 양도차액에 대해서도 비과세하도록 되었다. 또한 외국인이 채권투자시 채권통합계좌의 이용이 가능하게 되었다. 글로벌 유동성의 국내 유입에 따른 금융시장의 변동성 확대 가능성을 감안하여 2011년부터 외국인 채권투자에 대하여 과세가 재개되었다.[12]

---

12) 한국은행(2016), 「한국의 금융시장」, 160 – 168.

2. 국채 발행

(1) 입찰방식

국고채 및 재정증권 등의 국채는 경쟁 입찰방식으로 발행된다. 금리결정은 단일금리결정방식에 복수금리결정방식 요소가 가미된 방식으로 이루어진다.[13]

국고채의 입찰에는 국고채 전문딜러, 기관투자자, 일반투자자 등이 참여할 수 있다. 기관투자자나 일반투자자의 입찰참가는 국채전문딜러를 통하는 경우에만 가능하다.[14] 국고채가 신규 발행되는 경우 표면금리는 낙찰금리를 반올림하여 0.25%의 배수가 되도록 결정된다.

(2) 국채 통합발행제도

국채를 발행할 때 만기일이 서로 다르고 액면이자율이 낙찰수익률에 따라 다르게 되어, 국채의 종목이 지나치게 많아지고, 종목당 발행금액이 작아져서 유동성이 저하되는 문제점이 있었다. 이에 따라 2000년 5월 국채 통합발행제도가 도입되었다. 3년 이상 만기의 국고채의 경우 3개월 범위 내에서 추가로 발행할 때에는 만기일과 액면이자율을 이전의 발행 국채와 동일하게 하여 발행하도록 하고 있다.

또한 2003년 3월에는 국채 지표채권의 발행물량을 늘려서 지표채권에 대한 유동성을 높이기 위하여 통합발행 기간을 3개월에서 6개월로 확대하였다.[15] 2004년에는 10년물 국고채의 통합발행 기간을 1년으로 확대하였다. 2012년에는 20년물과 30년물 국고채의 통합발행기간을 2년으로 설정하였다.

(3) 국고채전문딜러제도

국고채전문딜러제도(primary dealer, PD)는 국채시장의 활성화를 위하여 국채 자기매매업무 취급기관[16] 중에서 국채의 인수와 유통실적이 우수한 금융기관을 선정하는 제도이다.

국고채전문딜러(PD)는 국채 발행시장에서 우선적인 입찰참여권, 비경쟁입찰참

---

13) 단일금리결정방식에 복수금리결정방식 요소가 가미된 방식은 최고 낙찰금리 이하 응찰금리를 0.03% 간격으로 그룹화하고, 그룹별로 각 그룹의 최고 낙찰금리를 적용하는 방식이다.
14) 이 경우 입찰금리를 별도로 제출할 수 없으며, 매입금액은 최소 10만원에서 최대 10억원이다.
15) 국채 지표채권은 만기별로 가장 최근에 발생된 국고채권을 말한다.
16) 은행, 금융투자회사, 종합금융회사 등이 담당한다.

여자의 입찰대행, 국채 인수 및 유통금융지원 등의 혜택을 부여받는다. 국고채전문딜러는 국채 발행시장에서 입찰에 참여하여 총발행 국채의 10% 이상을 인수하고, 국채전문유통시장에서 시장조성 의무를 수행하는 일종의 시장조성기관(market maker)이다.[17)

(4) 국채의 발행절차

국채는 국채법에 따라 기획재정부 장관이 중앙정부의 각 부처로부터 발행요청을 받아 발행계획안을 작성한 후 국회의 심의와 의결을 거쳐 발행한다. 국채발행규모는 국회의 동의를 받은 한도 내에서 정부가 결정한다. 국민주택채권을 제외한 모든 국채의 발행 사무는 한국은행이 대행한다. 발행예정일 2영업일 전에 국고채전문딜러를 대상으로 경쟁입찰을 실시한다.

3. 회사채 발행

(1) 발행방법

회사채의 발행방법은 공모발행(public offering)과 사모발행(private placement)이 있다. 공모발행의 경우에는 인수기관인 금융투자회사가 총액을 인수하는 방식으로 발행된다. 사모발행의 경우에는 발행기업이 최종매수자와 발행조건을 직접 협의하여 발행한다.

(2) 회사채 신용평가제도

신용평가기관이 부여한 회사채 신용등급은 투자자들에게 발행기업의 채무불이행의 정도에 관한 정보를 제공하여 회사채의 발행이자율의 결정에 중요한 역할을 한다. 발행기업의 입장에서도 신용등급은 잠재적인 투자자를 확보할 수 있게 해주어 자금조달비용을 절감할 수 있게 해준다. 특히 우리나라의 경우에는 회사채의 만기가 짧기 때문에 신용등급은 회사채 발행에서 결정적인 역할을 한다.

---

17) 2011년에는 국고채전문딜러의 시장조성 활동을 강화하기 위하여 예비국고채전문딜러(preliminary primary dealer, PPD)제도를 도입하였다. 의무이행 실적이 부진한 국고채전문딜러는 예비국고채전문딜러로 강등되고, 이행실적이 우수한 예비국고채전문딜러는 국고채전문딜러로 승격된다. 2016년 6월말 현재 국고채전문딜러는 은행(9개), 금융투자회사(10개) 등 19개사이며, 4개 은행이 예비국고채전문딜러로 지정되어 있다.

(3) 회사채의 발행절차

발행회사는 인수기관[18]을 선정하여 발행사무 일체를 위임하고, 인수기관은 회사채 발행액을 총액인수한 후에 투자자에게 매도한다.[19] 이 때 인수기관은 인수부담을 줄이기 위하여 발행계획을 수립하는 시점에 매수자를 물색하게 된다.

매수자는 거래은행에 매매체결 내용을 통보하고 회사채 발행기업에게 대금을 지급할 것을 지시한다. 발행기업은 발행당일에 회사채 발행대금을 수령한다. 발행된 회사채의 인도는 인수기관이 회사채를 매수자 명의로 한국예탁결제원에 개설된 계좌에 등록하면 된다.

4. 채권유통시장

채권유통시장은 이미 발행된 채권이 투자자간에 매매되는 시장이다. 채권의 유통시장은 채권의 유동성을 부여하고, 투자자에게 원금의 회수와 투자수익의 실현을 가능하게 해준다. 또한 공정한 가격을 형성하여 채권의 담보력을 높여준다.

유통시장이 기능을 제대로 수행하기 위해서는 채권 발행물량이 많아야 하고, 발행된 채권이 소수의 투자자에 의해 보유되지 않고 불특정 다수의 투자자에게 분산 보유되어 채권거래에 참여하는 거래자가 많아야 한다. 그 외에도 채권매매 거래제도가 확립되어 채권매매에 제약이 없어야 한다.

채권유통시장은 거래소시장(exchange market, 장내시장)과 장외시장(over the counter market)으로 나누어진다. 거래소시장은 다수의 매도, 매수주문이 한곳에 집중되어 상장종목 채권이 경쟁매매를 통해 거래가 이루어지는 시장이다. 즉 거래소시장은 거래소에 상장된 채권을 대상으로 표준화된 거래방식으로 거래가 이루어지는 조직적인 시장으로, 거래소 내에 개설되는 일반채권시장과 국채전문유통시장으로 구성된다.

장외시장은 주로 금융투자회사 창구에서 금융투자회사 상호간, 금융투자회사와 고객간 또는 고객 상호간에 비상장채권을 포함한 전 종목이 개별적인 상대매매를 통해 거래가 이루어지는 시장이다.

---

18) 회사채 발행에서는 인수기관의 역할을 주로 금융투자회사가 담당한다.
19) 은행, 자산운용회사, 보험회사 등의 기관투자자가 회사채의 주된 매수자이다.

표 13A-1 채권유통시장의 구조

구분	거래소시장		장외시장	
	일반 채권시장	국채전문 유통시장	금융투자회사 단순중개	IDB 중개
거래참가기관	거래소 회원	국고채전문딜러, 국채일반딜러	제한 없음	기관투자자, 기금, 자산운용회 사, 뮤추얼 펀드
거래중개기관	거래소	거래소	금융투자회사	IDB
주요 거래종목	국민주택채권, 주식관련사채	국고채, 통안증권, 예금보험기금채권	모든 채권	모든 채권
매매방식	경쟁매매 (자동매매시스템)	경쟁매매 (자동매매시스템)	상대매매	상대매매
매매시간	09:00-15:30	09:00-15:30	제한 없으나 통상 09:00-16:00	제한 없으나 통상 09:00-16:00
결제시점	당일결제	익일결제	익일~30일 결제	익일~30일 결제
최소매매단위	일반채권: 1,000원 전자단기사채: 1억원	10억원	제한 없음 (통상 100억원)	제한 없음 (통상 100억원)

(1) 거래소의 일반채권시장

거래소시장에서의 채권거래는 거래소라는 구체적인 장소에서 집단적으로 이루어진다. 매매거래의 대상이 되는 채권은 거래소에 반드시 상장되어 있는 종목에 한정된다. 또한 채권의 거래조건이 규격화되어 있고 거래시간도 한정되어 있다.

일반채권시장은 불특정다수의 일반투자자가 참여할 수 있는 시장이다. 이 시장에서는 국채, 지방채, 특수채, 회사채 등 거래소에 상장된 모든 채권을 거래대상으로 한다. 주로 회사채와 전환사채, 신주인수권부사채, 교환사채 등과 같은 주식관련사채, 국민주택채권 등이 많이 거래된다.

일반채권시장은 부동산이나 자동차 등을 등록할 때 의무적으로 매입해야 하는 채권을 매도하기 위한 소액채권시장과 일반투자자들이 주식처럼 채권을 편리하게 매매할 수 있도록 하는 소매채권시장을 포함한다.

1) 거래시간 및 호가

일반채권시장에서의 매매거래시간은 공휴일과 토요일을 제외하고 9시부터 15시 30분까지이다. 가격호가 방식은 지정가호가제를 채택하고 있다. 호가 접수시간은

표 13A-2 일반채권시장에서의 호가

구 분		일반채권	주식관련사채	외화표시채권
호가가격단위 (잔존만기별 차등)	10년 이상	1원	1원	1포인트
	2년 이상 10년 미만	0.5원	0.5원	0.5포인트
	2년 미만	0.1원	0.1원	0.1포인트
호가수량단위		액면 1만원	액면 1만원	1만 포인트
매매수량단위		1,000원	1,000원	1만 포인트

8시부터 15시 30분까지이다. 호가가격, 호가수량 및 매매수량 단위는 채권에 따라 달라지며, 가격제한폭은 없다.

2) 매매체결

일반채권시장은 전산매매에 의한 완전 자동 매매체결방식을 채택하고 있다. 매매체결방식은 단일가격에 의한 개별경쟁매매방식(단일가매매방식)과 복수가격에 의한 개별경쟁매매방식(접속매매방식)을 채택하고 있다.

단일가격에 의한 개별경쟁매매방식은 일정 시간에 접수된 모든 호가를 모아서 하나의 가격으로 매매를 체결하는 방식이다. 단일가매매는 최초의 가격결정, 시장재개, 매매거래 재개 후 최초의 가격결정 등의 경우에 적용된다.

복수가격에 의한 개별경쟁매매방식은 매도호가와 매수호가의 경합에 의하여 가장 낮은 매도호가와 가장 높은 매수호가가 합치되는 경우 선행호가의 가격으로 매매를 체결시킨다. 합치되는 호가 간에는 경쟁매매 원칙(가격우선 및 시간우선)을 적용하여 매매가 체결되는 방식이다.

3) 결제

일반채권시장에서의 결제는 당일결제거래만 허용되고 있다. 투자자는 금융투자회사에 결제일의 16시까지 매도증권이나 매수대금을 납부해야 한다. 그리고 금융투자회사는 결제일의 16시 30분까지 매매거래의 종류별로 매도증권과 매수대금을 각각 차감하여 거래소 결제기구에 납부해야 한다. 그리고 외화표시채권의 결제는 외국환관리규정에 의해서 지정, 고시하는 결제일의 기준환율에 따라 원화로 환산한 금액으로 결제해야 한다.

4) 신고매매제도

신고매매제도는 투자자의 채권매매에 대한 환금성과 유동성을 제고하기 위한 제도이다. 매매거래일의 일정 시간 동안(장종료시부터 18시까지) 종목, 가격, 수량이 동일한 채권의 매도 및 매수호가에 대하여 매매거래를 신청하는 경우에 거래소가 매매거래를 성립시켜 주는 제도이다.[20]

(2) 국채전문유통시장

전자거래시스템을 이용한 경쟁매매시장은 익명의 호가에 의해 가격경쟁을 통해 거래가 체결되는 시장이다. 전자거래시스템을 통한 경쟁매매는 브로커를 통해 거래 상대방을 탐색하거나 협상과정을 거치지 않기 때문에 거래비용을 절감할 수 있는 장점이 있다. 또한 체결되는 이자율이 실시간으로 공표되어 지표금리가 신속하고 정확하게 제시될 수 있다. 실제 체결 가능한 호가가 제시되어 시장 투명성을 높일 수 있는 장점도 있다.

채권전자거래시스템을 통한 경쟁매매시장을 활성화하기 위해 한국거래소는 전자거래시스템을 기반으로 한 국채전문유통시장을 개설하고 있다.

국채전문유통시장의 거래대상 종목은 지표종목, 거래소가 국고채전문딜러와 협의하여 지정하는 비지표종목, 통화안정증권(만기 2년 이하), 예금보험기금채권(예보기금특별계정채권, 예보상환기금채) 등이다.

국채전문유통시장의 매매거래 시간은 9시부터 15시 30분까지이다. 휴장일은 공휴일, 토요일, 근로자의 날, 연말 1일, 그리고 거래소가 필요하다고 인정하는 날이

표 13A - 3 국채전문유통시장 거래제도

구 분	내 용
거래시간	09:00-15:30
거래대상 종목	국고채, 통화안정증권, 예금보험기금채권
매매수량단위	액면 10억원
호가방식	지정가호가(잔존만기 10년 이상: 1원, 2년 이상 10년 미만: 0.5원, 2년 미만: 0.1원)
호가수량단위	액면 1만원
체결방식	복수가격에 의한 개별경쟁매매
참가자	금융투자회사, 은행, 종합금융회사, 기관투자자
결제일	T+1일 16시까지
결제방법	다자간 차감결제 및 집중결제 방식(대금결제: 한국은행 BOK-Wire 자금이체방식, 국채결제: 한국예탁결제원 예탁자 계좌간 대체방식)

20) 신고매매대상의 적용시점이 다음의 경우에는 장개시부터 15시 30분까지이다. ⓐ 국고채전문딜러가 국채전문유통시장에서의 결제이행을 위하여 정부 또는 한국은행과 환매채거래를 하는 경우, ⓑ 국채금융 대행기관이 국고채전문딜러와 환매채거래를 하는 경우, ⓒ 국고채전문딜러가 당해 딜러로서의 역할을 원활하게 수행하기 위하여 환매채거래를 하는 경우

다. 국채전문유통시장에서의 호가방식은 지정가호가방식을 채택하고 있다. 호가의 가격단위는 잔존만기별로 다르다. 잔존만기가 10년 이상일 경우 1원, 2년 이상 10년 미만인 경우 0.5원, 2년 미만인 경우 0.1원이다. 호가수량단위는 액면 1만원이며, 매매수량단위는 10억원이다.

국채전문유통시장에서의 매매체결방식은 복수가격에 의한 개별경쟁매매방식을 채택하고 있다. 결제방식은 다자간 차감결제 및 집중결제 방식을 채택하고 있다. 결제주기는 익일결제($T+1$)이며, 결제시한은 결제일의 16시까지이다.

(3) 장외시장

채권거래는 주로 금융투자회사(IDB 포함)를 중개기관으로 하여 장외에서 이루어진다. 이는 채권의 종목이 다양하고 거래조건이 표준화되어 있지 않기 때문이다.

금융투자회사는 거래를 원하는 투자자들의 주문을 받은 후에 반대거래를 원하는 상대방을 찾아 거래를 중개한다. 따라서 매수호가나 매도호가를 미리 제시하지 않고, 고객의 거래요청에 반드시 응해야 할 의무도 없다. 그리고 시장조성에 따른 채권 보유의 위험을 부담해야할 필요도 없다.

장외거래는 거래의 특성상 매매시간의 제약이 없지만 통상적으로 은행의 영업시간 내에서 거래가 이루어진다. 거래단위는 관행적으로 100억원이다. 일단 거래가 체결되면 매수자는 거래은행에 매도자 앞으로 매입대금 지급을 지시하고, 매도자는 금융투자회사를 통하여 한국예탁결제원에 계좌이체를 요청한다. 자금과 채권의 결제는 통상적으로 거래가 체결된 다음 거래일에 이루어진다.

채권가격변동성

이 장에서는 이자율 변화에 따른 채권가격의 변동에 대해 살펴본다. 먼저 채권가격의 일반원리에 대해 알아본다. 즉 만기까지의 기간, 액면이자율, 만기수익률 수준 등과 같은 채권의 특성이 시장이자율 변화에 따른 채권가격변동에 어떠한 영향을 미치는가를 설명한다. 여기에서는 이자율변화에 따른 채권가격의 변동이 비선형관계이며, 채권의 특성에 따라 영향을 받는다는 것을 이해할 수 있을 것이다.

다음으로 채권투자에서 이자율위험의 관리를 위해 개발된 듀레이션의 정의, 측정, 특성 등에 대해 알아본다. 또한 수정듀레이션의 개념도 살펴본다. 그리고 듀레이션을 이용하여 이자율변화에 따른 채권가격변동률을 추정하는 방법에 대하여 알아본다. 시장이자율이 1베이시스 포인트(bp) 변화할 때 채권가격의 변동액을 추정하는 *PVBP*에 대해서도 알아본다.

마지막으로 듀레이션을 이용할 경우에 있어 채권가격 추정의 오차를 줄이기 위하여 개발된 볼록성(convexity)의 측정과 이용방법에 대해 알아본다. 여기에서는 이자율 변화와 채권가격의 변화가 2차 함수의 관계를 가진다고 가정하여 추정오차를 줄이는 방법에 대해 학습할 것이다.

제 1 절 채권가격변동의 일반원리

1.1 이자율변동과 채권가격

채권가격은 시장이자율과 반대방향으로 움직인다. 즉 시장이자율이 상승하면 채권의 가격은 하락하고, 시장이자율이 하락하면 채권가격은 상승한다. 이처럼 이자율의 변화로 인해 채권투자에서 발생하는 손실의 가능성을 이자율위험이라고 한다. 근래에 이자율의 변동성이 증가하면서 채권투자에서 이자율위험의 중요성이 더욱 부각되고 있다.

시장이자율의 변동에 따른 채권가격변동의 민감도를 파악하는 것은 투자자들의 중요한 관심사가 된다. 즉 이자율변화에 따른 채권가격 변동폭이 채권의 특성에 따라 영향을 받는 정도를 파악한다면, 이자율위험의 결정요인에 대한 통찰력을 얻을 수 있을 것이다.

이자율의 변화에 따라 채권가격의 변동에 영향을 주는 채권의 특성은 ⓐ 만기까지의 기간, ⓑ 액면이자율, ⓒ 초기의 만기수익률 수준 등이다. Malkiel(1962)와 Homer and Liebowiz(1972) 등은 시장이자율과 채권가격의 관계에 채권 특성이 미치는 영향을 분석하여 이를 채권가격의 일반원리(bond price theorem)라고 하였다.[1]

만기, 액면이자율, 만기수익률 등의 채권 특성이 이자율변화에 따른 채권가격변동에 미치는 영향의 정도를 파악하기 위하여 〈표 14-1〉과 같은 네 가지 종류의 채

표 14-1 채권의 특성별 가격

채권	A	B	C	D
만기(년)	3	10	10	10
액면이자율(%)	10	10	4	4
만기수익률(%)	10	10	10	5
채권가격(원)	100.00	100.00	63.14	92.28

---

1) B. G. Malkiel(1962), "Expectations, Bond Prices and the Term Structure of Interest Rates," *Quarterly Journal of Economics*, 197-218; S. Homer and M. L. Liebowitz(1972), *Inside the Yield Book: New Tools for Bond Market Strategy*, Prentice Hall.

권 자료를 이용하자. 각 채권은 만기, 액면이자율, 초기의 만기수익률 등에서 약간 씩 차이가 나도록 설정하였다. 이자는 연 1회 지급하는 것으로 가정하였다.

이 표에서 채권가격은 주어진 액면이자율, 만기까지의 기간, 그리고 만기수익률에 대하여 액면가 100원당 채권가격을 산출한 것이다. 예를 들어, 채권 C는 액면이자율 4%, 만기 10년이며, 만기수익률이 10%이다. 그리고 이러한 조건하에서 채권가격은 63.14원이라는 것을 나타내고 있다.

이제 주어진 만기수익률이 변동한다고 가정하고, 채권가격의 변동률을 산출하여 보자. 만기수익률이 변화할 때, 각 채권의 가격 변동률이 〈표 14-2〉에 제시되어 있다.

이 표에서 첫 번째 열에서는 만기수익률의 변화를 나타내고 있다. 나머지 열에서는 각 채권별 가격 변동률을 보여주고 있다. 예를 들어, 채권 A의 만기수익률이 10%에서 9%로 -1%p 변동하면, 채권의 가격은 다음과 같이 102.53원이 된다.

$$P_0 = \sum_{t=1}^{N} \frac{cF}{(1+R)^t} + \frac{F}{(1+R)^N}$$

$$= \sum_{t=1}^{3} \frac{(0.1)(100)}{(1+0.09)^t} + \frac{(100)}{(1+0.09)^3} = 102.53 \qquad (14-1)$$

그리고 채권가격의 변동률을 구해 보면, 다음과 같이 2.53%가 된다.

표 14-2 이자율변화에 따른 채권가격 변동률(%)

이자율변화(%p) \ 채권	A	B	C	D
-5	13.61	38.60	46.16	51.70
-4	10.68	29.44	35.07	39.15
-3	7.87	21.07	25.02	27.83
-2	5.15	13.42	15.88	17.61
-1	2.53	6.42	7.57	8.37
0	0.00	0.00	0.00	0.00
1	-2.44	-5.89	-6.90	-7.58
2	-4.80	-11.30	-13.20	-14.46
3	-7.08	-16.28	-18.96	-20.71
4	-9.28	-20.86	-24.22	-26.40
5	-11.41	-25.09	-29.04	-31.58

$$채권가격의 변동률 = \frac{P_{0(R=9\%)}}{P_{0(R=10\%)}} - 1$$

$$= \frac{102.53}{100} - 1 = 2.53\%$$

이 값을 〈표 14-2〉에서 찾아보면, 채권 A의 이자율변화 −1%p에 해당하는 값인 2.53이 된다.

이처럼 채권의 가격은 만기수익률 변화와 반대의 방향으로 변동한다는 것을 알수 있다. 그리고 각 채권가격의 변동률을 살펴보면, 채권별로 약간씩 차이가 있다는 것을 알 수 있다. 만기수익률이 1%p 하락한 경우에 채권 A는 2.53% 증가하지만, 채권 B는 6.42%, 채권 C는 7.57%, 채권 D는 8.37% 증가한다는 것을 알 수 있다. 즉 채권의 만기수익률이 하락하면 채권의 가격이 상승하는 것은 모든 채권에서 동일하지만, 채권가격의 변동률은 채권마다 다르다는 것을 알 수 있다. 이 장에서는 채권가격의 변동률을 결정하는 요인이 무엇인가를 파악하고자 하는 것이다.

이자율 변화에 따른 채권가격 변동률을 그림으로 나타내면 [그림 14-1]과 같다. 이 그림에서 나타난 것처럼 이자율변화에 따른 채권가격 변동률의 그래프는 감소함수이지만, 함수의 곡률은 채권마다 약간씩 다르다는 것을 알 수 있다.

그림 14-1 이자율변화에 따른 채권가격 변동률

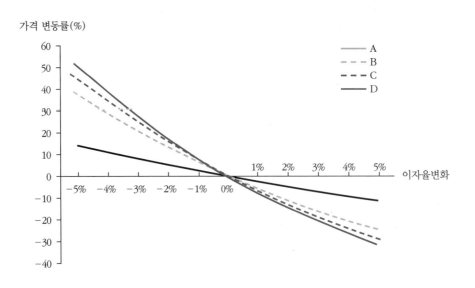

이제 Malkiel(1962)과 Homer and Liebowiz(1972) 등이 제시한 채권가격의 일반
원리(bond price theorem)에 대해 알아보자. 이미 설명한 것처럼 이자율변동에 따
른 채권가격의 변동에 영향을 주는 채권 특성으로는 ⓐ 만기까지의 기간, ⓑ 액면
이자율, ⓒ 초기의 만기수익률 수준 등이 있다.

여기에서 설명하는 [원리1]에서 [원리5]까지는 Malkiel(1962)이 제시한 것이며,
[원리6]은 Homer and Liebowiz(1972)가 제시한 것이다.

(1) [원리1] 채권가격과 수익률은 역의 관계

채권의 가격과 수익률은 역의 관계를 가진다. 즉 수익률이 상승하면 채권가격은
하락하고, 수익률이 하락하면 채권가격은 상승한다. 이러한 점은 〈표 14-2〉와 [그
림 14-1]에서 명확하게 알 수 있다.

이 원리를 수식으로 보여주기 위하여 다음과 같이 순수할인채의 가격함수를 이
용하자. 즉 액면가가 F이고, 만기가 N인 순수할인채의 가격은 다음과 같이 나타낼
수 있다.

$$P_0 = \frac{F}{(1+R)^N} \tag{14-2}$$

그리고 만기수익률의 변화에 따른 채권가격의 변동을 알아보기 위하여 (14-2)식
의 채권가격을 만기수익률에 대하여 미분하면 다음과 같은 관계식을 얻을 수 있다.

$$\frac{dP}{dR} = -\frac{NF}{(1+R)^{N+1}} \tag{14-3}$$

위 식에서 만기수익률에 대한 채권가격의 1차 도함수가 음(-)의 값을 가진다.
즉 만기수익률이 증가하면, 채권가격은 하락한다는 것을 알 수 있다.

(2) [원리2] 채권가격 상승폭이 하락폭 보다 크다

이 원리는 이자율 하락에 따른 채권가격 상승폭이 동일한 크기의 이자율 상승에
따른 채권가격의 하락폭 보다 크다는 것을 나타낸다. 즉 〈표 14-2〉에서 채권 A의
경우 이자율이 1%p 하락하면 채권가격이 2.53% 상승하지만, 이자율이 1%p 상승하

면 채권가격이 2.44% 하락한다는 것을 알 수 있다. 즉 동일한 크기의 이자율 변동이 발생할 경우 이자율 하락에 따른 채권가격의 상승률이 이자율 상승에 따른 채권가격의 하락률 보다 크다는 것을 나타내고 있다.

이 원리를 수식을 통해서 알아보기 위하여 (14-2)식의 만기수익률에 대한 채권가격 함수의 2차 도함수를 구하여 보자.

$$\frac{d^2P}{(dR)^2} = \frac{N(N+1)F}{(1+R)^{N+2}} \qquad\qquad (14-4)$$

이 식은 만기수익률에 대한 채권가격의 2차 도함수가 양(+)의 값을 가진다는 것을 나타내고 있다. 즉 만기수익률에 대한 채권가격의 함수가 볼록함수라는 것을 나타낸다.[2] 만기수익률에 대한 채권가격의 2차 도함수가 양(+)이라는 것은 만기수익률이 증가할수록 채권가격함수의 기울기가 점차 완만해진다는 것을 의미한다. 따라서 만기수익률이 증가할수록 동일한 크기의 만기수익률 변화에 따른 채권가격의 변동폭은 감소한다는 것을 알 수 있다.

(3) [원리3] 채권가격의 변화는 만기의 증가함수

이 원리는 장기채권이 단기채권에 비하여 이자율변화에 대한 채권가격 변동의 민감도가 크다는 것을 나타낸다. 이는 채권의 만기가 증가할수록 동일한 크기의 이자율변화에 대해 채권가격의 변동폭이 커진다는 것을 의미한다.

〈표 14-2〉에서 만기 이외의 모든 특성이 동일한 두 채권 A와 B를 비교해 보자. A채권은 만기까지의 기간이 3년이고, B채권은 만기까지의 기간이 10년이다. 이자율이 1%p 상승한 경우 A채권은 2.44% 하락하고, B채권은 5.89% 하락한다. 반대로 이자율이 1%p 하락한 경우에 A채권은 2.53% 상승하고, B채권은 6.42% 상승한다. 즉 채권의 만기까지의 기간이 증가할수록 이자율변화에 따른 채권가격의 민감도가 증가한다는 것을 알 수 있다.

수식을 통하여 이를 확인해보기 위하여 (14-3)식을 (14-2)식으로 나눈 다음에 수식을 정리하면, 다음과 같은 관계식이 나타난다.

$$\frac{dP}{P_0} = -\frac{N}{(1+R)}(dR)$$

---

[2] 이자율에 대한 채권가격의 함수가 볼록함수라는 사실은 이자율변화에 대한 채권가격 추정에 중요한 영향을 미친다. 이에 대한 자세한 내용은 채권의 볼록성(convexity)에서 자세히 다룰 것이다.

$$\text{혹은} \quad \left| \frac{dP}{P_0} \right| = \frac{N}{(1+R)} |dR| \qquad (14-5)$$

이 식은 채권가격 변동률을 나타내는 dP/P_0의 절대치가 만기까지의 기간인 N에 따라 커진다는 것을 알 수 있다. 즉 만기수익률 변화에 따른 채권가격은 역의 관계를 가지지만, 채권가격 변동률의 절대 크기는 만기까지의 기간인 N에 따라 증가한다는 것을 알 수 있다.

(4) [원리4] 채권가격의 변화는 만기에 대해 체감하는 증가함수

이 원리는 만기가 증가할수록 채권가격의 변동폭이 증가하지만 증가하는 속도는 체감한다는 것을 말한다.

〈표 14-2〉에서 만기 이외의 모든 특성이 동일한 두 채권 A와 B를 다시 비교해 보자. A채권은 만기까지의 기간이 3년이고, B채권은 만기까지의 기간이 10년이다. 이자율이 1%p 상승한 경우 A채권은 2.44% 하락하고, B채권은 5.89% 하락한다. 즉 B채권의 만기가 A채권 만기에 비하여 약 3.3배 정도 길지만, 채권가격 변동률은 3.3배 보다 작다는 것이다.

이를 수식으로 살펴보면, (14-5)식에서 채권가격 변동률은 만기 N에 비례하지만, 비례의 크기를 결정하는 값의 크기가 대체로 1보다 작다는 것이다.

$$\frac{dR}{(1+R)} < 1 \qquad (14-6)$$

위의 식은 만기까지의 기간인 N에 따른 채권가격 변동률의 크기를 결정하는 값으로, 1보다 작다는 것을 알 수 있다.

(5) [원리5] 채권가격의 변화는 액면이자율의 감소함수

이 원리는 액면이자율이 높은 채권일수록 이자율변화에 따른 채권가격의 변동폭이 감소한다는 것을 말한다. 즉 액면이자율이 높은 채권일수록 채권의 이자율위험이 작다는 것을 의미한다.

〈표 14-2〉에서 액면이자율 이외의 모든 특성이 동일한 두 채권 B와 C를 비교하여 보자. B채권은 액면이자율이 10%이고, C채권은 액면이자율이 4%이다. 이자율이 1%p 상승한 경우 B채권은 5.89% 하락하고, C채권은 6.90% 하락한다. 반대로 이자율이 1%p 하락한 경우 B채권은 6.42% 상승하고, C채권은 7.57% 상승한다. 즉

액면이자율이 높은 채권일수록 이자율변화에 따른 채권가격 변동률이 감소한다는 것을 알 수 있다.

(6) [원리6] 채권가격의 변화는 만기수익률의 감소함수

이 원리는 채권의 만기수익률이 높은 수준에 있을수록 이자율변화에 따른 채권 가격의 변동률이 감소한다는 것을 의미한다.

〈표 14-2〉에서 만기수익률 이외의 모든 특성이 동일한 두 채권 C와 D를 비교하여 보자. C채권은 만기수익률이 10%이고, D채권은 만기수익률이 5%이다. 이자율이 1%p 상승한 경우 C채권은 6.90% 하락하고, C채권은 7.58% 하락한다. 반대로 이자율이 1%p 하락한 경우 C채권은 7.57% 상승하고, D채권은 8.37% 상승한다. 즉 만기수익률이 높은 채권일수록 이자율변화에 따른 채권가격 변동률이 감소한다는 것을 알 수 있다.

제 2 절 듀레이션

2.1 듀레이션의 의미와 특성

앞에서 살펴본 이자율변화에 따른 채권가격변동에 관한 여섯 개의 원리에 의하면, 이자율위험을 결정하는 중요한 요인 중의 하나는 채권의 만기라고 할 수 있다. 그러나 채권의 만기만으로는 이자율변화에 따른 채권가격변동의 민감도를 측정할 수 없다. 즉 만기가 동일한 채권이라도 액면이자율이 달라지면 채권가격의 민감도가 달라진다고 할 수 있다.

따라서 채권의 이자율위험을 측정하기 위한 지표는 채권의 만기뿐만 아니라 액면이자율이나 만기수익률 수준 등을 포함해야 한다. 이처럼 채권의 이자율위험을 측정하기 위한 목적으로 개발된 지표가 듀레이션(duration)이다. 여기서는 듀레이션에 대해 자세히 알아보자.

(1) 듀레이션의 정의와 측정

이자율변화에 대한 채권가격변동은 역의 관계이다. 또한 두 변수간의 관계는 비선형으로 나타난다. 즉 시장이자율이 채권가격에 미치는 영향은 만기, 액면이자율, 만기수익률 등의 채권 특성에 따라 달라진다.

그러나 시장이자율과 채권가격의 비선형관계 때문에 이러한 채권의 특성이 채권의 가격에 어떻게 반영되는지 쉽게 파악하기 어렵다. 따라서 이자율변화에 따른 채권가격 변동률을 특정할 수 있는 지표가 필요하게 된다.

채권의 듀레이션은 채권의 만기, 액면이자율, 만기수익률 수준 등의 채권 특성을 종합적으로 고려하여 이자율변화에 따른 채권가격 변동률을 측정하기 위해 개발된 지표이다. 이러한 듀레이션은 채권의 액면이자 지급과 원금상환 등에 소요되는 평균기간을 의미한다. 또한 듀레이션은 이자율의 변화에 대한 채권가격의 변동성을 측정하는 지표로서, 이자율변화에 따른 채권가격 변동률 또는 채권가격 변동액을 의미한다.

이러한 듀레이션 개념은 MaCaulay(1930)가 처음 제시하였다. 듀레이션은 채권으로부터 발생하는 현금흐름의 현재가치를 가중치로 하여 산출한 가중평균 원리금 상환기간을 의미한다.[3] 듀레이션을 수식으로 나타내면 다음과 같다.

$$D = \sum_{t=1}^{N} w_t \, t \qquad\qquad (14-7)$$

$$w_t = \frac{CF_t / (1+R)^t}{P_0}$$

단, D : 듀레이션
 P_0 : 채권의 가격
 CF_t : t시점의 채권의 현금흐름(이자지급액과 원금상환액)
 R : 채권수익률(= 만기수익률)
 N : 채권의 만기까지의 기간

⑩ 14-1 듀레이션 산출

액면이자율이 10%, 만기가 3년이며, 만기수익률이 10%인 채권 A의 듀레이션을 구해 보자. 채권의 액면가는 100원으로 가정한다.

---

3) F. R. MaCaulay(1930), "Some Theoretical Problems Suggested by the Movement of Interest Rates, Bond Yields, and Stock Prices in the United States Since 1856," *National Bureau of Economic Research*, Columbia University Press.

① 기간	② 현금흐름 (CF_t)	③ 현가계수 $(R=10\%)$	④ 현금흐름 현가 (②×③)	⑤ 가중치 (④/P_0)	⑥ 가중평균 (①×⑤)
1	10	0.9091	9.0909	0.0909	0.0909
2	10	0.8264	8.2645	0.0826	0.1653
3	110	0.7513	82.6446	0.8264	2.4793
합계			100		2.7355

채권의 듀레이션을 계산하는 과정은 먼저, 각 기간별 현금흐름을 확정하고, 다음으로 각 기간별 현금 흐름의 현재가치를 산출한 후, 이를 가중치로 하여 기간을 가중평균하면 된다. 채권 A의 듀레이션은 위의 표에서처럼 2.7355년이 된다.

이제 채권에 대한 연간 이자지급횟수가 m인 경우에 채권의 듀레이션이 어떻게 산출되는지 알아보자. 만기 N년인 채권의 경우 만기까지 총이자지급횟수는 mN회 가 되고, 단위기간별 액면이자율은 (c/m)가 된다. 단위기간별 채권수익률은 (R/m)이 된다. 따라서 듀레이션 산출을 위한 공식은 다음과 같이 된다.

$$D=\sum_{t=1}^{mN} w_t \left(\frac{t}{m} \right) \tag{14-8}$$

$$w_t = \frac{CF_t/(1+R/m)^t}{P_0}$$

예 14-2 듀레이션 산출(이자지급횟수 고려)

[예 14-1]의 채권 A에 대하여 연간 이자지급횟수가 4회인 경우에 듀레이션을 산출하여 보자. 즉 채 권 A는 액면이자율이 10%, 만기가 3년이며, 만기수익률이 10%이고, 액면가는 100원으로 가정한다.

① 만기	② 현금흐름 (CF_t)	③ 현가계수 $(R=10\%)$	④ 현금흐름 현가 (②×③)	⑤ 가중치 (④/P_0)	⑥ 가중평균 (①×⑤)
0.25	2.5	0.9756	2.4390	0.0244	0.0061
0.50	2.5	0.9518	2.3795	0.0238	0.0119
0.75	2.5	0.9286	2.3215	0.0232	0.0174
1.00	2.5	0.9060	2.2649	0.0226	0.0226
1.25	2.5	0.8839	2.2096	0.0221	0.0276
1.50	2.5	0.8623	2.1557	0.0216	0.0323

1.75	2.5	0.8413	2.1032	0.0210	0.0368
2.00	2.5	0.8207	2.0519	0.0205	0.0410
2.25	2.5	0.8007	2.0018	0.0200	0.0450
2.50	2.5	0.7812	1.9530	0.0195	0.0488
2.75	2.5	0.7621	1.9054	0.0191	0.0524
3.00	102.5	0.7436	76.2145	0.7621	2.2864
			100.0000		2.6286

위의 표에서 기간은 (t/m)로 두고, 각 기간별 이자지급액은 (c/m)를 적용하여 산출할 수 있다. 현금흐름의 현가계수는 $(1+R/m)^t$을 적용하여 계산하면 된다(여기에서 $t=1, 2, \cdots, 12$이다). 그 이외에는 연간 1회 이자를 지급하는 경우와 동일한 절차에 따라 계산하면 된다. 채권 A의 듀레이션은 위의 표에서처럼 2.6286년이 된다.

채권의 만기가 길고, 이자지급이 연간 수회 실시되는 채권의 듀레이션을 계산하는 경우에도 위의 방법을 이용할 수 있다. 그렇지만 계산과정이 상당히 복잡해질 것이다. 이러한 경우에는 엑셀의 함수 DURATION(·)을 이용하는 것이 편리하다. 함수 DURATION(·)에는 여러 가지 인수가 이용된다. 인수에는 결제일, 만기, 액면이자율, 만기수익률, 연간 이자지급횟수, 일수계산방법 등이 포함된다.

예 14-3　엑셀의 듀레이션 함수

〈표 14-1〉에 제시된 채권 A, B, C, D의 듀레이션을 엑셀의 함수 DURATION(·)을 이용하여 산출하여 보자. 단 모든 채권의 연간 이자지급횟수는 4회로 가정한다.

	A	B	C	D	E
1	채권명	A	B	C	D
2	만기	3년	10년	10년	10년
3	결제일	2018-3-31	2018-3-31	2018-3-31	2018-3-31
4	만기일	2021-3-31	2028-3-31	2028-3-31	2028-3-31
5	액면이자율	10%	10%	4%	4%
6	만기수익률	10%	10%	10%	5%
7	이자지급횟수	4	4	4	4
8	일수계산방법	1	1	1	1
9	듀레이션	2.6286	6.4326	7.7112	8.2030

먼저 엑셀에 위의 표와 같이 각 채권의 명칭, 만기, 결제일, 만기일, 액면이자율, 만기수익률, 이자지급횟수, 일수계산방법 등에 관한 자료를 입력하자. 이 예에서 〈표 14-1〉에 제시되지 않은 결제일과 만기일은 각 채권의 만기기간과 일치하도록 임의의 결제일과 만기일을 입력하였다.

이제 채권 A의 듀레이션을 계산하기 위하여 커서를 셀B9으로 옮겨 두고 다음과 같이 입력한 후, 엔터키를 치자.

= DURATION(B3,B4,B5,B6,B7,B8)

그러면 위의 표에서와 같이 셀B9에 2.6286이라는 숫자가 나타날 것이다. 이것이 채권 A의 듀레이션으로 [예 14-2]에서 산출된 듀레이션과 동일하다는 것을 알 수 있다.

채권 A와 마찬가지의 방법으로 나머지 채권의 듀레이션을 구하여 보면, 채권 B는 6.4326년, 채권 C는 7.7112년, 채권 D는 8.2030년으로 나타날 것이다.

(2) 수정듀레이션

MaCaulay가 제시한 듀레이션은 채권의 이자율위험을 관리하기 위한 유용한 지표가 된다. 이러한 듀레이션을 $(1+R)$로 나누어 계산한 것을 수정듀레이션(modified duration, MD)이라고 한다. 이자율변화에 따른 채권가격의 변화를 수식으로 나타낼 때, 듀레이션을 이용하는 것보다 수정듀레이션을 이용하는 것이 편리하다. 수정듀레이션은 다음과 같이 정의된다.

$$MD = \frac{D}{(1+R)} = \frac{1}{(1+R)}\left[\sum_{t=1}^{N} w_t t\right] \qquad (14-9)$$

$$w_t = \frac{CF_t/(1+R)^t}{P_0}$$

단, MD : 수정듀레이션

D : 듀레이션

⊙ 14-4   수정듀레이션의 산출

[예 14-1]에 제시된 채권 A의 수정듀레이션을 산출하여 보자. 채권 A는 액면이자율이 10%, 만기가 3년이며, 만기수익률이 10%이며, 액면가는 100원이다. 이자는 연 1회 지급된다. 이 채권의 듀레이션은 [예 14-1]에서와 같이 2.7355년으로 산출된다. 이 경우 A채권의 수정듀레이션은 2.4868이 된다.

$$MD = \frac{D}{(1+R)} = \frac{2.7355}{(1+0.1)} = 2.4868$$

이제 연간 이자가 m회 지급되는 경우에 수정듀레이션이 어떻게 산출되는지 생각해보자. 듀레이션을 산출하는 경우와 마찬가지로, 채권의 만기까지 총이자지급횟수는 mN회가 되고, 단위기간별 액면이자율은 (c/m)가 된다. 단위기간별 채권수익률은 (R/m)이 된다. 따라서 수정듀레이션은 듀레이션을 $(1+R/m)$로 나누어야한다.[4)]

$$MD = \frac{D}{(1+R/m)} = \frac{1}{(1+R/m)}\left[\sum_{t=1}^{mN} w_t\left(\frac{t}{m}\right)\right] \qquad (14-10)$$

$$w_t = \frac{CF_t/(1+R/m)^t}{P_0}$$

⊙ 14-5   수정듀레이션의 산출(이자지급횟수 고려)

[예 14-2]에 제시된 채권의 듀레이션 자료를 이용하여 연간 이자지급횟수가 4회인 경우의 수정듀레이션을 산출하여 보자. 채권 A는 액면이자율이 10%, 만기가 3년이며, 만기수익률이 10%이고, 액면가는 100원이다. 이 채권의 듀레이션은 [예 14-2]에서와 같이 2.6286년으로 산출된다. 이 경우 A채권의 수정듀레이션은 2.5644가 된다.

$$MD = \frac{D}{(1+R/m)} = \frac{2.6286}{(1+0.1/4)} = 2.5644$$

이러한 수정듀레이션과 듀레이션을 구분하기 위하여 듀레이션을 MaCaulay 듀레이션이라고도 한다. 수정듀레이션은 이자율변화에 대한 채권가격 변동률의 추정치와 관계가 있다.[5)]

(3) 듀레이션의 특성

채권의 듀레이션은 다음과 같은 여러 가지 특성을 가지고 있다. 이러한 특성에 대하여 보다 자세히 살펴보자.[6)]

---

4) 수정듀레이션을 산출하기 위한 엑셀 함수는 MDURATION(·)으로 함수 DURATION(·)과 동일한 방법으로 이용하면 된다.
5) 이자율변화와 수정듀레이션 간의 이론적 관계식은 (14-13)식을 참고할 것. 예를 들어, 수정듀레이션이 2.4868이고, 시장이자율이 10%에서 9.9%로 0.1%p 하락하였다면 채권가격은 0.24868% 상승한다는 것을 의미한다.
6) 듀레이션의 특성은 수정듀레이션에도 그대로 적용된다. 따라서 여기에서는 MaCaulay 듀레이션의 특성만을 다룬다.

표 14 - 3 듀레이션의 특성

특성	내 용
특성1	순수할인채의 듀레이션은 만기와 동일하다.
특성2	액면이자율이 높아지면, 듀레이션은 짧아진다.
특성3	만기가 길어지면, 듀레이션은 길어진다.
특성4	만기수익률이 낮을수록 듀레이션은 길어진다.
특성5	포트폴리오 듀레이션은 개별채권 듀레이션의 가중평균이다.

이러한 듀레이션과 수정듀레이션의 특성을 살펴보기 위하여, 〈표 14-4〉와 같은 다양한 만기, 액면이자율, 만기수익률을 가진 채권들의 자료를 이용하자.

표 14 - 4 채권별 듀레이션과 수정듀레이션

채권	A	B	C	D
만기	3년	10년	10년	10년
액면이자율	10%	10%	4%	4%
만기수익률	10%	10%	10%	5%
연간 이자지급횟수	4회	4회	4회	4회
듀레이션	2.63	6.43	7.71	8.20
수정듀레이션	2.56	6.28	7.52	8.10

1) [특성1] 순수할인채의 듀레이션은 만기와 동일

순수할인채(무이표채)의 듀레이션은 채권의 만기와 동일하다. 그러나 이자를 지급하는 이표채의 듀레이션은 만기보다 짧다. 왜냐하면 순수할인채의 현금흐름은 만기에만 발생하기 때문에 듀레이션 계산에서 만기에만 가중치가 1이 부여된다. 그러나 이표채의 경우에는 현금흐름이 만기 이전에도 발생하므로 만기 이전의 기간에도 가중치가 부여된다. 따라서 이표채의 듀레이션은 만기보다 짧아진다.

2) [특성2] 액면이자율이 높으면 듀레이션은 감소

동일한 만기를 가진 채권의 경우에, 액면이자율이 높은 채권일수록 듀레이션이 감소한다. 이러한 현상은 이자지급액이 클수록 채권의 원리금 상환기간이 짧아지기 때문이다.

〈표 14-4〉에서 채권 B와 C를 비교해 보면, 액면이자율이 높은 채권 B의 듀레이션이 6.43년으로 채권 C의 듀레이션 7.71년에 비해 짧다는 것을 알 수 있다.

3) [특성3] 만기가 길면 듀레이션은 증가

동일한 액면이자율을 가진 채권의 경우에, 채권의 만기까지의 기간이 길어질수록 듀레이션은 증가한다. 즉 만기까지의 기간이 길수록 그 채권의 듀레이션도 길어진다.

채권의 만기가 길어진다고 해서 반드시 듀레이션이 길어지는 것은 아니다. 시장이자율에 비해 액면이자율이 낮아서 크게 할인되어 거래되는 채권의 경우에는 채권의 만기가 길어질수록 듀레이션이 짧아지는 경우도 있다. 그러나 대부분의 채권의 경우에는 만기가 길어질수록 듀레이션이 길어진다.

[그림 14-2]는 채권의 특성에 따른 듀레이션의 변화를 보여주고 있다. 먼저 순수할인채의 듀레이션은 채권만기와 동일하다는 것을 보여주고 있다. 이표채의 경우에는 만기가 증가하는 것보다 듀레이션이 적게 증가한다. 할인채의 일부는 만기가 증가하더라도 듀레이션은 감소하는 경향이 있다는 것을 알 수 있다.

그림 14-2 듀레이션과 채권만기의 관계

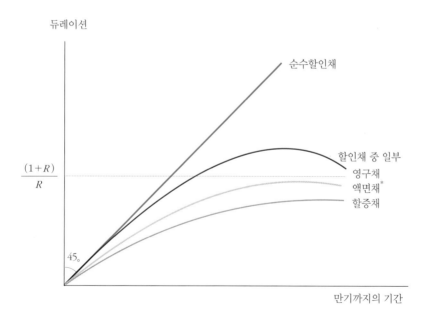

* 액면채(par bond)는 액면가와 채권가격이 동일하도록 액면이자율이 정해진 채권이다. 따라서 이 경우에는 액면이자율과 만기수익률이 동일하다.

자료: G. O. Bierwag(1987), *Duration Analysis Managing Interest Rate Risk*, Cambridge, Massachusetts, Ballinger Publishing Company.

4) [특성4] 만기수익률이 낮을수록 듀레이션은 증가

모든 조건이 동일하다고 가정하면, 채권의 만기수익률이 감소할수록 채권의 듀레이션은 길어진다. 듀레이션을 계산할 때 만기수익률(R)을 할인율로 사용하는데, 이러한 할인율이 변동하면 각 기간에 대한 가중치가 변화한다. 즉 할인율이 감소하면 만기에 가까운 기간에 대한 가중치가 증가하는 효과가 발생하여 채권의 듀레이션은 길어진다.

〈표 14-4〉에서 채권 C와 D를 비교해 보면, 두 채권 모두 액면이자율은 4%, 만기는 10년으로 동일하다. 다만 채권 C는 만기수익률이 10%이고, 채권 D는 만기수익률이 5%이다. 이 경우 채권 C의 듀레이션은 7.71년, 채권 D의 듀레이션은 8.20년이다. 즉 만기수익률이 낮은 채권 D의 듀레이션이 채권 C에 비해 더 길다는 것을 알 수 있다.

5) [특성5] 포트폴리오 듀레이션은 개별채권 듀레이션의 가중평균

포트폴리오의 듀레이션은 개별채권에 대한 투자비중을 가중치로 하여 개별채권 듀레이션을 가중평균한 것과 동일하다.[7]

$$D_P = \sum_{i=1}^{N} x_i D_i \qquad (14-11)$$

---

[7] 채권 A와 B로 포트폴리오를 구성한다고 하자. 그리고 각 채권의 가격을 P_A, P_B라고 하고, 채권 포트폴리오의 가치를 P_P라고 하자. 그러면 $P_P = P_A + P_B$가 되도록 포트폴리오를 구성하였다고 가정하고, (식 14-11)이 성립하는지 알아보자. 채권 포트폴리오의 듀레이션은 다음과 같이 정의된다.

$$D_P = \sum_{t=1}^{T} w_t t = \sum_{t=1}^{T} \left[\frac{PV(CF_{P,t})}{P_P} \right] t \qquad \text{①}$$

위 식에서 $PV(CF_{P,t})$는 채권 포트폴리오의 t기의 현금흐름의 현재가치를 나타낸다. 이제 위의 식을 다음과 같이 변형시켜 보자.

$$\begin{aligned}
D_P &= \sum_{t=1}^{T} \left[\frac{PV(CF_{P,t})}{P_P} \right] t = \sum_{t=1}^{T} \left[\frac{PV(CF_{A,t}) + PV(CF_{B,t})}{P_A + P_B} \right] t \\
&= \sum_{t=1}^{T} \left[\frac{PV(CF_{A,t})}{P_A + P_B} + \frac{PV(CF_{B,t})}{P_A + P_B} \right] t \\
&= \sum_{t=1}^{T} \left[\left(\frac{P_A}{P_A + P_B} \right) \frac{PV(CF_{A,t})}{P_A} + \left(\frac{P_B}{P_A + P_B} \right) \frac{PV(CF_{B,t})}{P_B} \right] t \\
&= \left(\frac{P_A}{P_A + P_B} \right) \sum_{t=1}^{T} \left[\frac{PV(CF_{A,t})}{P_A} \right] t + \left(\frac{P_B}{P_A + P_B} \right) \sum_{t=1}^{T} \left[\frac{PV(CF_{B,t})}{P_B} \right] t \\
&= x_A D_A + x_B D_B
\end{aligned}$$

위 식은 채권 포트폴리오의 듀레이션이 투자비중을 가중치로 하여 개별채권의 듀레이션을 가중평균한 것임을 보여준다.

단, D_p : 채권 포트폴리오의 듀레이션

D_i : 개별채권의 듀레이션

x_i : 각 채권에 대한 투자비중

예 14-6   채권 포트폴리오의 듀레이션

〈표 14-4〉에 제시되어 있는 채권들로 포트폴리오를 구성하고, 이러한 포트폴리오의 듀레이션을 산출하여 보자. 채권 포트폴리오는 채권가격을 상대적 투자비중이 되도록 구성하였다. 따라서 투자비중은 모든 채권의 시장가격의 합에 대한 개별채권의 가격비중으로 산출하면 된다.

채권종류	채권가격[*]	듀레이션	투자비중	포트폴리오 듀레이션
A	100	2.63	0.2821	0.7418
B	100	6.43	0.2821	1.8137
C	62.35	7.71	0.1758	1.3560
D	92.17	8.20	0.2600	2.1319
합계	354.52		1.0000	6.0434

[*] 채권가격이 〈표 14-1〉과 약간 차이가 나는 이유는 이자지급횟수가 다르기 때문이다. 〈표 14-1〉에서는 연 1회의 이자지급을 가정한 데 비해, 여기에서는 연 4회 이자지급을 가정하고 있다.

포트폴리오의 듀레이션은 위의 표에서와 같이 개별채권 듀레이션을 가중평균한 값으로 6.0434년이 된다.

이러한 방식으로 포트폴리오의 듀레이션을 산출할 수 있는 특성을 듀레이션의 가법성(additivity)이라고 한다. 듀레이션의 가법성은 각 채권의 만기수익률이 동일하거나 비슷하다는 조건하에서 성립한다. 수익률곡선이 안정적인 수준을 보이는 경우에는 듀레이션의 가법성을 이용하여 포트폴리오의 듀레이션을 산출하여도 무방하다. 그러나 개별 채권별로 만기수익률에 큰 차이를 보이는 경우에는 이 방법을 사용할 수 없고, 채권 포트폴리오 전체의 현금흐름에 기초하여 듀레이션을 직접 산출해야 한다.

2.2 채권가격변동의 추정

(1) 듀레이션과 채권가격변동

채권의 듀레이션이나 수정듀레이션을 이용하면, 시장이자율의 변화에 따른 채권가격 변동률이나 채권가격 변동액을 추정할 수 있다. 시장이자율의 변화(ΔR)가 발생하였을 때, 채권가격의 변동률은 다음과 같은 관계를 가진다.[8]

$$\frac{\Delta P}{P} = -D \times \frac{\Delta R}{(1+R)} \tag{14-12}$$

위 식은 시장이자율 변화에 대한 채권가격 변동률은 듀레이션과 이자율변화를 곱한 값에 (1+시장수익률)을 나눈 값과 같으며, 두 변수의 변동방향은 서로 반대라는 것을 보여주고 있다.

그리고 MaCaulay 듀레이션 대신에 수정듀레이션을 사용하면 위 식은 다음과 같이 쓸 수 있다.

$$\frac{\Delta P}{P} = -MD \times (\Delta R) \tag{14-13}$$

예 14-7   듀레이션의 활용

채권 C의 가격 변동률을 산출하여 보자. 이 채권은 만기 10년, 액면가 100원, 액면이자율 4%, 연간 4회의 이자지급을 하며, 만기수익률이 10%이다. 이 채권의 시장가격은 63.14원이고, 듀레이션은 7.71년, 수정듀레이션은 7.52년이다.

---

8) 시장이자율변화와 채권가격 변동률의 관계를 유도하기 위하여 다음과 같은 채권평가공식을 이용하자. 만기까지의 기간의 수를 T라고 한다.

$$P_0 = \sum_{t=1}^{T} \frac{CF_t}{(1+R)^t} \qquad ①$$

위의 식을 시장이자율(R)에 대하여 미분하면, 다음과 같은 식을 얻을 수 있다.

$$\frac{dP_0}{dR} = -\sum_{t=1}^{T} t \frac{CF_t}{(1+R)^{t+1}} \qquad ②$$

위 식의 양변에 채권가격(P_0)을 나누어 주고 정리하면 다음과 같은 식을 얻을 수 있다.

$$\frac{dP_0}{P_0} = -\frac{1}{(1+R)} \left[\sum_{t=1}^{T} t \frac{CF_t/(1+R)^t}{P_0} \right] (dR) \qquad ③$$

위 식의 괄호 [·] 속의 값은 듀레이션이므로 다음과 같이 나타낼 수 있다.

$$\frac{dP_0}{P_0} = -\frac{1}{(1+R)} D(dR) \qquad ④$$

그리고 시장이자율의 변화가 ΔR 만큼 발생한다면, 다음과 같은 식이 성립한다.

$$\frac{\Delta P_0}{P_0} = -\frac{1}{(1+R)} D(\Delta R) \qquad ⑤$$

즉 듀레이션은 시장이자율의 변화와 채권가격 변동률의 관계를 연결시켜 준다.

시장이자율이 10%에서 9.90%로 10베이시스 포인트(bp) 하락할 경우 채권가격은 몇 % 상승 혹은 하락하는가?

$$\frac{\Delta P}{P} = -MD \times (\Delta R) = -(7.52)(-0.0010) = 0.752\%$$

시장이자율이 10bp 하락하면, 채권가격은 0.752% 상승한다. 그러나 채권가격 변동률을 산출하기 위하여 (14-12)식을 기계적으로 이용해서는 안 된다. 이 식은 연간 1회 이자지급을 바탕으로 산출한 식이다. 따라서 MaCaulay 듀레이션을 이용하여 연간 m회의 이자를 지급하는 채권의 가격변동률을 산출하기 위해서는 다음과 같이 계산해야 한다(그 이유는 각자 생각해 볼 것!).

$$\frac{\Delta P}{P} = -D \times \frac{\Delta R}{(1+R/m)} = -(7.71)\frac{-0.0010}{(1+0.10/4)} = 0.752\%$$

이와 같이 듀레이션을 이용하여 채권가격의 변동률을 추정하는 경우에는 시장이자율의 변화가 적은 경우에만 가능하다. 즉 이자율변화에 대한 채권가격의 함수는 비선형이기 때문에 이자율변화가 크게 발생하면 추정오차가 커지게 된다.

(2) PVBP

듀레이션 이외에도 채권가격의 변동을 추정하기 위한 지표들은 다양하게 개발되어 있다. 여기서는 *PVBP*(price value of a basis point)에 대하여 간단히 알아보자.

*PVBP*는 시장이자율이 1bp 변동할 때 채권가격의 변동금액을 나타내는 지표이다. 일반적으로 *PVBP*는 채권가격변화의 절대금액으로 표현된다. 또한 *PVBP*에서는 시장이자율이 1bp 만큼 증가하거나 감소하는 데 따른 채권가격의 변동액은 동일한 것으로 간주한다.

표 14-5 채권별 *PVBP*

채권	A	B	C	D
만기	3년	10년	10년	10년
액면이자율	10%	10%	4%	4%
연간 이자지급횟수	4회	4회	4회	4회
만기수익률	10%	10%	10%	5%
채권가격(원)	100.0000	100.0000	62.3458	92.1683
새로운 채권가격(원)[*]	99.9744	99.9373	62.2990	92.0936
PVBP	0.0256	0.0627	0.0468	0.0747

[*] 새로운 가격은 채권의 만기수익률이 기존의 만기수익률 보다 1bp 상승한 경우의 채권가격이다.

채권별 *PVBP*를 산출하기 위하여 〈표 14-4〉에 있는 채권들의 자료를 이용하자. 각 채권별 *PVBP*는 기존의 만기수익률에서 산출한 채권가격과 만기수익률이 1bp 상승하였다고 가정할 경우에 산출한 새로운 채권가격과의 차이로 산출한 것이다.

〈표 14-5〉에 의하면 채권 *C*의 가격은 기존의 만기수익률 10%인 경우에는 62.3458원이었으나, 만기수익률이 1bp 상승하여 10.01%로 변동하게 되면, 채권의 가격은 62.2990원으로 변동한다. *PVBP*는 채권의 두 가격 간의 차이로 0.0468이 된다. 즉 채권 *C*의 경우 만기수익률이 1bp 상승하면, 채권가격은 0.0468원 하락한다는 것을 알 수 있다.

제 3 절 채권의 볼록성

듀레이션을 이용한 채권가격변동의 추정은 이자율의 변동이 작을 때에만 유용하다고 하였다. 수익률의 변동이 클 때에는 듀레이션만을 이용하여 채권가격을 추정하는 데에는 한계가 있다. 이 경우에는 듀레이션과 함께 볼록성(convexity)도 고려하여야 한다.

3.1 채권 볼록성의 개념과 측정

시장이자율에 대한 채권가격 변동현상은 원점에 대하여 볼록한 형태(convex)를 나타낸다. [그림 14-3]은 볼록한 형태를 가진 채권의 가격곡선에 대한 만기수익률 R_0에서의 접선을 나타낸 것이다. 이 접선은 만기수익률 R_0 수준에서의 이자율변화에 대한 가격변동률을 나타내며, 듀레이션과 관련성을 가진다. 이 접선의 기울기가 클수록 듀레이션은 커지고, 접선의 기울기가 완만할수록 듀레이션은 작아진다.

듀레이션을 이용하여 채권가격 변동액을 추정할 때에는 채권가격 변동액이 채권수익률 변동과 선형관계가 있다고 가정한다. 따라서 채권수익률의 변화폭이 작을 경우에는 [그림 14-3]에서 보는 바와 같이, 실제의 채권가격과 듀레이션을 이용하여 추정한 채권가격과의 차이(추정오차)는 매우 작다. 그렇지만 수익률의 변화폭이 커지면 추정오차도 커지게 된다.

그림 14-3 듀레이션을 이용한 채권가격 추정

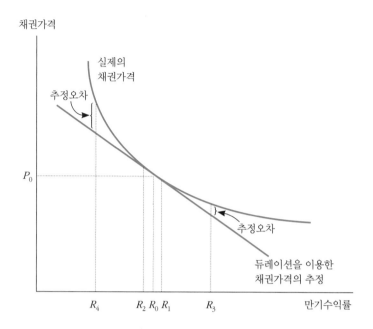

즉 [그림 14-3]에서 채권수익률이 R_0에서 R_1 또는 R_2로 변동할 때에는 추정오차가 거의 무시될 수 있을 정도로 작다. 그러나 수익률이 R_3이나 R_4로 크게 변동할 경우에는 추정오차가 매우 크게 나타난다. 이처럼 수익률의 변동에 따른 채권가격변동을 추정할 때 듀레이션만을 이용하는 경우 발생되는 추정오차는 채권의 볼록성을 고려하면 축소될 수 있다.

이제 볼록성을 유도해보자. 테일러 급수(Taylor Series)를 이용하여 채권가격 함수를 2차항까지 전개하면 다음과 같은 식을 얻을 수 있다.

$$\Delta P = \frac{dP}{dR}(\Delta R) + \frac{1}{2} \cdot \frac{d^2P}{dR^2}(\Delta R)^2 + error \tag{14-14}$$

위 식의 양변에 채권의 가격 P를 나누어 정리하면 다음과 같은 식이 성립한다.

$$\frac{\Delta P}{P} \fallingdotseq \left[\frac{dP/dR}{P}\right](\Delta R) + \frac{1}{2}\left[\frac{d^2P/dR^2}{P}\right](\Delta R)^2 \tag{14-15}$$

위 식의 첫째 항에서 괄호 [·] 속의 값은 수정듀레이션이다. 그리고 두 번째 항에서 괄호 [·] 속의 값을 볼록성(convexity)이라고 정의한다. 이와 같이 볼록성의 개념을 도입하면 이자율변화에 따른 채권가격의 변동률은 다음과 같이 나타낼 수 있다.

$$\frac{\Delta P}{P} \fallingdotseq -(MD)(\Delta R) + \frac{1}{2}C(\Delta R)^2 \tag{14-16}$$

단, MD : 수정듀레이션

C : 볼록성

위 식의 우측 첫째항은 듀레이션만을 이용하여 추정한 채권가격의 변동률의 추정치가 된다. 그리고 우측 두 번째 항은 채권가격의 볼록성을 고려하여 채권가격의 변동률을 조정한 것을 나타낸다. 채권가격의 볼록성까지 고려한 채권가격 변동률의 추정치는 듀레이션만을 고려한 채권가격 변동률의 추정치에 비해 위 식의 두 번째 항의 크기만큼 증가하게 된다. 따라서 추정오차는 그만큼 줄어들게 된다.

[그림 14-3]에서 보면 듀레이션만을 이용하여 추정한 채권가격은 실제의 채권가격에 비하여 과소 추정하고 있다. 볼록성은 이러한 과소 추정을 조정하는 역할을 한다.

이제 볼록성을 산출하는 방법에 대하여 살펴보자. 볼록성은 이자율에 대한 채권가격의 2차 도함수를 채권가격으로 나누어서 정의한 것이다.[9]

$$\begin{aligned}
C &= \left(\frac{d^2 P}{dR^2}\right)\left(\frac{1}{P}\right) \\
&= \left[\sum_{t=1}^{N} t(t+1)\frac{CF_t}{(1+R)^{t+2}}\right]\left(\frac{1}{P}\right) \\
&= \frac{1}{(1+R)^2}\sum_{t=1}^{N}\left[\frac{CF_t/(1+R)^t}{P}\right](t^2+t) \\
&= \frac{1}{(1+R)^2}\sum_{t=1}^{N} w_t(t^2+t) \tag{14-17}
\end{aligned}$$

---

9) 볼록성을 산출하기 위하여 이자율에 대한 채권가격의 2차 도함수를 구하여 보자.

$$P = \sum_{t=1}^{N}\frac{CF_t}{(1+R)^t}$$
$$\frac{dP}{dR} = \sum_{t=1}^{N}(-t)\frac{CF_t}{(1+R)^{t+1}}$$
$$\frac{d^2 P}{dR^2} = \sum_{t=1}^{N}(t)(t+1)\frac{CF_t}{(1+R)^{t+2}}$$

$$\text{단, } w_t = \frac{CF_t/(1+R)^t}{P}$$

볼록성은 채권의 현금흐름의 현재가치를 가중치로 하여 (t^2+t)를 가중평균한 후에 $(1+R)^2$으로 나누어 산출한 것이다.

예 14-8 볼록성 산출

액면이자율이 10%, 만기가 3년이며, 만기수익률이 10%인 채권 A의 볼록성을 구하여 보자. 채권의 액면가는 100원으로 가정한다.

① 기간	② 현금흐름 (CF_t)	③ 현가계수 ($R=10\%$)	④ 현금흐름 현가 (②×③)	⑤ 가중치 (④$/P_0$)	⑥ (t^2+t)의 가중평균
1	10	0.9091	9.0909	0.0909	0.1818
2	10	0.8264	8.2645	0.0826	0.4959
3	110	0.7513	82.6446	0.8264	9.9174
합계			100		10.5950

채권의 볼록성을 계산하는 과정은 먼저, 각 기간별 현금흐름을 확정하고, 다음으로 각 기간별 현금흐름의 현재가치를 산출한 후, 이를 가중치로 하여 (t^2+t)의 가중평균을 구한다. 그러면 볼록성은 다음과 같이 산출된다.

$$C = \frac{1}{(1+R)^2} \sum_{t=1}^{N} w_t (t^2+t) = \frac{1}{(1+0.10)^2}(10.5950) = 8.7562$$

그리고 연간 이자지급횟수가 m인 경우에 볼록성을 산출하는 방법에 대해 생각하여 보자. 이자지급횟수가 m인 경우의 듀레이션을 산출하는 경우와 마찬가지로, 채권의 만기까지 총이자지급횟수는 mN회가 되고, 단위기간별 액면이자율은 (c/m)가 된다. 단위기간별 채권수익률은 (R/m)이 된다. 따라서 볼록성은 다음과 같이 산출된다.

$$C = \frac{1}{(1+R/m)^2} \sum_{t=1}^{mN} w_t \left[\left(\frac{t}{m}\right)^2 + \left(\frac{t}{m}\right) \right] \qquad (14-18)$$

$$\text{단, } w_t = \frac{CF_t/(1+R/m)^t}{P}$$

[예 14-8]에서의 채권에 대하여 연간 이자지급횟수가 4회인 경우에 볼록성을 산출하여 보자. 즉 채권 A는 액면이자율이 10%, 만기가 3년이며, 만기수익률이 10%이고, 액면가는 100원으로 가정한다.

① 만기	② 현금흐름 (CF_t)	③ 현가계수 $(R=10\%)$	④ 현금흐름 현가 (②×③)	⑤ 가중치 $(④/P_0)$	⑥ 가중평균
0.25	2.5	0.9756	2.4390	0.0244	0.0076
0.50	2.5	0.9518	2.3795	0.0238	0.0178
0.75	2.5	0.9286	2.3215	0.0232	0.0305
1.00	2.5	0.9060	2.2649	0.0226	0.0453
1.25	2.5	0.8839	2.2096	0.0221	0.0621
1.50	2.5	0.8623	2.1557	0.0216	0.0808
1.75	2.5	0.8413	2.1032	0.0210	0.1012
2.00	2.5	0.8207	2.0519	0.0205	0.1231
2.25	2.5	0.8007	2.0018	0.0200	0.1464
2.50	2.5	0.7812	1.9530	0.0195	0.1709
2.75	2.5	0.7621	1.9054	0.0191	0.1965
3.00	102.5	0.7436	76.2145	0.7621	9.1457
			100.0000		10.1280

위의 표에서 기간은 (t/m)로 두고, 각 기간별 이자지급액은 (c/m)를 적용하여 산출할 수 있다. 현금흐름의 현가계수는 $(1+R/m)^t$를 적용하여 계산하면 된다(여기에서 $t=1, 2, \cdots, 12$이다). 그 이외에는 연간 1회 이자를 지급하는 경우와 동일한 절차에 따라 계산하면 된다. 그러면 볼록성은 다음과 같이 산출된다.

$$C = \frac{1}{(1+R/m)^2} \sum_{t=1}^{mN} w_t \left[\left(\frac{t}{m} \right)^2 + \left(\frac{t}{m} \right) \right] = \frac{1}{(1+0.10/4)^2} (10.1280) = 9.6400$$

볼록성도 듀레이션과 마찬가지로 가법성이 성립한다. 즉 포트폴리오의 볼록성은 개별채권에 대한 투자비중을 가중치로 하여 개별채권의 볼록성을 가중평균한 것과 동일하다.[10]

---

10) 채권 A와 채권 B로 포트폴리오를 구성한다고 하자. 그리고 각 채권의 가격을 P_A, P_B라고 하고, 채권 포트폴리오의 가치를 P_P라고 하자. 그러면 $P_P = P_A + P_B$가 되도록 포트폴리오를 구성하였다고 가정하자. (14-19)식이 성립하는지 알아보자. 채권 포트폴리오의 볼록성은 다음과 같이 정의된다.

$$C_P = \sum_{i=1}^{N} x_i C_i \qquad\qquad (14-19)$$

단, C_P : 채권 포트폴리오의 볼록성

C_i : 개별채권의 볼록성

x_i : 각 채권에 대한 투자비중

예 14-10 포트폴리오 볼록성의 산출

다음과 같이 4개의 개별채권의 가격과 볼록성에 관한 자료가 주어져 있다고 하자. 이러한 채권들로 포트폴리오를 구성하고, 포트폴리오의 볼록성을 산출하여 보자. 채권 포트폴리오는 채권가격을 상대적 투자비중이 되도록 포트폴리오를 구성하였다. 따라서 투자비중은 모든 채권의 시장가격의 합에 대한 개별채권의 가격비중으로 산출하면 된다.

채권종류	채권가격	볼록성	투자비중	포트폴리오 볼록성
A	100	9.64	0.2821	2.7192
B	100	58.87	0.2821	16.6056
C	62.35	76.24	0.1758	13.4085
D	92.17	83.52	0.2600	21.7140
합계	354.52		1.0000	54.4471

포트폴리오의 볼록성은 위의 표에서와 같이 54.4471년이 된다.

        이러한 볼록성의 가법성도 듀레이션과 마찬가지로 각 채권의 만기수익률이 동일하거나 비슷하다는 조건하에서 성립한다. 개별 채권별로 만기수익률에 큰 차이를 보이는 경우에는 이 방법을 사용할 수 없고, 채권 포트폴리오 전체의 현금흐름에

$$C_P = \frac{1}{(1+R)^2} \sum_{t=1}^{T} w_t(t^2+t) = \frac{1}{(1+R)^2} \sum_{t=1}^{T} \left[\frac{PV(CF_{P,t})}{P_P} \right](t^2+t) \qquad ①$$

위 식에서 $PV(CF_{P,t})$는 채권 포트폴리오의 t기의 현금흐름의 현재가치를 나타낸다. 이제 위의 식을 다음과 같이 변형시켜 보자.

$$C_P = \frac{1}{(1+R)^2} \sum_{t=1}^{T} \left[\frac{PV(CF_{P,t})}{P_P} \right](t^2+t) = \frac{1}{(1+R)^2} \sum_{t=1}^{T} \left[\frac{PV(CF_{A,t} + CF_{B,t})}{P_A + P_B} \right](t^2+t)$$

$$= \frac{1}{(1+R)^2} \sum_{t=1}^{T} \left[\left(\frac{P_A}{P_A+P_B} \right) \frac{PV(CF_{A,t})}{P_A} + \left(\frac{P_B}{P_A+P_B} \right) \frac{PV(CF_{B,t})}{P_B} \right](t^2+t)$$

$$= x_A C_A + x_B C_B \qquad ②$$

위 식은 채권 포트폴리오의 볼록성은 투자비중을 가중치로 하여 개별채권의 볼록성을 가중평균한 것임을 보여준다.

기초하여 볼록성을 직접 산출해야 한다.

3.2 볼록성과 채권가격변동

이제 채권의 볼록성을 이용하여 시장이자율변화에 대한 채권가격 변동률을 추정하여 보자. 이러한 분석을 위하여 〈표 14-6〉에 제시된 네 가지의 가상적인 채권의 자료를 이용하자.

이 표에서 제시된 채권은 다양한 만기, 액면이자율, 만기수익률을 가지고 있다. 연간 이자지급횟수는 4회이다. 이러한 채권의 듀레이션, 수정듀레이션, 볼록성에 관한 자료를 정리해 보면 〈표 14-6〉과 같다.

표 14-6 채권별 듀레이션과 볼록성

채권	A	B	C	D
만기	3년	10년	10년	10년
액면이자율	10%	10%	4%	4%
만기수익률	10%	10%	10%	5%
연간 이자지급횟수	4회	4회	4회	4회
듀레이션	2.63	6.43	7.71	8.20
수정듀레이션	2.56	6.28	7.52	8.10
볼록성	9.64	58.87	76.24	83.52

이미 살펴본 바와 같이 볼록성을 이용할 경우, 이자율변화에 따른 채권가격 변동률은 다음의 (14-16)식과 같이 된다.

$$\frac{\Delta P}{P} \fallingdotseq -(MD)(\Delta R) + \frac{1}{2}C(\Delta R)^2 \qquad (14-16)$$

단, MD : 수정듀레이션

C : 볼록성

🔘 **14-11 볼록성 활용**

〈표 14-6〉의 채권 A의 자료를 이용하여 이자율변화에 따른 채권가격 변동률을 산출하여 보자. 시장이자율이 10%에서 8%로 200베이시스 포인트(bp) 하락할 경우에 채권가격 변동률을 산출하자. 이 채권의 수정듀레이션은 2.56이고, 볼록성은 9.64이다.

$$\frac{\Delta P}{P} = -(MD)(\Delta R) + \frac{1}{2}C(\Delta R)^2$$
$$= -(2.56)(-0.02) + \frac{1}{2}(9.64)(-0.02)^2 = 0.0531 = 5.31\%$$

〈표 14-6〉에 주어진 채권의 자료를 이용하여 이자율변화에 따른 채권가격을 추정하여 보자. 이자율변화에 따른 채권가격을 추정하기 위하여 각 채권의 듀레이션과 볼록성을 산출하여야 한다. 그리고 이자율변화에 따른 채권가격을 추정하기 위하여 다음과 같은 수식을 이용할 수 있다.

먼저 수정듀레이션을 이용하여 이자율변화 후의 채권가격을 다음과 같이 추정할 수 있다.

$$P_0' = P_0 + \Delta P$$
$$= P_0[1 - (MD)(\Delta R)] \tag{14-20}$$

단, P_0 : 이자율변화 이전의 채권가격
P_0' : 이자율변화 이후의 채권가격

위의 식은 수정듀레이션을 이용한 채권가격 변동률을 나타내는 (14-13)식을 이자율변화 이후의 채권가격을 추정할 수 있도록 수정한 것이다. 그리고 볼록성을 고려할 경우에 이자율변화 이후의 채권가격 추정은 (14-16)식을 수정하여 다음과 같이 나타낼 수 있다.

$$P_0' = P_0 + \Delta P$$
$$= P_0\left[1 - (MD)(\Delta R) + \frac{1}{2}C(\Delta R)^2\right] \tag{14-21}$$

〈표 14-7〉은 〈표 14-6〉에 주어진 채권의 자료에서 시장이자율이 100베이시스 포인트(bp) 상승한 경우와 하락한 경우를 가정하여, 실제 채권의 가격, 수정듀레이션을 이용한 채권가격의 추정치, 볼록성을 고려한 채권가격의 추정치 및 각 추정치의 추정오차를 제시하고 있다. 이 표를 살펴보면 다음과 같은 점을 알 수 있다.

첫째, 수정듀레이션만을 이용하여 추정한 채권가격은 실제의 채권가격보다 낮은 가격을 추정한다는 것을 알 수 있다. 즉 수정듀레이션만을 이용하여 채권가격을 추정하는 경우에는 과소 추정한다는 것을 확인할 수 있다.

둘째, 수정듀레이션을 이용하여 채권가격을 추정하는 경우에는 채권의 볼록성이 클수록 추정오차가 커진다는 것을 알 수 있다. 즉 이자율이 100bp 상승하는 경우 채권 A의 추정오차는 -0.0384인데 비해 볼록성이 상대적으로 큰 채권 D의 추정오차는 -0.3410으로 나타나고 있다.

셋째, 볼록성을 고려하는 경우에는 추정오차가 현저하게 감소한다는 것을 확인할 수 있다.

표 14-7 이자율변화에 따른 채권가격의 추정

구 분		A	B	C	D
채권 자료	만기	3년	10년	10년	10년
	액면이자율	10%	10%	4%	4%
	만기수익률	10%	10%	10%	5%
	연간 이자지급횟수	4회	4회	4회	4회
	채권가격	100.0000	100.0000	62.3458	92.1683
듀레이션, 볼록성	듀레이션	2.6286	6.4326	7.7112	8.2030
	수정듀레이션	2.5644	6.2757	7.5231	8.1017
	볼록성	9.6400	58.8724	76.2358	83.5155
100bp 상승	실제 채권가격	97.4739	93.9805	57.8633	85.0421
	듀레이션 이용한 추정	97.4356	93.7243	57.6555	84.7011
	추정오차	-0.0384	-0.2562	-0.2078	-0.3410
	볼록성 이용한 추정	97.4838	94.0187	57.8931	85.0859
	추정오차	0.0098	0.0382	0.0298	0.0439
100bp 하락	실제 채권가격	102.6037	106.5484	67.2581	100.0000
	듀레이션 이용한 추정	102.5644	106.2757	67.0362	99.6355
	추정오차	-0.0393	-0.2727	-0.2219	-0.3645
	볼록성 이용한 추정	102.6126	106.5701	67.2738	100.0203
	추정오차	0.0089	0.0217	0.0157	0.0203

1 다음 용어를 설명하라.

① 듀레이션 　　　　② 이자율위험 　　　　③ 수정듀레이션

④ 볼록성 　　　　　⑤ 포트폴리오 듀레이션

2 채권의 특성에 따라 이자율변화에 따른 채권가격 변동률이 어떻게 달라지는지를 밝히는 채권가격의 일반원리에 대하여 설명하라.

3 다음과 같은 상황에서 귀하가 채권에 투자하고자 하는 투자자라면 어떠한 투자전략을 수립하겠는가? 투자전략과 그 이유를 설명하라.

(1) 시장이자율이 상승할 것으로 예상되는 경우

(2) 시장이자율이 20bp 상승할 확률과 하락할 확률이 동일하게 예측되는 경우

4 듀레이션의 정의와 그 특성을 설명하라.

5 시장이자율의 변동에 따른 채권가격의 변동액을 추정하는 방법으로 듀레이션을 이용할 수 있다.

(1) 채권가격의 변동과 듀레이션의 관계를 설명하라.

(2) 듀레이션을 이용하여 채권가격의 변동액을 추정하는 경우 나타날 수 있는 문제점을 지적하고 그 이유를 설명하라.

6 채권의 볼록성을 고려할 경우에 이자율변화와 채권가격 변동률 간의 관계를 수식으로 도출하라.

7 어떤 채권의 액면이자율이 8%이고, 액면가가 1만원, 만기는 5년이며, 시장이자율이 6%라고 하자(단 이자는 연 1회 지급한다).

(1) 이 채권의 듀레이션과 수정듀레이션을 구하라.

(2) 이 채권의 볼록성을 구하라.

(3) 시장이자율이 100bp 상승한 경우에 채권가격 변동률을 듀레이션을 이용하여 추정하라.

(4) 시장이자율이 100bp 상승한 경우에 채권가격 변동률을 듀레이션과 볼록성을 이용하여 추정하라.

(5) 시장이자율이 100bp 상승한 경우에 듀레이션과 볼록성은 어떻게 되겠는가?

8 어떤 채권의 액면이자율이 6%이고, 액면가가 1만원, 만기는 3년이며, 시장이자율이 8%라고 하자(단 이자는 연 2회 지급한다).

(1) 이 채권의 수정듀레이션을 구하라.

(2) 이 채권의 볼록성을 구하라.

(3) 시장이자율이 100bp 하락한 경우에 채권가격 변동률을 듀레이션을 이용하여 추정하라.

(4) 시장이자율이 100bp 하락한 경우에 채권가격 변동률을 듀레이션과 볼록성을 이용하여 추정하라.

9 어떤 채권투자자가 다음과 같은 채권을 매입하기로 하였다. 결제일은 2018년 3월 1일이다.
   이 투자자는 각 채권의 상대적 시장가격을 투자비중으로 포트폴리오를 구성하려고 한다. 엑
   셀의 함수를 이용하여 다음 물음에 대한 답을 구하라.

채권명칭	A	B	C
만기일	2021-3-31	2028-3-31	2028-3-31
액면가	100,000원	100,000원	100,000원
액면이자율	10%	10%	4%
만기수익률	8%	8%	8%
연간 이자지급횟수	4회	4회	4회

(1) 각 채권의 가격을 구하라.

(2) 각 채권의 수정듀레이션을 구하라.

(3) 채권 포트폴리오의 수정듀레이션을 구하라.

(4) 시장이자율이 10bp 하락할 경우에 채권 포트폴리오의 가치변동률을 구하라.

해답

7. (1) $D=4.4651$ $MD=4.2124$ (2) $C=22.9187$ (3) -4.2124%
   (4) -4.0978% (5) $D=4.4523$ $C=22.4078$

8. (1) $MD=2.6760$ (2) $C=10.0644$ (3) 2.6760% (4) 2.3223%

9.

구분 ＼ 채권	A	B	C
(1) 채권가격	10,529	11,368	7,264
(2) MD	2.5882	6.5436	7.7631

(3) 5.4192 (4) 0.5419%

채권투자전략

　이 장에서는 채권 포트폴리오의 관리와 성과평가 방법을 설명한다. 채권 포트폴리오 투자전략으로 소극적 투자전략과 적극적 투자전략을 설명하고, 채권투자성과의 측정과 평가방법을 살펴본다.

　소극적 투자전략은 채권시장이 효율적이어서 시장평균보다 높은 투자성과를 얻을 수 없다는 가정 하에 채권투자위험을 최소화하고자 하는 투자전략이다. 이러한 전략에는 면역전략과 만기전략 등이 있다.

　적극적 투자전략은 채권시장의 비효율성으로 인하여 시장평균보다 높은 투자성과를 얻을 수 있다고 믿는 투자자들이 과소평가되거나 과대평가되어 있는 채권을 찾아내거나, 미래의 이자율변동에 대한 예측을 근거로 초과이익을 얻고자 하는 투자전략이다. 이러한 투자전략에는 채권스왑, 투자기간분석법, 수익률곡선 타기 기법, 조건부 면역전략 등이 있다.

　마지막으로 채권투자성과를 측정하고 평가하는 기법에 대해 간략하게 소개한다. 투자성과를 측정하기 위해 필요한 개념인 산술평균수익률, 기간가중수익률, 금액가중수익률 등에 대해 설명한다.

제 1 절　소극적 채권투자전략

　　소극적 투자전략(passive investment strategy)은 채권시장이 효율적이어서 시장 평균보다 높은 투자성과를 얻을 수 없다는 가정하에 채권투자위험을 최소화하고자 한다. 소극적 채권투자전략으로는 면역전략과 만기전략이 있다.

1.1　면역전략

　　면역전략(immunization strategy)을 이해하기 위해서는 채권투자의 이자율위험에 대한 이해가 선행되어야 한다. 이자율위험(interest rate risk)은 채권투자기간 동안 이자율이 변동하여 투자기간 말의 투자수익이 채권매입시점에 기대했던 수준에 미달할 가능성을 말한다. 이 때 채권투자에 따른 투자기간 말의 투자수익은 투자기간 내에 지급 받는 이자에 대한 재투자수익과 투자기간 말에 채권을 매각할 경우에 받게 되는 채권가격의 합으로 구성된다.

　　따라서 이자율변동위험은 두 부분으로 나누어 볼 수 있다. 첫째, 이자율의 변동으로 인하여 투자기간 말의 재투자수익이 기대했던 것에 미달할 가능성, 즉 재투자위험(reinvestment risk)이다. 둘째, 이자율의 변동으로 인하여 투자기간 말의 채권가격이 기대했던 것에 미달할 가능성으로서 가격위험(price risk)이다.

　　이자율이 하락하면 이자의 재투자수익은 기대했던 것보다 감소하지만 채권가격은 기대했던 것보다 상승하게 된다. 반대로 이자율이 상승하면 재투자수익은 기대했던 것보다 증가하지만 채권가격은 기대했던 것보다 하락하게 된다.

　　이와 같이 재투자위험과 가격위험은 이자율변동에 대하여 상반된 현상으로 나타나게 된다. 두 위험이 정확히 상쇄되지 않는 한 투자기간 말의 투자수익은 기대했던 것과 달라지게 된다. 이를 이자율변동위험이라고 한다. 이를 요약하면 〈표 15-

표 15-1 이자율변화가 채권투자 수익에 미치는 영향

구　분	이자율 하락 시	이자율 상승 시
재투자수익	감소(−)	증가(+)
채권가격	상승(+)	하락(−)
투자기간 말의 수익	불확실 (증가 또는 감소)	불확실 (증가 또는 감소)

1>과 같다.

면역전략은 이자율위험을 제거하고자 하는 채권투자전략으로 목표시기 면역전략과 순자산가치 면역전략이 있다.

(1) 목표시기 면역전략

목표시기 면역전략(target date immunization strategy)은 이자율의 변동과 관계없이 목표투자기간 말의 투자수익을 채권매입시점에 예상하였던 투자수익과 동일하게 유지하고자 하는 채권투자전략이다. 이를 위해 목표시기 면역전략에서는 목표투자기간과 동일한 듀레이션을 갖는 채권이나 채권 포트폴리오에 투자하는 전략을 취한다. 즉 목표투자기간과 동일한 듀레이션을 갖는 채권(또는 포트폴리오)에 투자하면 이자율변동에 따른 재투자수익의 변동과 채권가격의 변동이 상쇄되어 투자기간 말의 투자수익이 채권의 매입시점에서 기대했던 것과 일치되는 원리를 이용하는 전략이다.

예 15-1 목표시기 면역전략

액면가가 1천만원, 만기가 3년, 액면이자율이 12%, 만기수익률이 10%인 채권을 가정하자. 이 경우 투자자는 목표투자기간을 듀레이션 기간과 일치하는 2.7년으로 설정하면 이자율변동위험을 회피할 수 있다.

① 채권의 가치

$$P_0 = \frac{1,200,000}{(1+0.1)} + \frac{1,200,000}{(1+0.1)^2} + \frac{11,200,000}{(1+0.1)^3}$$

$$= 10,497,000원$$

② 듀레이션(MaCaulay 듀레이션)

$$D = \left(1 \times \frac{1,200,000}{1.1} + 2 \times \frac{1,200,000}{1.1^2} + 3 \times \frac{11,200,000}{1.1^3}\right) \frac{1}{10,497,000}$$

$$= 2.6977년 \rightarrow 2.7년$$

[예 15-1]을 이용하여 실제로 이자율이 12%와 8%로 변동하였을 경우에 듀레이션 기간인 2.7년 동안 이 채권에 투자한다면 투자기간 말의 투자수익이 이자율의 변동에 상관없이 일정하게 유지되는지를 살펴보자.

이 예에서는 [그림 15-1]과 같이 1기에 지급 받는 이자는 1.7년 동안 재투자되고, 2기에 지급 받는 이자는 0.7년 동안 재투자된다. 그리고 만기에 지급 받는 액면이자

그림 15-1 채권투자시점의 예시

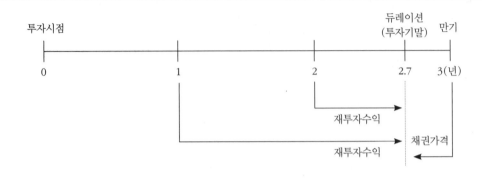

표 15-2 이자율변화에 따른 채권투자의 수익

ⓐ 이자율이 12%로 상승하는 경우

$$재투자수익 = 1,200,000 \times 1.12^{1.7} + 1,200,000 \times 1.12^{0.7} = 2,754,000원$$

$$채권가격 = \frac{11,200,000}{1.12^{0.3}} = 10,825,000원$$

$$총투자수익 = 2,754,000 + 10,825,000 = 13,579,000원$$

ⓑ 이자율이 8%로 하락하는 경우

$$재투자수익 = 1,200,000 \times 1.08^{1.7} + 1,200,000 \times 1.08^{0.7} = 2,634,000원$$

$$채권가격 = \frac{11,200,000}{1.08^{0.3}} = 10,944,000원$$

$$총투자수익 = 2,634,000 + 10,944,000 = 13,578,000원$$

와 액면가의 투자기간 말의 가치는 0.3년(= 3년 − 2.7년)으로 할인한 가치가 된다.

이와 같이 목표투자기간과 보유채권의 듀레이션을 일치시키면 이자율의 상승 및 하락에 관계없이 총투자수익은 13,578,000원으로 동일하고, 재투자수익의 변동과 채권가격의 변동이 상쇄되어 이자율변동위험을 제거할 수 있다.[1]

목표시기 면역전략은 주로 미래의 특정시점에 채무를 지불하여야 하는 투자자가 이자율변동과 관계없이 채무상환액을 확보하기 위한 목적으로 많이 사용된다. 이러한 투자자로는 생명보험회사, 연금기관 등이 있다.

그러나 면역전략을 수립할 때에는 다음과 같은 사항에 주의하여야 한다.

---

1) 두 식의 계산 결과에서 1,000원의 차이가 발생하는 것은 단수처리로 인한 오차 때문이다.

ⓐ 목표 투자기간과 동일한 듀레이션을 갖는 채권이 존재하지 않을 경우에는 채권 포트폴리오를 구성하여 이들 채권의 가중평균 듀레이션이 목표투자기간과 일치하도록 포트폴리오를 구성하여야 한다.

ⓑ 채권의 듀레이션은 시간의 경과와 이자율의 변동에 따라 달라진다. 따라서 목표 투자기간 동안 완전한 면역효과를 얻기 위해서는 잔여투자기간과 듀레이션이 일치하도록 보유채권을 다른 채권으로 대체하거나 채권 포트폴리오의 구성을 조정(rebalancing)해 주어야 한다.

ⓒ 채무불이행이나 수의상환이 발생하게 되면 면역전략을 수립하더라도 투자수익이 기대했던 것과 달라질 수 있으므로 채무불이행위험이나 수의상환위험이 최소가 되도록 채권 포트폴리오를 구성하여야 한다.

(2) 순자산가치 면역전략

금융기관은 자산과 부채가 대부분 금융자산으로 구성되므로 이자율이 변동하면 자산가치와 부채가치가 모두 변동하게 된다. 이 때 이자율의 변동으로 인한 자산가치의 변동과 부채가치의 변동이 서로 다르게 되면 순자산가치(자기자본의 가치)가 변동하게 된다. 자산과 부채의 듀레이션을 적절히 조정하여 이자율변동에 따른 순자산가치의 변동위험을 제거하기 위한 투자전략이 순자산가치 면역전략(net worth immunization strategy)이다.

금융기관의 자산과 부채의 시장가치를 각각 A, L이라 하고, 자산과 부채의 듀레이션을 각각 D_A, D_L이라 할 때, 이자율변화에 따른 자산가치와 부채가치의 변동액은 다음과 같이 산출된다.

$$\Delta A = -\frac{D_A}{1+R}(\Delta R)A$$
$$= -(MD_A)(\Delta R)A \qquad\qquad (15-1)$$

$$\Delta L = -\frac{D_L}{1+R}(\Delta R)L$$
$$= -(MD_L)(\Delta R)L \qquad\qquad (15-2)$$

단, A : 자산의 시장가치
L : 부채의 시장가치
D_A : 자산의 듀레이션
D_L : 부채의 듀레이션
MD_A : 자산의 수정듀레이션
MD_L : 부채의 수정듀레이션

여기에서 이자율변동에 따른 순자산가치의 변동위험을 제거하려면 자산가치변동(ΔA)과 부채가치변동(ΔL)이 동일해야 한다. 이러한 조건을 수정듀레이션의 개념을 이용하여 나타내면 다음과 같이 된다.

$$MD_A \cdot A = MD_L \cdot L \qquad\qquad (15-3)$$

이러한 관계식은 금융기관의 자산·부채 종합관리(asset liability management, ALM) 시스템의 기본개념으로 활용되고 있다.

⟨예⟩ 15-2   순자산가치 면역전략

세계은행의 자산·부채 내역은 다음과 같다.

자산	시장가치	듀레이션	부채·자본	시장가치	듀레이션
현금	50억	0년	단기채무	100억	1년
단기대여금	200억	1년	중기채무	200억	3년
장기대여금	450억	5년	장기채무	300억	5년
			자기자본	100억	–
	700억			700억	

이 은행의 자산과 부채의 듀레이션을 구하면 다음과 같다.

$$D_A = 0 \times \frac{50}{700} + 1 \times \frac{200}{700} + 5 \times \frac{450}{700} = 3.5년$$

$$D_L = 1 \times \frac{100}{600} + 3 \times \frac{200}{600} + 5 \times \frac{300}{600} = 3.667년$$

여기서 자산의 듀레이션을 조정할 수 있다고 가정하면, 이자율위험으로부터 면역화시키기 위해 자산의 듀레이션을 다음과 같이 조정하여야 한다.

$$D_A \cdot A = D_L \cdot L$$

$$D_A = D_L \frac{L}{A}$$

$$\therefore D_A = 3.667 \times 600/700 = 3.14년$$

즉 자산의 듀레이션이 3.14년이 되도록 단기대여금과 장기대여금을 구성하면 이자율변동에 따른 순자산가치의 변동위험은 제거된다.

[예 15-2]에서 자산의 듀레이션이 3.14년으로 조정되었을 때 현재의 이자율이 10%라고 가정해 보자. 이자율이 1%p 상승하여 11%가 되는 경우 자산가치와 부채가치의 변동액을 비교해 보면 다음과 같다.

$$\Delta A = -\frac{D_A}{1+R}(\Delta R)A$$

$$= -\frac{3.14}{1+0.1}(0.01)(700) = -20억원$$

$$\Delta L = -\frac{D_L}{1+R}(\Delta R)L$$

$$= -\frac{3.667}{1+0.1}(0.01)(600) = -20억원$$

즉 이자율이 1%p 상승하여 11%가 되면, 자산가치와 부채가치가 모두 20억원씩 하락하여 순자산가치의 변동은 0이 된다.

(3) 면역 포트폴리오의 재조정

앞의 면역전략을 설명하면서 시장수익률이 단 한번 순간적으로 변한다고 가정하였다. 그러나 실제로는 시장수익률이 투자기간 동안 끊임없이 변동한다.

포트폴리오의 듀레이션은 시장수익률이 변동하거나 시간이 경과하면 달라진다. 그렇기 때문에 듀레이션을 이용하여 포트폴리오를 면역화하기 위해서는 시장수익률이 변동할 때마다 포트폴리오를 재조정(rebalancing)하여 듀레이션이 투자기간의 잔존기간과 같아지도록 해야 한다.

예를 들어, 투자기간이 5.5년이면 포트폴리오 면역화를 위해 최초 듀레이션을 5.5년으로 설정할 것이다. 그러나 6개월 후에 투자기간이 5년이 남은 시점에서는 포트폴리오의 듀레이션이 5년과 다를 수 있다. 듀레이션이 만기까지의 잔존기간과 새로운 시장이자율 수준에 의해 영향을 받기 때문이다. 이 두 가지 요소의 변화가 듀레이션을 정확히 6개월 감소시키지는 않는다.

따라서 포트폴리오는 재조정이 이루어져야 하고, 포트폴리오 재조정을 통해 듀레이션을 5년으로 맞출 수 있다. 6개월 뒤 포트폴리오는 다시 재조정이 이루어져야 하고, 재조정을 통해 듀레이션을 4.5년으로 맞출 수 있다. 이러한 과정이 반복적으로 발생하게 된다.

그러면 포트폴리오 면역화를 위해 얼마나 자주 포트폴리오를 재조정하여야 하는가? 포트폴리오의 재조정을 너무 빈번하게 하는 경우 거래비용을 증가시켜 목표수익률의 달성 가능성을 감소시키게 된다. 그러나 한편으로는 포트폴리오 재조정을 충분히 하지 않는 경우에도 포트폴리오의 듀레이션이 목표듀레이션을 벗어나게 되어 목표수익률의 달성 가능성이 감소된다.

따라서 포트폴리오 관리자는 이러한 상충관계를 적절히 조정하여야 한다. 포트폴리오의 듀레이션이 목표듀레이션에서 너무 벗어나지 않도록 해야 하며, 포트폴리오 재조정에 따른 거래비용이 과도하게 발생하지 않도록 어느 정도의 듀레이션 불일치는 감수하여야 한다.

1.2 만기전략

만기전략(maturity strategy)은 만기에 따른 이자율위험을 제거하기 위하여 다양한 만기를 지닌 채권으로 포트폴리오를 구성하는 전략을 말한다. 만기전략에는 사다리형 만기전략과 바벨형 만기전략이 있다.

(1) 사다리형 만기전략

사다리형 만기전략(laddered maturity strategy)은 보유하고자 하는 채권 중에서 만기가 가장 긴 채권의 만기를 정해 놓고, 그 범위 내에서 만기가 서로 다른 채권 포트폴리오에 투자한 다음, 가장 만기가 짧은 채권의 만기가 도래하면 채권의 상환자금으로 다시 만기가 가장 긴 채권에 재투자하여 포트폴리오의 만기구조(maturity structure)를 동일하게 유지시켜 나가는 전략이다. 사다리형 만기전략을 사용하면 이자율변동으로 인한 채권투자위험을 투자기간 동안 평준화시킬 수 있다.

(2) 바벨형 만기전략

바벨형 만기전략(barbell maturity strategy)은 단기채권과 장기채권으로만 포트폴리오를 구성하여 이자율변동으로 인한 채권투자위험을 평준화시키고자 하는 전략이다. 이자율이 하락하면 단기채권의 만기상환자금의 재투자수익은 감소하지만 장기채권의 가격이 상승하고, 반대로 이자율이 상승하면 장기채권의 가격은 하락하지만 단기채권 상환자금의 재투자수익이 증가하여 이자율변동에 따른 채권투자위험을 평준화시킬 수 있다.

1.3 인덱스전략

인덱스펀드전략(index fund strategy)은 채권 시장지표의 수익률과 동일한 수익률을 추구하는 포트폴리오를 구성하여 운용하는 전략으로 채권지수화전략(bond indexing strategy)이라고도 한다.

(1) 채권지수

채권지수는 채권 포트폴리오에 대한 기준가로서 채권시장을 대표하는 지표이다. 채권지수는 채권의 가격에 영향을 미치는 주요 요소인 자본이득, 이자, 재투자수익 등에 관한 각종 정보에 대하여 기준시점에 대비하여 비교시점에서의 변동상황을 지수화하여 채권 포트폴리오의 자산가치 변동을 나타낸다.

이러한 채권지수는 채권시장 동향을 파악할 수 있는 지표가 되며, 포트폴리오 운영성과분석을 위한 기준포트폴리오(benchmark portfolio)로 이용된다. 각종 보조지표는 자산배분에 대한 기초정보로 활용된다. 이러한 채권지수는 주가지수와 비교하여 보면, 여러 가지 측면에서 차이가 있다. 이를 살펴보면 다음과 같다.[2]

ⓐ 주가지수는 지수에 포함되는 주식의 종류가 제한적인데 비하여, 채권지수에 포함되는 채권의 종류는 발행사별, 채권유형별, 신용등급별 등으로 분류될 수 있는 다양한 형태의 채권이 포함된다.

ⓑ 주가지수의 경우에 주식의 만기가 존재하지 않기 때문에 특별한 경우를 제외하고는 지수의 구성종목의 변화가 거의 없다. 시간이 경과하더라도 주식의 성격은 변하지 않는다. 이에 비하여 채권의 경우에는 개별채권의 만기도래, 중도상환, 신규발행 등의 요인으로 지수의 구성종목이 수시로 변경된다.

ⓒ 주식은 유동성이 높은 자산이기 때문에 수시로 주가를 파악할 수 있지만, 채권은 거래가 활발하지 않기 때문에 가격의 산정이 어렵고 복잡하다. 따라서 채권지수의 경우에는 채권가격의 산정이 지수산출을 위한 핵심적인 요소가 된다. 이러한 채권가격의 산정방식에 따라 지수에 차이가 발생하게 된다.

ⓓ 주가지수의 경우에는 자본손익만을 반영하여 지수를 산출한다. 이에 비해 채권은 주된 수익원천이 이자수익이기 때문에, 채권지수는 이자율변동에 따른 자본손익과 확정된 이자수익을 반영하여 지수를 산출한다. 따라서 주가지수는 등락폭이 상대적으로 큰 데 비해, 채권지수는 안정적이며 지속적으로 상승하는 구조를 가진다.

---

2) 한국거래소(2015), 「한국의 채권시장」, 365-373.

미국에서 기관투자자가 사용하는 일반적인 시장지수로는 Salomon Brothers Broad Investment-Grade Bond Index, Merrill Lynch Domestic Market Index, City Group의 WGBI(World Government Bond Index) 등이 있다. WGBI는 City Group에서 주요국의 국채발행 잔액을 바탕으로 시가총액방식으로 산출하여 발표하는 글로벌 채권지수이다. 채권시장에 대한 이러한 포괄적 성격의 지수뿐만 아니라 특정 부문의 시장에 특화된 채권지수도 발표되고 있다. Salomon Brothers는 세계정부채권지수, 고수익시장지수, 유로달러 채권지수, 브래디 채권지수 등을 발표하고 있다.

〈표 15-3〉에서는 우리나라의 주요 채권지수의 내용을 제시하고 있다. 우리나라의 경우에는 2006년부터 KRX채권지수와 국고채 프라임지수가 발표되고 있다. KRX채권지수는 잔존만기 3개월 미만이거나 주식관련사채 등 일부 종목을 제외한 전종목을 대상으로 하여 산출한 지수이다. 그리고 국고채 프라임지수는 국고채 3, 5, 10년물 중에서 가장 최근에 발행된 2종목씩 총 6종목을 대상으로 하여 산출한 지수이다.

2009년에는 KTB지수(Korea Treasury Bond Index)가 발표되었다. 이 지수는 한

표 15-3 우리나라 주요 채권지수

채권지수	KRX채권지수	국고채 프라임지수	KTB지수
영문명칭	KRX-BI (KRX Bond Index)	KTB-PI (Korea Treasury Bond Prime Index)	KTB Index (Korea Treasury Bond Index)
산출시점	2006. 3. 1. (100 포인트)	2006. 3. 1. (100 포인트)	2009. 6. 1. (10,000 포인트)
채권가격	채권평가회사 3사의 평균가격	국채전문유통시장의 체결가격	T+1일 이자부 가격
편입종목	거래소 상장채권 (BB+미만, 잔존만기 3개월 미만, 주식관련, 물가연동, 옵션부채권 등 제외)	만기 3, 5, 10년 국고채 지표종목 및 직전 지표종목(총 6종목)	국고채권 3종목 (국고채 3년물 지표채권, 직전 지표채권, 국고채 5년물 지표채권)
가중치	시가총액	잔존만기별 국고채시장 비중	각 종목별 액면금액 동일비중
생성주기	1일 1회	5분 간격(1일 72회)	1분 간격
산출지수	총수익지수, 콜재투자지수, 제로재투자지수, 시장가격지수, 순가격지수	총수익지수, 순가격지수	총수익지수, 시장가격지수, 순가격지수, 콜재투자지수, 제로재투자지수
보조지표	가중평균 듀레이션, 가중평균 컨벡시티, 가중평균이자율, 가중평균 YTM, 가중평균 잔존만기, 가중평균 스프레드, 종목수, 발행잔액, 시가총액	가중평균 듀레이션, 가중평균 컨벡시티, 가중평균 표면이율, 가중평균 YTM, 가중평균 잔존만기	가중평균 듀레이션, 가중평균 컨벡시티, 가중평균 표면이율, 가중평균 YTM, 가중평균 잔존만기, 선물이론가

자료: 한국거래소(2015),「한국의 채권시장」, 365-373.

국거래소와 KIS채권평가가 공동으로 개발한 지수이다. KTB지수는 3종목의 국고채권(국고채 3년물 지표종목 및 직전 지표종목, 국고채 5년물 지표종목)을 대상으로 산출한 지수이다.

(2) 채권지수화전략

채권지수화전략(bond indexing strategy)은 운용하는 채권 포트폴리오의 성과를 비교대상이 되는 채권지수(benchmark bond index)의 성과와 일치하도록 채권 포트폴리오를 설계하는 것이다. 채권의 지수화에서 채권 포트폴리오의 성과는 투자기간 중의 총수익률로 측정한다. 이러한 채권지수화전략의 장점은 다음과 같다.

ⓐ 채권 포트폴리오의 성과가 비교기준이 되는 채권지수의 성과보다 낮을 위험이 거의 없다.
ⓑ 채권 포트폴리오를 관리하는 데 드는 비용을 절약할 수 있다.
ⓒ 채권 포트폴리오를 외부전문가가 관리하는 경우 외부전문가의 통제력이 증가된다.

이러한 채권지수화전략의 단점은 다음과 같다.

ⓐ 채권지수화전략은 채권 포트폴리오를 운용할 때 최고의 성과를 목표로 하는 것이 아니다.
ⓑ 비교기준이 되는 채권지수와 포트폴리오의 부채가 일치하지 않을 수 있다.
ⓒ 채권 포트폴리오의 자금을 운용하는 데 제약이 따르므로 포트폴리오 관리자가 다른 기회를 상실할 위험이 있다.

(3) 채권지수화전략의 실행

채권지수화전략을 실행하기로 결정하면 하나의 채권지수를 비교기준으로 선택하고, 채권 포트폴리오를 설계한다. 이러한 채권 포트폴리오와 비교기준이 되는 채권지수 간의 성과차이를 추적오차(tracking error)라고 한다. 추적오차는 채권 포트폴리오를 구성할 때 소요되는 거래비용, 채권 포트폴리오와 기준이 되는 채권지수의 구성종목의 차이, 그리고 그 밖의 다양한 요인들로 인해 발생한다.

일반적으로 채권지수를 복제하는 데 사용되는 채권의 구성 종목수가 적을수록 거래비용은 작아지지만, 채권 포트폴리오와 채권지수 간에 특성이 달라져서 추적오차가 커질 수 있다.

채권지수를 복제하는 채권 포트폴리오를 설계하기 위해서는 층화표본추출법, 최적화접근법, 최소분산법 등이 사용되고 있다.

층화표본추출법(stratified sampling approach or cell approach)은 채권지수를 구성하고 있는 채권들을 채권의 특성, 예를 들면, 듀레이션, 액면이자, 만기, 발행주체, 신용등급, 수의상환규정 등의 특성에 따라 셀(cell)을 구분한 후, 이러한 각 셀을 대표하는 하나 혹은 하나 이상의 채권을 선택하여 포트폴리오를 구성하는 방법이다.

최적화접근법(optimization approach)은 각 셀의 특성을 반영하도록 포트폴리오를 구성할 뿐만 아니라 특정 제약조건 조건하에서 어떤 목적함수를 최적화하도록 포트폴리오를 구성하는 방법이다. 여기서 목적함수로는 포트폴리오 수익률의 최대화, 볼록성의 최대화, 기대 총수익률의 최대화 등이 될 수 있다.

최소분산법(variance minimization approach)은 과거의 자료를 이용하여 채권지수에 대한 채권 포트폴리오의 추적오차가 최소가 되도록 포트폴리오를 구성하는 방법이다.

제 2 절 적극적 채권투자전략

적극적 투자전략(active investment strategy)은 채권시장의 비효율성으로 인하여 시장평균보다 더 높은 투자성과를 얻을 수 있다고 믿는 투자자들이 과소평가 또는 과대평가된 채권을 찾아내거나, 미래의 이자율변동에 대한 예측을 근거로 초과이익을 얻고자 하는 투자전략이다. 적극적 채권투자전략에는 채권스왑, 투자기간분석법, 수익률곡선 타기 기법, 조건부 면역전략 등이 있다.

2.1 채권스왑 전략

투자자는 소유 중인 채권이나 채권 포트폴리오의 수익률을 향상시키기 위하여 이들을 동일한 양의 유사한 다른 채권으로 대체시키는 경우가 있다. 이를 채권스왑 (bond swap)이라고 한다. 이 채권스왑은 단기적인 투자를 통해 자본이득을 달성하고자 할 때에 수행된다. 효율적 시장에서는 항상 차익거래가 발생하기 때문에 채권스왑을 통한 장기적인 초과수익을 기대하기는 어렵다.

채권의 스왑거래(bond swap transaction)는 그 종류에 따라 다소 차이가 있긴 하지만 대체로 위험을 내포하고 있다. 이러한 채권스왑의 종류를 간단히 설명하면 다음과 같다.

(1) 대체스왑

액면이자율, 채권의 등급, 만기, 유동성, 수의상환규정 등 채권의 모든 특성이 완전히 동일한 경우에도 채권의 시장가격이 서로 다르게 형성될 때가 있다. 이 경우에는 과대평가된 채권을 소유하고 있는 투자자는 보유채권을 매각하고 과소평가된 채권을 매수하여 대체시킴으로써 자본이득을 얻을 수 있다. 이를 대체스왑(substitution swap)이라고 한다. 그러나 대체스왑에 의한 자본이득은 단기적인 현상에 지나지 않는다.

(2) 이자율예상스왑

액면이자율과 만기가 일치하지 않는 두 채권을 교체하는 경우가 있다. 왜냐하면 액면이자율이 높은 채권의 가격은 상대적으로 액면이자율이 낮은 채권의 가격보다 시장이자율의 변동에 대해 비탄력적이기 때문이다.

이자율예상스왑(interest rate anticipation swap)은 이자율의 변동이 예상될 때 채권의 액면이자율이 서로 다른 두 채권을 교체하는 것을 말한다. 미래에 이자율이 상승할 것으로 예상되면 액면이자율이 높은 채권은 액면이자율이 낮은 채권에 비하여 가격이 상대적으로 작게 하락하므로 액면이자율이 높은 채권으로 교체하는 것이 유리하다. 그 역도 성립한다.

(3) 질적 스왑

갑작스러운 경기변동으로 등급이 서로 다른 두 채권 사이에 수익률 스프레드가 변동하는 경우가 있다. 예를 들어, A등급의 채권과 AAA등급의 채권 사이에 수익률 스프레드가 통상적으로 0.75%p였는데 현재 0.40%p로 축소되었다고 하자. A등급 채권의 소유자는 이를 매각하고, AAA등급 채권으로 대체하는 것이 유리하다. 이와 같은 채권교체를 질적 스왑(quality swap)이라고 한다.

(4) 현금흐름스왑

현금흐름스왑(cash flow swap)은 투자자가 액면이자율이 낮은 채권을 액면이자율이 높은 채권으로 대체하여 채권투자로 발생되는 현금흐름의 수준을 높이고자 하는 것을 말한다. 이 현금흐름스왑은 수익률획득스왑(yield pickup swap)이라고도 한다. 미래의 이자율변동과는 무관하게 높은 고정수익을 원하는 퇴직자는 이 스왑을 선호한다.

(5) 시장간 스프레드 스왑

상이한 두 채권시장에서 채권 간의 수익률 스프레드가 예상보다 작다면, 향후 두 채권의 수익률 스프레드가 더 커질 것으로 예상할 수 있다. 이를 이용하여 수익률을 극대화하고자 하는 전략을 시장간 스프레드 스왑(intermarket spread swap)이라고 한다.

두 채권의 수익률 스프레드가 더 커지려면 수익률이 높은 채권의 수익률이 더 상승하거나 수익률이 낮은 채권의 수익률이 더 하락해야 한다. 따라서 이러한 경우에 수익률이 높은 채권을 매도하고 수익률이 낮은 채권을 매입함으로써 수익률을 극대화할 수 있다. 즉 채권의 수익률과 가격은 역의 관계에 있으므로, 가격이 낮은 채권을 매입하고 가격이 높은 채권을 매도한다.

이 외에도 채권 포트폴리오의 등급을 높이기 위한 업그레이드스왑(upgrade swap), 채권투자에서 자본손실과 자본이득을 연결시켜 세율을 최소화하기 위한 세금스왑(tax swap), 그리고 외국채권 사이의 환율차를 이용하여 자본이득을 최대화하려는 국제스왑(international swap) 등이 있다.

2.2 투자기간분석법과 수익률곡선 타기 기법

(1) 투자기간분석법

투자기간분석법(horizon analysis)은 투자기간 말에 예상되는 만기수익률 구조를 고려하여 투자기간 동안의 채권투자수익과 기대수익률을 추정한 다음, 기대수익률이 가장 큰 채권에 투자하는 전략을 말한다.

채권투자로 인한 투자수익은 채권가격의 변동에 따른 투자수익과 투자기간 동안 지급받는 이자에 대한 재투자수익의 합으로 구성된다. 여기에서 채권가격변동에 따른 투자수익은 투자기간 말에 예상되는 채권가격과 현재 형성되고 있는 채권가격 간의 차이를 말한다.

채권투자로 인한 투자기간 동안의 총기대수익률은 채권투자수익을 현재의 채권 가격으로 나눈 값이다. 연평균 기대수익률은 투자기간 동안의 기대수익률에 대한 기하평균으로 산출된다. 투자기간분석법은 이와 같이 산출된 기대수익률이 가장 큰 채권에 투자하는 전략이다.

(2) 수익률곡선 타기 기법

채권의 잔존만기는 시간이 경과함에 따라 짧아진다. 따라서 수익률곡선이 우상 향의 형태이고 투자기간 동안 그 형태가 변하지 않는다면, 시간이 경과함에 따라 채권수익률은 하락하고 채권가격은 상승하게 되므로 채권을 만기 이전에 매도함으로써 자본이득을 얻을 수 있다. 이를 이용한 채권투자전략이 수익률곡선 타기 기법 (riding the yield curve)이다. 수익률곡선 타기 기법은 수익률곡선이 우상향의 형태 이고 투자기간 동안 수익률곡선의 형태가 변하지 않는다는 가정 하에, 투자기간보 다 만기가 긴 채권에 투자하여 만기 전에 매도함으로써 자본이득을 얻고자 하는 투 자전략을 말한다.

2.3 조건부 면역전략과 적극적 면역전략

조건부 면역전략(contingent immunization strategy)은 소극적 채권투자전략과 적극적 채권투자전략을 결합한 투자전략이라고 할 수 있다. 투자결과가 좋게 나타 나면 적극적인 전략을 계속 사용하고, 투자결과가 좋지 않게 나타나면 면역전략으 로 바꾸는 채권투자전략을 말한다.

적극적 면역전략(active immunization combination strategy)은 적극적 전략과 면역전략을 결합한 혼합전략이라고 할 수 있다. 적극적 면역전략에는 면역요소(im-munization component)와 적극적 요소(active component)로 구성되어 있다.

면역요소는 시장수익률의 변동에 상관없이 미래의 부채를 상환할 수 있는 자금 을 확보할 수 있도록 면역 포트폴리오를 구성하는 것을 의미한다. 적극적 요소는 수용할 수 있는 위험수준(acceptable risk level)하에서 기대수익률의 최대화를 추 구할 수 있도록 허용하는 것이다.

채권투자성과의 측정 및 평가

채권투자에서 성과측정은 평가기간 동안 포트폴리오 관리자에 의해 실현된 수익을 계산하는 것을 말한다. 성과평가는 포트폴리오 관리자가 설정된 벤치마크 (benchmark)를 초과하여 수익을 얻었는지를 평가하고, 평가된 수익을 어떻게 실현하였는가를 살펴보는 것을 말한다.

채권투자의 성과와 공헌도의 분석과정에서는 다음의 사항이 고려되어야 한다.

> ⓐ 성과측정과 평가의 과정이 정확해야 한다.
> ⓑ 성과측정과 평가의 과정이 정보이용자에 유용해야 한다.
> ⓒ 성과측정과 평가의 과정이 간단해야 한다.

3.1 성과측정

채권 포트폴리오 관리자의 투자성과를 평가하기 위한 첫 번째 단계는 채권 포트폴리오 수익률을 측정하는 것이다. 포트폴리오의 수익률을 계산하는 많은 방법들이 개발되어 있고, 다양한 방법들이 이용될 수 있다. 그런데 이러한 방법들은 상당히 다른 결과를 나타낼 수 있으므로 포트폴리오 관리자의 투자성과를 비교 평가하기 어려운 점이 있다.

따라서 포트폴리오 관리자들이 그들의 고객에게 제공하는 성과자료는 고객들로 하여금 혼란을 가져올 수도 있다. 미국의 경우에는 이러한 문제를 완화하기 위해 AIMR(Association of Investment Management and Research)의 성과표준위원회에서 투자성과 계산방법과 이러한 성과의 발표에 대한 표준을 작성하여 제공하고 있다.

포트폴리오의 평가기간은 1년, 1개월, 1주 등 상황에 따라 달라질 수 있다. 이러한 평가기간 동안 포트폴리오에서 실현된 수익은 ⓐ 평가기간 말의 포트폴리오의 시장가치와 평가기간 초의 시장가치의 차이, ⓑ 포트폴리오에서 수익이 발생되어 고객들에게 배분된 성과의 합계와 같다.

따라서 포트폴리오의 수익률은 포트폴리오의 실현된 수익을 기초의 포트폴리오 시장가치로 나눈 (15-4)식으로 표현할 수 있다.

$$R_P = \frac{MV_1 - MV_0 + D}{MV_0} \qquad (15-4)$$

단, R_P : 포트폴리오의 수익률
MV_1 : 기말 포트폴리오의 시장가치
MV_0 : 기초 포트폴리오의 시장가치
D : 평가기간 동안 발생한 성과배분액

⑩ 15-3　채권 포트폴리오 수익률

포트폴리오 관리자가 다음과 같은 투자성과를 나타내었다고 하자. 기초와 기말의 포트폴리오 시장가치가 각각 2천 5백만원, 2천 8백만원이고, 평가기간 동안 발생한 수익 1백만원을 고객에게 배분하였다. 이러한 경우 $MV_1 = 28,000,000$원, $MV_0 = 25,000,000$원, $D = 1,000,000$원이 된다. 이것을 (15-4)식에 대입하면 포트폴리오 수익률은 16%가 된다.

$$R_P = \frac{28,000,000 - 25,000,000 + 1,000,000}{25,000,000} = 0.16 \text{ 또는 } 16\%$$

3.2 성과평가

포트폴리오 관리자의 성과를 평가하기 위해서는 첫째, 벤치마크가 되는 기준포트폴리오(benchmark portfolio)의 수익률보다 초과하여 수익률을 획득하였는가, 둘째, 포트폴리오 관리자가 획득한 초과수익률이 투자기술(skill)에 의해 얻어졌는지, 혹은 운(luck)에 의해 얻어졌는지를 분석할 필요가 있다.

성과평가의 기준이 되는 기준포트폴리오로는 채권지수(bond index)나 정상포트폴리오(normal portfolio)를 사용할 수 있다. 정상포트폴리오는 포트폴리오 관리자의 과거 투자 행태(investment style)를 분석하여 그에 맞는 투자종목이나 투자비중으로 구성한 포트폴리오를 말한다. 따라서 정상포트폴리오는 특성화된 지수(specialized index)라고 할 수 있다.

일반적으로 채권시장에서는 채권지수보다는 정상포트폴리오가 기준포트폴리오로 더 적절한 것으로 평가되고 있다. 정상포트폴리오는 포트폴리오 관리자의 투자관리 스타일에 따라 포드폴리오를 구성할 수 있고, 정상포트폴리오의 수익률은 포트폴리오 관리자의 투자능력으로 인식될 수 있기 때문이다. 따라서 포트폴리오 관리자는 자신의 정상포트폴리오의 수익률을 증대시키려고 노력할 것이고, 고객은 이러한 정상포트폴리오의 질(quality)을 평가함으로써 성과기준을 관리할 수 있다.

1 다음의 용어를 설명하라.

① 목표시기 면역전략　　② 순자산가치 면역전략　　③ 소극적 전략

④ 적극적 전략　　　　　⑤ 사다리형 만기전략　　　⑥ 인덱스펀드 전략

⑦ 바벨형 만기전략　　　⑧ 채권스왑 전략　　　　　⑨ 투자기간분석법

⑩ 수익률곡선 타기 기법　⑪ 조건부 면역전략　　　　⑫ 적극적 면역전략

⑬ 정상포트폴리오

2 채권투자기간 동안 이자율변동이 채권의 투자수익에 미치는 영향관계를 설명하라.

3 주가지수와 채권지수의 차이점에 대해 설명하라.

4 채권면역전략에 대해 설명하라.

5 채권지수화전략의 실행방법에 대해 설명하라.

6 액면가가 1천만원, 만기가 3년, 액면이자율이 8%, 만기수익률이 6%인 채권이 있다고 하자.

(1) 이 채권의 이론가격을 구하라.

(2) 이 채권을 어느 기간 동안 투자하면 이자율위험을 제거할 수 있는가? 투자기간을 구하라.

(3) (2)에서 산출한 투자기간 동안에 이자율이 7%로 상승한 경우와 5%로 하락하는 경우를 구분하여 채권의 총투자수익을 구하고, 양자가 동일한가를 확인하라.

7 미래은행은 자산과 부채의 내역이 다음의 표와 같다. 이 은행의 자산과 부채의 (수정)듀레이션을 구한 다음, 자산과 부채의 관계를 고려하여 이자율변동위험을 면역화시킬 수 있도록 자산 듀레이션을 조정하라.

자산	시장가치	듀레이션	부채·자본	시장가치	듀레이션
현금	150억원	0년	단기채무	100억원	1년
단기대여금	200억원	1년	중기채무	200억원	2년
장기대여금	500억원	4년	장기채무	300억원	5년
			자기자본	200억원	
계	800억원		계	800억원	

8 A포트폴리오 관리자가 운영하고 있는 벤처 채권펀드의 기초 시장가치와 기말 시장가치가 각각 300억원과 350억원이다. 평가기간 동안 발생한 수익 7억원을 고객에게 배분하였다면 벤처 채권펀드의 수익률은 몇 %인가?

🔖 **해답**

6. (1) 10,534,602원 (2) 2.79
    (3) 이자율 상승의 경우: 재투자수익 = 1,746,922원, 채권가격 = 10,647,635원,
                총투자수익 = 12,394,557원
        이자율 하락의 경우: 재투자수익 = 1,704,447원,
                채권가격 = 10,689,909원
                총투자수익 = 12,394,356원
7. 자산 듀레이션은 2.50년으로 조정되어야 함(주어진 자료에서의 자산 듀레이션은 2.75년).
8. 19%

제6부

투자분석

주식의 투자분석

투자와 관련된 제반 정보를 수집하고 분석하는 것을 투자분석이라고 한다. 투자대상이 증권으로 한정될 때 투자분석은 증권분석이라고 한다. 이 장에서는 투자분석에 관련된 제반 내용을 자세히 살펴본다. 그리고 증권을 발행한 기업의 재무비율분석을 통하여 주당이익이나 자기자본이익률을 예측하는 데 필요한 제반 분석방법을 다룬다.

투자분석은 크게 경제분석, 산업분석, 기업분석으로 분류할 수 있다. 경제분석에는 경제순환주기에 따른 주가수준의 분석, 국내총생산, 통화량, 이자율, 인플레이션, 환율, 국제수지 등과 같은 거시경제변수와 주가의 관련성 파악, 재정정책이나 금융정책 등의 경제정책이 주가에 미치는 영향 등을 파악하는 것이 포함된다.

산업분석에는 과거실적, 경기순환에 따른 특성, 자본투자실태, 경쟁상태, 노사관계, 정부의 규제 등이 산업의 경영실적에 미치는 영향을 파악하고, 산업의 라이프사이클에 따른 투자전략을 파악하는 것 등이 포함된다. 기업분석은 증권을 발행한 기업의 배경, 사업내용, 경영자 등을 파악하는 것을 의미한다.

제 1 절 투자분석과 증권분석

투자는 실물투자, 증권투자, 교육투자 등 투자대상에 따라 그 사용범위가 광범위하다. 투자론에서 연구대상으로 삼고 있는 것은 주로 증권에 대한 투자이다. 여기서 설명하는 투자분석(investment analysis)은 증권에 대한 투자와 관련된 일체의 분석을 포괄하는 의미로 사용된다. 투자대상이 증권으로 한정되는 경우에 투자분석을 증권분석(securities analysis)이라고 한다.

증권분석은 주로 개별증권에 관한 분석을 수행하는 것을 의미한다. 포트폴리오 관리와 구분하여 사용하기도 한다. 그리고 개별증권에 대한 분석을 주된 내용으로 하는 증권분석에 관한 이론을 전통적 투자이론이라 하고, 포트폴리오 이론을 현대 투자이론이라고 표현하기도 한다. 두 이론은 서로 연구의 대상이 개별증권이냐, 혹은 복수증권의 집합이냐 하는 차이가 있지만, 투자 의사결정에 필요한 정보를 수집하고 분석하는 측면에서는 상호 보완관계에 있다고 할 수 있다.

투자분석은 투자와 관련된 일체의 유용한 자료와 정보를 수집하고 분석하는 것을 의미한다. 이러한 투자분석의 대상에는 투자성과에 영향을 미치는 발행기업의 경영 외적인 요인과 경영 내적인 요인과 관련된 모든 자료와 정보를 포함된다. 이들은 위험과 수익의 관계에서 분석된다. 전통적인 투자이론가인 Graham, Dodd, and Cottle(1974) 등은 증권분석의 목표를 투자자에게 유용한 정보의 제공과 신뢰할 수 있는 투자 의사결정을 유도하는 것이라고 하였다.[1]

일반적으로 투자분석은 다음과 같은 세 가지의 기능을 수행해야 한다.[2] 첫째 기능은 기술적 기능(descriptive function)으로 투자분석에 필요한 일체의 정보와 자료를 수집하여 서술적인 방법으로 각 증권에 대한 투자우선순위를 정리하는 것이다. 둘째 기능은 선택적 기능(selective function)으로 증권의 발행기업에 대한 재무분석을 실시하여, 그 증권의 시장가치를 다른 증권의 시장가치와 비교하여 상대적

---

1) B. Graham, D. C. Dodd, and S. Cottle(1974), *Security Analysis: Principal and Technique*, Mc-Graw-Hill, p. 1. 이들은 증권분석의 목표를 첫째, 현재의 증권소유자 또는 미래의 증권소유자에게 주식 또는 사채의 발행과 관련된 중요하고도 유용한 정보를 제공하는 것이며, 둘째 증권의 가격이 현재의 가격 또는 어느 특정한 가격이라고 가정할 경우, 그 증권의 인기나 안정성에 관하여 일체의 현상과 기준을 고려하여 신뢰할만한 결정을 찾도록 하는 것이라고 했다.
2) B. Graham, D. C. Dodd, and S. Cottle(1974), *Security Analysis: Principal and Technique*, Mc-Graw-Hill, 25-35.

그림 16-1 투자분석의 범위

경제분석

산업분석

기업분석

으로 유리한 증권을 투자자에게 선택하게 하는 것이다. 그리고 세 번째 기능은 비판적 기능(critical function)으로 증권분석가가 고객에게 직접 조언하는 것을 말한다. 구체적인 내용으로는 발행기업의 배당정책, 확장방침, 경영수준 등을 투자자에게 비판·조언하여 줌으로써 투자의 미래성과 전망과 위험관리에 도움을 주는 것을 말한다.

투자분석은 그 자체로서 의미를 갖는 것이 아니라, 그 분석결과가 미래의 시점에 나타나게 될 투자의 성과예측을 위한 기초가 되어야 한다. 그런데 투자성과에 영향을 미치는 요인은 무수히 많다. 전반적인 경제상황, 산업의 성격과 전망, 그리고 발행기업의 제반 여건 등이 복합적으로 투자성과에 영향을 미치게 된다. 투자분석은 이처럼 각기 다른 차원의 상황을 분석하여 통합할 수 있어야 한다. 이를 그림으로 표현해 보면 [그림 16-1]과 같이 나타낼 수 있다.

주식에 대한 투자분석은 분석방법에 따라 ⓐ 질적 분석(qualitative analysis)과 양적 분석(quantitative analysis), ⓑ 기본적 분석(fundamental analysis), ⓒ 기술적 분석(technical analysis)으로 분류할 수 있다. 주식에 대한 질적, 양적 분석은 [그림 16-1]에 표시된 경영 외적인 요인과 경영 내적인 요인을 분석하는 것이다. 그리고 개별증권의 내재가치분석 또는 본질가치분석(intrinsic value analysis)인 기본적 분석은 17장에서 설명하기로 한다. 그리고 증권시장의 추세분석인 기술적 분석은 18장에서 다룬다.

제 2 절   경제분석

기업의 실적은 경제전반의 상황에 따라 영향을 받게 된다. 증권의 가격이 변동하는 주된 원인 중의 하나는 경제 전반적인 요소들의 변화이다. 경제분석은 증권가격의 흐름을 예측하기 위한 것으로 기업의 실적에 영향을 미칠 수 있는 거시경제변수들에 대한 분석을 하는 것이다. 기업의 활동이 거시경제의 틀에서 벗어날 수 없는 한 기업이 발행한 증권의 가격은 경제상황에 영향을 받기 때문에 경제분석은 중요하다.

2.1   경기순환과 주가

기업의 경영성과는 전반적인 경제상황과 밀접한 관계를 가지고 있다. 경제가 침체기에 들어서면 실업률이 높아지고 생산성은 저하되어 결국 경제성장률이 둔화된다. 이 때 기업의 매출액도 축소되어 순이익이 감소된다. 경기 침체기의 기업성과는 주가를 하락시키고 배당금도 축소시켜 주식에 대한 투자성과를 저하시키게 된다. 그러나 경제가 호황기에 접어들면 반대의 현상이 나타난다.

경기변동이 증권의 시장가치에 미치는 영향은 일반적으로 증권의 종류에 따라 다르게 나타난다. 호황기에는 기업의 경영성과가 나아지고 주가도 상승하지만, 고정수익을 보장하는 채권의 가격은 상대적으로 하락하는 것이 일반적이다.

주가가 전반적으로 변동하는 상황은 단기적으로 보면 증권시장에 대한 자금의 수요와 공급의 변화로 설명할 수도 있지만, 장기적으로는 경기순환과정과 거의 같은 추세로 변동한다. 더욱이 주가지수는 경기변동에 대한 선행지표(leading indicator)의 역할도 하므로 증권분석에 있어서는 경기순환상황을 먼저 파악하여 증권시장의 예측에 기초로 삼을 필요가 있다.

주가지수의 변동과 경기변동의 관계를 경기순환(business cycle)의 각 국면, 즉 ⓐ 회복기, ⓑ 호황기, ⓒ 후퇴기, ⓓ 불황기에 따라 표현하면 [그림 16-2]와 같이 주가지수는 경기의 선행지표로 나타난다.

먼저, 경기 회복기의 경우 과거 불황기를 무사히 넘긴 기업들은 점차 생산을 증가시키고, 시설확장을 위한 투자를 증가시킨다. 이에 따라 주가는 향후의 경기상승을 예상하고 바닥수준에서부터 상승하기 시작한다. 회복기에 주가의 상승추세는 계

그림 16-2 경기순환과 주가지수 변동

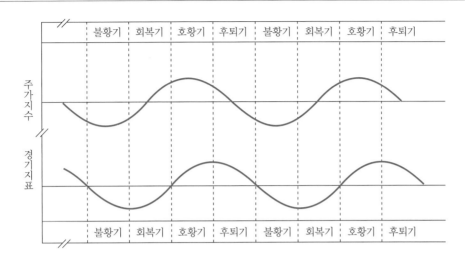

속 유지된다.

둘째, 호황기에 들어서면 기업의 생산과 판매활동이 활발해지고 순이익이 증가한다. 호황이 지속되면 기업의 과잉투자가 발생하고 소비가 촉진되어 물가가 상승하는 현상이 나타난다. 이러한 경우에 정부는 대체로 긴축정책을 실시하므로 경기는 더 이상 확장되지 못하고 정점에 도달하는 경우가 많다. 그러나 주가는 앞으로 닥쳐올 경기후퇴를 미리 반영해서 하락하기 시작한다.

셋째, 후퇴기에 접어들면 계속되는 정부의 긴축정책으로 인하여 기업의 자금사정이 악화되고, 매출액은 줄어들고 동시에 기업의 생산원가는 높아져서 순이익이 감소한다. 이 경우에는 주식에 대한 투매현상까지 발생할 수 있으므로 주가는 계속 하락한다.

끝으로 경기가 최악의 상태인 불황기에 들어서면, 정부는 경기를 부양시키기 위하여 금리를 인하하는 등 자금공급을 확대하는 정책을 실시한다. 이러한 경우에 경기회복에 대한 투자자의 기대가 높아져서 주식을 추가로 매입하는 현상이 발생한다. 주가는 경기가 최저점에 도달하기 전에 미리 반등하기 시작한다.

그러나 주가의 변동이 [그림 16-2]에 나타난 것처럼 반드시 경기변동에 대하여 선행역할을 하고, 또 경기지표와 동일한 변동폭으로 규칙적으로 변동한다고 단정할 수는 없다. 이 그림은 다만 주가와 경기변동의 밀접한 관련성을 표현하고 있는 것에 불과하다. 그리고 경기순환의 주기가 10년 내지 12년인 장기주기도 있고, 1년 정도의 단기주기도 있으므로, 경기순환의 주기를 측정하기도 쉽지 않다.

거시경제변수와 주가

주가와 경기변동은 밀접한 관계를 가지고 있는데 경기는 경제활동의 수준변화에 따라 변동한다. 경제활동 수준과 관련된 거시적인 변수는 매우 다양하다. 그 중에서 주가에 영향을 미치는 주요 변수들을 살펴보면 다음과 같다.

(1) 국내총생산

국내총생산(gross domestic product, GDP)은 국민경제 내의 가계, 기업, 정부 등의 모든 경제주체가 일정기간 동안에 생산한 재화와 용역의 가치를 시장가격으로 평가한 것이다. GDP는 한 국가의 경제활동수준을 종합적으로 나타내는 대표적인 지표이다.

경제성장률이 높을 경우에는 생산과 매출 등 기업활동이 활발하게 전개되어 기업의 이익이 큰 폭으로 상승할 것이다. 반면에 경제성장률이 낮을 경우에는 생산과 매출이 줄어들고 기업의 이익도 감소된다. 따라서 경제성장률이 높게 예측될 때에는 주가의 상승을 예상할 수 있지만, 그 반대인 경우에는 주가의 하락을 예상할 수 있다.

(2) 통화량

통화량은 경제활동의 각종 거래에서 결제를 위해 사용할 수 있는 시중에 유통되고 있는 화폐의 양을 말한다.[3] 돈이 시중에 지나치게 많이 유통되는 경우 화폐의 구매력이 떨어져 물가가 상승하는 등 나라 경제에 부정적인 영향을 미칠 수 있다. 반대로 너무 적게 유통될 경우 소비가 위축되고 투자가 저조해지는 등 기업활동을 비

---

3) 통화량의 측정지표로서 M1, M2, Lf, L 등이 있다. 각각은 다음과 같이 측정된다.

본원통화＝화폐발행＋금융기관의 대(對)한은 원화예치금

M1(협의통화)＝현금통화＋요구불예금・수시입출식 저축성예금−동 금융상품의 예금취급기관 간 상호거래분

M2(광의통화)＝M1＋기간물 정기예금, 적금 및 부금＋시장형 금융상품(CD, RP, 표지어음 등)＋실적 배당형 금융상품(금전신탁, 수익증권 등)＋금융채＋기타(투신증권저축, 종금사 발행어음)−동 금융상품 중 장기(만기 2년 이상)상품−동 금융상품의 예금취급기관 간 상호거래분

Lf(금융기관 유동성)＝M2＋M2 중 만기 2년 이상 예적금 및 금융채＋한국증권금융(주)의 예수금＋생보사(우체국보험 포함)보험 계약준비금＋농협 국민생명공제의 예수금 등−동 금융상품의 Lf 편제대상기관 간 상호거래분

L(광의유동성)＝Lf＋정부 및 기업이 발행한 유동성 금융상품(정부채, 회사채, 기업어음 등)

롯하여 국민경제에 어려움을 주게 된다.

따라서 통화량은 기업활동의 수준과 관계가 있는 지표가 될 수 있다. 이는 곧 주가의 변화에까지 영향을 미친다. 즉 통화량이 증가되면 기업은 설비투자를 확대하기 용이하며, 그 결과 기업활동이 증가하여 경영성과가 향상되어 주가가 상승하는 경향이 있다.

(3) 이자율

이자율은 자금에 대한 수요와 공급에 의해 결정되는 화폐의 가격이다. 경제활동에 따른 자금의 수요와 공급의 상황이 이자율의 크기에 영향을 미친다. 이자율이 상승할 경우 부채가 많은 기업은 금융비용의 부담이 늘어나서 경영성과가 악화되고, 주가는 하락할 수 있다. 반대로 이자율이 하락하면 기업의 이자부담이 줄어들고 경영성과가 호전되어 주가는 상승할 수 있다.

또한 기업의 위험에 따라 평가된 이자율은 기업의 미래 현금흐름의 현재가치를 산출할 때 할인율로 이용된다. 따라서 이자율은 기업의 가치와 주식의 가격결정에 직접적으로 영향을 미치는 요인으로 볼 수 있다.

(4) 인플레이션

인플레이션은 물가의 상승으로 화폐의 구매력이 하락하는 것을 의미한다. 이것은 경제당국에 의해 물가지수로 측정된다. 원자재 가격이 상승하여 기업이 생산하는 제품의 제조원가가 상승하면 이익이 감소하게 된다. 또한 상승한 제조원가를 판매가격에 반영하는 경우에는 제품가격의 인상으로 이어져서 매출이 감소하고 기업의 이익은 역시 감소하게 된다.

이러한 결과는 기업의 주가에 나쁜 영향을 주게 된다. 물가가 불안하게 상승할 경우 투자자들은 인플레이션에 대한 방어력이 비교적 양호한 부동산과 같은 실물자산을 선호하게 된다.

인플레이션이 발생하는 경우에 투자자들은 명목수익률보다는 화폐가치의 변동을 감안한 실질수익률에 관심을 둔다. 인플레이션 하에서는 투자자들의 기대실질수익률은 기대명목수익률에서 예상인플레이션율을 차감한 것이 된다. 인플레이션이 발생한 경우에도 실질수익률을 보전하기 위해서는 주식의 기대명목수익률이 예상인플레이션율만큼 높아져야 한다. 이러한 조건이 성립하게 될 때 주식은 인플레이션 헤지기능이 있다고 할 수 있다.

일반적으로 연구자들의 실증분석 결과에 의하면 인플레이션 하에서는 주식의 실질수익률이 하락하는 것으로 나타나고 있다. 즉 주식이 인플레이션 헤지기능을 제대로 하지 못하는 것으로 나타나고 있다. 이러한 현상이 나타나는 이유는 인플레이션 하에서 감가상각비나 재고자산 등이 과소평가되는 경향이 있으며, 이것 때문에 이익이 과대계상되는 경향이 있기 때문이다. 기업의 이익이 과대계상되면 법인세 부담이 늘어나게 되어 기업의 현금유출이 많아지게 된다. 결국 기업의 설비투자가 감소하게 되고 기업의 성장성이 떨어지게 될 것이다. 따라서 기업가치가 감소하고 주식에 대한 투자수익률이 하락하게 된다.

또한 인플레이션은 기업의 투자환경의 불확실성을 높이게 되고, 명목이자율을 상승시켜서 금이나 부동산 등의 대체투자자산의 수익률을 상대적으로 상승시키게 된다. 투자자들의 요구수익률도 상승시키기 때문에 주식의 가격은 하락하는 경향이 있다. 이처럼 인플레이션은 투자자들의 실질수익률을 감소시키는 경향이 있으며, 결과적으로 투자자들의 투자의욕을 감퇴시킨다.

(5) 환 율

환율(exchange rate)은 서로 다른 두 국가의 통화 사이의 교환비율을 말한다. 글로벌화로 인한 국가간 교역과 자본이동의 증대로 경제의 국가간 의존도가 심화되면서 환율은 한 국가의 경제환경에 있어 중요한 변수가 되고 있다.

변동환율제도하에서의 환율은 국제수지, 국내외의 이자율 차이, 인플레이션 등의 기본적 요인과 외환시장에서의 수요와 공급 등의 요인에 의해 결정된다. 일반적으로 국제수지가 흑자이면서 인플레이션율이 낮을수록 그 나라의 통화가치가 높게 평가되어(평가절상) 환율은 하락하고, 반대의 경우에는 낮게 평가되어(평가절하) 환율은 상승한다.

환율변동은 개별기업 특히 수출입기업의 경영실적에 큰 영향을 미친다. 예를 들어, 환율이 상승하면 수출기업의 경우 수출상품의 가격이 상대적으로 인하되는 효과가 있어 수출이 증대되어 이득을 보게 된다. 이는 곧 기업의 주가에 긍정적인 영향을 미친다. 그러나 수입기업의 경우에는 수입가격이 상승하는 효과가 나타나기 때문에 수익성이 악화될 수 있다. 이는 곧 기업의 주가에 부정적인 영향을 미치게 된다.

(6) 국제수지

국제수지란 일정기간 중 외국과의 거래결과로 발생한 수입과 지출의 차이를 의미한다. 국가는 자기 나라에서 만든 물건을 외국에 팔아 외화를 벌어들이며 다시 이 돈을 가지고 국내에 필요한 물건들을 외국에서 사들인다. 일정기간 동안 한 나라가 외국에 상품이나 용역을 판매하고 벌어들인 외화, 외국으로부터 상품이나 용역을 매입하고 지출한 외화, 그 과정에서 발생한 외화의 여유 금액에 대한 운용이나 혹은 부족한 외화금액의 조달 내역 등을 체계적으로 분류하고 정리한 것이 국제수지표(balance of payment)이다.

국제수지는 외국과의 경상거래와 자본거래에 의해 발생한다. 경상거래는 상품이나 용역을 외국에 사고, 파는 거래를 말한다. 자본거래는 해외로부터 자금을 빌려오거나 해외에 자금을 빌려주는 거래를 말한다. 그리고 경상거래의 결과 수입한 돈과 지급한 돈의 차이를 경상수지라고 한다. 자본거래의 결과로 나타난 금액의 차이를 자본수지라고 한다. 그리고 경상수지와 자본수지를 합하여 종합수지라고 한다. 국제수지에서는 경상수지가 가장 중요한데 경상수지는 무역수지, 무역외 수지, 이전거래의 세 부문으로 나누어진다.[4]

일반적으로 경상수지가 흑자이면 국제수지가 흑자라고 한다. 경상수지 중에서 무역수지가 경제에 미치는 영향이 매우 크다. 우리가 상품을 생산해서 외국에 수출하면 수출하지 않을 경우보다 더 많은 물건을 생산하여 팔게 되므로 일자리가 늘어나고 소득도 증대된다. 따라서 기업의 이익이 증가되고 주가도 상승하게 된다. 반대로 경상수지가 적자를 기록하게 되며, 이는 주가가 하락하는 요인으로 작용한다.

2.3 경제정책과 주가

정부는 전반적인 경제동향을 분석하여 경제주체의 경제활동을 적절하게 조정하는 경제정책을 구사한다. 정부가 실행하는 경제정책은 특정한 산업의 육성, 이자율 수준과 관련된 통화정책, 조세 및 재정지출에 관한 재정정책, 대외 무역정책 등 매우 다양하다. 이러한 정책들은 특정 산업과 기업의 성과에 큰 영향을 미친다. 경제정책은 재정정책과 금융정책으로 구분할 수 있다.

(1) 재정정책

재정정책(fiscal policy)은 정부가 지출규모나 세제변화를 통해 직접적으로 경제의 수요측면을 관리하여 경제를 활성화시키거나 과열을 진정시키기 위하여 사용되

---

4) 무역수지는 상품수출과 상품수입의 차이이고, 무역외 수지는 외국과의 용역 즉 서비스거래 결과로 벌어들인 돈(무역외 수입)과 지급한 돈(무역외 지출)의 차이를 말한다. 그리고 이전거래는 거주자와 비거주자 사이에 무상으로 주고 받은 거래이다.

는 정책이다. 정부가 사회간접자본에 대한 투자를 확대하는 등의 방법으로 적자예산을 편성하여 정부지출을 크게 증가시키면 수요의 증가로 이어진다. 반면에 정부지출을 감소시키면 재화와 용역에 대한 수요의 감소로 이어진다. 세제변화를 통하여 세율을 인상하거나 인하하게 되면, 소비자들의 소득이 직접적으로 영향을 받게 되어 소비수요가 증감될 수 있다.

재정정책이 경제에 즉각적인 효과를 발휘하기는 하지만 새로운 정책을 구상하고 이를 집행하기 전에 행정부와 입법부 간의 의견조율, 그리고 입법부 내부에서 협상과 절충에 소요되는 시간이 너무 많이 소요된다는 단점이 있다. 따라서 신속한 정책효과가 필요한 경제상황 하에서는 재정정책을 시의 적절하게 변경하고 집행하는 데에는 한계가 있다.

(2) 금융정책

금융정책(financial policy)은 통화량이나 이자율을 조정하여 경제의 안정과 성장을 도모하는 것으로 통화정책 또는 통화신용정책을 말한다. 정부는 물가안정과 금융안정이라는 목표를 달성하기 위하여 다양한 정책수단을 사용한다.

금융정책수단에는 중앙은행 대출정책, 지급준비율, 공개시장조작, 금리조정 등이 포함된다. 금융정책은 통화정책은 물론 금융감독, 금융개혁 및 규제완화, 중소기업 자금공급, 외환제도 개혁 및 금융시장 개방 등과 관련된 정책을 포함한 광의의 개념으로 사용되기도 한다.

금융정책은 절차가 번거로운 재정정책에 비하여 신속하게 수립·집행할 수 있다는 장점이 있다. 그렇지만 정책의 효과가 늦게 나타난다는 단점이 있다. 금융정책의 효과는 주로 금리조정을 통해 나타나게 되는데, 통화공급의 증가는 단기금리를 하락시켜서 투자와 소비수요를 확대하는 효과를 가져올 수 있다. 그러나 장기적으로는 통화량의 증가가 경제활동을 지속적으로 향상시키지 못하고 물가만 상승시킬 수도 있다.

(3) 경제정책의 효과

정부의 재정정책효과에 관하여 케인즈학파와 통화주의학파의 의견이 서로 다르다. 이러한 의견차의 주요 논점은 구축효과(crowding-out effect)이다. 구축효과는 정부의 확대 재정정책으로 인하여 금리가 오히려 상승하고, 민간의 소비와 투자활동이 위축되는 효과를 일컫는다.

정부는 불황기에는 재정지출을 확대하거나 세수를 축소하여 총수요를 확대하고,

호황기에는 재정지출을 축소하거나 세수를 확대하여 총수요를 둔화시키는 정책을 펼친다. 이러한 정책은 경기가 지나치게 침체되거나 과열되는 것을 완화하여 경기변동을 안정적으로 유지하려고 하는 것이다.

정부가 재정지출을 확대하는 재정정책을 실시할 경우에 재원을 마련하는 방법에 따라 정책효과가 다르게 나타날 수 있다. 정부가 국채를 발행하여 재정지출에 필요한 재원을 조달하는 방법이 있다. 이러한 경우 채권시장에서 채권의 공급이 확대되어 채권의 가격이 하락하고 이자율이 상승한다. 이자율의 상승은 기업의 투자를 위축시키게 된다.

또한 정부가 국채를 발행하여 재원을 마련하는 경우에 경제주체들은 정부가 원리금 상환을 위하여 곧 증세조치를 취할 것으로 예상하고, 이에 대비하여 저축을 늘리게 된다. 이러한 경우에 정부의 차입증대는 민간저축의 증대로 이어지게 된다. 따라서 경제 전체에서는 저축의 변동도 없고 소비지출의 증대도 일어나지 않게 된다.

한편 재정지출에 필요한 재원을 화폐발행을 통하여 마련하는 경우도 있다. 이러한 경우에는 정부지출의 증가를 통하여 총수요가 확대되지만, 통화공급의 확대로 인하여 소득수준이 증가하고 물가수준도 상승하게 된다. 따라서 화폐발행을 통하여 재원을 조달하는 경우에는 총수요가 확대되는 정도와 물가가 상승하는 정도의 차이에 따라서 구축효과의 여부가 달라지게 된다. 즉 구축효과로 인하여 정부의 재정적자의 확대가 물가상승이나 금리상승을 일으켜 민간 경제활동의 위축을 초래할 수도 있다.

케인즈학파에서는 임금과 가격의 경직성으로 인하여 시장실패의 가능성이 존재하기 때문에 경제정책을 실시할 필요가 있다고 주장한다. 임금과 가격의 경직성이 존재하는 불균형 경제하에서 적정 고용수준을 유지하기 위해서는 정부의 개입이 불가피하다는 것이다.

이러한 구축효과가 실제로 존재하는지에 관한 실증적 연구들은 일관성이 없거나 때로는 서로 상충되기도 한다. 즉 경제정책의 유효성에 관해서는 아직도 연구가 진행 중이며, 경제정책이 주가에 미치는 영향도 일률적으로 말하기 어렵다.

증권시장은 실물시장에 비하여 가격의 신축성이 크고, 연속적으로 시장청산이 용이하다는 측면에서 합리적 기대가설이 적용될 가능성이 크다. 현대 투자이론에서 얘기하고 있는 것처럼 합리적 기대가설에 근거한 효율적 시장이론이 성립한다면, 경제주체들이 경제정책에 대해 사전에 예상할 수 있기 때문에 어떠한 경제정책도 주가에 영향을 주지 못하게 된다.

제 3 절 산업분석

산업분석(industry analysis)은 개별산업 또는 관련산업에 중요하게 영향을 미치는 요인들을 광범위하게 연구·분석하는 것을 말한다. 산업분석이 산업 자체에 대하여 어떠한 통제나 영향력을 행사할 수 있는 것은 아니다. 예를 들어, 1973년에 발생한 에너지 위기가 자동차산업에 심각한 영향을 미쳤지만, 적어도 단기적인 측면에서는 자동차 산업계는 에너지 위기를 어쩔 수 없는 요인으로 받아들이고 그 추세에 적응할 수밖에 없었다.

기업의 경영성과는 전반적인 경제상황뿐만 아니라 기업이 속해 있는 산업의 특성과 전망에도 밀접한 관련을 가지고 있다. 이러한 관계는 주가에 명백히 반영된다. 그러므로 산업분석은 증권평가에서 필수적인 분석과정이다. 그 이유를 구체적으로 살펴보면 다음과 같다.

첫째, 개별기업의 경영성과는 산업과 밀접한 관련을 가지고 있다. 개별주식의 가격은 일반적으로 산업의 주가평균에 근사하게 된다. 따라서 산업분석은 주식의 투자분석에 필수적이다.

둘째, 모든 산업의 성과가 반드시 경기변동과 일치하지 않는다는 것이다. 예를 들어, 사치품이나 내구재 산업의 경영성과는 경기변동과 비교적 유사한 추세로 움직이지만, 생필품산업의 경영성과는 오히려 경기변동과 반대로 움직이는 경향이 있다. 따라서 개별산업의 성과분석은 기업의 분석에 많은 도움을 준다.

셋째, 산업의 경영성과는 개별기업의 경영성과에 대한 하나의 기준이 된다. 즉 특정 주식의 가격이 산업의 주가평균과 큰 차이가 있을 때에는 그 차이를 투자결정에 이용할 수 있다.

넷째, 산업의 추세는 개별기업의 경영성과를 장기예측하는 데에 도움을 준다. 산업은 제각기 산업 라이프사이클(industry life cycle)을 가지고 있다. 그러므로 각 기업은 당해 산업이 산업 라이프사이클의 어느 단계에 속해 있는가를 분석하거나, 또는 산업의 제품에 대한 수요 및 조업도 등을 분석하여 기업의 장기전망에 도움을 받을 수 있다.

3.1 산업분석의 주요 내용

(1) 과거의 실적분석

어떠한 경우라도 미래를 예측하는 데에는 과거와 현재의 상황이 기초가 된다. 산업분석도 과거와 현재의 자료를 분석하여 산업의 미래상황을 예측한다.

산업의 수익성은 산업의 매출액 및 수익률의 증감과 밀접한 관계를 가지고 있다. 매출액과 수익률이 동시에 증가하면 산업의 이익은 현저하게 증가하며, 매출액과 수익률 중 어느 하나만 증가할 경우라도 이익은 증가할 것이다. 따라서 투자자가 특정 산업의 주식에 투자할 경우, 그 산업의 과거 및 현재의 매출실적과 수익률을 분석하는 것은 매우 중요한 과정이 된다.

원가관리도 산업의 수익성에 크게 영향을 준다. 그러므로 산업의 원가구조, 즉 고정비와 변동비의 관계가 어떤 비중으로 구성되어 있는가를 분석하여 미래 수익성 예측의 기초로 삼을 수 있다. 예를 들어, 영업레버리지(operating leverage)[5]가 높은 산업의 경우에 있어 과거의 매출실적이 계속 높은 수준을 유지하였다면, 미래에도 그 산업의 수익성은 높을 것으로 추정할 수 있다.

산업의 주가수익비율(price earnings ratio, PER)의 분석도 미래의 주식투자에 대한 좋은 예측치가 된다. 주가수익비율은 주가를 주당이익(earnings per share, EPS)으로 나눈 비율로서 주가가 주당이익에 대하여 몇 배인가를 나타내는 지표이다. 이러한 주가수익비율은 시장심리에 미치는 영향력이 지대하므로, 투자결정의 주요 지표로 이용된다.

(2) 경기순환과 산업의 특성

수익성이 경기순환과 일치하는 산업, 무관한 산업, 역행하는 산업 등으로 산업을 구분할 수 있다. 경기변동과 산업의 특성을 고려하여 산업의 미래 수익성 예측에 참고할 수 있다. 산업은 경기순환과 산업이익의 관계를 중심으로 하여 ⓐ 주기적 산업, ⓑ 방어적 산업, ⓒ 성장산업으로 구분할 수 있다.

주기적 산업(cyclical industries)에는 자동차, 철강업 등 자본재를 생산하는 산업

---

5) 영업레버리지는 영업활동에서 고정비의 비중이 영업이익에 미치는 손익확대효과를 의미한다. 고정비의 비중이 높으면 매출액이 증가할수록 영업이익의 증가속도가 확대되고, 반대로 매출액이 감소되면 이익의 감소 또는 손실의 발생속도가 가중된다.

과 레저산업, 항공업 등이 있다. 이러한 산업의 경영성과는 경기순환과 일치하여 아주 민감하게 변동한다. 호경기에는 산업의 수익률이 높은 수준으로 달성되지만, 반대로 경기가 침체될 경우에는 수익률이 매우 낮거나 또는 음(−)의 수익률을 기록하게 된다.

방어적 산업(defensive industries)으로는 식료품과 생필품산업을 들 수 있다. 일반적으로 이러한 산업의 경영성과는 경기변동에 크게 영향을 받지 않고 일정한 수준을 유지한다.[6] 그리고 방어적 산업은 경영성과가 경기변동과 정반대로 나타나는 경우도 있다. 난방용 연료로서 석유와 대체관계에 있는 연탄의 수요는 침체기에 수요가 증가하고 호황기에는 수요가 감소하는 경향이 있다.

성장산업(growth industries)은 경기변동에 크게 영향을 받지 않고 지속적으로 높은 이익을 창출하는 산업을 말한다. 이 산업의 성장은 주로 첨단기술의 개발이나 시장전략으로 달성되는데, IT 산업이 좋은 예이다.

그러나 성장산업이나 성장기업의 특성을 성장주(growth stock)의 특성과 일치시켜서는 안 된다. 성장주는 어떤 시점에서 과소평가된 주식을 의미하는 경우도 있으므로, 이 주식이 반드시 성장기업 또는 성장산업에 속하는 주식이라고 볼 수는 없다.

(3) 자본투자의 실태

산업은 자본이나 노동력이 차지하고 있는 상대적 비중에 따라 자본집약산업과 노동집약산업으로 분류할 수 있다. 자본집약산업의 일반적인 특징은 대체로 노동집약산업과 반대로 나타난다.

일반적으로 자본집약산업은 노동집약산업에 비하여 기술수준이 높고, 공장과 시설 등 고정자산에 많은 투자를 하여 생산성을 증가시킴과 동시에 적절한 시장상황에서 지속적인 매출증가를 실현한다. 생산성 증가는 대부분 고도로 발전된 기계와 설비를 효과적으로 활용함으로써 달성되기 때문에 궁극적으로 자본집약산업의 성장잠재력(growth potential)을 높여주는 결과를 가져온다.

그리고 과거의 통계를 분석해 보면 노동집약산업의 성장률이 자본집약산업의 성장률에 비하여 낮은 경우가 많이 있다. 이러한 현상은 일반적으로 임금수준의 증가율이 노동생산성의 증가율을 초과하기 때문인 것으로 풀이된다.

자본집약산업도 부정적인 측면이 있다 첫째, 자본집약산업에서는 고정비가 높은 비중을 차지하므로 영업레버리지의 효과가 강하게 반영된다. 따라서 경기침체기에

---

6) 주기적 산업의 베타계수는 일반적으로 높고, 방어적 산업의 베타계수는 낮다.

매출액이 감소되면 자본집약산업의 경영위험이 높아진다. 둘째, 인플레이션이 지속되면 공장과 설비의 대체원가(replacement cost)가 상승한다. 인플레이션은 감가상각비에도 영향을 미친다. 자본집약산업인 경우 인플레이션이 발생하면 감가상각비가 현실적으로 낮게 계상되어 법인세가 증가할 뿐만 아니라, 순이익도 과대평가되는 약점이 있다.

(4) 경쟁상태

산업에 따라 산업내 기업들의 경쟁강도가 다르다. 소매업에 있어서는 기업간 경쟁이 치열하고, 방위산업과 같은 전략산업에 있어서는 기업간의 경쟁이 거의 없을 수도 있다.

일반적으로 경쟁상태가 심각한 산업에 있어서는 경영성과가 안정되어 있다. 왜냐하면 심한 경쟁상태에서 생존한 기업들은 이미 그들의 경영방법을 효율화하여 장기적으로 안정된 수익성을 유지할 수 있기 때문이다. 따라서 이러한 산업의 주식에 투자하면 미래에 비교적 안정된 수익률을 기대할 수 있다. 그러나 안정된 수익률은 치열한 경쟁에서 생존한 기업들이 달성할 수 있는 최저수준에서 결정되는 것이므로, 적어도 단기적으로는 시장수익률(market rate of return)을 크게 초과하지 못하는 경우가 있다.

(5) 노사관계

노동조합의 영향력이 확대되어 가고 있는 현대 산업사회에서 노사관리의 중요성이 더욱 강조되고 있다. 노동조합이 강력하게 조직된 산업에서는 노무비의 상승률이 높고 또 노사분규가 발생할 가능성이 높기 때문에 이러한 산업의 주식에 투자를 할 때는 노사관계를 깊이 분석하여야 한다.

노동조합이나 노사협의제가 원활하게 작동하지 못하는 경우에는 근로자가 노동쟁의나 복지후생의 문제를 타결하기 위하여 동맹파업에 들어가는 수가 있다. 이러한 경우에는 기업의 이익이 큰 타격을 받을 뿐만 아니라, 극한상황에서는 기업이 파산할 수도 있다.

고정비의 비중이 높은 자본집약산업은 파업 등으로 생산활동이 중단될 경우, 고정비의 압박이 기업의 이익을 크게 잠식하게 된다. 또 이러한 상태가 오랜 기간 동안 지속되면 기업은 결국 파산하고 만다.

노동집약산업에서도 파업이 기업이익에 주는 타격은 마찬가지다. 생산이 중단되면 적시에 제품을 고객에게 공급하지 못하게 되므로 단기적으로 매출액이 감소될 수 있다. 또한 지속적인 관계를 유지하던 고객까지 잃게 되는 경우가 발생할 수 있다. 따라서 기업이익의 축소와 동시에 기업파산의 가능성도 높아진다.

(6) 정부의 규제

정부는 경제정책의 한 부문으로 특정산업을 지원하거나 통제를 가하는 경우가 있다. 예를 들면, 방위산업이나 수출주도산업에 대한 재정적 지원, 산업공해를 특히 많이 발생시키는 산업에 대한 공해규제, 관세율의 조정을 통한 특정산업의 보호 또는 외국산업과의 경쟁유도, 독점규제 등을 통한 소비자의 보호 등은 경제정책상 특정산업을 일정한 방향으로 유도하고 있는 정부의 역할이다.

그러므로 산업분석에 있어서는 산업에 대한 정부의 관여를 반드시 고려할 필요가 있다. 일반적으로 정부의 육성산업은 현재의 수익률이 다른 산업과 비교하여 바람직한 수준에 있지 않다고 할지라도 가까운 장래에 높은 성장률을 기록할 가능성이 크다.

3.2 산업 라이프사이클 분석

산업분석의 한 방법으로서 산업의 수명을 [그림 16-3]과 같이 성장단계(stages of growth)를 개척기(pioneering stage), 투자성숙기(investment maturity stage), 안정기(stabilization stage)로 분류할 수 있다. 이를 산업 라이프사이클(industry life cycle)이라고 한다. 한 산업이 현재 산업 라이프사이클의 어느 단계에 속해 있는가를 파악하면 이 산업을 전망하는 데에 도움을 얻을 수 있다.

(1) 개척기

개척기(pioneering stage)에는 생산제품 또는 서비스의 시장수요가 증가하여 많은 기업이 다투어 이 산업에 참여한다. 이 단계에서는 참여기업들이 한동안 이익이 발생하지 않는 상태에서도 미래의 밝은 전망을 기대하고 생존을 위하여 기술개발과 가격경쟁 등 치열한 경쟁을 겪는다. 대개 이 기간 중에 성장잠재력이 취약한 기업들은 도태되고, 오직 경영방법과 자본조달 능력이 우수한 기업들만 생존하게 된다.

개척기 초반의 치열한 경쟁을 극복하고 생존한 기업들은 당해 산업 제품에 대한 시장수요가 증가함에 따라 매출신장과 동시에 기업이익(순이익)이 증가하게 된다. 대부분의 기업들은 개척기에서 생산기술, 마케팅 경로, 제품 차별화 등 성장전략을 개발하고, 이를 실현할 자본조달의 기반을 구축한다.

그림 16-3 산업의 라이프사이클

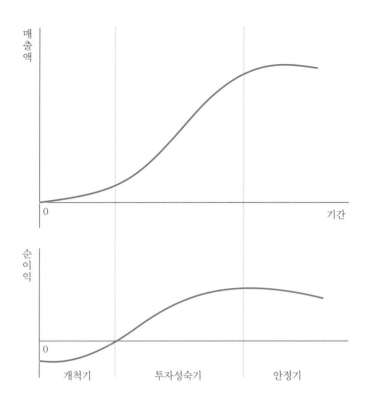

그림 16-3 산업의 라이프사이클

(2) 투자성숙기

개척기를 넘긴 기업들은 다음 단계인 투자성숙기(investment maturity stage) 또는 확장기(expansion stage)에 들어선다. 이 단계에서는 경영방법이 우수하고 강력한 자본조달 능력을 가지고 있는 기업들이 시장을 통합, 재정비하고, 개선된 품질의 제품을 저렴한 가격으로 공급함으로써 경쟁자의 시장점유율을 잠식하기 시작한다.

그리고 기업의 생산성이 증가됨에 따라 투자규모가 확대되고, 아울러 배당수익률도 증가한다. 따라서 이 시기에 주식에 투자하는 것이 바람직하다. 그러나 순이익 증가율은 이 기간 중에 조금씩 둔화하기 시작한다.

(3) 안정기

이 단계에서는 성장률이 계속 둔화되어 결국 산업은 안정단계에 돌입한다. 여러 가지 측면에서 혁신의 속도가 완만해지고, 제품의 표준화와 아울러 제품원가가 기업 간에 비슷한 수준이 되고, 시장이 포화상태에 도달한다. 이러한 상태가 지속되면 기업의 성장률은 완전히 정지상태에 도달하여 기업의 이익은 겨우 현상유지를 할 수 있는 수준에 머무르게 된다.

또 산업에 따라서는 이 기간 중에 소비자 기호의 변화, 노무비의 상승, 경쟁산업의 기술혁신 등으로 인하여 사양화되는 경우도 있다. 그러므로 투자자는 안정기에 있는 산업의 증권투자에는 각별히 신중해야 한다.

제 4 절　기업분석

경제분석과 산업분석을 수행한 이후에는 증권의 발행자인 기업에 대하여 최종적으로 분석을 함으로써 증권투자의 대상을 구체적으로 결정하게 된다. 기업분석은 재무제표의 수치를 근거로 한 경영분석, 즉 양적 분석과 단순히 서술적인 질적 분석의 방법이 있다고 하였다. 여기에서는 기업의 제반환경에 대한 질적 분석을 설명하기로 한다.

4.1　기업의 배경

기업의 배경분석은 기업환경의 변화에 대한 대응능력과 미래의 성장전망의 예측이 주요 목적이다. 일반적으로 오랜 역사를 가진 기업은 다양한 경기변동과 지속적인 인플레이션 등을 경험하였으므로 예기치 않은 불황이 갑자기 닥쳐도 견뎌낼 수 있는 대응능력을 지니고 있는 것으로 평가할 수 있다.

기업의 설립동기와 성장과정은 기업의 전망을 예측하는 데에 좋은 자료가 된다. 기업에 따라 개인기업에서 출발하여 순탄하게 성장을 계속해 온 기업도 있고, 대기업의 계열회사로 조직된 기업도 있다. 또 부실기업으로 한 때 채권단의 관리대상이 되었던 기업 등 역사적 배경은 제각기 다르다.

따라서 투자자는 다양한 측면에서 기업의 배경을 분석하여 전반적인 기업의 특성을 이해하고, 이를 기초로 기업의 장래를 전망하는 것이 필요하다. 산업에 따라 다소 차이는 있지만 대체로 오랜 역사를 가진 기업일수록 우량기업으로 평가할 수 있다.

4.2 사업내용

동일한 산업에 속해 있는 기업들이라도 사업내용은 서로 다를 수 있다. 예를 들어, 도매업인 경우 거래상품은 기업마다 각양 각색이다. 또 음식료품제조업, 화합물 및 화학제품제조업, 섬유제조업 등 동일 산업에 속해 있어도 기업이 생산하는 제품, 적용기술 등에 따라 사업내용은 서로 다르다.[7]

더욱 범위를 좁혀서 아파트 건설업이라고 하자. A기업은 대형 호화아파트의 건설을 사업내용으로 하고, B기업은 소형 국민주택규모의 아파트 건설을 사업내용으로 할 수도 있다. 따라서 투자자는 특정기업의 사업내용이 경기변동에 안정적인가, 위험이 높은가 또는 미래의 전망이 양호한지를 종합적으로 검토할 수 있어야 한다.

한편 경쟁기업의 과잉반응, 증권시장에서 투기 가능성, 또는 정부의 정책적 이유 등으로 기업의 사업내용이 공개되지 않는 경우가 있다. 이러한 경우에는 기업의 사업내용이 일반투자자의 투자결정에 전혀 도움이 되지 않을 수 있다.

4.3 경영자

조직의 경영은 사람에 의해 수행되므로 경영자의 경력, 능력, 인격, 신용 등이 기업의 경영성과에 크게 영향을 미친다. 여기에서 경영자의 능력은 주로 사업내용에 관한 전문적인 지식과 리더십을 의미한다. 경영자의 리더십 유형(leadership style)이 기업의 사업내용에 적합할 때에는 조직구성원의 사기가 올라가 동기부여가 되고, 아울러 생산성도 증가하게 된다.

한편, 최고경영층의 인적 구성도 기업의 경영성과와 밀접히 관련된다. 그러므로 최고경영층의 인적 구성이 전문경영지식을 겸비한 인재들로 구성되어 각자의 능력에 합당한 관리영역을 담당하고 있는지를 평가하는 것이 필요하다.

---

7) 우리나라의 표준산업분류에 대한 자세한 내용은 통계청의 홈페이지를 참조하기 바람. http://www.nso.go.kr/newcms/standard/industry/industry.html

4.4 기타요인

앞에서 제시된 것 이외에도 기업의 경영성과와 관련된 요인은 생산설비의 우열, 기업에 대한 고객의 신용, 노사관계, 주주의 구성, 금융기관과의 관계, 기술수준 등 매우 다양하다. 이러한 요인들은 기업의 질적 요인으로 투자자의 분석대상이 된다. 그러나 이러한 요인들에 대한 정보수집이 어려울 뿐만 아니라, 또 수집된 정보라 할지라도 판단을 위한 표준설정이 어렵기 때문에 투자자가 주관적으로 평가해야 한다는 문제가 있다.

제 5 절   재무비율분석

증권의 양적 분석(quantitative analysis)은 재무제표에 나타난 수치를 근거로 하여 증권의 수익성을 분석하는 방법이다. 기업의 재무제표를 기초로 하여 기업의 경영성과를 측정하는 가장 기본적인 평가방법은 재무비율분석이다. 여기에서는 재무비율분석의 내용, 주당이익의 형성과정과 주가와의 관계, 그리고 이익성장에 미치는 영향 등을 설명한다.

5.1 재무비율분석의 의의와 한계

(1) 재무비율분석의 의의

재무비율분석(financial ratio analysis)은 현금흐름분석, 생산성분석, 추세분석, 공통형 재무제표분석 등과 함께 기업의 재무상태와 경영성과에 영향을 미치는 요인을 종합적으로 분석하는 재무분석(financial analysis)의 한 방법이다. 재무비율분석에서는 재무제표에 나타난 각 항목간의 비율을 산출하고, 이러한 비율의 의미와 영향력을 파악한다. 이러한 재무비율은 산업표준비율 또는 과거의 비율과 비교하여 재무상태와 경영성과를 평가하고, 미래의 경영성과를 예측하기 위한 기초자료가 된다.

재무비율분석은 고객, 채권자, 주주, 경영자, 기관투자자, 애널리스트, 연구기관 등 분석자의 목적에 따라 선택하는 비율의 종류와 강조하는 점에서 다소 차이가 나기도 한다. 주식투자자는 재무비율분석을 통하여 ⓐ 기업의 현재와 미래의 수익성, ⓑ 수익의 안정적 추세, ⓒ 투자할 기업의 수익성과 다른 기업의 수익성과의 관계, ⓓ 배당금의 지급능력과 파산위험 등을 분석하고 파악하여 미래의 경영성과를 종합적으로 파악할 수 있다.

재무비율분석은 일반적으로 ⓐ 유동성비율(liquidity ratio), ⓑ 레버리지비율(leverage ratio), ⓒ 활동성비율(activity ratio), ⓓ 수익성비율(profitability ratio) 등의 네 개 부문으로 나누어지고 있다.

유동성비율은 기업의 단기지불능력을 나타내는 비율로서, 유동자산의 항목과 유동부채의 항목간의 비율이다. 레버리지비율은 채권자로부터 조달한 타인자본과 주주로부터 조달한 자기자본을 비교하는 비율이다. 유동성비율과 함께 재무위험을 측정하는 비율이다.

활동성비율은 기업이 영업활동에 이용한 유동자산 또는 유형자산의 효율성(effectiveness of assets utilization)을 측정하기 위하여 주로 매출액을 자산항목으로 나눈 수치로서 회전율이라고도 한다. 따라서 회전율이 높다는 것은 자산의 활용도가 높다는 것을 의미한다.

그리고 수익성비율은 일정기간 동안 기업의 전체적인 경영정책과 경영활동의 결과를 집약한 경영성과를 측정하는 비율이다. 채권자, 주주, 경영자 등 기업의 모든 이해관계자(stakeholder)는 수익성비율에 높은 관심을 가진다. 일반적으로 이 비율이 높아지면 주가가 상승하고, 반대로 이 비율이 낮아지면 주가가 하락할 뿐만 아니라 장기적으로는 파산을 초래할 가능성도 높아진다.[8]

(2) 재무비율분석의 한계

재무비율분석은 회계자료의 획득이 용이하고, 비율의 계산방법이 간단하고 이해하기가 쉽다는 장점이 있다. 그러나 이 분석방법에는 다음과 같은 단점도 있으므로 그 이용에 신중을 기하여야 한다.[9]

첫째, 재무비율은 기업의 미래 재무상황을 예측하는 판단의 자료로 이용되고 있

---

8) 재무비율의 종류와 구체적인 내용은 재무관리 또는 경영분석의 교재에서 상세히 설명되고 있으므로 이들을 참고하기 바란다.

9) Frank K. Reilly(1989), *Investment Analysis and Portfolio Management*, 3rd ed., Chicago, Ill., The Dryden Press, p. 482.

는데, 비율은 역사적 자료인 기업의 재무제표를 근거로 계산한다. 이것은 변화할 수 있는 미래의 상황을 예측하기 위하여 과거의 자료에만 의존한다는 한계에 직면하게 된다.

둘째, 기업의 회계실무가 계속성이나 일관성이 결여되어 있을 경우에 비율분석만으로는 기업들의 상호비교가 어려울 때가 많다.

셋째, 기계적으로 비율을 산출하면 비율의 해석이 왜곡될 수 있다. 재고자산을 예로 들면, 계절산업의 재무상태표에 나타나는 기말재고자산으로 계산되는 재고자산회전율은 기말시점에 계산된 것이므로 연간 평균재고수준에 의한 자산의 활동성을 파악하는 것은 한계가 있다.

넷째, 동일한 산업에 속해 있는 기업 사이에도 경영방식에 따라 재무비율이 달라질 수 있다. 예를 들어, 대량으로 고정시설을 임차(lease)하고 있는 기업에서는 이러한 자산이 재무상태표에 표시되지 않는다. 따라서 이와 관계된 비율을 자산구성에 대한 경영전략이 다른 기업의 동일한 비율과 비교하는 것은 오류를 범할 가능성이 높다.

다섯째, 복수의 사업을 영위하고 있는 기업에 있어서는 사업부별로 산업이 달라질 수도 있으므로, 기업의 관계비율을 산출하는 데 문제점이 발생할 수 있다.

여섯째, 특정한 재무비율은 산업평균과 비교하여 양호 혹은 불량으로 단정할 수 없는 경우가 있다. 일반적으로 어느 기업의 유동비율이 산업평균보다 높으면 유동성이 양호한 상태로 평가한다. 그러나 현금 그 자체는 투자되지 않으면 수익을 창출하지 못하는 자산이기 때문에 수익성이 낮아질 수도 있다. 또 높은 회전율은 활발한 자산의 이용도를 의미하지만, 생산능률이 높은 새로운 기계의 도입과 같은 유형자산에 대한 투자가 저조했기 때문일 수도 있다.

일곱째, 산업평균보다 우위에 있는 기업은 높은 수준의 성과 달성을 위한 목표비율(target ratio)을 설정하기가 어렵다.

마지막으로 기업의 수익성, 안정성, 유동성에는 기업의 신용, 설비의 우열, 경영자의 능력, 종업원의 기술 정도 등과 같은 많은 요인들이 영향을 미칠 수 있다. 그러나 재무제표에는 이와 같은 경영에 참가하는 사람, 기술, 설비 등과 같은 질적 문제가 반영되어 있지 않다. 따라서 재무비율분석만을 가지고 기업의 미래성과를 판단하는 데에는 한계가 있다.

5.2 주당이익과 재무비율

기업의 순이익 또는 주당이익(earning per share, EPS)은 매출액과 매출총이익의 관계, 영업이익(earnings before interest and taxes, EBIT)과 매출총이익의 관계, 자본구조 및 각종 이익률, 그리고 경제적·사회적 제반 여건 등과 복합적인 관계를 형성하고 있다.

주가를 다음과 같이 주당이익과 주가수익비율(*PER*)[10]의 결합인 이익자본환원모형(earnings capitalization model)으로 설명하는 경우도 있다.

$$P_0 = EPS \times PER \tag{16-1}$$

단, P_0 : 현재의 주가
 EPS : 주당이익
 PER : 주가수익비율

그림 16-4 주당이익의 결정모형

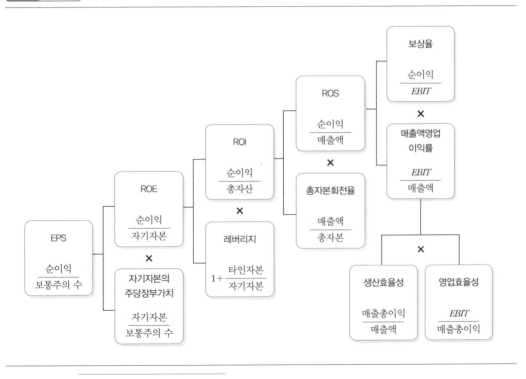

---

10) 이는 주가를 주당이익으로 나눈 비율(주가/EPS)로서 주가수익률 또는 주가이익비율이라고도 한다. 이 책에서는 용어상의 의미 혼란을 피하기 위하여 주가수익률을 사용하지 않고, 주가수익비율이라고 한다.

주가수익비율(PER)은 증권시장에서 결정된 주가가 주당이익의 몇 배에 해당하는가를 나타내는 비율로, 특정주식에 대한 투자자의 선호태도를 반영하고 있다. 그리고 주당이익(EPS)은 각종 이익률 및 재무비율의 결합과정으로 설명할 수 있는데 이를 그림으로 표현하면 [그림 16-4]와 같다.

[그림 16-4]에 따라 주당이익과 이에 관련된 각종 이익률을 설명하면 다음과 같다.

(1) 주당이익

주당이익은 [그림 16-4]에 나타난 것처럼 순이익을 보통주의 수로 나누어 산출한다. 이 주당이익의 계산식을 분자와 분모에 자기자본을 곱하여 분리하면 아래와 같이 자기자본이익률(return on equity, ROE)과 자기자본의 주당장부가치(book value of equity)를 곱한 것으로 표현할 수 있다.

$$\frac{순이익}{보통주의\ 수} = \frac{순이익}{자기자본} \times \frac{자기자본}{보통주의\ 수}$$

$$EPS = ROE \times (자기자본\ 주당장부가치) \qquad (16-2)$$

$$단,\ EPS : 주당이익(=순이익/보통주의\ 수)$$
$$ROE : 자기자본이익률(=순이익/자기자본)$$

여기서 자기자본이익률(ROE)이 높아지거나 자기자본의 주당장부가치가 증가하면 주당이익은 커지게 된다.

(2) 자기자본이익률

주주의 부(wealth)에 대한 중요한 측정치인 자기자본이익률(ROE)은 기업의 총자산순이익률(return on asset, ROA)와 자본구조의 복합관계로 설명할 수 있다. 다시 말해서 자기자본이익률의 계산식을 분자와 분모에 총자산(또는 총자본)을 곱하여 정리하면, 총자산순이익률과 레버리지비율로 나타낼 수 있다.

$$\frac{순이익}{자기자본} = \frac{순이익}{총자산} \times \frac{총자산}{자기자본}$$

$$= \frac{순이익}{총자산} \times \left(1 + \frac{타인자본}{자기자본}\right)$$

$$ROE = ROA \times (1 + B/S) \qquad (16-3)$$

단, ROE : 자기자본이익률(=순이익/자기자본)

ROA : 총자산순이익률(=순이익/총자산)

B/S : 레버리지비율(=타인자본/자기자본)

총자산순이익률(ROA)은 기업의 수익성을 표현하는 가장 기본적인 측정치로서 경영자가 기업의 자원을 얼마나 유효적절하게 사용하였는가를 반영하고 있다. 그리고 기업이 타인자본을 전혀 조달하지 않은 경우에는 자기자본이익률이 총자산순이익률(ROA)과 일치한다. 레버리지비율은 자기자본에 대한 타인자본의 비중을 나타내고 있다. 기업이 부채를 추가로 조달하여 투자했을 때 투자수익률이 부채비용을 초과하면 순이익은 증가할 것이고, 이에 따라 자기자본이익률(ROE)도 증가하게 된다.

그러나 부채비용과 레버리지비율 사이에는 일종의 트레이드 오프(trade-off)관계가 존재하는 경우가 있다. 추가 부채를 계속 조달하여 레버리지비율이 높아지면, 이에 따라 부채비용인 이자율이 상승하는 경향이 있다. 즉 레버리지비율이 일정한 한계를 넘어서면 높아진 부채비용이 오히려 투자수익률을 초과하여 기업의 순이익을 잠식하고 자기자본이익률(ROE)도 감소시키게 된다.

(3) 총자산순이익률

총자산순이익률(ROA)은 순이익이 총자산 또는 총자본에서 차지하는 비중을 의미한다. 이 이익률의 계산식을 분자와 분모에 매출액을 곱하여 분리시키면 매출액순이익률(net income margin)과 총자산회전율(turnover ratio)의 곱으로 표현된다.

$$\frac{\text{순이익}}{\text{총자산}} = \frac{\text{순이익}}{\text{매출액}} \times \frac{\text{매출액}}{\text{총자산}}$$

$$ROA = ROS \times (\text{총자산회전율}) \qquad (16-4)$$

단, ROA : 총자산순이익률(=순이익/총자산)

ROS : 매출액순이익률(=순이익/매출액)

여기에서 총자산순이익률(ROA)은 기업의 생산능력, 재고수준, 제품의 판매 등을 종합적으로 고려한 이익률이다. 그리고 재고수준이 과다하게 높고, 비생산적인 자산과 유휴생산시설이 많으면 총자산회전율이 낮아져서 총자산순이익률이 낮아지는 경향이 있다.

(4) 매출액순이익률

매출액순이익률(ROS)은 매출액에서 차지하는 순이익의 비중을 의미한다. 이러한 매출액순이익률의 계산식을 분자와 분모에 영업이익($EBIT$)을 곱하여 분리하면, 보상율(coverage ratio)과 매출액영업이익률($=EBIT$/매출액)로 분해된다.

$$\frac{순이익}{매출액} = \frac{순이익}{EBIT} \times \frac{EBIT}{매출액}$$

$$ROS = (보상률) \times (매출액영업이익률) \qquad (16-5)$$

단,   보상률 : 순이익/$EBIT$
매출액영업이익률 : $EBIT$/매출액

보상율($=$순이익/$EBIT$)은 세율과 이자가 순이익에 미치는 영향을 측정해 주고 있다. 세금과 이자가 감소하면 순이익이 $EBIT$에 비해 상대적으로 증가하므로 이 비율은 상승한다.

그리고 매출액영업이익률($=EBIT$/매출액)은 아래와 같이 영업효율성과 생산효율성의 결합관계로 나타낼 수 있다.

$$\frac{EBIT}{매출액} = \frac{EBIT}{매출총이익} \times \frac{매출총이익}{매출액}$$

$$매출액영업이익률 = 영업효율성 \times 생산효율성 \qquad (16-6)$$

단, 매출액영업이익률 : $EBIT$/매출액
영업효율성 : $EBIT$/매출총이익
생산효율성 : 매출총이익/총자산

여기에서 영업효율성(operating efficiency)은 매출총이익에서 $EBIT$가 차지하는 비중으로 일반관리비의 통제가 얼마나 효율적으로 수행되었는가를 나타낸다. 생산효율성(production efficiency)은 매출액에서 매출총이익이 차지하는 비중으로 기업의 제품이 얼마나 잘 생산되어 판매되고 있는가를 나타낸다. 이것은 기업의 가격결정과 원가의 효율성(cost efficiency)에 의해 결정된다.

1 다음 용어를 설명하라.

① 증권분석과 투자분석　② 양적 분석과 질적 분석 ③ 국내총생산

④ 국제수지　　　　　⑤ 기업분석

⑥ 주기적 산업, 방어적 산업, 성장산업　　　⑦ 산업 라이프사이클

⑧ 재무비율분석　　　⑨ PER　　　　　　⑩ 레버리지비율

⑪ 이익자본환원모형　⑫ 주당이익　　　　⑬ 활동성비율

⑭ 영업효율성, 생산효율성

2 투자분석의 기능을 설명하라.

3 경기순환과 주가지수와의 관계를 그림을 그려서 설명하라.

4 경제분석 및 산업분석의 필요성을 설명하라.

5 증권투자와 관련하여 자본집약산업의 부정적인 측면은 어떤 것이 있는가?

6 산업분석의 주요 내용을 열거하고 간단히 설명하라.

7 기업배경분석의 목적에 대하여 설명하라.

8 주가를 상승시키기 위하여 기업이 경영활동에서 할 수 있는 노력을 각종 비율을 이용하여 설명하라.

9 주당이익 결정요인을 도표로 그리고, 간단히 설명하라.

주식의 가치평가

이 장에서는 주식의 가치를 평가하거나, 주가를 예측하기 위하여 개발된 여러 가지 분석방법에 대해 알아본다.

먼저 주식으로부터 발생하는 현금흐름을 할인하여 현가를 산출하기 위한 모형으로 영구적 투자기간의 주식가치평가모형과 유한한 투자기간의 주식가치평가모형 등에 대해 살펴본다. 그리고 모형을 통해 평가된 주식의 가치를 기준으로 주식의 과소평가 혹은 과대평가 여부를 판정하는 방법에 대해 설명한다.

다음으로 기업의 이익 혹은 배당의 규모와 성장률의 변동에 따라 주식의 가치가 어떻게 달라지는가를 살펴본다. 여기에서는 배당성향과 성장률이 주식의 가치에 어떠한 영향을 주는지 알아보고, 성장률이 영(0)인 경우, 성장률이 부(−)인 경우 등으로 구분하여 주식의 가치를 산출하여 본다.

그리고 주가수익비율 혹은 이익승수를 이용하여 주가를 예측하는 방법에 대해 살펴본다. 여기서 이익승수가 배당성향, 적정할인율, 이익성장률 등의 요인에 의해 영향을 받는다는 점을 설명한다.

마지막으로 시장에서 주식이 적정하게 평가되고 있는지를 알아보기 위한 방법인 배수법에 대해 알아본다. 즉 발행기업의 현금흐름, 매출액, 자기자본의 주당 장부가액 등에 대한 주가의 비율을 산출하여 주식 평가의 적정성을 검토하는 방법에 대해 설명한다.

제 1 절 주식의 가치평가

주식의 가치나 가격의 결정에 영향을 미치는 요인은 무수히 많다. 특히 전반적인 경제현상, 산업 및 기업의 특성, 투자자가 기대하는 현금흐름, 그리고 다양한 형태의 위험 등의 변수들은 주식의 가격결정에 많은 영향을 미치고 있다. 여기서는 현금흐름에 기초하여 주식의 가치를 평가하는 방법에 대하여 설명한다.

주식의 가치평가모형은 투자로 인하여 발생하는 일체의 현금흐름을 적정할인율 또는 투자자의 최저요구수익률로 할인하여 현가(present value)로 산출하는 모형을 말한다.

주식으로부터의 현금흐름은 매 기간마다 정기적으로 발생하는 현금흐름인 배당과 투자기말에 주식의 처분으로 발생하는 현금흐름으로 구분할 수 있다. 투자기간을 무한한 기간으로 할 것인가, 아니면 유한한 기간으로 하여 주식을 평가할 것인가에 따라 주식의 가치평가모형은 ⓐ 영구적 투자기간의 가치평가모형과 ⓑ 유한한 투자기간의 가치평가모형으로 구분할 수 있다.[1]

1.1 영구적 투자기간의 가치평가

채권의 가치는 정기적인 이자소득과 만기의 액면가를 적정할인율로 나누어 현가로 산출한다. 이러한 채권의 가치평가모형에서는 액면이자율, 채권의 만기, 그리고 액면가가 고정되어 있기 때문에 비교적 가치평가가 용이하다.

그러나 주식의 가치는 채권의 가치평가모형에서처럼 관련변수가 평가시점에 확정되어 있지 않기 때문에 평가하기 어렵다. 첫째, 주식의 배당금은 확정된 채권의 이자와는 달리 매기마다 변동한다. 둘째, 주식은 채권처럼 정해진 만기가 없고, 미래 특정시점의 주가도 현재시점에서는 알 수가 없다.

주식의 가치는 기업을 계속기업(going concern)이라는 측면에서 볼 경우 (17-1)식과 같은 모형으로 평가할 수 있다.

---

1) 주식의 가치평가에서 정기적인 현금흐름을 ⓐ 현금유입(cash inflow)과 현금유출(cash outflow)의 차이인 순현금흐름, ⓑ 이익의 흐름(stream-of-earnings), ⓒ 배당금 중 어느 것을 사용하는 것이 합당한가에 대한 논쟁이 학계에서 오랫동안 계속되어 왔다. 이에 대하여 M. H. Miller and F. Modigliani 등은 세금과 거래비용을 고려하지 않고 기업을 영구적인 계속기업으로 볼 경우, 이 세 가지 현금흐름은 결과적으로 동일한 의미라고 하였다.

$$PV= \sum_{t=1}^{\infty} \frac{D_t}{(1+R)^t} + \frac{P_\infty}{(1+R)^\infty} \qquad (17-1)$$

단, PV : 주식의 가치, 내재가치, 이론가격

D_t : t기의 주당 배당액

R : 적정할인율, 최저요구수익률

P_∞ : 무한한 미래시점에서의 주가

위 식에서 우변의 두 번째 항은 무한한 미래시점에서의 주가(P_∞)를 현가로 산출한 것이므로 0에 접근한다. 따라서 이 항을 제거하면 주식의 가치는 다음과 같이 산출될 수 있다.

$$PV= \sum_{t=1}^{\infty} \frac{D_t}{(1+R)^t} \qquad (17-2)$$

위의 식에서 산출한 주식의 가치(PV)는 시장이 균형상태에 있으면 주식의 가격(P_0)과 동일해진다. $(17-2)$식에서 할인율(R)은 항상 일정하지만, 배당금(D_t)은 기간마다 일정하거나 또는 변동할 수 있다고 가정되어 있다.

만약 배당금이 항상 일정하다고 가정하는 경우($D=D_1=D_2=\cdots=D_\infty$)에는 $(17-2)$식은 다음과 같이 단순한 형태가 된다.[2]

$$PV= \frac{D}{R} \qquad (17-3)$$

단, PV : 주식의 가치, 내재가치, 이론가격

D : 매기간 일정한 주당배당액

R : 적정할인율, 최저요구수익률

---

2) $(17-3)$식이 도출되는 과정에 대하여 간단하게 알아보자. 먼저 $(17-2)$식에서 모든 배당(D_t)을 D로 두면, 다음과 같이 된다.

$$PV= \frac{D}{(1+R)^1} + \frac{D}{(1+R)^2} + \cdots + \frac{D}{(1+R)^\infty} \qquad ①$$

이러한 무한등비수열의 합을 구하기 위하여 ①식의 양변에 $1/(1+R)$을 곱하자.

$$\frac{PV}{(1+R)} = \frac{D}{(1+R)^2} + \frac{D}{(1+R)^3} + \cdots + \frac{D}{(1+R)^\infty} \qquad ②$$

그리고 ①식에서 ②식을 차감하여 정리하면 다음과 같이 된다.

$$PV\left(\frac{1+R-1}{1+R} \right) = \frac{D}{(1+R)} \qquad ③$$

위 식을 정리하면 $PV=D/R$이 성립한다는 것을 알 수 있다.

1.2 유한한 투자기간의 가치평가

이론적인 면에서 기업은 계속기업으로 볼 수 있다. 그러나 투자자들이 주식을 매입하여 무한한 기간 동안 보유한다는 가정은 현실성이 없다. 일반적으로 투자자들은 주식을 매입한 후에 유한한 투자기간이 경과하면 보유주식을 매도한다. 그러므로 유한한 투자기간을 기초로 하여 주식의 가치를 평가할 필요가 있다.

유한한 투자기간을 기초로 한 주식의 가치평가모형은 채권의 가치평가모형과 유사하다. 이 경우의 주식가치는 투자기간 동안에 받을 것으로 예상되는 배당금(D_t)과 투자기간의 말의 예상주가(P_N)를 적정할인율로 할인한 값을 더하여 산출하면 된다. 이를 수식으로 나타내면 다음과 같이 된다.

$$PV = \sum_{t=1}^{N} \frac{D_t}{(1+R)^t} + \frac{P_N}{(1+R)^N} \qquad (17-4)$$

단, PV : 주식의 가치, 내재가치, 이론가격
D_t : t기의 주당배당액
P_N : N기의 예상주가
N : 투자기간의 연수
R : 적정할인율, 최저요구수익률

예 17-1 주식의 가치

애플주식에 대한 투자자의 최저요구수익률이 12%이고, 주당 예상배당액이 매년 일정하게 600원이라고 하자. 투자자가 이 주식을 4년 말에 매도하고자 할 때에 예상주가가 8,000원이라고 한다면, 이 주식의 가치는 6,906.54원이 된다.

$$PV = \sum_{t=1}^{N} \frac{D_t}{(1+R)^t} + \frac{P_N}{(1+R)^N}$$

$$= \sum_{t=1}^{4} \frac{600}{(1+0.12)^t} + \frac{8,000}{(1+0.12)^4}$$

$$= (600)(3.0373) + (8,000)(0.63552) = 6,906.54원$$

투자자가 주식에 투자하고자 할 경우에, 주식의 가격이 시장에서 적정수준으로 평가되어 있는지 판단해야 한다. 그 판단기준으로는 ⓐ 주식의 내재가치(PV)를 시장가격(P_0)과 비교하는 방법, ⓑ 주식에 대한 투자자의 최저요구수익률(R), 즉 적정할인율을 보유기간수익률(R_{HP})과 비교하는 방법 등이 있다.

그리고 주식의 보유기간수익률을 산출할 때에는 (17-4)식에서 내재가치(PV)를 시장가격(P_0)으로, 그리고 최저요구수익률(R)을 보유기간수익률(R_{HP})로 대체한 (17-5)식에서 시행착오법으로 R_{HP}를 산출하면 된다.

$$P_0 = \sum_{t=1}^{N} \frac{D_t}{(1+R_{HP})^t} + \frac{P_N}{(1+R_{HP})^N} \qquad (17-5)$$

단, P_0 : 주식의 시장가격

      R_{HP} : 유한한 투자기간 동안의 보유기간수익률

투자결정을 위해 주식의 가치를 평가할 때에는 일반적으로 ⓐ 예상배당액, ⓑ 투자기간, ⓒ 투자기말의 주가 등은 주어져 있는 것으로 간주한다. 이러한 경우에 투자를 결정하는 방법은 다음의 세 가지로 구분할 수가 있다.

첫째는 주식의 내재가치가 시장가격과 동일하거나($PV=P_0$), 투자자의 최저요구수익률이 보유기간수익률과 동일한 경우($R=R_{HP}$)이다. 이러한 경우에는 주식의 가격이 시장에서 적정수준으로 평가된 것이므로 특별히 이 주식을 매수하거나 매도할 필요가 없다.

둘째는 주식의 내재가치가 시장가격보다 높거나($PV>P_0$), 투자자의 최저요구수익률이 보유기간수익률보다 낮은 경우($R<R_{HP}$)이다. 이러한 경우에는 주식의 가격이 시장에서 과소평가된 것이므로 이 주식을 매수하는 것이 바람직하다.

셋째는 둘째의 경우와 정반대되는 현상($PV<P_0$, $R>R_{HP}$)이 발생하는 경우이다.

표 17-1 주식가격 및 수익률 상황에 따른 투자전략

가격 상황	수익률 상황	투자전략
$PV=P_0$	$R=R_{HP}$	매매 필요 없음
$PV>P_0$	$R<R_{HP}$	매수
$PV<P_0$	$R>R_{HP}$	매도

이러한 경우에는 주식의 가격이 시장에서 과대평가된 것이므로 보유주식을 매도하는 것이 바람직하다.

제 2 절 성장률변동과 주식의 가치

2.1 배당성향과 성장률

주식의 가치평가에서 주요 변수인 주당배당액은 주당이익(EPS)으로부터 지급된다. 주당배당액은 총배당액을 발행주식수로 나눈 값이다. 주당이익은 법인세를 차감한 이후의 이익 또는 순이익을 발행주식수로 나눈 값이다. 총배당액은 순이익에서 유보이익을 차감한 금액이다.[3]

순이익 또는 주당이익은 기업의 영업성과에 따라 매년 변동한다. 만약 이러한 이익이 일정한 율로 성장한다고 가정한다면, 어떤 특정 기간 t에서의 주당이익(EPS_t)은 (17-6)식과 같이 산출할 수 있다.

$$EPS_t = EPS_{t-1}(1+g) = EPS_0(1+g)^t \qquad (17-6)$$

단, EPS_t : t기말의 주당이익
EPS_0 : 현재의 주당이익
g : 일정한 성장률

예 17-2   일정 성장하는 경우의 주당이익

현재의 주당이익이 1,000원이고, 이익성장률이 매년 일정하게 8%라고 하자. 1년말, 2년말, 5년말의 주당이익을 산출하라.

$$EPS_1 = EPS_0(1+g) = 1,000(1+0.08) = 1,080원$$
$$EPS_2 = EPS_0(1+g)^2 = 1,000(1+0.08)^2 = 1,166.4원$$
$$EPS_5 = EPS_0(1+g)^5 = 1,000(1+0.08)^5 = 1,469.3원$$

---

3) 이곳에서 배당은 현금배당을 의미한다.

배당성향(dividend payout ratio)은 순이익에서 총배당액이 차지하는 비율 또는 주당이익에서 주당배당액이 차지하는 비율을 의미한다. 이를 배당지급률이라고도 한다. 배당성향은 1에서 유보율(retention rate)을 차감한 것이다. 주당이익(EPS_t)에 배당성향을 곱하면 (17-7)식과 같이 주당배당액(D_t)이 산출된다.

$$D_t = (1-b)EPS_t \qquad\qquad (17\text{-}7)$$

단, D_t : t기의 주당배당액
        b : 유보율
    $1-b$: 배당성향
   EPS_t : t기의 주당이익

이처럼 배당은 배당성향을 주당이익에 곱한 값과 동일하므로, 주식의 가치평가 모형에서는 양자의 관계를 이용하여 모형을 변형시킬 수 있다.

먼저 이익의 성장률이 일정하다고 가정하면 t기의 배당액(D_t)은 다음과 같이 표현할 수 있다.

$$D_t = (1-b)EPS_0(1+g)^t \qquad\qquad (17\text{-}8)$$

배당성향, 이익, 그리고 성장률을 배당흐름에 대체시켜 나가면, (17-2)식의 주식의 가치평가모형은 다음과 같은 수식으로 나타낼 수 있다.

$$PV = \sum_{t=1}^{\infty} \frac{D_t}{(1+R)^t} \qquad\qquad (17\text{-}9a)$$

$$PV = \sum_{t=1}^{\infty} \frac{(1-b)EPS_t}{(1+R)^t} \qquad\qquad (17\text{-}9b)$$

$$PV = \sum_{t=1}^{\infty} \frac{(1-b)EPS_0(1+g)^t}{(1+R)^t} \qquad\qquad (17\text{-}9c)$$

$$PV = \sum_{t=1}^{\infty} \frac{D_0(1+g)^t}{(1+R)^t} \qquad\qquad (17\text{-}9d)$$

위의 식들을 살펴보면, 주식의 가치평가에서 이익의 성장률(g)과 배당의 성장률(g)이 완전히 동일하다는 것을 알 수 있다. 그리고 시장이 균형상태에 있으면, 주식에 대한 투자자의 최저요구수익률과 적정할인율(R)은 일치하게 되므로 유한한 투자기간의 경우 주식의 가치평가모형을 다음과 같이 변형시킬 수 있다.

$$PV = \sum_{t=1}^{N} \frac{D_t}{(1+R)^t} + \frac{P_N}{(1+R)^N}$$

$$PV = \sum_{t=1}^{N} \frac{(1-b)EPS_t}{(1+R)^t} + \frac{P_N}{(1+R)^N} \qquad (17-10a)$$

$$PV = \sum_{t=1}^{N} \frac{(1-b)EPS_0(1+g)^t}{(1+R)^t} + \frac{P_N}{(1+R)^N} \qquad (17-10b)$$

$$PV = \sum_{t=1}^{N} \frac{D_0(1+g)^t}{(1+R)^t} + \frac{P_N}{(1+R)^N} \qquad (17-10c)$$

예 17-3   유한기간 일정 성장하는 경우의 주식가치

어떤 투자자가 주당이익이 2,000원이고, 배당성향과 유보율이 각각 40%와 60%인 주식에 3년간 투자한다고 가정하자. 이 주식의 성장률은 일정하게 매년 8%이고, 투자자의 요구수익률이 12%이다. 투자기말의 예상주가가 12,000원일 경우에 주식의 가치는 얼마가 되겠는가?

$$PV = \sum_{t=1}^{N} \frac{(1-b)EPS_0(1+g)^t}{(1+R)^t} + \frac{P_N}{(1+R)^N}$$

$$= \sum_{t=1}^{3} \frac{(1.0-0.6)(2,000)(1+0.08)^t}{(1+0.12)^t} + \frac{12,000}{(1+0.12)^3}$$

$$= (0.4)(2,000)(2.7907) + (12,000)(0.7118) = 10,774.32원$$

그리고 주식이 무한한 미래의 기간 동안 일정 성장을 하는 평가모형, 즉 (17-9d)식은 다음과 같이 단순화시킬 수 있다.[4]

---

4) (17-11)식이 도출되는 과정을 간단하게 살펴보자. 먼저 (17-9d)식을 풀어서 쓰고, 이 식의 양변에 $(1+g)/(1+R)$를 곱하자.

$$PV = D_0 \left[\frac{(1+g)^1}{(1+R)^1} + \frac{(1+g)^2}{(1+R)^2} + \frac{(1+g)^3}{(1+R)^3} + \cdots \right] \qquad ①$$

$$PV \left[\frac{1+g}{1+R} \right] = D_0 \left[\frac{(1+g)^2}{(1+R)^2} + \frac{(1+g)^3}{(1+R)^3} + \frac{(1+g)^4}{(1+R)^4} + \cdots \right] \qquad ②$$

이제 ②식에서 ①식을 빼서 정리하면, 다음과 같이 된다.

$$PV \left[1 - \frac{1+g}{1+R} \right] = D_0 \left[\frac{1+g}{1+R} \right]$$

$$PV = \frac{D_0(1+g)}{R-g} = \frac{D_1}{R-g}$$

그리고 균형상태에서는 $PV=P_0$가 된다. 이 식을 고든모형(Gordon model), 또는 고든의 주가모형이라고 한다.

$$PV = \frac{D_1}{R-g} \tag{17-11}$$

⑩ 17-4   **무한기간 일정 성장하는 경우의 주식가치**

    어느 주식의 1기말 주당배당액이 1,000원이 될 것으로 예상된다. 이 주식에 대한 투자자의 최저요구수익률이 14%라고 하자. 앞으로 배당액이 매년 일정하게 10%씩 성장한다면, 이 주식의 가치는 얼마로 평가되겠는가?

$$PV = \frac{D_1}{R-g} = \frac{1,000}{0.14-0.10} = 25,000원$$

2.2   성장률의 변동과 주식의 가치평가

    앞에서는 배당의 성장률이 일정하다고 가정하였다. 그러나 성장률은 기간에 따라 변동하는 경우가 많다. 이제 성장률이 변동하는 경우에 있어 주식의 가치평가모형에 대해 살펴보자.

(1) 무성장 주식의 가치평가

    먼저 주식의 배당이 매 기간 아무런 변동 없이 영구히 지급되는 주식의 가치를 평가하여 보자. 이러한 주식은 영구채권의 성격과 완전히 동일하므로 배당액은 영구채권의 이자와 같다. 따라서 무성장 주식의 가치는 현금흐름인 배당액을 자본환원율인 R로 나누어서 산출한다. 이는 영구채권의 평가방법과 동일하다. (17-11)식에서 성장률 g를 0으로 놓으면, (17-12)식이 된다.

$$P_0 = \frac{D_1}{R-0} = \frac{D_1}{R} \tag{17-12}$$

    이 주식의 가치는 당연히 일정 성장하는 주식의 가치보다 낮게 평가된다.

⑩ 17-5   **무성장 주식의 가치**

    [예 17-4]의 경우에서, 성장률이 0이라면 이 주식의 가치는 얼마일까? 즉 어느 주식의 1기말 주당배당액이 1,000원이 될 것으로 예상되며, 이 주식에 대한 투자자의 최저요구수익률이 14%라고 하자. 앞으로 배당액이 매년 동일하게 지급된다면, 이 주식의 가치는 얼마로 평가되겠는가?

$$PV = \frac{D_1}{R} = \frac{1,000}{0.14} = 7,142.9원$$

(2) 부성장 주식의 가치평가

기업의 배당이 부(−)의 성장을 하는 경우 주식의 가치에 대해 살펴보자. 부(−)의 성장을 하는 기업은 산업의 성격이나 기타 경영상의 여건으로 인하여 사양화단계에 있는 기업을 말한다. 즉 배당액이 매 기간마다 일정한 비율로 감소하고 있는 기업이다.

이러한 기업이 발행한 주식의 가치는 성장률이 부(−)의 값을 가지므로 (17−11)식에서 분모의 값, 즉 배당흐름에 대한 자본환원율은 다음 식과 같이 주식에 대한 투자자들의 요구수익률(R)보다 높아진다.

$$PV = \frac{D_1}{R - (-g)} = \frac{D_1}{R + g} \qquad (17-13)$$

따라서 부(−)의 성장을 하는 주식의 가치는 매우 낮게 평가된다는 것을 알 수 있다.

예 17−6   부(−) 성장 주식의 가치

[예 17−4]와 같이 어느 주식의 1기말 주당배당액이 1,000원이 될 것으로 예상되며, 이 주식에 대한 투자자의 최저요구수익률이 14%라고 하자. 앞으로 배당액이 매년 일정하게 −3%씩 부의 성장을 한다면, 이 주식의 가치는 얼마로 평가되겠는가?

$$PV = \frac{D_1}{R + g} = \frac{1,000}{0.14 + 0.03} = 5,882.4원$$

제 3 절   주가수익비율과 주식가치

3.1 주가수익비율과 이익승수

일반적으로 주식의 가치는 미래의 예상 배당흐름을 현가로 산출한 것이다. 자본시장이 균형상태에 있으면 주식의 내재가치가 시장가격(P_0)과 일치한다. 그리고 투자기간이 유한한 경우의 주식가치는 투자기간 동안 지급될 것으로 예상되는 배당흐름과 투자기간 말의 예상주가(P_N)를 할인하여 현가로 산출한 값이라고 할 수 있다. 따라서 유한한 투자기간 동안 투자할 경우의 주식가치는 다음의 두 식으로 추정할 수 있다.

$$PV = \sum_{t=1}^{N} \frac{D_t}{(1+R)^t} + \frac{P_N}{(1+R)^N} \qquad (17-14)$$

$$P_N = \sum_{t=N+1}^{\infty} \frac{D_t}{(1+R)^{t-N}} \qquad (17-15)$$

위의 두 식으로 PV 또는 P_N을 산출하는 데에 있어서는 현실적으로 다소의 한계점이 있다. 배당의 흐름은 각 기간마다 달라질 수 있으며, 배당을 무한한 미래까지 정확하게 예측한다는 것은 불가능하기 때문이다. 따라서 주식가치의 산출에 있어서 이러한 한계점을 보완해 주는 대체적 방법이 필요하게 된다.

주가는 주당이익과의 관계를 이용하여 설명할 수 있다. 현재의 주가(P_0)를 주당이익(EPS_0)으로 나누면, 현재의 주가가 주당이익의 몇 배에 해당하는가를 나타내는데, 이 배수를 주가수익비율(price earnings ratio, P/E비율, PER)이라고 한다. 이러한 주가수익비율을 주당이익에 곱하면 주가가 산출된다.

$$P_0 = (P/EPS)_0 \times EPS_0 \qquad (17-16)$$

위 식에서 주당이익(EPS_0)이 주어진 경우라면, 주가수익비율이 상승하게 되면 주가도 높아진다.

주가수익비율을 역수로 표현하면 주당이익을 투자액인 주가로 나눈 비율, 즉 투자수익률이 된다. 이것은 투자자의 최저요구수익률 또는 적정할인율과 동일한 개념이다. 주당이익을 투자수익률로 나누면 다시 투자액인 주가(P_0)가 산출(자본환원)되므로, 이러한 투자수익률을 자본환원율이라고도 한다.

주가수익비율은 흔히 이익승수(earnings multiplier, EM)와 동일한 개념으로 생각하고 서로 호환적으로 사용하는 경우가 많다. 그러나 엄격한 의미에서 본다면 주가수익비율은 주로 현재의 시점에서 사용되는 개념인데 비해, 이익승수는 미래의 특정지점에서 예측치로 사용되는 경우가 많다. 즉 현재의 주가를 산출할 때는 시장에서 평가된 현재의 주가수익비율에 현재의 주당이익을 곱하지만, 미래의 예상주가 P_N은 미래 N시점의 예상이익승수에 예상주당이익을 곱하여 다음과 같이 산출한다.[5]

$$P_N = EM_N \times EPS_N \tag{17-17}$$

단,　P_N : N 시점의 예상주가
　　EM_N : N 시점의 예상이익승수
　　EPS_N : N 시점의 예상주당이익

예 17-7　이익승수와 예상주가

현재의 주식시장의 상황을 고려할 때, A주식의 주가수익비율은 현재 14배, 주당이익은 100원이다. 투자기말인 N시점에서 B주식의 이익승수는 16배, 주당이익은 역시 100원으로 예상된다. A주식의 현주가(P_0)와 B주식의 N시점에서의 예상주가(P_N)는 각각 얼마가 되겠는가?

A주식 : $P_0 = (P/EPS)_0 \times EPS_0 = 14 \times 100 = 1,400$원

B주식 : $P_N = EM_N \times EPS_N = 16 \times 100 = 1,600$원

3.2 이익승수의 결정요인

이익승수의 결정에 중요하게 영향을 미치는 요인으로는 ⓐ 배당성향, ⓑ 성장률, ⓒ 투자자의 최저요구수익률 또는 적정할인율이 있다. 이들을 함수관계로 표현하면

---

5) 주가수익비율과 대조되는 개념으로 주가배당률(price-dividends ratio, PDR)이 있다. 이는 현재의 주가를 주당배당액으로 나눈 배수이다. 이 주가배당률에 주당배당액을 곱하면 현재의 주가가 산출된다. 그리고 주가배당률에 배당성향을 곱하면 주가수익비율이 산출된다($PDR(1-b) = PER$). 마찬가지로 이익승수와 대조되는 개념인 배당승수(dividend multiplier)가 있다. 이 두 개념의 관계는 주가수익비율과 주가배당률의 관계와 동일하다.

다음과 같다.

$$EM_N = f((1-b)_N, \ g_N, \ R_N) \tag{17-18}$$

단, EM_N : N시점의 이익승수

b : 유보율

$(1-b)_N$: N시점 이후의 배당성향

g_N : N시점 이후의 이익성장률

R_N : N시점 이후의 적정할인율

이러한 세 요인이 이익승수의 결정에 미치는 구체적인 영향은 고든모형을 기초로 하여 이익승수모형을 도출해 보면 명확해 진다. 배당성향이 고정되어 있고, 배당의 성장률이 일정하다고 하면, 주식의 가치(PV)는 다음과 같이 평가된다고 하였다.

$$PV = \sum_{t=1}^{\infty} \frac{(1-b)EPS_0(1+g)^t}{(1+R)^t} \tag{17-9c}$$

이 식에서 자본시장이 균형상태에 있게 되면 주식의 가치는 시장가격과 동일($PV=P_0$)하다. 따라서 이 식의 PV를 P_0로 대체한 다음, 양변에 EPS_0로 나누어 정리하면 다음과 같이 된다.[6]

$$\frac{P_0}{EPS_0} = \sum_{t=1}^{\infty} \frac{(1-b)(1+g)^t}{(1+R)^t}$$

$$\left(\frac{P}{EPS}\right)_0 = \frac{(1-b)}{R-g} \tag{17-19}$$

위 식은 주가수익비율이 배당성향, 적정할인율, 그리고 이익성장률의 함수라는 것을 보여주고 있다. 그리고 이 식을 N시점의 이익승수로 표현하면 다음과 같이 된다.

$$EM_N = \frac{(1-b)_N}{R_N - g_N} \tag{17-20}$$

단, EM_N : N시점의 이익승수

$(1-b)_N$: N시점 이후의 배당성향

---

6) 이 (17-19)식의 도출과정은 고든모형을 도출하는 과정과 유사하다. 그러나 이 식의 분자가 $(1-b)_1$이 아니고 $(1-b)$로만 표현되고 있다. 그 이유는 배당성향$(1-b)$을 고정시킬 때, 이익성장률과 배당성장률이 동일하다고 가정하였기 때문이다. 이제 이러한 논리를 역으로 적용한다면 성장률이 일정하므로 배당성향인 $(1-b)$는 고정이 되어야 한다.

R_N : N시점 이후의 적정할인율

g_N : N시점 이후의 이익성장률

예 17-8   이익승수와 주가

어느 주식에 5년간 투자하기로 했다고 하자. 5년 이후부터는 이 주식의 주당이익, 이익성장률, 배당성향, 적정할인율이 각기 100원, 8%, 40%, 12%로 예상된다면 5년 후의 시점에서 이 주식의 이익승수와 주가는 얼마로 산출될 것인가?

$$EM_5 = \frac{(1-b)_5}{R_5 - g_5} = \frac{0.4}{0.12 - 0.18} = 10배$$

$$P_5 = EM_5 \times EPS_5 = 10 \times 100 = 1,000원$$

이제 이익승수모형인 (17-20)식을 분석해 보면 다음과 같은 세 가지 중요한 점을 확인할 수 있다. 그리고 이러한 점들은 (17-19)식의 주가수익비율모형에도 그대로 적용된다.

첫째, 이익승수의 결정에 영향을 주는 요인은 ⓐ 배당성향, ⓑ 이익성장률, ⓒ 적정할인율이다. 둘째, 이익승수는 배당성향에는 정비례하며, 성장률과는 동일한 방향으로 증감한다. 셋째, 이익승수는 적정할인율이나 자본환원율과 반대방향으로 움직인다. 즉 적정할인율이 증가하면 이익승수는 감소하고, 그 역도 성립한다.

제 4 절   주식평가지표

일반적으로 주식이 시장에서 적정하게 평가되어 있는지를 알아보기 위하여 주식 발행기업의 현금흐름, 매출액, 자기자본의 장부가액 등과 비교하여 주가수준을 평가하는 방법을 이용하기도 한다. 이러한 분석방법을 배수법(multiple method)이라고 한다. 이러한 분석에서 많이 이용되는 비율은 주가현금흐름비율(PCR), $EV/EBITDA$비율, 주가매출액비율(PSR), 주가장부가비율(PBR) 등이 있다. 여기서는 이러한 주식평가지표에 대하여 자세히 살펴보자.

4.1 주가현금흐름비율

주가현금흐름비율(price-cashflow ratio, PCR)은 주가를 주당현금흐름으로 나눈 비율이다.

$$PCR = \frac{P_0}{CFPS} \tag{17-21}$$

$$\text{단, } PCR : \text{주가현금흐름비율}$$
$$P_0 : \text{주가}$$
$$CFPS : \text{주당현금흐름}$$

이 비율은 경제적 수익성을 나타내는 현금흐름을 이용하여 주가를 평가하는 지표이다. 이 비율은 주식의 가치평가에서 현금흐름의 중요성이 커지면서 많이 이용되고 있다. 이 비율은 감가상각비의 비중이 높은 장치산업의 주식을 평가할 때 많이 이용된다.

PCR이 높다는 것은 기업이 창출하고 있는 현금흐름 수준보다 주가가 더 높게 형성되어 있다는 것을 의미한다. 따라서 향후 주가가 하락할 가능성이 높은 것으로 평가할 수 있다. PCR이 낮은 경우는 반대로 해석할 수 있다.

4.2 EV/EBITDA 비율

$EV/EBITDA$ 비율은 기업가치(enterprise value, EV)를 감가상각비 차감전 영업이익(earning before interest, tax, depreciation and amortization, EBITDA)으로 나눈 비율이다. 여기서 기업가치(EV)는 이자지급부 부채와 주식 시가총액의 합계이고, $EBITDA$는 영업이익에 감가상각비를 더한 금액이다.

$$EV/EBITDA \text{ 비율} = \frac{EV}{EBITDA} \tag{17-22}$$

$EV/EBITDA$ 비율이 높다는 것은 기업이 창출하는 현금흐름보다 기업가치를 더 높게 평가받고 있다는 것을 의미한다. 한편 주가평가에는 기업가치 대신에 주가를 이용하여 1주당 $EBITDA$로 나눈 주가/$EBITDA$ 비율도 사용되고 있다.

$$주가/EBITDA\text{비율} = \frac{P_0}{주당\ EBITDA} \tag{17-23}$$

이론적으로 엄밀히 말하면 $EBITDA$는 이자지급 전의 현금흐름지표이기 때문에 주가보다는 부채를 포함하는 기업가치에 대응시켜 평가하는 것이 바람직하다. 그렇지만 이익을 창출하지 못하거나 적자가 지속되고 있는 벤처기업의 주가를 평가할 때, 이 지표를 많이 사용하고 있다. 벤처기업의 경우 부채를 보유하고 있지 않은 기업이 많기 때문에, 이러한 비율을 평가지표로 사용하더라도 큰 문제는 없을 것이다.

4.3 주가매출액비율

주가매출액비율(price-sales ratio, PSR)은 주가를 주당매출액으로 나눈 비율이다.

$$PSR = \frac{P_0}{주당매출액} \tag{17-24}$$

기본적으로 주가는 기업의 이익이나 현금흐름 등의 관계에서 평가되어야 하는데, PSR은 사업규모를 나타내는 매출액을 이용하고 있어 평가지표로서 적절하지 않을 수 있다.

다만, 이 비율이 의미를 가지는 경우는 기업의 이익이 일시적 요인에 의해 하락하거나, 적자가 발생하여 현재의 이익수준을 가지고 주가를 평가할 수 없는 경우이다. 이러한 경우에는 PSR을 산업평균이나 동업종 타사의 PSR과 비교함으로써 매출액이익률이 산업평균 혹은 동업종 타사 수준으로 창출된다고 가정할 때의 주가수준을 평가할 수 있다.

이 비율은 주가/$EBITDA$비율과 마찬가지로 이익을 창출하지 못하거나 적자가 지속되고 있는 벤처기업의 주가를 평가하는 지표로 사용되고 있다.

4.4 주가장부가비율

주가장부가비율(price to book ratio, PBR)은 주가를 1주당 순자산(자기자본)의 장부가격으로 나눈 비율이다.

$$PBR = \frac{P_0}{주당순자산} \tag{17-25}$$

*PER*가 이익이라는 유량(flow)과 주가를 비교하여 평가하는 지표라면, *PBR*은 1주당 자기자본이라는 장부상의 저량(stock)과 비교하여 주가를 평가하는 척도이다. 재무상태표상의 주당순자산은 주식의 자산가치로서 청산가치를 나타내고 있기 때문에 주식의 최저가치라고 할 수 있다.

그러나 엄밀히 말하면, 기업이 순현재가치(*NPV*)가 음($-$)인 사업을 수행하여 기업의 가치가 오히려 감소하고 있다고 시장의 투자자들이 평가하는 경우에는 당해 기업의 *PBR*이 1보다 작아질 수 있다.

1 다음 용어를 설명하라.

① 주식가치평가모형   ② 과대평가와 과소평가   ③ 배당성향

④ 주가수익비율   ⑤ 이익승수   ⑥ PBR

⑦ PCR   ⑧ EV/EBITDA

2 주식의 투자결정에 있어 세 가지 판단기준을 제시하고 설명하라.

3 영구적 투자기간의 주식가치평가모형과 유한한 투자기간의 주식가치평가모형은 논리적으로 동일한 모형이다. 그 이유를 식을 전개해 가면서 설명하라.

4 주가수익비율과 이익승수의 차이점을 설명하라.

5 이익승수의 결정요인을 구체적으로 설명하라.

6 S주식은 현재 시가가 1만원이다. 앞으로 5년 동안 이 주식의 연간 배당액은 400원이 될 것이다. 5년 말 주가는 1만 3천원으로 예상된다.

(1) 투자기간이 앞으로 5년이고, 적정할인율이 12%라고 한다면, 이 주식을 매입하는 것이 옳은가?

(2) 현재의 주가로 이 주식을 매수한다면 할인율은 얼마가 될 것인가?

(3) 이 주식의 수익률이 10%라고 할 경우 내재가치를 산출하라.

7 작년도 J주식의 주당이익과 주당배당액은 각각 500원과 200원이었다. 적정할인율은 12%이고 배당성향에도 아무런 변동이 없으며 이익성장률은 앞으로 일정하게 8%가 될 것으로 예상된다. 이 주식의 가치는 얼마로 평가될 것인가?

8 다음의 A주식과 B주식의 자료를 근거로 하여 어느 주식에 투자하는 것이 유익한지 결정하라. 배당성향은 일정하며 투자기간은 4년이다.

구 분	A 주식	B 주식
시가	1,000원	1,000원
현재의 주당이익	180원	150원
현재의 주당배당액	90원	50원
앞으로 4년 간 기대이익성장률	4%	22%
4년 말 추정 이익승수	5배	11배
적정할인율	12%	15%

해답

6. (1) 8,818원 (2) 9.01% (3) 9,588원
7. 5,000원
8. A주식(A주식 가치는 1,288.03원, B주식의 가치는 928.98원)

18

기술적 분석

투자자들은 투자성과를 높이기 위하여 과소 혹은 과대 평가된 종목을 선별하고, 적절한 투자시점을 선택하여 매매거래를 수행하여야 한다. 이 장에서는 투자시점을 분석하기 위한 여러 가지 기술적 분석방법의 개념과 지표의 산출과정들을 살펴본다.

먼저 Dow이론을 통하여 기술적 분석에서 일반적으로 이용하는 분석방법의 기초를 설명한다. 다음으로 선도표, 봉도표, P&F도표 등의 도표를 이용하여 분석하는 방법에 대해 설명한다. 그리고 주가의 이동평균을 이용하여 향후 주가변동을 예측하는 방법에 대해 소개한다. 여기서는 시장폭, 등락선, 등락비율, 등락지수 등을 산출하고 이용하는 방법에 대해서도 설명한다. 거래량을 이용한 분석방법에서는 거래량 이동평균, OBV, VR 등의 지표를 소개한다. 마지막으로 상대적 강도지수, 반대의견의 지수, 신뢰도지수 등을 산출하고, 이를 이용하는 방법을 간략하게 설명할 것이다.

마지막으로 위와 같이 다양한 기술석 분식방법이 어느 정도 유용하며, 주식시장이 효율적인 경우에도 이러한 분석방법으로 초과수익률을 얻을 수 있는가에 대한 논의를 소개한다.

증권에 대한 투자분석방법에 관해서는 증권시장이 개설된 이후 지속적으로 연구되어 왔다. 증권에 대한 투자분석방법은 크게 기본적 분석(fundamental analysis)과 기술적 분석(technical analysis)의 두 가지로 구분하기도 한다.

기본적 분석은 주식의 내재가치(intrinsic value)를 산출하는 데 주된 목적을 두고 있다. 기본적 분석에서는 내재가치에 영향을 주는 제반 요인을 관찰하여 일시적인 시장 불균형을 파악하고, 과소 혹은 과대 평가된 주식을 선별하는 분석방법이라고 할 수 있다.

반면에 기술적 분석은 내재가치에 영향을 주는 요인에 대해서는 그다지 큰 관심을 기울이지 않는다. 기술적 분석자들의 주장에 따르면, 주가는 주로 시장에서 수요와 공급에 따라 결정되며, 주가가 변동하는 행태는 반복적인 패턴을 가진다고 한다. 이들은 도표를 이용하여 과거 주가의 변동패턴이나 추세를 파악하면 미래의 주가변동을 예측할 수 있다고 주장한다. 이들은 과거에 반복되었던 추세가 미래에도 반복될 가능성이 아주 높기 때문에 추세를 기초로 한 예측이 거의 확실하다고 주장한다.

기술적 분석에서 일반적으로 이용되고 있는 암묵적인 가정을 정리하면 다음과 같다.[1]

ⓐ 증권의 가치는 시장에서의 수요와 공급의 상호작용에 의해서 결정된다.

ⓑ 수요와 공급은 수없이 많은 요인에 의하여 결정되는데, 이러한 요인에는 합리적인 요인도 있고 비합리적인 요인도 있다.

ⓒ 주가는 미세한 시장변동을 무시하면, 상당한 기간 동안 지속적으로 나타나는 장기추세에 따라 움직이는 경향이 있다.

ⓓ 추세의 변화는 수요, 공급의 변동에 의해 야기된다.

ⓔ 수요, 공급의 변동은 발생 이유에 관계없이 시장의 움직임을 나타내는 도표에 의해 탐지될 수 있다.

ⓕ 도표상의 몇 가지 가격패턴은 스스로 반복하는 경향이 있다.

---

1) R. D. Edwards and John Magee, Jr.(1958), *Technical Analysis of Stock Trends*, 4th ed., John Magee, p. 86; J. C. Francis and R. Ibbotson(2002), *Investments: A Global Perspective*, Prentice-Hall, p. 778.

이러한 기본가정 하에서 분석을 실시하고 있는 기술적 분석자들도 기본적 분석이 이론적이지 못하거나 예측에서 오류가 있다고 생각하지는 않는다. 주가가 결국 내재가치에 접근할 것이라는 점에서는 기본적 분석자와 의견이 같다. 그러나 기술적 분석자들은 기본적 분석이 과대 혹은 과소 평가된 주식을 선별하는 데에는 적합할지 모르지만, 주가의 변동시기를 예측하는 데에는 적합하지 않다고 생각한다.

과거 오랫동안 기술적 분석에서는 주가의 분석과 예측방법으로서 도표에 나타난 추세분석을 주로 이용하여 왔다. 현재는 계량적 분석기법도 함께 사용하고 있다. 기술적 분석의 여러 기법들은 증권시장을 이해하는 데 도움이 될 수 있고, 연구할 가치가 충분히 있다고 할 수 있다.

제 2 절   Dow이론

2.1   Dow이론의 개념

Dow이론(Dow Theory)은 19세기 후반에 C. H. Dow가 최초로 제시한 분석방법으로 많은 기술적 분석의 기초가 되고 있다. Dow는 'Wall Street Journal'의 창설자이자 편집자였다. Dow이론은 W. P. Hamilton이 이어 받아 더욱 확장되었다. Hamilton은 증권시장의 동향과 전반적인 기업경기의 관계를 분석하고, Dow이론을 기술적 분석에 연결시켰으며, 기술적 분석과 기본적 분석의 차이를 구분하는 등 이론을 체계화시켰다. 1932년에 C. Rhea의 'Dow Theory'라는 제목의 책에서 Dow이론이라는 명칭이 공식적으로 이용되었다.

Dow이론에서는 대부분의 주식의 가격은 동일한 방향으로 움직이는 경향이 있다고 본다. 특히 투자자들에게 잘 알려진 주식의 가격은 강세시장(bull market)에서 상승하고, 약세시장(bear market)에서 하락한다는 것이다. 따라서 주가지수의 변동상황을 자세하게 관찰하면 전반적인 증권시장의 추세를 파악할 수 있다고 한다.

Dow이론에서는 어떤 시점에서의 주식시장은 시장지수 혹은 증권가격에 세 가지 형태의 움직임 즉, ⓐ 주추세(major trend) 또는 1차추세(primary trend), ⓑ 중

그림 18-1 Dow이론의 추세선

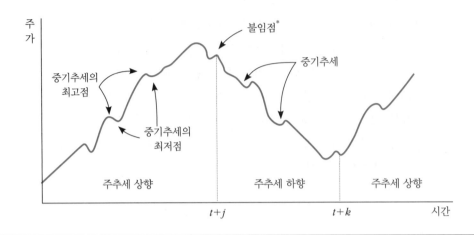

* 불임점(abortive recovery)은 앞으로 주추세의 전환을 예고하는 점이다.

기추세(intermediate trend) 또는 2차추세(secondary trend), ⓒ 1일변동(day-to-day fluctuation) 또는 소추세(minor trend)가 동시에 작동한다고 설명한다.

주추세는 1년 이상 적어도 4년까지의 기간 동안 주가의 상승 또는 하락이 지속되는 장기추세를 의미한다. 주추세가 상승세에 있을 때에는 강세시장이라 하고, 하락세에 있을 때에는 약세시장이라고 한다.

중기추세는 주추세의 과정에서 추세를 조정하는 시장의 반작용에 의하여 나타나는 반복추세로서, 수주 혹은 수개월 동안만 지속된다. Dow이론에서는 중기추세의 중요성을 강조하고 있다. 즉 중기추세를 체계적으로 분석함으로써 미래의 장기추세를 예측하여 투자결정에 도움을 줄 수 있다는 것이다.

소추세는 단기적인 주가변동을 의미하며, 이 추세의 움직임은 별로 중요하지 않다고 한다. 그렇지만 도표분석자들은 중요한 주추세의 최근 진행방향을 판단하기 위하여 일별 가격을 도표화하고 있다.

Hamilton 등은 Dow이론을 다음과 같이 확장하고 해석하였다.

첫째, 주가지수의 주추세에서 직전의 최고가격을 초과하면 시장은 상승세이며, 그 반대의 경우는 하락한다.

둘째, 시장에는 균형상태를 이루는 기간이 존재한다. 즉 주가의 움직임은 극히 소폭으로 수주에 걸쳐 등락하는 기간이 존재한다. 이 기간을 매집기간(accumulation period) 또는 분산기간(distribution period)이라고 한다.[2] 이 기간 중에는 시장

---

2) 매집(accumulation)은 앞으로 주가의 상승을 예상하거나 또는 다른 목적으로 주식을 집중적으로

의 최고수준이나 최저수준이 형성되며, 주가지수가 최고수준을 초과하여 상승하면 주추세가 일반적으로 상향할 단계에 도달한 것이며, 그 반대의 경우는 하향할 단계에 도달한 것이라고 한다.

셋째, 주추세가 상향국면에 있을 때에는 중기추세에서 직전의 최고점(peak)보다 높은 최고점을 갖게 되며, 최저점(trough)은 직전의 최저점보다 높게 나타난다. 반대로 시장의 주추세가 하향할 때는 중기추세의 최고점과 최저점이 반대로 나타난다.[3]

2.2 거래량의 고려와 Dow이론

Dow나 Hamilton은 거래량을 직접 고려하지 않았다. 그러나 Rhea 등의 Dow이론의 후계자들은 추세분석에서 거래량이 고려될 경우에 예측력이 보강된다고 믿었다. Dow이론에서 시장추세에 거래량을 보완하면 〈표 18-1〉과 같이 시장상황을 네 가지로 구분하여 예측할 수 있다고 한다.

Dow이론의 장점은 이론이 복잡하지 않기 때문에 투자자가 이용하기 쉽다는 것이다. 그러나 Dow이론을 투자결정에 적용할 때는 다음과 같은 몇 가지 한계가 있다.

첫째, 추세가 중기 또는 단기에서 자주 반작용을 일으킬 때는 Dow이론이 적합한 예측력을 가지지 못한다.

둘째, 주가의 동향이 일정할 때 Dow이론의 설명력이 부족하다.

셋째, Dow이론은 거래에서 발생하는 주식의 위험을 고려하지 않는다. 특히 포트폴리오의 개념을 전혀 고려하지 않는다는 것은 투자결정에서 문제점이 된다.

표 18-1 시장상황과 거래량에 따른 시장예측

시장국면	거래량	징조(예측)	이유
상 향	증 대	상향 계속	매 집
하 향	증 대	하향 계속	분 산
상 향	감 소	반 락	매수량 부족
하 향	감 소	반 등	매도량 부족

매수하는 것을 의미한다. 분산(distribution)은 주가의 하락을 예상하거나 또는 다른 목적으로 주식을 집중적으로 매도 또는 공매하는 현상을 의미한다.

3) W. P. Hamilton(1922), *The Stock Market Barometer*, Dow Jones; C. Rhea(1932), *The Dow Theory*, Dow Jones.

제 3 절 │ 기술적 분석의 도표

기술적 분석에서 시장의 추세파악에 이용하는 분석기법은 도표(chart)를 이용하는 방법과 지표(indicator)를 이용하는 방법으로 크게 나눌 수 있다. 여기서는 도표를 이용하는 기술적 분석방법에 대하여 설명한다.

3.1 도표의 종류

도표를 이용하여 주가를 예측하는 기술적 분석방법은 Dow이론으로부터 발전되었다. 기술적 분석자들은 도표분석의 중요성을 강조하고 있다. 기술적 분석에서 사용하고 있는 도표는 ⓐ 선도표(line chart), ⓑ 봉도표(bar chart), ⓒ P&F도표(point and figure chart) 등의 세 종류가 있다.

(1) 선도표

선도표(line chart)는 시간의 흐름에 따라 종가를 연결한 도표이다. 선도표에서는 고가와 저가는 표시되지 않고 단지 종가변동의 추세만 나타낸다. 선도표는 분석가의 의도에 따라 개별종목의 주가나 주가지수의 선도표, 그리고 일별, 주별, 월별, 연별 선도표 등 분석대상과 측정기간에 따라 달리 작성된다. [그림 18-1]의 일별 선도표는 Dow이론의 추세선을 설명한 것으로 선도표의 예이다.

(2) 봉도표

봉도표(bar chart)는 기술적 분석자들이 가장 많이 이용하는 도표이다. 봉도표도 분석대상과 측정기간에 따라 달라진다. 봉도표는 [그림 18-2]와 같이 가로축에는 시간, 세로축에는 주가와 거래량을 나타낸다.

주가와 거래량은 측정단위가 서로 다르기 때문에 세로축의 중간을 불연속시켜서 윗부분에는 주가를 그리고 아랫부분에는 거래량을 표시한다. 봉도표의 주가부분에 수직으로 표시된 막대(봉)는 측정시점에서의 주가변동을 나타낸다. 막대의 위쪽은 고가, 아래쪽은 저가, 가로로 짧게 표시한 것은 종가를 나타낸다. 이처럼 봉도표는 시간, 주가, 거래량 등이 동시에 표현되어 있으며, 이들의 상호작용을 분석하여 미

그림 18-2 봉도표의 예

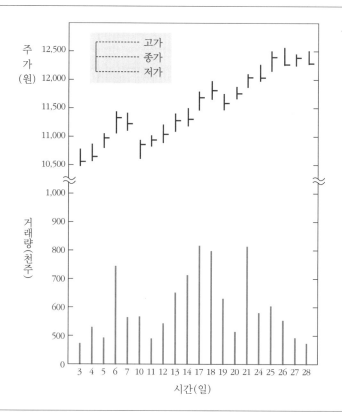

래주가의 추세를 판단하는 데에 유용하다.

(3) P&F도표

봉도표는 시간, 주가, 거래량 등의 세 가지 요인으로 주가 추세가 언제, 어떻게 변동할 것인가를 예측할 수 있지만, 구체적으로 주가가 얼마만큼 상승 또는 하락할 것인가에 대해서는 설명하지 못하고 있다. P&F도표(point and figure chart, P&F chart)는 개별종목 주가의 변동폭을 예측할 수 있는 기법으로, 시간과 거래량은 전혀 고려하지 않고, 오직 주가변동만을 분석하여 주가를 예측한다.

P&F도표의 작성에는 [그림 18-3]과 같이 바둑판 모양의 표를 이용한다. 이 그림은 개별종목의 P&F도표이다. 주가변동의 단위 또는 점수단위를 500원으로 하고 있다. 점수단위의 크기는 정해져 있는 것이 아니라 주식에 따라 작성자가 임의대로 결정한다.[4]

---

4) 일반적으로 위험이 높은 공격적 주식의 점수단위는 크게 결정되고, 위험이 낮은 방어적 주식의

그림 **18-3** P&F도표의 예

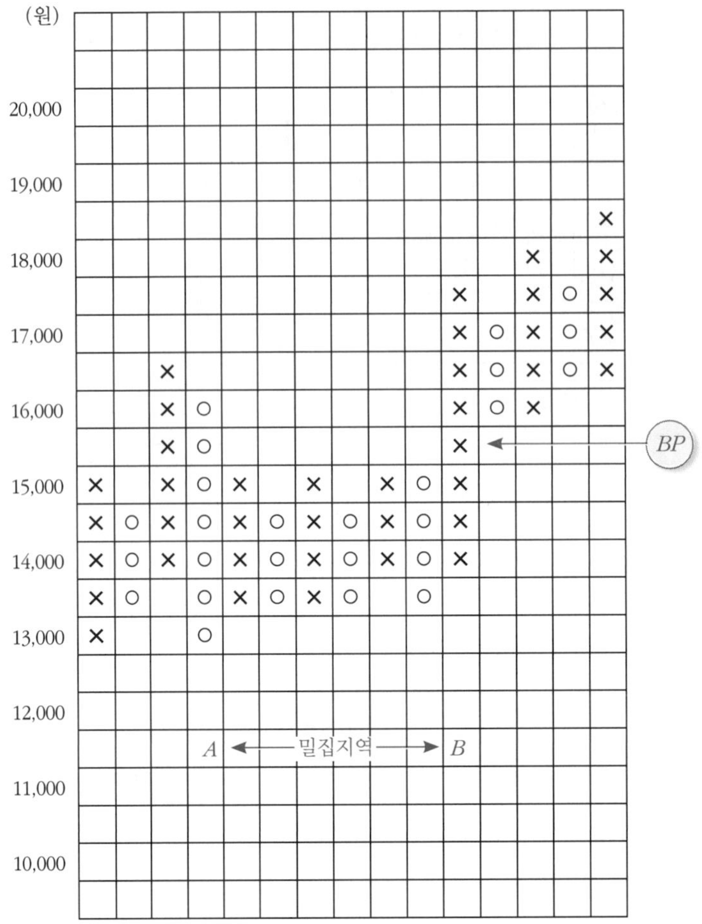

(원)

20,000

19,000

18,000

17,000

16,000

15,000

14,000

13,000

12,000

11,000

10,000

A ←———밀집지역———→ *B*

BP

[그림 18-3]의 P&F도표의 예를 보면, 이 도표에서 주가는 12,500에서 시작한다. 점수단위(500원)가 1단위 상승할 때마다 수직으로 바로 윗칸에 ×표시를 한다. 예를 들어, 주가가 12,500원에서 15,000원까지 5단위 상승한 경우에는 계속해서 윗칸에 5개의 ×표를 한다.

이제 주가가 15,000원에서 1단위(500원) 하락하였다고 하자. 이때에는 열을 바꾸어 주가하락의 표시인 O표를 14,500원의 칸에 표시한다. 그리고 주가하락의 현상이 13,500원까지 지속하였으므로 계속해서 해당 칸에 O표를 한다. 주가가 다시 1

점수단위는 작게 결정된다.

단위 상승하면 또 열을 바꾸어 ×표를 하며, 이러한 방법을 반복하면 P&F도표가 완성된다.

이 도표에서 A열과 B열 사이에는 주가가 최고 15,000원에서 최저 13,500원에 밀집되어 있는데, 이 열들의 범위를 밀집지역(congestion area)이라고 한다. 밀집지역에서 최고가격과 최저가격의 차이를 밀집폭이라고 한다. 그리고 주가가 B열의 경우처럼 밀집폭의 최고가격을 돌파(break-out)하거나 또는 최저가격을 돌파할 때는 그 가격변동의 추세가 밀집지역의 거리만큼 지속한다는 것이다.

[그림 18-3]에서는 BP점이 돌파점이며, 주가는 이 BP점인 15,500원을 포함하여 밀집지역의 칸수(7칸)만큼 계속 상승할 것으로 예측하게 된다. 이러한 논리에 따르면 주가는 일단 18,500원(=500원×7칸+15,000원)까지 상승하게 될 것으로 예상되며, 투자자는 이러한 방법으로 목표가격을 설정할 수 있다.

P&F도표의 방법은 주가의 수준을 예측할 수 있는 장점을 가지고 있지만, 이론적으로 다음과 같은 한계점을 가지고 있다.

첫째, 밀집지역과 주가예측 사이에 논리성이 결여되어 있다. 둘째, 주가변동의 시점을 알 수 없다. 셋째, 강세시장과 약세시장에 따라 달리 작성될 수 있는 도표에 대하여 구분해서 해석을 내릴 수 없다.

3.2 주가변동의 주요 형태

(1) 지지수준과 저항수준

기술적 분석의 도표 중에서 가장 많이 사용되고 있는 것 중의 하나는 봉도표이다. 봉도표는 다양한 패턴으로 나타나기 때문에 투자자는 이들 패턴을 분류하여 미래의 주가예측에 이용하면 유용할 수 있다. 여기에는 A. R. Shaw가 분류하여 정리한 봉도표의 패턴 중에서 몇 가지 주요 패턴을 소개한다.[5]

먼저 봉도표 분석에서는 주가의 지지수준(support level)과 저항수준(resistance level)을 확인할 필요가 있다. 지지수준은 주가가 그 이하로 하락하는 것을 저지하는 최저의 주가수준을 의미한다. 이러한 지지수준의 주가에서는 주식을 매수하려는 상황이 활발하게 조성되므로 주가가 그 이하로는 하락하지 않는다.

저항수준은 지지수준과는 정반대이며, 주가가 그 이상 상승하는 것을 저지하는

---

5) A. R. Shaw(1975), "Technical Analysis," in S. N. Levine ed., *Financial Analyst's Handbook*, Dow Jones-Irwin, 955-975.

그림 18-4 저항수준과 지지수준

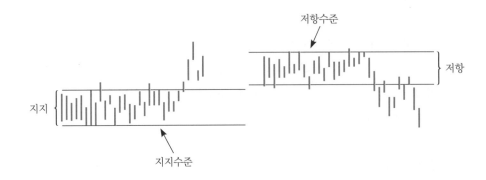

최고의 주가수준을 말한다. 이러한 저항수준에서는 주식을 매도하려는 시장상황이 활발하게 조성되어 주가가 이 수준을 초과하여 상승하는 것이 억제된다는 것이다.

[그림 18-4]는 전형적인 지지수준과 저항수준을 나타내고 있지만, 이 두 수준이 끝없이 지속된다는 의미는 아니다. 시장상황이 변동하면 주가는 언제라도 이 두 수준을 돌파할 수 있다.

(2) 머리-어깨형

주가의 패턴이 머리-어깨형(head and shoulders configuration)의 모양을 보이는 경우에는 주가추세가 반전하고 있다는 것을 나타낸다. 주가가 변동하는 패턴이 머리-어깨형을 나타낼 때에는 주식의 매수 또는 매도를 결정할 시기라고 한다.

[그림 18-5(a)]와 같이 상승국면에서 머리-어깨형을 이룰 때에는 그 모양이 상향머리-어깨형이 되고, 반대로 하락국면에서는 [그림 18-5(b)]와 같이 하향머리-어깨형이 된다. 그리고 목선(neckline)은 확인점(confirmation)이라고도 하며, 주가의 지지수준 또는 저항수준을 나타내고 있다.

머리-어깨형 분석에서는 주가변동과 거래량의 변동이 서로 관련을 가지고 있는 것으로 본다. 상향머리-어깨형이 형성되면, 어깨-머리-어깨에서 각기 고가가 형성될 때 각 시점에서의 거래량은 점차 감소하며, 하향머리-어깨형이 형성되면 거래량이 점차 증가한다. 그리고 머리-어깨형은 두 머리형(two top) 또는 세 바닥형(three bottom) 등 여러 형태가 있다.

그림 18-5 머리-어깨형

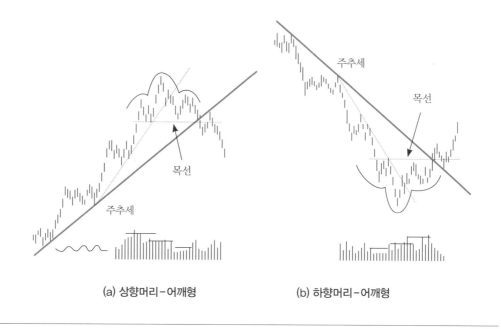

(a) 상향머리-어깨형　　　　(b) 하향머리-어깨형

(3) 기타의 다양한 형태

주가변동의 형태는 머리-어깨형 이외에도 다양하게 나타날 수 있다. 그 중에서 삼각형은 [그림 18-6(a)], 그리고 쐐기형, 기형, 페난트형 등은 [그림 18-6(b)]에 나타난 모양과 같으며 이들은 모두 미래의 주가 예측에 이용되고 있다.

예를 들어, [그림 18-6(b)]의 하향쐐기형은 흔히 주추세가 상향국면에 있을 때 조성된다. 왜냐하면, 매수세를 나타내는 B선의 하향추세(기울기)는 매도세를 나타내는 A선의 하향추세보다 완만하므로 결국 주추세는 상승한다는 것이다.

그림 18-6 다양한 주가변동의 형태

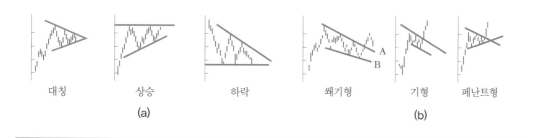

대칭　　　상승　　　하락　　　쐐기형　　　기형　　　페난트형

(a)　　　　　　　　　　　　　　(b)

4.1 이동평균의 지표

(1) 이동평균선

이동평균(moving average)은 측정일을 포함한 과거 일정기간 동안의 주가 또는 주가지수를 평균한 값이다. 이동평균은 이동평균기간에 따라 달리 산출된다. 단기투자에는 5일, 10일, 20일의 이동평균을 산출하고, 중기투자에는 60일의 이동평균을 산출하는 것이 일반적이다. 장기투자에는 120일 또는 200일의 이동평균을 산출한다.[6] 주로 20일, 60일, 120일 등의 이동평균선을 이용하여 분석하지만, 200일 이동평균선이 분석에 이용되기도 한다.

주가의 이동평균은 1일 종가를 기초로 하여 산출한다. 예를 들어, 어떤 주식의 일별 주가가 아래의 〈표 18-2〉와 같이 주어져 있다고 하자. 이 표에 주어진 주가자료를 이용하여 5일 이동평균주가를 산출하여 보자.

표 18-2 이동평균주가의 산출

거래일	1	2	3	4	5	6	7
1일 종가(원)	10,000	10,150	10,500	10,500	11,250	12,300	10,300

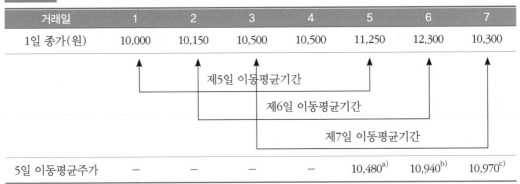

| 5일 이동평균주가 | – | – | – | – | 10,480[a] | 10,940[b] | 10,970[c] |

a) $(10,000 + 10,150 + 10,500 + 10,500 + 11,250)/5 = 10,480$원
b) $(10,150 + 10,500 + 10,500 + 11,250 + 12,300)/5 = 10,940$원
c) $(10,500 + 10,500 + 11,250 + 12,300 + 10,300)/5 = 10,970$원

---

6) 우리나라는 1998년 12월 7일부터 1주일에 토요일, 일요일을 제외한 5일만 주식거래를 한다. 거래소에서 1주일에 일요일을 제외한 6일을 거래할 때에는 이동평균의 계산기간도 6일 12일, 25일, 75일, 150일 등이 이동평균선 분석에 이용되었다.

그림 18-7 종합주가지수와 이동평균선

자료: 미래에셋대우, QwayNeo.

이와 같이 산출된 이동평균주가를 그래프에 연속선으로 표현할 수 있다. 이러한 선을 주가의 이동평균선(moving average line)이라고 한다. [그림 18-7]은 종합주가지수의 변동과 이동평균선을 나타낸 것이다.

주가 또는 주가지수의 이동평균선을 산출하여 분석하는 이유는 주가변동이 불규칙하게 나타나기 때문에 안정된 주가의 추세를 확인하려는 것이다. 대체로 투자자들은 투자시기에 대한 결정을 하기 위하여 이동평균선을 분석한다. 이동평균선을 이용하여 투자시기를 결정하는 방법은 주가와 이동평균선을 비교하는 방법과 이동평균선을 상호비교하는 방법이 있다.

예를 들어, 투자자들은 20일 이동평균주가와 실제주가 자료를 이용하여 주식의 매수나 매도시기를 다음과 같이 결정하기도 한다.

주식의 매수시기:
ⓐ 주가가 수평의 이동평균선을 밑에서 위로 돌파할 때

ⓑ 주가가 상승하는 이동평균선의 밑으로 하락할 때
ⓒ 이동평균선보다 높은 수준에 있던 주가가 하락하다가 이동평균선에 도달하기 전에 반전하여 상승할 때

주식의 매도시기:
ⓐ 주가가 수평의 이동평균선을 위에서 아래로 돌파할 때
ⓑ 주가가 하락하는 이동평균선의 위로 상승할 때
ⓒ 주가가 하락하여 이동평균선을 돌파한 후 반전하여 상승하다가 이동평균선에 도달하기 전에 반전하여 하락할 때

일반적으로 이동평균선을 이용하여 주식의 매입 또는 매도시점을 포착할 때, 단기 이동평균선이 장기 이동평균선을 아래에서 위로 급속히 교차하여 올라가고 있는 상황은 강세시장의 강력한 전환신호를 의미한다. 이는 곧 주식의 매수시점을 의미한다. 특히 이러한 교차시점을 골든 크로스(golden cross)라고 한다.

이와 반대로 단기 이동평균선이 장기 이동평균선을 위에서 아래로 급속히 교차하여 내려가는 상황은 약세시장의 강력한 전환신호인 데드 크로스(dead cross)라고 한다. 이때는 보유주식의 매도시점임을 의미한다.

(2) 이격도

주가의 이동평균선은 과거의 주가로 산출한 것이기 때문에 보다 단기적인 매매시점을 포착하는 데는 다소 어려움이 있다. 이격도는 이러한 주가 이동평균선의 단점을 보완하기 위해 개발된 투자지표이다. 주가를 이동평균주가로 나눈 것으로 이격률이라고도 한다. 이격도의 이동평균주가를 투자판단에 이용할 경우 매우 유용하다.

$$이격도 = \frac{당일주가}{이동평균주가} \times 100\%$$

일반적으로 추세의 각 국면에서 이격도가 〈표 18-3〉의 범위 이하일 경우 단기적으로 매수시점이며, 범위 이상으로 초과할 경우 매도시점이 된다고 한다.

표 18-3 **이격도를 이용한 투자판단 범위**

구 분	상 승 국 면	하 락 국 면
20일 이격도	98%-106%	92%-102%
60일 이격도	98%-106%	88%-104%

4.2 주가의 등락지표

주식시장의 변동을 나타내는 지표 중에서 가장 전형적인 것은 주가지수이다. 이러한 주가지수의 변동은 주식시장에 대한 자금의 유출입상태를 직접적으로 반영하고 있다. 주가지수가 상승할 때는 주식시장에서 매수세가 강하여 자금이 주식시장으로 유입되고 있음을 나타낸다. 주가지수가 하락할 때는 주식시장에서 매도세가 강하여 자금이 주식시장으로부터 유출되고 있음을 나타낸다. 또 주가의 상승 종목수와 하락 종목수에 변동이 발생할 때에도 주식시장에 유출입되는 자금흐름의 상태가 달라진다.

주가의 상승 종목수와 하락 종목수의 관계를 나타낼 때는 흔히 주가의 등락(advance-decline)이라는 표현을 사용한다. 그리고 주가의 등락에 관한 자료로서는 분석자에 따라 다음과 같은 세 가지 지표가 사용되고 있다.

(1) 시장폭과 등락선

시장폭(breadth of market)은 각 거래일에 대하여 주가의 상승 종목수에서 하락 종목수를 차감하여 순상승 종목수를 산출하고 이들을 연속적으로 누계한 것을 말한다. 그리고 이 시장폭을 그래프로 나타낸 것을 등락선(advance-decline line, ADL) 또는 등락주선이라고 한다.

이 시장폭을 나타내는 등락선은 단기적으로 주가지수의 선행지표 역할을 한다. 즉 등락선이 하향하면 약세시장을, 반대로 등락선이 상향하면 강세시장을 예고한다는 것이다.

(2) 등락비율

등락비율(advance decline ratio, ADR)은 거래일의 주가 상승 종목수를 하락 종목수로 나눈 비율로 등락주율이라고도 한다. 매일의 등락비율은 크게 변동할 수 있으므로, 투자판단을 위해서 이들을 이동평균하여 사용하기도 한다.[7]

등락비율은 시장폭의 변동에 대한 보조지표로 자주 이용되고 있다. 등락비율이 1.25 이상일 때는 시장에서 과잉매수(overbought)의 현상이 발생한 강세시장이며,

---

7) 한국경제신문에서는 등락주율(ADR)이라는 이름으로 20일간의 총상승 종목수를 총하락 종목수로 나누어 백분율로 나타내어 주간 시황란에 제공하고 있다. 이것은 곧 1일 등락비율의 백분율을 20일 이동평균한 값과 같다.

0.75 이하일 때는 과잉매도(oversold)의 현상이 발생한 약세시장이라고 판단한다.[8] 이동평균하여 백분율로 표시한 등락비율이 120% 이상일 때는 경계해야 하는 시점 으로서 이후의 시세는 하락하는 경우가 많고, 70% 이하일 때는 이후의 시세가 상승 하는 경우가 많다고 한다.

그리고 등락선과 마찬가지로 등락비율선이 상승하면 강세시장을, 반대로 하락하 면 약세시장을 예고한다고 한다.

(3) 등락지수

등락지수(advance-decline index)를 산출하기 위해서는 먼저 기준일의 등락지수 를 결정해야 한다. 일단 기준일의 등락지수를 100으로 하자. 등락지수는 거래일의 상승 종목수에서 하락 종목수를 차감한 후, 그 값을 주가가 변동한 총종목수로 나 누어 비율을 산출하고, 이 비율을 기준지수에서부터 연속적으로 누적한 값이다.

예를 들어, 기준시점의 등락지수가 100이라고 하자. 그 다음날 주가의 상승 종목 수가 600이고, 하락 종목수가 400이라고 하면, 그 다음 날의 등락지수는 100.20이 된다.

$$등락지수 = 100 + \left(\frac{600-400}{1,000} \right) = 100.20$$

등락지수의 변동상태를 주가지수와 대응시켜서 시장의 단기추세는 〈표 18-4〉와 같이 예측할 수 있다고 한다.[9]

등락지수와 주가지수의 변동상황이 서로 일치하면 미래의 단기추세도 이들 변동 추세와 일치하지만, 두 지표의 변동상황이 상반될 때는 시장의 단기추세가 주가지 수와 반대로 나타난다는 것이다.

표 18-4 등락지수와 시장판단

등락지수	주가지수	미래의 단기 시장추세
상승	상승	상승
하락	하락	하락
상승	하락	상승
하락	상승	하락

---

8) S. J. Khoury(1983), *Investment Management: Theory and Application*, Macmillan Pub., 77-78.
9) S. Mittra and C. Gassen(1981), *Investment Analysis and Portfolio Management*, Harcourt Brace Jovanovich, 472-473.

그리고 분석자에 따라서는 이 등락지수선을 등락선이라고 하는 경우도 있으므로 도표의 해독에 있어서 주의가 필요하다. 이 등락지수선은 주가지수의 선행지표로 이용되고 있다.

예 18-1   시장폭, 등락비율, 등락지수의 산출

각 거래일별 상승종목과 하락종목의 수에 관한 자료가 다음과 같이 주어져 있다. 시장폭, 등락비율, 등락지수를 산출하라.

거래일	1	2	3	4	5	산출과정
① 상승 종목수	281	289	453	538	411	
② 하락 종목수	470	457	286	204	329	
③ 보합	71	75	82	83	84	
④ 주가변동 종목수	751	746	739	742	740	①＋②
⑤ 순상승 종목수	−189	−168	167	334	82	①−②
시장폭	−189	−357	−190	144	226	⑤의 누계
등락비율	0.60	0.63	1.58	2.64	1.25	①÷②
등락지수	99.75	99.52	99.75	100.20	100.31	100＋⑤÷④의 누적

(4) 투자심리도

주가는 경제적, 정치적 요인 등 체계적인 요인에 의해 움직이기도 하지만, 시장의 분위기에 편승한 투자자의 투자심리에 의해서도 상당한 영향을 받는다.

투자심리도는 이와 같은 시장분위기를 측정하여 주가를 예측하기 위해 만들어진 투자지표로 최근 10일 중에서 상승일수가 차지하는 비율이다. 특히 이를 선으로 도표화한 것을 투자심리선이라고 한다.

$$투자심리도 = \frac{최근\ 10일중의\ 주가\ 상승일수}{10} \times 100\%$$

일반적으로 투자심리도가 50%를 중심으로 75% 이상이면 과열상태로 판단하여 매도시점으로 본다. 25% 이하이면 침체상태이기 때문에 매입시점으로 본다.

그러나 투자심리선은 단순히 10일간의 등락일수만으로 판단하기 때문에 매매시점을 포착하기 위한 지표라기보다는 시장의 과열과 침체 정도를 측정하는 지표이다.

4.3 거래량을 이용한 분석지표

(1) 거래량 이동평균선

일반적으로 주가가 상승중인 때에는 매수세가 증가하므로 거래량이 늘고, 주가가 하락추세에 있는 때에는 매수세가 감소하여 거래량이 감소하는 경향이 있다. 따라서 시장의 주가동향을 더욱 정확하게 파악하려면 주가와 거래량을 함께 검토해야 한다.

거래량의 동향을 분석하여 향후 주가흐름을 예측하는 방법 중의 하나가 거래량 이동평균선이다. 이는 주가 이동평균선과 비교하여 볼 때, 계산대상이 주가가 아니라 거래량이라는 점에서만 차이가 있을 뿐이며 산출방법과 분석방법은 동일하다.

(2) OBV

OBV(on balance volume)는 주가가 전일에 비해 상승했을 때의 거래량 누계에서 하락했을 때의 거래량 누계를 차감하여 도표화한 것이다. OBV는 J. E. Granville에 의해 고안된 것으로 거래량은 주가에 선행하며 시세를 움직이는 원동력이라는 것을 강조한 분석방법이다.[10] OBV선이 상승추세에 있으면 매입세력이 집중되고 있으므로 주가의 상승을 예고하고, 이 선이 하향추세에 있으면 매입세력이 분산되어 있으므로 주가의 하락을 예고한다는 것이다.

$$OBV = 주가상승일\ 누적거래량 - 주가하락일\ 누적거래량$$

또한 OBV선은 주가에 대해 선행지표의 기능을 하는데, 주가가 하락하는 경우에도 이 선이 상승하면 향후의 주가가 상승할 것으로 예상한다.[11]

(3) VR

OBV선은 일정한 기준일을 중심으로 주가 상승일의 거래량과 주가 하락일의 거래량 차이를 누적한 것이므로 기준일을 결정하는 방법에 따라 OBV는 달라진다. 따라서 OBV로서 시장의 추세를 나타낼 수는 있지만 OBV 자체로서는 현재의 시세를

---

10) J. E. Granville(1976), *Granville's New Strategy of Daily Stock Market Timing for Maximum Profit*, Prentice-Hall.
11) OBV를 다음과 같이 계산하기도 한다.
　　OBV = 직전일의 OBV ± 주가 상승일(하락일)의 거래량

판단하거나 과거의 시황과 비교하는 것이 불가능하다. 이러한 결점을 보완하기 위해서 비율로 거래량을 분석한 것이 VR(volume ratio)이다.

일정기간 동안(보통 20일)의 주가 상승일의 거래량 합계를 주가 하락일의 거래량 합계로 나눈 것이다.[12]

$$VR = \frac{주가\ 상승일\ 거래량}{주가\ 하락일\ 거래량} \times 100\%$$

일반적으로 VR이 150%이면 주식시장의 가격동향이 보통수준이고, 450%를 초과하면 과열된 상태로서 경계신호가 되며, 70% 이하이면 침체상태로 해석한다.

4.4 기타 다양한 분석지표

(1) 상대적 강도지수

상대적 강도지수(relative strength index, RSI)는 산출방법에 따라 두 가지로 측정된다. 첫째는 주가를 주가지수로 나눈 비율이고, 둘째는 주가변동률을 주가지수의 변동률로 나눈 비율이다.

이러한 두 지수의 산출방법은 서로 다르지만, 변동추세는 비슷하게 나타난다. 상대적 강도는 장기간 동안 변동하지 않는 경향이 있으므로, 측정기간 동안의 상대적 강도지수의 평균이 주식의 상대적 강도를 나타낸다고 할 수 있다.

특히 두 번째의 방법으로 산출된 상대적 강도지수의 평균치는 체계적 위험을 나타내는 베타계수와 유사한 의미를 가지고 있다. 어떤 주식의 상대적 강도지수의 평균이 1.0보다 크면 위험이 높은 공격적 주식이라고 하고, 이 평균지수가 1.0보다 작으면 위험이 낮은 방어적 주식이라고 한다.

(2) 반대의견의 지수

투자에 대한 전문적인 지식이 부족한 일반투자자들은 투자 의사결정에서 잘못된 판단을 하는 경우가 많다. 이러한 투자자들은 자신의 의견과 반대의 투자 의사결정을 내리는 것이 더 좋은 투자성과를 가져올 수 있다고 생각할 수 있다. 이것을 반대의견의 이론(theories of contrary opinion)이라고 한다.

반대의견의 이론에는 다양한 전략이 있을 수 있으나, 여기서는 공매주식수를 이

---

12) 어떤 거래일의 주가가 변동이 없는 경우에는 분자와 분모에 거래량의 1/2을 더해 주어 계산한다.

용하는 방법에 대해 설명한다.

향후 주가가 하락할 것으로 예상되는 경우에 투자자는 주식을 제3자로부터 빌려서 매각할 수 있다. 이를 공매(short sale)라고 한다. 투자자는 공매한 주식을 일정한 기간이 경과한 후 다시 매입하여 상환하여야 한다.

공매주식수(short interest)는 공매로 매각된 주식수를 의미한다. 이 공매주식수의 변동을 이용하여 향후의 주가 변동추세를 예측할 수 있다는 것이다. 공매주식수가 증가추세에 있으면 일정기간 이후에 공매주식의 상환을 위한 수요가 증가할 것이므로 미래의 주식시장은 강세로 전환될 것이다. 반대로 공매주식수가 감소추세에 있으면 주식시장이 약세로 전환된다는 것이다.

공매주식수의 변동추세와 향후 주식시장의 변동추세를 동일방향으로 해석하지 않는 투자자도 있다. 공매는 주로 전문적인 투자자에 의하여 이루어지므로 미래의 시장추세는 이러한 전문투자자의 판단대로 변동될 것이라고 주장하기도 한다.

반대의견의 이론은 논리적 타당성을 찾기 어려우며, 또 현실적으로 주식시장의 추세가 이 이론대로 작용하는 경우가 그리 많지 않다.

(3) 신뢰도지수

일반적으로 주식시장과 채권시장의 변동추세는 서로 반대로 움직이는 경향이 있다. 호경기에는 주식의 수요가 증가하는 반면에, 침체기에는 채권의 수요가 증가한다. 따라서 채권시장의 변동추세를 기초로 주식시장의 변동추세를 예측할 수도 있다.

신뢰도지수(confidence index)는 등급이 서로 다른 두 채권의 수익률의 관계를 분석하여 전반적인 경기에 대하여 투자자가 어느 정도 신뢰하고 있는가를 측정하는 지수이다. 일반적으로 신뢰도지수는 높은 등급 채권의 평균수익률을 낮은 등급 채권의 평균수익률로 나눈 비율을 말한다. 이러한 신뢰도지수(CI)는 다음 식으로 산출할 수 있다.

$$CI = \frac{\text{AAA등급 사채의 평균수익률}}{\text{BBB등급 사채의 평균수익률}}$$

높은 등급 채권의 위험은 낮은 등급 채권의 위험보다 낮기 때문에, 높은 등급 채권의 수익률은 항상 낮은 등급 채권의 수익률보다 낮다. 따라서 신뢰도지수는 항상 1보다 작은 값을 가지게 된다. 신뢰도지수를 이용하는 투자자는 이 지수가 미래의 주가변동에 대하여 선행지표의 역할을 한다고 주장한다.

채권을 대량으로 매입하는 투자자는 주로 전문적인 기관투자자인데, 이들의 투자행동은 주식시장의 미래추세 및 경기를 충분히 예고해 준다고 한다. 호황기에는 지불불능의 위험이 점차로 감소하므로 기관투자자를 포함한 채권투자자는 낮은 등급의 채권을 선호하게 된다. 이 등급의 채권수익률은 경기호전과 병행하여 낮아지게 되므로 신뢰도지수는 상승하게 된다는 것이다. 그리고 침체기에 접하면 이러한 현상이 반대로 나타나므로 신뢰도지수는 하락한다고 한다.

이러한 현상은 높은 등급의 채권수익률과 낮은 등급의 채권수익률 간의 스프레드(spread)로 설명할 수도 있다. 각 등급에 속해 있는 채권수익률 사이에 스프레드가 커지면 약세장을, 반대로 이 스프레드가 작아지면 강세장을 예고한다는 것이다.

신뢰도지수의 신뢰성에는 다소 한계가 있다. 신뢰도지수는 주로 채권의 수요측면만 고려하고 있는데 현실적으로는 채권의 공급이 증가하여도 이 지수는 변동될 수 있다. 신뢰도지수의 변동이 주식시장의 변동추세와 관련을 가지고 있는 것은 사실이지만, 이 지수가 주가변동에 대한 선행지표의 역할을 하지는 못하는 경우도 있다.

제 5 절 기술적 분석의 유용성과 한계

5.1 기술적 분석과 시장효율성

기술적 분석은 실무적으로 여전히 많이 이용되고 있다. 그 이유는 이 분석 방법이 지니고 있는 단순성과 시각적 설득력이다. 기술적 분석을 이용하는 투자자들은 기본적 분석이나 포트폴리오 분석에서 사용되고 있는 경제분석, 산업분석, 이자율이나 인플레이션 예측, 체계적 위험, 기업의 재무적 자료 등에 대한 어려운 분석을 하지 않아도 투자전략을 찾아낼 수 있다는 것이다. 기술적 분석은 과거의 주가나 거래량을 관찰하여 도표나 지표를 산출하여 매입 또는 매도의 신호를 찾아내면 되기 때문이다.

그러나 투자자들은 기술적 분석방법이 일종의 투기적 방법이라는 것을 이해해야 한다. 기술적 분석방법에 기초한 투자전략으로 높은 투자성과를 얻기 위해서는 어떤 투자자가 미래의 증권가격에 대하여 다른 투자자보다 미리 알고 있어야 하며, 다른 투자자들은 다소 시차를 가지고 그것을 알게 된다는 것을 전제로 하고 있다. 그렇지 않으면 기술적 분석방법에 의한 투자전략으로는 시장평균을 초과하는 높은 투자성과를 얻을 수 없기 때문이다.

어떤 투자자가 기술적 분석으로 어떤 가격패턴을 발견하였다고 하자. 이 투자자는 자신이 발견한 가격패턴을 기초로 매매신호를 찾아내고, 그 신호에 따라 증권을 매매할 것이다. 그러나 만약 다른 투자자들이 이 투자자의 매매행동을 뒤따라 하지 않는다면, 증권의 가격변동은 이 투자자의 예상대로 발생하지 않을 것이다.

이처럼 기술적 분석에 기초한 투자전략은 다른 투자자들이 약간 뒤늦게 가격변동의 신호를 알아야 한다는 전제로 하고 있다는 것을 알 수 있다. 그러나 시장이 효율적이고 투자자들이 합리적이라면, 이러한 전제는 무리한 것이다. 시장이 효율적이라면 주가나 거래량 등의 과거 정보는 특정 투자자만 이용할 수 있는 것이 아니라, 모든 투자자들이 이용할 수 있는 정보이다. 이러한 정보는 이미 증권의 가격에 충분히 반영된다. 따라서 효율적 시장에서는 과거의 정보에 기초하여 개발한 어떠한 투자전략으로도 시장평균을 상회하는 초과수익률을 얻을 수 없을 것이다.

기술적 분석방법으로 초과수익률을 얻을 수 있는가에 관한 실증적 분석이 약형 효율성에 관한 검증이다. 많은 실증적 연구결과들이 약형 효율성을 지지하고 있지만, 이에 반하는 연구결과들도 적지 않다. 1월효과, 요일효과, 수익률의 예측 가능성, 평균회귀 등의 현상은 주가가 일정한 패턴을 보이는 증거라고 주장한다. 이처럼 주가의 움직임이 일정한 패턴을 보인다면 기술적 분석에 의해 시장평균 이상의 초과수익률을 올릴 수도 있게 된다.

대체로 시장효율성에 기초하고 있는 분석방법인 기본적 분석과 비교해 보면, 기술적 분석은 다음과 같은 장점을 가지고 있다.

ⓐ 기본적 분석에서 과대 혹은 과소 평가된 주식이 시장에서 투자자에게 인식될 시점에는 이미 주가변동이 발생한 이후인 경우가 많다. 그러나 기술적 분석에서는 주가변동의 패턴을 관찰하여 그 변동시기를 예측할 수가 있다.

ⓑ 기본적 분석은 이론이 복잡해서 이해하기 어렵고 또 산출과정에 시간이 오래 걸리는 경우가 있는데, 기술적 분석은 도표를 통하여 누구나 쉽게 추세를 이해할 수 있다.

ⓒ 기술적 분석에서는 동시에 여러 주식의 주가변동 상황을 분석하고 예측할 수 있다.

ⓓ 기본적 분석에서 사용되는 주요 정보자료는 회계자료이다. 그러나 이러한 자료는 과거의 정보일 뿐만 아니라 동일 산업에 속해 있는 기업 간에도 회계처리방법이 서로 다를 수가 있고, 정보의 신뢰성도 문제가 되는 경우가 있다. 또 기본적 분석의 주요 자료인 재무제표에는 투자자의 심리적 요인과 계량화할 수 없는 여러 요인이 표현되지 않는 약점이 있다. 이러한 정보의 약점이 오히려 주가가 모든 정보를 반영한다는 기술적 분석을 택하게 되는 원인이 되기도 한다.

그러나 기술적 분석이 이론적으로 합리성을 갖기에는 다음과 같은 여러 가지 한계점을 가지고 있다.

ⓐ 과거의 주가 변동 패턴이 미래에 그대로 반복되지 않는 경우가 많다. 즉 한 시점에서의 추세가 또 다른 시점에서 그대로 순환 또는 반복된다고 단정하기는 어렵다.
ⓑ 주가 변동의 패턴에 대한 해석이 분석자에 따라 달라질 수도 있고, 단기추세, 중기추세, 장기추세에서 추세의 기간을 명확하게 정하기도 어렵다.
ⓒ 주가변동이 수요와 공급의 변화에 의하여 발생되지 않는 경우에는 기술적 분석으로 설명하기 어렵다.
ⓓ 기술적 분석은 이론적으로 검증하기가 매우 어렵다.

이상과 같은 기술적 분석의 한계점에도 불구하고 아직도 많은 투자자들은 지속적으로 이 분석방법을 이용하고 있다.

5.2 가격패턴의 자기파괴적 성격

기술적 분석과 관련한 흥미로운 주제 중의 하나는 어떤 기술적 분석에 따른 투자전략으로 높은 투자성과를 얻는다는 것이 널리 알려진 후에도 이 분석방법이 여전히 유용할 것인가의 문제이다.

일반적으로 이미 알려진 가격패턴은 사라지는 경향이 있다. 1980년대에 기업규모효과가 보고된 이후 1990년대에는 그 효과의 상당한 부분이 사라졌다. *BE/ME*비율도 1990년대 초반에 발견된 이후, 1990년대 후반에는 큰 위력을 발휘하지 못하였다. 어떤 가격패턴이 투자자들에게 널리 알려지게 되면, 결국 그 가격패턴은 스스로 사라지는 경향이 있다. 가격패턴이 가지는 이러한 성격을 가격패턴의 자기파괴적 성격이라고 한다.

가격패턴이 자기파괴적 성격을 가진다고 해서 시장효율성이 보장되는 것은 아니다. 가격패턴의 자기파괴로 인하여 반전현상이 나타날 수 있다. 예를 들어, 과거에 높은 수익률을 나타낸 주식은 다음 기간에 낮은 수익률을 보이는 경향이 있고, 그 반대도 마찬가지이다. 이와 같은 반전현상이 존재하면, 이를 기초로 새로운 투자전략을 구사할 수 있을 것이다.

따라서 가격패턴의 자기파괴적 성격은 자본시장의 효율성을 보증하는 것이 아니라, 계속적으로 낮은 투자전략을 버리고 새롭고 우수한 투자전략을 모색하도록 하는 시장의 역동성을 보이는 것이라고 할 수 있다.

5.3 기술적 분석에 대한 새로운 해석

기술적 분석의 유용성을 새로운 시각에서 지지하는 주장으로 Brown and Jennings(1989)의 연구가 있다.[13] 이들의 주장에 의하면, 투자자들은 증권의 가치에 관한 각자의 사적 정보(private information)를 가지고 있으며, 시간의 경과에 따라 추가 정보를 얻고자 노력한다는 것이다. 이 경우 투자자들은 증권의 가격을 관찰하여 다른 투자자들이 가진 사적 정보의 일부를 추측할 수 있으며, 과거의 모든 가격을 관찰하여 다른 투자자들의 정보를 더 많이 추측할 수 있다는 것이다. 따라서 투자자들이 이용 가능한 모든 정보를 합리적으로 이용하는 경우에도 기술적 분석은 거래전략을 개발하는 데 도움이 된다는 것이다.

시장효율성은 공시된 모든 정보를 투자자들이 공통적으로 이용하고 있다는 것을 전제로 하고, 이러한 정보가 시장가격에 충분히 반영되어 있는지에 대해서 관심을 가진다. 그러나 투자자들이 사적 정보를 가지고 있다면 상황은 복잡해진다. 투자자들은 증권의 가치에 대한 다른 투자자들의 사적 정보를 반영하여 주가를 예측하고자 한다. 투자자들은 시장에서 형성된 증권의 가격이 다른 투자자들에게 좋은 뉴스, 혹은 나쁜 뉴스로 신호를 주는지를 추측하고, 이를 기초로 주식의 진정한 가치에 대한 추정치를 수정한다.

따라서 기술적 분석을 통하여 투자자들은 다른 투자자들이 가진 사적 정보를 추측할 수 있고, 이를 기초로 증권의 진정한 가치를 추정할 수 있다는 것이다.

---

13) D. Brown and R. Jennings(1989), "On Technical Analysis," *Review of Financial Studies*, 527-552.

연습 문제

기술적 분석

1 다음 용어를 설명하라.

① Dow이론의 추세   ② 봉도표   ③ 매집기간과 분산기간
④ P&F도표의 밀집지역과 밀집폭   ⑤ 지지수준과 저항수준
⑥ 머리–어깨형   ⑦ 이동평균주가   ⑧ 시장폭, 등락비율, 등락지수
⑨ 이격도   ⑩ 투자심리도   ⑪ OBV와 VR
⑫ 공매주식수   ⑬ 신뢰도지수

2 기본적 분석과 기술적 분석을 상호 비교하여 설명하라.

3 기술적 분석의 기본가정을 설명하고, 이 분석방법의 장단점을 제시하라.

4 Dow이론에서 거래량의 변동이 미래주식시장의 예측에 어떠한 영향을 미치는가를 설명하라.

5 중앙기업 주식의 24일간 주가가 아래와 같이 변동하였다. 이 자료를 이용하여 P&F도표를 작성하고, 이 주식의 목표가격을 결정하라. 점수단위는 주가변동의 추세를 보고 임의로 결정하라.

일자	주가	일자	주가	일자	주가
1	990	10	1,040	19	1,020
2	1,020	11	1,030	20	1,000
3	990	12	1,010	21	1,020
4	970	13	990	22	1,030
5	1,000	14	1,010	23	1,040
6	1,020	15	1,030	24	1,060
7	1,010	16	1,040	25	1,080
8	1,000	17	1,050		
9	1,050	18	1,040		

6 [문제 5]의 자료를 5일, 10일의 주가이동평균을 산출하고, 주가변동선과 두 이동평균선을 그래프에 나타낸 다음, 미래주가의 변동추세를 예측하라.

7 어느 증권시장에서 거래된 주식 중 주가의 상승 종목수와 하락 종목수가 아래와 같다. 시장 폭, 등락비율, 등락지수(기준: 100)를 산출하고, 이들 표의 선을 그래프에 표시하라.

거래일	1	2	3	4	5	6
상승 종목수	372	497	234	128	334	291
하락 종목수	317	196	475	559	294	328

8 특정 상장기업의 과거 1주일간 주가자료를 인터넷에서 찾아서 이 기업의 상대적 강도지수를 산출하라.

9 기술적 분석과 시상효율성 간의 관계에 대하여 설명하라.

10 가격패턴의 자기파괴적 성격을 설명하고, 이러한 가격패턴의 자기파괴적 성격이 자본시장 효율성을 보장하는지에 대해 설명하라.

11 자본시장이 효율적인 경우에는 기술적 분석이 유용하지 않은가에 대해 설명하라. 즉 자본시장이 효율적인 경우에도 기술적 분석이 유용한 경우를 제시하라.

포트폴리오의 관리와 성과평가

이 장에서는 포트폴리오의 관리와 성과평가 방법을 설명한다. 포트폴리오 관리의 개념과 포트폴리오 관리의 주요 과정 등에 대해 설명한다. 포트폴리오에 포함할 증권의 종류와 투자비중을 결정하는 투자전략으로 적극적 투자전략과 소극적 투자전략에 대해 설명한다. 그리고 증권에 관련된 제반 정보를 무시하는 간단한 형태의 투자전략인 포뮬러계획에 대해서는 부록에서 다루었다. 그리고 시장상황에 따라 자본배분을 달리하는 시장 타이밍 전략에 대하여 간략하게 설명한다.

투자환경이 변동함에 따라 보유하고 있는 포트폴리오의 특성은 변동하게 된다. 이러한 경우에 포트폴리오 수정을 통해 포트폴리오 특성을 원래의 상태로 되돌리고자 하는 포트폴리오 재조정과 포트폴리오의 위험과 기대수익률 등의 특성을 개선하고자 하는 포트폴리오 개선에 대해 설명한다.

마지막으로 포트폴리오 성과평가에 대해 설명한다. 일반적으로 포트폴리오의 성과를 평가하기 위해 용되고 있는 평가척도에 대하여 설명하고, 이러한 척도에 따른 평가결과를 비교하는 방법 등에 대해 설명한다. 그리고 포트폴리오 성과의 원인을 밝히는 모형을 소개한다.

1.1　투자관리의 의의

투자관리는 투자의 대상을 주식, 채권, 부동산 등의 개별자산과 분산된 포트폴리오로 분리해서 생각할 수 있다. 현대적 의미에서 투자관리라고 할 때는 일반적으로 포트폴리오 관리를 지칭한다. 그러나 투자관리의 영역에는 개별자산의 투자관리와 포트폴리오의 투자관리가 모두 포함된다.

투자자는 투자목적을 달성하기 위하여 포트폴리오를 구성하고, 투자가 진행되고 있는 기간에는 이를 계속적으로 관리해야 한다. 포트폴리오가 효율적으로 구성되었다고 하더라도 이 포트폴리오의 성과에 영향을 주는 제반 요인이 변동하면, 포트폴리오의 수정이 검토되어야 한다. 포트폴리오의 수정이 필요하게 되는 요인으로는 발행기업의 전망에 대한 투자자의 기대, 이자율 수준, 투자자의 효용곡선, 투자자의 부(wealth)의 수준, 투자자의 위험선호도 등이 있을 수 있다.

포트폴리오 관리는 광범위한 포트폴리오 이론을 적용하여 실제투자를 계획, 집행, 통제하는 관리과정을 의미한다. 그 주요 기능은 ⓐ 포트폴리오 분석(portfolio analysis), ⓑ 포트폴리오 수정(portfolio revision), ⓒ 포트폴리오의 성과측정(portfolio performance measurement)으로 크게 분류할 수 있다.[1]

이 중에서 포트폴리오 분석은 그 자체로서 하나의 큰 영역을 이루고 있다. 또 포트폴리오 분석의 결과는 투자정보로 사용되는 경우도 많다. 따라서 포트폴리오 관리는 대체로 포트폴리오 분석을 제외한 나머지 두 기능, 즉 포트폴리오 수정과 성과측정을 그 내용으로 한다. 그리고 포트폴리오 관리를 더욱 좁은 의미로 해석하여 포트폴리오 수정만을 지칭하는 경우도 있다. 다시 말해서, 포트폴리오 관리에서는 관리과정 상의 통제활동이 매우 중요하다는 것이다.

포트폴리오 관리에서 포트폴리오의 수정시기와 투자시기의 결정이 매우 중요하다. 공격적 투자자는 끊임없이 포트폴리오를 수정하고, 또 그 시기를 결정함으로써 투자성과를 최대화하고자 노력할 것이다. 방어적 투자자는 주로 매수-보유전략을

---

1) W. F. Sharpe, G. J. Alexander, and J. V. Bailey(1999), *Investment*, 6th ed., Prentice-Hall, 792-824.

이용하여 투자위험을 최소화하고자 할 것이다.

1.2 포트폴리오 관리의 과정

(1) 투자목표의 설정

투자관리의 첫 번째 단계는 투자계획의 핵심인 투자목표를 설정하는 것이다. 투자목표는 투자기관의 형태에 따라 다르다. 생명보험회사의 경우에는 보험증서에 약정된 내용을 만족시키고 이익을 창출하는 것이 투자목표이다. 대부분의 보험상품은 만기시점에 현금지급을 보장하거나, 특정된 사건이 발생할 경우에 약정조건에 따라 현금지급을 보장하고 있다. 따라서 생명보험회사는 계약자에게 보장한 금액보다 더 많은 투자수익을 획득해야만 이익을 얻을 수 있다.

은행과 같은 금융기관의 경우에는 자금조달비용보다 더 높은 수익을 얻는 것이 목표가 될 것이다. 연금의 경우는 연금목적을 만족시킬 수 있는 충분한 현금흐름을 발생시키는 것이 목표가 될 것이다.

(2) 투자정책의 결정

투자관리에 있어서 두 번째 단계는 투자목표를 실현시키기 위한 정책(investment policy)을 결정하는 것이다. 이러한 정책의 설정은 자본배분 의사결정으로부터 시작된다. 자본배분 의사결정은 투자자의 자금을 주요 투자집합(현금, 주식, 채권, 부동산, 외국증권, 파생상품 등)에 어떻게 배분하느냐 하는 것이다.

여기에는 투자수익 뿐만 아니라 투자자가 제약받고 있는 법적·제도적 제한규정도 고려되어야 한다. 즉 세금관계, 재무보고기준, 투자대상 상품에 대한 회계처리기준, 투자기관의 건전성이나 성과평가에 미치는 영향 등이 고려되어야 한다.

(3) 포트폴리오 전략의 선택

고객과 기관의 목표 및 정책에 부합하는 포트폴리오 전략의 선택이 투자관리에서 세 번째 단계이다. 포트폴리오 전략은 적극적 전략과 소극적 전략으로 분류된다.

먼저 적극적 전략은 투자성과를 시장평균 이상의 초과수익을 달성하는 데에 목적을 두고 있다. 시장에서 과소평가된 증권을 매입하고, 과대평가된 증권을 매도하여 단기 또는 장기의 투자성과를 높이고자 하는 것이 적극적 전략이다. 적극적 전략에서는 과대평가된 증권이나 과소평가된 증권을 파악하기 위하여 기본적 분석을 통하여 증권의 내재가치를 산출하고, 각 증권의 매도시점과 매수시점을 포착하기 위하여 기술적 분석을 실시한다.

시장이 효율적이라면, 적극적 전략을 통하여 시장평균 이상의 초과수익을 달성할 수 있는 투자기회를 찾기 어렵다. 또한 정보비용과 거래비용까지 고려할 때에는 위험과 수익의 이론적 관계를 넘어선 초과수익을 실현하기가 더욱 어려워진다.

소극적 전략은 시장평균의 수준만큼 투자성과를 달성하는 데에 목적을 두고 있다. 소극적 전략에서는 시장이 비교적 효율적이라는 전제하에서 포트폴리오의 구성을 다양화하여 위험에 상응하는 수익을 얻을 수 있도록 투자하여 시장포트폴리오와 동일한 투자성과를 달성하고자 하는 것이다.

(4) 자산의 선택

포트폴리오 전략이 정해지면, 다음 단계는 포트폴리오에 포함되는 자산을 선택(selecting assets)하는 것이다. 여기에는 개별증권의 평가가 요구된다.

자산의 선택단계는 적극적 전략에서는 가격이 과대평가 또는 과소평가된 자산을 확인하고 효율적 포트폴리오를 구성하는 단계이다. 소극적 전략에서는 시장평균수익률의 기준이 되는 기준포트폴리오(benchmark portfolio)를 가장 잘 복제할 수 있도록 포트폴리오를 구성하게 된다.

(5) 성과의 측정과 평가

투자성과의 측정과 평가는 투자관리의 마지막 단계이다. 이 단계에서는 포트폴리오 성과를 측정한 후 특정의 투자목표와 관련된 성과를 평가한다.

투자성과의 평가에서는 단순히 수익성만을 고려할 것이 아니라 투자목표의 달성여부도 중요하게 고려되어야 한다. 왜냐하면 비록 특정 기준포트폴리오에 비해 포트폴리오 관리자의 성과가 우수하게 평가되었다 하더라도, 이것이 반드시 투자목표를 만족시킨다는 보장은 없기 때문이다.

예를 들어, 어떤 생명보험회사가 포트폴리오 수익의 최대화를 위해 자금의 75%를 주식과 채권에 투자했다고 가정하자. 그리고 이 생명보험회사의 포트폴리오 관리자는 1년 동안에 6%의 수익을 얻어 4%의 수익을 얻은 기준포트폴리오보다 2%p 더 많은 수익을 얻었다고 가정하자. 포트폴리오의 위험이 기준포트폴리오의 위험과 유사하다고 가정한다면, 이것은 포트폴리오 관리자가 기준포트폴리오보다 더 좋은 성과를 올렸다는 것을 나타낸다.

그러나 이러한 성과에도 불구하고 생명보험회사가 보험계약자에게 7%의 수익률을 지급하기로 약정하였다면, 생명보험회사는 부채를 완전히 상환하지 못할 수도 있다. 이러한 결과는 높은 투자성과에도 불구하고, 투자목표의 설정과 정책결정의 잘못으로 부채상환이라는 투자목표를 달성하지 못하게 된 것이다.

제 2 절　포트폴리오 분석과 구성

2.1　증권선택

투자자들은 투자에 필요한 정보를 수집하여 분석한 결과를 바탕으로 포트폴리오에 포함할 구체적인 자산과 그 자산에 대한 투자비중을 결정해야 한다. 투자자들이 자신이 보유할 위험자산 포트폴리오에 포함할 자산의 종류와 비중을 결정하는 방식을 크게 소극적 투자전략과 적극적 투자전략으로 구분한다.

소극적 투자전략은 시장에서 이루어진 투자자들의 합의를 받아들이는 투자전략으로, 시장포트폴리오를 최적의 위험자산 포트폴리오로 보유하는 방법이다. 반면에 적극적 투자전략은 시장에서의 합의를 받아들이지 않고, 시장포트폴리오보다 높은 수익률과 낮은 위험을 달성할 수 있도록 투자자의 투자전략에 따라 포트폴리오를 구성하는 방법이다.

(1) 소극적 포트폴리오 관리

소극적 포트폴리오 관리는 포트폴리오 관리에 투입되는 노력과 비용을 최소화하고 시장의 평균수준의 수익률을 얻고자 하는 투자방법이다. 소극적 포트폴리오 관리의 전형적인 방법은 최적 위험 포트폴리오에 대한 대용치로 시장포트폴리오를 보유하는 것이다.

현실적으로 시장포트폴리오와 완전히 동일한 포트폴리오를 구성하는 것은 매우 어려운 일이다. 따라서 소극적 포트폴리오 관리에서는 지수펀드(index fund)를 흔히 이용한다. 지수펀드는 주식시장 전체와 동일한 수익률과 위험을 얻을 수 있도록 구성한 포트폴리오이다. 자본시장에서 대표적인 주가지수와 동일한 위험과 수익률을 가지고, 주가지수와 완전한 정(+)의 상관관계를 가지는 포트폴리오가 되도록 지수펀드를 구성하는 것이 일반적이다.

지수펀드의 가장 중요한 요소는 주가지수에 대한 추적능력(tracking power)이다. 주가지수에 대한 추적능력은 지수펀드의 가치변동이 주가지수의 변동과 일치하는 정도를 말한다. 주가지수 수익률에 대한 지수펀드 수익률의 베타계수와 상관계수가 모두 1에 가까울수록 지수펀드의 추적능력은 크다고 할 수 있다.

이러한 지수펀드는 시장에서 평균수익률보다는 높은 수익을 추구하는 것을 목적으로 하여 종목을 선별해서 투자하는 적극적 포트폴리오와는 반대되는 개념이다. 이러한 점에서 지수펀드는 초과수익률과 위험을 최소화하려는 목적으로 운용되는 펀드라고 할 수 있다. 자본시장에서 지수펀드가 점차 주목을 받는 이유는 시장이 더욱 효율적인 시장으로 변하고 있기 때문이다.

지수펀드는 대체로 개방형 펀드나 상장지수펀드의 형태로 거래되고 있다.

개방형 펀드는 투자자가 요구하면 만기와 무관하게 중도에 환매할 수 있는 펀드를 말한다. 따라서 개방형 지수펀드는 중도환매가 가능한 일종의 지수펀드라고 할 수 있다. 금융투자회사는 투자자로부터 조달한 자금으로 지수펀드를 구성하고, 투자자는 투자자금을 회수하기 위해서 투자금융회사에 환매를 요청할 수 있다. 따라서 금융투자회사는 환매자금을 미리 준비하고 있어야 하므로 투자자금의 많은 부분을 지수펀드에 투자하지 못하고 단기금융상품에 투자해 두어야 하는 어려움이 발생할 수 있다.

상장지수펀드(exchange traded funds, ETF)는 특정지수를 추적하는 개방형 지수펀드를 거래소에 상장시켜 주식처럼 거래하는 일종의 지수펀드이다. ETF는 개방형 지수펀드를 거래소에 상장하여 거래하는 것과 개념적으로 유사하지만 약간의 차이가 있다.

가장 큰 차이점은 개방형 지수펀드가 현금을 납입하는 반면에 ETF는 현물(주식)을 직접 납입한다는 것이다. 만약 지수형 ETF를 만든다면 시가총액 비중대로 현물을 직접 납입하기 때문에 현물과 지수형 ETF 간에는 추적오차(tracking error)가 발생하지 않는다. 그러나 개방형 지수펀드는 현금을 납입하고, 운용회사가 주식을 사서 편입시키기 때문에 모든 종목을 편입시키기가 사실상 불가능하며 환매요구 등으로 일부 주식을 처분할 경우 주가지수와 지수펀드 사이에 차이가 발생할 수 있다.

(2) 적극적 포트폴리오 관리

적극적 포트폴리오 관리는 우수한 예측능력에 기초하여 특정증권을 선별적으로 매입 또는 매도하거나, 적절한 시장 타이밍(market timing)을 통하여 시장평균보다 높은 초과수익률을 얻고자 하는 투자방법이다. 자본시장이 효율적이라면 증권의 가격이 모든 이용 가능한 정보를 충분히 반영하고 있기 때문에, 우수한 예측능력에 기초한 투자방법을 모색하는 적극적 포트폴리오 관리전략으로 초과수익률을 얻을 수 없을 것이다.

그러나 많은 투자자들 특히 전문 펀드매니저들은 적극적 포트폴리오 관리를 통해 초과수익률을 얻을 수 있다고 믿고 있다. 예를 들어, 자본시장이 효율적이어서 적극적 투자전략을 구사해도 초과수익률을 얻을 수 없다고 가정해 보자. 이러한 경우가 발생하면 모든 투자자들은 소극적 투자전략에 자금을 투입하려고 할 것이고, 적극적 투자전략을 구사하고자 하는 투자자들은 시장에서 도태될 것이다. 그 결과 자본시장에서는 소극적 투자자들만 남게 될 것이고, 정보를 수집하여 분석한 결과가 증권가격에 제대로 반영되지 않아서 자본시장은 비효율적인 시장으로 변할 것이다. 이러한 비효율적인 자본시장에서는 초과수익률을 얻을 수 있는 세련된 투자방법을 찾을 수 있게 될 것이다.

자본시장의 효율성은 균형조건이 아니라, 투자자들이 정보를 수집하고 분석하여 이를 적극적으로 투자전략에 반영한 결과로 달성되는 조건이다. 따라서 자본시장에서는 자료를 수집하고 분석하여 우수한 예측능력을 바탕으로 세련된 적극적 투자전략을 구사하는 투자자들에게 보상의 형태로 투자수익이 확보될 수 있을 때 비로소 시장은 효율성을 높여갈 수 있을 것이다. 다만 자본시장은 매우 효율적인 시장이므로 적극적 투자전략으로 얻을 수 있는 초과수익률의 수준은 높지 않다는 점을 유념할 필요가 있다.

2.2 시장 타이밍

시장 타이밍(market timing) 전략은 자산유형별 수익률의 예측결과에 따라 자산배분을 변경하는 것을 말한다. 만약 투자자가 자산유형별 수익률의 상대적인 크기를 어느 정도 예측할 수 있다면, 자산유형별 자본배분을 변경하는 시장 타이밍 전략을 구사하여 높은 투자수익률을 얻을 수 있을 것이다. 따라서 대부분의 적극적 포트폴리오 관리자들은 이러한 시장 타이밍 전략을 구사하기 위하여 자산유형별 수익률의 예측에 많은 노력을 기울인다.

시장 타이밍 전략은 주식시장에 대한 예측에 따라 지수펀드와 무위험 채권펀드 간에 투자자금을 이동시키는 전략이다. 시장을 완전히 예측할 수 있는 경우에 있어

그림 19-1 완전한 시장 타이밍에 따른 포트폴리오의 수익률

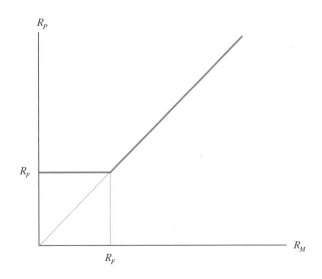

시장 타이밍 전략에 따른 포트폴리오 수익률은 시장지수펀드에 대한 콜옵션을 보유하는 것과 같다. [그림 19-1]에서는 완전한 시장 타이밍을 구사한 포트폴리오의 수익률을 나타내고 있다. 따라서 시장 타이밍 전략에서의 예측정보의 가치는 옵션가격결정모형을 이용하여 결정할 수 있다.[2]

제 3 절 포트폴리오의 수정

3.1 포트폴리오 수정의 개념

포트폴리오 수정(portfolio revision)은 제반 투자환경의 변동에 따라 기존의 포트폴리오가 당초 기대했던 성과를 달성하지 못할 때 재구성하는 것을 말한다. 포트

---

2) 옵션가격결정모형을 이용하여 시장 타이밍 전략의 예측정보의 가치를 결정하는 모형에 대해서는 [부록 19B]에서 소개하고 있다.

폴리오를 구성하고 있는 주식의 주가에 영향을 미치는 경제, 산업, 기업 등의 제반 여건이 변동하게 되면, 포트폴리오의 수정은 불가피해진다. 경기상황, 증권시장의 상황, 금리 및 인플레이션, 세제의 구조, 산업의 전망 등 기업 외적인 여건과 발행기업의 영업전망 등 주가에 영향을 미치는 제반 요인에 변동이 발생하게 되면, 투자자의 위험선호도와 기대이익의 수준도 달라지겠지만, 당초 구성한 포트폴리오의 목표수익률과 위험수준이 변동하게 되므로 포트폴리오 수정은 불가피해진다.

포트폴리오의 수정에는 정보비용, 거래비용, 세금 등이 발생하므로 적어도 포트폴리오 수정으로 달성되는 이익이 이들 비용보다는 커야 한다. 포트폴리오 수정에는 적절한 수정시기의 결정(revision timing)이 매우 중요하다. 왜냐하면 포트폴리오 수정이 적시에 수행되지 못하면 소기의 성과를 기대할 수 없기 때문이다.

포트폴리오 수정은 포트폴리오 재조정과 포트폴리오 개선으로 그 유형을 구분할 수 있다.[3] 포트폴리오의 재조정(portfolio rebalancing)은 증권가격에 변동이 발생할 때 분산투자를 적절하게 유지하는 데에 목적을 둔 포트폴리오 수정을 말한다. 포트폴리오 개선(portfolio upgrading)은 투자여건이 변동할 경우에 기대이익과 위험의 차원에서 상대적으로 우월한 포트폴리오를 구성하기 위하여 포트폴리오를 수정하는 것을 말한다. 포트폴리오 개선은 주어진 위험의 수준에서는 더 많은 기대이익이, 주어진 기대이익의 수준에서는 더 낮은 위험이 발생되도록 포트폴리오를 수정하는 것을 말한다.

3.2 포트폴리오 재조정

투자기초에 포트폴리오를 적절하게 구성하여도 시간이 경과하면 투자환경이나 시장환경에 변화가 발생하므로 포트폴리오를 구성하고 있는 증권의 가격은 변동하게 된다. 포트폴리오 재조정은 포트폴리오의 구성비율에 당초의 특성이 유지되도록 각 증권의 균형관계를 재조정하는 것을 말한다.

포트폴리오 재조정(portfolio rebalancing)은 일정한 기간의 간격을 기준으로 하여 각 주식의 상대적 시장가격이 변동할 때에 포트폴리오 구성의 불균형을 투자기초의 포트폴리오 구성비율로 환원시키는 것이다.

투자기초에 분산투자로 적절한 포트폴리오를 구성한 경우라도 일정한 기간이 경과하면 각 주식의 상대적 가격이 변동하게 되므로, 결과적으로 특정주식에 대한 투

---

3) A. C. Curley and R. M. Bear(1979), *Investment Analysis and Management*, Harper & Row Publishers Inc., 512-533.

자가 집중되고 이에 따라 포트폴리오의 체계적 위험지수인 베타계수와 포트폴리오의 비체계적 위험이 변화한다. 포트폴리오 재조정은 포트폴리오에 포함된 각 주식의 투자비율을 기간별로 원래대로 재조정함으로써 투자기초에 설정한 분산투자를 유지하는 것이다.

예 19-1   포트폴리오 재조정

어느 투자자가 투자 1기에 100만원의 자금으로 다음과 같이 A주식과 B주식에 동일하게 50만원씩 투자하여 투자비율을 50:50으로 구성하였다고 하자.

구분	투자내역	A주식	B주식	포트폴리오
투자 1기의 상황	주가	10,000원	5,000원	
	주식수	50주	100주	
	투자가치	500,000원	500,000원	1,000,000원
	투자비율	50%	50%	
	베타계수	1.6	0.8	1.2
	비체계적 위험[a]	0.08	0.04	0.03
투자 2기의 상황	주가	16,000원	5,400원	
	주식수[c]	50주	100주	
	투자가치	800,000원	540,000원	1,340,000원
	투자비율[b]	59.7%	40.3%	
	베타계수	1.6	0.8	1.2776
	비체계적 위험[a]	0.08	0.04	0.035
재조정 후의 상황	주가	16,000원	5,400원	
	주식수	41.875주	124.074주	
	투자가치	670,000원	670,000원	1,340,000원
	투자비율	50%	50%	
	베타계수	1.6	0.8	1.2
	비체계적 위험[a]	0.08	0.04	0.03

a) 비체계적 위험은 주식수익률의 분산을 의미함.
b) 이 투자비율은 계산오차를 포함하고 있음.
c) 소수점 이하의 주식수는 반올림하여 정수로 나타냄.

투자 1기

A주식과 B주식의 시가는 각기 10,000원과 5,000원이므로 투자자는 A주식 50주와 B주식 100주를 매수하였다. A주식의 베타계수(beta coefficient)는 1.6이고, B주식의 베타계수는 0.8이므로 이 포트폴리

오의 가중평균 베타계수는 1.2(=0.5×1.6+0.5×0.8)가 된다. 상대적으로 베타계수가 큰 A주식의 비체계적 위험(0.08)이 베타계수가 작은 B주식의 비체계적 위험(0.04)보다 높다. 이 경우 포트폴리오의 비체계적 위험은 0.03(=0.5²×0.08+0.5²×0.04)이 된다.

투자 2기

A주식의 주가는 10,000원에서 16,000원으로 크게 상승하여 투자가치가 80만원으로 증가했고, B주식의 주가는 5,000원에서 5,400원으로 작게 상승하여 투자가치는 54만원으로 증가하였다.

이처럼 투자 2기에서 주식시장이 전반적으로 상향추세에 들어서자 A주식 대 B주식의 투자비율은 59.7 : 40.3으로 변동하게 되고, 이에 따라 포트폴리오의 베타계수는 1.2에서 1.2776(=0.597×1.6+0.403×0.8)으로 커지고, 포트폴리오의 비체계적 위험도 0.03에서 0.035(=0.597²×0.08+0.403²×0.04)로 커진다.

포트폴리오 재조정

투자 2기에서 투자비율을 투자기초의 비율대로 50 : 50으로 균형을 재조정하여, 이 포트폴리오 베타계수와 비체계적 위험이 각각 1.2(=0.5×1.6+0.5×0.8)와 0.03(=0.5²×0.08+0.5²×0.06)으로 낮아지도록 해야 한다. 즉, 투자 2기의 포트폴리오가치 134만원을 2로 나눈 67만원과 A주식의 가치 80만원의 차이인 13만원을 A주식으로부터 B주식으로 전환시킴으로써 포트폴리오의 균형을 50 : 50으로 재조정할 수 있다. 이 경우에 A주식의 수는 41.875주(=670,000원/16,000원), B주식의 수는 124.074주(=670,000원/5,400원)가 된다.

[예 19-1]과 같이, 포트폴리오를 구성하고 있는 주식의 상대적 가격이 변동하면 각 주식의 투자비율이 달라지는데, 이 때 투자비율이 높아진 주식을 매도하고 이 비율이 낮아진 주식을 매수하여 기초의 포트폴리오 구성과 같은 투자비율을 이루도록 하는 전략을 고정목표 수정전략(fixed target revision strategy)이라고 한다.

그러나 이러한 전략이 항상 포트폴리오의 베타계수와 비체계적인 위험을 감소시키는 것은 아니다. 적어도 투자기초에 포트폴리오의 구성이 효율적으로 이루어지고, 강세시장이 지속되는 경우에는 이 전략으로 포트폴리오의 위험을 축소시킬 수 있다. 그러나 산업과 기업에 대한 투자자의 기대가 달라져서 각 주가의 변동이 기초의 예상과 반대로 나타나거나 무질서하게 움직일 때는 고정목표 수정전략이 위험을 축소시킬 수 있는가 하는 점은 명확하지 않다.

그러므로 이 전략은 강세시장이나 약세시장에서 주가의 변동추이가 주식 간에 우선순위를 크게 변동시키지 않는다는 가정 위에서만 유효하다. 이 경우에는 고정목표 수정전략을 통해 추가자금을 재분배함으로써 포트폴리오 성과를 증가시킬 수 있다.

3.3 포트폴리오 개선

투자환경은 끊임없이 변동하고, 세계경기와 국내경기는 항상 변동하며 산업에 따라서는 성장산업과 사양산업의 위치가 바뀔 수도 있다. 또 기업의 경영진이 교체되기도 하고, 발행기업이 합병 또는 흡수되기도 한다. 이 같은 투자환경의 변동은 포트폴리오의 성과에 중요한 영향을 미친다.

포트폴리오 개선(portfolio upgrading)은 투자환경의 변화에 대한 추가적인 정보를 다시 평가하여 포트폴리오의 위험을 축소시키거나 기대이익이 증가되도록 포트폴리오를 변경하는 것을 말한다. 신규정보는 포트폴리오를 구성하는 개별주식의 이익 전망만을 수정시키는 경우도 있지만, 대체로 포트폴리오의 규모와 구성에까지 개선을 확대시킨다. 그리고 이러한 신규정보는 그 성격상 긴급하게 분석되고 평가되어야 할 것도 있지만, 일반적으로는 신규정보에 대한 체계적인 분석과정이 주기적으로 이루어져서 그 결과가 포트폴리오 개선에 반영된다.

투자기간이 경과하여 새로운 투자정보가 유포되면 이에 따라 각 주식의 기대이익과 체계적 위험 및 비체계적 위험에 대한 투자자의 기대도 달라지므로, 기대이익과 위험의 차원에서 최적 포트폴리오의 위치도 변경된다. 이러한 현상은 추가적인 정보로 인해 효율적 시장에서 시장포트폴리오가 이동할 때 더욱 뚜렷하게 나타난다. 왜냐하면 투자자의 최적 포트폴리오는 일반적으로 효율적 프론티어에 위치하는 시장포트폴리오를 포함하므로, 시장포트폴리오의 이동은 효율적 프론티어의 이동을 수반하기 때문이다.

그러나 포트폴리오 개선으로 달성되는 이익은 거래과정에서 발생되는 일체의 비용보다 반드시 커야 한다. 포트폴리오 개선의 과정에는 투자정보의 수집과 분석에 따른 정보비용, 금융투자회사에 주식거래를 위탁하는 데 소요되는 거래수수료, 포트폴리오의 관리활동에 소요되는 기타 간접비 등의 비용이 발생한다. 포트폴리오 개선의 효과가 이러한 비용보다 커야 한다.

포트폴리오 성과평가

포트폴리오 성과는 투자의 수익성을 의미하므로, 이 성과가 기대수준에 미달하면 투자자는 포트폴리오를 수정하거나 포기하게 된다. 포트폴리오 성과평가(portfolio performance evaluation)에서는 몇 가지 고려해야 할 점이 있다.

첫째, 포트폴리오 성과를 분석해야 할 적절한 시기를 결정하고, 이 결정에 소요되는 비용을 고려해야 한다. 포트폴리오의 성과분석은 대체로 정기적으로 실시되지만, 시장상황이 예상과는 달리 급변할 때에는 그 시기를 포착하는 것이 중요하다. 포트폴리오 성과의 평가를 전문가에게 의뢰하는 경우는 물론이지만, 투자자가 직접 이를 수행하는 경우에도 평가에 소요되는 비용이 적지 않기 때문에 포트폴리오 규모의 변동과 분석의 결과에 따른 효과를 충분히 고려하여야 한다.

둘째, 포트폴리오의 성과를 평가할 때에는 '주어진 위험 수준에서 시장평균 이상의 수익이 달성될 수 있는가?' 또는 '일정한 수익을 달성하고자 할 때 위험을 최소화시킬 수 있는가?' 라는 문제를 검토하여야 한다.

셋째, 주어진 여건 하에서 포트폴리오가 충분히 분산되어 있어서 비체계적 위험이 최소로 축소되고 있는가를 검토하여야 한다. 만약 포트폴리오가 충분히 분산되지 않은 경우에는 비체계적 위험이 포트폴리오에 미치는 영향을 고려하여야 한다.

4.1 포트폴리오 성과척도

포트폴리오 성과를 평가하기 위해서는 먼저 그 성과를 측정해야 한다. 포트폴리오 성과의 측정방법에는 *CML*을 이용하는 방법과 *SML*을 이용하는 방법이 있다. Sharpe는 *CML*을, 그리고 Treynor와 Jensen은 *SML*을 이용하여 포트폴리오의 성과를 측정하고 있다.

(1) Sharpe지수

Sharpe는 자본시장선(capital market line, CML)의 기울기를 이용하여 포트폴리오의 성과를 측정하였다. 만약 기대수익률과 실현수익률이 일치한다면, 효율적 포트폴리오의 위험과 수익률 간에는 사후적으로도 다음과 같은 관계가 성립해야 한다.

$$\overline{R_P} = \overline{R_F} + \left[\frac{\overline{R_M} - \overline{R_F}}{S_M} \right] S_P \tag{19-1}$$

단, $\overline{R_P}$: 효율적 포트폴리오의 실현수익률

$\overline{R_M}$: 시장포트폴리오의 실현수익률

$\overline{R_F}$: 무위험수익률의 평균

S_M : 시장포트폴리오 실현수익률의 표준편차

S_P : 효율적 포트폴리오 실현수익률의 표준편차

이러한 사후적 CML에서 양변에 무위험수익률 R_F를 차감하고, 효율적 포트폴리오 실현수익률의 표준편차인 S_P로 양변을 나누어주면 다음과 같은 관계식을 얻는다.

$$\frac{\overline{R_P} - \overline{R_F}}{S_P} = \frac{\overline{R_M} - \overline{R_F}}{S_M} \tag{19-2}$$

사후적 CML을 나타내는 (19-2)식에서 좌변은 효율적 포트폴리오의 위험 단위 당 실현된 위험프리미엄의 크기를 나타내고 있다. 그리고 이 식의 우변은 시장포트폴리오의 위험 단위당 실현된 위험프리미엄을 나타내고 있다. 즉 자본시장에서 잘 분산된 효율적 포트폴리오의 위험 단위당 위험프리미엄의 크기는 시장포트폴리오의 위험 단위당 위험프리미엄의 크기인 CML의 기울기와 동일해야 한다는 것을 나타내고 있다.

Sharpe는 (19-2)식의 좌변은 포트폴리오 성과를 측정하는 지표가 될 수 있다고 하였다. 이것을 보상-변동성비율(reward to variability ratio, $RVAR$)이라고 하였다.[4]

$$RVAR_P = \frac{\overline{R_P} - \overline{R_F}}{S_P} \tag{19-3}$$

이 식은 이미 구성해 놓은 포트폴리오의 성과를 측정하는 지표로서, 실제로 포트폴리오의 총위험의 한 단위에 대하여 위험프리미엄이 얼마만큼 달성되었는가를 나타내고 있다. 그러므로 Sharpe는 이 보상-변동성비율이 높으면 이에 따라 달성된 포트폴리오의 성과도 양호하다고 한다.

[그림 19-2]는 두 개의 포트폴리오의 보상-변동성비율($RVAR$)을 보여주고 있다. A포트폴리오의 평균수익률과 B포트폴리오의 평균수익률을 비교하여 보면, A 포트폴리오의 수익률이 더 높게 나타나고 있다. 그러나 두 포트폴리오의 총위험 수준이 동일하지 않다. Sharpe지수인 $RVAR$을 산출하여 보면, B포트폴리오가 더욱 높

---

4) W. F. Sharpe(1966), "Mutual Fund Performance," *Journal of Business*, 119-138.

그림 19-2 보상-변동성비율(RVAR)

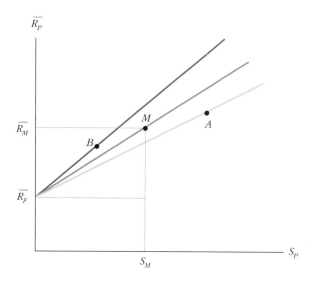

게 나타나고 있다. 즉 포트폴리오의 총위험에 대한 위험프리미엄의 실제값을 비교하여 보면, B포트폴리오가 높게 나타난다는 것이다. 따라서 $RVAR$을 평가기준으로 채택할 때, B포트폴리오의 성과가 더욱 우월하다고 할 수 있다.

그리고 개별적인 포트폴리오의 성과를 평가하는 기준은 시장지수의 보상-변동성비율인 $RVAR_M$이다. 즉 어떤 포트폴리오 P의 보상-변동성비율이 시장지수의 보상-변동성비율보다 높게 나타나는 경우, 즉 다음의 관계가 되면 포트폴리오 P의 성과가 시장평균보다 높다고 할 수 있다.

$$RVAR_P > RVAR_M \qquad (19-4)$$

Sharpe의 보상-변동성비율은 포트폴리오 성과를 측정하는 지표로서 아래와 같이 두 가지 면에서 이용되고 있다.

첫째, 특정 포트폴리오의 보상-변동성비율과 시장지수의 보상-변동성비율의 비교이다. 만약 어떤 포트폴리오의 보상-변동성비율이 시장지수의 보상-변동성비율보다 높으면, 그 포트폴리오의 성과가 시장평균을 초과한 것이 된다. 반대로 후자가 전자보다 높으면 포트폴리오의 성과가 시장평균에 미달한 것이 된다.

둘째, 보상-변동성비율은 여러 포트폴리오의 성과를 비교하여 이들의 우선순위를 결정하는 데에 이용된다. 즉 평가대상인 포트폴리오의 수가 여러 개라고 한다면,

각 포트폴리오의 $RVAR$을 산출하여 그 크기에 따라 포트폴리의 성과 순위를 결정할 수 있다.

예 19-2   Sharpe지수

일정한 투자기간 동안 분산된 5개 포트폴리오와 시장포트폴리오의 평균수익률, 무위험수익률의 평균, 포트폴리오 수익률의 표준편차가 각각 표의 1열, 2열, 3열과 같다고 하자. 이들 포트폴리오의 성과를 시장포트폴리오의 성과와 비교하여 포트폴리오 성과의 우선순위를 결정해 보자.

포트 폴리오	(1) 포트폴리오 평균수익률 ($\overline{R_P}$)	(2) 무위험수익률의 평균 ($\overline{R_F}$)	(3) 포트폴리오 표준편차 (S_P)	(4) 보상-변동성 비율 ($RVAR_P$)	(5) 시장지수 성과와 비교	(6) 우선순위
A	0.2129	0.0600	0.5865	0.2607	+	1
B	0.0812	0.0600	0.3347	0.0633	−	4
C	0.1515	0.0600	0.6030	0.1517	−	3
D	0.0930	0.0600	0.1862	0.1772	+	2
E	0.0333	0.0600	0.1418	−0.1883	−	5
시장지수(M)	0.1305	0.0600	0.4512	0.1560		

먼저, A포트폴리오의 보상-변동성비율 $RVAR$을 산출하면 0.2607이 된다.

$$RVAR_A = \frac{\overline{R_A} - \overline{R_F}}{S_A}$$

$$= \frac{0.2129 - 0.0600}{0.5865} = 0.2607$$

마찬가지 방법으로 B, C, D, E포트폴리오와 시장포트폴리오의 보상-변동성비율을 산출하면 표의 4열과 같다. 5열에서는 각 포트폴리오의 보상-변동성비율을 시장지수의 보상-변동성비율(0.1560)과 비교하여 전자가 후자보다 큰 것은 +로, 작은 것은 −로 표현하고 있다.

따라서 5열에서 +로 표시된 A포트폴리오와 D포트폴리오의 성과는 각각 0.2607과 0.1772로서 시장포트폴리오의 성과 0.1560보다 높게 나타나고 있다. 이 두 포트폴리오에 대한 투자는 성공적이라고 할 수 있다.

그러나 나머지 B, C, E포트폴리오의 성과는 시장평균에 미달하고 있다. 다음으로 6열에서는 보상-변동성비율을 기준으로 한 각 포트폴리오 성과의 우선순위를 나타내고 있다.

(2) Treynor지수

포트폴리오 성과의 측정에서 Treynor는 SML을 이용하여 포트폴리오 성과의 측정지수를 유도하고 있다. *SML*은 증권의 기대수익률을 추정하는 사전적(ex ante)모형이다. 포트폴리오 성과의 측정은 이미 선택한 포트폴리오의 실제성과(actual performance)를 측정하는 것이므로, 사전적 모형을 사후적(ex post) 모형의 형태로 변형시킬 필요가 있다.

일정한 투자기간 동안 포트폴리오 P의 수익률을 평균수익률 $\overline{R_P}$로 표현한다면, *SML*의 사후적 모형은 다음과 같이 표현할 수 있다.

$$\overline{R_P} = \overline{R_F} + (\overline{R_M} - \overline{R_F})\beta_P \tag{19-5}$$

단, $\overline{R_P}$: 포트폴리오의 실현수익률
$\overline{R_M}$: 시장지수의 실현수익률
$\overline{R_F}$: 무위험수익률의 평균
β_P : 포트폴리오의 베타계수

위 식의 양 변에서 $\overline{R_F}$를 차감하고, 포트폴리오의 베타계수를 나누어 주자. 그리고 시장지수의 베타계수가 1.0이라는 점을 이용하면, 다음과 같은 관계식이 성립한다.

$$\frac{\overline{R_P} - \overline{R_F}}{\beta_P} = \frac{(\overline{R_M} - \overline{R_F})}{1.0}$$

$$\frac{\overline{R_P} - \overline{R_F}}{\beta_P} = \frac{(\overline{R_M} - \overline{R_F})}{\beta_M} \tag{19-6}$$

이 식의 좌변은 포트폴리오의 체계적 위험 한 단위에 대하여 실현된 위험프리미엄의 비율을 나타낸다. 그리고 이 식의 우변은 시장포트폴리오의 체계적 위험 한 단위에 대하여 실현된 위험프리미엄을 나타낸다. 즉 자본시장에서 포트폴리오의 체계적 위험 한 단위당 위험프리미엄의 크기는 시장포트폴리오의 체계적 위험 한 단위당 위험프리미엄의 크기인 *SML*의 기울기와 동일해야 한다는 것을 나타내고 있다.

Treynor는 (19-6)식의 좌변을 보상−위험비율(reward to volatility ratio, *RVOL*)이라고 정의하였다.[5] 이것을 포트폴리오 성과의 측정지표로 이용하고 있다. 이러한 보상−위험비율을 흔히 Treynor지수라고도 한다.

$$RVOL = \frac{\overline{R_P} - \overline{R_F}}{\beta_P} \tag{19-7}$$

---

5) J. L. Treynor(1965), "How to Rate Management of Investment Funds," *Harvard Business Review*, 63−75.

그림 19-3 보상-위험비율(RVOL)

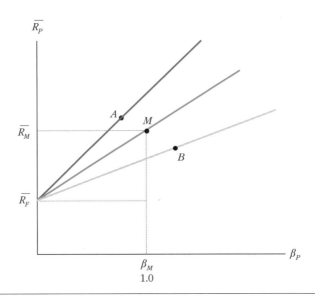

Sharpe의 보상-변동성비율과 마찬가지로 Treynor의 보상-위험비율도 높게 산출되면 포트폴리오의 성과가 양호한 것이며, 반대로 낮게 산출되면 포트폴리오의 성과가 불량한 것으로 해석된다.

[그림 19-3]는 두 개의 포트폴리오의 보상-위험비율($RVOL$)을 보여주고 있다. 두 포트폴리오의 평균수익률을 비교하여 보면, A포트폴리오의 수익률이 더 높게 나타나고 있다. 그러나 두 포트폴리오의 체계적 위험 수준이 동일하지 않다. Treynor지수인 $RVOL$을 산출하여 보면, A포트폴리오가 높게 나타나고 있다. 즉 포트폴리오의 체계적 위험에 대한 위험프리미엄의 실제값을 비교하여 보면, A포트폴리오가 높게 나타난다는 것이다. 따라서 $RVOL$을 평가기준으로 채택할 때, A포트폴리오의 성과가 더욱 우월하다고 할 수 있다.

그리고 개별적인 포트폴리오의 성과를 평가하는 기준은 시장지수의 보상-위험비율인 $RVOL_M$이다. 즉 어떤 포트폴리오 P의 보상-위험비율이 시장지수의 보상-위험비율보다 높게 나타나는 경우, 포트폴리오 P의 성과가 시장평균보다 높게 나타난다고 할 수 있다.

Sharpe지수와 Treynor지수에 의한 포트폴리오 성과 평가결과가 반드시 일치하지는 않는다. 그 이유는 투자자가 이용한 위험의 척도가 다르기 때문이다. 즉 투자자들이 총위험에 관심을 가지고 있다면 Sharpe지수가 더 적합하고, 체계적 위험에만 관심을 가지고 있다면 Treynor지수가 더 적합할 수 있다.

예 19-3   Treynor지수

앞의 〈표 19-2〉의 자료에서 포트폴리오의 베타계수가 아래 표 3열과 같이 산출되었다고 한다면, Treynor의 보상－위험비율, 시장지수와의 비교, 그리고 포트폴리오의 우선순위는 각기 아래의 표 4열, 5열, 6열과 같이 된다.

포트 폴리오	(1) 포트폴리오 평균수익률 ($\overline{R_p}$)	(2) 무위험수익 률의 평균 ($\overline{R_F}$)	(3) 포트폴리오 베타계수 (β_P)	(4) 보상－위험 비율 ($RVOL_P$)	(5) 시장지수 성과와 비교	(6) 우선순위
A	0.2129	0.0600	1.5000	0.1019	+	1
B	0.0812	0.0600	0.9002	0.0236	−	4
C	0.1515	0.0600	0.8018	0.0508	−	3
D	0.0930	0.0600	0.5868	0.0562	−	2
E	0.0333	0.0600	0.3795	−0.0704	−	5
시장지수(M)	0.1305	0.0600	1.0000	0.0705		

(3) Jensen의 알파

Jensen의 포트폴리오 성과척도는 Treynor지수와 마찬가지로 SML에 기초를 두고 있다. 다만 차이가 있는 것은 체계적 위험 수준이 주어져 있을 때, 사후적 SML을 이용하여 예측한 수익률과 실현된 수익률의 차이로 포트폴리오의 성과를 측정한다는 점이다. 포트폴리오의 실현된 수익률에서 주어진 체계적 위험에 기초하여 사후적 SML에서 예측한 수익률 간의 차이를 Jensen의 알파 또는 Jensen지수라고 한다.[6]

$$\alpha_P = \overline{R_p} - \left[\overline{R_F} + (\overline{R_M} - \overline{R_F})\beta_P \right]$$
$$= (\overline{R_p} - \overline{R_F}) - (\overline{R_M} - \overline{R_F})\beta_P \qquad (19-8)$$

이러한 Jensen의 알파는 (19-9)식과 같은 시계열 회귀모형을 이용하여 추정할 수 있다.

$$(R_{Pt} - R_{Ft}) = \alpha_P + (R_{Mt} - R_{Ft})\beta_P + e_{Pt} \qquad (19-9)$$

---

6) M. C. Jensen(1967), "Performance of Mutual Funds in the Period 1945~1964," *Journal of Finance*, 23(2), 389-416.

자본시장이 균형상태에 있으면 위의 회귀식에서 절편을 나타내는 계수인 α_P는 0이 될 것이다. 이와 같이 α_P가 0이라는 것은 포트폴리오의 체계적 위험에 기초하여 예측한 위험프리미엄과 실현된 위험프리미엄이 일치한다는 것을 의미한다. Jensen의 성과측정치 α_P가 양(+)의 값을 나타내면 구성된 포트폴리오의 성과는 양호한 것이며, 반대로 음(−)의 값을 나타내면 포트폴리오의 성과가 불량한 것으로 해석한다. 그리고 α_P가 0의 값을 가지면 포트폴리오의 성과가 시장평균과 일치하는 것으로 해석할 수 있다.

[그림 19−4]에서는 A와 B 두 개의 포트폴리오에 대한 Jensen의 알파를 보여주고 있다. 포트폴리오 A는 시장지수 M점을 통과하는 SML보다 위에 위치하고 있으며, 알파가 양(+)의 값을 보이고 있다. 포트폴리오 B는 시장지수 M점을 통과하는 SML보다 밑에 위치하고 있으며, 알파가 음(−)의 값을 보이고 있다. 따라서 포트폴리오 A는 시장평균보다 좋은 성과를 보이고 있다는 것을 알 수 있다. 그리고 각 포트폴리오가 부담한 체계적 위험에 따른 이론적인 위험프리미엄과 실제로 얻은 위험프리미엄의 차이는 알파의 크기에 의해 파악할 수 있다.

포트폴리오 성과의 평가에서 Jensen의 알파와 Treynor지수를 같이 이용할 때는 양자의 차이를 정확하게 인식하여야 한다. 이 두 지수는 모두 체계적 위험만 고려한 SML을 기초로 하고 있다는 점에서는 일치한다.

그러나 Treynor지수인 보상−위험비율($RVOL$)은 SML의 기울기에 초점을 두고

그림 19−4 Jensen의 알파

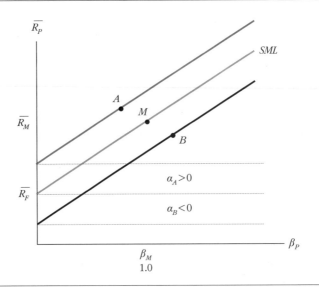

있는 반면에, Jensen지수인 알파는 *SML*의 절편에 초점을 두고 있다. 또 Treynor의 평가방법은 전체 투자기간에 대한 포트폴리오의 평균수익률을 사용하고 있지만, Jensen의 평가방법은 전체 투자기간을 시계열 단위기간으로 분할하고, 분할된 각 단위기간에 대하여 독립적으로 성과를 평가할 수 있다.

(4) M^2지수

Sharpe지수는 총위험을 기준으로 하여 포트폴리오의 성과를 평가하여 각 포트폴리오의 순위를 정하는 데 유용한 평가척도가 된다. 어떤 포트폴리오가 시장지수보다 높은 *RVAR*을 보이면 우월한 성과를 보이는 것으로 평가하고, 시장지수보다 낮은 *RVAR*을 보이면 열등한 성과를 보이는 것으로 평가할 수 있을 것이다.

그러나 *RVAR*의 차이에 대한 통계적 유의성을 확인하기가 쉽지 않다. [예 19-2] 에서와 같이 시장지수의 *RVAR*이 0.1560이고, 포트폴리오 *A*의 *RVAR*이 0.2670이라고 하자. *A*포트폴리오가 시장평균보다 우월한 성과를 보인다는 것은 확인할 수 있지만, 그 차이가 통계적으로 유의한가에 대해서는 확인하지 못한다.

이러한 Sharpe지수에 대한 변형으로 제안된 것인 M^2지수이다.[7] M^2지수도 Sharpe지수와 마찬가지로 총위험으로 위험을 측정하고 있다. M^2지수는 어떤 포트폴리오의 실현수익률을 시장지수의 위험수준으로 환산한 값과 시장지수의 실현수익률의 차이로 정의된다.

$$
\begin{aligned}
M^2 &= \left[\overline{R_F} + \frac{\overline{R_P} - \overline{R_F}}{S_P} S_M \right] - \overline{R_M} \\
&= \left(\frac{\overline{R_P} - \overline{R_F}}{S_P} \right) S_M - \left(\frac{\overline{R_M} - \overline{R_F}}{S_M} \right) S_M \\
&= (RVAR_P - RVAR_M) S_M
\end{aligned}
\tag{19-10}
$$

이 식에서 M^2지수의 의미를 살펴보자. 이 식은 M^2지수가 Sharpe지수와 관련되어 있다는 것을 보여준다. M^2지수는 특정 포트폴리오의 Sharpe지수와 시장지수의 Sharpe지수의 차이에 시장지수의 총위험을 곱한 것과 동일하다.

[그림 19-5]에서는 두 개의 포트폴리오 *A*와 *B*의 M^2지수를 보여주고 있다. 포트

---

7) M^2지수는 Graham and Harvey(1994)에 의해 제안되었고, L. Modigliani and F. Modigliani(1997) 에 의해 보급되었다. M^2는 Modigliani의 제곱이라는 의미이다. J. R. Harvey and C. R. Harvey(1994), "Market Timing Ability and Volatility Implied in Investment Advisors' Asset Allocation Recommendations," NBER Working Paper 4890; L. Modigliani and F. Modigliani(1997), "Risk-Adjusted Performance," *Journal of Portfolio Management*, Winter, 45-54.

그림 19-5 M^2지수

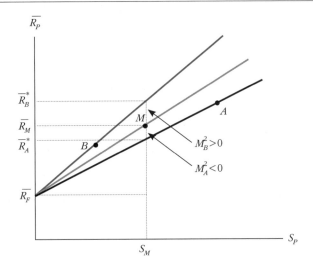

폴리오 A의 실현수익률을 시장지수의 총위험 수준에서 평가하면, $\overline{R_A^*}$가 된다. 그리고 이러한 $\overline{R_A^*}$에서 시장지수의 실현수익률 $\overline{R_M}$을 차감하면, 포트폴리오 A의 M^2지수가 산출된다. 이러한 M^2지수가 음(−)으로 나타나고 있으며, 포트폴리오 A는 시장평균에 비해 열등한 성과를 보인다고 평가할 수 있다.

포트폴리오 B의 M^2지수도 마찬가지로 산출할 수 있다. 포트폴리오 B의 M^2지수가 양(+)으로 나타나고 있다. 포트폴리오 B는 시장평균에 비해 우월한 성과를 가진다고 평가할 수 있다.

예 19-5 M^2지수에 의한 포트폴리오 성과평가

일정한 투자기간 동안 분산된 5개 포트폴리오와 시장포트폴리오의 평균수익률, 무위험수익률의 평균, 포트폴리오 수익률의 표준편차가 각각 표의 1열, 2열, 3열과 같다고 할 경우, 이들 포트폴리오의 성과를 M^2지수로 우선순위를 결정하여 보자.

먼저, A포트폴리오의 M^2지수는 다음과 같이 0.0471이 된다.

$$M^2 = \left[\overline{R_F} + \frac{\overline{R_A} - \overline{R_F}}{S_P} S_M \right] - \overline{R_M}$$

$$= \left[0.060 + \frac{0.2129 - 0.0600}{0.5865}(0.4512) \right] - 0.1305 = 0.0471$$

마찬가지 방법으로 B, C, D, E포트폴리오와 시장포트폴리오의 M^2지수를 산출하면 표의 4열과 같다. 이 표에서 살펴보면, 투자안 성과의 우선순위는 Sharpe지수로 평가한 것과 동일하다는 것을 확인할 수 있다.

포트 폴리오	(1) 포트폴리오 평균수익률 ($\overline{R_P}$)	(2) 무위험수익 률의 평균 ($\overline{R_F}$)	(3) 포트폴리오 표준편차 (S_P)	(4) M^2지수	(5) 시장지수 성과와 비교	(6) 우선순위
A	0.2129	0.0600	0.5865	0.0471	+	1
B	0.0812	0.0600	0.3347	-0.0419	$-$	4
C	0.1515	0.0600	0.6030	-0.0020	$-$	3
D	0.0930	0.0600	0.1862	0.0095	+	2
E	0.0333	0.0600	0.1418	-0.1555	$-$	5
시장지수(M)	0.1305	0.0600	0.4512	0.0000		

(5) 평가척도의 선택

포트폴리오의 성과가 어떠한 성과척도에 의해 평가되는가에 따라 평가결과에 따른 포트폴리오별 우선순위가 달라질 수 있다. 다양한 평가척도 중에서 어떠한 것을 선택하여 포트폴리오의 성과를 평가해야 하는지 알아보자.

포트폴리오 평가척도는 크게 사후적 CML에 기초하여 개발된 척도인 Sharpe지수와 M^2지수가 있고, 사후적 SML에 기초하여 개발된 척도인 Treynor지수와 Jensen의 알파가 있다. 물론 Sharpe지수와 M^2지수에 따른 우선순위가 동일하며, Treynor지수와 Jensen의 알파에 따른 우선순위가 동일하다. 따라서 포트폴리오 성과 평가척도의 선택은 포트폴리오 평가목적에서 위험의 척도로 총위험이 적합한지, 아니면 체계적 위험이 적합한지에 따라 달라진다.

각 평가척도별 성과평가 결과가 달라지는 경우는 포트폴리오가 비체계적 위험을 많이 포함하고 있는 경우이다. 만약 어떤 포트폴리오가 체계적 위험만을 보유하고 있으면, 어떠한 평가척도를 이용하든 평가결과의 우선순위는 영향을 받지 않는다. 따라서 투자자가 비체계적 위험을 분산시킬 수 있는 경우에는 사후적 SML에 기초한 평가척도가 바람직하고, 비체계적 위험을 분산시킬 수 없는 경우에는 사후적 CML에 기초한 평가척도가 바람직하게 된다.

어떤 투자자가 많은 수의 포트폴리오를 보유하고 있고 평가대상 포트폴리오가 이들 중의 하나라면, 이러한 투자자는 비체계적 위험을 분산시킬 수 있기 때문에 사후적 SML에 기초한 평가척도인 Treynor지수나 Jensen의 알파가 적절하다.

그러나 어떤 투자자가 보유한 유일한 포트폴리오를 평가하고자 하는 경우에는 투자자가 이 포트폴리오의 총위험을 부담하게 된다. 이러한 경우에는 사후적 CML 에 기초한 평가척도인 Sharpe지수와 M^2지수가 바람직한 척도가 된다.

4.2 포트폴리오 성과의 원인분석

앞에서 설명한 네 가지 포트폴리오 성과척도는 포트폴리오 관리자의 관리능력을 구체적으로 측정하지는 못하고 있다. 포트폴리오 관리자의 선택능력(selectivity)에 따라 포트폴리오의 성과가 달라질 수 있다.

포트폴리오 선택능력은 더 좋은 성과를 가져올 것으로 기대되는 증권을 선택하여 최소의 위험을 부담하도록 포트폴리오를 구성할 수 있는 능력이다. 포트폴리오 관리자의 포트폴리오 선택능력을 측정하기 위해서는 비체계적 위험을 완전하게 제거하면서 초과수익률을 실현하는가를 측정하면 된다.

포트폴리오 관리자의 과제는 자본시장에서 평균적으로 얻을 수 있는 투자성과보다 높은 수익률을 실현하는 것이다. 자본시장에서 평균적으로 얻을 수 있는 투자성과는 증권시장선(SML)으로 나타낼 수 있다.

어떤 포트폴리오 관리자가 SML보다 높은 수익률을 얻을 수 있는 포트폴리오를 구성하였다고 해서, 이 포트폴리오 관리자의 선택능력이 우수하다고 할 수 있을까? 만약 이 포트폴리오 관리자가 충분히 분산되지 않은 포트폴리오를 보유하고 있는 경우에 체계적 위험은 작지만, 총위험은 상당히 클 수 있다. 따라서 SML보다 높은 수익률을 실현하였다고 해서 반드시 높은 투자성과를 얻었다고 평가하기는 어렵다.

Fama(1972)는 포트폴리오 관리자의 선택능력을 평가하는 데 있어서, 포트폴리오의 초과수익률 중에서 불완전 분산투자로 인한 수익률을 고려하여 평가하는 방법을 제시하였다.[8] 그의 분석방법에 의하면, 포트폴리오의 성과는 포트폴리오 관리자의 총선택력(TS)으로 설명되며, 이러한 총선택력은 순선택력(NS)과 불완전 분산투자의 손실(IDL)의 합이 된다.

(1) 총선택력

총선택력(total selectivity, TS)은 포트폴리오의 실현수익률($\overline{R_p}$)과 SML에 의해 사후적으로 추정한 포트폴리오의 균형수익률의 차이이다. 투자기간을 단일기간으로 하면, 총선택력은 Jensen지수와 동일하다.

---

8) E. F. Fama(1972), "Components of Investment Performance," *Journal of Finance*, 551-567.

$$TS = \alpha_P = \overline{R_P} - \left[\overline{R_F} + (\overline{R_M} - \overline{R_F})\beta_P \right] \qquad (19-11)$$

총선택력(TS)이 양($+$)의 값을 가지면 포트폴리오 관리자의 선택능력은 양호하다고 평가할 수 있다. 즉 양($+$)의 총선택력은 양($+$)의 초과수익률을 의미하며, 이는 시장평균보다 높은 투자성과를 보이는 것으로 볼 수 있다.

(2) 순선택력

자본시장에서 포트폴리오 관리자가 과대평가 혹은 과소평가된 종목을 발견하였다고 하자. 이러한 경우 포트폴리오 관리자는 자신의 포트폴리오에 이러한 종목을 편입하기 위하여, 어느 정도의 분산투자를 포기할 수도 있을 것이다. 따라서 총선택력(TS)은 순선택력(net selectivity, NS)과 불완전 분산투자의 손실(imperfect diversification loss, IDL)로 분해될 수 있다.

어떤 포트폴리오 P의 총위험은 다음과 같이 체계적 위험과 비체계적 위험으로 구성된다.

$$S_P^2 = \beta_P^2 S_M^2 + \sigma^2(e_P) \qquad (19-12)$$

단, S_P^2 : 포트폴리오의 수익률 분산
        β_P : 포트폴리오의 베타계수
        S_M^2 : 시장지수의 수익률 분산
      $\sigma^2(e_P)$: 포트폴리오의 비체계적 위험

만약 이 포트폴리오가 완전히 분산투자되어 있다면 위의 식에서 마지막 항인 $\sigma^2(e_P)$이 0이 될 것이다. 그러나 포트폴리오 관리자가 시장에서 과대 혹은 과소 평가된 종목을 포트폴리오에 편입하여 적극적 투자전략을 구사하고 있다면, 비체계적 위험을 나타내는 항은 0이 되지 않을 것이다.

이제 불완전 분산투자의 손실(IDL)을 계산하기 위하여 어떤 포트폴리오가 완전히 분산되어 있을 경우의 베타계수를 찾아보자. 불완전 분산투자로 인하여 완전한 분산투자를 이루지 못한 포트폴리오가 있다고 하자. 만약 이 포트폴리오가 완전히 분산투자 되었다고 가정할 경우에 이론적으로 존재하는 베타계수를 산출할 수 있을 것이다. 이처럼 불완전 분산 포트폴리오가 완전 분산투자 되었다고 가정할 경우에 산출되는 베타계수를 이론적으로 정당화시킬 수 있는 베타계수(theoretically justifiable beta)라고 한다. 이 베타계수를 정당화 베타계수(warranted beta)라고도 한다. 이러한 정당화 베타는 (19-12)식에서 비체계적 위험이 0이 될 때, 등식을 성

립시켜 주는 베타계수라고 정의할 수 있다.

$$S_P^2 = \beta_T^2 S_M^2 \tag{19-13a}$$

$$\beta_T = \frac{S_P}{S_M} \tag{19-13b}$$

이러한 정당화 베타계수(β_T)는 포트폴리오의 실제 베타계수가 아니다. 이 베타계수는 불완전하게 분산된 포트폴리오에서 비체계적 위험을 제거시킴으로써 완전분산된 포트폴리오로 변화시킬 때 이론적으로 산출되는 베타계수이다.

이러한 정당화 베타계수와 포트폴리오의 실제 베타계수를 비교하여 보면, 정당화 베타계수가 실제 베타계수보다 커야 한다.

$$\beta_T \geqq \beta_P \tag{19-14}$$

이러한 정당화 베타계수가 존재하면, 포트폴리오의 총선택력(TS)은 다음과 같이 분해될 수 있다.

$$
\begin{aligned}
TS &= \overline{R_P} - \left[\overline{R_F} + (\overline{R_M} - \overline{R_F})\beta_P \right] \\
&= \left\{ \overline{R_P} - \left[\overline{R_F} + (\overline{R_M} - \overline{R_F})\beta_T \right] \right\} + \left\{ (\overline{R_M} - \overline{R_F})(\beta_T - \beta_P) \right\} \\
&= NS + IDL
\end{aligned}
\tag{19-15}
$$

순선택력(net selectivity)은 포트폴리오의 실현수익률과 정당화 베타계수(β_T)를 이용하여 SML에 의해 산출된 균형수익률과의 차이를 말한다. 총선택력(TS)과 순선택력(NS)을 비교해 보면, 체계적 위험을 실제 베타계수 β_P를 이용하는가, 아니면 정당화 베타계수 β_T를 이용하는가에 차이가 있다.

불완전 분산투자의 손실(IDL)은 포트폴리오 관리자가 자신의 포트폴리오에 과대 혹은 과소 평가된 종목을 편입하는 과정에서 포트폴리오에 존재하는 비체계적 위험으로 인하여 보상받지 못하는 위험프리미엄의 크기를 측정하는 것이다. 이는 완전 분산투자했을 경우의 체계적 위험인 정당화 베타계수 β_T에 상응하는 위험프리미엄과 포트폴리오의 실제의 체계적 위험의 척도인 실제 베타계수 β_P에 상응하는 위험프리미엄의 차이로 측정된다.

$$
\begin{aligned}
IDL &= \left[\overline{R_F} + (\overline{R_M} - \overline{R_F})\beta_T \right] - \left[\overline{R_F} + (\overline{R_M} - \overline{R_F})\beta_P \right] \\
&= (\overline{R_M} - \overline{R_F})(\beta_T - \beta_P)
\end{aligned}
\tag{19-16}
$$

그림 **19-6** 총선택력의 분석

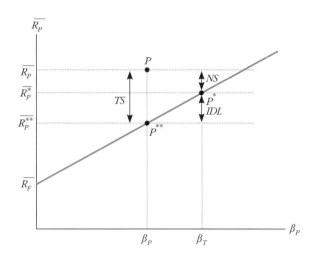

[그림 19-6]은 총선택력(TS)을 순선택력(NS)과 불완전 분산투자의 손실(IDL)로 분해하는 방법을 보여주고 있다. 총선택력(TS)은 포트폴리오의 실현수익률 $\overline{R_P}$와 포트폴리오의 실제 베타계수 β_P에 대응하는 균형수익률 $\overline{R_P^{**}}$의 차이로 계산된다.

그리고 순선택력(NS)은 포트폴리오의 실현수익률 $\overline{R_P}$와 포트폴리오의 정당화 베타계수 β_T에 대응하는 균형수익률 $\overline{R_P^*}$의 차이로 계산된다. 그리고 불완전 분산투자의 손실(IDL)은 실제 베타계수 β_P에 대응하는 균형수익률 $\overline{R_P^{**}}$와 정당화 베타계수 β_T에 대응하는 균형수익률 $\overline{R_P^*}$의 차이로 계산된다.

예 19-6　총선택력(TS)과 순선택력(NS) 산출

다음과 같이 5개 포트폴리오의 평균수익률, 수익률 표준편차, 베타계수 등에 관한 자료와 시장지수에 관한 자료가 주어져 있다. 무위험수익률의 평균은 6%이다. 각 포트폴리오의 총선택력(TS)과 순선택력(NS)을 산출하라.

먼저, A포트폴리오의 정당화 베타계수는 다음과 같이 1.2999로 산출된다.

$$(\beta_T)_A = S_A/S_M = (0.5865)/(0.4512) = 1.2999$$

A포트폴리오의 총선택력(TS)과 순선택력(NS)은 다음과 같이 계산된다.

$$TS_A = \overline{R_A} - \left[\overline{R_F} + (\overline{R_M} - \overline{R_F})\beta_A\right]$$
$$= 0.2129 - [0.06 + (0.1305 - 0.06)(1.5000)] = 0.0472$$

$$NS_A = \overline{R}_A - \left[\overline{R}_F + (\overline{R}_M - \overline{R}_F)(\beta_T)_A \right]$$

$$= 0.2129 + [0.06 + (0.1305 - 0.06)(1.2999)] = 0.0613$$

마찬가지 방법으로 B, C, D, E포트폴리오의 TS와 NS를 산출하면 표의 5열, 6열과 같다.

포트 폴리오	(1) 포트폴리오 평균수익률 $(\overline{R}_P)$	(2) 포트폴리오 표준편차 (S_P)	(3) 포트폴리오 베타계수 (β_P)	(4) 정당화 베타계수 (β_T)	(5) 총선택력 (TS)	(6) 순선택력 (NS)
A	0.2129	0.5865	1.5000	1.2999	0.0472	0.0613
B	0.0812	0.3347	0.9002	0.7418	−0.0423	−0.0311
C	0.1515	0.6030	0.8018	1.3364	0.0350	−0.0027
D	0.0930	0.1862	0.5868	0.4127	−0.0084	0.0039
E	0.0333	0.1418	0.3795	0.3143	−0.0535	−0.0489
시장지수(M)	0.1305	0.4512	1.0000	1.0000		

이상과 같이 Fama의 분석방법에 의하면, 포트폴리오 관리자의 투자성과는 총선택력인 초과수익률에 의해서 평가되어서는 안 되며, 불완전 분산투자의 손실을 차감한 순선택력으로 평가되어야 한다.

4.3 포트폴리오 성과분석

일반적으로 포트폴리오 성과분석은 뮤추얼펀드의 예를 이용하는 경우가 많다. 그 이유는 일반투자자에 비하여 전문투자자가 포트폴리오 관리에 유리한 조건을 가지고 있기 때문이다.

뮤추얼펀드는 첫째, 대규모의 자금으로 충분히 분산투자를 할 수 있다. 둘째 투자정보의 수집에 있어 일반투자자보다 유리하다. 셋째 개별증권의 분석과 포트폴리오 관리에 관한 전문지식을 이용하여 효율적인 투자관리를 수행하여 포트폴리오의 성과를 높일 수 있다.

그러나 뮤추얼펀드가 실현한 성과가 시장평균보다 양호한 결과를 나타낸다는 보장은 없다. 오히려 뮤추얼펀드가 달성한 포트폴리오 성과가 시장평균에 미달하는 현상이 흔히 발생한다.

그의 한 예로서 Sharpe(1965)의 연구결과를 들 수 있다. 그는 1954년부터 1963년까지의 기간을 통하여 34개의 펀드를 대상으로 하여 투자성과를 분석하였다.[9] 펀

---

9) W. F. Sharpe(1965), "Risk Aversion in the Stock Market: Some Empirical Evidence," *Journal of*

그림 19-7 펀드의 성과평가

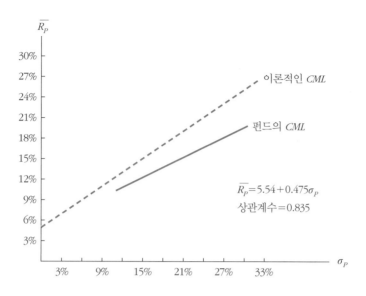

드의 연간 평균수익률과 표준편차를 이용하여 사후적 *CML*을 추정하고, 보상-변동성비율(*RVAR*)을 산출하였다.

[그림 19-7]은 펀드의 사후적 *CML*과 이론적인 *CML*을 나타내고 있다. Sharpe는 이 분석에서 펀드의 포트폴리오가 시장평균만큼의 성과를 달성하지 못하였다는 것을 제시하였다.

[그림 19-7]에서 실선은 *DJIA*를 시장지수로, 그리고 국채의 평균수익률 3%를 무위험수익률로 적용하여 사후적으로 측정한 *CML*인데, 이것은 이론적인 *CML*인 점선의 밑에 위치하고 있다. 이러한 현상은 펀드의 포트폴리오 관리가 비효율적임을 나타내는 것이다.

뮤추얼펀드의 성과가 일반적인 예상과는 달리 시장평균에 미달하는 원인에 대하여 다음과 같은 점들이 지적되고 있다.

첫째, 미국의 뮤추얼펀드는 대체로 100종목 이상의 증권으로 포트폴리오를 구성하고 있는데, 이처럼 과도한 분산투자는 포트폴리오의 성과를 낮추는 원인이 될 수 있다는 것이다. 포트폴리오의 비체계적 위험을 축소 내지 제거하는데 필요한 적정 수준의 종목수는 15개 정도인데, 100개 이상의 종목에 분산투자를 하게 되면 ⓐ 높

Finance, 20(3), 416-422.

은 거래비용, ⓑ 높은 정보비용, ⓒ 열등한 증권의 선택 가능성, ⓓ 포트폴리오 관리의 어려움 등 포트폴리오 성과에 대한 저해요인이 유발될 수 있기 때문이다.

둘째는, 과소평가된 증권을 선별하여 투입하려는 불필요한 노력이다. 과소평가된 증권을 매입하여 자본이득을 얻기 위해서는 기본적 분석을 통하여 내재적 가치를 산출해야 하고, 시장 타이밍의 포착을 위해서는 기술적 분석이 수행되어야 하는데, 이러한 분석은 항상 비용을 수반한다. 미국과 같이 효율적인 자본시장에서 과소평가된 증권을 선별하기 위하여 과도하게 노력을 투입하면, 오히려 포트폴리오 성과를 시장평균수익률의 수준에도 미달하게 하는 결과를 초래할 수 있다.

마지막으로, 포트폴리오 성과평가에서 측정지표의 사후적 타당성이 문제가 된다. 포트폴리오 성과를 측정하는 모든 지표는 자본시장이론의 모형에 기초를 두고 있다. 그런데 이들 모형에서는 주가지수를 시장포트폴리오의 대용지수로 사용하고 있다. 그러나 이 대용지수가 진실로 시장포트폴리오를 대표할 수 있느냐 하는 문제가 발생한다. 그리고 시장포트폴리오가 사후적으로 효율적 프론티어에 존재한다는 보장도 없다. 만약 시장포트폴리오의 대용지수가 효율적 프론티어에 존재하지 않는다면, 이것으로부터 도출된 베타계수는 진정한 베타계수가 아니며, 이러한 베타계수를 이용한 SML도 진정한 SML이라고 할 수 없다. 그러므로 성과측정의 대상이 되는 포트폴리오가 진실되지 않은 대용지수를 사용하여 추정한 SML을 기초로 했을 때에는 그 성과에 대한 신뢰성도 문제가 된다.

1 다음 용어를 설명하라.

① Jensen지수(알파)　　② M^2지수　　③ Sharpe지수(RVAR)

④ Treynor지수(RVOL)　　⑤ 고정목표 수정전략　　⑥ 불완전 분산투자의 손실(IDL)

⑦ 순선택력　　⑧ 시장 타이밍 전략　　⑨ 정당화 베타계수

⑩ 총선택력　　⑪ 투자관리　　⑫ 포트폴리오 개선

⑬ 포트폴리오 수정　　⑭ 포트폴리오 재조정　　⑮ 포트폴리오 관리

2 포트폴리오의 소극적 관리와 적극적 관리를 비교하여 설명하라.

3 포트폴리오의 재조정과 포뮬러계획에서의 고정비율계획을 비교하여 설명하라.

4 Sharpe의 보상-변동성비율($RVAR$)은 포트폴리오 성과의 측정에서 어떻게 이용되고 있는가를 설명하라.

5 Sharpe의 보상-변동성비율($RVAR$)과 Treynor의 보상-위험비율($RVOL$)을 비교해서 설명하라.

6 포트폴리오 성과의 측정에서 Jensne의 성과측정치는 어떻게 이용되고 있는가?

7 포트폴리오 관리자의 총선택력(TS)을 분해하여 그 구성요소에 대하여 구체적으로 설명하라.

8 포트폴리오 관리자의 총선택력(TS)은 Jensen의 성과측정치와 같은 의미라고 한다. 이러한 관계를 순선택력(TS)과 불완전 분산투자의 손실(IDL)의 개념을 이용하여 수식으로 확인하라.

9 어느 투자자가 투자 1기에 200만원의 자금으로 A주식과 B주식에 투자하였는데, 그 자료는 아래와 같다.

투자내역	A 주식	B 주식
주 가	10,000원	5,000원
주식수	100주	200주
투자가치	1,000,000원	1,000,000원
투자비율	0.5	0.5
베타계수	1.6	0.8
비체계적 위험	0.08	0.004

투자 2기에 A주식의 주가는 18,000원, B주식의 주가는 6,000원으로 상승하였다면, 포트폴리오의 재조정은 어떻게 해야 할 것인가?

10 어떤 기간 동안의 5개의 포트폴리오와 시장지수에 관한 자료가 다음과 같이 산출되었다. 이 기간 동안의 무위험수익률의 평균은 0.04이었다.

포트 폴리오	포트폴리오 평균수익률	포트폴리오 표준편차	포트폴리오 베타계수
A	0.06	0.12	0.39
B	0.05	0.22	0.60
C	0.10	0.40	1.20
D	0.14	0.39	1.00
E	0.02	0.09	0.25
시장지수	0.08	0.30	1.00

(1) $RVAR$, M^2를 산출하고, 이를 기초로 포트폴리오 성과를 설명하라.

(2) $RVOL$, Jensen의 알파를 산출하고, 이를 기초로 포트폴리오 성과를 설명하라.

(3) 포트폴리오의 총선택력을 순선택력과 불완전 분산투자의 손실로 분해하라. 이러한 분석을 기초로 포트폴리오 관리자의 성과를 평가하라.

(4) 위의 3가지 분석방법에 따른 성과의 우선순위에 차이가 존재한다면, 그 원인은 무엇인가? 각 평가척도를 이용할 수 있는 최적의 조건을 제시하라.

11 어떤 기간 동안의 자료를 이용하여 두 개의 포트폴리오에 대한 회귀분석을 실시하여 다음과 같은 자료를 얻었다. 무위험수익률의 평균은 0.05, 시장지수의 평균수익률은 0.15이다. 회귀분석모형은 다음과 같다.

$$(R_{Pt} - R_{Ft}) = a + b(R_{Mt} - R_{Ft}) + e_{Pt}$$

포트 폴리오	계수추정치		R^2	종속변수의 표준편차	잔차의 표준편차
	a	b			
A	0.012	1.23	0.810	0.326	0.142
B	0.025	1.03	0.873	0.263	0.094

(1) Jensen의 알파계수 및 $RVOL$을 산출하라.

(2) $RVAR$ 및 M^2를 산출하라.

해답

9. A주식 83주 보유, B주식 250주 보유

10.

(1)		(2)		(3)		
RVAR	M^2	RVOL	알파	β_T	TS	NS
0.1667	0.0100	0.0513	0.0044	0.4000	0.0044	0.0040
0.0455	-0.0264	0.0167	-0.0140	0.7333	-0.0140	-0.0193
0.1500	0.0050	0.0500	0.0120	1.3333	0.0120	0.0067
0.2564	0.0369	0.1000	0.0600	1.3000	0.0600	0.0480
-0.2222	-0.1067	-0.0800	-0.0300	0.3000	-0.0300	-0.0320
0.1333	0.0000	0.0400	0.0000	1.0000	0.0000	0.0000

11. (1) 알파: A 0.012 B 0.023 RVOL: A 0.1098 B 0.1243
(2) RVAR: A 0.4141 B 0.4867 M^2: A -0.00124 B 0.0161

포뮬러계획

포뮬러계획(formula plan)은 사전에 정해진 공식에 따라 증권을 매매하는 기법을 말한다. 이 기법은 주가예측에 기초를 두지 않고 기계적으로 포트폴리오의 수정 및 그 시기를 결정하는 기법이다. 이 기법에서는 주가가 주기적으로 변동한다고 가정하고, 이러한 주가변동을 유익하게 이용하고자 한다.

포뮬러계획에는 많은 기법이 개발되고 있다. 여기서는 기본적인 형태의 기법인 매수원가평균법, 고정금액계획, 고정비율계획, 변동비율계획 등을 소개한다.

(1) 매입원가평균법

매입원가평균법은 포뮬러계획 중에서 가장 기본적인 것으로 일정한 기간마다 동일한 금액으로 한 종목 또는 다수 종목의 주식을 계속해서 매입하는 방법이다. 이 투자방법에서는 주가의 예측이 필요 없으며, 투자시점마다 동일한 금액으로 동일한 주식을 매입한다. 따라서 주가가 하락할 때는 많은 수의 주식을 매입하고, 주가가 상승할 때는 적은 수의 주식을 매입하게 된다.

장기적인 주가의 변동추세가 상향일 때는 매입원가평균법에 의한 투자결과가 이익을 발생시키지만, 반대로 장기적인 주가의 변동추세가 하향일 때는 투자손실을 초래한다. 매입하는 주식의 주가변동성이 낮을 경우에는 여러 투자기간이 경과된 후 달성되는 이익의 폭이 작고, 반대로 주식의 주가변동성이 높을 때에는 이익의 폭이 크다.

매입원가평균법에서는 투자기간의 간격을 너무 길게 잡지 않는 것이 좋으며, 주가의 변동성이 민감한 주식을 선택하기 위하여 베타계수를 이용할 수도 있다. 이러한 투자방법은 정규적인 여유자금이 발생하는 투자자에게는 효과적인 투자방법이 될 수 있다.

(2) 고정금액계획

고정금액계획은 공격적 증권인 주식과 방어적 증권인 채권을 결합하여 포트폴리오를 구성하되, 주식에 대한 투자금액을 고정시키는 투자계획법이다. 이 계획법에서는 주가가 변동하여 포트폴리오의 가치가 변동하면, 그 변동금액만큼 채권을 매입하거나 매도하여 주식에 대한 투자금액을 일정하게 유지한다.

주가가 상승하여 포트폴리오 중에서 주식의 가치가 증가하면, 그 증가분에 상당하는 주식을 매도하고 그 대금으로 채권을 매입하여 주식에 투자한 금액을 고정적으로 유지한다. 반대로 주가가 하락하여 주식의 가치가 감소하면, 그 감소분에 해당되는 금액만큼 채권을 매도하고 그 대금으로 주식을 매입하여 주식에 투자한 금액을 고정적으로 유지한다.

이 고정금액계획은 쉽게 이용할 수 있다는 장점이 있는 반면에 다음과 같은 투자방법으로서 약점을 가지고 있기 때문에 널리 사용되지 못하고 있다.

첫째, 주식시장이 장기적으로 상승 또는 하락국면에 있을 때에는 이 방법이 좋은 결과를 거둘 수 없다. 둘째, 주식에 대한 투자액을 고정적으로 유지하기 위해서는 주식과 채권 사이의 이동거래가 빈번해지게 되는데, 이 경우에는 거래비용이 많이 발생한다. 셋째, 주식에 대한 고정투자액을 결정하기 위해서는 시장의 변동상황을 예측할 수 있어야 한다. 그러나 시장예측이 가능하다면 고정금액계획을 이용할 필요가 없다.

(3) 고정비율계획

고정비율계획은 포트폴리오를 구성하고 있는 공격적 증권인 주식과 방어적 증권인 채권의 비율을 고정시키는 투자방법을 말한다. 고정비율계획에서는 일반적으로 주식과 채권의 비율을 50 : 50, 즉 주식가치/채권가치의 비율을 1.0으로 정하고 있다.

주가가 상승하여 포트폴리오에서 주식의 비중이 높아지면 주식의 일부를 매도하고 그 대금으로 채권을 매입하여 주식과 채권 사이의 고정비율을 유지한다. 반대로 주가가 하락하면 채권을 매도하고 주식을 매입하여 주식과 채권 사이의 고정비율을 유지한다.

고정비율계획도 고정금액계획과 마찬가지로 시장예측이 필요 없고 이용하기가 용이하며, 투자위험을 감소시킬 뿐만 아니라 다소의 이익을 발생시키는 장점이 있다. 그러나 현실적으로 고정비율에 대한 기준이 없기 때문에 이 비율의 결정이 주관적일 수 있다. 또 고정비율의 조정수준도 애매하며, 빈번한 포트폴리오의 수정은 거래비용을 과다하게 지출시키므로 오히려 이익을 축소시키는 결과를 초래할 수도 있다.

(4) 변동비율계획

변동비율계획은 포트폴리오를 구성하는 주식과 채권의 비율을 주가변동에 따라

조정하는 투자방법이다. 주가가 상승하면 이 주가가 다시 하락할 것을 예상하여 주식을 매도하고 채권을 매입하여 포트폴리오에서 차지하는 주식의 비중을 낮추고, 반대로 주가가 하락하면 채권을 매도하고 주식을 매입하여 포트폴리오에서 차지하는 주식의 비중을 높여준다.

예를 들어, 변동비율계획은 주가지수 추세선을 기준으로 일정한 상하의 범위를 설정하고 각 범위별로 주식과 채권의 비율을 정하여 포트폴리오를 조정하는 방법이다. 이러한 변동비율계획을 고정비율계획과 비교해 보면, 전자는 후자보다 위험이 높은 투자방법이라고 할 수 있다. 그러나 주기적인 주가변동을 잘 이용한다면, 전자는 더 많은 이익을 달성하는 투자방법이 될 수 있으며 또 양자를 시장상황에 따라 교대로 사용할 수도 있다.

시장 타이밍 전략에서 예측정보의 가치

완전한 시장 타이밍 전략이 가능하게 한 예측정보의 가치를 Merton(1981)의 방법에 따라 평가해 보자. 현재의 주가지수 혹은 지수펀드의 가치를 S_0라 하고, 콜옵션의 행사가격을 $S_0 e^{rT}$라고 하자. 미래의 T시점에서의 지수를 S_T라고 하자. 그러면 완전한 타이밍 전략을 구사한 포트폴리오의 T시점에서의 가치는 다음과 같이 행사가격 $S_0 e^{rT}$인 콜옵션과 무위험자산 S_0를 결합한 포트폴리오의 가치와 같아진다.

표 19B-1 완전한 정보의 가치

구분	$S_T < X$	$S_T \geqq X$
무위험자산	$S_0 e^{rT}$	$S_0 e^{rT}$
콜옵션	0	$S_T - X$
포트폴리오 가치	$S_0 e^{rT}$	S_T

전혀 예측능력을 가지지 못한 투자자가 무위험자산에 투자하여 기말에 얻게 될 현금흐름은 $S_0 e^{rT}$이다. 만약 완전한 예측능력을 가지게 되면, 무위험자산에 대한 투자수익에 더하여 위험자산 투자의 콜옵션으로부터 얻게 될 현금흐름을 추가로 얻게 될 것이다. 따라서 완전한 예측의 가치는 행사가격이 $S_0 e^{rT}$인 콜옵션의 가치와 동일하게 된다.[10]

완전한 예측정보의 가치:

$$c = S_0 N(d_1) - X e^{-rT} N(d_2)$$
$$= S_0 N(d_1) - (S_0 e^{rT}) e^{-rT} N(d_2)$$
$$= S_0 [N(d_1) - N(d_2)] \qquad (19B-1)$$

$$d_1 = \frac{\ln(S_0/X) + (r + \sigma_M^2/2)T}{\sigma_M \sqrt{T}}$$

---

10) 기초자산의 가격을 S_0, 행사가격을 $X = S_0 e^{rT}$로 두고, Black-Scholes의 옵션가격결정모형에 대입하면, 다음과 같은 관계식을 얻을 수 있다. 자세한 내용은 다음 자료를 참고할 것. R. C. Merton(1981), "On the Market Timing and Investment Performance: An Equilibrium Theory of Value for Market Forecast," *Journal of Business*, 54(3), 363-406.

$$= \frac{\ln(S_0/(S_0 e^{rT})) + (r + \sigma_M^2/2)T}{\sigma_M \sqrt{T}}$$

$$= \frac{-rT + rT + \sigma_M^2 T/2}{\sigma_M \sqrt{T}}$$

$$= \sigma_M \sqrt{T}/2 \tag{19B-2}$$

$$d_2 = d_1 - \sigma_M \sqrt{T}$$

$$= \sigma_M \sqrt{T}/2 - \sigma_M \sqrt{T}$$

$$= -\sigma_M \sqrt{T}/2 \tag{19B-3}$$

단, c : 콜옵션의 가치

S_0 : 주가지수의 수준 혹은 지수펀드의 가치

r : 무위험수익률

T : 콜옵션의 만기 혹은 투자기간

σ_M : 주가지수 수익률의 변동성

(19B-2)와 (19B-3)식을 (19B-1)에 대입하여 정리하면, 시장 타이밍 전략에서의 완전한 예측정보의 가치는 다음과 같이 산출할 수 있다.

$$c = S_0[N(d_1) - N(d_2)]$$

$$= S_0[N(\sigma_M \sqrt{T}/2) - N(-\sigma_M \sqrt{T}/2)]$$

$$= S_0[2N(\sigma_M \sqrt{T}/2) - 1] \tag{19B-4}$$

예 19B-1 예측정보의 가치

현재의 100억원의 지수펀드가 있다. 투자기간 T는 1년이며, 수익률의 변동성은 25.32%이다. 완전한 타이밍 전략을 구사할 수 있게 하는 예측정보의 가치는 얼마인가?

$$c = S_0[2N(\sigma_M \sqrt{T}/2) - 1]$$

$$= 100[2N(0.2532/2) - 1] = 10.0743억원$$

완벽한 예측능력을 가지지 못한 경우를 생각해보자. 애널리스트나 펀드매니저들을 포함한 전문투자자들이라고 하더라도 완전한 예측은 불가능할 것이다. 다만 다소 좋은 예측능력을 보일 것이다. 예측능력을 예측의 정확성 비율로 나타내자. 강세장에서의 정확한 예측확률을 p_1이라고 하고, 약세장 예측에서의 정확한 예측확률을 p_2라고 하자. 그러면 전체의 정확한 예측확률은 $p_1 + p_2 - 1$이 된다. 그리고 불완전한 예측정보의 가치는 다음과 같이 된다.

불완전 예측정보의 가치:

$$V = S_0 [2N(\sigma_M \sqrt{T/2}) - 1](p_1 + p_2 - 1) \tag{19B-5}$$

㉖ 19B-2 불완전 정보의 가치

현재의 100억원의 지수펀드가 있다. 투자기간 T는 1년이며, 수익률의 변동성은 25.32%이다. 강세장을 예측했을 때 예측의 정확성은 70%이고, 약세장을 예측했을 때 예측의 정확성은 60%이다. 이러한 불완전 정보의 가치를 산출하라.

$$V = S_0 [2N(\sigma_M \sqrt{T/2}) - 1](p_1 + p_2 - 1)$$
$$= 100[2N(0.2532/2) - 1](0.7 + 0.6 - 1) = 3.02229억원$$

제 **7** 부 파생상품투자와
국제투자

선물거래

이 장에서는 선물의 개념과 선물의 가격결정방법을 살펴보고, 선물을 이용하여 자산의 가격변동위험을 헤지하는 방법에 대해 설명한다.

여기서는 먼저 선물거래에 대해 개괄적으로 설명할 것이다. 선물거래와 선도거래의 차이, 선물거래의 종류, 주요 선물상품, 선물시장의 경제적 기능 등에 대해 이해할 수 있을 것이다.

다음으로 선물거래제도에 대해 설명한다. 선물시장의 구조인 거래소, 거래소회원, 청산소 등에 대해 설명하고, 선물거래에 참가하는 투자자들의 유형을 소개한다. 개시증거금, 유지증거금, 변동증거금 등을 포함한 증거금제도에 대해서도 설명한다.

그리고 선물의 이론적 가격을 설명하기 위한 모형에 대해 소개한다. 먼저 보유비용모형을 통하여 선물의 이론적 가격을 도출하는 방법을 제시하고, 선물가격과 미래의 기대현물가격 간의 관계에 대해 설명한다. 여기에서는 순수기대가설, 정상적 백워데이션 가설, 콘탱고 가설, 순헤지 가설 등을 설명하고, CAPM을 통해 선물가격에 포함된 위험프리미엄을 산출하는 방법을 살펴본다.

마지막으로 선물을 이용한 헤지방법에 대하여 설명한다. 여기에서는 베이시스 위험을 이해하고, 최소분산 헤지비율을 산출하고, 이를 이용하는 방법을 알 수 있을 것이다.

| 제 1 절 | 선물의 기초개념 |

1.1 선물의 의의

선물거래(futures transaction)는 거래당사자가 미래의 특정 시점에 특정 상품을 현재에 약정한 가격으로 인수 또는 인도할 것을 약정하는 거래를 말한다. 선물거래는 매매계약 시점과 상품의 수도 및 대금수수 시점이 서로 다르다. 따라서 거래와 동시에 상품의 수도와 대금수수가 이루어지는 현물거래(cash or spot transaction)와 차이가 있다.

선물거래에서 거래당사자가 미래에 교환하기로 약정한 가격을 선물가격(futures price)이라고 한다. 거래가 이루어지는 약정된 날짜를 결제일(settlement date) 또는 인도일(delivery date)이라고 한다.

투자자가 선물계약을 매입한 상태를 매입 포지션(long position)이라고 하고, 투자자가 선물계약을 매도한 상태를 매도 포지션(short position)이라고 한다.

1.2 선물계약과 선도계약

거래당사 자가 미래의 일정 시점에서 특정 상품을 현재 결정한 가격으로 인수도

표 20-1 선물계약과 선도계약의 차이

내 용	선물계약	선도계약
거래장소	거래소	장외시장
거래방법	공개입찰방법	당사자 간의 직접계약
시장참가자	다수의 시장참가자	한정된 거래자 중심
거래조건	표준화	당사자 합의에 따라 조정
양도	반대거래로 양도 가능	양도 불가능
가격형성	거래일마다 형성	계약시 단 1회 형성
증거금	증거금의 예치 및 유지	딜러와 신용라인 설정
일일정산	청산소에 의해 일일정산	없음
계약이행의 보증	청산소가 보증	거래 상대방의 신용도
가격변동 제한	1일 가격변동폭 제한	없음

하는 계약으로 선물계약(futures contract)뿐만 아니라 선도계약(forward contract)이 있다.

선물계약과 선도계약은 미래의 거래가격을 현재의 시점에서 결정한다는 점에서는 유사하다. 그렇지만, 선물계약은 거래장소, 대상상품, 상품의 질, 양, 인도장소 등이 표준화되어 있는 반면에 선도계약은 거래당사자간에 거래조건을 편의에 따라 결정한다는 점에서 차이가 있다.

선물계약과 선도계약의 차이점을 요약해 보면 〈표 20-1〉과 같다.

1.3 선물의 종류

선물거래는 크게 상품선물(commodity futures)과 금융선물(financial futures)로 구분할 수 있다.

상품선물은 초기에는 곡물을 중심으로 발달하였으나 최근에는 에너지, 귀금속, 비철금속 등 광산품이나 가공상품, 저장할 수 없는 상품 등에 대한 선물거래도 발달하고 있다. 금융선물은 1972년에 CME(Chicago Mercantile Exchange)의 부속기관인 IMM(International Monetary Market)에서 통화선물이 처음으로 도입되면서 거래되기 시작되었다. 그 이후 금리선물, 주가지수선물 등이 거래되고 있다. 세계 주요 시장에서 거래되고 있는 선물상품은 〈표 20-2〉와 같다.

우리나라에서는 한국거래소가 파생상품시장을 개설하여 선물상품을 거래하고 있다. 1996년 5월에 KOSPI 200지수를 거래대상으로 하여 처음으로 선물거래가 시작되었다. 그리고 1999년 4월에 달러화 선물, 금선물 등의 거래가 시작되었다. 그 이후로 국채선물, 돈육선물 등의 거래가 추가되었다. 현재 한국거래소에 상장되어

표 20-2 세계 주요 선물상품

구분		주요 상품
상품선물	농산물	밀, 옥수수, 대두, 면화, 설탕, 코코아, 커피 등
	축산물	소, 돼지 등
	임산물	목재, 합판 등
	비철금속	알루미늄, 구리, 아연, 니켈 등
	에너지	원유, 휘발유, 가스 등
	귀금속	금, 은, 백금 등
금융선물	통화	미국달러, 파운드, 유로, 엔, 캐나다 달러, 위안 등
	금리	미국국채, 일본국채, 영국국채, 유로달러 등
	주가지수	S&P 500, Nikkei 225, FTSE 100, KOSPI 200 등

표 20-3 우리나라의 주요 선물상품

구분		주요 상품
주식상품	국내 주가지수선물	코스피 200, 미니 코스피 200, 코스닥 150
	코스피 200 섹터지수선물	코스피 200 에너지/화학, 코스피 200 정보기술, 코스피 200 금융, 코스피 200 경기소비재, 코스피 200 건설, 코스피 200 중공업, 코스피 200 헬스케어, 코스피 200 생활소비재, 코스피 200 철강/소재, 코스피 200 산업재
	배당지수선물	코스피 고배당 50, 코스피 배당성장 50
	해외 주가지수선물	유로스톡스 50
	변동성 지수선물	코스피 200 변동성 지수
	국내 주식선물	132개 기업의 주식
금리상품	국채선물	3년 국채선물, 5년 국채선물, 10년 국채선물
통화상품	통화선물	미국달러, 엔, 유로, 위안
일반상품	금선물	금
	돈육선물	돈육
선물 스프레드	국내 지수선물 스프레드	위의 모든 선물 상품에 대한 스프레드 거래
	섹터 지수선물 스프레드	
	해외 지수선물 스프레드	
	변동성 지수선물 스프레드	
	국내 주식선물 스프레드	
	국채선물 스프레드	
	통화선물 스프레드	
	금선물 스프레드	
	돈육선물 스프레드	
플렉스	플렉스 선물	미국달러 플렉스 선물

거래되고 있는 선물상품은 〈표 20-3〉과 같다.

이러한 선물상품에 대한 구체적인 상품명세는 〈표 20-4〉에 요약되어 있다. 이러한 선물상품 중에서 가장 큰 비중을 차지하고 있는 상품은 KOSPI 200 주가지수선물이며, 국채선물 비중도 크게 증가하고 있다.

표 20 - 4 주요 선물상품 명세

종류		기초자산	거래 단위	결제월	가격의 표시	최종 거래일	최종 결제일	결제 방법	가격 제한폭
주가지수 선물		KOSPI 200	지수 ×25만원	3, 6, 9, 12월	KOSPI 200 (포인트)	각 결제월의 두 번째 목요일	최종 거래일의 다음 거래일	현금 결제	① ±8% ② ±15% ③ ±20%
		코스닥 150	지수 ×1만원	3, 6, 9, 12월	코스닥 150 (포인트)				
개별주식 선물		132개 기업 개별 종목	주식 선물가격 ×10	분기월(3,9월) 2개 반기월(6월) 2개 연월(12월) 3개 기타월 2개	주식선물 가격(원)				① ±10% ② ±20% ③ ±30%
금리 선물	3년 국채	표면금리 5%, 6개월 단위 이자지급 방식의 국고채	액면 1억원	3, 6, 9, 12월	액면 100원당 원화 (백분율 방식)	결제월의 세 번째 화요일			±1.5%
	5년 국채								±1.8%
	10년 국채								±2.7%
통화 선물		미국달러	US $10,000	분기월 중 12개와 그 밖의 월 중 8개	US $1당 원화	결제월의 세 번째 월요일	최종 거래일로 부터 기산하여 3일째 거래일	인수도 결제	±4.5%
		일본엔	1,000,000 엔	분기월 중 4개와 그 밖의 월 중 4개	100엔 당 원화				±5.25%
		유로	10,000 유로	분기월 중 4개와 그 밖의 월 중 4개	1유로당 원화				±5.25%
		위안	100,000 위안	분기월 중 4개와 그 밖의 월 중 4개	1위안당 원화				±4.5%
상품 선물	금	순도 99.99% 금괴	100g	2,4,6,8,10,12월 중 6개와 짝수월이 아닌 월 중 1개의 총 7개	1g 당 원화	결제월의 세 번째 수요일	최종 거래일의 다음 거래일	현금 결제	±10%
	돈육	돈육 대표가격	1,000Kg	분기월 중 2개와 그 밖의 월 중 4개	원/Kg		최종 거래일로 부터 기산하여 3일째 거래일		±21%

1.4 선물시장의 경제적 기능

선물시장은 미래의 현물가격을 예시하고, 현물시장의 가격변동위험을 이전시키는 기능을 한다. 또한 재고자산의 시간적 배분을 가능하게 하고, 자본형성을 촉진하여 경제의 안정과 활성화에 기여한다. 일반적으로 선물시장은 다음과 같은 네 가지 기능을 수행한다.

(1) 가격예시기능

선물시장은 미래의 현물가격에 대한 가격예시기능(price discovery function)을 수행한다. 선물시장에는 현재와 미래의 수요와 공급에 관한 각종 정보가 집결되며, 이러한 정보는 선물의 가격결정에 영향을 미친다.

선물가격은 현물시장의 수요와 공급에 관한 수많은 시장참가자들의 예측을 집약하고 있다. 물론 이러한 선물시장의 각종 정보를 기초로 만들어지는 시장참가자들의 예측이 반드시 미래에 실현된다고는 할 수 없다. 그렇지만 현재의 시점에서 보면 미래의 상황에 대한 공통된 의견의 표출이라고 할 수 있다. 따라서 선물가격은 미래의 현물가격을 예시한다고 할 수 있다. 특히 이 기능은 미래에 형성될 현물시장의 가격을 현재의 선물시장에서 형성된 가격으로 미루어 예측할 수 있으므로 매우 유용하다.

선물시장은 이러한 가격예시기능을 통해서 현물가격을 안정시키는 역할을 한다. 일반적으로 현물가격은 현물시장의 수요와 공급이 변동하면 그에 따라 급격하게 변동하는 경향이 있으나, 선물가격이 미래의 현물가격을 예시해 줌으로써 현물가격의 변동을 안정시킬 수 있다.

(2) 위험이전기능

선물시장은 위험이전기능(risk transfer function)을 수행한다. 선물시장에서는 헤지거래(hedge transaction)가 가능하기 때문에 헤지거래자(hedger)들은 가격변동위험을 투기자(speculator)들에게 이전시킬 수 있다. 선물시장의 투기자들은 헤지거래자들로부터 이전되는 가격변동위험을 부담하는 대신에 투기적인 이익을 얻게 된다.

선물시장은 이와 같은 위험이전기능을 통하여 현물시장의 유동성과 안정성을 향상시키고 사회 전체적으로 효용을 증대시킨다.

(3) 재고자산의 시간적 배분기능

선물시장은 재고자산의 시간적 배분기능(intertemporal allocation of inventories)을 수행한다. 미국의 경우에는 소맥, 옥수수, 대두 등의 곡물을 기초자산으로 하는 선물계약이 선물거래에서 차지하는 비중이 크다. 곡물류는 1년 작물이면서도 장기 보관이 가능하므로 다음 연도로 이월될 수 있다.

기초자산이 곡물인 경우에 선물시장은 재고자산의 가격변동이나, 보유, 매각 등에 따르는 위험을 헤지하기 위한 시장으로서의 기능을 수행한다. 선물시장은 곡물류의 재고보유를 시간적으로 배분시켜서 장기적으로 곡물류의 수급을 안정시킬 수 있다. 그러므로 경제적인 측면에서 보면 선물시장은 재고자산의 시간적 배분을 통하여 재원배분의 효율성을 증대시킨다고 할 수 있다.

(4) 자본형성기능

선물시장은 투기자의 부동자금을 헤지거래자의 산업자금으로 이전시키는 자본형성기능(capital formation function)을 간접적으로 수행한다.

선물거래는 적은 증거금만으로도 큰 금액의 거래가 가능하기 때문에 투자원금에 대한 손익의 레버리지가 매우 크다. 따라서 적은 자금으로 높은 위험을 감수하고서라도 높은 수익을 얻고자 하는 투기자에게는 좋은 투자수단이 된다.

제 2 절　선물거래제도

2.1　선물시장의 구조

선물시장은 거래소, 거래소의 회원, 청산소로 구성된다. 여기서는 선물시장의 세 가지 주요 구성기관에 대해 살펴본다.

(1) 거래소

선물계약은 선물거래소(futures exchange)에서만 거래된다. 각국의 선물거래소는 차이는 있으나 일반적으로 회원제로 운영되고 있다. 최근에는 주식회사 형태로 전환되는 경향을 보이고 있다.

각 거래소는 회원(member)들에게 거래장소를 제공하고, 거래소내의 선물거래를 자율적으로 규제하며, 회원의 이익을 증진시키는 기능을 수행한다.

일반 고객이나 비회원은 회원을 통해서만 선물거래를 할 수 있다. 선물거래소 자신은 직접 선물거래에 참여하지 않고 선물계약을 보유하지도 않는다.

(2) 거래소의 회원

선물거래소는 대체로 개인 또는 기관으로 구성된 회원조직이다. 거래소의 회원이 되기 위해서는 거래소의 엄격한 심사를 거쳐 승인을 받은 후 회원권을 직접 취득해야 한다.

회원권의 시세는 최근의 선물거래량과 향후의 예상 선물거래량에 따라 결정되며, 회원권의 수와 종류는 거래소마다 다소 차이가 있다. 회원권을 소지한 개인이나 기관은 선물거래에 관한 여러 가지 권한을 행사한다. 거래소의 회원이 아닌 투자자는 회원을 통해서 선물거래를 할 수 있다.

거래소의 회원은 업무의 측면에서 거래소회원(exchange member)과 청산회원(clearing member)으로 구분할 수 있다. 거래소회원은 거래소 내에서 선물거래 업무를 수행하고, 청산회원은 청산소(clearing house)의 회원으로 선물거래가 체결된 후 결제업무를 수행한다. 거래소회원이 청산회원을 겸하고 있는 경우가 있는데, 이런 회원은 일반적으로 규모가 큰 선물중개회사(futures commission merchant, FCM)이다.

(3) 청산소

청산소(clearing house)의 가장 핵심적인 기능은 거래 당사자들이 거래를 이행하도록 보증하는 것이다. 투자자가 선물시장에서 포지션을 취하면 청산소는 반대포지션을 취하여 계약의 이행을 보증한다.

청산소의 존재로 인하여 투자자는 거래상대방의 재무상태나 신용에 대해 걱정할 필요가 없다. 청산소는 모든 매도계약의 매입자로, 모든 매입계약의 매도자로 포지션을 취한다. 따라서 투자자는 원래 계약의 상대방을 개입시키거나 거래상대방의 채무불이행에 대해 걱정을 하지 않고 포지션을 마감할 수 있다. 선물계약을 거래 일방과 거래에 관계하는 청산소와의 계약이라고 정의하는 것은 이런 이유 때문이다.

보증기능 이외에도 청산소는 투자자들이 결제일 이전에 손쉽게 포지션을 마감할 수 있도록 한다. 선물매입자가 포지션을 마감하기를 원한다면 매입자가 매도자를 찾아가서 계약을 종료할 필요가 없다. 그 대신 매입자는 동일한 선물계약을 매도하여 포지션을 청산할 수 있다. 이 경우 선물매도자는 결제일에 선물매입자에게 인도하지 않고 청산소로부터 선물계약을 매입하여 미결제 포지션을 갖고 있는 다른 선물매입자에게 인도하게 된다. 동일한 방법으로 선물매도자가 포지션을 결제일 전에 청산하고자 한다면 선물계약을 매입하면 된다.

2.2 선물시장의 투자자 유형

선물시장의 투자자는 투기자, 헤지거래자, 차익거래자의 세 가지 유형으로 나눌 수 있다.

(1) 투기자

투기자(speculator)는 가격변동위험을 감수하고 투기적 이익을 얻기 위해서 선물거래를 하는 투자자이다. 선물시장에는 다양한 투기자가 참여하고 있다. 투기자는 거래소 밖에서 중개회사를 통하여 투기거래를 하기도 하고, 거래소 내에서 직접 투기거래에 참여하기도 한다.

이 중에서 거래소 내에서 회원권을 가지고 자신의 계정으로 투기거래를 하는 장내거래자(floor trader)를 로컬(local)이라고 한다. 로컬은 다른 시장참가자들에게 유동성을 제공할 뿐만 아니라 선물시장의 효율성을 높이는 역할을 한다. 로컬은 다시 포지션의 보유기간에 따라 스캘퍼(scalper), 일일거래자(day trader), 포지션거래자(position trader)로 분류된다.

스캘퍼(scalper)는 초단기 동안 포지션을 보유하여 이익을 얻는 투기자를 말한다. 일일거래자(day trader)는 스캘퍼와 같이 행동하는 투기자이긴 하지만, 스캘퍼보다 큰 규모의 포지션을 취하고 하루 동안만 선물 포지션을 보유하는 투기거래자이다. 포지션거래자(position trader)는 상품간의 가격관계가 적정선을 벗어날 경우에 이익을 취하고자 하는 투기자로 적어도 하룻밤 이상 수일 내지 수 주 동안 선물 포지션을 보유하는 경우가 많다.

(2) 헤지거래자

헤지거래자(hedger)는 상품가격, 증권가격, 환율, 이자율 등 현물가격의 변동으로 야기되는 위험을 축소시키기 위하여 선물시장을 이용하는 거래자를 말한다. 헤지거래자는 현재의 현물포지션과 반대되는 선물포지션을 취함으로써 가격위험을 헤지한다.

(3) 차익거래자

차익거래자(arbitrageur)는 선물가격과 현물가격 간의 차이 또는 여러 선물가격 간의 차이를 이용하여 이익을 얻는 거래자이다.

시장에서 형성되고 있는 선물가격이 이론적 선물가격보다 낮게 형성되고 있는 경우에는 선물을 매입하고 동시에 현물을 매도함으로써 거래에 따른 위험을 부담하지 않고 차익을 얻을 수 있다. 반대로 선물가격이 이론적 선물가격보다 높은 경우에는 선물을 매도하고 현물을 매입함으로써 차익을 얻을 수 있다. 이와 같은 거래를 수행하는 거래자를 차익거래자라고 한다.

2.3 증거금제도

선물거래에서 계약에 대한 거래는 현재 시점에서 이루어지지만 계약의 이행은 미래 일정시점에 이루어지기 때문에 계약불이행의 가능성이 높다. 선물거래에서는 이러한 위험을 최소화하기 위하여 계약이행을 보증할 수 있는 증거금제도를 두고 있다. 증거금은 개시증거금, 유지증거금, 추가증거금으로 구분할 수 있다.

개시증거금(initial margin)은 선물거래를 개시하기 위해 증거금 계정에 예치해야 하는 최초의 증거금을 말한다. 청산소는 과거의 선물가격변동의 크기를 참고하여 개시증거금의 크기를 결정한다. 선물가격의 변동성이 이례적으로 증가할 경우 청산소는 개시증거금의 크기를 상향조정할 수 있다. 보통 개시증거금은 선물가격이 하루 동안에 변동할 수 있는 가격제한폭과 유사한 수준으로 결정된다.

유지증거금(maintenance margin)은 선물증거금 계정에 반드시 유지되어야 하는 증거금의 최소 수준을 말한다. 일반적으로 개시증거금의 75% 수준이 적용되고 있다.

선물가격이 고객에게 불리하게 변동하여 고객의 선물증거금이 유지증거금 이하로 하락하면, 중개회사는 고객에게 개시증거금 수준까지 증거금을 추가로 예치하도록 요구한다. 중개회사의 이런 요구를 증거금요구(margin call)라고 한다. 중개회사의 증거금요구에 따라 고객이 선물증거금 계정에 예치하는 증거금을 추가증거금(additional margin) 또는 변동증거금(variation margin)이라고 한다.

고객이 중개회사로부터 증거금요구를 받은 경우에는 개시증거금 수준까지 추가증거금을 예치하여야 한다. 그렇지 않을 경우에 중개회사는 일방적으로 고객의 포지션을 청산하고, 증거금 계정을 폐쇄할 수 있다.

제 3 절 선물의 가격결정

3.1 보유비용모형

(1) 보유비용

선물시장의 가격구조를 이해하기 위해서는 먼저 보유비용의 개념을 이해할 필요가 있다. 보유비용(carrying cost)은 어떤 자산을 일정한 기간 동안 보유하는 데 소요되는 비용을 말한다. 즉 보유비용은 자산보유에 따른 순투자비용을 의미한다.

예를 들어, 자금을 차입하여 면화를 매입하는 투자자를 가정해 보자. 이 경우에 있어 면화 매입자는 차입자금에 대해 이자를 지불하여야 하고, 면화를 보관하거나 운송하는 데에 보험료, 보관료, 운송비 등의 여러 비용을 부담하여야 한다. 이러한 경우에 면화를 매입한 투자자가 지불해야 하는 금융비용과 제반비용을 투자비용이라고 할 수 있다.

다른 예로 자금을 차입하여 채권을 매입하는 투자자를 가정해 보자. 이 투자자의 투자비용은 차입자금에 대해 지급해야 하는 이자비용이라고 할 수 있다. 그런데 이 투자자는 채권을 보유하는 기간 동안 채권의 액면이자를 받을 것이다. 이러한 경우에 채권을 매입한 투자자가 지불해야 하는 순투자비용은 투자비용인 지급이자에서 투자수익인 채권의 액면이자를 차감한 것이 된다.

이렇게 자산을 보유하는 데 발생하는 비용에서 보유기간 동안 발생하는 수익을 차감한 것을 보유비용 또는 순투자비용이라고 한다.

(2) 선물의 가격결정

선물은 미래의 일정한 시점에 상품을 인수도하기로 약정하고 현재시점에 계약을 체결하는 것이라고 하였다. 따라서 이론적으로 볼 때 선물가격은 다음과 같이 현물의 현재가격에 일정한 기간 동안 보유하는 데 소요되는 보유비용을 더한 것이라고 할 수 있다.

$$F_{t, T} = S_t + SC \tag{20-1}$$

단, $F_{t, T}$: 시점 t에서 만기가 T인 선물의 가격
S_t : 시점 t에서 현물가격
SC : 선물의 만기까지 기간 동안 소요되는 보유비용

(20-1)식에서 보유비용은 투자수익에서 투자비용을 차감하여 산출한다. 투자비용이 투자수익보다 커서 보유비용이 양(+)인 경우에는 선물가격이 현물가격보다 높아진다. 투자수익이 투자비용보다 커서 보유비용이 음(-)일 때에는 선물가격이 현물가격보다 낮게 형성된다. 일반적으로 보유에 따른 투자비용이 투자수익보다 크므로 보유비용은 양(+)의 값을 가진다.

선물가격의 결정모형을 보다 구체적으로 살펴보자. 거래비용과 세금이 없으며, 차입이자율과 대출이자율이 동일하고, 확정적인 경우를 가정해 보자. 이러한 가정하에서 현물을 매입하고 선물을 매도하는 거래를 수행한 투자자의 손익을 산출하여 보자. 어떤 투자자가 t시점에서 만기가 T인 선물계약을 가격 $F_{t, T}$에 매도하고, 동시에 현물의 매입에 필요한 자금을 이자율 r로 차입하여 현물을 가격 $F_{t, T}$에 구입하는 거래를 한다고 해보자. 이때 현물보유에 따른 수익은 없다고 가정하자.

계약을 체결하는 t시점에서는 현금흐름이 발생하지 않는다. 그러나 시간이 경과하여 선물의 만기인 T시점이 되면, 이 투자자는 보유하고 있는 현물을 선물매입자에게 인도하고, 자금 $F_{t, T}$를 받게 될 것이다. 그리고 현물을 매입하는데 소요된 자금 S_t를 이자율 r에 차입하였으므로, 원리금 $S_t e^{r(T-t)}$만큼 상환해야 한다.[1] 따라서 이러

---

1) 파생상품거래의 경우에 투자기간이 매우 짧기 때문에 이산복리형의 이자계산보다 연속복리형으로 이자를 계산하는 것이 편리하다. 그러나 연간 이자율계산 횟수에 따라 투자기말에 지급할 이자금액이 달라진다. 따라서 연간 m회 이자계산을 하는 이자율 R이 주어진 경우에, 이 이자율을 연속복리형 이자율 r로 환산하여 이자계산을 해야 한다. 이러한 환산에는 다음의 관계식이 이용된다.

$$r = \ln(1 + R/m)^m$$

예를 들어, 연간 2회 이자를 지급하는 이자율 8%는 다음과 같이 연속복리형 이자율 7.8441%가

표 20-5 현물매입·선물매도 거래의 손익

구분 시점	거래별 현금흐름			순이익
	차입	현물	선물	
t	S_t	$-S_t$	0	0
T	$-S_t e^{r(T-t)}$	S_T	$F_{t,T}-S_T$	$F_{t,T}-S_t e^{r(T-t)}$

한 투자자의 순이익은 〈표 20-5〉와 같이 된다.

이 투자자는 현물 매입자금을 모두 차입하여 투자하였고, 위험을 전혀 부담하지 않고 $F_{t,T}-S_t e^{r(T-t)}$만큼의 차익을 얻게 될 것이다. 이러한 차익거래 이익이 발생하면 시장에서는 차익거래가 활발해져 결국 시장은 균형에 이르게 된다. 시장이 균형에 이르게 되면 이러한 투자자의 순이익은 0이 된다. 따라서 이론적인 선물가격은 다음과 같이 나타낼 수 있다.

$$F_{t,T}=S_t e^{r(T-t)} \qquad\qquad (20-2)$$

단, $F_{t,T}$: t시점에서의 T시점 만기의 선물가격

S_t : t시점에서의 현물가격

r : 차입이자율

(20-2)식은 투자비용은 이자비용만 발생하고, 투자수익은 발생하지 않아서 보유비용은 이자비용만 존재하는 경우에 있어 선물의 이론가격결정모형이라고 할 수 있다.

예 20-1   금선물 이론적 가격

금선물의 이론적 가격을 산출하여 보자. 금의 현물에 대해서는 보관비용 등이 발생하지 않으며, 금을 보유하는데 따른 투자수익도 없다고 가정한다. 선물계약의 만기까지의 기간은 3개월이고, 연속복리형 이자율은 8%이다. 금의 현물가격은 60,000원/g이다. 이론적인 선물가격은 얼마가 되는가?

$$F_{t,T}=S_t e^{r(T-t)}=(60,000)e^{(0.08)(3/12)}=61,212.08원$$

된다.

$$r=\ln(1+R/m)^m=\ln(1+0.08/2)^2=7.8441\%$$

3.2 선물가격과 기대현물가격의 관계

선물가격은 미래의 현물가격에 대한 시장참가자들의 기대가 크게 영향을 미친다. 그렇다면 미래의 현물가격에 대한 투자자들의 기대가 현재의 선물가격에 완전히 반영되어 있다고 할 수 있겠는가?

이와 관련하여 현재의 선물가격은 미래의 현물가격을 완전히 예측한다는 견해와 완전히 예측하지 못한다는 견해가 대립되고 있다. 전자는 선물가격결정의 순수기대가설이라고 하고, 후자는 현재의 선물가격과 미래의 현물가격의 차이를 위험프리미엄으로 설명하므로 위험프리미엄가설이라고 한다.

(1) 순수기대가설

순수기대가설은 현재의 선물가격이 만기일에서의 기대선물가격과 평균적으로 일치한다는 주장으로 Telser(1958) 등이 제시하였다.[2] 만기일에서의 기대선물가격은 만기일에서의 기대현물가격과 일치하게 되는데 이를 만기일수렴현상(delivery date convergence)이라고 한다. 따라서 순수기대가설은 현재의 선물가격이 다음과 같이 만기일의 기대현물가격과 일치한다는 것이다.

$$F_{t,\,T}=E(S_T) \tag{20-3}$$

단, $F_{t,\,T}$: t시점에서의 T시점 만기의 선물가격
  $E(S_T)$: 선물의 만기일인 T시점에서 현물가격의 기대치

순수기대가설은 현재의 선물가격이 미래의 현물가격에 대한 시장기대치와 일치한다고 주장한다. 그리고 경제학자들은 현재의 선물가격이 미래의 현물가격에 대한 불편기대치(unbiased expectation)라고 주장하는데, 이러한 가설을 선물가격결정의 순수기대가설이라고 한다. 이 가설에 따르면, 현재의 선물가격이 미래의 현물가격을 정확하게 예측해 준다는 것이다.

Chang(1985) 등 여러 학자들은 순수기대가설이 실증적으로 지지되는가에 대해 검증을 실시하였다. 그런데 이들 연구에서 발견된 증거들은 대체로 이 가설이 지지되지 않는 것으로 나타났다.[3] 즉 현재의 선물가격이 미래의 현물가격을 정확하게

---

2) L. G. Telser(1958), "Futures Trading and the Storage of Cotton and Wheat," *Journal of Political Economy*, 66, 233–255.
3) E. Chang(1985), "Returns to Speculators and the Theory of Normal Backwardation," *Journal of*

예측하지 못하는 것으로 나타났다.

(2) 위험프리미엄가설

위험프리미엄가설은 현재의 선물가격이 미래의 기대현물가격과 차이가 나는 이유가 위험프리미엄이 존재하기 때문이라고 설명한다. 선물거래에 위험프리미엄이 존재한다면, 현재의 선물가격과 만기일의 기대선물가격 간에는 다음과 같은 관계가 성립할 것이다.

$$F_{t,\,T} < E(F_{T,\,T}) \qquad\qquad (20-4)$$

(20-4)식은 현재의 선물가격이 만기일에서의 선물가격 보다 낮아야 한다는 것을 나타내고 있다. 이러한 관계가 성립해야 현재에 선물에 투자하여 만기까지 보유하는 투자자들이 위험프리미엄을 얻을 수 있을 것이다. 그리고 선물의 만기일에는 만기일수렴현상이 존재하기 때문에 현물가격과 선물가격이 동일할 것이므로, 다음과 같은 관계가 성립할 것이다.

$$F_{t,\,T} < E(S_T) \qquad\qquad (20-5)$$

(20-5)식에서 현재의 선물가격은 미래의 기대현물가격보다 낮다. 이러한 경우에 현재의 선물가격은 미래의 현물가격에 대한 기대치와 다르게 된다. 즉 현재의 선물가격은 미래 현물가격의 편의기대치(biased expectation)가 된다.

현재의 선물가격이 미래의 기대현물가격과 차이가 나는 이유는 무엇인가? 여기서는 그 이유를 위험프리미엄으로 설명한다. 이러한 위험프리미엄가설은 정상적 백워데이션 가설, 콘탱고 가설, 순헤지 가설로 구분할 수 있다.

1) 정상적 백워데이션 가설

정상적 백워데이션 가설(normal backwardation hypothesis)은 일반적으로 헤지거래자가 매도 포지션을 취하기 때문에 매입 포지션을 취하는 투자자들에게 위험프리미엄이 지급된다는 가설이다.

이 가설에 의하면, 대부분의 헤지거래자는 매도헤지를 위하여 순매도 포지션(net short position)을 취한다. 그리고 이러한 헤지거래자들의 위험은 시장에서 이들과 반대의 포지션을 취하는 투기자들이 부담하게 된다. 선물시장에서 헤지거래자의 순매도 포지션때문에 선물계약에 초과공급이 발생하게 되면 선물가격이 하락하게 된

Finance, 40, 193-208.

다. 따라서 현재의 선물가격이 미래의 기대현물가격보다 낮아진다고 한다.

그리고 투기자는 위험프리미엄을 얻기 위해서 헤지거래자와 반대로 순매입 포지션을 취한다. 이와 같은 상태에서는 선물가격이 기간의 경과에 따라 미래의 기대현물가격을 향하여 상승하는 정상적 백워데이션 현상이 나타난다.[4] 이 때 매입 포지션을 취한 투기자는 헤지거래자로부터 이전된 위험을 감수한 대가로 $E[S_T] - F_{t, T}$의 위험프리미엄을 얻게 된다.

2) 콘탱고 가설

콘탱고 가설(contango hypothesis)은 대부분의 헤지거래자가 매입헤지를 위하여 순매입 포지션(net long position)을 취하기 때문에 선물시장에서 선물계약에 대한 초과수요가 발생하여 현재의 선물가격이 미래의 기대현물가격보다 높아진다고 한다.

그리고 투기자는 위험프리미엄을 얻기 위해서 헤지거래자와 반대로 순매도 포지션을 취한다. 이와 같은 상태에서는 선물가격이 기간의 경과에 따라 미래의 기대현물가격을 향하여 하락하는 콘탱고 현상이 나타난다. 이 때 매도포지션을 취한 투기자는 헤지거래자로부터 이전된 위험을 감수한 대가로 $F_{t, T} - E[S_T]$의 위험프리미엄을 얻게 된다.

3) 순헤지 가설

순헤지 가설(net hedge hypothesis)은 헤지거래자의 순포지션이 계약기간의 경과에 따라 변동할 수도 있다는 데 근거하고 있다.

계약기간의 초기에는 헤지거래자가 매도헤지를 위해서 순매도 포지션을 취하고 투기자는 위험프리미엄을 얻기 위해서 순매입 포지션을 취한다고 본다. 따라서 계약기간의 초기에는 선물가격이 미래의 기대현물가격보다 낮게 형성된다. 이 상태에서는 선물가격이 정상적 백워데이션의 경우와 같이 계약기간의 초기에는 상승한다.

그러나 계약기간이 조금 더 경과한 후에 헤지거래자가 순포지션을 변동시켜서 순매입 포지션을 취하고 투기자는 순매도 포지션을 취하게 된다고 본다. 이러한 기간에는 선물가격이 기대현물가격보다 높게 형성된다. 이 상태에서 선물가격은 콘탱고의 경우와 같이 기간의 경과에 따라 미래의 기대현물가격을 향하여 하락한다.

이상에서 설명한 선물가격과 미래의 기대현물가격 간의 관계를 기초로 하여 선

---

4) 정상적 백워데이션(normal backwardation)을 백워데이션(backwardation)과 구별하여 사용하기도 한다. 어떤 시점에서 현물가격이 선물가격보다 높거나 근월물 선물가격(nearby futures price)이 원월물 선물가격(distant futures price)보다 높은 상태를 백워데이션이라고 한다.

그림 20-1 선물가격의 패턴

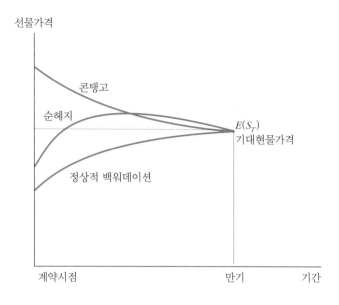

물가격의 패턴을 그림으로 나타내면 [그림 20-1]과 같이 된다.

4) CAPM에 의한 위험프리미엄의 측정

앞에서 설명한 여러 가지 가설들은 선물가격이 위험프리미엄 때문에 미래의 기대현물가격과 차이를 보인다고 하였다. 그렇다면 위험프리미엄의 크기를 어떻게 측정해야 할지에 대해서 이해할 필요가 있다.

선물가격에 포함된 위험프리미엄의 크기는 $CAPM$을 이용하여 설명할 수 있다. $CAPM$에 의하면 현물가격은 미래의 기대현물가격을 요구수익률로 할인한 현재가치와 동일해야 한다.

$$S_t = E(S_T)\, e^{-k(T-t)} \tag{20-6}$$

단, k : 요구수익률

그리고 이론적인 선물가격을 나타내는 공식 (20-2)를 변형하여 현물가격에 대하여 정리하면, 다음과 같이 나타낼 수 있다.

$$S_t = F_{t,T}\, e^{-r(T-t)} \tag{20-7}$$

위 식에서 r은 무위험수익률을 나타내고 있다. 이러한 두 식을 이용하여 선물가격과 미래의 기대현물가격 간의 관계를 나타내면 다음과 같이 된다.

$$F_{t, T} = E(S_T)\, e^{(r-k)(T-t)} \qquad\qquad (20-8)$$

(20-8)식에 의하면 선물가격과 미래의 기대현물가격의 관계는 무위험수익률과 요구수익률 간의 관계에 따라 달라진다는 것을 알 수 있다. 어떤 자산의 현물가격이 양(+)의 베타계수를 가진다면, 이러한 자산에 대한 요구수익률은 무위험수익률보다 높을 것이다. 따라서 이러한 자산의 선물가격은 미래의 기대현물가격보다 낮아야 한다. 따라서 선물가격은 정상적 백워데이션 가설에서 제시한 패턴을 보이게 될 것이다.

그러나 만약 자산의 현물가격이 음(-)의 베타계수를 가진다면, 이러한 자산에 대한 요구수익률은 무위험수익률보다 낮을 것이다. 따라서 이러한 자산의 선물가격은 미래의 기대현물가격보다 높아야 한다. 따라서 선물가격은 콘탱고 가설에서 제시한 패턴을 보이게 될 것이다.

例 20-2   선물가격과 기대현물가격

어떤 투자자가 만기까지의 기간이 3개월인 금선물에 투자하기 위하여 다음과 같은 자료를 수집하였다. 금현물의 보유로 인한 보관비용이나 투자수익은 발생하지 않으며, 무위험수익률은 8%이다. 금선물의 가격은 61,212.08원이다. 금현물 가격의 베타계수가 -0.5이며, 금투자에 대한 투자자들의 요구수익률이 5%이다.

투자자들은 3개월 후에 형성될 금현물의 가격을 얼마로 예측하고 있다고 할 수 있겠는가?

$$F_{t, T} = E(S_T) e^{(r-k)(T-t)}$$

$$E(S_T) = 61,212.08\, e^{-(0.08-0.05)(3/12)} = 60,754.71원$$

이러한 경우 선물가격이 기대현물가격보다 높게 형성되며, 시간의 경과에 따라 상대적으로 높은 선물가격은 상대적으로 낮은 미래의 기대현물가격으로 수렴하기 위하여 하락하는 콘탱고 가설에 의한 선물가격 패턴을 보일 것이다.

제 4 절 선물을 이용한 위험 헤지

4.1 헤징의 기본원리

(1) 헤징의 의의

일반적으로 헤지(hedge)는 상품가격, 주가, 환율, 이자율 등 현물가격의 변동으로 야기되는 위험을 감소 또는 제거시키기 위한 제반거래를 말한다. 이러한 거래를 행하는 투자자를 헤지거래자(hedger)라고 한다.

선물거래를 이용한 헤지는 선물 포지션의 방향에 따라 매입헤지(long hedge)와 매도헤지(short hedge)로 구분한다. 매입헤지는 미래에 매입할 현물자산의 가격상승 위험을 헤지하기 위하여 선물계약에 매입 포지션을 취하는 것을 말한다. 매도헤지는 이와 반대로 현물자산의 가격하락 위험을 헤지하기 위하여 선물계약에 매도 포지션을 취하는 것을 말한다.

그리고 헤지효과(hedge effect)의 정도에 따라 완전 헤지와 불완전 헤지로 분류한다. 완전 헤지(perfect hedge)는 선물계약을 이용하여 가격위험을 완전히 헤지하는 것을 말한다. 불완전 헤지(imperfect hedge)는 가격위험을 부분적으로 헤지하는 것으로 부분 헤지(partial hedge)라고도 한다.

(2) 베이시스 위험

베이시스(basis)는 현물가격과 선물가격의 차이를 말한다. 따라서 베이시스는 보유비용의 크기와 동일하고, 다만 그 부호만 반대로 나타난다. 만기일 이전의 시점 t 에서의 베이시스는 다음과 같다.

$$베이시스 = S_t - F_{t,\,T} \tag{20-9}$$

(20-9)식에서 만기일 이전의 현물가격이 선물가격보다 높을 경우에는 베이시스가 양(+)이 된다. 현물가격이 선물가격보다 낮을 경우에는 베이시스가 음(-)이 된다. 이러한 베이시스는 [그림 20-2]와 같이 만기일에 가까워질수록 점차 감소하며 만기일에는 0이 된다.

그림 20-2 현물가격과 선물가격의 만기일수렴현상

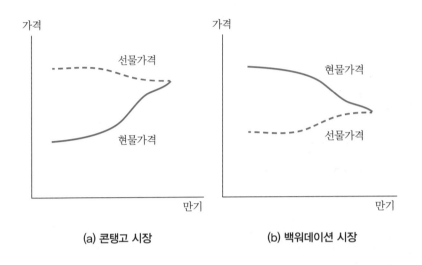

(a) 콘탱고 시장 **(b) 백워데이션 시장**

현물가격과 선물가격의 차이인 베이시스는 현물시장과 선물시장의 수급관계에 따라 변동하는 데 이를 베이시스 위험(basis risk)이라고 한다. 선물을 이용하여 헤지를 한다는 것은 현물의 가격변동위험을 베이시스의 변동이라는 위험으로 바꾸는 것이라고 할 수 있다.

예를 들어, t_1시점에서 헤징을 시작하고, t_2시점에서 헤징을 종료한다고 하자. 이러한 경우 각 시점에서의 베이시스는 다음과 같이 정의할 수 있다.

$$b_1 = S_1 - F_1$$

$$b_2 = S_2 - F_2$$

현물을 보유하고 있으며, t_2시점에서 보유하고 있는 현물을 처분할 계획을 가진 투자자가 있다고 하자. 이 투자자는 보유하고 있는 현물의 가격변동위험을 헤지하기 위하여 선물에 매도 포지션을 취하는 매도헤지를 해야 할 것이다. 이 투자자는 t_1시점에서 선물에 매도 포지션을 취하고, t_2시점에서 포지션을 청산하고 보유하고 있는 현물을 처분할 것이다. 이러한 투자자가 보유하고 있는 헤지포트폴리오의 t_2시점에서의 가치는 선물거래를 통한 이득 $(F_1 - F_2)$과 현물처분으로 얻게 될 S_2만큼의 현금으로 구성될 것이다. 따라서 이 투자자가 보유하고 있는 헤지포트폴리오의 가치(V)는 다음과 같이 될 것이다.[5]

---

5) 미래의 시점에 현물을 매입할 계획을 가진 투자자가 매입헤징전략을 구사할 경우에, 미래의 시점

$$V = S_2 + F_1 - F_2 = F_1 + b_2 \qquad\qquad (20-10)$$

⑩ 20-3   헤지포트폴리오 가치

어떤 투자자가 보유하고 있는 금의 가격변동위험을 선물을 이용하여 헤지하고자 한다. 현재 금의 현물가격과 선물가격은 각각 60,000원과 56,000원이다. 헤징을 종료한 시점에서의 금의 현물가격과 선물가격을 각각 55,000원과 53,000원이라고 하자. 각 시점에서의 베이시스를 구하라.

$$b_1 = S_1 - F_1 = 60{,}000 - 56{,}000 = 4{,}000원$$

$$b_2 = S_2 - F_2 = 55{,}000 - 53{,}000 = 2{,}000원$$

이 투자자가 보유하고 있는 금의 가격변동위험을 헤지하기 위하여 매도헤지 포지션을 구축하였다. 헤징을 종료한 시점에서 평가한 이 투자자의 헤지포트폴리오의 가치를 구하라.

$$V = S_2 + F_1 - F_2 = 55{,}000 + (56{,}000 - 53{,}000) = 58{,}000원$$

혹은 $V = F_1 + b_2 = 56{,}000 + 2{,}000 = 58{,}000원$

베이시스의 변동은 헤지의 효과에 큰 영향을 미친다. 만약 헤지를 하는 시점의 베이시스와 헤지를 종료하는 시점의 베이시스가 동일하다면 위험이 완전히 상쇄되어 완전 헤지가 이루어졌다고 할 수 있다. 그러나 헤지 종료시점에 베이시스가 축소되거나 확대되었다면 선물거래나 현물거래의 어느 한쪽에서 이익이나 손실이 발생하여 불완전 헤지가 된다.

예를 들어, 현물을 보유하고 있는 어떤 투자자가 현물가격의 하락위험을 헤지하기 위하여 선물을 매도하는 매도헤지를 하였다고 하자. 이 투자자가 예상한대로 현물의 가격이 하락하면 현물시장에서는 손실이 발생하고, 선물시장에서는 선물가격이 하락하므로 이익이 발생한다. 이 때 선물가격의 하락폭이 현물가격의 하락폭보다 커서 베이시스가 당초보다 확대된다면, 선물에서의 이익이 현물에서의 손실보다 크게 되어 전체적으로 이익이 발생하게 된다.

이와 같이 헤지의 결과는 현물가격의 등락에 의해 좌우되는 것이 아니라 베이시스의 변동에 의해 영향을 받게 된다. 따라서 효율적인 헤지를 위해서는 베이시스에 영향을 주는 다양한 요인들에 주의를 기울여야 한다.

에서의 총지급액의 크기도 (20-10)식과 동일하게 된다.

일반적으로 현물과 선물의 기초자산 불일치(asset mismatch), 헤지 기간과 선물의 만기일 불일치(maturity mismatch) 등으로 완전 헤지는 성립되기 어렵다. 따라서 헤지에서는 불완전 헤지를 전제로 위험을 최소화시키려는 노력이 중요하다고 할 수 있다.

선물거래를 이용하여 위험을 헤지하고자 할 때는 현물 포지션의 크기에 대하여 어느 정도의 선물 포지션을 취할 것인가를 결정하여야 한다. 이를 헤지비율(hedge ratio, HR)이라고 한다. 헤지비율은 다음과 같이 현물 포지션의 수량에 대한 선물 포지션 수량의 비율로 나타낼 수 있다.

$$HR = \frac{\text{선물 포지션의 수량}}{\text{현물 포지션의 수량}} \tag{20-11}$$

현물을 헤지하기 위해서는 헤지비율에 따라 HR단위의 선물에 포지션을 취해야 한다. 매입헤지의 경우에는 1단위의 현물자산을 매도하고 HR단위의 선물에 매입 포지션을 취해야 한다. 매도헤지의 경우에는 1단위의 현물자산을 매입하고 HR단위의 선물에 매도 포지션을 취해야 한다.

따라서 헤지거래자가 일단 헤지 포지션을 취하면, 현물 포지션 1단위와 선물 포지션 HR단위로 구성되는 헤지포트폴리오(hedge portfolio)를 보유하게 된다. 헤지 기간 동안 이 헤지포트폴리오의 가치는 헤지비율에 의해 영향을 받게 된다.

현물 1단위를 보유하고, HR단위의 선물매도 포지션을 취할 경우에 헤지포트폴리오의 총가치는 다음과 같이 된다. 즉 보유하고 있는 현물 1단위를 처분하여 받게 될 S_2, 그리고 HR단위의 선물매도 포지션 청산으로 얻게 될 이득 $(HR)(F_1 - F_2)$의 합으로 헤지포트폴리오의 가치가 결정된다.

$$\begin{aligned} V &= S_2 + (HR)(F_1 - F_2) \\ &= S_1 + (S_2 - S_1) - (HR)(F_2 - F_1) \\ &= S_1 + (\Delta S) - (HR)(\Delta F) \end{aligned} \tag{20-12}$$

단, ΔS : 현물가격변동
ΔF : 선물가격변동
HR : 헤지비율

이 때 최적의 헤지비율은 헤지포트폴리오 가치의 분산을 최소화하는 것이다. 이를 위하여 헤지포트폴리오 가치의 분산을 구하면 다음과 같이 된다.

$$var(V) = var(\Delta S) + (HR)^2 var(\Delta F) - 2(HR)cov(\Delta S, \Delta F) \qquad (20-13)$$

(20-13)식에서 헤지포트폴리오 가치의 분산을 최소화하는 헤지비율은 다음과 같이 된다.[6)]

$$HR = \frac{cov(\Delta S, \Delta F)}{var(\Delta F)} \qquad (20-14)$$

이러한 헤지비율을 최소분산 헤지비율(minimum variance hedge ratio)이라고 한다. 즉 헤지포트폴리오 가치의 분산을 최소화하는 헤지비율은 선물가격변동의 분산에 대한 현물가격변동과 선물가격변동 간의 공분산의 비율로 산출된다.

이러한 헤지비율을 산출하기 위한 간편한 방법은 선물가격변동을 독립변수로 하고, 현물가격변동을 종속변수로 하는 단순회귀모형을 설정하여 회귀계수를 추정하는 것이다.

$$\Delta S_t = a + b\Delta F_t + e_t \qquad (20-15)$$

단, ΔS_t : t기의 현물가격변동

ΔF_t : t기의 선물가격변동

(20-15)식은 자산불일치와 만기불일치가 존재하는 상황에서 t기간의 현물가격변동과 선물가격변동 간의 관계를 단순회귀모형으로 나타낸 것이다. 이 식에서 e_t는 오차항을 나타내며, 회귀계수 b는 최소분산 헤지비율을 나타낸다. 이 모형에서 추정된 회귀계수 b는 (20-14)식에서 구한 값과 동일하다.

$$b = \frac{cov(\Delta S, \Delta F)}{var(\Delta F)} = \rho \frac{\sigma_s}{\sigma_F} = (HR)^* \qquad (20-16)$$

단, ρ : ΔS와 ΔF의 상관계수

σ_s : 현물가격변동의 표준편차

σ_F : 선물가격변동의 표준편차

---

6) 이 식은 (20-13)식을 헤지비율(HR)에 대하여 1차 미분한 결과를 0으로 두어 도출한 것이다.

$$\frac{d\,var(V)}{d(HR)} = 2(HR)var(\Delta F) - 2cov(\Delta S, \Delta F) = 0$$

이제 이러한 최소분산 헤지비율을 이용하여, 헤지하기 위하여 매매해야 할 선물계약의 수를 계산하여 보자. 최소분산 헤지를 위한 선물계약의 수는 다음과 같이 산출된다.

$$N^* = \frac{(HR)^* V_S}{V_F}$$ (20-17)

단, N^* : 최적 헤지 계약수

V_F : 선물 1계약의 가치(= 선물가격 × 선물 1계약의 크기)

V_S : 헤지되는 포지션의 가치

📖 20-4   최소분산 헤지비율

어떤 항공사가 2개월 후에 항공유 200만 갤런을 구입할 예정이며, 항공유 가격변동위험을 헤지하기 위하여 선물거래를 하고자 한다. 그러나 항공유에 대한 선물거래가 없어서 헤지 목적으로 난방유 선물거래를 이용하려고 한다.

이 항공사는 자료를 수집하여 분석하였는데, 헤징 기간 동안의 선물가격변동의 표준편차가 0.045, 항공유 가격변동의 표준편차가 0.030, 두 가격변동 간의 상관계수가 0.95이었다. 최소분산 헤지비율을 산출하라.

$$(HR)^* = \rho \frac{\sigma_S}{\sigma_F} = (0.95)\frac{0.030}{0.045} = 0.6333$$

CME의 NYMEX에서 난방유 선물의 1계약은 42,000갤런이며, 선물가격은 3.0235($/gal)이다. 그리고 항공유 가격은 3.2530($/gal)이다. 이 항공사는 몇 계약의 선물에 대하여 매입 포지션을 취해야 하는가?

$$N^* = \frac{(HR)^* V_S}{V_F} = \frac{(0.6333)(3.2530)(2,000,000)}{(3.0235)(42,000)} = 32.45계약$$

4.3 주가지수선물을 이용한 헤지

주가지수선물은 특정 주가지수를 기초자산으로 하여 일정기간 후에 주가지수에 일정한 배수를 곱한 가치에 상당하는 금액을 인수도하기로 약정한 계약이다. 주가지수선물을 이용한 헤지는 현물시장에서 특정주식의 주가변동으로 인한 위험을 선물시장에서 지수선물을 이용하여 헤지하려는 것으로 매입헤지와 매도헤지를 통해 이루어질 수 있다.

매입헤지는 일정한 기간 후에 주식을 매입할 계획이 있는 경우에 선물시장에서 매입 포지션을 취함으로써 가격변동위험을 제거하려는 것이다. 매도헤지는 현재 주식 포트폴리오를 보유하고 있지만 일정기간 후에 매도하고자 하는 경우에 선물시장에서 매도 포지션을 취하여 가격변동위험을 제거하려는 것이다.

주가지수선물을 이용하여 주식투자의 위험을 헤지하기 위해서는 먼저 최적 헤지비율을 결정하여야 한다. 주식 포트폴리오의 가격변동위험을 헤지하기 위한 헤지비율은 다음과 같이 주식의 체계적 위험의 척도인 베타계수와 연결지을 수 있다.[7]

$$HR = \beta \frac{S}{F} \qquad\qquad (20-18)$$

(20-18)식은 주식 포트폴리오의 가격변동위험을 헤지하기 위한 최적 헤지비율은 주식 포트폴리오의 베타계수와 관련이 있다는 것을 나타내고 있다. 이 식에서 베타계수(β)는 선물지수의 수익률에 대하여 주식 포트폴리오 수익률을 회귀시켜서 구한 회귀계수이다.

$$R_{S,\,t} = \alpha + \beta R_{F,\,t} + e_t \qquad\qquad (20-19)$$

> 단, α : 절편
> $R_{S,\,t}$: t시점에서의 주식 포트폴리오의 수익률
> $R_{F,\,t}$: t시점에서의 지수선물의 수익률
> β : 베타계수(지수선물에 대한 주식 포트폴리오의 민감도)
> e_t : 오차항

(20-19)식에서 헤지비율은 현물변동성과 선물변동성의 상대적 비율을 구하는 것이므로 과거 일정한 기간의 주식 포트폴리오 수익률을 선물지수 수익률에 대하여 선형회귀시켜 추정한 것이다. 이때 회귀계수인 베타계수(β)로부터 최적 헤지비율을 산출할 수 있다.

이제 주식 포트폴리오의 가격변동 위험을 헤지하기 위하여 매입 혹은 매도해야

---

7) (20-18)식은 (20-14)식의 최소분산 헤지비율을 다음과 같이 변형시켜서 얻을 수 있다.

$$HR = \frac{cov(\Delta S,\, \Delta F)}{var(\Delta F)} = \frac{(S \cdot F)\,cov\left(\frac{\Delta S}{S},\, \frac{\Delta F}{F}\right)}{(F^2)\,var\left(\frac{\Delta F}{F}\right)}$$

$$= \frac{S\,cov(R_S,\, R_F)}{F\,var(R_F)} = \beta \frac{S}{F}$$

여기에서 R_S는 주식 포트폴리오의 수익률이며, R_F는 선물거래대상이 되는 지수의 선물가격으로 산출한 수익률이다. 따라서 베타계수(β)는 R_F에 대하여 산출한 R_S의 베타계수라고 할 수 있다.

할 선물계약의 수를 산출하여 보자. 최적 선물계약의 수는 (20-18)식의 최적 헤지 비율에 주가지수선물 거래승수 및 주식 포트폴리오 가치를 고려하여 조정해야 한다. 주식 포트폴리오에 대해 매입 혹은 매도해야할 선물계약의 수는 다음과 같이 된다.

$$N^* = \beta \frac{V_S}{V_F}$$ (20-20)

단, N^* : 최적 선물계약수
β : 베타계수
V_S : 주식 포트폴리오의 가치
V_F : 선물 1계약의 가치

주식 포트폴리오의 위험을 헤지하기 위해서는 (20-20)식에서 산출한 최적 선물 계약의 수만큼 현물 포지션과 반대의 선물 포지션을 취해야 한다.

예 20-5   주식 포트폴리오 헤지

A펀드매니저는 자신이 관리하고 있는 150억원 규모의 주식펀드를 KOSPI 200 주가지수선물을 이용하여 헤지하고자 한다. 이러한 주식 포트폴리오의 베타계수는 1.5이다. 현재 KOSPI 200 지수는 250.00 포인트이고, 거래승수는 50만원이다. 주식 포트폴리오의 가격변동위험을 제거하기 위해서 매도해야할 최적의 선물계약의 수는 몇 계약인가?

$$N^* = (1.5)\frac{150억원}{250 \times 50만원} = 180계약$$

따라서 펀드매니저는 KOPSI 200 선물 180계약을 매도해야 한다.

1 다음 용어를 설명하라.

① 선물거래   ② 선도거래   ③ 스캘퍼

④ 베이시스   ⑤ 만기일수렴현상   ⑥ 유지증거금

⑦ 콘탱고   ⑧ 정상적 백워데이션   ⑨ 완전 헤지

⑩ 최소분산 헤지비율

2 선물계약과 선도계약의 차이점을 설명하라.

3 선물시장의 경제적 기능을 설명하라.

4 이론적 선물가격을 보유비용모형을 이용하여 설명하라. 그리고 상품선물, 주가지수선물, 금리선물, 통화선물 등의 선물종류별로 어떠한 보유비용이 발생하는지 조사하여 보자.

5 만기일수렴현상과 베이시스는 어떤 관계가 있는가?

6 콘탱고 가설과 정상적 백워데이션 가설을 비교하여 설명하라.

7 금의 현물가격은 50,000원/g이다. 금의 현물을 보관하는데 추가적인 비용은 발생하지 않으며, 금보유로 인한 추가적인 수익도 발생하지 않는다. 연속복리형 무위험이자율이 6%이다. 만기까지의 기간이 78일인 금선물의 이론적 가격을 산출하라.

8 K펀드매니저는 자신이 관리하고 있는 200억원 규모의 주식 포트폴리오를 KOSPI 200 주가지수선물을 이용하여 헤지하고자 한다. 현재 KOSPI 200 지수는 200포인트이고, 거래승수는 50만원이다. KOSPI 200 선물지수의 분산은 0.09이고, KOSPI 200 선물지수와 주식 포트폴리오 수익률 간의 공분산은 0.108이다.

(1) 주식 포트폴리오의 베타계수를 구하라.

(2) 주식 포트폴리오의 가치변동에 따른 위험을 헤지하기 위하여 필요한 주가지수선물의 최적 계약수는 몇 계약인가?

(3) 펀드매니저는 주가지수선물을 이용하여 보유하고 있는 주식 포트폴리오의 베타계수를 0.5로 낮추고 싶어 한다. 선물을 몇 계약 매입 혹은 매도해야 하겠는가?(힌트: 선물지수의 베타계수는 1.0이라는 점을 이용하라)

9 어떤 상품의 현물가격과 선물가격의 월간 변화가 다음의 표와 같다. 이 자료를 이용하여 최소분산 헤지비율을 계산하라.

선물가격변화	0.52	0.61	−0.22	−0.35	0.79
현물가격변화	0.56	0.70	−0.30	−0.44	0.60
선물가격변화	0.14	0.15	0.70	−0.51	−0.41
현물가격변화	0.20	0.21	0.80	−0.56	−0.46

해답

7. 50,645.22원 **8.** (1) 1.2 (2) 24 (3) 14 **9.** 1.056

옵션거래

    이 장에서는 옵션의 개념, 옵션의 가치평가방법, 옵션의 응용 등에 대해 설명한다. 먼저 옵션의 개념을 파악하고, 만기에서의 옵션의 손익을 옵션의 발행자와 옵션의 소유자 측면에서 산출하여 본다.

    다음으로 옵션의 가치에 대해 살펴본다. 만기시점에서의 옵션가치를 산출하는 방법에 대해 알아보고, 옵션의 현재가치를 산출하기 위한 기초개념을 소개한다. 풋-콜 등가(put-call parity)를 통하여 콜옵션 가격과 풋옵션 가격 간의 이론적 관계식도 살펴본다.

    그리고 Black-Scholes의 옵션가격결정모형에 대해 알아본다. 먼저 이 모형을 도출하기 위한 가정을 살펴보고, 가격결정모형을 이용하는 방법에 대해 알아본다.

    다음으로 Cox, Ross, and Rubinstein(1979) 등에 의해 제시된 이항분포 옵션가격결정모형을 소개한다. 먼저 단일기간모형을 통하여 옵션의 가치를 산출하여 본 다음에 다기간으로 확장하는 방법을 소개한다.

    우리나라의 옵션거래제도 및 주요 옵션상품에 대해 간략하게 소개하고, 마지막으로 옵션가격결정모형을 응용하는 방법에 대해 살펴본다. 신주인수권의 가치와 전환사채의 가치를 평가하는 방법 등에 대해서도 알아본다.

1.1 옵션의 의의

옵션(option)은 특정한 미래의 기간에 미리 정해진 행사가격(exercise price)으로 지정된 자산을 매수 또는 매도할 수 있는 권리를 옵션의 소유자에게 제공해 주는 계약을 의미한다. 이 경우에 미리 지정된 자산을 기초자산(underlying assets)이라고 한다.

옵션계약은 크게 콜옵션(call option)과 풋옵션(put option)으로 나눌 수 있다. 콜옵션은 기초자산을 매수할 수 있는 선택권을 의미하고, 풋옵션은 기초자산을 매도할 수 있는 선택권을 의미한다.

옵션의 행사를 만기일에만 할 수 있는 것은 유럽 옵션(European option)이라 하고, 만기일 이전에 언제라도 옵션을 행사할 수 있는 것을 미국 옵션(American option)이라고 한다.

옵션의 소유자(혹은 매수자)는 자신에게 이익이 발생하는 유리한 경우에 권리를 행사하고, 불리한 경우에는 권리를 포기하여 옵션을 매입할 때 지불한 옵션가격(혹은 옵션프리미엄)만의 손해를 보면 된다. 옵션의 소유자가 권리를 행사하면 옵션의 발행자(혹은 매도자)는 계약을 이행해야 할 의무가 발생한다.

예 21-1 만기 손익 산출

어떤 투자자가 주식을 만기에 행사가격 18,000원에 살 수 있는 콜옵션을 매입하였다고 하자. 만기의 주가가 23,000원일 경우에 이 투자자의 손익을 산출하고, 권리행사 여부를 판단하라. 그리고 만기의 주가가 13,000원일 경우에 이 투자자의 손익을 산출하고, 권리행사 여부를 판단하라.

만기의 주가	권리행사	권리행사시 손익
23,000원	권리행사	옵션 소유자는 권리를 행사하여 주식을 18,000원에 매입하여 시장에서 23,000원에 매도하면 5,000원(=23,000원-18,000원)의 이익 발생
13,000원	권리포기	옵션 소유자는 권리를 행사하여 시장가격이 13,000원인 주식을 18,000원에 매입하면 5,000원(=18,000원-13,000원)의 손실이 발생

만기시점의 주가가 23,000원이라고 하면, 콜옵션 소유자는 옵션을 행사함으로써 이익을 얻을 수 있다. 주식을 옵션 매도자로부터 행사가격 18,000원에 구입하여 시장에 23,000원에 매각하면 5,000원의 이익이 발생한다. 만약 만기시점에 보통주의 가격이 13,000원이라면 콜옵션 소유자는 옵션을 행사하지 않는 것이 유리하다. 옵션을 행사하게 되면 5,000원(=13,000원−18,000원)의 손실이 발생하기 때문이다.

1.2 옵션의 손익선

옵션거래에 있어서는 옵션의 발행자와 옵션의 소유자가 얻는 손익은 서로 반대로 나타난다.

(1) 콜옵션의 손익선

콜옵션의 손익관계를 설명하기 위하여 기초자산이 주식인 콜옵션을 예로 들어보자. 주식 콜옵션에 있어서 주가의 변동에 따라 나타나는 옵션의 발행자와 소유자의 손익선을 그림으로 나타내면 [그림 21−1]과 같다.

이 그림에서 AE는 옵션의 발행가격이고, EB는 옵션의 매수가격으로 이 두 값은 완전히 동일하다. 이러한 옵션가격을 옵션프리미엄이라고도 한다. E점은 옵션의 행사가격을 나타내고 있다.

콜옵션의 소유자가 옵션을 행사하여 이득을 얻으면, 옵션의 발행자는 그 금액만

그림 21−1 콜옵션 소유자와 발행자의 손익선

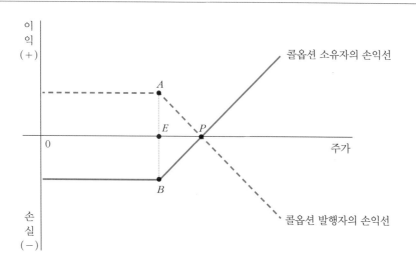

큰 손실을 입는다. 실선으로 표시된 옵션 소유자의 손익선의 경우를 보면, 주가가 0 원에서 E점에 도달할 때까지는 옵션을 행사하는 것이 아무런 이득이 없으므로, 옵션 소유자는 옵션을 행사하지 않는다. 주가가 행사가격인 E점보다 낮아서 옵션 행사를 포기함으로써 발생하는 옵션 소유자의 손실은 일정하게 옵션프리미엄인 EB가 된다. 이 금액이 옵션 발행자에게는 이득인 AE가 된다.

그리고 주가가 E점을 초과하여 P점에 이르는 영역에서는 주가의 상승액이 바로 옵션프리미엄인 손실액 EB를 상쇄하는 금액이 되므로 BP선은 45°의 상향직선이 된다. 주가가 P점에 있을 때에는 옵션 행사가 손실도 이익도 발생시키지 않는 손익 분기점이 된다.

주가가 다시 P점을 초과하게 되면 이 초과금액이 바로 옵션 행사로 인하여 발생하는 옵션 소유자의 이익이 된다. 이러한 현상이 옵션 발행자에게는 완전히 반대로 나타난다.

(2) 풋옵션의 손익선

풋옵션의 소유자와 발행자의 손익관계를 살펴보기 위해 이번에는 주식을 기초자산으로 하는 주식 풋옵션을 예로 들어보자.

주식 풋옵션에서는 주가가 하락할수록 풋옵션의 소유자가 유리하고, 풋옵션의 발행자가 불리하다. 주가의 변동에 따라 풋옵션의 소유자와 발행자의 손익선도 콜옵션의 경우와 마찬가지로 서로 반대되는 모양을 나타낸다. [그림 21-2]에서 실선은 풋옵션 소유자의 손익선이며, 점선은 발행자의 손익선이다.

그림 **21-2** 풋옵션 소유자와 발행자의 손익선

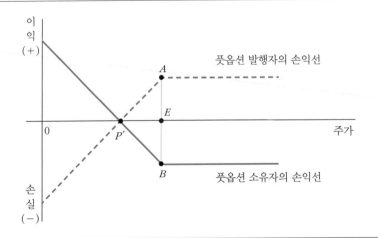

이 그림에서 옵션의 AE와 BE는 동일한 옵션의 프리미엄이며 $P'E$와 같다. 풋옵션 소유자의 입장에서는 주가가 행사가격에서 옵션 매수가격을 차감한 금액 이하로 형성되어야만 옵션을 행사하여 이득을 보게 된다. 다시 말해서 풋옵션의 소유자는 주가가 E점 이하인 경우에 한하여 옵션을 행사할 것이다. 주가가 P'점을 초과하여 행사가격 E점에 도달할 때까지는 그 초과액이 바로 옵션 소유자의 손실이 되며 $P'B$선은 주가선인 가로축에 45°를 이룬다.

또 주가가 계속 상승하여 행사가격 E점을 초과하게 되면 옵션 소유자는 옵션프리미엄만 포기할 것이므로 이 금액이 계속적인 주가의 상승에 상관없이 옵션 소유자의 손실이 된다. 풋옵션 발행자의 손익은 풋옵션 소유자의 손익과 정반대의 현상으로 나타난다.

제 2 절 옵션의 가치

2.1 만기의 옵션가치

옵션이론을 정리한 Smith(1976)의 논문[1]에서는 확실성하에서 만기에 행사하는 유럽 콜옵션의 가치를 다음의 식으로 표현하고 있다.

$$C_T = S_T - E \tag{21-1}$$

단, C_T : 만기일(T)의 옵션가치
  S_T : 만기일(T)의 기초자산의 가격
  E : 옵션의 행사가격

옵션은 기초자산의 가격을 행사가격과 비교하여 세 가지로 분류할 수 있다. 옵션 투자자가 권리를 행사함으로써 이익을 실현할 수 있는가의 여부에 따라 ⓐ 내가격 옵션, ⓑ 외가격 옵션, ⓒ 등가격 옵션으로 구분한다.

콜옵션의 경우, 기초자산의 가격이 행사가격보다 높을 경우에는 옵션을 행사하

---

1) C. W. Smith, Jr.(1976), "Option Pricing: A Review," *Journal of Financial Economics*, 3, 3-52.

는 것이 투자자에게 유익하므로 이를 내가격 옵션(in-the-money option, ITM)이라고 한다. 기초자산의 가격이 행사가격보다 낮은 경우에는 투자자가 옵션을 행사하면 손해를 보므로 이를 외가격 옵션(out-of-the-money option, OTM)이라고 한다. 그리고 기초자산의 가격이 행사가격과 동일할 때는 옵션 행사가 투자자의 손익에 영향을 미치지 않으므로 이를 등가격 옵션(at-the-money option, ATM)이라고 한다.

예 21-2   ITM, OTM

어떤 주식 콜옵션의 행사가격이 8,000원이라고 하자. 현재의 주가가 10,000원이라면 옵션은 어떠한 상태에 있는가? 그리고 주가가 6,000원일 경우에는 옵션이 어떠한 상태에 있는가?

주가가 10,000원인 경우:
옵션을 행사하면 이익을 얻을 수 있는 상태에 있으므로, 이 옵션은 내가격 옵션(*ITM*)이 된다.

주가가 6,000원인 경우:
옵션을 행사하면 손실을 입을 수 있는 상태에 있으므로, 이 옵션은 외가격 옵션(*OTM*)이 된다.

옵션의 소유자들은 권리를 행사하면 손실이 발생하는 경우에 옵션의 권리를 행사하지 않을 것이다. 따라서 옵션의 가치는 0보다 작을 수 없다. 일반적으로 만기의 콜옵션가치 또는 옵션의 이득은 (21-2)식과 같이 나타낸다.

$$C_T = max\,(S_T - E,\ 0) \hspace{3cm} (21-2)$$

단, C_T : 만기일(T)의 콜옵션 가치

이 식에서 *max*는 $(S_T - E)$의 값과 0 중에서 값이 큰 것을 택한다는 의미이다. $(S_T - E)$의 값이 양(+)이면 내가격 옵션이고, 이 값이 0 미만이 되면 외가격 옵션이 된다. 물론 외가격 옵션은 투자자가 옵션의 권리를 행사하지 않는다. 따라서 옵션의 가치는 $(S_T - E)$와 0 중에서 큰 값이 된다는 것이다.

2.2 옵션의 현재가치

만기에서의 옵션가치가 아니라, 앞으로 옵션 만기까지의 기간이 남아 있을 경우에 현재시점에서의 옵션가치가 어떻게 결정되어야 하는지 알아보자.

가장 단순한 형태로 불확실성이 없는 경우의 옵션가치를 구해 보자. 즉 옵션의 기초자산인 주식이 무위험수익률(r)로 일정하게 성장한다고 가정하여 옵션의 현재가치를 산출하여 보자. 옵션의 만기에서의 가치를 나타내는 (21-2)식을 변형하여 주식이 무위험수익률로 일정하게 성장하는 경우의 옵션의 현재가치는 (21-3)식과 같이 나타낼 수 있다.

$$C_0 = max[S_0 - Ee^{-rT}, 0] \qquad (21-3)$$

단, C_0 : 콜옵션의 현재가치(시장가치)
          S_0 : 현재의 기초자산 가격
          E : 행사가격
          T : 만기까지의 기간
          r : 무위험수익률
     Ee^{-rT} : 행사가격의 현가

그리고 콜옵션의 가치를 그림으로 나타내면 [그림 21-3]의 점선이 된다. 이 그림에서 실선은 만기시점에서 옵션가치의 하한을 나타낸다. 그러나 현실적으로는 옵션 만기까지의 기간이 남아 있는 경우에는 옵션의 가치는 하한선보다 상위에 위치한 점선이 된다.

만약 다른 조건이 모두 일정하다면, ⓐ 기초자산의 가격이 높아질수록, ⓑ 만기까지의 기간이 길수록, ⓒ 무위험이자율이 높을수록, ⓓ 주가의 변동성이 클수록 옵션 가치선인 점선은 옵션가치의 하한선인 실선과 차이가 커지게 된다.

옵션의 가치는 내재가치와 시간가치로 구성된다. 옵션의 내재가치(intrinsic value)는 옵션을 행사하는 경우에 확실히 얻어지는 이익으로서 본질가치 혹은 행사가

그림 21-3 콜옵션의 가치선

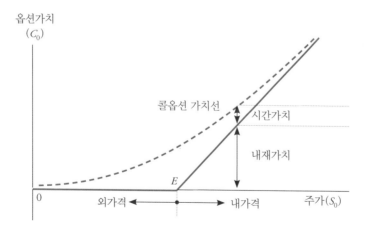

치라고도 한다. 내가격 옵션의 내재가치는 양(+)의 값이 되며, 등가격 옵션과 외가격 옵션의 내재가치는 0이 된다.

옵션의 시간가치(time value)는 옵션가격이 내재가치를 초과하는 부분을 말한다. 시간가치는 옵션 만기까지의 잔존기간 동안에 옵션 소유자가 얻을 수 있는 이득의 기대치이다. 이러한 옵션의 시간가치는 만기가 가까워질수록 작아진다. 그리고 내재가치가 0인 옵션도 만기일까지 얻을 수 있는 이득의 기대치가 양(+)이기 때문에 시간가치는 양(+)의 값을 갖는다. 이러한 옵션의 시간가치는 옵션의 만기까지의 기간, 내재가치, 변동성 등 다양한 요소에 의하여 결정되므로 옵션의 이론적 가격을 도출하기 위해서는 복잡한 과정을 거쳐야 한다.

2.3 풋-콜의 등가식

유럽 옵션에서 풋-콜의 등가(put-call parity) 관계를 설명하기 전에 옵션의 헤지 포지션(hedged position)을 이해할 필요가 있다.

옵션이론에서는 서로 밀접한 관계를 가지고 있는 두 개의 자산, 즉 기초증권인 주식과 옵션의 관계에서 헤지 포지션을 구축할 수 있다. 왜냐하면, 한 자산의 가격이 변동할 때 상대적으로 다른 자산의 가격이 반대방향으로 변동하도록 하여 양자의 효과가 서로 상쇄되게 할 수 있기 때문이다. 옵션시장에서 투자자가 주식을 매입함과 동시에 콜옵션을 매도하였다면, 주가상승으로 인한 이득이 옵션가치의 하락으로 인한 손실과 상쇄될 수 있다.

자산을 매입·보유하고(buy-and-hold) 있는 포지션을 매입 포지션(long position)이라고 하고, 자산을 매도하고 있는 포지션을 매도 포지션(short position)이라고 한다. 옵션시장에서는 기초자산이나 옵션을 모두 매입 포지션 또는 매도 포지션으로 보유할 수 있다.

기초자산의 매입 포지션과 콜옵션의 매도 포지션을 최선으로 결합하여 포트폴리오를 구성하면 옵션거래가 완전한 헤지 포지션을 이루게 되므로 투자자는 오직 무위험수익률만을 기대하고 투자를 하게 된다.[2]

동일한 주식을 기초자산으로 하고 만기와 행사가격이 동일한 풋옵션과 콜옵션이 있다고 하자. 기초자산인 주식 1주와 풋옵션 1계약을 매입하고, 콜옵션 1계약을 매

---

2) 헤지 포트폴리오의 구성에 대하여 관심이 있는 독자는 예와 함께 수식으로 간략하게 설명하고 있는 다음 자료를 참고하기 바란다. T. E. Copeland and J. F. Weston(1983), *Financial Theory and Corporate Policy*, 2nd ed., Addison-Wesley Pub. Co., 261-262.

표 21 - 1 무위험 헤지 포트폴리오의 기말성과

만기의 주가	권리행사	기말에서의 포트폴리오 가치	
$S_T < E$	풋옵션 권리행사 콜옵션 의무해제	보유주식의 가치 풋옵션의 가치 콜옵션의 가치	S_T $E - S_T$ 0
		포트폴리오 가치	E
$S_T \geqq E$	풋옵션 권리포기 콜옵션 의무이행	보유주식의 가치 풋옵션의 가치 콜옵션의 가치	S_T 0 $-(S_T - E)$
		포트폴리오 가치	E

도한 포트폴리오를 구성하여 보자.[3]

이러한 포트폴리오의 기말가치는 〈표 21-1〉에서와 같이 항상 행사가격(E)과 일치하게 된다. 만기시점에 주가가 행사가격보다 낮은 경우에는 풋옵션은 행사되고 콜옵션의 행사는 포기될 것이다. 그래서 만기에서의 포트폴리오의 가치는 행사가격과 일치하게 된다.

반대로 만기시점에 주가가 행사가격보다 높은 경우에는 풋옵션의 행사는 포기되고 콜옵션은 행사될 것이다. 만기시점에 콜옵션의 매도 포지션 소유자는 행사가격으로 매도의무를 이행해야하기 때문에 포트폴리오의 가치는 행사가격과 일치하게 된다. 이처럼 만기에서의 포트폴리오의 가치는 기초자산인 주가의 수준에 관계없이 항상 행사가격과 일치하게 된다.

예 21-3   풋-콜 등가식

기초자산이 동일한 주식이며 행사가격이 10,000원인 콜옵션과 풋옵션이 있다고 하자. 1주의 주식과 풋옵션 1계약을 매입하고, 콜옵션 1계약을 매도하여 포트폴리오를 구성하자. 그리고 옵션의 만기에서의 주가가 8,000원인 경우와 12,000원인 경우로 구분하여 포트폴리오를 가치를 산출하여 보자.

만기의 주가	권리행사	기말에서의 포트폴리오 가치		
$S_T = 8,000$ ($S_T < E$)	풋옵션 권리행사 콜옵션 의무해제	보유주식의 가치 풋옵션의 가치 콜옵션의 가치	S_T $E - S_T$ 0	8,000 2,000 0
		포트폴리오 가치	E	10,000

---

3) 이때 옵션 1계약은 기초자산 1주를 거래단위로 구성한 것으로 본다. 그러나 우리나라 주식옵션은 현재 10주를 1계약의 거래단위로 정하고 있다.

$S_T = 12,000$ $(S_T \geqq E)$	풋옵션 권리포기 콜옵션 의무이행	보유주식의 가치 풋옵션의 가치 콜옵션의 가치	S_T 0 $-(S_T - E)$	12,000 0 -2,000
		포트폴리오 가치	E	10,000

위의 표와 같이 포트폴리오의 가치는 만기에서의 주가수준에 상관없이 항상 행사가격과 동일한 10,000원이 된다.

즉 기초자산인 1주의 주식을 매입하고, 1계약의 풋옵션을 매입하고, 1계약의 콜옵션을 매도하여 구성한 투자원금 $S_0 + P_0 - C_0$인 포트폴리오는 만기에서의 가치가 항상 행사가격 E와 일치한다. 따라서 이러한 포트폴리오는 무위험 헤지 포트폴리오가 된다. 이 포트폴리오의 기대수익률은 무위험수익률과 동일하다. 이러한 무위험 헤지 포트폴리오의 가치는 만기에서의 행사가격(E)을 무위험수익률로 할인한 현재가치와 일치해야 한다.

$$S_0 + P_0 - C_0 = Ee^{-rT} \tag{21-4}$$

단, S_0 : 현재의 주가
P_0 : 현재의 풋옵션 가치
C_0 : 현재의 콜옵션 가치

이러한 식을 풋-콜 등가식(put-call parity formula)이라고 한다. 이 풋-콜의 등가식에 따르면 일단 콜옵션의 가치가 산출될 경우에는 풋옵션의 가치는 자동적으로 산출될 수 있다.

예 21-4   풋-콜 등가식을 이용한 콜옵션 가치 산출

어떤 주식의 현재가격이 10,000원이며, 이 주식을 기초자산으로 한 유럽 콜옵션과 풋옵션의 행사가격이 모두 10,000원이다. 무위험수익률이 10%, 만기까지의 기간이 2년 남아 있다고 할 때, 콜옵션의 가치는 풋옵션의 가치보다 얼마나 클까? 그리고 풋옵션의 가치가 2,000원이라고 하면 콜옵션의 가치는 얼마인가?

ⓐ 콜옵션의 가치가 풋옵션의 가치를 초과한 금액:

$$\begin{aligned} C_0 - P_0 &= S_0 - Ee^{-rT} \\ &= 10,000 - 10,000e^{-(0.1)(2)} \\ &= 1,813원 \end{aligned}$$

ⓑ 콜옵션의 가치:

$$C_0 = S_0 + P_0 - E e^{-rT}$$
$$= 10,000 + 2,000 - 10,000 e^{-(0.1)(2)}$$
$$= 3,813원$$

제 3 절 Black-Scholes의 옵션가격결정모형

옵션가격결정모형(option pricing model, OPM)은 여러 가지 방법으로 도출될 수 있다. 가장 많이 사용되는 방법은 Black and Scholes(1973)[4]가 제시한 Black-Scholes의 옵션가격결정모형과 Cox and Ross(1976),[5] Cox, Ross, and Rubinstein(1979),[6] Rendleman and Bartter(1979)[7] 등이 제시한 이항접근법(binomial approach)이다. 여기에서는 Black-Scholes의 옵션가격결정모형을 중심으로 살펴본다.

3.1 옵션가격결정모형

(1) 기본가정

Black and Scholes(1973)는 유럽 콜옵션의 가격결정모형을 도출하기 위하여 다음과 같은 가정을 전제로 하고 있다.

---

4) F. Black and M. Scholes(1973), "The Pricing of Options and Corporate Liabilities," *Journal of Political Economy*, 81(3), 637−654.

5) J. Cox and A. Ross(1976), "Valuation of Options for Alternative Stochastic Process," *Journal of Financial Economics*, 3, 145−166.

6) J. Cox, S. A. Ross, and M. Rubinstein(1979), "Option Pricing: A Simplified Approach," *Journal of Financial Economics*, 7(3), 229−263.

7) R. J. Rendleman, Jr. and B. J. Bartter(1979), "Two-State Option Pricing," *Journal of Finance*, 34(5), 1093−1110.

ⓐ 오직 유럽 콜옵션만을 고려한다.

ⓑ 거래비용과 정보비용은 없고, 모든 정보는 효율적이다. 그리고 옵션과 주식은 무한히 분리될 수 있다.

ⓒ 옵션과 주식의 공매에 관한 시장의 불완전성은 존재하지 않는다.

ⓓ 단기 무위험이자율은 미리 알려져 있으며, 옵션계약기간 동안 일정하다. 그리고 이 이자율로 자유로이 차입과 대출을 할 수 있다.

ⓔ 주식의 배당은 없다.

ⓕ 주가의 변동은 연속형 확률과정(stochastic process)을 따른다. 즉 주가는 기하브라운 운동(geometric Brown motion)에 따라 발생한다.

이들은 기초자산(주식)에 매입 포지션을 취하고 옵션에 매도 포지션을 취하여 완전 헤지 포트폴리오를 구성할 수 있다는 것을 전제로 하고 있다. 그리고 이러한 완전 헤지 포트폴리오의 기대수익률은 무위험수익률과 동일하여야 한다는 것을 전제로 하고 있다.

(2) 가격결정모형

Black and Scholes(1973)는 주가가 랜덤워크(random walk)에 따라 변화하는 기하브라운운동에 따르는 것으로 가정하여 옵션가격결정모형을 도출하고 있다. 주가변동이 기하브라운운동에 따른다는 것은 주가의 변동이 아주 짧은 기간마다 각기 독립관계에 있고, 연속적으로 변화하는 확률과정에 따라 움직인다는 것을 의미한다. 이러한 가정 하에서 도출된 Black-Scholes의 옵션가격결정모형은 다음과 같다.[8]

$$C_0 = S_0 N(d_1) - E e^{-rT} N(d_2) \qquad\qquad (21-5)$$

$$d_1 = \frac{\ln(S_0/E) + (r + \sigma^2/2)T}{\sigma\sqrt{T}}$$

$$d_2 = \frac{\ln(S_0/E) + (r - \sigma^2/2)T}{\sigma\sqrt{T}} = d_1 - \sigma\sqrt{T}$$

단, C_0 : 옵션의 가격

S_0 : 기초자산의 가격

E : 행사가격

---

8) Black-Scholes의 옵션가격결정모형을 도출하는 과정은 이곳에서는 생략하고, 그 응용방법만 설명하기로 한다. 모형의 도출과정은 Black and Scholes(1973)를 참조.

$$r : 무위험수익률$$

$$\sigma : 기초자산의\ 변동성(연단위)$$

$$T : 옵션의\ 만기까지의\ 기간$$

$$N(\cdot) : 정규분포의\ 누적확률밀도함수$$

📘 21-5   Black-Scholes의 옵션가격결정모형

제일기업의 주식을 매수할 수 있는 콜옵션의 가치를 평가하여 보자. 현재의 주가(S_0)와 행사가격(E)은 각각 8,000원이다. 옵션의 만기까지는 앞으로 4년(T), 무위험수익률(r)은 6%, 그리고 연속형 복리계산한 주식수익률의 단위기간별 분산(σ^2)이 0.09라고 하면, Black-Scholes의 옵션가격결정모형에 의하여 옵션의 가치를 평가하면 얼마일까?

$$C_0 = S_0 N(d_1) - E e^{-rT} N(d_2)$$

$$= 8,000 N(d_1) - 8,000 e^{-0.06(4)} N(d_2)$$

$$d_1 = \frac{\ln(S_0/E) + (r + \sigma^2/2)T}{\sigma\sqrt{T}}$$

$$= \frac{\ln(8,000/8,000) + (0.06 + 0.09/2)4}{0.3\sqrt{4}}$$

$$= \frac{0 + (0.105)4}{0.3(2)} = 0.7$$

$$d_2 = d_1 - \sigma\sqrt{T} = 0.7 - (0.3)\sqrt{4} = 0.1$$

이제 정규분포의 누적확률밀도함수를 구하여 보자. 이 값은 부표의 정규분포표를 이용하면 된다. 그리고 엑셀의 함수 NORMSDIST$(\cdot)$를 이용하면 된다.

$$N(d_1) = N(0.7) = 0.758036$$

$$N(d_2) = N(0.1) = 0.539828$$

이 값을 대입하여 옵션의 가격을 산출하면 다음과 같이 된다.

$$C_0 = 8,000 N(d_1) - 8,000 e^{-0.06(4)} N(d_2)$$

$$= (8,000)(0.758036) - (8,000)(0.539828)e^{-0.06(4)}$$

$$= 2,667.14원$$

3.2 옵션가치의 결정요인

콜옵션의 가치는 ⓐ 기초자산의 가격, ⓑ 행사가격, ⓒ 기초자산의 변동성, ⓓ 옵션만기까지의 기간, ⓔ 무위험수익률과의 함수관계로 설명할 수 있다. Black-Scholes의 모형을 (21-6)식의 함수로 표현하고, 이 식을 각 변수로 편미분한 다음, 이들을 0과 비교해 보면 각 변수가 콜옵션의 가치에 미치는 영향을 설명할 수 있다.

$$C_0 = f(S_0, E, \sigma, T, r) \tag{21-6}$$

$$\text{ⓐ } \frac{\partial C_0}{\partial S_0} > 0, \text{ ⓑ } \frac{\partial C_0}{\partial E} < 0, \text{ ⓒ } \frac{\partial C_0}{\partial \sigma} > 0, \text{ ⓓ } \frac{\partial C_0}{\partial T} > 0, \text{ ⓔ } \frac{\partial C_0}{\partial r} > 0$$

따라서 이들 변수의 증가가 콜옵션의 가치에 미치는 민감도를 표로 나타내면 〈표 21-2〉와 같다.

표 21-2 변수가 콜옵션 가치에 미치는 민감도

변 수	미분공식	기호[*]	옵션가치 민감도
기초자산가격(S_0)	$\partial C_0 / \partial S_0$	델타(Delta)	+
행사가격(E)	$\partial C_0 / \partial E$	−	−
변동성(σ)	$\partial C_0 / \partial \sigma$	베가(Vega)	+
만기기간(T)	$\partial C_0 / \partial T$	세타(Theta)	+
무위험수익률(r)	$\partial C_0 / \partial r$	로(Rho)	+
기초자산의 델타(Delta)	$\partial(Delta) / \partial S$	감마(Gamma)	+

* R. A. Jarrow And S. M. Turnbull(1996), *Derivative Securities*, South−Western College Publishing, 226−228.

다시 말해서 기초자산의 가격(S_0), 기초자산의 변동성(σ), 옵션 만기까지의 기간(T), 무위험이자율(r)이 증가하면 옵션의 가치(C_0)는 증가하고, 옵션의 행사가격(E)이 증가하면 옵션의 가치(C_0)는 감소한다는 것이다.

3.3 풋옵션의 가치

앞에서 살펴 본 콜옵션 가격결정모형이 풋옵션에는 어떻게 적용될 수 있는지 알아보자. 풋옵션은 만기에 기초자산을 미리 정한 행사가격으로 매도할 수 있는 선택권이다. 따라서 (21-2)식을 원용하면, 만기의 유럽 풋옵션의 가치는 (21-7)식과

그림 **21-4** 풋옵션의 가치선

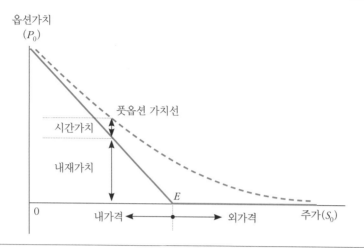

같이 표현할 수 있다.

$$P_T = max\,(E - S_T,\ 0) \tag{21-7}$$

단, P_T : 만기의 풋옵션의 가치
S_T : 만기의 기초자산 가격
E : 행사가격

만기에서의 유럽 풋옵션의 가치는 만기의 주가가 행사가격보다 낮을 경우에는 그 차이가 되며, 반대의 경우에는 0이 된다. 이러한 관계를 그림으로 나타내면 [그림 21-4]의 굵은 실선이 된다. 엄격한 의미에서는 이 굵은 실선이 풋옵션 가치의 하한을 나타내고 있다.

풋옵션의 가치는 그림으로 나타내면 [그림 21-4]의 점선이 된다. 즉 옵션만기까지의 기간이 남아 있는 경우에는 풋옵션의 가치는 콜옵션과 마찬가지로 풋옵션 가치의 하한선보다 상위에 위치한 점선이 된다.

풋옵션의 가치도 콜옵션과 마찬가지로 내재가치와 시간가치로 구분할 수 있다. 풋옵션의 내재가치는 옵션을 행사하는 경우에 확실히 얻어지는 이익으로서 본질가치를 나타내며, [그림 21-4]에서 실선으로 나타난다. 내가격 옵션의 내재가치는 양 (+)의 값이 되며, 등가격 옵션과 외가격 옵션의 내재가치는 0이 된다.

풋옵션의 시간가치는 옵션가치가 내재가치를 초과하는 부분을 말한다. 시간가치는 옵션 만기까지의 잔존기간 동안에 옵션 소유자가 얻을 수 있는 이득의 기대치이

표 21-3 변수가 풋옵션 가치에 미치는 민감도

변 수	옵션가치의 증가 효과
기초자산의 가격(S_0)	−
행사가격(E)	+
기초자산 변동성(σ)	+/−[(a)]
만기까지의 기간(T)	−
무위험수익률(r)	+

(a) 만기까지의 기간이 증가하면 통상적으로 풋옵션의 가치는 증가한다. 그러나 기초자산의 가격이 행사가격 이하일 때는 만기까지의 기간이 증가함에 따라 오히려 풋옵션의 가치는 감소한다.

다. 이러한 옵션의 시간가치는 만기가 가까워질수록 작아진다. 그리고 내재가치가 0인 옵션도 만기일까지 얻을 수 있는 이득의 기대치가 양(+)이기 때문에 시간가치는 양(+)의 값을 가지게 된다.

유럽 풋옵션의 가치는 Black-Scholes의 옵션가격결정모형으로부터 유도된 다음의 식으로 산출된다.

$$P_0 = E e^{-rT} N(-d_2) - S_0 N(-d_1) \qquad (21-8)$$

$$d_1 = \frac{\ln(S_0/E) + (r + \sigma^2/2)T}{\sigma\sqrt{T}}$$

$$d_2 = d_1 - \sigma\sqrt{T}$$

이 풋옵션의 가치는 콜옵션과 동일한 다섯 가지 변수로부터 영향을 받는다. 그러나 각 변수의 증가현상이 풋옵션가치에 미치는 영향은 〈표 21-3〉과 같이 대체로 콜옵션의 경우와 반대로 나타난다.

예 21-6 풋옵션의 가치

[예 21-5]의 기초자산에 대하여 발행한 풋옵션의 가치를 평가하여 보자. 주가(S_0)와 행사가격(E)은 각각 8,000원이다. 옵션의 만기까지는 앞으로 4년(T), 무위험수익률(r)은 6%, 그리고 연속형 복리계산한 주식수익률의 단위기간별 분산(σ^2)이 0.09라고 하면, Black-Scholes의 옵션가격결정모형을 이용하여 풋옵션의 가치를 평가하면 얼마일까?

$$d_1 = \frac{\ln(S_0/E) + (r + \sigma^2/2)T}{\sigma\sqrt{T}}$$

$$= \frac{\ln(8,000/8,000) + (0.06+0.09/2)4}{0.3\sqrt{4}}$$

$$= \frac{0 + (0.105)4}{0.3(2)} = 0.7$$

$$d_2 = d_1 - \sigma\sqrt{T} = 0.7 - (0.3)\sqrt{4} = 0.1$$

엑셀의 함수를 이용하여 누적확률밀도함수를 구하자.

$$N(-d_1) = N(-0.7) = 0.241964$$

$$N(-d_2) = N(-0.1) = 0.460172$$

이 값을 대입하여 풋옵션의 가격을 산출하면 다음과 같이 된다.

$$P_0 = E e^{-rT} N(-d_2) - S_0 N(-d_1)$$

$$P_0 = 8,000 e^{-0.06(4)} N(-d_2) - 8,000 N(-d_1)$$

$$= (8,000)(0.460172) e^{-0.06(4)} - (8,000)(0.241964)$$

$$= 960.17원$$

제 4 절   이항분포 옵션가격결정모형

    이항분포를 이용한 옵션가격결정모형은 기초자산의 가격 변화에 대한 간단한 가정에서 출발한다. 먼저 만기에 발생 가능한 기초자산의 가격은 두 가지만 존재한다고 가정한다. 즉 만기에서의 주가는 현재의 주가보다 상승한 경우와 하락한 경우의 두 가지만 있다고 가정한다.

    이러한 이항분포를 이용한 옵션가격결정모형은 이처럼 간단한 모형으로부터 출발하지만, 모형을 확장하면 비교적 정확하게 옵션의 가치를 평가할 수 있다. 이러한 모형은 Cox, Ross, and Rubinstein(1979) 등에 의해 개발된 것이다.[9]

---

9) J. Cox, S. A. Ross, and M. Rubinstein(1979), "Option Pricing: A Simplified Approach," *Journal*

옵션의 가치는 주로 기초자산의 가격변동에 따라 좌우된다. 옵션의 가격결정에서 이항분포 접근법을 이용할 때는 기초자산의 가격이 일정한 가격으로 상승하는 경우와 또 다른 가격으로 하락하는 경우의 두 가지 상황만 발생한다고 가정한다.

여기서는 모형을 단순화하기 위하여 투자기간을 일단 단일기간으로 한정하고, 다음과 같은 기호를 이용하자.

> S : 현재의 기초자산의 가격
> S_T : 만기에서의 기초자산의 가격
> S_u : 상승할 경우의 만기에서의 기초자산의 가격
> S_d : 하락할 경우의 만기에서의 기초자산의 가격
> C_0 : 현재의 콜옵션의 가치
> C_T : 만기에서의 콜옵션의 가치
> C_u : 상승할 경우의 만기에서의 콜옵션의 가치
> C_d : 하락할 경우의 만기에서의 콜옵션의 가치
> r : 무위험수익률
> u : 주가의 상승배수
> d : 주가의 하락배수
> h : 헤지비율

단일기간 이항분포모형에서는 현재의 주가가 만기가 되면 주가가 두 가지 중의 하나로 변할 것이다. 이러한 주가의 변화는 [그림 21-5]에 주어져 있다. 만기에 주가가 상승한 경우에는 현재의 주가에 상승배율(u)을 곱한 값으로 변한다. 그리고 만기에 주가가 하락한 경우에는 현재의 주가에 하락배율(d)을 곱한 값으로 변할

그림 [21-5] 단일기간 이항분포 모형(만기에서의 주가변화)

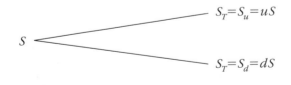

$$S_T = S_u = uS$$
$$S$$
$$S_T = S_d = dS$$

of Financial Economics, 229–263.

그림 21-6 단일기간 이항분포모형(만기에서의 옵션가치)

$$C_u = max[uS-E, 0]$$

$$C_0$$

$$C_d = max[dS-E, 0]$$

것이다.

주가는 음(-)의 값을 가질 수 없기 때문에, 하락배율 d의 값은 어떠한 경우라도 0보다 작아질 수 없다. 비록 투자기간이 무한대의 미래시점까지 연장된다고 하더라도 d값은 0보다 작아질 수 없다. 주가의 상승배율 u의 범위가 $u > e^{rT} \geq 0$이고, 하락배율 d의 범위가 $0 \leq d < 1.0$이라는 의미는 주가의 상한가는 존재하지 않지만 하한가는 0이 된다는 것이다.

기초자산의 가격 분포가 주어지면, 이를 기초로 콜옵션의 만기 시점에서의 가치를 산출할 수 있다. 만기에서의 콜옵션의 가치는 (21-2)식으로 산출하면 된다. 이러한 만기에서의 콜옵션의 가치는 [그림 21-6]에 주어져 있다.

이제, 기초자산인 주식을 1주 매입하고, h계약의 콜옵션을 매도한 무위험 헤지 포트폴리오를 구성하여 보자. 이 때 h는 무위험 헤지 포트폴리오를 구성하기 위하여 매입한 보통주 1주에 대해서 매도하여야 할 옵션계약의 수를 말한다. 헤지비율(hedge ratio)이라고 한다.

[그림 21-7]에서는 주식을 매입하고 콜옵션을 매도하여 구성한 포트폴리오의 만기에서의 가치를 보여주고 있다. 이 그림에서 $uS-hC_u$ 또는 $dS-hC_d$는 1주의 주식을 매입하고 h계약의 콜옵션을 매도하여 구성한 포트폴리오($S-hC_0$)의 옵션 만기일에서의 이득을 나타내고 있다.

이제 앞에서 구성한 포트폴리오가 무위험 헤지 포트폴리오가 되도록 헤지비율(h)을 결정하자. 무위험 헤지 포트폴리오는 옵션의 만기에서의 포트폴리오 가치가

그림 21-7 포트폴리오의 가치변화

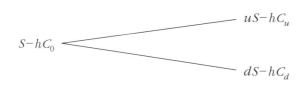

$$uS-hC_u$$

$$S-hC_0$$

$$dS-hC_d$$

기초자산의 변동에 상관없이 항상 일정한 값을 가져야 한다. 따라서 무위험 헤지 포트폴리오가 되기 위한 헤지비율 h는 만기에서의 두 가지 포트폴리오 가치가 동일하다는 조건을 충족시켜주는 값이다.

$$uS - hC_u = dS - hC_d$$

$$h = \frac{S(u-d)}{C_u - C_d} \tag{21-9}$$

이러한 헤지비율을 가지는 포트폴리오는 무위험이므로, 포트폴리오의 현재가치는 만기에서의 포트폴리오 가치를 무위험수익률로 할인한 값이 된다. 즉 무위험 헤지 포트폴리오에 투자하면, 만기에서의 포트폴리오의 가치는 $(uS - hC_u)$ 또는 $(dS - hC_d)$가 된다. 이러한 포트폴리오의 가치는 무위험수익률만큼 증가할 것이다. 이러한 관계를 등식으로 놓고, 콜옵션의 가치를 구하면 다음과 같이 된다.[10]

$$(S - hC_0) = (uS - hC_u)e^{-rT}$$

$$C_0 = \frac{S - (uS - hC_u)e^{-rT}}{h} \tag{21-10}$$

이러한 (21-10)식을 이항분포 옵션가격결정모형(binomial option pricing model)이라고 한다.

예 21-7   이항분포 옵션가격결정모형

주식을 기초자산으로 하여 발행된 콜옵션이 있다. 콜옵션의 행사가격은 9,000원이고, 만기까지의 기간은 1년이다. 현재의 주가는 10,000원이다. 상승배수는 1.2이고, 하락배수는 0.8이다. 그리고 연속복리형 이자율은 10%이다. 단일기간 이항분포 옵션가격결정모형을 이용하여 옵션의 가치를 평가하고자 한다.

ⓐ 주가, 상승배수, 하락배수 등에 관한 자료를 이용하여 주가의 분포를 구하고, 만기에서의 옵션의 가치를 산출하라.

주가의 분포:

$$S = 10{,}000 \quad\begin{cases} S_u = uS = (1.2)(10{,}000) = 12{,}000 \\ S_d = dS = (0.8)(10{,}000) = 8{,}000 \end{cases}$$

---

10) 다음의 식으로부터 콜옵션의 가격을 구해도 된다.

$$(S - hC_0) = (dS - hC_d)e^{-rT}$$

만기에서의 옵션가치:

$$C_0 \diagdown \begin{array}{l} C_u = max\,(12{,}000 - 9{,}000,\ 0) = 3{,}000 \\[1em] C_d = max\,(8{,}000 - 9{,}000,\ 0) = 0 \end{array}$$

ⓑ 주식 1주를 보유하고, h계약의 콜옵션을 매도하여 무위험 헤지 포트폴리오를 구성하려고 한다.

$$S - hC_0 \diagdown \begin{array}{l} uS - hC_u = 12{,}000 - 3{,}000h \\[1em] dS - hC_d = 8{,}000 \end{array}$$

$$uS - hC_u = dS - hC_d$$
$$12{,}000 - 3{,}000h = 8{,}000$$
$$h = 1.3333$$

ⓒ 무위험 헤지 포트폴리오의 기말가치를 이용하여 옵션의 가치를 산출하라.

$$(S - hC_0) = (uS - hC_u)e^{-rT}$$
$$10{,}000 - (1.333)C_0 = [12{,}000 - (1.3333)(3{,}000)]e^{-(0.1)(1)}$$
$$C_0 = \frac{10{,}000 - [12{,}000 - (1.3333)(3{,}000)]e^{-(0.1)}}{1.3333} = 2{,}071.98원$$

앞의 (21-10)식은 헤지비율(h)을 구하고, 이를 이용하여 콜옵션의 가치를 산출할 수 있다. 헤지비율을 따로 산출하지 않고 콜옵션의 가치를 산출할 수 있는 방법을 생각해보자. 헤지비율을 (21-10)식에 대입하여 정리하면, 다음과 같은 옵션가격결정모형을 얻을 수 있다.

$$C_0 = \left[C_u \left(\frac{e^{rT} - d}{u - d} \right) + C_d \left(\frac{u - e^{rT}}{u - d} \right) \right] (e^{-rT}) \qquad (21-11)$$

(21-11)식은 표현이 매우 복잡한 감이 있으므로, 수식의 표현을 단순한 형태로 바꾸기 위하여, 다음과 같이 정의하자.

$$p = \left(\frac{e^{rT} - d}{u - d} \right),\ 1 - p = \left(\frac{u - e^{rT}}{u - d} \right) \qquad (21-12)$$

이러한 방법으로 p를 정의하면, 옵션가격결정모형은 다음과 같이 간단한 형태로 나타낼 수 있다.

$$C_0 = [pC_u + (1-p)C_d]e^{-rT} \qquad (21-13)$$

이 식에서 p를 헤지확률(hedging probability) 혹은 위험중립확률(risk neutral probability)이라고 한다. 그리고 이 헤지확률은 항상 0보다 작은 값을 가질 수 없고, 1을 초과할 수도 없다. 즉 p의 범위는 $0 \leq p \leq 1$이다.

위의 (21-13)식의 이항분포 옵션가격결정모형을 살펴보면, 옵션의 가격을 결정하는 데 있어서 기초자산의 가격이 상승하거나 하락할 실제의 확률은 전혀 이용되고 있지 않다는 것을 알 수 있다. 옵션의 가격은 옵션의 만기에서의 이득(C_u, C_d)에 위험중립확률(p)을 적용하여, 기대이득을 산출한 후, 이를 무위험이자율로 할인하여 산출되고 있다. 이러한 접근방법을 위험중립 가치평가방법(risk neutral valuation)이라고 한다.[11]

예 21-8 　**단일기간 이항분포모형**

앞의 [예 21-7]의 자료에서 위험중립확률을 구하고, 이를 이용하여 단일기간 이항분포모형으로 옵션의 가치를 산출하여 보자.

콜옵션의 기초자산은 주식이다. 콜옵션의 행사가격은 9,000원이고, 만기까지의 기간은 1년이다. 현재의 주가는 10,000원이다. 상승배수는 1.2이고, 하락배수는 0.8이다. 그리고 연속복리형 이자율은 10%이다.

ⓐ 위험중립확률을 구하라.

$$p = \left(\frac{e^{rT} - d}{u - d} \right) = \frac{e^{(0.1)(1.0)} - 0.8}{1.2 - 0.8} = 0.7629$$

ⓑ 위험중립확률을 이용하여 단일기간 이항분포모형으로 옵션의 가치를 산출하라.

$$\begin{aligned} C_0 &= [pC_u + (1-p)C_d]e^{-rT} \\ &= [(0.7629)(3,000) + (1-0.7629)(0)]e^{-(0.1)(1.0)} \\ &= 2,070.98원 \end{aligned}$$

4.2 　다기간모형

단일기간 이항분포 옵션가격결정모형에서는 옵션의 만기까지 주가가 한 번만 변동한다고 가정하고 옵션의 가치를 도출하였다. 이번에는 옵션의 만기까지 주가가

---

[11] 위험중립 가치평가방법에 대한 자세한 설명은 다음 자료를 참고하기 바람. J. C. Hull(2009), *Options, Futures, and Other Derivative Securities*, 7th ed., Prentice-Hall, 237-258.

그림 21-8 **2기간 이항분포 모형(만기에서의 주가변화)**

$$S \begin{array}{l} uS \begin{array}{l} S_T = S_{uu} = u^2 S \\ S_T = S_{ud} = udS \end{array} \\ dS \begin{array}{l} \\ S_T = S_{dd} = d^2 S \end{array} \end{array}$$

그림 21-9 **2기간 이항분포 모형(만기에서의 옵션 가치)**

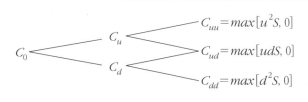

$$C_0 \begin{array}{l} C_u \begin{array}{l} C_{uu} = max[u^2 S, 0] \\ C_{ud} = max[udS, 0] \end{array} \\ C_d \begin{array}{l} \\ C_{dd} = max[d^2 S, 0] \end{array} \end{array}$$

두 번 변동한다고 가정하고 옵션의 가치를 도출하여 보자. 이러한 경우에 단일기간 이항분포모형에 비하여 단위기간의 길이가 반으로 줄어들게 될 것이다. 즉 만기까지의 기간이 T인 경우에 2기간 이항분포모형에서는 단위기간의 길이가 $T/2$가 될 것이다. 여기에서는 단위기간을 ΔT로 나타내자.

2기간 이항분포모형도 단일기간에서와 마찬가지로 먼저 기초자산인 주가의 분포를 도출하여야 한다. 이에는 현재의 주가, 상승배수, 하락배수 등에 관한 자료가 이용된다. 다음으로 만기에서의 기초자산의 가격분포를 이용하여 만기에서의 옵션의 가치를 산출한다.

2기간 이항분포 옵션가격결정모형에서의 위험중립확률(p)은 다음과 같이 산출된다.

$$p = \frac{e^{r\Delta T} - d}{u - d} \tag{21-14}$$

이와 같이 위험중립확률(p)이 산출되면, 이러한 확률과 만기에서의 옵션가치를 이용하여 다음과 같이 1기말에서의 옵션가치를 산출한다. 그리고 1기말에서의 옵션가치가 산출되면, 이를 이용하여 현재의 옵션가치를 산출하는 절차를 따르면 된다. 이에는 다음과 같은 3가지의 식이 이용될 수 있다.

$$C_u = [pC_{uu} + (1-p)C_{ud}]e^{-r\Delta T} \tag{21-15a}$$

$$C_d = [pC_{ud} + (1-p)C_{dd}]e^{-r\Delta T} \qquad (21-15b)$$

$$C_0 = [pC_u + (1-p)C_d]e^{-r\Delta T} \qquad (21-15c)$$

위의 (21-15a)식과 (21-15b)식을 (21-15c)식에 대입하여 정리하면, 다음과 같은 일반화된 2기간 이항분포 옵션가격결정모형을 도출할 수 있다.

$$C = [p^2 C_{uu} + 2p(1-p)C_{ud} + (1-p)^2 C_{dd}]e^{-2r\Delta T} \qquad (21-16)$$

이러한 일반화된 2기간 이항분포 옵션가격결정모형에서도 위험중립 가치평가방법(risk neutral valuation)이 적용된다는 것을 알 수 있다. 즉 (21-16)식에서 p^2, $2p(1-p)$, $(1-p)^2$은 [그림 21-9]에서 각각 만기에서 옵션의 이득이 가장 큰 경우(C_{uu}), 옵션의 이득이 중간인 경우(C_{ud}), 옵션의 이득이 가장 작은 경우(C_{dd})가 나타날 위험중립적 확률이 된다. 이러한 확률을 이용하여 산출한 기대치를 2기간 할인한 현재가치가 옵션의 현재가치가 된다.

⑩ 21-9 2기간 이항분포 옵션가격결정모형

앞의 [예 21-7]의 자료에서 위험중립확률을 구하고, 이를 이용하여 2기간 이항분포모형으로 옵션의 가치를 산출하여 보자.

콜옵션의 기초자산은 주식이다. 콜옵션의 행사가격은 9,000원이고, 만기까지의 기간은 1년이다. 현재의 주가는 10,000원이다. 상승배수는 1.2이고, 하락배수는 0.8이다. 그리고 연속복리형 이자율은 10%이다.

ⓐ 위험중립확률을 구하라.

$$p = \left(\frac{e^{r\Delta T} - d}{u - d}\right) = \frac{e^{(0.1)(0.5)} - 0.8}{1.2 - 0.8} = 0.6282$$

ⓑ 2기간 이항분포모형에 따라 주가의 분포를 도출하고, 만기에서의 옵션가치를 산출하라.

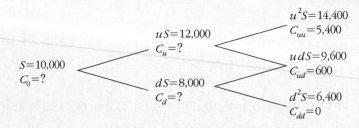

ⓒ 1기말의 옵션가치를 산출하라.

$$\begin{aligned}
C_u &= [pC_{uu} + (1-p)C_{ud}]e^{-r\Delta T} \\
&= [(0.6282)(5,400) + (1-0.6282)(600)]e^{-(0.1)(0.5)} \\
&= 3,439.04\text{원}
\end{aligned}$$

$$C_d = [pC_{ud} + (1-p)C_{dd}]e^{-r\Delta T}$$
$$= [(0.6282)(600) + (1-0.6282)(358.54)]e^{-(0.1)(0.5)}$$
$$= 358.54원$$

ⓓ 1기말의 옵션가치를 이용하여 현재의 옵션가치를 산출하라.

$$C_0 = [pC_u + (1-p)C_d]e^{-r\Delta T}$$
$$= [(0.6282)(3,439.04) + (1-0.6282)(358.54)]e^{-(0.1)(0.5)}$$
$$= 2,181.84원$$

이제 2기간 이항분포모형을 다기간모형으로 확장하여 보자. 위의 (21-16)식을 일반화하여 다기간 이항분포 옵션가격결정모형으로 콜옵션의 가치를 나타내면 다음과 같이 된다.

$$C_0 = \left[\sum_{j=0}^{N} \frac{N!}{j!(N-j)!}p^j(1-p)^{N-j}max(Su^jd^{(N-j)}-E, 0)\right]e^{-Nr\Delta T} \quad (21-17)$$

이러한 다기간 이항분포 옵션가격결정모형에서 산출한 옵션의 가치는 기간의 수를 충분히 늘이게 되면, Black-Scholes의 옵션가격결정모형에서 산출한 옵션의 가치와 동일하게 된다.

앞의 (21-17)식을 이용하여 3기간 이항분포 옵션가격결정모형을 적용하는 과정을 살펴보자. 다음의 [예 21-10]은 보통주를 기초자산으로 하는 콜옵션의 가치를 3기간 이항분포 옵션가격결정모형을 이용하여 산출한 예이다.

예 21-10 3기간 이항분포 옵션가격결정모형

제일기업의 주식을 매입할 수 있는 콜옵션의 가치를 평가하고자 한다. 현재 이 기업의 주가가 10,000원이며, 옵션의 행사가격은 9,000원이다. 옵션의 만기까지는 앞으로 0.6년(T)남아 있고, 무위험수익률(r)은 6%이다. 단위기간 동안에 주가가 상승하는 경우 상승배수가 1.1이며, 주가가 하락하는 경우 하락배수가 0.9이다. 3기간 이항분포 옵션가격결정모형을 이용하여 콜옵션의 가치를 산출하면 얼마가 되겠는가?

u, d, 그리고 무위험수익률을 이용하여 위험중립확률(p)를 구하면, 다음과 같이 0.56036이 된다.

$$p = \frac{e^{r\Delta T}-d}{u-d} = \frac{e^{(0.06)(0.2)}-0.9}{1.1-0.9} = 0.56036$$

이제 (21-17)식을 계산하기 위하여 다음과 같은 표를 이용하여 계산하자.

j	$\dfrac{N!}{j!(N-j)!}$ ①	$p^j(1-p)^{N-j}$ ②	S_T ③	C_T ④	①×②×④
0	1	0.17595	13,310	4,310	758.3445
1	3	0.13805	10,890	1,890	782.7435
2	3	0.10831	8,910	0	0
3	1	0.08496	7,290	0	0
합계					1,541.088

따라서 콜옵션의 가치는 다음과 같이 1,486.60원이 된다.

$$C_0 = 1,541.088 \times e^{-(3)(0.06)(0.2)} = 1,486.60원$$

지금까지 옵션의 가치를 산출하기 위하여 주가의 상승배수(u)와 하락배수(d)가 주어져 있다고 가정하였다. 그러나 실제로 u와 d의 값은 주식수익률의 변동성(σ)으로부터 구할 수 있다.[12] 이 경우 단위기간의 길이(ΔT)가 충분히 작아야 한다.

$$u = e^{\sigma\sqrt{\Delta T}} \qquad\qquad (21-18a)$$

$$d = 1/u \qquad\qquad (21-18b)$$

지금까지 콜옵션의 가치에 대해 주로 설명하여 왔지만, 이러한 이항분포 옵션가격결정모형을 이용하여 풋옵션의 가치도 산출할 수 있다. 풋옵션의 경우에는 만기에서의 이득만 콜옵션과 다를 뿐이며 위험중립확률은 동일하다. 다음의 [예 21-11]을 통하여 풋옵션의 가치를 산출하는 과정을 살펴보자.

예 21-11   이항분포 옵션가격결정모형을 이용한 풋옵션 가격결정

제일기업의 보통주를 매도할 수 있는 풋옵션의 가치를 평가하고자 한다. 현재 이 기업의 주가가 10,000원이며, 옵션의 행사가격은 11,000원이다. 옵션의 만기까지는 앞으로 0.4년이 남아 있고, 무위험 수익률은 6%이다. 그리고 주식수익률의 변동성(σ^2)은 0.09이다. 2기간 이항분포 옵션가격결정모형을 이용하여 풋옵션의 가치를 산출하면 얼마가 되겠는가?

먼저 풋옵션의 가치를 산출하기 위하여 주가의 상승배수(u)와 하락배수(d)를 산출하여 보자.

---

12) J. C. Hull(2009), *Options, Futures, and Other Derivative Securities*, 7th ed., Prentice-Hall, 248–251.

$$u = e^{\sigma\sqrt{\Delta T}} = e^{(0.3)\sqrt{0.2}} = 1.1436$$

$$d = 1/u = 1/1.1436 = 0.8744$$

주가의 상승배수(u)와 하락배수(d)를 이용하여 주가의 분포를 구하면 다음과 같이 되며, 풋옵션의 만기일에서의 이득을 계산하면 다음과 같다.

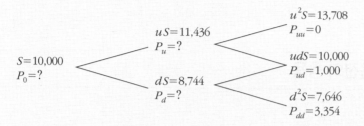

u, d, 그리고 무위험수익률 r을 이용하여 위험중립확률(p)을 구하면, 다음과 같이 0.5141이 된다.

$$p = \frac{e^{r\Delta T} - d}{u - d} = \frac{e^{(0.06)(0.2)} - 0.8744}{1.1436 - 0.8744} = 0.5141$$

이항분포 옵션가격결정모형을 적용하여 옵션의 가치를 구하면, 다음과 같이 1,260.85원이 된다.

$$P_0 = [(0.5141)^2(0) + 2(0.5141)(0.4859)(1,000) + (0.4859)^2(3,354)] \times e^{-(2)(0.06)(0.02)}$$
$$= 1,260.85원$$

이와 같은 이항분포 옵션가격결정모형은 다음과 같은 특징을 가지고 있다.[13]

첫째, 옵션가격은 주가변동에 관한 실제 확률과는 무관하며, 단일투자기간에 있어서는 콜옵션가격이 현재의 주가(S), 주가의 상승배수 및 하락배수(u, d), 옵션의 행사가격(E), 만기일까지의 기간(T)과 관련이 있다.

둘째, 옵션의 가격결정모형은 개인의 위험에 대한 태도와 무관하게 도출되었다. 이 모형은 투자자의 불포화만족(nonsatiation)에 의하여 더 많은 부(wealth)를 선호하고, 그 결과 차익거래이익이 존재하지 않아야 한다는 간단한 가정 하에서 도출되었다.

셋째, 옵션의 가치에 영향을 미치는 유일한 확률변수는 기초자산인 주식의 가격이며, 시장포트폴리오의 수익률 등은 옵션의 가치에 영향을 주지 않는다.

그리고 단일기간 이항분포 옵션가격결정모형은 다기간의 모형으로 확장할 수 있

---

13) T. E. Copeland and J. F. Weston(1988), *Financial Theory and Corporate Policy*, 3rd ed., Addison-Wesley, 256-262.

을 뿐만 아니라, 주식의 배당지급을 동시에 고려하고 있는 미국 콜옵션(American call option)이나 풋옵션에도 적용할 수 있다. 또 이러한 이항분포모형을 Black-Scholes의 옵션가격결정모형에도 접근시킬 수 있다.

제 5 절　옵션의 응용

옵션가격결정모형(OPM)은 다양한 분야에 널리 적용되고 있다. Black and Scholes가 부채를 조달한 기업(levered firm)의 자기자본을 콜옵션으로 해석한 이후, 이러한 옵션가격결정모형은 신주인수권 및 전환사채의 가격결정 등에 응용되고 있다.

5.1　신주인수권의 가치평가

(1) 신주인수권과 콜옵션

투자자의 입장에서 보면 신주인수권부사채의 신주인수권은 주식을 기초자산으로 하는 콜옵션과 같은 성격을 갖는다. 그러나 신주인수권은 다음과 같은 점에서 주식 콜옵션과 차이가 있다.

첫째, 주식 콜옵션은 행사시점에서 기초자산인 주식을 매입할 수 있는 권리로 투자자가 발행하지만, 신주인수권은 주식의 발행기업이 발행한다. 그리고 기업이 신주인수권을 발행할 때는 발행할 신주인수권의 수, 신주인수권의 만기, 행사가격 등을 결정한다.

둘째, 주식 콜옵션은 행사되더라도 기업의 발행주식수에는 아무런 변동이 없으나, 신주인수권이 행사되면 발행주식수가 증가하고, 행사가격×신규발행주식수에 상당하는 금액이 기업에 납입된다.

이와 같은 콜옵션 성격의 신주인수권에 있어 신주인수권가치가 행사시점까지의 기간 및 주가의 변동과 어떠한 관계를 가지는지를 그림으로 나타내면 [그림 21-10]과 같다.

이 그림에서, 행사가격은 발행시점에 이미 고정되어 있으므로 주가가 변동할 때

그림 21-10 신주인수권의 가치

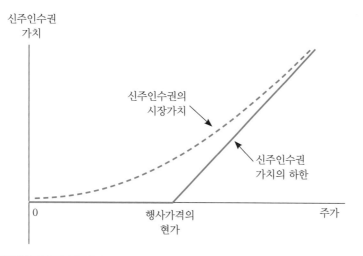

신주인수권의 시장가치(market value of warrants)는 ⓐ 무위험이자율, ⓑ 만기까지의 기간, ⓒ 주식수익률의 변동성에 따라 점선, 즉 신주인수권의 시장가치선으로 나타난다. 또 만기까지의 기간이 가까워질수록 이 시장가치선은 신주인수권가치의 하한선에 접근하며, 만기시점에서는 시장가치선이 하한선에 일치한다.

따라서 만기일에서의 신주인수권가치는 주가에서 행사가격을 차감한 값에 하나의 신주인수권으로 매입할 수 있는 주식의 수(N)를 곱한 값과 0 중에서 큰 값으로 다음과 같이 표현된다.

$$V_T = max[(S_T - E)N, \, 0] \qquad\qquad (21\text{-}19)$$

단, V_T : 만기에서의 신주인수권의 가치
N : 신주인수권으로 매입할 수 있는 주식의 수

이 식은 정해진 가격으로 N주의 주식을 매입할 수 있는 권리를 나타내는 신주인수권은 N주에 대한 콜옵션의 가치와 동일하게 될 것이라는 점을 나타내고 있다. 따라서 신주인수권의 가치는 Black-Scholes 옵션가격결정모형을 이용하여 결정할 수 있다.

F기업에서 발행한 신주인수권의 가치를 구하고자 하는데, 관련된 자료가 다음과 같다고 하자.

S_0 : 30,000원(신주인수권 발행기업의 주가)

E : 36,000원(신주인수권의 행사가격)

T : 4년(신주인수권 행사일까지의 기간)

r : 8%(연속복리형 무위험이자율)

σ : 0.3(보통주 수익률의 변동성)

신주인수권으로 매입할 수 있는 주식의 수가 1주이다. 이러한 신주인수권의 가치를 산출하여 보자.

$$d_1 = \frac{\ln(S_0/E) + (r + \sigma^2/2)T}{\sigma\sqrt{T}}$$

$$= \frac{\ln(30,000/36,000) + (0.08 + (0.3)^2/2)(4)}{(0.3)(\sqrt{4})} = 0.572$$

$$d_2 = d_1 - \sigma\sqrt{T} = 0.572 - (0.3)(\sqrt{4}) = -0.228$$

$$N(d_1) = 0.716$$

$$N(d_2) = 0.409$$

$$V_0 = S_0 N(d_1) - Ee^{-rT}N(d_2)$$

$$= 30,000(0.716) - 36,000(e^{-(0.08)(4)})(0.409)$$

$$= 10,790원$$

이러한 경우 신주인수권의 가치는 Black-Scholes 옵션가격결정모형으로 산출한 콜옵션의 가치와 동일하게 될 것이다. 즉 F기업의 신주인수권의 가치는 10,790원이 된다.

(2) 보통주의 희석화

신주인수권의 가치평가에는 보통주의 희석화 현상을 고려해야 한다. 일단 발행된 신주인수권이 행사되면 기초자산인 보통주의 발행주식수가 증가하여 보통주의 희석화(dilution)현상이 발생한다. 이 경우에는 보통주의 희석화 현상을 신주인수권의 가치에 반영시켜야 한다.[14]

보통주의 희석화 현상을 고려할 때 신주인수권의 가치가 어떻게 변동하는가를 두 단계로 구분하여 보기로 하자.

---

14) 기업의 다른 사정은 변동이 없는데 신주인수권의 행사로 주식수만 증가할 경우에는 보통주 1주의 가치가 신주인수권이 행사되기 전보다 낮아지는데 이러한 현상을 보통주의 희석화라고 한다.

첫 단계로, 신주인수권이 발행되면 신주인수권 매도수익(warrant financing)이 기업에 유입되므로, 기업의 자기자본이 증가하고 1주의 주가가 상향 조정된다. 왜냐하면 신주인수권이 행사되기 이전에는 기존 주식수에 변화가 없기 때문이다. 이 경우에는 상향 조정된 주가로 인하여 신주인수권의 가치는 높아진다.

두 번째 단계로, 발행된 신주인수권이 행사되면, 주식의 희석화로 신주인수권의 가치가 감소한다. 그러나 이 경우에도 대개 희석화된 신주인수권의 가치는 신주인수권의 발행가격보다는 높게 나타난다. 희석화된 신주인수권의 가치는 다음의 식으로 표현할 수 있다.

$$V_0^D = \left(\frac{1}{1+q} \right) V_0 \qquad\qquad (21-20)$$

단, V_0^D : 희석화된 신주인수권의 가치
q : 기존 주식수에 대한 신주의 비율

다음으로, 신주인수권의 발행으로 발생되는 자본구조의 변화를 고려할 경우 신주인수권의 가치가 어떻게 변동하는가를 보기로 하자.

신주인수권부사채의 신주인수권은 채권에 부여된 선택권이므로, 양자가 분리되어 독립적으로 발행되는 것이 아니라 채권의 발행을 통하여 신주인수권이 발행된다. 따라서 신주인수권이 발행되면 당연히 신주인수권부사채가 발행되었음을 의미한다. 그리고 채권의 발행가격은 신주인수권의 발행가격보다 훨씬 높으므로 신주인수권이 발행된 기업은 부채가 더 많이 증가하여 자본구조 변동으로 인한 자기자본의 위험이 증가하게 된다. 자기자본의 위험이 증가하면 콜옵션 성격을 갖고 있는 신주인수권의 가치도 증가하게 된다.

5.2 전환사채의 가치평가

전환사채(convertible bond)를 매수한 투자자는 이 사채를 보통주로 전환할 수 있는 선택권, 즉 전환권을 전환시점에서 행사할 수 있으므로 이 전환권은 콜옵션과 동일하다. 따라서 전환사채가 갖는 전환권의 가치는 콜옵션의 가치로 산출할 수 있다.

전환사채와 보통주의 관계는 전환비율(conversion ratio)로 나타난다. 어느 전환사채의 전환비율이 10이라고 할 때, 단순히 증권수의 개념만 고려하면 하나의 전환사채가 10주의 보통주와 같다는 의미이다.

전환사채의 전환권가치를 전환비율로 나누면 보통주 1주에 대한 전환권의 가치가 된다. 이 보통주의 전환가치를 다시 전환비율에 곱하면 전환사채의 전환권가치가 된다.

그러므로 콜옵션인 전환사채의 전환권가치를 산출할 때는 먼저 보통주 1주에 대한 전환권가치를 옵션가격결정모형에 의하여 산정한 다음, 그 값을 전환비율에 곱하여 산출할 수 있다. 이 경우에 보통주의 현재가격은 기초증권의 현재가격이 되며, 보통주의 전환가격(conversion price)은 전환시점에서 행사가격이 된다.[15]

예 21-13 전환권 가치결정

어느 전환사채의 액면가가 10만원이고, 전환비율은 12.5이다. 전환시점은 앞으로 4년 후이다. 이 경우 이 전환사채의 전환가격(=액면가/전환비율)은 8천원이다. 이 회사 주식의 가격은 6천원이고, 주식수익률의 분산은 0.09이다. 무위험수익률은 일정하게 6%라고 하자. 이러한 전환사채의 전환권가치는 얼마인가?

보통주의 전환권가치를 C_0라 두면,

$$C_0 = S_0 N(d_1) - E e^{-rT} N(d_2)$$
$$= 6,000 N(d_1) - 8,000 (e^{-(0.06)(4)}) N(d_2)$$

$$d_1 = \frac{\ln(S_0/E) + (r + \sigma^2/2)T}{\sigma \sqrt{T}}$$

$$= \frac{\ln(6,000/8,000) + (0.06 + 0.09/2)4}{(0.3)(\sqrt{4})} = 0.22$$

$$d_2 = d_1 - \sigma \sqrt{T} = 0.22 - 0.3(2) = -0.38$$

$$N(d_1) = 0.5871$$

$$N(d_2) = 0.3520$$

$$C_0 = 6,000(0.5871) - 8,000(0.78663)(0.3520) = 1,307.5원$$

따라서 전환사채의 전환권가치는 다음과 같이 계산된다.

---

15) 전환사채의 가치평가에서 이용되는 주요 개념은 다음과 같이 정의할 수 있다.
 ⓐ 보통주 1주에 대한 전환권의 가치 × 전환비율 = 전환사채의 전환권가치(옵션가격결정모형에 의해 산정)
 ⓑ 기초자산 = 보통주(현재가격)
   행사가격 = 보통주의 전환가격(conversion price)
   만기일 = 전환시점
 ⓒ 보통주의 전환가격 = 전환사채의 액면가/전환비율

$$전환사채의\ 전환권가치 = 보통주의\ 전환권가치 \times 전환비율$$
$$= 1,307.5원 \times 12.5주$$
$$= 16,343.8원$$

제 6 절　우리나라 옵션거래제도

　　우리나라에 옵션시장이 처음 개설된 것은 1997년 7월이다. 한국거래소에 KOSPI 200 주가지수를 기초자산으로 하는 주가지수옵션이 처음 상장되었다. 이러한 주가지수옵션은 만기에만 권리를 행사할 수 있는 유럽 옵션이며, 기초자산이 현물로 존재하지 않아 권리행사에 따른 기초자산의 인수도가 현실적으로 불가능하기 때문에 현금결제방식을 채택하였다.

　　1999년 4월에는 미국달러옵션에 대한 거래가 시작되었다. 미국달러옵션도 만기에만 권리를 행사할 수 있는 유럽 옵션으로 거래단위는 10,000달러이다. 이러한 미국달러옵션은 기초자산이 현물로 존재하기 때문에 옵션의 권리가 행사되면 기초자산을 인수도하여 결제하도록 하고 있다.

　　개별주식을 기초자산으로 하는 옵션의 거래는 2002년 1월에 시작되었다. 처음에는 삼성전자, SK텔레콤, 국민은행, 한국통신, 한국전력, 포항제철, 현대자동차 등 시가총액이 큰 7개 종목에 대한 옵션거래가 허용되었다. 그러나 점차 거래대상 종목의 수가 확대되어 2017년 10월 기준으로 30개 종목의 주식을 기초자산으로 하는 옵션거래가 시행되고 있다.

　　우리나라 거래소에서 거래되고 있는 주요 옵션상품들의 특징은 〈표 21-4〉와 같이 요약할 수 있다.

표 21 - 4 우리나라 주요 옵션거래제도

옵션종류	코스피 200 옵션	미니 코스피 200 옵션	주식옵션	통화옵션
기초자산	코스피 200 지수	코스피 200 지수	30개 기업의 주식 (2017. 10. 기준)	미국달러(USD)
거래단위	지수옵션가격×25만 (거래승수)	미니 코스피 200 옵션가격 ×5만 (거래승수)	주식옵션가격×10 (거래승수)	US $10,000
결제월	매월	매월	기타월 2개, 분기월 2개, 반기월 2개, 연월 3개	분기월중 2개와 그 외 월중 2개
상장결제월	비분기월 4개 및 분기월 7개	연속 6개월	3년 이내 9개 결제월	6개월 이내의 4개 결제월
가격표시	프리미엄(포인트)		프리미엄(원화)	프리미엄(원화)
최종거래일	결제월 두 번째 목요일 (공휴일인 경우 순차적으로 앞당김)			결제월 세 번째 월요일
최종결제일	최종거래일 다음 거래일			
권리행사	최종거래일에만 가능(유럽 옵션)			
결제방법	현금결제			

1 다음 용어를 설명하라.

① 콜옵션　　　　　　② 풋옵션　　　　　　③ 유럽 옵션

④ 미국 옵션　　　　　⑤ 내가격(ITM) 옵션　　⑥ 외가격(OTM) 옵션

⑦ 풋－콜의 등가　　　⑧ 보통주의 희석화

2 유럽 옵션에서 콜옵션과 풋옵션의 소유자와 발행자의 손익선을 그리고 설명하라.

3 Black－Scholes의 옵션가격결정모형에서 각 변수의 변동이 콜옵션의 가치에 미치는 영향을 설명하라.

4 기초증권인 주식의 현재가격이 12,000원이다. 행사가격이 12,000원이고, 만기까지의 기간이 4년인 유럽 콜옵션과 풋옵션이 있다. 무위험수익률은 8%이다. 이 기초증권에 대한 콜옵션의 가치와 풋옵션의 가치를 비교하라(할인 및 복리계산은 연속형을 이용).

5 서울기업의 현재 주가와 콜옵션의 행사가격은 각각 60,000원이다. 옵션만기까지의 기간은 앞으로 0.5년이다. 주식수익률의 분산은 0.09이고, 무위험수익률은 12%이다. Black－Scholes의 옵션가격결정모형을 이용하여 이 옵션의 가격을 결정하라.

6 대상자산의 가격이 20,000원이고, 풋옵션의 행사가격이 다음과 같은 경우 ITM, ATM, OTM에 해당하는 것을 구분하여 표시하라.

번호	행사가격(원)	구 분
(1)	21,000	
(2)	20,500	
(3)	20,000	
(4)	19,500	
(5)	19,000	

7 보통주의 희석화 현상을 고려할 때 신주인수권의 가치는 어떻게 변동하는가? 신주인수권이 발행되는 시점과 신주인수권이 행사되는 시점을 나누어 설명하라.

8 제일기업의 보통주를 매수할 수 있는 콜옵션의 가치를 평가하고자 한다. 현재 이 기업의 주가가 20,000원이며, 옵션의 행사가격이 12,000원이다. 옵션의 만기까지는 앞으로 0.6년이 남아 있다. 무위험수익률은 6%이다. 그리고 주식수익률의 변동성(σ)이 0.3이다. 3기간 이항분포 옵션가격결정모형을 이용하여 콜옵션의 가치를 산출하면 얼마가 되겠는가?

9 위의 8번 문제에서 제일기업의 보통주에 대하여 행사가격 21,000원의 풋옵션을 발행하였다고 하자. 3기간 이항분포 옵션가격결정모형을 이용하여 이 옵션의 가치를 산출하라.

해답

4. 3,286.21원 **5.** 6,862.41원 **6.** (1) OTM (2) OTM (3) ATM (4) ITM (5) ITM
8. 1,571.46원 **9.** 1,818.17원

국제분산투자

이 장에서는 국제분산투자에 대해 살펴본다. 국제분산투자의 의의, 위험요인, 국제분산투자의 모형, 그리고 국제분산투자의 고려사항 등에 대해 설명한다.

국제분산투자는 국내증권만으로 포트폴리오를 구성하는 경우에 비해 추가적인 위험축소효과를 기대할 수 있다. 각국의 증권수익률 간에 상관관계가 낮을수록 위험축소효과가 커지게 된다.

국제투자는 국내투자에 비해 환위험과 국가위험 등과 같은 추가적인 위험을 부담해야 한다. 환위험은 투자기간 동안에 예상하지 못한 환율의 변동으로 발생하는 위험이다. 국가위험은 투자대상국가의 경제상황의 변화로 인하여 증권을 발행한 기업의 경영이익이나 자산가치가 변동하여 발생하는 위험이다.

다음으로 국제분산투자의 효과를 측정하는 방법, 국제 효율적 프론티어에 대한 소개, 그리고 국제 *CAPM* 등에 대해 설명한다.

마지막으로 국제분산투자를 위한 기준 포트폴리오, 국제분산투자의 장애요인 등과 같은 국제분산투자에서 고려해야 할 제반요소에 대해 소개한다. 국제분산투자의 장애요인에는 자국 편의성, 위험에 대한 투자자들의 인식, 유동성부족으로 인한 추가적인 위험프리미엄, 세금, 외환, 자본시장 등에 대한 각국의 규제 등이 포함된다.

제 1 절 국제분산투자의 의의

1.1 국제분산투자

투자결정에서 포트폴리오를 구성하는 근본적인 목적은 위험의 축소에 있다고 하였다. 그런데 포트폴리오를 구성하는 증권들의 수익률 간에 상관관계가 낮으면 포트폴리오의 위험이 현저하게 축소되지만, 증권들 간의 수익률에 높은 상관관계가 있는 경우에는 포트폴리오의 위험이 거의 축소되지 않는다.

어떤 국가의 국내시장에서 형성되는 효율적 포트폴리오(efficient portfolio)는 그 국가의 체계적 위험에 근접한다. 국가마다 투자여건과 시장상황이 다르기 때문에, 각 국가의 체계적 위험수준은 서로 일치할 수 없으며 효율적 포트폴리오의 위험도 국가마다 다르다.

국내증권의 수익률은 대체로 국내의 공통된 요인들에 의해서 영향을 받고 있으므로 이들 상호간의 상관계수는 높게 나타난다. 그렇지만 국내증권과 외국증권의 상관계수는 각 국가의 시장상황이 다르기 때문에 낮게 나타난다. 따라서 국내증권과 낮은 상관관계를 가지고 있는 외국증권을 포트폴리오에 포함시키면, 포트폴리오의 위험은 단순히 국내증권만으로 구성한 포트폴리오의 위험보다 축소될 수 있다.

국제투자에서는 정치적 · 경제적 상황이 국가마다 다르기 때문에 국내투자와는 다른 어려움이 따르게 된다. 국가 간에 정치적 긴장상황이 발생하게 되면, 투자대상국이 외국인 재산을 강제적으로 수용(expropriation)하는 경우가 있다. 뿐만 아니라 투자대상국의 높은 인플레이션, 투자대상 국가의 증권시장에 대한 정보의 불완전성, 국가간 세제의 차이 등 국내투자와는 다른 형태의 어려움이 수반될 수 있다.

1.2 수익률의 국가간 차이

국내증권만을 대상으로 투자하는 경우에 시장이 효율적이면 어떤 증권의 수익률은 다음과 같이 $CAPM$으로 추정할 수 있을 것이다.

$$E(R_j) = R_F + [E(R_M) - R_F]\beta_j \qquad (22-1)$$

단, $E(R_j)$: j증권의 기대수익률

R_F : 무위험수익률

$E(R_M)$: 시장포트폴리오의 기대수익률

β_j : j증권의 베타계수

이러한 모형에서 세 가지 변수, 즉 무위험수익률, 시장포트폴리오의 수익률, 시장포트폴리오와 공분산의 관계를 나타내는 j증권의 베타계수 등은 국내의 경제사정과 증권시장의 제반 상황으로부터 영향을 받기 때문에 국가마다 다르다.

먼저 무위험수익률에 대해 살펴보자. 무위험수익률은 아래와 같이 실질수익률(real rate of return)과 인플레이션율(inflation rate)의 합으로 나타낼 수 있다.

$$R_F = R_R + R_{INF} \qquad\qquad (22-2)$$

단, R_F : 무위험수익률

R_R : 실질수익률

R_{INF} : 인플레이션율

위의 식에서 실질수익률은 시장참여자들의 시간선호(time preference)에 영향을 받는다. 이러한 시간선호도는 각국의 국내경제와 시장상황에 따라 달라질 수 있다. 그리고 국내 인플레이션에 직접 영향을 미치는 요인으로는 각국의 통화수급 상태와 금융정책 등을 들 수 있다. 따라서 각국의 무위험수익률은 서로 다르게 나타날 것이다.

다음으로 시장포트폴리오의 수익률에 대하여 살펴보자. 국내의 시장포트폴리오는 국내시장에서 거래되는 투자자산을 모두 포함시켜 구성한 포트폴리오이다. 이러한 포트폴리오를 구성하는 자산의 종류와 각 자산의 수익률은 국가마다 다르다. 그런데 포트폴리오의 수익률은 이를 구성하는 모든 자산의 수익률의 가중평균이므로, 국내 시장포트폴리오의 수익률은 다른 나라의 시장포트폴리오 수익률과 일치할 수가 없다.

마지막으로 국내주식의 베타계수와 외국주식의 베타계수는 차이가 있다. 주식의 베타계수는 그 주식의 수익률과 시장포트폴리오 수익률과의 공분산의 관계로 설명할 수 있는데, 각국의 시장포트폴리오 수익률이 서로 다르기 때문이다. 국내주식의 수익률은 국내의 동일한 산업에 속하는 주식의 수익률과 대체로 유사하게 나타난다. 그러나 국내주식의 수익률을 외국주식의 수익률과 비교해보면, 비록 두 주식이 동일한 산업에 속할지라도 수익률에는 큰 차이가 나타날 수 있다. 왜냐하면 나라마다 경제수준과 산업의 특성이 다르기 때문이다.

따라서 국내의 동일한 산업에 속하는 증권의 수익률들은 서로 유사한 수준을 나타내고 있지만, 이들을 동일한 외국의 산업에 속하는 주식의 수익률과 비교할 때는 현격한 차이를 나타내는 경우가 많다.

제 2 절 국제분산투자의 위험요인

국제분산투자에 따르는 위험은 크게 환위험과 국가위험으로 구분할 수 있다.

2.1 환위험

(1) 외국투자의 수익률 산출

투자결정에서 포트폴리오를 구성하는 이유는 위험의 축소에 있다고 하였다. 국제분산투자를 하는 이유도 포트폴리오를 구성하는 자산을 다양한 국가의 자산으로 확대하여 포트폴리오의 위험을 국내분산투자의 경우보다 더 축소시키고자 하는 데에 있다.

외국통화로 측정한 외국주식 투자수익률은 투자기간 중의 환율로 조정하여 자국의 화폐단위로 측정한 투자수익률로 환산할 필요가 있다. 국가 간의 환율은 유동적이므로 투자기간 중에 환율변동이 발생할 수 있다. 이로 인해 국제투자로 얻은 투자수익률은 자국통화 기준으로 투자수익률을 측정할 때 투자수익률이 달라질 수 있다.

외국통화로 측정한 수익률을 자국통화로 측정한 수익률로 환산하기 위해서는 다음과 같은 식을 이용할 수 있다.

$$(1+R_{DC}) = (1+R_{FC})(1+R_{EX}) \qquad (22-3)$$

단, R_{DC} : 자국통화로 측정한 외국투자수익률
R_{FC} : 외국통화로 측정한 해당국가 투자수익률
R_{EX} : 환율의 변화율

이 식에서 외국통화수익률(R_{FC})과 환율의 변화율(R_{EX})이 크지 않다면, 다음과 같이 나타낼 수 있다.

$$R_{DC} \fallingdotseq R_{FC} + R_{EX} \qquad (22-3)$$

⑩ 22-1 투자수익률 산출

어떤 투자자가 미국주식에 1년간 투자하여 18%의 미국달러로 측정한 수익률을 달성했다고 하자. 투자기초의 환율은 1,000원/US\$이고, 투자기말의 환율은 1,100원/US\$이라고 하자. 우리나라의 원화로 산출한 투자수익률은 몇 %가 되겠는가?

$$\text{환율의 변화율} = \frac{1,100 - 1,000}{1,000} = 0.10 \text{ 또는 } 10.0\%$$

$$\text{투자수익률} = R_{DC} = (1 + 0.18)(1 + 0.1) - 1 = 29.8\%$$

(2) 외국투자의 기대수익률과 위험

외국의 증권에 투자한 경우의 기대수익률과 위험을 산출하여 보자. 이러한 경우에 기대수익률은 외국통화로 측정한 기대수익률과 환율의 변화율의 기대치의 합으로 구할 수 있다. 외국증권에 대한 투자의 기대수익률과 위험은 다음과 같이 표현된다.

$$E(R_{DC}) = E(R_{FC}) + E(R_{EX}) \qquad (22-4)$$

단, $E(\cdot)$: 기대치

$$var(R_{DC}) = var(R_{FC}) + var(R_{EX}) + 2cov(R_{FC}, R_{EX}) \qquad (22-5)$$

단, $var(\cdot)$: 분산
$cov(\cdot)$: 공분산

(22-5)식으로 나타낸 국제투자의 위험을 수익률의 표준편차로 나타내면 다음과 같이 된다.

$$\sigma_{DC} = \sqrt{\sigma_{FC}^2 + \sigma_{EX}^2 + 2\rho_{FC, EX} \sigma_{FC} \sigma_{EX}} \qquad (22-6)$$

단, $\rho_{FC, EX}$: 외국통화로 측정한 수익률과 환율의 변화율 간의 상관계수

국제투자의 위험을 나타내는 위의 식에서 외국통화로 측정한 수익률과 환율의 변화율 간의 상관계수인 $\rho_{FC, EX}$는 중요한 의미를 갖는다.

첫째, 이러한 상관계수가 낮을수록 외국투자의 위험은 축소된다. 둘째, 투자대상 국인 외국과 자국 사이에 상호교역량이 많고 두 나라의 경제가 서로 밀접한 관계를 가지면서 안정되어 있으면 이러한 상관계수는 비교적 높은 값을 가지는 경향이 있다. 그러나 두 나라의 경제가 서로 밀접한 관계를 가지더라도 두 나라의 통화정책이 서로 다르면 이러한 상관계수는 낮을 수 있다.

⟨예⟩ 22-2 국제투자의 기대수익률과 위험 산출

우리나라의 투자자가 미국주식에 투자할 예정이라고 하자. 이 주식의 미국달러로 측정한 기대수익률은 18%, 수익률의 표준편차는 16%이다. 환율의 변화율의 기대치가 2.5%, 표준편차는 4%이다. 그리고 미국달러로 측정한 주식수익률과 환율의 변화율 간의 상관계수는 0.2이다. 이 투자자가 미국주식에 투자함으로써 달성하게 될 국제투자의 기대수익률과 위험을 산출하라.

$$E(R_{DC}) = E(R_{FC}) + E(R_{EX})$$
$$= 18 + 2.5$$
$$= 20.5\%$$

$$\sigma_{DC} = \sqrt{\sigma_{FC}^2 + \sigma_{EX}^2 + 2\rho_{FC,\,EX}\,\sigma_{FC}\,\sigma_{EX}}$$
$$= \sqrt{(16)^2 + (4)^2 + (2)(0.2)(16)(4)}$$
$$= 17.25\%$$

(3) 국제분산투자의 기대수익률과 위험

자국의 증권과 외국의 증권을 결합하여 포트폴리오를 구성할 경우에 포트폴리오의 위험을 산출하여 보자. 이러한 포트폴리오의 위험을 산출하기 위해서는 먼저 국제투자로 얻은 외국증권의 기대수익률과 위험을 자국통화의 단위로 환산한 다음, 국내 포트폴리오와 결합하여 전체 포트폴리오의 기대수익률과 위험을 산출한다.

어떤 투자자가 자국의 주식 포트폴리오와 외국의 주식 포트폴리오를 동시에 보유하고 있다고 하자. 이러한 투자자의 전체 포트폴리오의 기대수익률과 위험은 다음과 같이 산출할 수 있다.

$$E(R_{IP}) = x_D E(R_{DP}) + (1 - x_D) E(R_{FP}) \tag{22-7}$$

단, $E(R_{IP})$: 국제분산된 포트폴리오의 기대수익률
R_{DP} : 국내 포트폴리오의 수익률
R_{FP} : 외국 포트폴리오의 자국통화 수익률
x_D : 전체 포트폴리오에서 차지하는 자국 포트폴리오의 비중

$$\sigma_{IP} = \sqrt{x_D^2 \sigma_{DP}^2 + (1-x_D)^2 \sigma_{FP}^2 + 2x_D(1-x_D)\rho_{DP,FP}\sigma_{DP}\sigma_{FP}} \qquad (22-8)$$

단, σ_{IP} : 국제분산 포트폴리오의 위험

σ_{DP} : 국내 포트폴리오의 위험

σ_{FP} : 외국 포트폴리오의 위험

$\rho_{DP,FP}$: 국내 포트폴리오와 외국 포트폴리오 간의 수익률 상관계수

x_D : 전체 포트폴리오에서 차지하는 자국 포트폴리오의 비중

예 22-3   전체 포트폴리오의 기대수익률과 위험 산출

어떤 투자자가 국내주식 포트폴리오와 미국주식 포트폴리오에 50:50의 비중으로 전체 포트폴리오를 구성하고자 한다. 포트폴리오 구성에 필요한 자료는 다음과 같다.

국내 포트폴리오의 기대수익률 $E(R_{DP}) = 8\%$

외국 포트폴리오의 기대수익률 $E(R_{FP}) = 5\%$

국내 포트폴리오의 수익률 표준편차 $\sigma_{DP} = 10\%$

외국 포트폴리오의 수익률 표준편차 $\sigma_{FD} = 4\%$

국내 포트폴리오와 외국 포트폴리오 수익률 간의 상관계수는 0.16이다. 이 투자자가 보유하고 있는 전체 포트폴리오의 기대수익률과 위험을 산출하라.

$$E(R_{IP}) = x_D E(R_{DP}) + (1-x_D)E(R_{FD})$$
$$= (0.5)(8) + (0.5)(5) = 6.5\%$$

$$\sigma_{IP} = \sqrt{x_D^2 \sigma_{DP}^2 + (1-x_D)^2 \sigma_{FP}^2 + 2x_D(1-x_D)\rho_{DP,FP}\sigma_{DP}\sigma_{FP}}$$
$$= \sqrt{(0.5)^2(10)^2 + (0.5)^2(4)^4 + 2(0.5)(0.5)(0.16)(10)(4)} = 5.68\%$$

국제분산투자에 따르는 환위험은 투자자가 투자기말에 외국통화를 자국통화로 교환하는 경우에 환율의 변동으로 인하여 발생하는 위험이다. 즉 국제분산투자를 위하여 외국통화를 매입할 때의 환율과 외국투자에 따른 과실을 자국통화로 교환할 때 적용되는 환율이 일정하지 않기 때문에 발생하는 위험이라고 할 수 있다.

이러한 국제분산투자에 따르는 환위험은 선물(선도)거래를 통하여 헤지할 수 있다. 외국의 무위험증권에 투자하는 경우에는 선물거래를 통하여 환위험을 완전히 헤지할 수 있다. 즉 투자시점에서 외국통화로 교환하여 투자하는 동시에, 예상되는 투자기말성과에 상당하는 통화선물에 매도포지션을 취하여 두면 된다. 이러한 경우에 투자기말에 외국의 무위험증권으로부터 확실한 기말성과가 나타날 것이고, 기말성과에 해당하는 외국통화를 선물거래를 통하여 헤지를 해두면, 투자시점에서 자국

통화기준으로 예상한 투자수익이 투자기말에 정확하게 실현될 수 있다.

(예) 22-4   환위험 헤지

어떤 투자자가 미국의 무위험채권에 6,000만원을 투자하고자 한다. 미국의 무위험수익률은 3%이며, 투자목표기간은 1년이다. 그리고 투자시점에서의 환율은 1,200원/US\$이며, 1년만기 미국달러선물의 가격은 1,250원/US\$이다. 국제투자에 따르는 환위험을 헤지하기 위하여 투자자는 어떠한 거래를 수행해야 하는가?

투자시점 :
① 투자원금인 6,000만원을 미국달러로 교환하여, \$50,000(=6,000만원/1,200원)로 미국의 무위험자산을 취득한다.
② 기말에 예상되는 \$51,500(=\$50,000×1.03)를 선물가격 1,250원/US\$으로 미국달러 선물계약에 매도포지션을 취한다.

투자기말 :
① 미국의 무위험자산에 대한 투자성과 \$51,500를 회수한다.
② 선물거래에서 \$51,500를 인도하고, 6,437.5만원(=\$51,500×1,250원)을 받는다.

이와 같이 외국의 무위험자산에 투자하면서 동시에 선물계약을 체결하면 환위험을 헤지할 수 있다.

그러나 외국의 위험자산에 투자하는 경우에는 선물거래를 이용하더라도 환위험을 완전히 제거할 수 없는 경우가 있다. 선물거래로 예상되는 현금흐름에 대한 환위험은 제거가 가능할 것이다. 그러나 위험자산에 투자한 경우에는 기대 현금흐름과 실현된 현금흐름 간에 차이가 발생할 수 있다. 이처럼 예상하지 못한 현금흐름의 차이는 선물거래에 의해서 헤지되지 않고 환위험에 노출될 수 있다.

2.2 국가위험

국가위험(country risk)은 국제분산투자를 위하여 특정 국가에 투자할 경우에 발생하는 제반 위험이라고 할 수 있다. 이러한 국가위험은 어떤 국가에 투자하는 경우에 기업의 영업이익이나 자산의 가치에 영향을 미치는 경영환경의 변화정도에 따라 결정된다.

국가위험은 각국의 재무적 요인과 안정성 요인 등에 의하여 영향을 받는다. 국가위험에 영향을 주는 재무적 요인은 각국의 통화정책, 환율변동, 규제수준의 변화 등이 포함된다. 그리고 안정성 요인은 군중폭동, 내전, 기업의 경영위험에 영향을 줄 수 있는 다양한 잠재적 사건 등이 포함된다.

국제분산투자가 일반화되지 않은 시기에는 국제투자로 인한 추가적인 위험을 정치적 위험(political risk)이라고 하였다. 그러나 국가위험이 정치적 위험보다 광범위하게 이용되는 용어이다. 즉 국가위험은 특정 국가 내에서 경영활동을 하는 모든 기업에 영향을 주는 위험을 포함한다.

국제분산투자에서 국가위험을 분석하는 기관들은 국가의 상대적 위험을 평가하기 위하여 신용평가기관들과는 상이한 방법론을 이용하는 경향이 있다. 신용평가기관들은 기업의 재무분석에 초점을 두며 계량경제적 모형을 이용하는 경향이 있다. 반면에 국가위험을 분석하는 기관들은 질적 분석 방법을 이용하는 경향이 있다.

이러한 국가위험을 파악하기 위해서는 해당 국가의 경제성장과 정치제도, 국제수지 등 다양한 측면에서 분석해야 하며, 해당 국가의 금융시장의 유동성, 규모, 구조 등도 파악해야 한다. 하지만 이러한 정보를 외국투자자 입장에서 취득하여 분석하는 것은 쉽지 않다. 최근 국제투자의 규모가 획기적으로 증가하면서 국가위험에 관한 정보를 전문적으로 제공하는 기관이 증가하고 있다. 따라서 국가위험에 대한 평가는 과거에 비해 손쉽게 이용할 수 있는 추세로 바뀌고 있다.[1]

제 3 절 국제분산투자의 모형

3.1 국제분산투자의 효과

국제적으로 분산투자를 하면 국내에서만 분산투자한 경우에는 축소할 수 없는 체계적 위험의 일부를 제거할 수 있다는 것이 가장 큰 장점이다. 즉 국제분산투자를 통하여 포트폴리오의 위험에 대한 추가적인 축소가 가능하다는 것이다.

---

1) 국가위험에 관한 정보를 제공하는 기관은 다음과 같다: Oxford Analytica, Maplecroft, Business Monitor International, Country Risk International, Country Risk Solutions, Economist Intelligence Unit, Eurasia Group, The Legion Group, The PRS Group. 각 기관들은 인터넷 홈페이지를 통하여 다양한 정보를 제공하고 있다. 국제투자를 수행하는 경우에는 이러한 기관으로부터 국가위험에 관한 정보를 취득힐 수 있을 것이다.

그림 22-1 국제분산투자의 위험감소 효과

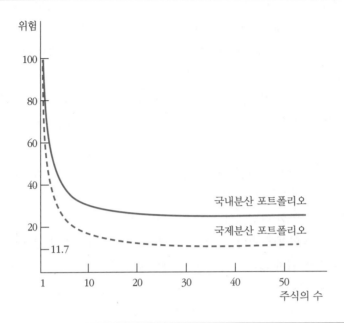

자료: B. Solnik(1974), "Why Not Diversify International Rather Than Domestically," *Financial Analysts Journal*, 48-54.

[그림 22-1]은 국제분산투자의 위험축소효과를 보여주고 있다. 투자자가 자국의 증권에만 분산투자하는 경우에는 포트폴리오의 위험을 일정한 수준까지만 축소할 수 있지만, 국제적으로 분산투자를 하면 포트폴리오의 위험을 일정한 수준 이하까지도 줄일 수 있다. 그 이유는 각국의 투자여건 및 시장상황이 다르기 때문에, 각국의 수익률 간의 상관계수가 낮기 때문이다. 이처럼 각국의 수익률 간의 상관계수가 낮으면, 국제적 포트폴리오의 다양화 효과가 크게 나타나게 된다.

국제분산투자를 통하여 위험을 축소할 수 있는 여지가 얼마나 있는가를 확인하기 위해서는 각국의 수익률 간의 상관계수를 조사해 보아야 한다. 국내 증권수익률과 외국 증권수익률의 상관계수는 각국의 시장상황이 서로 다르고 각국의 공통요인이 없을수록 낮을 가능성이 크다. 이와 같이 국가 간의 수익률의 상관계수가 낮은 경우에는 국제분산투자의 효과가 크게 된다.

한편, 각국의 자본시장 개방이 확대되어 국제적인 투자활동이 강화되면, 각국의 자본시장은 동조화되는 경향이 나타나게 된다. 즉 자본시장의 개방으로 인하여 각국의 증권수익률 간의 상관계수가 높아질 수 있다. 이와 같은 자본시장의 동조화현상은 국제분산투자의 효과를 감소시키는 경향이 있다.

3.2 국제 효율적 프론티어

국제 포트폴리오가 취할 수 있는 모든 조합을 결합한 것을 국제 투자기회집합 (international investment opportunity set)이라고 한다. 이러한 국제 투자기회집합 가운데 최소분산을 가진 포트폴리오를 구성할 수 있는데, 이러한 포트폴리오를 국제 최소분산 포트폴리오(international minimum-variance portfolio)라고 한다. 이러한 국제 투자기회집합에 우월성 원리가 적용되는 포트폴리오를 국제 효율적 프론티어라고 한다. 즉 국제 투자기회집합에서 동일한 위험 하에서 기대수익률이 가장 높은 포트폴리오, 혹은 동일한 기대수익률 수준에서 위험이 가장 작은 포트폴리오의 집합을 국제 효율적 프론티어라고 한다.

국제분산투자는 국내증권에만 투자하는 경우에 비하여 투자기회집합을 확장시키게 된다. 즉 국제 투자기회집합은 국내증권만으로 산출한 투자기회집합에 비하여 우상향의 경계선이 더욱 확장되어 나타나게 된다. 이렇게 확장된 투자기회집합의 우상향 경계선이 효율적 프론티어가 된다. 따라서 국제 효율적 프론티어는 국내증권만으로 산출한 효율적 프론티어에 비하여 더욱 효율적이게 된다.

그림 22-2 국제 효율적 프론티어

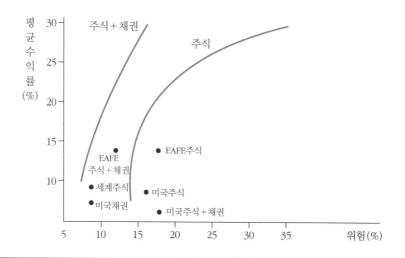

주: EAFE는 Morgan Stanley Capital International(MSCI)에서 집계하는 지수로, 미국을 제외한 유럽, 오스트레일리아, 동아시아 등의 국가에 있는 기업의 주식을 포함시켜 지수화한 것임. 미국의 많은 국제투자자들은 EAFE지수의 가중분산된 비율에 따라 포트폴리오를 구성하고 있음.

자료: B. Solnik and B. Noetzlim(1982), "Optimal International Asset Allocation," *Journal of Portfolio Management*, 11-21.

Solnik and Noetzlin(1982)은 1970년부터 1980년까지의 각국의 월간수익률 자료를 이용하여 국제 효율적 프론티어를 분석하였다. 이들의 연구결과에 의하면 국제적 분산투자는 투자위험을 줄이고 평균수익률을 현저히 증가시킴으로써 국내투자만하는 경우보다 더 효율적인 투자기회선을 얻을 수 있는 것으로 나타났다.

3.3 국제 CAPM

자본자산가격결정모형(*CAPM*)을 해외증권에까지 확대하여 설명하는 이론을 국제*CAPM*(International *CAPM*, ICAPM)이라고 한다. 국제 *CAPM*에서는 환율이 구매력평가설[2]에 의해 결정되고 모든 투자자들이 효율적으로 분산투자를 한다면 개별자산의 기대수익률은 국제 베타계수(international beta)와 선형관계를 갖는다고 한다.

$$E(R_i) = R_F + [E(R_M^W) - R_F]\beta_i^W \qquad (22-9)$$

단, $E(R_i)$: i주식의 기대수익률

$E(R_M^W)$: 세계시장포트폴리오의 기대수익률

R_F : 무위험수익률

β_i^W : 국제 베타계수(국제투자에서의 체계적 위험)

위 식에서 국제 베타계수는 국제적으로 분산투자를 하더라도 제거할 수 없는 체계적 위험을 나타낸다. 세계시장포트폴리오의 국제 베타계수는 1이 된다. 만약 어떤 증권의 국제 베타계수가 1보다 크면, 이 증권의 수익률은 세계 시장수익률에 비해 변화가 크다는 것을 의미한다. 반대로 어떤 증권의 국제 베타계수가 1보다 작다면, 이 증권의 수익률은 세계 시장수익률에 비해 변화가 작다는 것을 의미한다.

국제 *CAPM*에 의하면, 개별증권의 기대수익률은 세계시장포트폴리오의 초과수익률과 국제 베타계수의 곱에 비례하게 된다. 완전히 통합된 세계 자본시장을 가정한다면, 투자자들은 국내 및 해외의 모든 증권으로 구성된 세계시장포트폴리오를 기초로 하여 자본을 배분함으로써 최대의 분산투자 효과를 얻을 수 있게 된다.

그런데 국제 *CAPM*은 몇 가지 비현실적인 가정을 하고 있기 때문에 현실적으로 적용하는데 한계가 있다. 먼저 이 이론은 세계의 모든 투자자들이 동일한 소비패턴

---

2) 두 국가 간의 현행 환율이 균형에서 출발한다면 두 국가 간의 인플레이션 차이의 변화는 현행 환율의 변화에 의해 상쇄된다는 가설을 말한다.

을 가지고 있으며, 모든 나라에서 소비재의 실질가격이 동일하다(구매력평가설)는 비현실적인 가정에 기초하고 있다. 또한 개별증권의 수익률변동에 가장 크게 영향을 미치는 요인이 국내의 시장요인이라는 현실적 상황을 충분히 반영하지 못하고 있다.

제 4 절   국제분산투자의 고려사항

4.1 기준 포트폴리오

소극적 투자전략을 구사하는 투자자들이 국제투자를 통하여 포트폴리오의 위험을 축소할 수 있다는 점은 이론적으로 잘 설명되고 있다. 이러한 소극적 투자자뿐만 아니라 적극적 투자전략을 구사하는 투자자에게도 국제투자는 많은 투자기회를 제공한다고 할 수 있다. 투자자들이 국제투자에서 적극적 투자전략을 구사하기 위해서는 외환, 국가별 산업분석, 광범위한 증권선택 등의 영역에 대한 전문적인 분석을 필요로 한다.

소극적 투자자뿐만 아니라 적극적 투자자들도 포트폴리오 관리를 위해서는 기준 포트폴리오(benchmark portfolio)가 필요하다. MSCI, FTSE 등의 투자정보회사들이 이러한 목적에 적합한 다양한 지수를 개발하여 제공하고 있다. 이러한 지수들은 국가별, 통화별, 기업별 특성을 반영하거나 복제하도록 만들어진 포트폴리오의 수익률을 지수화한 것이며, 소극적 투자전략을 일반화한 것이라고 할 수 있다.

국제투자에 필요한 주가지수를 산출하는 경우에 일반적으로 시가총액을 가중치로 이용한다. 그러나 시가총액을 가중치로 하여 산출한 주가지수가 국제투자에서 기준 포트폴리오로 적합한가에 대한 의문이 제기되기도 한다. 즉 국제투자의 관점에서는 지수산출에 있어서 시가총액이 적절한 가중치가 되지 않을 수도 있다는 주장이다. 그 이유는 국가별로 증권시장에서 차지하는 기업부문의 비중이 다를 수 있기 때문이다.

세계주가지수의 산출을 위하여 각 국가별 증권시장의 시가총액 대신에 GDP를 가중치로 사용하는 것이 보다 적절하다는 주장도 있다. 세계주가지수는 세계경제에서 차지하는 국가별 중요도에 따라 투자비중을 정하는 것이 바람직하며, 국가별 중요도의 척도는 증권시장의 시가총액보다 GDP가 더 적절하다는 주장이다.

그리고 각국으로부터의 수입비중을 가중치로 한 기준 포트폴리오를 개발해야 한다는 주장도 있다. 어떤 투자자가 수입제품의 가격상승에 따른 위험을 헤지하고자 한다면, 이러한 투자자는 수입된 상품의 비중에 따라 국가별 주식을 편입한 지수를 이용해야 한다는 것이다.

국제분산투자가 일반화되면서, 기준 포트폴리오로 이용할 수 있는 지수의 중요성은 매우 높아지고 있다. 따라서 각국의 거래소나 투자정보회사 등에서 다양한 형태의 세계주가지수가 개발되어 상품화되고 있다.

4.2 국제분산투자의 장애요인

국제투자는 포트폴리오의 위험을 축소하거나 기대수익률을 상승시키는 효과를 가져 올 수 있다. 이러한 이론적 근거에도 불구하고 국제분산투자가 활발하게 이루어진다는 보장은 없다. 국제분산투자에 대한 장애요인에 대해 살펴보자.

(1) 자국 편의성

국제투자의 중요한 장벽으로 등장하는 것이 문화적 차이이다. 거래절차, 공시방법, 언어, 시차 등으로 인하여 투자자들은 외국에 투자하는 것 보다는 익숙한 국내에 투자하는 것을 선호하는 심리적 편의성이 존재한다.

투자자들의 포트폴리오 선택에서 보이는 국내증권에 대한 선호경향, 혹은 투자자들이 자국의 증권시장에 과도하게 가중치를 두는 현상을 자국 편의성(domestic bias)이라고 한다. 자국 편의성은 어느 정도까지는 정당화될 수 있다. 투자자의 소비는 대체로 자국에서 생산되는 상품으로 구성되고, 이러한 상품의 가격은 자국의 주가와 관련성을 가질 것이다. 따라서 미래 소비에 대비하기 위하여 자국의 주식을 보유하고자 하는 심리적 선호를 가질 수 있다. 즉 투자자들은 자국의 주식에 대한 투자비중이 높은 포트폴리오를 보유하고자 하는 경향을 나타낼 수 있다.

자국 편의성을 측정하는 방법에 대하여 살펴보자. 자국 편의성은 효율적 포트폴리오의 투자비중에 비하여 자국 주식에 대한 투자비중이 상대적으로 초과한 부분으로 측정할 수 있다. 이러한 경우에 세계시장포트폴리오가 효율적 포트폴리오에 대한 대용치가 될 것이다. 그러나 세계시장포트폴리오가 효율적이라는 보장이 없으며, 국제 *CAPM*이 실증적으로 지지된다는 증거도 충분하지 않다. 그러나 최소한 국제분산투자를 통하여 포트폴리오 위험은 줄일 수 있을 것으로 보인다.

(2) 위험에 대한 인식

일반적으로 투자자들은 외국증권에 대하여 한정된 지식만을 가지는 경우가 많다. 각국의 공시제도의 차이, 투자에서의 제도적 관행의 차이, 외국증권시장에 대한 낮은 친숙성 등으로 인하여 투자자들은 외국증권에 대하여 한정된 정보를 가지고 투자할 가능성이 높다.

그리고 투자자들은 외국증권을 발행한 기업의 매출과 이익잠재력에 대한 예측, 환율이나 정치적 위험 등에 대한 자신의 예측능력에 대하여 확신을 가지지 못한다. 따라서 투자자들은 외국증권의 인식된 위험에 대하여 국내증권에 비하여 상대적으로 높은 위험프리미엄을 요구하는 경향이 있다.

일반적으로 국제분산투자를 통하여 포트폴리오에 추가로 편입할 수 있는 증권은 신흥시장의 증권일 가능성이 높다. 왜냐하면 선진자본시장은 이미 개방되어 자본이동에 대한 제한이 없기 때문에 이러한 증권들은 이미 포트폴리오에 편입되어 있을 가능성이 높다. 신흥시장에서 거래되고 있는 증권들은 대체로 위험수준이 선진자본시장에서 거래되는 증권에 비하여 높다. 따라서 선진자본시장에서 활동하고 있는 투자자들은 상대적으로 위험이 높은 신흥시장의 증권을 포트폴리오에 추가로 편입하는 것이 자신의 포트폴리의 위험을 얼마나 축소할지에 대하여 회의적인 생각을 할 수 있다. 이러한 위험에 대한 투자자들의 인식이 국제투자를 저해하는 요인이 될 수 있다.

이러한 경우에 외국증권의 변동성이 국내증권보다 크다고 하더라도, 두 증권수익률 간의 상관계수가 낮다면 전체 포트폴리오의 위험을 축소하는데 기여할 수 있으며, 외국증권은 좋은 투자대상이 될 수 있다. 포트폴리오의 위험을 축소하는 최선의 분산투자는 높은 위험을 가지면서 충분히 높은 기대수익률을 제공하는 증권, 그리고 이러한 증권과 낮은 상관계수를 가지는 다른 증권으로 포트폴리오를 구성하는 것이라는 점을 인식할 필요가 있다. 즉 국제분산투자를 위한 최적의 외국증권은 국내 증권수익률과 낮은 상관관계를 가지면서, 고위험－고수익의 특성을 가진 증권이라고 할 수 있다.

(3) 유동성

증권시장에서 증권의 가격에 영향을 미치지 않고 증권을 사거나 팔 수 있는 정도를 유동성(liquidity)이라고 한다. 따라서 유동성이 높은 시장은 증권의 거래가 활발한 시장이라고 할 수 있다.

국제분산투자에서 이러한 유동성이 확보되지 않는 경우가 있다. 유동성문제는 외국 증권시장의 규모가 작은 경우에 발생할 수 있다. 만일 외국 증권시장의 규모가 충분히 크지 않다면 대규모 포트폴리오를 처분하거나 매수하는 데 어려움이 따른다. 증권시장의 규모가 크지 않은 경우에는 포트폴리오를 처분하거나 매수하는 투자행동에 따라 증권의 가격이 영향을 받기 때문에, 투자시점에서 예상한 투자성과를 거두기 어렵다.

따라서 유동성이 높지 않은 외국에 투자하는 경우에 투자자들은 이러한 유동성위험에 대한 보상을 요구할 것이다. 따라서 외국의 증권이 유동성 위험을 보상할 정도로 충분한 프리미엄을 제공하지 않는다면 투자자들은 외국증권에 대한 투자를 꺼려할 것이다.

(4) 규 제

많은 국가들이 외국증권에 대한 투자를 제한하거나, 혹은 외국투자자들의 자국증권에 대한 투자를 제한하기도 한다. 최근에는 많은 국가들이 자본시장을 개방하는 추세에 있으며, 이에 따라 각국의 자본이동에 대한 규제가 완화되고 있다. 국제분산투자를 제약하는 각국의 규제는 대체로 세금, 외환, 자본시장 등에 관한 규제로 구분할 수 있다.

국제분산투자에서 가장 중요한 세금장벽은 배당과 이자에 대한 원천과세(withholding tax)이다. 투자자들은 외국증권에 투자하여 취득한 배당과 이자 등의 소득에 대하여 그 나라의 정부에 원천징수세를 납부하여야 한다. 또 다른 세금장벽은 각국의 상이한 과세범위, 외국인 세액공제를 청구하는데 따른 어려움 등이다. 이러한 세금장벽들로 인하여 투자자들은 외국증권에 투자하는 경우에 의도하지 않은 이중과세의 문제에 봉착하기도 한다.

외환규제는 국내투자자에 대해 외국증권의 매입을 공식적으로 금지시키거나 외국투자자가 국내증권을 매입하는 것을 금지시키는 것이다. 이러한 규제에는 ⓐ 국내투자자들에 대해 외국증권의 매입을 금지시키는 방법, ⓑ 외국투자자들에 대해 국내증권의 매입을 금지시키는 방법, ⓒ 국내투자자들이 외국증권을 매입하는 경우에 특별세를 부과하는 정책, ⓓ 외국증권에 투자할 목적으로 외환을 취득하는 경우에 프리미엄을 부과한 환율을 적용하는 방법 등이 있다. 이처럼 각국은 외환에 대한 규제를 통해 국제적인 자본이동에 제약을 가하는 경우가 있다. 이러한 외환규제로 인하여 국제분산투자는 제약이 될 수 있다.

자본시장의 규제시스템도 국제분산투자를 제약하는 장애요인이 될 수 있다. 각국은 상이한 자본시장 규제제도를 갖고 있다. 이러한 자본시장의 규제를 통하여 국제적 자본이동을 제약하는 방법에는 다음과 같은 것들이 있다. ⓐ 대기행렬을 이용하여 자본시장에 대한 접근을 제한하는 방법, ⓑ 완전하고 복잡한 공시제도를 요구하여 외국증권의 상장이나 외국인 투자를 제한하는 방법, ⓒ 외국인이 투자할 수 있는 국내주식에 대해 소유비중에 상한선을 두는 방법, ⓓ 기관투자자들이 포트폴리오에 포함시킬 수 있는 외국증권에 대해 투자비중의 상한선을 설정하는 방법, ⓔ 증권시장을 분할하여 국내투자자들이 거래하는 시장과 외국투자자들이 거래하는 시장으로 구분하는 방법 등이 있다.

1 다음 용어를 설명하라.

    ① 국가위험   ② 국제 효율적 프론티어   ③ 국제 CAPM

    ④ 국제분산투자   ⑤ 기준 포트폴리오   ⑥ 외국투자의 기대수익률

    ⑦ 외국투자의 수익률   ⑧ 외국투자의 위험   ⑨ 유동성

    ⑩ 자국 편의성   ⑪ 정치적 위험   ⑫ 환위험

2 국제분산투자의 효과를 설명하라.

3 각국의 증권수익률에 차이가 발생하는 이유에 대해 설명하라.

4 국제분산투자의 위험요인에 대해 설명하라.

5 국제 CAPM에 대해 설명하라.

6 국제분산투자에서 이용 가능한 기준 포트폴리오가 갖추어야 할 조건에 대해 설명하라.

7 투자자들이 국제분산투자 목적으로 이용 가능한 기준 포토폴리오들에 대해 조사하여 보자.

8 우리나라의 투자자가 미국주식에 투자하려고 한다. 이 주식의 미국달러로 측정한 기대수익률은 16%이고, 수익률의 표준편차는 14%이다. 투자기초의 환율은 1,200원/US\$이고, 투자기말의 환율은 1,170원/US\$으로 예상된다. 환율의 변화율의 표준편차는 10%, 환율의 변화율과 미국달러로 측정한 주식수익률의 상관계수가 0.2이다. 우리나라 투자자가 미국주식에 투자하여 얻은 기대수익률과 위험을 산출하라.

9 우리나라 투자자가 삼성전자 주식과 미국의 GE주식을 60 : 40의 투자비율로 포트폴리오를 구성하고자 한다. 이 투자와 관련된 자료가 다음과 같이 주어져 있다고 하자. 단, GE주식의 기대수익률과 위험은 우리나라 원화로 환산하여 측정하였다.

> **자료**
>
> 삼성전자주식의 기대수익률: 10%
> 삼성전자주식 수익률의 표준편차: 8%
> GE주식에 대한 외국투자 기대수익률: 6%
> GE주식의 외국투자 수익률의 표준편차: 6%
> 삼성전자와 GE 주식수익률의 상관계수: 0.4

(1) 포트폴리오의 기대수익률을 산출하라.

(2) 포트폴리오의 위험을 산출하라.

(3) 포트폴리오의 위험을 최소로 하기 위해서는 각 증권에 대한 투자비중을 얼마로 하여야 하는가?

해답

8. 13.5%, 18.76%
9. (1) 8.4% (2) 6.16% (3) 삼성전자 27.27%, GE 72.73%

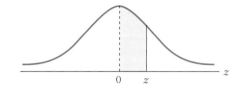

[부록] 표준정규분포표

z	0.00	0.01	0.02	0.03	0.04	0.05	0.06	0.07	0.08	0.09
0.0	0.0000	0.0040	0.0080	0.0120	0.0160	0.0199	0.0239	0.0279	0.0319	0.0359
0.1	0.0398	0.0438	0.0478	0.0517	0.0557	0.0596	0.0636	0.0675	0.0714	0.0753
0.2	0.0793	0.0832	0.0871	0.0910	0.0948	0.0987	0.1026	0.1064	0.1103	0.1141
0.3	0.1179	0.1217	0.1255	0.1293	0.1331	0.1368	0.1406	0.1443	0.1480	0.1517
0.4	0.1554	0.1591	0.1628	0.1664	0.1700	0.1736	0.1772	0.1808	0.1844	0.1879
0.5	0.1915	0.1950	0.1985	0.2019	0.2054	0.2088	0.2123	0.2157	0.2190	0.2224
0.6	0.2257	0.2291	0.2324	0.2357	0.2389	0.2422	0.2454	0.2486	0.2517	0.2549
0.7	0.2580	0.2611	0.2642	0.2673	0.2704	0.2734	0.2764	0.2794	0.2823	0.2852
0.8	0.2881	0.2910	0.2939	0.2967	0.2995	0.3023	0.3051	0.3078	0.3106	0.3133
0.9	0.3159	0.3186	0.3212	0.3238	0.3264	0.3289	0.3315	0.3340	0.3365	0.3389
1.0	0.3413	0.3438	0.3461	0.3485	0.3508	0.3531	0.3554	0.3577	0.3599	0.3621
1.1	0.3643	0.3665	0.3686	0.3708	0.3729	0.3749	0.3770	0.3790	0.3810	0.3830
1.2	0.3849	0.3869	0.3888	0.3907	0.3925	0.3944	0.3962	0.3980	0.3997	0.4015
1.3	0.4032	0.4049	0.4066	0.4082	0.4099	0.4115	0.4131	0.4147	0.4162	0.4177
1.4	0.4192	0.4207	0.4222	0.4236	0.4251	0.4265	0.4279	0.4292	0.4306	0.4319
1.5	0.4332	0.4345	0.4357	0.4370	0.4382	0.4394	0.4406	0.4418	0.4429	0.4441
1.6	0.4452	0.4463	0.4474	0.4484	0.4495	0.4505	0.4515	0.4525	0.4535	0.4545
1.7	0.4554	0.4564	0.4573	0.4582	0.4591	0.4599	0.4608	0.4616	0.4625	0.4633
1.8	0.4641	0.4649	0.4656	0.4664	0.4671	0.4678	0.4686	0.4693	0.4699	0.4706
1.9	0.4713	0.4719	0.4726	0.4732	0.4738	0.4744	0.4750	0.4756	0.4761	0.4767
2.0	0.4772	0.4778	0.4783	0.4788	0.4793	0.4798	0.4803	0.4808	0.4812	0.4817
2.1	0.4821	0.4826	0.4830	0.4834	0.4838	0.4842	0.4846	0.4850	0.4854	0.4857
2.2	0.4861	0.4864	0.4868	0.4871	0.4875	0.4878	0.4881	0.4884	0.4887	0.4890
2.3	0.4893	0.4896	0.4898	0.4901	0.4904	0.4906	0.4909	0.4911	0.4913	0.4916
2.4	0.4918	0.4920	0.4922	0.4925	0.4927	0.4929	0.4931	0.4932	0.4934	0.4936
2.5	0.4938	0.4940	0.4941	0.4943	0.4945	0.4946	0.4948	0.4949	0.4951	0.4952
2.6	0.4953	0.4955	0.4956	0.4957	0.4959	0.4960	0.4961	0.4962	0.4963	0.4964
2.7	0.4965	0.4966	0.4967	0.4968	0.4969	0.4970	0.4971	0.4972	0.4973	0.4974
2.8	0.4974	0.4975	0.4976	0.4977	0.4977	0.4978	0.4979	0.4979	0.4980	0.4981
2.9	0.4981	0.4982	0.4982	0.4983	0.4984	0.4984	0.4985	0.4985	0.4986	0.4986
3.0	0.4987	0.4987	0.4987	0.4988	0.4988	0.4989	0.4989	0.4989	0.4990	0.4990
4.0	0.5000	0.5000	0.5000	0.5000	0.5000	0.5000	0.5000	0.5000	0.5000	0.5000

참고문헌

한 | 글 | 문 | 헌

곽철효 · 김병곤(2004), 「잇센셜 투자론」, 출판도서 대명.

곽철효 · 김병곤(2010), 「증권시장론」, 경영과미래.

곽철효 · 정정현 · 김병곤(2014), 「현대증권시장론」, 피앤씨미디어.

구맹회(1996), 「현대투자론」, 법문사.

구본열 · 국찬표(2008), 「현대재무론」, 무역경영사.

국가법령정보센터 홈페이지, http://www.law.go.kr

국찬표 · 구본열(2008), 「현대재무론」, 무역경영사.

김동회 · 정정현 · 김병곤(2012), "주식수익률에 대한 BM비율효과 분석," 「금융공학연구」, 11(1), 39−61.

김병곤 · 정정현 · 김동회(2012), "유형의 정보와 무형의 정보에 대한 시장반응," 「금융공학연구」, 11(2), 71−99.

법제처(2012), 「자본시장과 금융투자업에 관한 법률」.

정정현(2008), 「자본시장」, 출판도서 대명.

정정현 · 곽철효 · 김병곤(2014), 「현대자본시장론」, 학현사.

지청 · 조담(2009), 「투자론」, 학현사.

최운열 · 박영석(2005), 「투자론」, 박영사.

최운열 · 정성훈(2006), 「인지행위적 재무론」, 학현사.

통계청 홈페이지, http://www.nso.go.kr

한국거래소 홈페이지, http://www.krx.co.kr

한국거래소(2008), 「채권유통시장해설」.

한국거래소, 「유가증권시장 업무규정」.

한국거래소, 「파생상품시장 업무규정」.

한국거래소(2015), 「한국의 채권시장」.

한국금융투자협회, http://www.ksda.or.kr

한국은행(2004), 「우리나라의 금융시장」.

한국은행(2009), 「우리나라의 금융시장(개정판)」.

한국은행(2016), 「한국의 금융시장」.

Alexander, G. J., W. F. Sharpe, and J. V. Baily(1993), *Fundamentals of Investments*, Prentice-Hall.

Alexander, S.(1964), "Price Movements in Speculative Markets: Trends or Random Walks, Number 2," *Industrial Management Review*, 5, 25-46.

Ang, A., R. J. Hodrick, Y. Xing, and X. Zhang(2006), "Cross-Section of Volatility and Expected Returns," *Journal of Finance*, 61, 259-299.

Arrow, K. J.(1971), *Essays in the Theory of Risk-Bearing*, North-Holland.

Bachelier, L.(1900), *Theorie de la Speculation*, Gauthier-Villars, reprinted in P. Cootner(1964), *The Random Character of Stock Market Prices*, MIT Press.

Bans, R. W.(1981), "The Relationship Between Returns and Market Value of Common Stocks," *Journal of Financial Economics*, 9, 3-18.

Barber, B. and T. Odean(2001), "Boys Will Be Boys: Gender, Overconfidence, and Common Stock Investment," *Quarterly Journal of Economics*, 116, 261-292.

Barberis, N., A. Shleifer, and R. Vishiny(1998), "A Model of Investor Sentiment," *Journal of Financial Economics*, 49(3), 307-343.

Bawa, V. S.(1975), "Optimal Rules for Ordering Uncertain Prospects," *Journal of Financial Economics*, 2(1), 95-121.

Beaver, W., P. Kettler, and M. Scholes(1970), "The Association Between Market Determined and Accounting Determined Risk Measures," *Accounting Review*, 654-682.

Benartzi, S. and R. Thaler(2001), "Naive Diversification Strategies in Defined Contribution Saving Plans," *American Economic Review*, 91, 79-98.

Bierman, Jr., H. and S. Smidt(1980), *The Capital Budgeting Decision: Economic Analysis of Investment Projects*, Macmillan Publishing Co..

Bierwag, G. O.(1987), *Duration Analysis Managing Interest Rate Risk*, Cambridge, Massachusetts, Ballinger Publishing Company.

Black, F.(1972), "Capital Market Equilibrium with Restricted Borrowing," *Journal of Business*, 45(3), 444-455.

Black, F. and M. Scholes(1973), "The Pricing of Options and Corporate Liabilities," *Journal of Political Economy*, 81(3), 637-654.

Black, F., M. C. Jensen, and M. Scholes(1972), "The Capital Asset Pricing Model: Some Empirical Tests," in M. C. Jensen(1972), ed., *Studies in the Theory of Capital Markets*, Frager Publishers.

Blume, M. E.(1971), "On the Assessment of Risk," *Journal of Finance*, 10(3), 1-10.

Blume, M. E. and I. Friend(1973), "A New Look at the Capital Asset Pricing Model," *Journal of Finance*, 28(1), 19-33.

Bodie, Z, A. Kane, and A. J. Markus(2011), *Investments*, 9th ed., McGraw Hill.

Bodie, Z., A. Kane, and A. J. Markus(1996), *Investments*, 3rd ed., Irwin.

Brown, D. and R. Jennings(1989), "On Technical Analysis," *Review of Financial Studies*, 2(4), 527-551.

Chang, E.(1985), "Returns to Speculators and the Theory of Normal Backwardation," *Journal of Finance*, 40, 193-208.

Charron, M.(2009), "The Closed—End Funds Puzzle: A Survey Review," *Forum Empresarial*, 14(2), 39—57.

Chen, N., R. Roll, and S. A. Ross, "Economic Forces and the Stock Market," *Journal of Business*, 59(3), 383—403.

Copeland, T. E. and J. F. Weston(1983), *Financial Theory and Corporate Policy*, 2nd ed., Addison—Wesley Pub. Co..

Copeland, T. E. and J. F. Weston(1989), *Financial Theory and Corporate Policy*, 3rd ed., Addison—Wesley Pub. Co..

Cox, J. and A. Ross(1976), "Valuation of Options for Alternative Stochastic Process," *Journal of Financial Economics*, 3, 145—166.

Cox, J., S. A. Ross, and M. Rubinstein(1979), "Option Pricing: A Simplified Approach," *Journal of Financial Economics*, 7(3), 229—263.

Curley, A. C. and R. M. Bear(1979), *Investment Analysis and Management*, Harper & Row Publishers Inc..

Daniel, K. and S. Titman(1995), "Evidence of the Characteristics of Cross Sectional Variation in Common Stock Returns," *Journal of Finance*, 50, 383—399.

Daniel, K., D. Hirshleifer, and A. Surbrahmanyam(1998), "Investor Psychology and Security Market Under— and Overreaction," *Journal of Finance*, 53, 1839—1885.

DeBondt, W. F. M. and R. H. Thaler(1987), "Further Evidence on Investor Overreaction and Stock Market Seasonality," *Journal of Finance*, 42, 557—581.

DeBondt, W. F. M. and R. Thaler(1985), "Does the Stock Market Overreact?," *Journal of Finance*, 40, 793—808.

DeLong, J. B., A. Shleifer, L. Summers, and R. Waldman(1990), "Noise Trader Risk in Financial Market," *Journal of Political Economy*, 98, 703—738.

Edwards, R. D. and J. Magee, Jr.(1958), *Technical Analysis of Stock Trends*, 4th ed., John Magee.

Fama, E. F.(1998), "Market Efficiency, Long—Term Returns and Behavioral Finance," *Journal of Financial Economics*, 49, 283—307.

Fama, E. F.(1965), "The Behavior of Stock Market Price," *Journal of Business*, 38(1), 34—105.

Fama, E. F.(1970). "Efficient Capital Markets: A Review of Theory and Empirical Work," *Journal of Finance*, 25(2), 383—417.

Fama, E. F.(1972), "Components of Investment Performance," *Journal of Finance*, 27(3), 551—567.

Fama, E. F. and J. MacBeth(1973), "Risk, Return and Equilibrium: Empirical Tests," *Journal of Political Economy*, 81(3), 607—636.

Fama, E. F. and K. R. French(1992), "The Cross Section of Expected Stock Returns," *Journal of Finance*, 47, 427—465.

Fama, E. F. and K. R. French(1993), "Common Risk Factors in the Returns on Stocks and Bonds," *Journal of Financial Economics*, 33, 3—56.

Fama, E. F. and K. R. French(1996), "Multifactor Explanation of Asset Pricing Anomalies," *Journal of Finance*, 51, 55—84.

Fama, E. F. and M. Blume(1966), "Filter Rules and Stock Market Trading Profits," *Journal of Business*, 39(1), 226—241.

Fama, E. F., I. Fisher, M. Jensen, and R. Roll(1969), "The Adjustment of Stock Prices to New Information,"

International Economic Review, 10(1), 1-21.

Fishburn, P. C.(1977), "Mean-Risk Analysis with Risk Associated with Below-Target Returns," *American Economic Review*, 67(2), 116-126.

Francis, J. C.(1986), *Investments: Analysis and Management*, 4th ed. McGraw-Hill.

Francis, J. C. and R. Ibbotson(2002), *Investments: A Global Perspective*, Prentice-Hall.

Froot, K. A. and M. Davora(1999), "How Are Stock Prices Affected by the Location of Trade?," *Journal of Financial Economics*, 53(2), 189-216.

Graham, B., D. C. Dodd, and S. Cottle(1974), *Security Analysis: Principal and Technique*, McGraw-Hill.

Granville, J. E.(1976), *Granville's New Strategy of Daily Stock Market Timing for Maximum Profit*, Prentice-Hall.

Gromb, D. and D. Vayanos(2010), "Limits of Arbitrage: The State of the Theory," *Annual Review of Financial Economics*, 2, 251-275.

Grossman, S. J. and J. E. Stiglitz(1980), "On the Impossibility of Informationally Efficient Markets," *American Economic Review*, 70, 393-408.

Hamilton, W. P.(1922), *The Stock Market Barometer*, Dow Jones.

Harris, L. and E. Gurel(1986), "Price and Volume Effects Associated with Changes in the S&P 500: New Evidence for the Existence of Price Pressure," *Journal of Finance*, 41, 851-860.

Harvey, J. R. and C. R. Harvey(1994), "Market Timing Ability and Volatility Implied in Investment Advisors' Asset Allocation Recommendations," NBER Working Paper 4890.

Holton, G. A.(2004), "Defining Risk," *Financial Analysts Journal*, 60(6), 19-25.

Homer, S. and M. L. Liebowitz(1972), *Inside the Yield Book: New Tools for Bond Market Strategy*, Prentice Hall.

Hong, H. and J. Stein(1999), "A Unified Theory of Underreaction, Momentum Trading, and Overreaction in Asset Markets," *Journal of Finance*, 54, 2143-2184.

Hull, J. C.(2009), *Options, Futures, and Other Derivative Securities*, 7th ed., Prentice-Hall.

Jaffe, J.(1974), "Special Information and Insider Trading," *Journal of Business*, 47(3), 410-428.

Jarrow, R. A. and S. M. Turnbull(1996), *Derivative Securities*, South-Western College Publishing.

Jensen, M.(1968), "The Performance of Mutual Funds in the Period 1945~1964," *Journal of Finance*, 23(2), 389-416.

Kahneman, D. and A. Tversky(1979), "Prospect Theory: An Analysis of Decision under Risk," *Econometrica*, 47, 263-291.

Keim, D. B.(1983), "Size-Related Anomalies and Stock Return Seasonality," *Journal of Financial Economics*, 12, 13-32.

Khoury, S. J.(1983), *Investment Management: Theory and Application*, Macmillan Pub..

Knight, F. H.(1921), *Risk, Uncertainty, and Profit*, Hart, Schaffner & Marx; Houghton Mifflin Co..

Lakonishok, J., A. Shleifer, and R. W. Vishiny(1994), "Contrarian Investment, Extrapolation, and Risk," *Journal of Finance*, 49(5), 1541-1578.

Lee, C., A. Shleifer, and R. Thaler(1991), "Investor Sentiment and Closed End Fund Puzzle," *Journal of Finance*, 46, 75-110.

Lintner, J.(1965), "Security Prices and Maximal Gains from Diversification," *Journal of Finance*, 20(4),

587-615.

Lintner, J.(1969), "The Aggregation of Investor's Diverse Judgement and Preferences in Purely Competitive Security Markets," *Journal of Financial and Quantitative Analysis*, 4(4), 347-400.

Lintner, J.(1995), "The Valuation of Risk Assets and the Selection of Risky Investments in Stock Portfolios and Capital Budgets," *Review of Economics and Statistics*, 47(1), 13-37.

MaCaulay, F. R.(1930), "Some Theoretical Problems Suggested by the Movement of Interest Rates, Bond Yields, and Stock Prices in the United States Since 1856," *National Bureau of Economic Research*, Columbia University Press.

Malkiel, B. G.(1962), "Expectations, Bond Prices and the Term Structure of Interest Rates," *Quarterly Journal of Economics*, 197-218.

Markowitz, H. M.(1952), "Portfolio Selection," *Journal of Finance*, 7(1), 77-91.

Markowitz, H. M.(1987), *Mean-Variance Analysis in Portfolio Choice and Capital Markets*, Basil Balckwell.

Mehra, R. and E. C. Prescott(1985), "The Equity Premium: A Puzzle," *Journal of Monetary Economics*, 15(2), 145-161.

Merton, R. C.(1972), "An Analytic Derivation of the Efficient Portfolio Frontier," *Journal of Financial and Quantitative Analysis*, 7(4), 1851-1872.

Merton, R. C.(1981), "On the Market Timing and Investment Performance: An Equilibrium Theory of Value for Market Forecast," *Journal of Business*, 54(3), 363-406.

Merton, R. C.(2004), *Continuous Time Finance*, Blackwell.

Mittra, S. and C. Gassen(1981), *Investment Analysis and Portfolio Management*, Harcourt Brace Jovanovich.

Modigliani, F. and G. A. Pougue(1974), "An Introduction to Risk and Returns: Concepts and Evidence," *Financial Analysts Journal*, 30(3), 69-86.

Modigliani, F. and R. J. Shiller(1973), "Inflation, Rational Expectation and the Term Structure of Interest Rates," *Economica*, 40(157), 12-43.

Modigliani, L. and F. Modigliani(1997), "Risk-Adjusted Performance," *Journal of Portfolio Management*, Winter, 45-54.

Mossin, J.(1966), "Equilibrium in a Capital Asset Market," *Econometrica*, 34(4), 768-783.

Nawrocki, D.(1999), "A Brief History of Downside Risk Measures," *Journal of Investing*, 8, 9-25.

Niederhoffer, V. and M. F. M. Osborne(1966), "Market-Making and Reversal on the Stock Exchange," *Journal of American Statistical Association*, 61(316), 897-916.

Pinches, G.(1970), "The Random Walk Hypothesis and Technical Analysis," *Financial Analysis Journal*, 26(2), 104-110.

Pratt, J. W.(1964), "Risk Aversion and the Small and in the Large," *Econometrica*, 32(1), 122-136.

Pratt, S. P. and C. W. Devers(1972), "Relationship between Insider Trading and Rates of Return for NYSE Stocks, 1960-1966," in J. H. Lorie and R. Brealey, *Modern Development in Investment Management*, Praeger Publishers.

Reilly, F. K. and K. C. Brown(2003), *Investment Analysis and Portfolio Management*, Thomson.

Reilly, F. K.(1989), *Investment Analysis and Portfolio Management*, 3rd ed., Chicago, The Dryden Press.

Rendleman, Jr., R. J. and B. J. Bartter(1979), "Two−State Option Pricing," *Journal of Finance*, 34(5), 1093−1110.

Rhea C.(1932), *The Dow Theory*, Dow Jones.

Roll, R.(1977), "A Critique of the Asset Pricing Theory's Tests," *Journal of Financial Economics*, 4(2), 129−176.

Ross, S. A.(1974), "Return, Risk and Arbitrage," in Friend and Bicksler, eds., *Risk and Return in Finance*, Health Lexington.

Ross, S. A.(1976), "The Arbitrage Theory of Capital Asset Pricing," *Journal of Economic Theory*, 13, 341−360.

Roy A. D.(1952), "Safety First and the Holding of Assets," *Econometrica*, 20(3), 431−449.

Rubinstein, M.(2001), "Rational Markets: Yes or No? The Affirmative Case," *Financial Analysts Journal*, 57(3), 15−29.

Sharpe, W. F.(1964), "Capital Asset Prices: A Theory of Market Equilibrium Under Conditions of Risk," *Journal of Finance*, 19(3), 425−442.

Sharpe, W. F.(1965), "Risk Aversion in the Stock Market: Some Empirical Evidence," *Journal of Finance*, 20(3), 416−422.

Sharpe, W. F.(1966), "Mutual Fund Performance," *Journal of Business*, 119−138.

Sharpe, W. F.(1987), "Integrated Asset Allocation," *Financial Analysts Journal*, 43(5), 25−32.

Sharpe, W. F., G. J. Alexander, and J. V. Bailey(1999), *Investment*, 6th ed., Prentice−Hall.

Shaw A. R.(1975), "Technical Analysis," in *Financial Analyst's Handbook*, ed. S. N. Levine Dow Jones−Irwin.

Shleifer, A. and R. Vishny(1997), "Limits of Arbitrage," *Journal of Finance*, 52, 35−55.

Smith, Jr., C. W.(1976), "Option Pricing: A Review," *Journal of Financial Economics*, 3, 3−52.

Solnik, B.(1974), "Why Not Diversify International Rather Than Domestically," *Financial Analysts Journal*, 48−54.

Solnik, B. and B. Noetzlim(1982), "Optimal International Asset Allocation," *Journal of Portfolio Management*, 11−21.

Telser, L. G.(1958), "Futures Trading and the Storage of Cotton and Wheat," *Journal of Political Economy*, 66, 233−255.

Thaler, R. H.(1980), "Towards Positive Theory of Consumer Choice," *Journal of Economic Behavior and Organization*, 1, 39−60.

Tobin, J.(1958), "Liquidity Preference as Behavior toward Risk," *Review of Economic Studies*, 25, 65−87.

Treynor, J. L.(1965), "How to Rate Management of Investment Funds," *Harvard Business Review*, 63−75.

Tversky, A. and D. Kahneman(1974), "Judgement Under Uncertainty: Heuristics and Biases," *Science*, 185(4157), 1124−1131.

Wagner, W. H. and S. C. Lau(1971), "The Effects of Diversification on Risk," *Financial Analysts Journal*, 27(6), 48−53.

Zweig, M. E.(1973), "An Investor Expectations Stock Price Predictive Model Using Closed−end Fund Premium," *Journal of Finance*, 28, 67−87.

국문색인

영문색인

저자 약력

정정현(鄭正鉉)

- 부산대학교 경제학과 졸업
- 부산대학교 대학원 경영학 석사, 박사
- University of Illinois, Visiting Scholar
- 한국금융공학회 편집위원장
- 현 창원대학교 글로벌비즈니스학부 교수
  한국금융공학회 부회장

〔저서〕

- 현대재무관리(법문사)
- 현대자본시장론(학현사)
- 현대증권시장론(피앤씨미디어)
- 증권거래제도와 투자원리(도서출판 대명)
- 증권투자의 이해(도서출판 대명)

〔논문〕

- 주식수익률의 모멘텀과 반전현상에 대한 검토: 과잉반응가설과 자본이득고정화가설
- 한국 자본시장의 이상현상에 대한 재검토
- DEA 척도를 이용한 투자전략의 성과에 관한 연구
- 배당수익률과 E/P비율의 주식수익률 예측가능성에 관한 연구
- 투자자 심리의 척도로서의 시장유동성이 주식수익률에 미치는 영향
- 미국과 아시아 주식시장 간의 동조화 변화와 경제적 기본요인
- KOSPI 200 지수의 실현변동성 예측에서의 내재변동성 측정오차의 영향
- 변동성변화에 대한 민감도와 주식수익률간의 횡단면적 관계
- 스톡옵션 부여에 따른 기업특성의 변화
- 과거주가에 근거한 투자전략의 성과분석
- 거래회전율과 수익률분산의 변화에 따른 수익률의 시계열상관
- 한국주식수익률의 시계열상관에 대한 원인분석
- 유상증자의 시기가 주가에 미치는 영향
- 주가의 변동성을 이용한 한국주식시장의 효율성검증
- Test on Asian Stock Market Linkages with Global Market: Based on the TVP Regression 외 다수

곽철효(郭喆孝)

- 부산대학교 경영학과 졸업
- 부산대학교 대학원 경영학 석사, 박사
- University of Illinois at Urbana-Champaign, Visiting Scholar
- 한국금융공학회 회장 역임
- 신라대학교 대학원장, 평생교육원장 역임
- 신라대학교 경영대학 학장 역임
- 현, 신라대학교 경영학부 교수

〔저서〕

- 현대재무관리(법문사)
- 현대자본시장론(학현사)
- 현대증권시장론(피앤씨미디어)
- 잇센셜 투자론(도서출판 대명)
- 잇센셜 재무관리(법문사)
- 현대인의 재테크: 증권투자의 이해(신라대 출판부)

〔논문〕

- 체계적 위험과 기업특성의 관계에 관한 연구
- 우리나라기업의 산업별 부채비율의 차이와 자본구조결정에 관한 연구
- 한국주식수익률의 시계열상관에 대한 원인분석
- 국내제조기업의 레버리지효과 분석
- 기업의 유동성보유수준에 영향을 미치는 기업특성요인 외 다수

김병곤(金炳坤)

- 부산대학교 경영학과 졸업
- 부산대학교 대학원 경영학 석사, 박사
- LG경제연구원 책임연구원
- 부산발전연구원 연구위원
- 창원경륜공단 사외이사
- California State University at Fresno, Visiting Scholar
- 한국금융공학회 편집위원장
- 현, 창원대학교 경영학과 교수
  한국금융공학회 부회장

〔저서〕

- 현대재무관리(법문사)
- 현대자본시장론(학현사)
- 현대증권시장론(피앤씨미디어)
- 채권투자의 이해(법문사)
- 잇센셜 재무관리(법문사)
- 잇센셜 투자론(도서출판 대명)

〔논문〕

- 한국기업의 소유구조와 기업가치: 경영자지분율의 동태적 분석
- 한국기업의 지배구조와 대리인비용: 소유경영기업과 전문경영기업 비교분석
- 주식수익률에 대한 BM비율효과 분석
- 유형의 정보와 무형의 정보에 대한 시장반응
- 한국기업의 다각화와 기업가치에 관한 실증연구-LISREL모형을 응용하여-
- 전략적 사업구조조정을 통한 기업가치의 증대방안
- 한국기업의 자본구조와 대리인문제: 패널자료로부터의 함의
- 한국기업의 지배구조와 자본구조가 기업가치에 미치는 영향: 패널 2SLS분석을 이용하여
- Corporate Governance and Firm Performance: The Korean Evidence
- The Relationships Among Corporate Governance Structure, Business Diversification and Corporate Value: Evidence from Korean Firms
- Family Ownership and Firm Value: Perspective to Related-party Transaction and Wealth Transfer 외 다수

현대투자론[제2판]

2012년 8월 30일 초판 발행
2018년 2월 25일 제2판 1쇄발행

저 자 정정현·곽철효·김병곤

발행인 배 효 선

발행처 도서출판 法 文 社

주 소 (10881) 경기도 파주시 회동길 37-29
등 록 1957년 12월 12일 / 제2-76호(윤)
T E L (031)955-6500~6 FAX (031)955-6525
e-mail (영업) bms@bobmunsa.co.kr
(편집) edit66@bobmunsa.co.kr
홈페이지 http://www.bobmunsa.co.kr

조 판 (주) 성 지 이 디 피

정가 36,000원   ISBN 978-89-18-12367-7